ISBN 978-0-364-80466-7
PIBN 11274714

FB &c Ltd, Dalton House, 60 Windsor Avenue, London, SW19 2RR.
Company number 08720141. Registered in England and Wales.

For support please visit www.forgottenbooks.com

JAHRBÜCHER

FÜR

CLASSISCHE PHILOLOGIE

HERAUSGEGEBEN

VON

ALFRED FLECKEISEN.

SECHZEHNTER JAHRGANG 1870

ODER

DER JAHNSCHEN JAHRBÜCHER FÜR PHILOLOGIE UND PAEDAGOGIK
EINHUNDERTUNDERSTER BAND.

LEIPZIG
DRUCK UND VERLAG VON B. G. TEUBNER.

VERZEICHNIS DER MITARBEITER

AN DEN JAHRGÄNGEN 1865 BIS 1870.

(die in parenthese beigesetzten zahlen beziehen sich auf das nachstehende inhaltsverzeichnis. die namen der mitarbeiter zu den ersten zehn jahrgängen 1855—1864 sind zu anfang des jahrgangs 1864 abgedruckt.)

---

1. Eduard Alberti in Kiel
2. Carl Aldenhoven in Ratzeburg
3. Julius Arnoldt in Gumbinnen (79)
4. Georg Autenrieth in Erlangen
5. Albert von Bamberg in Berlin
6. Wilhelm Bäumlein in Maulbronn († 1865)
7. Anton Baumstark in Freiburg
8. Friedrich Baur in Maulbronn
9. Gustav Becker in Cüstrin
10. Theodor Bergk in Bonn (109)
11. Richard Bergmann in Brandenburg († 1870)
12. Friedrich Blass in Magdeburg (92)
13. Hugo Blümner in Breslau (78)
14. Friedrich Bockemüller in Stade
15. Max Bonnet in Lausanne
16. Louis Botzon in Marienburg
17. Wilhelm Brambach in Freiburg (7)
18. Wilhelm Braun in Wesel
19. Ludwig Breitenbach in Naumburg
20. Julius Brix in Liegnitz (52. 99)
21. Franz Bücheler in Bonn
22. Bernhard Büchsenschütz in Berlin
23. Constantin Bulle in Bremen
24. Theophil Burckhardt in Basel
25. Conrad Bursian in Jena (36. 50. 91)
26. J. F. C. Campe in Greiffenberg (14)
27. Wilhelm Christ in München
28. Octavius Clason in Breslau (60)
29. Wilhelm Clemm in Giessen (4)
30. Domenico Comparetti in Pisa (44)
31. Theodor Creizenach in Frankfurt am Main
32. Christian Cron in Augsburg
33. Georg Curtius in Leipzig
34. Rudolf Dahms in Berlin
35. Detlef Detlefsen in Glückstadt
36. Gustav Diestel in Dresden
37. Ludwig Dindorf in Leipzig (95. 96. 97)
38. Wilhelm Dindorf in Leipzig
39. Max Dinse in Berlin
40. Heinrich Dittrich-Fabricius in Dresden

41. Albert Doberenz in Hildburghausen (40)
42. Theodor Döhner in Plauen
43. Bernhard Dombart in Bayreuth
44. Ludwig Drewes in Braunschweig
45. Friedrich Drosihn in Neustettin (15)
46. Heinrich Düntzer in Köln (61. 110)
47. Anton Eberz in Frankfurt am Main
48. Otto Eichhorst in Jenkau
49. Georg Ellendt in Königsberg
50. Robert Enger in Posen
51. Rudolf Eucken in Frankfurt am Main
52. Adam Eussner in Eichstädt
53. Franz Eyssenhardt in Berlin
54. Wilhelm Fielitz in Stralsund
55. Christoph Eberhard Finckh in Heilbronn († 1870)
56. Alfred Fleckeisen in Dresden (8. 52. 56. 57. 70)
57. Peter Wilhelm Forchhammer in Kiel (73)
58. C. M. Francken in Groningen
59. Friedrich Franke in Meiszen
60. Richard Franke in Leipzig
61. Johannes Freudenberg in Bonn (71)
62. Bruno Friederich in Wernigerode (49. 55. 69)
63. Gottfried Friedlein in Hof
64. Karl Fuhrmann in Malchin (85)
65. Karl Hermann Funkhaenel in Eisenach (83. 110)
66. Hermann Genthe in Berlin (21)
67. Ludwig Georgii in Tübingen
68. Christian Wilhelm Glück in München († 1866)
69. Anton Goebel in Königsberg
70. Eduard Goebel in Fulda
71. Karl Goebel in Wernigerode (89)
72. Theodor Gomperz in Wien
73. Lorenz Grasberger in Würzburg
74. R. Gropius in Naumburg (47)
75. Emil Grosse in Königsberg
76. Richard Grosser in Minden (76)
77. Albert Grumme in Gera
78. Wilhelm Gurlitt in Gotha
79. Alfred von Gutschmid in Kiel
80. Gotthelf Häbler in Dresden (81)
81. Hermann Hagen in Bern
82. Karl Halm in München
83. Karl Hansel in Glatz
84. Adolf Hart in Berlin
85. Karl Hartung in Sprottau
86. Otto Heine in Breslau
87. Wolfgang Helbig in Rom
88. Peter Diederich Christian Hennings in Husum
89. James Henry in Livorno
90. Karl Heraeus in Hamm
91. Gottfried Herold in Nürnberg
92. Friedrich Karl Hertlein in Wertheim
93. Martin Hertz in Breslau (37)
94. Wilhelm Hertzberg in Bremen
95. Ernst Herzog in Tübingen (35)
96. Eduard Hiller in Bonn (38)
97. Hugo Hinck in Rom
98. Otto Hirschfeld in Göttingen
99. Richard Hoche in Elberfeld

100. Alexander Hoppe in Erfurt
101. Ferdinand van Hout in Düsseldorf (10)
102. Arnold Hug in Zürich
103. Friedrich Hultsch in Dresden (88. 93)
104. Oscar Jänicke in Berlin
105. Carl von Jan in Landsberg an der Warthe
106. Ludwig von Jan in Erlangen († 1869)
107. Justus Jeep in Wolfenbüttel (9)
108. Wilhelm Junghans in Lüneburg
109. Karl Kappes in Donaueschingen (51)
110. N. J. B. Kappeyne van de Coppello in Amsterdam
111. Ludwig Kayser in Heidelberg (1. 87)
112. Heinrich Keil in Halle
113. Reinhard Kekulé in Bonn (94)
114. Otto Keller in Oehringen
115. Arthur Kerber in Rathenow
116. Adolf Kiene in Stade
117. Adolf Kiessling in Hamburg
118. Gustav Kiessling in Berlin
119. Adolf Kirchhoff in Berlin
120. Joseph Klein in Bonn
121. Reinhold Klotz in Leipzig († 1870)
122. Hermann Adolf Koch in Pforta (8. 32)
123. Theodor Kock in Berlin
124. Ulrich Köhler in Athen
125. Johannes Koenighoff in Trier
126. Reinhold Köpke in Charlottenburg
127. Wilhelm Heinrich Kolster in Meldorf
128. Hermann Kraffert in Liegnitz
129. Heinrich Kratz in Stuttgart
130. Gustav Krüger in Halle (77)
131. Emil Kuhn in Dresden
132. Johann Kvíčala in Prag
133. Theodor Ladewig in Neustrelitz
134. Georg Laubmann in München (95)
135. Ludwig Le Beau in Heidelberg
136. August Lentz in Graudenz († 1868)
137. F. L. Lentz in Königsberg (2. 42)
138. August Leskien in Leipzig
139. Karl Liebhold in Stendal
140. Gustav Linker in Prag
141. Justus Hermann Lipsius in Leipzig (90)
142. Rudolf Löhbach in Andernach
143. Anton Łowiński in Deutsch-Crone
144. Friedrich Lüdecke in Bremen
145. Ferdinand Lüders in Hamburg
146. Arthur Ludwich in Königsberg
147. Alfred Ludwig in Prag
148. T. M. in L.
149. Jacob Mähly in Basel
150. Karl Mayhoff in Dresden (103)
151. Karl Meissner in Bernburg
152. Karl Mendelssohn-Bartholdy in Freiburg
153. Hugo Merguet in Gumbinnen (16)
154. Heinrich Meusel in Berlin
155. Gotthold Meutzner in Plauen
156. Gustav Meyncke in Paris
157. Friedrich Mezger in Hof
158. C. F. W. Müller in Berlin

Eduard Müller in Liegnitz
Lucian Müller in St. Petersburg (8)
Moritz Müller in Stendal
Paul Richard Müller in Merseburg
Friedrich Wilhelm Münscher in Torgau
August Nauck in St. Petersburg
Konrad Niemeyer in Kiel
Heinrich Nissen in Marburg
Jacob Oeri in Creutzburg
Gustav Oppert in Oxford
Friedrich Pahle in Jever
Rudolf Peiper in Breslau
Peter Pervanoglu in Wien
Eugen Petersen in Plön
Christian Traugott Pfuhl in Dresden
Otto Pfundtner in Königsberg
Adolph Philippi in Berlin
Karl Wilhelm Piderit in Hanau
Eugen Plew in Berlin
Theodor Plüss in Plön
Friedrich Polle in Dresden
Ernst Friedrich Poppo in Frankfurt an der Oder († 1866)
Carl Prien in Lübeck
Rudolf Prinz in Hamm
Hermann Probst in Essen
Gustav Radtke in Krotoschin
Rudolf Rauchenstein in Aarau
Otto Ribbeck in Kiel
Woldemar Ribbeck in Berlin
Ernst Albert Richter in Leipzig
Gustav Richter in Weimar
Johannes Richter in Meseritz
Otto Richter in Guben
Julius Rieckher in Heilbronn
Alexander Riese in Frankfurt am Main
Friedrich Ritschl in Leipzig
W. Roscher in Bautzen
Emil Rosenberg in Gotha
Carl Ludwig Roth in Tübingen († 1868)
Adolph Rothmaler in Nordhausen
Carl August Rüdiger in Dresden († 1869)
Franz Rühl in Schleswig
Heinrich Rumpf in Frankfurt am Main
Joseph Savelsberg in Aachen
Arnold Schaefer in Bonn
Martin Schanz in Würzburg
Karl Scheibe in Dresden († 1869)
Hermann Schiller in Carlsruhe
Gustav Schimmelpfeng in Ilfeld
Georg Schmid in Goldingen
Bernhard Schmidt in Jena
Hermann Schmidt in Wittenberg
Moritz Schmidt in Jena
Otto Schmidt in Jena
Wilhelm Schmitz in Köln
Otto Schneider in Gotha
Franz Schnorr von Carolsfeld in Dresden
Georg Friedrich Schömann in Greifswald
Alfred Schöne in Erlangen

218. Richard Schöne in Halle (103)
219. Hermann Schrader in Hamburg
220. Wilhelm Schrader in Königsberg
221. August Schubart in Weimar (64)
222. Joh. Heinrich Ch. Schubart in Kassel (63)
223. Ferdinand Schultz in Charlottenburg
224. Bernhard Schulz in Rössel
225. Ernst Schulze in Gotha
226. Ludwig Schwabe in Dorpat (44. 48)
227. Heinrich Schweizer-Sidler in Zürich (25)
228. Friedrich Sehrwald in Altenburg
229. Carl Sieker in Coblenz
230. Rudolf Skrzeczka in Königsberg
231. Julius Sommerbrodt in Kiel (65)
232. Johann Matthias Stahl in Köln (41)
233. Heinrich Stein in Oldenburg
234. Eduard Stephinsky in Trier
235. Wilhelm Studemund in Greifswald
236. Franz Susemihl in Greifswald (43. 62)
237. Wilhelm Teuffel in Tübingen (108)
238. Conrad Thomann in Zürich
239. Ludwig Tillmanns in Cleve (80)
240. Alexander Tittler in Brieg
241. Adolf Torstrik in Bremen
242. Konrad Trieber in Frankfurt am Main (20)
243. Gustav Ungermann in Coblenz
244. Ludwig Urlichs in Würzburg
245. Hermann Usener in Bonn
246. Theodor Vogel in Meiszen (72)
247. Richard Volkmann in Jauer (107)
248. Hugo Voretzsch in Posen
249. Curt Wachsmuth in Göttingen
250. Philipp Wagner in Dresden
251. Wilhelm Wagner in Hamburg
252. Hugo Weber in Weimar
253. Nicolaus Wecklein in München (74)
254. Heinrich Weil in Besançon (28. 58. 68)
255. Carl Wex in Schwerin († 1865)
256. Friedrich Wieseler in Göttingen
257. Eugen Wilhelm in Eisenach
258. Moritz Wilms in Duisburg
259. Martin Wohlrab in Dresden (30)
260. Eduard Wunder in Grimma († 1869)
261. Gustav Wustmann in Leipzig (100)
262. Adolf Zestermann in Leipzig († 1869)
263. Christoph Ziegler in Stuttgart.

INHALTSVERZEICHNIS.

(die in parenthese beigesetzten zahlen beziehen sich auf das voranstehende verzeichnis der mitarbeiter.)

seite

1. anz. v. Aristotelis ars rhetorica ed. L. Spengel. 2 bde. (111) . . 1
2. zu Ciceros Laelius [7, 24] (137) 17
3. kritische miscellen (200) 19
4. anz. v. F. Weihrich: de gradibus comparationis linguarum sanscritae etc. (29) 27
5. zu Polybios (161) 48. 245
6. zur topographie Athens (171) 49
7. zur lehre vom dochmius (17) 58
8. zu Plautus Miles gloriosus (122. 160. 56) 61. 846
9. zu Horatius oden (107) 78. 432
10. zu Florus II 4 (101) 79
11. anz. v. Aeschylos Perser erklärt von L. Schiller (185) . . . 81
12. zu Platons Theaetetos [149^{d}] (210) 91
13. anz. v. G. Zillgenz: Aristoteles und das deutsche drama (159) 93 249. 393
14. die erste Horazische ode (26) 125
15. zu Stobaeos eklogen II 8, 6 (45) 142
16. anz. v. Q. Horatius Flaccus von K. Lehrs (153) 143
17. die gottmenschlichkeit und die wiedergeburt des Octavianus Augustus (178) 146
18. zur erklärung und kritik von Platons Gorgias (163) . . 153. 804
19. zu Suidas (161) 181
20. die spartanische gesandtschaft an den Perserkönig im j. 408 vor Ch. (ol. 92, 4) (242) 183
21. berichtigung [zu jahrgang 1869 s. 710] (66) 186
22. anz. v. F. Miklosich: über den accusativus c. inf. (216) . . 187
23. Aristodemos (182) 193
24. zu Quintilianus VIII 3, 42 (195) 210
25. zu H. Schweizer-Sidlers lat. elementar- und formenlehre (227) . 211
26. zu Ovidius metamorphosen III 643 (195) 216
27. anz. v. F. W. Holtze: syntaxis Lucretianae lineamenta (179) . 217
28. anz. v. A. Widal: Juvénal et ses satires (254) 222
29. über die bifurcation der hypothetischen periode nach Platon (204) 225

seite
30. zu Platons Laches [191c] (259) 247
31. zur elegia de nuce (193) 282
32. *voxor* = *uxor* (122) 283. 685
33. zu Caesar de bello civili III 1, 6 (184) 286
34. zu Ovidius metamorphosen XIV 847. 848 (179) 288
35. über die zusammengesetzten nomina bei Homer (95) 289
36. zu Lykurgos rede gegen Leokrates (25) 302
37. miscellen. 22—24 (93) 303. 760
38. anz. v. A. Steitz: die werke und tage des Hesiodos (96) . . 305
39. zu Aeschylos Persern vers 43 (195) 319
40. zu Sophokles Antigone vers 506. 507 (41) 320
41. anz. v. Thukydides erklärt von J. Classen. 4r band (232) . . 321
42. noch einmal Seneca epist. 115, 5 (137) 342
43. die neueste litteratur der Aristotelischen politik. 2r artikel (236) 343
44. zu Varro [*de l. lat.* VII 50] (226) 350
45. zu Senecas tragödien (209) 352
46. die responsion bei Aristophanes (167) 353
47. zur zweiten satire des Persius (74) 390
48. zu Cicero ad fam. XVI 21, 2 (226) 392
49. zu Johannes von Antiocheia (62) 416
50. anz. v. E. von der Launitz: wandtafeln (25) 417
51. zu Vergilius Aeneis III 684—686 (109) 421
52. anz. v. E. Lübbert: syntax von *quom* (20. 56) 423
53. anz. v. A. Schöne: analecta philologica historica I (203) . . 433
54. zu Herodotos VII 36 (191) 446
55. zu Eunapios [15, 68] (62) 448
56. über aspiration und aspiratae im griechischen (195. 56) . . . 449
57. zu Plautus Aulularia IV 8, 1 (56) 459
58. anz. v. J. Girard: le sentiment religieux en Grèce (254) . . 460
59. dochmien (211) 465
60. anz. v. C. L. Urlichs: de vita et honoribus Agricolae (28) . . 477
61. des Polykleitos ἐν ὄνυχι γενέϲθαι (46) 493
62. zur griechischen rhythmik (236) 497
63. miscellen aus handschriften (222) 513
64. in Platonis Theaetetum (221) 515
65. zu Lukianos (231) 519
66. citate bei Harpokration (203) 523
67. zu Aeschines rede gegen Timarchos (196) 529
68. die doppelte redaction der dritten Philippischen rede des Demosthenes (254) 535
69. zu Alkiphrons briefen (62) 542
70. zu Plautus Truculentus (56) . . . 544. 616. 647. 709. 781. 848
71. zu Sallustius Jugurtha (61) 545
72. kritisch-grammatisches zu Q. Curtius Rufus (246) 547
73. die rede des königs Oedipus in Sophokles OT. 216—275 (57) . 568
74. zur Hekabe des Euripides (253) 569
75. zu Euripides Herakliden und Elektra (185) 581

seite
76. über den vorschlag des Phormisios, zu Lysias r. XXXIV (76) 593
77. zu Sophokles Elektra (130) 600
78. anz. v. G. Wustmann: Apelles leben und werke (13) . . . 603
79. die zwölfte epistel des Horatius (3) 619
80. über εἰ mit indicativ der haupttempora und ἐάν mit conjunctiv (239) 649
81. zu Sallustius Catilina [31, 3] (80) 664
82. zu dem mythus von der Io (177) 665
83. zu Lysias XII 77 (65) 672
84. der historiker Theopompos. erste studie (193) 673
85. noch einiges zu den vergleichungssätzen bei Plautus (64) . . 687
86. zur kritik und erklärung des Tibullus. erster artikel (181) . 689
87. anz. v. Dionysi Hal. antiq. Rom. ed. A. Kiessling. vol. IV (111) 713
88. zu Polybios (103) 728. 735
89. zu Platons Phaedon (71) 729
90. zur textkritik des Andokides (141) 737
91. zu der anekdotensamlung des Hierokles und Philagrios (25) . 740
92. zu Hypereides (12) 741
93. zu Galenos (103) 744
94. anz. v. H. Heydemann: griechische vasenbilder (113) . . . 745
95. über das wort ἀγιοκλίτης (37. 134) 748. 821
96. über einige interpolationen im Dio Cassius (37) 749
97. über die wörter ἐφαγιστεύω und ἐφαγνίζω (37) 754
98. zu Sempronius Asellio (178) 755
99. zu Plautus (20) 761
100. des Apelles leben und werke (261) 785
101. zu Platons Theaetetos (210) 795
102. zu Xenophons anabasis IV 7, 4 (179) 801
103. zu Platons apologie (218. 150) 802
104. zu Lykurgos rede gegen Leokrates (196) 805
105. zu Euripides Phoenissen vers 1113—1118 (172) 809
106. eine griechische inschrift (211) 814
107. über die echtheit von Plutarchs zweiter rede von Alexanders glück oder verdienst (247) 816
108. zu Cicero pro Murena [26, 52] (237) 821
109. zu den lateinischen komikern. II (10) 823
110. zu Horatius oden (46. 65) 853

mar 14

NEUE JAHRBÜCHER

FÜR

PHILOLOGIE UND PAEDAGOGIK.

Herausgegeben unter der verantwortlichen Redaction

von

Dr. Alfred Fleckeisen und **Dr. Hermann Masius**
Professor in Dresden Professor in Leipzig.

Einhundertunderster und einhundertundzweiter Band.
Erstes Heft.

Leipzig,
Druck und Verlag von B. G. Teubner.
1870.

Das zwölfte Heft des Jahrgangs 1869 erscheint in einigen Woche

INHALT

VON DES EINHUNDERTUNDERSTEN UND EINHUNDERTUND-ZWEITEN BANDES ERSTEM HEFTE.

ERSTE ABTEILUNG (101R BAND).

---

		seite
1.	Anz. v. *L. Spengel:* Aristotelis ars rhetorica cum adnotatione. vol. I et II (Leipzig 1867). von *L. Kayser* in Heidelberg	1—17
2.	Zu Cicero Laelius [7, 24]. von *F. L. Lentz* in Königsberg	17—18
3.	Kritische miscellen. von *F. Rühl* in Schleswig [jetzt in Rom]	19—26
4.	Anz. v. *F. Weihrich:* de gradibus comparationis linguarum sanscritae graecae latinae gothicae (Gieszen 1869). von *W. Clemm* in Gieszen	27—48
5.	Zu Polybios. von *Moritz Müller* in Stendal	48
6.	Zur topographie Athens. von *P. Pervanoglu* in Wien . .	49—58
7.	Zur lehre vom dochmius. von *W. Brambach* in Freiburg im Breisgau	58—60
8.	Zu Plautus miles gloriosus. von *H. A. Koch* in Schulpforte, *Lucian Müller* in Bonn und *A. Fleckeisen* in Dresden . .	61—78
9.	Zu Horatius oden [I 2, 21]. von *J. Jeep* in Wolfenbüttel	78—79
10.	Zu Florus II 4. von *F. van Hout* in Düsseldorf	79—80

ERSTE ABTEILUNG
FÜR CLASSISCHE PHILOLOGIE

HERAUSGEGEBEN VON ALFRED FLECKEISEN.

1.

ARISTOTELIS ARS RHETORICA CUM ADNOTATIONE LEONARDI SPENGEL. ACCEDIT VETUSTA TRANSLATIO LATINA. VOLUMEN I ET II. Lipsiae in aedibus B. G. Teubneri. MDCCCLXVII. XIV u. 356, 456 s. gr. 8.

Es sind etwa drei lustra verflossen, seitdem ref. in diesen jahrbüchern (1854 bd. LXX s. 271 ff.) die ausgabe der rhetores graeci von L. Spengel besprach und dabei vorzüglich die von dem hg. mit recht in jenen kreis gezogenen begründer der rhetorik Aristoteles und Anaximenes und deren kritische bearbeitung berücksichtigte. jetzt ist jene diorthose an Aristoteles noch consequenter und durchgreifender ausgeführt, der inhalt des Aristotelischen werkes aber durch einen commentar erläutert, der es im ganzen wie im einzelnen, sowol was die philosophische und technologische behandlung als auch was die dem Aristoteles eigentümliche ausdrucksweise betrifft, der eingehendsten betrachtung unterwirft. für das studium der alten redner wie rhetoren kann dieser teil des werkes (bd. II) nicht genug empfohlen werden; er ist um so wichtiger, als er diejenige schrift zum gegenstande hat, welche an wissenschaftlicher bedeutung alle andern derselben gattung weit übertrifft und auszer dem eigentlichen objecte auch noch für jeden, der sich mit Ar. näher bekannt machen will, reiche belehrung gewährt.

Was Spengel über die rhetorik des Ar. zu bemerken hat, trägt er als ergebnis der exegese an verschiedenen stellen des commentars vor; wir wollen die resultate seiner forschungen hier zusammendrängen. sie ist eines der spätesten werke des philosophen: aus 1401^{b} 32 Bk. ist der schlusz wol gestattet, dasz sie noch nicht geschrieben war, als Demosthenes für sich und Ktesiphon gegen Aeschines sprach; sonst würde er schwerlich den vorwurf des Demades allein angeführt haben, der viel stärker und öfter von Aeschines geltend gemacht wird. auch vor die schrift über die σοφιστικοὶ ἔλεγχοι, welche die φαινόμενα ἐνθυμήματα bei weitem genauer behandelt, als es 1400^{b} 38 ff. in der rhetorik geschieht, fällt deshalb diese; aber die topik ist früher geschrieben, in welcher Ar. noch in günstigeren ausdrücken über die rhetorik spricht als hier: vgl. 1354^a 11 mit der note dazu. es lag ursprünglich nicht im plane des verfassers das dritte buch beizufügen, aber an seiner echtheit ist darum doch nicht zu zweifeln: vgl. Sp. zu 1403^b 2 und seine abhandlung 'über die rhetorik des Aristoteles' s. 40. indem aber Ar. bei abfassung dieses werkes ein gröszeres publicum im auge hatte, machte er sich keine so strenge consequenz zum gesetz wie in anderen mehr esoterischen büchern; man wird neben jener hie und da auch eine gewisse conivenz gegen hergebrachte vorstellungen gewahr. so wenn er 1355^b 26 das rhetorische vermögen auf jedweden gegenstand bezogen haben will und dann demungeachtet 1358^b 4 ff. die bekannten drei gattungen der rhetorik aufstellt, weil τοϲοῦτοι καὶ οἱ ἀκροαταὶ τῶν λόγων ὑπάρχουϲιν ὄντεϲ· daher Cicero nicht so hart zu tadeln war, wenn er *de inv.* I 7 die behauptung wagte, dasz im gegensatz zu Gorgias (welcher *omnibus de rebus oratorem optime posse dicere existimavit*) *Aristoteles .. tribus in generibus rerum versari rhetoris officium putavit, demonstrativo deliberativo iudiciali.* nach der einleitung zu urteilen muste man erwarten, es werde im laufe der darstellung dessen, was der redner zu erweisen habe, von keiner einwirkung auf die affecte (πάθη) der richter die rede sein dürfen; doch zeigt er in dem wichtigen abschnitt 1378^a 20—1388^b 29 alle mittel auf, wie durch psychologische kenntnis der leidenschaften der redner in stand gesetzt werde dem gemüte des richters beizukommen. freilich gibt er zu verstehen, dasz ihm das γένοϲ δικανικόν einen viel tiefern rang habe als das δημηγορικόν, in übereinstimmung mit Isokrates, dessen ganze φιλοϲοφία in der anwendung der beredsamkeit auf das wirkliche oder auch nur vermeinte wohl des staates bestand; da aber der demegorische redner weniger anlasz hat persönliches und was ἔξω τοῦ πράγματοϲ ist einzumischen, glaubt Ar., eben darum sei diese gattung weniger von der theorie berücksichtigt worden, wogegen mit Sp. zu erinnern ist, dasz nur die natürlich viel gröszere häufigkeit der privatprocesse zu frühzeitiger bevorzugung des δικανικόν führte; vgl. zu 1354^a 15. in definitionen erlaubt sich Ar. hier einigemale von seinen eigenen in früheren werken aufgestellten abzuweichen und sich populäreren anschauungen zu accommodieren; man vergleiche was er für eudämonie hier 1360^a 14 erklärt mit eth. I 13; ähnlich weicht er von dem was er eth. VII 12 f. unter ἡδονή versteht 1369^b 33 ab, und gibt pol. 1279^a 24 andere bestimmungen der staatsformen und eine andere einteilung an als rhet. 1365^b 29. in der aufzählung der teile aus welchen die glückseligkeit bestehe 1360^a 19 ff. erlaubt er sich eine dreimalige variation, ohne bei einer derselben ganz logisch zu werke zu gehen; ebenso begegnet es ihm einigemale, dasz er bei der angabe der verschiedenen prädicate von den πάθη und ἤθη keine exacte ordnung einhält; dasz er dasselbe zweimal sagt, wie 1379^b 29. 1382^b 16; ja es fehlt selbst nicht an widersprüchen, vgl. 1359ª 19 mit 1393ª 16 und 1370ª 18 wo von ἐπιθυμίαι μετὰ λόγου gehandelt wird mit 1369ª 4 wo die ἐπιθυμίαι überhaupt als ἄλογοι erscheinen. doch darf ihm darum das verdienst die wissenschaftliche und auf dialektik gegründete bearbeitung der rhetorik geschaffen zu haben nicht geschmälert werden: ihm gehört die scharfe unterscheidung der sichern und nur scheinbaren syllogismen, die darauf beruhende fixierung der begriffe τεκμήρια, σημεῖα, εἰκότα, dann die begründung der topik und deren zerlegung in eigentliche τόποι und εἴδη, endlich die von Platon im Phädros wol angedeutete, aber erst hier vollzogene specificierung der ἤθη und πάθη. auch im dritten buch, wo er sich mit den stilistischen aufgaben des redners befaszt, wird man annehmen dürfen dasz er teils eine ganz schöpferische, teils eine reformatorische thätigkeit entwickelte.

Dies alles hat Sp. an geeigneter stelle nachgewiesen. auszerdem erhalten wir in den zahlreichen citationen aus den rednern in und auszerhalb der dekas ein vortreffliches mittel die theorie mit der praxis zu vergleichen. man wird nicht selten eine totale übereinstimmung von Aristoteles mit irgend einem redner entdecken, namentlich mit dem ihm sehr wol bekannten Isokrates. so können wir das über eudämonie 1360ᵇ 34 gesagte mit Isokrates IX 71 ff. zusammenhalten; den satz dasz der rechte moment auch kleiner gabe groszen werth verleihe 1361ª 33 mit Demosthenes XX 41—46; die erörterung über die motive ungerechten handelns 1398ª 29 mit Isokrates XV 217 ff.; die über entgegengesetzte erfolge dessen was verschiedenen leuten räthlich oder nicht erscheine 1399ª 10 mit Thukydides III 39 und 46; die klage über die unsitte vieler redner gegen etwas heftig zu sprechen ohne es bewiesen zu haben 1401ᵇ 3 mit Isokrates XV 89 ff. gewöhnlich begnügt sich Sp. nicht damit nur éin treffendes beispiel anzuführen, sondern er bringt mehrere stellen gleiches inhaltes bei, wie die reiche samlung zum τόπος ἀπὸ τοῦ τοῖς ἐχθροῖς ἡδέος 1362ᵇ 34, wie zu der vorschrift den gepriesenen mann über andere koryphäen derselben gattung zu erheben 1368ª 21 aus Isokr. IV 73. IX 33 ff. 65 f. XII 39 f., zum τόπος ἐκ τῶν ἐναντίων 1397ª 7 teils die stellen der technographen teils der redner, wie Lysias XVI 11. Isokr. VIII 19. Dem. XIX 214. Thuk. VI 92. belege von paralogismen ἐκ τοῦ ἑπομένου gibt die note zu 1401ᵇ 21 und 32, von der wandelbaren wirkung der εἰκότα die zu 1402ª 17 und 1402ᵇ 22. 25. nicht selten wird nur éine entsprechende stelle citiert, deren auffindung eben deshalb um so verdienstlicher ist; wir heben aus einer gröszern anzahl folgende heraus: Andok. IV 12 zu 1362ᵇ 30; Dem. XVIII 89 zu 1363ª 20; Andok. II 17 zu 1364ª 28; Isokr. VI zu 1364ᵇ 27; Thuk. III 56 zu 1365ª 33; Isokr. VII 46 zu 1372ª 5; XVII 8 zu 1372ᵇ 25; XV 142 zu 1372ᵇ 37; Lysias VI 7 zu 1373ª 4; Isokr. XXI 1 und 5 zu 1373ª 5; ebd. 4 zu 1376ª 18; XVIII 27 zu 1376ᵇ 6; V 75 ff. zu 1376ᵇ 15 (hier auch Isäos I 43—45); Isokr. I 23 zu 1377ª 8; Dem. LII 27 zu 1377ª 26; Lysias XII 44 zu

1382ᵇ 7; Dem. Ol. II 22 zu 1383ᵇ 5; Isokr. XVI 48 zu 1385ᵃ 17; ebd. 31 zu 1387ᵃ 30; V 39 ff. zu 1392ᵃ 13; XVIII 47 zu 1400ᵃ 17; Aesch. II 121 und Dem. XIX 235 zu 1401ᵇ 34; Tac. ann. XI 36 zu 1411ᵇ 5; Andok. IV 8 zu 1416ᵃ 28. eigentliche citate sind unter andern Isokr. IV 91 zu 1368ᵃ 14; V 12 zu 1411ᵃ 30; IV 150 zu 1411ᵇ 11; VI 20 zu 1418ᵇ 34, besonders auch XV 101 ff. zu 1397ᵇ 24 und XV 173 zu 1399ᵇ 9, wo man vor Spengels evidenter correctur Ἰσοκράτους lange ohne alles arg Σωκράτους las.

Sehr zu beachten sind auch die bemerkungen des hg. welche stilistische und sprachliche eigenheiten von Aristoteles betreffen. er scheut öftere wiederholung desselben wortes nicht, wovon 1368ᵃ 2 das in drei kleinen zeilen viermal gesetzte δεῖ ein beleg ist; er erlaubt sich sogar in der definition dasselbe wort zu wiederholen, wo streng genommen durchaus ein anderes gleiches sinnes stehen sollte, vgl. 1383ᵃ 19 ἔστι δὲ θαρραλέα τά τε δεινὰ πόρρω ὄντα καὶ τὰ θαρραλέα (für σωτήρια) ἐγγύς. er vermeidet es nicht synonyme begriffe mit homonymen zu vermischen und unter einander beliebig abwechseln zu lassen; dies geschieht z. b. 1366ᵃ 19 ff. mit ἔθη und ἤθη. eine gewisse willkür im gebrauch ungleicher modi und tempora wie 1368ᵃ 16 kann auffallen, noch mehr die sonderbarkeit erst dem zweiten substantiv den artikel beizufügen, z. b. 1414ᵇ 14. sehr constant ist Ar. in den citationen seiner eigenen aussprüche, die immer im plural geschehen, daher 1355ᵃ 2 als einzige ausnahme (εἶπον statt εἴπομεν) corrigiert werden muste, oder passivisch gefaszt sind, wie εἴρηται πρότερον, vgl. Sp. zu 1356ᵇ 12. niemals wiederholt er, wie die Attiker es lieben, ἄν in demselben satze, vgl. 1361ᵇ 31. 1408ᵃ 32; ἔστω verbindet er immer mit δή, wo eine abhandlung beendigt ist, ἔστι immer mit δέ, wo er zu einer neuen untersuchung übergeht. ungewöhnliches wie λεληθυῖα παρὰ πᾶσιν 1358ᵃ 3, γνώμῃ τῇ ἀρίστῃ (statt γνώμῃ τῇ δικαιοτάτῃ) 1375ᵇ 17, ausdrücke wie 1354ᵃ 15 σῶμα τῆς πίστεως und ebd. 16 διαβολή wo die durch διαβολή hervorgebrachte stimmung gemeint ist, und vieles andere hat Sp. durch geeignete beispiele gegen änderungsvorschläge gesichert, vgl. 1362ᵃ 24. 1366ᵇ 37. 1367ᵇ 23. 1368ᵇ 31. 1388ᵇ 7. 1401ᵇ 1 (wo wol οὐκοῦν ταῦτα καὶ πέπρακται zu lesen ist). mehrere dieser noten sind gegen Vahlen gerichtet, dem man aber das verdienst um manche stellen wie 1363ᵇ 1. 1372ᵇ 36. 1386ᵃ 12. 23. 1389ᵃ 37. 1398ᵃ 16. 1402ᵇ 19 nicht bestreiten darf, wie es denn auch von Sp. anerkannt wird.

Wesentlichste grundlage der kritik des werkes ist bekanntlich der Parisinus 1741 (A, aus dem elften jh.), schon von P. Victorius gewürdigt und verglichen, dann nochmals von Th. Gaisford und I. Bekker. Spengel gibt gleichsam einen abdruck davon, natürlich mit ausnahme der am untern rande jeder pagina verzeichneten unzulässigen abweichungen; diese sind entweder einfache schreibfehler oder lesarten welche durch richtigere ersetzt werden musten; und zwar sind solche entweder aus anderen hss. gezogen, oder ergeben sich aus der im 13n jh. von Wilhelm von Moerbeke verfaszten lateinischen übersetzung[1]), oder rühren aus den sonst meistens werthlosen scholien her[2]), oder sind zweifellose emendationen neuerer und neuester philologen von Victorius bis Bonitz. dem texte der rhetorik schlieszt sich wie in der älteren ausgabe der von Seguier zuerst 1838 edierte abschnitt περὶ ἐρωτήϲεωϲ καὶ ἀποκρίϲεωϲ an s. 145—152, dann folgen 'scholia graeca ex cod. Parisiensi 1869 nunc primum edita' s. 153—162[3]), hierauf die 'vetusta translatio' s. 163—342; den schlusz des ersten teiles bildet der index s. 343—356; der zweite teil enthält den commentar.

Die in der praefatio der rhetores graeci I s. V ff. von Sp. selbst gemachten vorschläge sind meistens in den commentar der neuen ausgabe übergegangen; einige hat Sp. jetzt modificiert oder ganz zurückgenommen und zum teil durch bessere ersetzt, wie 1355ᵃ 32, wo τοῖϲ λόγοιϲ als glossem von αὐτοῖϲ betrachtet wird (früher lautete der text τοῖϲ λόγοιϲ αὐτούϲ); wie 1358ᵃ 36 γένη nicht corrigiert, sondern nur suppliert wird; wie 1362ᵃ 26 der ganze satz τοῦτό ἐϲτιν ἑκάϲτῳ ἀγαθόν, statt ταῦτα zu corrigieren, verdächtigt ist. schonender ist 1375ᵃ 29 behandelt und in bezug auf καὶ δικαιοτέροιϲ das 'fortasse delendum' weggeblieben; 1376ᵃ 21 steht jetzt καὶ ὅτι οὐχ für das frühere καὶ οὐχ· 1405ᵃ 3 bleibt ὅτι τοῦτο πλεῖϲτον δύναται statt des vordem gewünschten ὅτι τούτων πλεῖϲτον δύνανται, aber αἱ μεταφοραὶ fällt weg; unentschieden läszt Sp. ob 1415ᵃ 12 λόγοιϲ καὶ auszulassen oder δικανικοῖϲ (λόγοιϲ καὶ) hinzuzufügen sei; er erklärt für nicht durchaus notwendig, was ihm und uns einst unentbehrlich erschien, 1354ᵇ 5 περὶ παρόντων τε καί, 1369ᵃ 2 τῶν δὲ δι' ὄρεξιν und ἡ δὲ βούληϲιϲ· mit stillschweigen übergeht er die wol minder als jene gebotene ergänzung καὶ τοὺϲ ἀγαθοὺϲ ἄγαν φιλεῖν 1395ᵃ 33; dasselbe schicksal hat 1357ᵃ 2 der vorschlag ἔϲτι δὴ und die tilgung von δεῖ vor πράττειν 1368ᵃ 2. als berichtigung früherer ansicht erscheint 1371ᵃ 13 die bemerkung 'notemus articulum neglectum', 1373ᵇ 27 'fort. scr. ἔϲτω δὴ — tamen et vulgata non falsa est'; 1378ᵃ 32 wird jetzt ἡ αὐτοῦ ἢ τῶν αὐτοῦ vorgeschlagen, früher las man τῶν εἰϲ αὐτὸν [ἢ τῶν αὐτοῦ]; ebenso wird 1387ᵇ 3 τίϲι (A τοῖϲ) für οἷϲ beurteilt; zu 1402ᵇ 16 zur beibehaltung von δι' ἐπαγωγῆϲ gerathen. an die stelle der ehemaligen vermutung 1377ᵇ 20 ἐνθύμημα ὡϲ εἰπεῖν περὶ ἕκαϲτον ἰδίᾳ ist ἐ. πρὸϲ τὸ περὶ ἕκαϲτον εἰπεῖν ἰδίᾳ getreten; über das zu 1373ᵇ 19 nur in den scholien gerettete frag-

1) Spengel hat sie vollständig mitgeteilt und die varianten des cod. Monac. 307 nebst denen der ed. Veneta von 1481 beigegeben, in der vorausgeschickten abhandlung 'de vetusta translatione' s. 165—178 aber ihre verwendbarkeit zur herstellung des griechischen textes ausführlich erörtert. 2) solche sind 1406ᵃ 30 ἀντίμιμον statt τίμιον, 32 ἔξεδρον statt ἐξεθρον, 1409ᵇ 4 πεπεράνθαι statt πεπεράϲθαι, 1412ᵃ 23 αὑτοῖϲ statt ἑαυτοῖϲ und einiges andere. 3) über die längst edierten scholien sowie über sämtliche textesquellen gibt die praefatio dieser ausgabe s. V—XIII die nötige auskunft.

ment aus dem Messeniakos des Alkidamas spricht sich Sp. jetzt günstiger als früher aus.

Neue verbesserungen, welche aber dem texte selbst noch nicht zu gute gekommen sind mit ausnahme von 1356ª 20. 1372ª 8. 1376ª 4. 1378ª 31. 1415ᵇ 13, bietet diese ausgabe in groszer anzahl; ref. glaubt den besitzern derselben einen gefallen zu thun, wenn er sie aus dem commentar gesammelt hier verzeichnet.

Als einschiebsel oder auch zufällig entstandene überschüsse betrachtet Sp. 1359ª 12 οὐχ nach ἐςόμενα, ebd. z. 21 das ἤ vor τὸ καλὸν und vor τὸ δίκαιον, zu 1365ª 3 urteilt er «sensu caret lectio τέλη γὰρ μᾶλλον ἢ τὰ πρὸς τῷ τέλει»; dem sprachgebrauch des Ar. zuwider gilt ihm 1371ª 4 περὶ vor τὰς ἐςπουδαςμένας . . παιδιάς, ungehörig 1372ª 28 καὶ τἀδικήματα, wenn man (mit A) πάντα liest; ferner 1372ᵇ 26 ἢ εἰς ἀπόλαυςιν, ferner 1373ª 14 ἢ ποιήςοντας, 1374ª 26 καὶ nach ἰδίου, 1374ᵇ 3 der zusatz καὶ ποῖοι οὐκ ἐπιεικεῖς ἄνθρωποι, ebenso 1374ᵇ 33 χαλεπὸν γὰρ καὶ ἀδύνατον, eingeschlossen ist 1376ª 4 εἴρηται· die klammern verdiente wol ebenso gut 1378ª 10 ἢ ςυμβουλεύουςιν und ebd. ᵇ 6 ὁ δ' ὀργιζόμενος ἐφίεται δυνατῶν αὐτῷ, worüber nur die note sich ungünstig äuszert, wie 1378ª 31 φαινομένης· überflüssig ist 1378ª 5 καὶ ἔςεςθαι, 1379ᵇ 25 πρὸς und 1382ᵇ 32 παθεῖν· dem begriff des neides widerspricht 1388ª 25 οὐκ ἔχοντες und ἔχοντες· offenbare dittographie des folgenden εἴρηται δὲ περὶ τούτων πρότερον ist der satz περὶ ὧν εἰρήκαμεν πρότερον 1388ᵇ 34, und zwar hat man sie an ersterer stelle zu erkennen, weil hier die unterscheidung λέγω δὲ πάθη μὲν ὀργὴν ἐπιθυμίαν καὶ τὰ τοιαῦτα . . ἕξεις δὲ ἀρετὰς καὶ κακίας durch dieselbe unterbrochen wird. in einer dem Ar. ungewohnten weise ist 1389ª 31 οὔπω eingeschoben; störend die wiederholung von ἤδη 1393ᵇ 23 und von ὅτι 1399ᵇ 6; ohne sinn καὶ ῥαψῳδίαν 1403ᵇ 23, ungehörig ὅτι ἐποίηςεν 1401ᵇ 5, desgleichen 1404ᵇ 18 διό. unzeitig ist 1405ª 10 die erwähnung der epitheta, und daher καὶ τὰ ἐπίθετα (nicht auch das folgende καί?) zu entfernen; endlich zu verwerfen 1404ᵇ 13 τε nach πολλά, 1408ᵇ 16 ἐπὶ τέλει, 1416ᵇ 11 κακοηθιςτέον, ebd. z. 35 γάρ, 1417ᵇ 9 δεῖ, 1419ᵇ 15 καί, ebd. z. 35 μή. noch ein besonderes verdienst Sp.s besteht darin dasz er auf die unstatthaftigkeit mehrerer längerer stellen aufmerksam gemacht hat; diese sind 1367ᵇ 26—1368ª 10, wo die abhandlung über ἔπαινος und ἐγκώμιον und die verwandtschaft derselben mit der ὑποθήκη = παραίνεςις nur scheinbar mit dem hier behandelten gegenstande zusammenhängt; dasz bei der engen verbindung von 1371ª 34 mit ᵇ 5 das dazwischen liegende von Ar. selbst nicht an diese stelle gebracht sein kann, also καὶ τὸ εὖ ποιεῖν bis τὰ ἐλλιπῆ ἐπιτελεῖν hier wegfallen musz, erleidet keinen zweifel; eine kürzere zuthat ist 1393ª 23—25 zu beseitigen: ἐπείπερ εἴρηται περὶ τῶν ἰδίων, εἰςὶ δ' αἱ κοιναὶ πίςτεις δύο τῷ γένει, wobei z. 23 nur ἄλλων vor κοινῶν zu ergänzen und z. 25 παραδείγματος καὶ ἐνθυμήματος zu corrigieren ist; 1413ª 30—ᵇ 1 bedurfte es des belegs aus Homer Il. I 388 ff. nicht, und man empfindet ebenfalls unangenehm die unterbrechung der sätze cφοδρότητα γὰρ δηλοῦcι und διὸ πρεcβυτέρῳ λέγειν ἀπρεπέc.

Als sichere ergänzungen sind zu betrachten 1356^a 20 φαινόμενον ἀληθὲc, ebd. ^{b} 34 τοῖc τοιοῖcδε, 1360^b 37 γνωρίμουc γεγονέναι, 1366^b 1 κακία δὲ τοὐναντίον, 1368^a 5 οὐκ ἐπὶ . . ἀλλ' ἐπὶ, 1369^b 26 φαινομένων λυπηρῶν, 1371^a 25 καὶ τὸ δὲ μεταβάλλειν, 1376^b 1 τῷ αὔξειν, 1379^a 1 ἐν ᾧ ἄν τιc ὑπερέχῃ, 1386^a 3 ἤ τῳ τῶν αὐτοῦ, 1391^b 10 ἄν τε πρὸc πολλοὺc ἄν τε πρὸc ἕνα, 1397^b 5 cτυγοῦcιν, ἀλλὰ διαλαβόντα χρὴ cκοπεῖν, 1403^b 7 τὸ περὶ τὴν λέξιν, 1406^a 26 καὶ οὐ cκυθρωπόν, ἀλλὰ cκυθρωπὸν τὴν φροντίδα, 1414^a 16 ὅπου μάλιcτα ὑποκρίcεωc δεῖ, ebd. z. 30 ἔcτι δὲ τοῦ λόγου δύο μέρη ἀναγκαῖα· ἀναγκαῖον γὰρ usw., ebd. ^{b} 36 ὁ αὐτόc.

Sehr einleuchtend sind umstellungen wie 1368^a 17 καὶ εἰ τὰ προτρέποντα καὶ τιμῶντα διὰ τοῦτον εὕρηται καὶ κατεcκευάcθη, οἷον δι' Ἁρμόδιον καὶ Ἀριcτογείτονα τὸ ἐν ἀγορᾷ cταθῆναι καὶ εἰc ὃν πρῶτον ἐγκώμιον ἐποιήθη, οἷον εἰc Ἱππόλοχον für καὶ . . κατεcκευάcθη καὶ εἰc ὃν πρῶτον ἐγκώμιον ἐποιήθη οἷον εἰc Ἱππόλοχον καὶ δι' Ἁρμόδιον καὶ Ἀριcτογείτονα τὸ ἐν ἀγορᾷ cταθῆναι, und die schon früher vorgeschlagene von 1397^b 7 die worte καὶ ἡ περὶ Δημοcθένουc δίκη . . ἀποθανόντα nach der folgerung καὶ εἰ τῷ πεπονθότι τὸ καλῶc ἢ δικαίωc ὑπάρχει eintreten zu lassen, nur dasz nach Sauppes erinnerung dieser hier ausgeschriebene satz nicht getrennt werden darf von dem eng damit verbundenen εἰ γὰρ θατέρῳ ὑπάρχει τὸ καλῶc ἢ δικαίωc ποιῆcαι, θατέρῳ τὸ πεπονθέναι, also das dazwischen geschobene καὶ εἰ κελεῦcαι, καὶ τὸ πεποιηκέναι, οἷον ὡc ὁ τελώνηc Διομέδων περὶ τῶν τελῶν· εἰ γὰρ μηδ' ὑμῖν αἰcχρὸν τὸ πωλεῖν, οὐδ' ἡμῖν τὸ ὠνεῖcθαι jetzt unmittelbar vor καὶ ἡ περὶ Δημοcθένουc usw. seinen platz erhalten musz, worauf dann erst von der paralogistischen behandlung des topos (ἐκ τῶν πρὸc ἄλληλα) die rede sein kann: ἔcτι δὲ τοῦτο παραλογίcαcθαι . . ἐμὲ δὲ μὴ κτανεῖν. kleine umstellungen sind 1364^b 37 μὴ ὃ für ὃ μὴ, 1373^b 7 πάντεc τι für τι πάντεc, 1388^a 13 ist ὡcαύτωc bis τοιαῦτα hinter τοὺc εἰρημένουc (z. 9) zu rücken; 1399^b 7 hat Sp., statt das richtige (welches aber vielleicht auch etwas anders ausgedrückt werden konnte) ὁτὲ μὲν γὰρ τὸ μένειν ἀντὶ τοῦ μὴ μάχεcθαι ᾑροῦντο, ὁτὲ δὲ τὸ μὴ μάχεcθαι ἀντὶ τοῦ μένειν sofort aufzunehmen, den sinnlosen text ὁτὲ μὲν γὰρ τὸ μένειν ἀντὶ τοῦ μάχεcθαι ᾑροῦντο, ὁτὲ δὲ τὸ μὴ μάχεcθαι ἀντὶ τοῦ μὴ μένειν beibehalten; 1415^a 26 ist ἔκ τε τοῦ λέγοντοc καὶ τοῦ ἐναντίου καὶ τοῦ ἀκροατοῦ καὶ τοῦ πράγματοc die sachgemäsze aufzählung, wo man noch liest ἔκ τε τοῦ λέγοντοc καὶ τοῦ ἀκροατοῦ καὶ τοῦ πράγματοc καὶ τοῦ ἐναντίου· unlogisch ist endlich die wortstellung 1418^b 1 μᾶλλον τῷ ἐπιεικεῖ ἁρμόττει χρηcτὸν φαίνεcθαι ἢ τὸν λόγον ἀκριβῆ statt φαίνεcθαι τὸν λόγον ἢ ἀκριβῆ.

Wir gehen über auf die correcturen wodurch einzelne oder

kung s. 77 verworfen wird, nicht einmal, wie vor θεωρὸς, mit klammern versehen. dasz 1359ᵃ 25 ἀγαθὸν ungehörig sei, scheint die singuläre fassung der distinction zu erweisen: denn dem ἀγαθόν müste das κακόν ebenso entgegengesetzt sein wie dem δικαίωμα das ἀδίκημα. wenn man auch mit Sp. 1360ᵃ 12 καὶ πόση ἡ αὐτοῦ τε γιγνομένη καὶ εἰσαγώγιμος schreibt für καὶ ποία ἡ usw., so ist doch der ganze satz überflüssig neben καὶ τίνων τ' ἐξαγωγῆς δέονται καὶ τίνων εἰσαγωγῆς, weswegen jener wol besser ganz getilgt würde. bald nachher z. 27 möchte Sp. als 'minus apte' beigefügt οὐ μόνον ἀνιέμενα ἔρχεται εἰς τὸ μέσον ἀλλὰ entfernt sehen; sollte aber nicht noch καὶ ἡ γρυπότης καὶ ἡ σιμότης wegfallen und nur ὥσπερ καὶ σφόδρα γρυπὰ usw. stehen bleiben? wenigstens nimt sich ἡ γρυπότης . . σφόδρα γρυπὴ γινομένη sonderbar aus. an ἐπιφανεῖς nach τοὺς πρώτους 1360ᵃ 32 nimt Sp. anstosz, vielleicht aber ist dieses zu halten, dagegen καὶ πολλοὺς ἐπιφανεῖς, weil aus z. 38 wiederholt, zu streichen; denn an jener stelle ist es gewis angemessener: die ersten gründer eines volkes konnten bedeutende führer für die übrige menschheit in wichtigen culturbeziehungen sein, dann aus éinem geschlechte viele grosze männer hervorgehen. wenn man 1361ᵃ 2 τῷ κοινῷ μὲν nebst dem schon von Sp. eingeschlossenen εὐτεκνία beseitigt, könnte auch die ziemlich inhaltlose definition ἰδίᾳ δὲ εὐτεκνία καὶ πολυτεκνία τὸ τὰ ἴδια τέκνα πολλὰ καὶ τοιαῦτα εἶναι καὶ θηλέα καὶ ἄρρενα wegfallen, indem es sich von selbst versteht dasz die starke bevölkerung auf dem kinderreichtum der einzelnen familien beruht. weiterhin 1363ᵇ 16 entsteht die frage, ob wol Ar. nur τό θ' οὗ ἕνεκα τὰ ἄλλα schrieb, so dasz τὸ τέλος bis ἕνεκα wegfiele. auffallend ist 1365ᵃ 8 der satz καὶ ὧν αἱ ζημίαι μείζους, wo nur von gütern die rede ist. freilich erinnert Sp. 'propter contrarium ut alia quaedam in hoc capite addidisse videtur Aristoteles.' wozu sollte aber diese bemerkung dienen, da, was mehr bestraft wird, wol ein gröszeres übel, aber kein gröszeres gut heiszen kann? nicht blosz ist 1365ᵃ 37 τέλη γὰρ μᾶλλον τὰ πρὸς τῷ τέλει unverständlich, wie Sp. erklärt, auch τὰ ἐν τέλει τοῦ βίου kann man in diesem zusammenhang nicht verstehen; aber die von Sp. vorgeschlagene correctur καὶ τὰ πρὸς τὸ τέλος könnte durch den zusatz τοῦ βίου (vgl. top. III 1 s. 116, 23) vervollständigt, das übrige als unheilbar bei seite gelassen werden. in hinsicht der worte 1366ᵇ 12 καὶ ὡς ὁ νόμος κελεύει neben καὶ ὑπηρετικοὶ τῷ νόμῳ wird die vermutung gestattet sein, dasz sie aus z. 15 hinaufgerathen sind; ihre entbehrlichkeit bedarf wol keines nachweises. an einem dreifachen fehlerhaften pleonasmus leidet der übergang vom ἔπαινος zum ψόγος in 1368ᵃ 34 ἐκ τίνων μὲν οὖν οἱ ἔπαινοι καὶ οἱ ψόγοι λέγονται σχεδὸν πάντες, καὶ πρὸς ποῖα δεῖ βλέποντας ἐπαινεῖν καὶ ψέγειν, καὶ ἐκ τίνων τὰ ἐγκώμια γίγνεται καὶ τὰ ὀνείδη, ταῦτ' ἐστίν, wie ganz klar aus dem folgenden hervorgeht: ἐχομένων γὰρ τούτων τὰ ἐναντία τούτοις φανερά· ὁ γὰρ ψόγος ἐκ τῶν ἐναντίων ἐστίν. denn die gegensätze der lobrede sollten erst jetzt erwähnt werden, nachdem im vorhergehenden blosz das αὐξητικόν der guten eigenschaften behandelt worden. das doppelte glossem in 1368ᵃ 19 ἐγκαταλιμπάνουσι γὰρ διὰ τὸν φόβον und τοὺς συγκινδυνεύοντας, was zur erklärung jenes ursprünglich vorausgehenden beigefügt wurde, möchten wir nicht darum beibehalten, weil nach ὁ δὲ δειλὸς περὶ τοὺς κινδύνους die aufzählung mit διὰ fortführt: ὁ δὲ φιλότιμος διὰ τιμὴν usw., denn auch so ist kein grund zu erkennen, weshalb blosz bei dem δειλός die motivierung angebracht wurde. widersinnig sind 1369ᵇ 8 die worte ἢ ὡς τέλος ἤ. widersprechender und eine wenigstens ungehörige modification enthaltender zusatz darf 1370ᵇ 14 heiszen ἢ οὐκ ὀργίζονται ἢ ἧττον. als überflüssig bezeichneten wir schon früher 1374ᵇ 31 καὶ οὗ μή ἐστιν ἴασις, was offenbar der kategorie καὶ οὗ μὴ ἔστι δίκην λαβεῖν τὸν παθόντα· ἀνίατον γάρ· ἡ γὰρ δίκη κόλασις καὶ ἴασις vorgreift. das dazwischen liegende χαλεπὸν γὰρ καὶ ἀδύνατον hat jetzt auch Sp. verworfen mit den worten 'si abesset hoc membrum, non requirerem' (s. 189). desgleichen sei es erlaubt zu wiederholen, dasz die bemerkung 1375ᵃ 8 καὶ τὰ μὲν ῥητορικά ἐστι τοιαῦτα von einem mit den rednern vertrauten leser herrührt, Ar. aber eher schreiben konnte καὶ ᾧ ποιῶν πολλὰ ἀνῄρηκεν ἢ ὑπερβέβηκεν. das ἢ καὶ αὐτὸς αὑτῷ 1375ᵇ 8 widerspricht der folgenden erklärung, die sich nur auf die differenz verschiedener gesetze bezieht. auch τὸν ἰατρὸν bleibt besser weg 1375ᵇ 22, da die bedeutung des sprichwortes im verbum παρασοφίζεσθαι hinreichend angedeutet ist und sogleich τοῦ ἰατροῦ als teil der speciellen erläuterung folgt, mithin nicht anticipiert werden durfte. in ἐπὶ τὰ τοιαῦτα γεγενημένα παραδείγματα 1377ᵃ 16 ist das particip ganz überflüssig, wie der beisatz ἃ ἴσασιν οἱ κρίνοντες zeigt. in dem von der ὀλιγωρία 1378ᵇ 11 aufgestellten begriffe ist schon im allgemeinen das object derselben als τὸ μηδενὸς ἄξιον φαινόμενον angegeben, so dasz aus dem καταφρονεῖν ὅσα .. οἴονται μηδενὸς ἄξια sofort auch das ὀλιγωρεῖν folgt. statt nun noch καταφρονοῦντες nach τῶν δὲ μηδενὸς ἀξίων (z. 16) einzuschieben, wozu Sp. räth, möchte eher mit übergehung des selbstverständlichen nachsatzes und des auch von Vahlen verworfenen φαίνεται καταφρονεῖν eine bündige fassung mit ὅ τε γὰρ καταφρονῶν ὀλιγωρεῖ (ὅσα γὰρ οἴονται μηδενὸς ἄξια, τούτων καταφρονοῦσι) καὶ ὁ ἐπηρεάζων am platze sein. weniger ist Vahlen beizustimmen, wenn er καὶ ὁ ὑβρίζων δὲ ὀλιγωρεῖ in καὶ ὁ ὑβρίζων zusammenziehen will. das 1383ᵇ 32 vorangeschickte τὸ δ' ἐπαινεῖν παρόντα κολακείας, worauf καὶ τὸ τἀγαθὰ μὲν ὑπερεπαινεῖν τὰ δὲ φαῦλα συναλείφειν, καὶ τὸ ὑπεραλγεῖν ἀλγοῦντι παρόντα .. κολακείας γὰρ σημεῖα folgt, ist gewis nur aus gedankenloser repetition der drei sogleich wiederkehrenden ausdrücke ἐπαινεῖν — παρόντα — κολακείας entstanden; sehr verschieden ist, was Sp., um κολακείας zu halten, aus z. 27 und 32 beibringt, wo die wiederholung von ἀνελευθερίας nichts auffallendes hat, weil sie auf disparates bezogen wird. hier aber ist auch der gedanke ungehörig, dasz ἐπαινεῖν schon κολακεία sei, welche mit recht nur dem ὑπερεπαινεῖν beigelegt wird. der satz 1388ᵃ 13 scheint die änderung πρὸς τοὺς περὶ τὰ αὐτὰ zu bedürfen, was nachher mit πρὸς τοὺς τῶν αὐτῶν ἐφιεμένους minder richtig umschrieben wird: denn nicht blosz das gleiche streben, sondern das gleiche treiben erregt eifersucht. die periode dürfte mit entfernung von ὡσαύτως καὶ und von τοὺς τῶν αὐτῶν ἐφιεμένους ursprünglich so gelautet haben: οὐδ' ὧν πολὺ ὑπερέχειν, ἐπεὶ δὲ πρὸς τοὺς ἀνταγωνιστὰς καὶ ἀντεραστὰς καὶ ὅλως τοὺς περὶ τὰ αὐτὰ φιλοτιμοῦνται, ἀνάγκη μάλιστα τούτοις φθονεῖν. in 1393ᵃ 35 καὶ γὰρ πρότερον Δαρεῖος οὐ πρότερον διέβη πρὶν Αἴγυπτον ἔλαβεν will Sp. im widerspruch mit Vahlen das zweite πρότερον tilgen, weil dem ersten das weiter folgende ὥστε καὶ οὗτος, ἐὰν λάβῃ, διαβήσεται = καὶ νῦν οὗτος, ἐὰν λάβῃ, διαβήσεται entspreche; doch scheint die wiederholung mit καὶ πάλιν Ξέρξης οὐ πρότερον ἐπεχείρησε πρὶν ἔλαβεν absichtlich, also auch vorher nach Δαρεῖος das οὐ πρότερον beizubehalten, womit das erste πρότερον sich nicht gut verträgt. überflüssig ist 1399ᵇ 37 καὶ προτρέπονται δ' ἐκ τούτων καὶ ἀποτρέπονται ἐκ τῶν ἐναντίων dem gedanken nach, und die anwendung des passivs ungeschickt, wo sogleich folgt ἐκ δὲ τῶν αὐτῶν τούτων καὶ κατηγοροῦσι καὶ ἀπολογοῦνται. statt aber mit Sp. die activa herzustellen, wird es gerathener sein in den formen media zu erkennen, deren anwendung auf einen spätern urheber dieser worte schlieszen läszt. unpassend ist 1407ᵇ 23 καὶ vor ὧδε πορεύεσθαι. die ungehörigkeit der bemerkung 1408ᵇ 9 ἐὰν οὖν τὰ μαλακὰ σκληρῶς καὶ τὰ σκληρὰ μαλακῶς λέγηται, ἀπίθανον γίγνεται deutet Sp.s note zur stelle an, doch mochte er sie nicht als solche bezeichnen. die 1409ᵇ 9 gegebene vorschrift, dasz nicht, wie der sinn durch den vers zerrissen werden könne, die periode den gedanken spalten dürfe, wird durch ein beispiel aus Euripides, wozu jemand irrigerweise Σοφοκλέους beischrieb, erläutert, welches einen verschiedenen sinn gibt, je nachdem man in der mitte des verses Καλυδὼν μὲν ἥδε γαῖα Πελοπείας χθονός oder am ende interpungiert, letzteres würde aber einen verkehrten gedanken hervorbringen. hier musz wol ὥσπερ καὶ gestrichen werden. überflüssig ist 1410ᵇ 35 der artikel vor πραττόμενα. nur explication scheint 1411ᵃ 30 ἐκκλησίας neben συνδρομὰς zu sein; wol auch 1412ᵇ 15 οὐ μᾶλλον ἢ σε δεῖ, wenn man vorher liest οὐκ ἂν γένοιο μᾶλλον ἢ ξένος ξένος und dann fortführt τὸ αὐτὸ καὶ οὐ δεῖ τὸν ξένον ξένον αἰεὶ εἶναι, ἀλλότριον γὰρ καὶ τοῦτο. von 1412ᵇ 24 bekennt Sp. 'haec et quae sequuntur me non intellegere ingenue fateor' und allerdings ist was dasteht δεῖ δ' ἀεὶ προσεῖναι ἢ τὸ πρὸς ὃν λέγεται ἢ ὀρθῶς λέγεσθαι, εἰ τὸ λεγόμενον ἀληθὲς καὶ μὴ ἐπιπόλαιον nicht zu verstehen, kann aber verständlich werden, wenn man beide ἢ tilgt und dann fortführt mit καὶ τὸ λεγόμενον ἀληθὲς μὴ ἐπιπόλαιον εἶναι, was wol keine zu gewaltsamen änderungen sind. unbedenklich durfte, wie früher, 1413ᵇ 16 ἢ τῶν λεχθέντων eingeklammert werden; es wäre eine schlechte variante für τῶν ῥητόρων, wie τῶν γραφομένων gewis nicht dem allein überlieferten τῶν γραφόντων vorzuziehen. stillschweigend, und wol mit gutem recht, werden 1416ᵃ 24 die worte ἢ ἄλλος αὐτοὺς ἢ ἄνευ διαβολῆς ὑπελαμβάνοντο verworfen, und nur ὥσπερ αὐτὸν νῦν geändert. der stelle 1419ᵃ 10 ist vielleicht am besten aufzuhelfen, wenn man εἴρηκεν streicht und ὡς δὲ statt ὡς ἂν schreibt: Σωκράτης Μελήτου οὐ φάσκοντος αὐτὸν θεοὺς νομίζειν, ὡς δὲ δαιμόνιόν τι λέγοι, ἤρετο usw.

Seltener als die beispiele von erweiterung des textes durch unechte zuthaten scheinen die der lückenhaftigkeit zu sein; es ist auch nicht immer leicht zu bestimmen, ob diese eine nur scheinbare ist oder wirklich etwas fehlt. für die definition 1357ᵇ 5 ἀναγκαῖα μὲν οὖν λέγω ἐξ ὧν γίγνεται συλλογισμός sollte man noch den zusatz ἄλυτος erwarten, da den anderen syllogismen ἐξ εἰκότων καὶ σημείων μὴ ἀναγκαίων sonst dieselbe allgemeine benennung zufällt. vor παρὰ φύσιν 1362ᵃ 4 fehlt τῶν, nur hinzuzudenken ist αἰτίαν sc. τὴν τύχην. auszerdem dasz 1364ᵇ 10 für κελεύει δὲ τὸ αὐτῆς ἑκάστη (sc. ἐπιστήμη) erfordert wird ἀληθεύει (jede wissenschaft ist in bezug auf ihren gegenstand eo ipso wahr), scheint auch noch περὶ weggefallen, vgl. met. III 1010, 9 περί γε τὸ πάντῃ πάντως μεταβάλλον οὐκ ἐνδέχεσθαι ἀληθεύειν. in engem anschlusz an das vorhergehende καὶ ἃ μὴ λανθάνει παρόντα ἢ ἃ λανθάνει wird man wol mit der Veneta 1365ᵇ 16 ergänzen müssen διὸ τὸ πλουτεῖν <καὶ δοκεῖν> φανείη ἂν μεῖζον ἀγαθὸν und mit hülfe der scholien τοῦ <πλουτεῖν καὶ μὴ> δοκεῖν. ohne diese ausfüllung entspricht der satz διὸ bis δοκεῖν durchaus nicht dem obigen καὶ ἃ μὴ bis λανθάνει. vor ἀδοξοῦντες 1372ᵇ 23 kann ἂν kaum fehlen. in 1379ᵇ 21 scheint ein adverbium wie ἀμελῶς, welches den ausdruck der teilnahmlosigkeit hätte, zu ἀκούουσι beigefügt werden zu müssen; 1380ᵇ 32 fehlt nach φοβεροὺς oder, wenn man will, nach πεποιημένους ein particip im sinne von ἀποδεικνῦσιν. zu schwach ist 1382ᵃ 8 καὶ τὸ μὲν λύπης ἔφεσις, τὸ δὲ κακοῦ, wo man den ausdruck der vernichtung erwartete; etwa durch beisatz von φθαρτικοῦ, wie es gleich nachher heiszt z. 21 ἔστω δὴ φόβος λύπη τις ἢ ταραχὴ ἐκ φαντασίας μέλλοντος κακοῦ φθαρτικοῦ ἢ λυπηροῦ. zu πρὸς ἀλήθειαν 1384ᵇ 26 gehört ein bis jetzt noch fehlendes ἔχειν. da 1387ᵃ 24 die wegen des ihnen nicht gebührenden glückes beneideten das genus sind, die parvenus aber die species, so wird durch ein vor οἱ νεόπλουτοι eingeschobenes οἷον die nötige unterscheidung zu geben sein: knüpft sich an das erste in den augen der neider unverdiente glück ein zweites, wie wenn ein rasch reich gewordener nun auch ein hohes amt erhält, so misgönnt man ihm das ebenfalls. in 1394ᵃ 26 ist ἃ vor αἱρετὰ ausgefallen; 1402ᵃ 3 scheint wie weiter unten z. 8 gelesen werden zu müssen παρὰ τὸ μὴ ἁπλῶς ἀλλά τι εἰκός statt παρὰ τὸ ἁπλῶς καὶ μὴ ἁπλῶς ἀλλά τι: warum sollte ein anderer scheinbarer syllogismos als das entsprechende enthymema in den eristischen und rhetorischen unterredungen hier angegeben sein? weiterhin z. 18 verlangt die concinnität mit dem folgenden οἷον ἂν ἰςχυρὸς ὢν dasz auch οἷον ἂν ἀςθενὴς ὢν geschrieben werde. wo Ar. die schauspielkunst berührt, 1403ᵇ 22 ff. ist der text, wenn wir nicht sehr irren, defect und etwa so zu ergänzen z. 27: ἔςτι δὲ αὐτοῦ τὸ μὲν ἐν τῇ φωνῇ usw., dann z. 32 ταῦτα δ' ἐςτὶ μέγεθος ἁρμονία ῥυθμός. <τὸ δὲ ἐν τῷ προςώπῳ καὶ τῇ κινήςει τοῦ ςώματος.> vgl. 1408ᵇ 5 λέγω δὲ οἷον ἐὰν τὰ ὀνόματα ςκληρὰ ᾖ, μὴ καὶ τῇ φωνῇ καὶ τῷ προςώπῳ καὶ τοῖς ἁρμόττουςιν (sc. ἅμα χρῆςθαι). nach ποίηςιν 1405ᵃ 34 wird δέον ᾠδῆς zu ergänzen sein, denn die ποίηςις ist nicht als φωνή zu betrachten. vielleicht fuhr dann Ar. fort φαύλη δὲ ἡ μεταφορὰ τῆς ἀςχήμονος φωνῆς statt φαύλη δὲ ἡ μεταφορὰ ταῖς ἀςήμοις φωναῖς. vor λόγος 1415ᵃ 2 ist der artikel nicht zu entbehren.

Nur wenige fälle finden sich von der art, dasz eine umstellung erforderlich erscheint: wie etwa 1361ᵇ 9 ἡδὺν δ' ὄντα ἰδεῖν πρὸς ἀπόλαυςιν an das ende der periode gehört, da die worte διὸ οἱ πένταθλοι κάλλιςτοι, ὅτι πρὸς βίαν καὶ πρὸς τάχος ἅμα πεφύκαςιν unmittelbar als parenthese hinter νέου μὲν οὖν κάλλος τὸ πρὸς τοὺς πόνους χρήςιμον ἔχειν τὸ ςῶμα τούς τε πρὸς δρόμον καὶ πρὸς βίαν ihren richtigen platz erhalten. in ähnlicher weise mögen die sätze 1365ᵇ 6 διὸ καὶ τὴν δικαιοςύνην φαςὶ μικρὸν εἶναι, ὅτι δοκεῖν ἢ εἶναι αἱρετώτερον und der vorhergehende καὶ ὅςα εἶναι μᾶλλον ἢ δοκεῖν βούλονται· πρὸς ἀλήθειαν γὰρ μᾶλλον ihre stellen vertauschen, so dasz diese sich eng und ohne gröszere interpunction an αἱρετώτερον anschlieszen. nach πάθει 1385ᵇ 35 wird ἀλλ' οἱ μεταξὺ τούτων seinen rechten platz finden. engere verbindung ohne transposition scheint 1359ᵃ 39 erforderlich auszer der einklammerung von ἢ: denn καὶ τῶν ὁμόρων ταῦτα ἀναγκαῖον εἰδέναι ist fast identisch mit καὶ πρὸς οὓς ἐπίδοξον πολεμεῖν, da eben von den nachbarn aus der krieg am ersten droht. ebenso bedarf es keiner interpunction 1373ᵃ 18 zwischen πρὸς οὓς ζῶςιν αὐτοὶ und καὶ πρὸς οὓς ἔςτιν ἐπιεικείας τυχεῖν, wo ἐπιείκεια die bedeutung von erkenntlichkeit in concretem sinne hat, ähnlich wie εὖνοιαι Dem. Chers. 96, 11. als parenthese muste 1376ᵇ 28 der satz αἱ γὰρ ὕςτεραι κύριαι, ἢ αἱ πρότεραι ὀρθαί, αἱ δ' ὕςτερον ἠπατήκαςιν angesehen und die nahe relation von ὁποτέρως ἂν ᾖ χρήςιμον zu dem früheren εἰ ἄλλαις ςυνθήκαις ὑςτέραις ἢ προτέραις (sc. ἐναντία ἐςτίν) angedeutet werden.

Besprechen wir nun noch einige stellen, deren richtige fassung zweifelhaft zu sein scheint, wenn auch Sp. sich mitunter nicht darüber äuszert. für das schwer zu erklärende perfect ςυνῄρηται 1354ᵇ 9 ist vielleicht ςυναίρεται zu lesen; 1358ᵇ 24 χείρονος für χεῖρον· ebd. z. 36 ὡς δ' οὐκ ἄδικον wol mit ὡς δ' οὐ δίκαιον zu vertauschen; eine weniger leichte änderung wäre was Sp. vorschlägt ὡς δ' οὐ καλὸν ἢ ἄδικον, oder ὡς γὰρ ἄδικον. zu 1362ᵇ 11 καὶ γὰρ καθ' αὑτὸ αἱρετὸν καὶ αὔταρκες καὶ ἕνεκα αὐτοῦ πολλὰ αἱρούμεθα bemerkt er: 'immo omnia, ut beatitudinem assequamur; necessario αὐτῆς reponendum est.' doch kann αὐτοῦ bleiben, da die auf εὐδαιμονία bezüglichen neutra vorhergehen, aber aus πολλὰ scheint eher τἆλλα als πάντα werden zu müssen. in 1364ᵇ 34 liegt es nahe an ὡς ἓν ἐκ τῶν συστοίχων zu denken statt ὡς ἂν ἐκ τ. σ.; 1367ᵇ 15 erscheint προσῆκον μέν, ἐπὶ δὲ als die allein richtige fassung. der zusammenhang erfordert 1370ᵃ 23 ἕκαστον εἶδος αἰσθήσεως, wo man ἕκαστον εἶδος ἐπιθυμίας liest; auf jenes geht auch die nachherige definition der φαντασία als αἴσθησις ἀσθενής zurück. auffallend ist 1371ᵃ 26 εἰς φύσιν γὰρ γίγνεται μεταβάλλειν, aber vielleicht nicht rathsam abzuändern in εἰς φύσιν γὰρ καθίσταται ὁ μεταβάλλων. wo die verschiedenen autoritäten für zu fällende urteile aufgeführt werden mit der unterscheidung in παλαιοὶ und πρόσφατοι, dürfte Ar. 1376ᵃ 8 geschrieben haben πρόσφατοι δ' ὅσοι γνώριμόν τι κεκρίκασιν, nicht γνώριμοί τι: *qui nobile quoddam dictum pronuntiaverunt*. man erwartete wol 1376ᵇ 5 τοιαῦται αἱ συνθῆκαι mit weglassung von πισταί. in 1384ᵇ 1 ist ἀμφότερα seltsam für ἀμφοτέρους· 1386ᵃ 5 führt die tilgung von φθαρτικὰ auf ὅσα τε γὰρ λυπηρὰ καὶ ὀδυνηρά. unser vorschlag für die schwierige stelle 1397ᵇ 15 ist mit benutzung früherer dieser: τὸ δ' ὅτι τοὺς πλησίον τύπτει, ὅς γε καὶ τὸν πατέρα τύπτει, ⟨ἐστὶν⟩ ἐκ τοῦ, εἰ τὸ ἧττον ὑπάρχει, καὶ τὸ μᾶλλον ὑπάρχει. τοὺς γὰρ πατέρας ἧττον τύπτουσιν ἢ τοὺς πλησίον. ἢ δὴ οὕτως ἢ εἰ ὃ μᾶλλον ⟨ἂν⟩ ὑ π ά ρ χ ο ι, μὴ ὑπάρχει, ἢ ὃ ἧττον, εἰ ὑπάρχει, ὁποτερονδὴ δεῖ δεῖξαι, εἴθ' ὅτι ὑπάρχει, εἴθ' ὅτι οὔ. schon Muret hat in den sonst nicht richtig behandelten worten 1398ᵃ 13 ἐξελέγχειν δεῖ für ἐξελέγχειν ἀεὶ verlangt, auszerdem scheint der gedanke zu erfordern, dasz z. 11 gelesen werde ἀλλὰ ⟨μὴ⟩ πρὸς ἀπιστίαν τοῦ κατηγόρου oder ἀλλὰ πρὸς ἀπιστίαν τοῦ κατηγόρου ⟨χρή⟩. da 1400ᵃ 11 von keinem bestimmten gesetze die rede ist, so wird man κατηγορῶν του νόμου zu lesen haben. mit weglassung von μικρὸν 1404ᵃ 8 scheint der gedanke der stelle auf τὸ μὲν οὖν τῆς λέξεως ὅμως ἔχειν τι ἀναγκαῖον zu führen, jenes μικρὸν ist eine nicht ganz passende erklärung von τι. die symmetrie mit den übrigen futuris verlangt ebd. ᵇ 36 ἐνδέξεται· weiterhin z. 39 dürfte περὶ ταύτας an die stelle von παρὰ ταύτας treten. unbedenklich ist 1408ᵃ 18 ἂν zu streichen, da ᾗ für εἰ gezwungen wäre, dann, wie die note verlangt, z. 21 δυσχεραινόντως καὶ εὐλαβουμένως zu lesen, für καὶ λέγειν aber wol δεῖ λέγειν. da 1409ᵇ 37 πρὸς nur eine variante zu σὺν in σύγκειται zu sein scheint, ἢ aber seine wahre stelle wol vor ἑκατέρῳ hat, rathen wir zu dieser fassung: ἐν ᾗ ἢ ἑκατέρῳ τῷ κώλῳ ἐναντίῳ ἐναντίον σύγκειται ἢ ταὐτὸ ἐπέζευκται τοῖς ἐναντίοις· für 1410ᵃ 21 sei es erlaubt ὅτι τἀναντία γνώριμα ὄντα παράλληλα μᾶλλον γνώριμα vorzuschlagen statt ὅτι τἀναντία γνωριμώτατα καὶ παράλληλα μᾶλλον γνώριμα. hinsichtlich der interessanten citation aus dem angeblich Lysianischen epitaphios 1411ᵃ 31 ist die auskunft gewis nicht undenkbar, dasz ein gelehrter leser die wirklich auf die kämpfer vor Lamia zu beziehenden worte hier einschob, welche sich dann pseudo-Lysias in seiner rede aneignete. in 1412ª 4 würde διὰ τὸ ἐνεργεῖν τι und ἔμψυχα εἶναι φαίνεται das richtige sachverhältnis ausdrücken; ebd. z. 13 muste Sp. in der note unsere correctur τὸν ἀδικούμενον καταφεύγειν statt τὸ ἀδικούμενον καταφεύγει genauer angeben: er läszt den infinitiv weg, wodurch die construction unmöglich wird; in ᵇ 21 ist ἐν ἐλάττονι ebenso wie z. 29 ἐν ὀλίγῳ erforderlich; zu 1413ᵇ 4 mag nachträglich bemerkt werden, dasz die anführung der δημηγορικὴ und δικανικὴ neben der γραφικὴ und ἀγωνιστικὴ noch nicht an ihrem platze ist. nach πολλάκις 1414ᵇ 14 scheint ἔχει oder χρῆται αὐτῇ (sc. τῇ ἐπανόδῳ) ausgefallen zu sein. wollte man ἡ κατηγορία καὶ ἡ ἀπολογία auf die zufällig in der berathenden rede vorkommenden anklagen und vertheidigungen beziehen, so wäre der artikel dagegen. gezwungen erscheint ἡ συμβουλή = *quatenus deliberativa est oratio*, was Sp. jetzt von Aldus annimt. statt des sinnlosen ἀλλ' ἐν τῷ προλόγῳ γέ που 1415ª 20 ist das dem sinne nach nächstliegende ἀλλ' ἄλλοθί γέ που· für ἀλλά γέ που, was Sp. für zulässig hält, wünschte man einen beleg zu erhalten. bald nachher z. 27 mag nach περὶ διαβολὴν ein adjectiv wie ἱκανὰ ausgefallen sein; 1417ᵇ 9 sollte ἐκ τῶν ἀπαγγελλομένων stehen für ἐκ τῶν ἀπαγγελλόντων: aus dem was erzählt wird erkennt man den charakter der personen; ᵇ 17 scheint λέξειν schon zum behuf der unterscheidung von den anderen infinitiven erforderlich; 1418ᵇ 12 τότε τὰ αὑτοῦ εἶπεν statt τότε αὐτὸς εἶπεν, wie z. 20 τὰ αὑτοῦ πιστὰ ποιητέον folgt; 1419ª 25 wäre συμπεραινομένου die einfachste correctur, wenn das deponens zulässig ist, was jedoch Sp. nicht zugibt; 1419ᵇ 7 passt nur ἐλευθερίῳ, nicht ἐλευθέρῳ, da ἐλευθεριώτερον sogleich folgt.

Es sind noch einige stellen übrig, an deren richtigkeit Sp. zweifelt, während wir glauben sie halten zu können. hierher gehört 1365ᵇ 26, wo er zu ἔτι δὲ κυρία μέν ἐστιν usw. bemerkt 'non apte accedunt iis quae praecedunt; melius fort. ἐπεὶ δὲ, cuius ἀπόδοσις infra verbo ὥστε incipit.' warum sollte sich aber ein weiteres moment der politischen beredsamkeit nicht in der weise anschlieszen dürfen, wie es in der vulgata geschieht? in 1369ᵇ 5 ist die notwendigkeit eines zusatzes wie ἢ πασχόντων nach γίγνεται δι' αὐτῶν τῶν πραττόντων nicht fühlbar, insofern die βία hier wesentlich in dem zwang zum handeln liegt. die möglichkeit ist vorhanden, dasz Eubulos mehr als éinmal den Chares anklagte und den ausspruch des Platon dabei wiederholte: in dem fall brauchten wir nicht mit Sp. δικασταῖς für δικαστηρίοις zu schreiben 1376ª 10. bald darauf 1376ª 16 genügte vielleicht οἱ δ' ἄπωθεν καὶ περὶ τοιούτων πιστοί, πιστότατοι δ' οἱ παλαιοί, wo durch die lesart ἂν ἀπιστότατοι Sp. auf die conjectur οἱ δ' ἄπωθεν καὶ περὶ τοιούτων οὐκ ἂν ἄπιστοι εἶεν geleitet wurde; in der note s. 198 ist das fehlen der negation natürlich nur druckversehen. zu 1383ᵇ 22 nimt sich Sp. des zusatzes καὶ ἀδικῆσαι nach τὸ ἀποστερῆσαι παρακαταθήκην an; das scheint aber doch sehr überflüssig und wol aus dem folgenden ἀπ' ἀδικίας γὰρ entstanden zu sein. vorher, ᵇ 9 durften die klammern, welche schon in der ersten ausgabe μηδὲ πείσεσθαι einschlossen, nicht wegbleiben. schwer ist es 1396ᵃ 8 die unentbehrlichkeit von ἢ μὴ πολεμητέον einzusehen; Gaisford hat den in A und der alten übersetzung fehlenden worten die unci beigesetzt; ebd. z. 14 möchte λεχθέντα nicht dem πραχθέντα vorzuziehen sein 'ut τὰ μυθολογούμενα a rebus gestis discernantur': denn man hielt auch das für historisch, was Athen den Herakliden erwiesen haben sollte. dasz 1404ᵇ 2 ὅτι ὁ λόγος, ὡς ἐὰν μὴ δηλοῖ, οὐ ποιήσει τὸ ἑαυτοῦ ἔργον möglich sei, beweist vielleicht nicht genug der beleg aus anal. 62, 19, wo man liest οὔτ' ἔνδοξον ὡς εἰ θάτερον ψεῦδος, ὅτι θάτερον ἀληθές, da an unserer stelle auf das ὅτι zunächst kein satz, der einen inhalt hätte, folgt, und ὅτι — ὡς einander zu nahe gerückt sind. man braucht ebd. z. 17 vielleicht nicht ἢ περὶ λίαν μικρῶν zu streichen, sondern statt dessen εἴ τις vor περὶ einzuschieben. in 1405ᵇ 28 wird wol aus dem vorhergehenden ἔστι zu ὑποκορίζεσθαι suppliert werden müssen; τὸ αὐτὸ läszt sich im vergleich mit den epitheta halten: man kann dieselbe sache verschieden prädicieren, zu diesen modificationen gehört auch die anwendung des deminutivums. sollte 1409ᵇ 25 λόγος corrupt und mit ἄλογον zu vertauschen sein? man wird λόγος als hyperbel betrachten dürfen: die perioden werden so lang wie eine rede oder eine ἀναβολή (ein nicht antistrophischer gesang). in 1411ᵇ 34 möchte man wissen, ob ἐπὶ δάπεδόνδε Ar. selbst las, oder wir darin nur einen lapsus der abschreiber zu sehen haben. die etwas nachlässige wortstellung καὶ μὴ ὡς ἐκεῖνος λέγει πρὸς τὴν ἔμπροσθεν δόξαν 1412ᵃ 27 durch eine correctere wie καὶ ὡς ἐκεῖνος λέγει, μὴ πρὸς τὴν ἔμπροσθεν δόξαν zu ersetzen wird schwerlich nötig sein. an der richtigkeit der lesart συνῆψαν τῷ ἐνδοσίμῳ 1414ᵇ 24 durfte Sp. nicht zweifeln, nur an der angemessenheit der Hesychianischen erklärung von ἐνδόσιμον für unsere stelle; nach des Ar. ansicht sind προαύλιον und προοίμιον loser angefügt, und erst das ἐνδόσιμον bildet den übergang zum eigentlichen inhalt des concertes und der rede.

HEIDELBERG. LUDWIG KAYSER.

2.

ZU CICEROS LAELIUS.

Die bekannten worte Ciceros im Laelius § 24 *stantes plaudebant in re ficta* sind von mehreren auslegern so verstanden worden, als läge darin eine andeutung, dasz zu jener zeit, in welche der leser in jenem dialog versetzt werden soll, die theater noch keine festen sitzplätze gehabt hätten, dasz also *stantes* nichts weiter bedeute als *spectantes*. dem gegenüber steht die deutung, *stantes* sei so viel als *assurgentes*: 'sie erhoben sich von ihren sitzen und klatschten.' Seyffert (1844) im commentar s. 161 billigt entschieden das letztere, Nauck (1852) ebenso, Lahmeyer (1862) scheint zu schwanken, da er zu der erklärung '*stantes*: im eifer des beifalls' noch hinzusetzt: 'übrigens vgl. Tac. ann. 14, 20', eine stelle die sich offenbar auf den mangel der sitzplätze in jenen früheren zeiten bezieht. aber der ὄρχαμος ἀνδρῶν φιλολόγων, Ritschl, tritt in der vorrede zu seinen parerga Plautina s. XVIII (1845) entschieden für die ansicht auf, dasz *stantes* an die fehlenden sitzplätze erinnere: '*diligentissime et ad rerum veritatem accommodatissime Cicero stantes dixit pro spectantibus.*' ich glaube nicht dasz Ritschl jetzt noch an dieser meinung festhält: dasz sie falsch sei, glaube ich aus sprachlichen gründen und durch vergleichung anderer stellen evident nachweisen zu können. erstens hat *stantes* die pathetische stelle des satzes, es liegt also entschieden ein nachdruck darauf. sollte es nur die zuschauer bedeuten, so wäre es wunderlich zu sagen, dasz gerade die zuschauer geklatscht hätten: wer soll denn sonst im theater klatschen als das verehrungswürdige publicum? es wäre gerade so als wenn Cäsar irgendwo geschrieben hätte: *milites Caesar iussit castra munire.* sodann sagt Ritschl: '*stantes* prorsus insolenter *interpretati sunt assurgentes.*' also wirklich 'insolenter'? und wenn ich nun aus Cicero selbst nachwiese, dasz er *stantes* gerade in diesem sinne braucht? und ich kann es. er schreibt an seinen Atticus II 19, 3 bei der schilderung, wie sich im theater die parteien des Cäsar und Pompejus bei dem erscheinen einzelner benommen haben: *Caesar cum venisset mortuo plausu, Curio filius est insecutus. huic ita plausum est, ut salva re publica Pompeio plaudi solebat. tulit Caesar graviter . . inimici erant equitibus, qui Curioni stantes plauserant.* hier ist doch offenbar das aufstehen aus ehrerbietung gemeint, was man *assurgere venientibus* nannte. ferner sagt Sueton *d. Aug.* 56 *eisdem assurrectum ab universis in theatro et a stantibus plausum (esse) gravissime questus est.* und dasz *stantes* das fehlende part. perf. von *assurgere* ersetzt, zeigt am deutlichsten ein vers des Propertius IV 18, 18 *stantiaque in plausum tota theatra (te) iuvent,* wo die worte *in plausum*, die einen finalen sinn haben, nicht anders erklärt werden können als durch vergleichung mit Phaedrus *fab.* V 7, 28 *in plausus consurrectum est.* ich glaube, diese argumente sind so unwiderleglich, dasz jene von mir für irrig erklärte meinung für immer beseitigt ist. den anachronismus wollen wir, denke ich, dem Cicero gern verzeihen: sicherlich hat er an der besprochenen stelle nicht seine antiquarischen kenntnisse verwerthen wollen.

KÖNIGSBERG. F. L. LENTZ.

3.

KRITISCHE MISCELLEN.

I. Es ist uns bekanntlich überliefert, dasz Pheidias in seiner jugend maler gewesen sei. leider ist uns jedoch von den werken seines pinsels fast gar nichts bekannt und dieses wenige noch dazu für uns fast unverständlich. eine der hierauf bezüglichen stellen hat man neuerdings sogar ganz aus dem archäologischen apparat zu streichen versucht. Overbeck (die antiken schriftquellen zur geschichte der bildenden künste bei den Griechen s. 114) bemerkt nemlich: 'bei pseudo-Clemens Romanus *recogn.* VII 12 a. e. ist nur in schlechteren lesarten von einer *Phidiae permagnifica pictura* auf der insel Arados die rede, welche die besseren ausgaben beseitigen.' ich weisz nicht worauf sich diese ansicht stützt; unbegründet ist sie jedenfalls. denn nach dem vortrefflichen codex Eusebianus aus dem siebenten jh. ist der text unserer stelle folgendermaszen herzustellen: *post haec dicta unus ex astantibus coepit rogare Petrum, ut die crastina maturius ad insulam proximam, quae sex non amplius stadiis aberat, Aradum nomine pergeremus, videndi in ea gratia mirum aliquod opus, columnas viteas immensae magnitudinis. cui Petrus, ut erat clementissimus, adquiescit, sed monuit nos ut, cum navem descendissemus, non una omnes concurreremus ad videndum. 'nolo enim' inquit 'notari vos a turbis.' cum ergo die postera navi sub momento horae venissemus ad insulam, continuo ad locum in quo erant columnae mirabiles properamus. erant autem in aede quadam positae, in qua Phidiae* [cod. FIDIAE] *opera permagnifica pictura habebantur, in quibus intento unus quisque nostrum detinebatur aspectu.* der codex Veronensis, welcher im achten jh. geschrieben worden ist, stimmt im wesentlichen mit dem Eusebianus überein, nur hat er FISIDIAE statt FIDIAE. aus diesem FISIDIAE wird sich jedoch kaum der name eines andern künstlers herstellen lassen; es ist wol am einfachsten anzunehmen, dasz es aus einer dittographie FIFIDIAE entstanden sei.[1]) ob freilich die vaterschaft des Pheidias für diese kunstwerke sicherer sei als die für den koloss auf Monte Cava o, musz ich archäologen von fach zur entscheidung überlassen.

II. Nach Neigebaur enthält der codex Eusebianus CXCIX 'cathegoriae Aristotelis ab Augustino de graeco in latinum sermonem translatae et ab Aluino glossatae'. da auch der um die 'cose patrie' nicht wenig verdiente canonicus Barberis in seiner bearbeitung der Neigebaurschen abhandlung für die 'revista contemporanea', in welcher er manche irtümer derselben berichtigt hat, diese notiz unan-

1) beide hss. hat kürzlich W. Studemund in dem 'festgrusz der philologischen gesellschaft in Würzburg zur 26n philologenversamlung' s. 44 f. näher beschrieben. vgl. Reifferscheid bibliotheca patrum ecclesiae italica I s. 51 f.

getastet läszt, so will ich bemerken dasz wir es hier nicht etwa mit dem gelehrten bischof Albinus I von Vercelli[2]), sondern einfach mit Alcuin zu thun haben.

III. Nicht uninteressant für die erkenntnis der art, wie unsere Hesiodscholien entstanden sind, ist das scholion zu vers 299 der theogonie. dort heiszt es: ποικίλον, διὰ τὸ διάφορον τῆς κινήσεως, ἢ πολυέλικτον τῶν κλάδων καὶ πολυειδὲς τῶν φυτῶν. mit recht hat danach Scheer αἰόλον in den text gesetzt, das als lemma ausgefallen war. das scholion bietet aber noch mehr beachtenswerthes. es ist nemlich aus zwei erklärungen von αἰόλος zusammengeschweiszt, die der scholiast durch ἢ verbunden hat. streicht man das komma nach ποικίλον, so wird αἰόλον éinmal erklärt durch ποικίλον διὰ τὰ διάφορον τῆς κινήσεως und dann wieder durch ποικίλον διὰ τὸ πολυέλικτον τῶν κλάδων καὶ πολυειδὲς τῶν φυτῶν. die erste erklärung würde derjenigen entsprechen, welche Buttmann im lexilogus II s. 73 ff. gegeben hat.

Auf zwei verschiedene quellen geht auch das scholion zu v. 379 zurück. der eine alte commentator sprach von den drei winden die bei Hesiodos vorkommen, Boreas Zephyros und Notos, und bemerkte dasz der dichter den sonst Euros genannten wind Zephyros nenne und diesen unter umständen auch als Argestes bezeichne; der andere dagegen gab lediglich die richtung der vier gewöhnlich angenommenen winde an. der scholiast hat nun diese letztere notiz in die gelehrte erörterung des ersten commentators eingefügt und dadurch den zusammenhang zerrissen. stellen wir diesen wieder her, so lautet das erste scholion wie folgt: ΑΡΓΕΣΤΗΝ. τὸν ὀξὺν καὶ ταχὺν καὶ καθαρὸν Ζέφυρον Ἀργέστην εἶπε. Ζέφυρον δὲ λέγει τὸν Εὖρον. Ἀκουσίλαος δὲ τρεῖς ἀνέμους εἶναί φησι κατὰ Ἡσίοδον, Βορᾶν Ζέφυρον καὶ Νότον· τοῦ γὰρ Ζεφύρου ἐπίθετον τὸ Ἀργέστην φησίν. die umstellung im ersten satze Ζέφυρον Ἀργέστην ist so selbstverständlich, dasz sie wol jeder leser des scholion für sich vorgenommen haben wird.

IV. Bei Ampelius c. 12 heiszt es in Wölfflins text: *Arbaces, primus rex, qui eversas Assyriorum opes luxuria Sardanapalli transtulit * * * eosque iustissime rexit.* Perizonius hat nach *transtulit* eingeschoben *in Medos*; Wölfflin bemerkt: 'quae sequuntur, *iustissime rexit*, ad Deiocem pertinere videntur. cf. Oros. I 19.' aber Orosius sagt durchaus nicht dasz Deiokes gerecht regiert habe, und die conjectur des Perizonius ist vollkommen richtig: denn Ampelius schöpfte hier aus Pompejus Trogus, und bei Justinus I 3, 6 heiszt es: *is* (sc. Arbactus) *imperium ab Assyriis ad Medos transfert.*

V. Bei Ampelius 8, 22 heiszt es: *murus intus medio Babyloniae, quem Memnon aedificavit lapide cocto et sulfure, ferro intermixtus, ubi sunt iuncturae.* die worte *quem Memnon aedificavit* müssen aus

---

2) über diesen Albinus vgl. de Gregory storia letteraria di Vercelli I s. 202.

dem texte entfernt werden: denn einerseits hat der Aethiopenkönig nichts mit Babylon zu thun; anderseits wird wenige zeilen nachher erzählt dasz Semiramis und ihr sohn diese mauern erbaut hätten. wie der zusatz hierher gekommen, ist nicht schwer zu sagen, denn § 23 heiszt es: *pyramides in Aegypto, quas aedificavit* * *. offenbar musz doch hier gelesen werden: *quas aedificavit Memnon.*

VI. Mit den vielen unnützen einfällen früherer philologen, welche seit einer methodischeren betreibung der textkritik aus unseren classikerausgaben verschwunden sind, hat leider auch eine nicht ganz kleine anzahl vortrefflicher emendationen das feld räumen müssen, so dasz es sich wol der mühe verlohnt einer oder der andern wieder zu ihrem recht zu verhelfen. bei Justinus II 5, 12 steht in allen ausgaben: *inde Asiam et Macedoniam domuit: Ionas quoque navali proelio superat.* also Dareios Hystaspes soll nach seiner rückkehr von dem unglücklichen zuge gegen die Skythen Asien unterworfen haben. dasz das vollständiger unsinn ist, liegt auf der hand. Dübner, sei es dasz ihm infolge seiner irrigen meinung über das alter der Bongarsischen hss. die überlieferung des Justinus besonders werthvoll erscheinen mochte, sei es dasz er, wie so viele philologen, eine höchst geringschätzige ansicht von diesem autor hatte, bemerkt '*Asiam*] minorem.' offenbar denkt er dabei an den ionischen aufstand, berücksichtigt aber nicht dasz dieser unmittelbar nachher nochmals erwähnt wird. die neueste ausgabe hält es für überflüssig etwas zu der stelle zu bemerken. und doch hatte Tanaquil Faber längst das richtige gefunden. 'nam unde' führt er aus 'redit Darius? Scythia Istriana. ita est. qua transeundum ipsi fuit? an per Asiam et Macedoniam? nil magis falsum nec ridiculum magis. legendum igitur est: *inde Thraciam et Macedoniam domuit.*' nicht blosz der gesunde menschenverstand fordert die von ihm vorgeschlagene änderung, sie wird auch durch eine andere stelle des Justinus glänzend bestätigt. denn VII 3, 1 heiszt es: *cum interim Dareus rex Persarum turpi ab Scythia fuga submotus, ne ubique deformis militiae damnis haberetur, mittit cum parte copiarum Megabazum ad subigendam Thraciam ceteraque eius tractus regna: quibus pro ignobili momento erat accessura Macedonia.* dasz auch Orosius II 8 *Asiam* bietet, spricht nicht im mindesten für diese lesart, es ist nur eine von den stellen, welche beweisen dasz jenem kirchenvater ein Justincodex vorlag, welcher dem archetypus der Bongarsischen und der italiänischen hss. sehr nahe stand und einen schon ziemlich corrupten text darbot. das wunderbar zu finden steht am wenigsten uns zu, die wir gesehen haben, in welch hohem grade unsere eigenen classiker in kurzer zeit entstellt worden sind, obwol die buchdruckerkunst gegen das entstehen von corruptelen ungleich grös̈zere garantien bietet als das abschreiben.

VII. Auch in der vorrede des Justinus wird eine conjectur von J. F. Gronov wieder in den text gesetzt werden müssen. dort heiszt es nemlich § 1: *vir priscae eloquentiae Trogus Pompeius Graecas et totius historias orbis Latino sermone conposuit, ut, cum nostra Graece, Graeca quoque nostra lingua legi possent: prorsus rem magni et animi et corporis adgressus.* statt *corporis* hat Gronov[3]) *operis* vermutet, eine conjectur zu deren empfehlung es freilich nicht beiträgt, dasz sie durch drei schlechte hss. bei Dübner sowie durch den Casanatensis D II 12 (chart. fol. von 1454) und den Ambrosianus B 50 inf. (membr. fol. saec. XV) bestätigt wird, welche aber durch die unmöglichkeit *corporis* zu erklären genügend gerechtfertigt wird. den letzten versuch die überlieferung zu halten hat Jeep gemacht. er erklärt die stelle wörtlich folgendermaszen: 'Trogus adgressus est rem *magni corporis* i. e. magnae amplitudinis, ex quo Iustinus *breve florum corpusculum* fecit. de diversa genetivi ratione cf. VII 6, 3 *inopia continui belli et exhausti regni*.' es ist sehr zu bedauern dasz er nicht angegeben hat, wie er den satz zu übersetzen gedenkt. denn er will doch schwerlich den verfasser sagen lassen: 'ein werk dem ein groszer *animus* und ein groszer umfang zukommt'; eine *res magni animi* kann aber doch nur eine sache sein, die *magnum animum* bei dem voraussetzt, der sie unternimt. *animus* und *corpus* aber sind durch die copula und die ganze construction des satzes zu innig mit einander verbunden, als dasz sie auf verschiedene subjecte bezogen werden könnten; sie beziehen sich entweder beide auf *res* oder beide auf denjenigen von dem die *res* ausgegangen ist, d. i. den verfasser des geschichtswerkes. die angezogene stelle ist durchaus nicht geeignet die Jeepsche ansicht, welche übrigens ähnlich schon da gewesen zu sein scheint[4]), zu unterstützen; ihre erklärung ist höchst einfach: den jungen könig bedrängt eine *inopia*, welche eine doppelte ursache hat, den fortwährenden krieg und das ausgesogene land.

VIII. Bei Justinus II 10, 13 f. bieten die hss., wenn man von ein paar werthlosen varianten absieht, insgesamt folgendes: *quod ubi primum didicit Demaratus, rex Lacedaemoniorum, qui apud Xerxem exulabat, amicior patriae post fugam quam regi post beneficia, ne inopinato bello opprimerentur, omnia in tabellis ligneis magistratibus perscribit easdemque cera* s u p e r i n d u c t a *delet, ne aut scriptura sine tegmine indicium daret aut recens cera dolum proderet: fido deinde servo perferendas tradit, iusso magistratibus Spartanorum tradere.* die unhaltbarkeit von *superinducta delet* veranlaszte Jeep *superinducit delita* zu vermuten, ohne dasz er jedoch selbst völlig von der richtigkeit seiner verbesserung überzeugt gewesen wäre. *delita* ist jedenfalls als eine sehr glückliche emendation anzunehmen, im übrigen aber läszt sich die stelle in engerm anschlusz an die überlieferung unter berücksichtigung der natur der meisten corruptelen bei Justin

3) und vor ihm Lipsius, der jedoch zwischen *operis* und *leporis* die wahl läszt. von *leporis* kann natürlich nicht die rede sein.

4) 'qui *corpus* hic accipiunt pro libro, iis Latinae linguae genius adversatur. non enim dixeris *rem magni corporis* seu *libri aggredi*' bemerkt Graevius.

auf eine viel wahrscheinlichere weise herstellen. schreibt man nemlich *superinducta delita* und streicht *deinde* nach *fido*, so erhält man eine wolgegliederte periode, während jetzt die einzelnen sätze nur ganz äuszerlich mit einander verbunden sind. dasz *deinde* nicht gerade selten von den abschreibern oder recensenten auf eigene hand in den text des Justin gesetzt worden ist, lehrt ein blick in den apparat; an unserer stelle muste ein aufmerksamer leser fast mit notwendigkeit auf diesen zusatz verfallen, nachdem einmal *delita* in *delet* verderbt war.

Die stelle leidet aber noch an einem andern fehler. es wird nemlich zweimal die adresse des briefs des Demaratus genannt und zwar das zweite mal in einem latein, wie es unmöglich aus der feder des Justinus geflossen sein kann. höchstens ein kirchenvater wäre im stande zu sagen: 'er schrieb an den magistrat von Sparta einen brief und übergab ihn einem sklaven zur besorgung, mit dem befehl ihn dem magistrat von Sparta zu überbringen.' es ist doch wol einleuchtend, dasz die worte *iusso magistratibus Spartanorum tradere* eins von den zahlreichen glossemen sind, welche den text des Justin verunstalten, und dasz sie irgend jemand zur erklärung von *perferendas* beigeschrieben hatte. die herausgeber der Bipontina haben, gestützt auf die editio princeps Romana[5]), die worte *iusso* und *tradere* fortgelassen; es ist aber ganz unmöglich die worte *magistratibus Spartanorum* zu vertheidigen. haben wir es hier mit einem glossem zu thun, so besteht es aus sämtlichen vier worten. wenn die editio Romana ihre variante aus einem guten codex geschöpft hätte, so müste dieser aus einem archetypus geflossen sein, der den aller anderen hss. an güte überragt hätte, jedenfalls völlig selbständig wäre; die ausgabe ist aber, wie sich an einer reihe von stellen zeigen läszt, aus irgend einer contaminierten italiänischen hs. geflossen. dasz hier ein fehler vorlag, konnte auch ein Italiäner der renaissance erkennen, und wie sehr sich die kritische thätigkeit damals dem Justinus zuwandte, zeigen die zahlreichen Justinhandschriften aus dem 15n jh., welche die italiänischen bibliotheken bewahren, zur genüge. vielmehr zeigt diese stelle, wie wenig autorität der Romana zukomme: denn denselben text wie sie bietet der codex Dresdensis 2[6]), dessen werthlosigkeit über allen zweifel erhaben ist und der gleichfalls einer italiänischen recension seinen ursprung verdankt.

IX. Bei Justinus III 5, 2 werden die ursachen des zweiten messenischen krieges angegeben. es heiszt dort nach der Jeepschen

---

5) nebenbei sei bemerkt, dasz es durchaus nicht bewiesen ist, dasz diese ausgabe wirklich die princeps sei.

6) vgl. Jeep 'de emendandis Iustini historiis Philippicis' (Wolfenbüttel 1855) s. 8. dasz in der adnotatio seiner ausgabe nichts darüber bemerkt wird, zeigt aufs neue, wie ungenügend auch der kleine apparat, den er gibt, vermöge der art, wie die varianten ausgewählt sind, für tiefer eindringende untersuchungen ist.

ausgabe folgendermaszen: *dein cum per annos octoginta gravia servitutis verbera, plerumque et vincula ceteraque captae civitatis mala perpessi essent, post longam poenarum patientiam bellum restaurant. captae civitatis* bietet allerdings die sog. gute überlieferung, aber Dübner hat sehr unrecht gethan, dasz er es in den addenda zu seiner ausgabe statt des *captivitatis* der angeblichen deteriores in den text zu setzen gebot. denn *captae civitatis* ist hier vollkommen widersinnig: weder die *gravia servitutis verbera* noch die achtzig jahre noch endlich die *vincula* passen dazu, letztere sind vielmehr das charakteristische kennzeichen der *captivitas*. der ausdruck *captae civitatis* ist entweder eine glosse, welche den ursprünglichen text verdrängt hat, oder die interpolation eines recensenten, welcher den sinn von *captivitas* nicht verstand. was *captivitas* hier bedeutet, zeigt Justinus IV 3, 3, wo es von den Reginern heiszt: *nam sive victoribus captivitatis iure servissent sive amissa patria exulare necesse habuissent, non tamen inter aras et patrios lares trucidati crudelissimis tyrannis patriam cum coniugibus ac liberis praedam reliquissent.* hier ergibt der gegensatz die bedeutung. die Reginer würden, wenn sie die söldner nicht herbeigerufen hätten, entweder einem teil ihrer bisherigen mitbürger als eine art heloten haben dienen oder den heimatlichen boden verlassen müssen. denn dasz *iure captivitatis* nur in einem adverbialen verhältnis zu *servissent* steht und nicht etwa den rechtsgrund der dienstbarkeit angeben soll, das weitläuftig zu beweisen ist wol überflüssig. der name *captivitas* ist also ein vollkommen passender für das verhältnis der Messenier zu ihren spartanischen herren.

X. In der neuesten ausgabe des Dionysios periegetes im 2n bande der geographi minores Graeci von C. Müller werden auch die Neapolitanischen codices dieses autors aufgeführt; sie werden aber nicht blosz nicht benutzt, sondern auch falsch beschrieben. sogar die nummern sind nicht überall richtig angegeben. daher werden einige kurze notizen darüber nicht ohne interesse erscheinen.

Das museo nazionale in Neapel besitzt überhaupt vier handschriften des Dionysios, nemlich

1) II F 45 (nr. 202 bei Cyrilli) chart. 4° von 1521;
2) III E 27 (nr. 349 bei Cyrilli) chart. 4° min. saec. XV;
3) II C 34 (nr. 92 bei Cyrilli) chart. 8° von 1495;
4) II D 4 (nr. 166 bei Cyrilli) bombyc. (so) 4° saec. XIV (nach Cyrilli saec. XIII), von Cyrilli beschrieben s. 43 f. und 155 ff.

Dieser codex ist aus verschiedenen, mindestens zwei ursprünglich getrennten teilen zusammengebunden. fol. 115 bis 242 haben noch jetzt eine besondere alte paginierung neben der neueren die den ganzen codex umfaszt. fol. 1 steht Lykophrons Kassandra mit den prolegomena des Tzetzes und scholien; fol. 54r beginnt von anderer hand Hesiodos aspis mit hypothesis; fol. 60v Dionysios periegetes. ringsum ist ein breiter rand gelassen, auf welchem die anonyme paraphrase steht. die hand welche aspis und periegese geschrieben reicht jedoch nur bis vers 765 auf fol. 75r. auf diesem blatte ist der breite rand gleichfalls gelassen, aber die fortsetzung der paraphrase ist nicht eingetragen, vielmehr ist von einer dritten hand auf dem breiten untern rande und auf fol. 75v die periegese bis vers 847 fortgesetzt. fol. 76 folgt wieder von einer andern hand ein tractat ohne überschrift mit der subscription τέλος τῶν γνωμῶν τοῦ σοφοῦ σεκούνδου. dann kommen ἆθλοι Ἡρακλέους, die aber schon nach 1½ zeile von einer neuen hand fortgesetzt werden. von fol. 88 an folgt dann noch eine anzahl kleiner schriften, darunter die Phokylideia und die prosodie des Dionysios von Alexandrien.

Bei einer vergleichung mit dem Müllerschen texte ergeben sich für die ersten 100 verse des Dionysios periegetes folgende varianten:

ΔΙΟΝΥΣΊΟ (so) ΟΙΚΟΥΜΈΝΗΣ ΠΕΡΙΉΓΗΣΙΣ

1 γαῖαν 2 ἄσπετα διὰ προ 6 εὐρυτέρη πρὸ ἠέλιοιο (so) durch correctur aus ἠέλιοιο 9 πρῶτα μὲν οὖν λιβύην 11 γραμμῆσι 14 μέσον 15 ῥα 16 τὲ 18 νοτιώτατον 21 τὲ μεσσηγὺ 24 ἀρραβικοῦ αἰγυπτοιο 29 beginnt fol. 61r 32 πεπηγότα κρονίον τε 34 ουσι 42 τόσσος τόσσα 44 εἰς ἅλα] ἔνδοθι 45 ἔνδοθι] εἰς ἅλα 46 ἔσσω 47 δεύτερος ὀλίγος προφερέστατος 53 ἀντιά 54 ἀρραβικὸς ἔνδοθι] ἐγγύθι 55 πόντου] κόλπου 57 δ' ἔτ', doch scheint es fast als habe der schreiber dies in δέ τ' corrigieren wollen 59 beginnt fol. 61v 62 ὑμεῖς aus ἡμεῖς 64 ἔνθάτε 65 ἑστᾶσι 67 ἧχι τὲ 68 νεφέεσσι 70 ὅσπέρτε 71 γὰρ] δὲ 77 ἰταλῶν 78 αἰεὶ 80 καὶ fehlt σικελίης 82 ἧδ' ἐπισαρδόνιος 83 beginnt fol. 62r 86 ἀγκέχυται 87 πολὺ 88 γόρτυναν 90 τοὔνεκά μιν καὶ κριοῦ 91 ἠυγίην 99 ἀμφιτρίτης.

Die paraphrase ist nicht in fortlaufendem zusammenhange geschrieben, vielmehr sind ihren einzelnen teilen stichworte aus dem texte des Dionysios vorgesetzt, wie wenn es sich um scholien handelte. im folgenden gebe ich die varianten von dem text der paraphrase der ersten 35 verse bei Müller. die stichworte sind gesperrt gedruckt, sie fehlen bei Müller natürlich sämtlich. die zahlen beziehen sich auf die Müllerschen zeilen.

1 ἀρχόμενος γαῖαντε. ἄδειν 2 καὶ τῶν] τῶν 3 διὰ π.... (zerstörtes papier, dann folgt) κριτα ἢ χωρίζεσθαι 6 ἢ fehlt 7 μὲν δι' ὅλου ἀλλὰ ἀμφωτέρωθεν δ' ἔστι fehlt 8 ἑκάτερον τὰ μερ ... (zerstört bis προβαίνουσα, doch kann nicht halb so viel dagestanden haben als bei Müller 9 vor ἤτοι eingeschoben πρὸς τὰς τοῦ ἡλίου ὁδοὺς 10 ὁμοία παραπλησίᾳ 11 αὐτὴν fehlt 12 οἱ ἄνθρωποι fehlt τρία] γ̄ δίελε 13 πρῶτα μὲν οὖν λιβύην Πρώτην εἶπε fehlt δὲ fehlt 14 δὲ ταύτην 16 τουτέστι] ἤτοι 17 ὃ ἐσσι 20 καὶ τέμενος περιπυστόν: ὃ ἔστι] ἤγουν τὸ χωρίον] ἢ χω (so) 21 nach Κανώβου kommt hinzu: ὁ δὲ κάνωβος κυβερνήτης ἦν μενελάου· μετὰ

γὰρ τὴν ἅλωσιν τῆς τροίας μενελάου πρὸς τὰ τῆς αἰγύπτου μέρη πλανηθέντος καὶ τοῦ κυβερνήτου αὐτοῦ πληγέντος· διαδέχεται τὴν ναῦν αὐτοῦ κάνωβος ὅστις ναυπηγῶν σκάφη διατρίψας ἐκεῖσε ὑπὸ ὄφεως δεχθεὶς ἀπέθανεν ὃν θάψας μενέλαος πόλιν εἰς ὄνομα αὐτοῦ ἱδρύσατο (so) ἐάσας τὸν ἀχρειότατον τοῦ στρατοῦ μετ' αὐτοῦ τοῦ κατοικεῖν. λιβύη δὲ ἐκλήθη διὰ τὸ κατάξερον οἱονεὶ λιφύητις οὖσα. εὐρώπη δ' ἀσίης τάναις 23 ῥέειν 24 τὴν] τῶν τὴν γῆν 27 μεσσούρειον ὄρειον 28 γὰρ fehlt 29 νότειον ἑλλήσποντος ἐστὶ Σῆμα ἐστι fehlt 30 δὲ τετάνυσται 31 στόμιον. danach kein absatz 33 nach διαχωρίζουσιν kommt hinzu: εὐρώπη ἐκλήθη διὰ τὸ εὖρος ἤγουν τὸ πλάτος. ἀσία δὲ διὰ τὴν ὑγρασίαν· ἄσις γὰρ λέγεται ἡ ὑγρασία. ἡράκλειον δὲ στόμα (στ corrigiert aus einem vocal mit spiritus lenis) ἐκλήθη, ὅτι ὅτε ἐπανῆκε φέρων τὰ χρυσεια μῆλα ἡρακλῆς πεζὸς διέβη τὴν λιβίδα ὅπως τε αὐτὴν καὶ τὴν ἀσίαν θεάσαιτο εἰς ἀμῶνος (so) δὲ ναὸν ἧκε καὶ ἐκεῖσε μεγαλοπρεπῶς ἔθυσε τῷ δαίμωνι κἀκεῖθεν διέβη εἰς αἴγυπτον ἀφ' οὗ τὸ στόμα... die folgende zeile, am rande der seite, ist fast ganz weggeschnitten; man kann kein wort mehr lesen; fol. 61r beginnt dann: κασπίας θαλάσσης ἰσθμὸς δὲ λέγεται usw. 37 εἶπεν 38 ἰχ θ.... καὶ (papier abgerieben) τὸν fehlt 39 ἀραβικοῦ 40 ἀειήτιδος τ........ χ.ριζεν (papier abgerieben) πάντη δ' ἀκαμάτου φέρεται ῥόος ὠκεανοῖο 41 οἱ ἄνθρωποι steht nach διετάξαντο. dann kein absatz 43 ἀεικινήτου] πολλοῦ 44 ἀρηρὼς ἤγουν fehlt 45 vor καὶ kommt hinzu: ὁ οὖν εὔξεινος πρότερον ἄξεινος ἐκαλεῖτο διὰ τὸ ὑπὸ ληστῶν οἰκεῖσθαι καὶ μηδενὸς ἐκεῖ παραβάλλειν τῶν ξένων· εὔξεινος δὲ νῦν ἐκλήθη κατὰ ἀντίφρασιν ἢ ὥς τινες φησὶν (so) ὁ ἡρακλῆς ἐκβαλὼν ἐκεῖθεν τοὺς ληστὰς φιλοξένους τινὰς κατῴκισεν: — (so) ἤτοι ὁ μὲν λοκροῖο λοκροῖο 46 δοσικοῦ ἡ 47 γὰρ εἰσὶν 48 ὑπεθεεὶ πρὸς βορρὰν 49 ἤτοι τὸ ἔθνος fehlt nach ἀριμασπῶν folgt ἅπερ εἰσὶν ἔθνη 1 κρόνιον δὲ καὶ πόντον ὅπερ κόλπον καλέουσι 2 τὸν πεπηγότα κρόνιον καλοῦσι fehlt 3 nach αὐτοῦ: ἄλλοι δ' αὖ καὶ νεκρὸν καὶ fehlt νεκρὸν αὐτὸν 4 βραδὺ 5 τῆς θαλάσσης ἐκείνης φαίνει 6 ταῖς σκιεραῖς νεφέλαις.

Aus dieser vergleichung eines ganz kleinen stückes sieht man, dasz der gewinn, welcher aus handschriften für die paraphrase des Dionysios gezogen werden kann, doch nicht so unbedeutend ist, wie Müller annimt. wir sehen auch hier wieder, wie es sich die schreiber mit der zeit immer bequemer machen und ihre auszüge aus den alten commentaren immer kürzer werden. wenn es überhaupt jemand für der mühe werth halten sollte die paraphrase nochmals herauszugeben, so wird der Neapolitanische codex jedenfalls nicht zu vernachlässigen sein.

Schleswig. Franz Rühl.

4.

De gradibus comparationis linguarum Sanscritae Graecae Latinae Gothicae. Commentatio ab amplissimo philosophorum ordine in academia Ludoviciana praemio publico ornata quam . . edidit Franciscus Weihrich dr. phil. Gissae prostat apud J. Rickerum. MDCCCLXIX. VII u. 108 s. gr. 8.

Die gradationsformen der griechischen und lateinischen sprache sind, abgesehen von den darstellungen in den gröszeren werken über vergleichende grammatik, wiederholt zum gegenstand besonderer untersuchungen gemacht worden, sei es in zeitschriften oder in monographien und excursen. in ersterer beziehung sind namhaft zu machen eine ausführliche abhandlung von Corssen 'über steigerungs- und vergleichungsendungen im lateinischen und in den italischen dialekten' in KZ. III 241—305 und ein aufsatz von L. Tobler 'die anomalien der mehrstämmigen comparation und tempusbildung' ebd. IX 241—275. Corssen beschränkte sich, wie seine überschrift zeigt, auf das italische und suchte hier alle spuren der gradationsbildung, im einzelnen manchmal zu weit gehend, zu verfolgen, während Tobler, gestützt auf eine auch das deutsche, griechische, slavische, sanskrit umfassende übersicht des thatbestandes die frage nach art und grund der anomalie zu beantworten bemüht war. von monographien sind zu nennen E. Förstemanns doctordiss. 'de comparativis et superlativis linguae graecae et latinae' (Nordhausen 1844), die indessen für unsern heutigen standpunct so ziemlich als antiquiert zu betrachten ist, sowie ein programm der ritterakademie zu Brandenburg aus dem j. 1862 von Seidel 'de comparativis et superlativis apud poetas Graecorum epicos' usw., eine arbeit ohne bemerkenswerthe resultate. excurse und gelegentliche bemerkungen lieferten einzelne brauchbare bausteine, ohne dasz jedoch die neueste zeit eine erschöpfende behandlung dieses gegenstandes gebracht hätte. so blieb denn noch manche schwierigkeit ungelöst, und es war daher ein glücklicher gedanke, wenn unsere hiesige philosophische facultät für 1867/68 die preisaufgabe stellte: 'gradus comparationis linguae Sanscritae Graecae Latinae Gothicae comparentur et accuratius examinentur.' nach jahresfrist lief die oben genannte arbeit ein, die des preises für würdig erkannt wurde und der wir im folgenden etwas eingehender unsere aufmerksamkeit schenken wollen.

Der vf. teilt seinen stoff nach bedeutung und bildung der gradationsformen in zwei hauptteile, deren erster unter der überschrift 'de significatione et usu' in drei capiteln von der bedeutung der comparation und der der comparationsgrade im allgemeinen, von den der steigerung fähigen redeteilen und vom gebrauch des comparativs und superlativs im besonderen handelt. das zweite buch 'de formatione graduum' erörtert in ebenfalls drei capiteln die bildung der gradationsformen durch suffixe, durch zusammensetzung und durch umschreibung. da man diese einteilung im ganzen als sachgemäsz und übersichtlich wird anerkennen müssen, so mag sie uns auch bei unserer besprechung der schrift als führerin dienen. noch in einer andern beziehung darf die beschaffenheit der arbeit selbst unseren bemerkungen ihre richtung anweisen. der vf. ist zwar bemüht die hauptsächlichsten puncte in bildung und gebrauch der gradationsformen für alle vier von ihm behandelten sprachen hervorzuheben; allein im ganzen ist doch dem griechischen und lateinischen mehr aufmerksamkeit gewidmet als dem sanskrit und gothischen, was wol in der entstehungsweise der schrift seine erklärung findet. jedenfalls erwächst für uns daraus die berechtigung unsere erörterungen hauptsächlich an das was für die beiden classischen sprachen geschehen ist anzuknüpfen.

Die einschlägige litteratur hat W. in der hauptsache vollständig benutzt. dasz er von seinen vorgängern Förstemann und Seidel keine kenntnis genommen, begründet nach dem, was vorhin über deren arbeiten gesagt worden ist, keinen wesentlichen nachteil für seine schrift. was etwa sonst noch von ihm übersehen worden oder von zerstreuten notizen über die gradationsformen nach dem erscheinen dieser arbeit hinzugekommen ist, soll hier mit berücksichtigt werden.

Gleich das erste capitel führt uns auf eine schwierige und verwickelte frage. der vf. setzt darin seine ansicht über die grundbedeutung der gradationsformen aus einander, die er eine locale nennt und auf die vorstellung örtlicher distanz zurückführt. allein diese definition ist zu eng und führt zu unhaltbaren consequenzen; wir müssen vielmehr von räumlichen anschauungen überhaupt ausgehen, um die grundbedeutung der gradationsformen zu begreifen. dasz der begriff der steigerung denselben ursprünglich fremd war und sich erst allmählich herausgebildet hat, setzt W. dagegen richtig aus einander. auf grund dieser beobachtung teilt er denn auch alle vorkommenden comparativ- und superlativbildungen in drei classen: 1) solche die noch jene locale bedeutung haben (comparatio derivata), 2) solche die eine gewisse mitte zwischen dieser und der später gewöhnlichen bedeutung halten (comp. anomala), 3) solche welche nur eine steigerung des positivs ausdrücken (comp. declinata). diese neue terminologie ist, abgesehen von der begrifflichen berechtigung dieser dreiteilung, wenig glücklich gewählt und war unseres erachtens überflüssig. man sieht nicht, welchen triftigen grund die bezeichnungen comp. derivata und declinata haben sollen. die zweite classe trägt ihren namen lediglich von der form, und an sie knüpft W. die hypothese dasz sie keine positive gehabt habe, sondern dasz die relativität der in ihr vertretenen begriffe (grosz — klein, gut — schlecht) von anfang an überhaupt nur comparativisch, später erst positivisch ausgedrückt worden sei. aber der form wie der bedeutung nach gehören doch die wörter, welche eine räumliche ausdehnung, grösze, masz ausdrücken, zu den primitivsten gebilden der sprache, und der vf. scheint dies gefühlt zu haben, wenn er die hierher gehörigen gradationsformen s. 17 unter A anführt, um sie dann als schon mehr zur übergangsbedeutung gehörig s. 24 unter B vollständig aufzuzählen. unter den ältesten comparationsformen des lat. erwähnt er auch *plêrus*, welches er wol richtig für *plerique* zu grunde legt, aber minder richtig aus contraction der silben *aja* erklärt. es ist vielmehr mit Corssen ausspr. I[2] 442 einfach vocalsteigerung der wz. *pla* anzunehmen; über das verallgemeinernde *que* vgl. O. Ribbeck beiträge zur lehre von den lat. partikeln (Leipzig 1869) s. 22 ff. nicht ganz einverstanden sind wir auch, wenn der vf. Homerische bildungen wie κύντερος κύντατος, βασιλεύτερος u. a. zu jenen primitiven formationen stellt und, wiewol er von übertragener comparationsbedeutung spricht, doch z. b. das erstere ganz nach analogie von ὀρέστερος, ἀγρότερος erklärt: 'qui cum aliis comparatus ad naturam canis accedit.' vielmehr sind diese comparative und superlative wirkliche steigerungsgrade der positive κύων, βασιλεύς, deren entstehung man leicht begreift, wenn man bedenkt, dasz einst im nomen substantivische und adjectivische function noch nicht geschieden war. was uns dabei fremdartig vorkommt, ist nur, dasz die positive κύων und βασιλεύς allerdings aus der späteren sprache blosz als substantiva bekannt sind von einer noch durchleuchtenden vorstellung localer annäherung ist natürlich nicht die rede, und diese bildungen waren von den s. 29 unter C aufgezählten wie κυριώτερος, ἑταιρότατος u. a. nicht ganz zu trennen. übrigens war hier noch das Homerische θεώτερος ν 111zu nennen, welches sich in gewisser beziehung mit dem altindischen *Indratama* vergleichen läszt. auch das häufige θηλύτερος gehört der form nach hierher, hier drückt -τερος lediglich die comparation, nicht die steigerung aus. besonders interessant sind unter den weiterhin besprochenen bildungen die comparative und superlative von adverbien, wo dem vf. in mancher hinsicht die reichhaltigen sammlungen von Frohwein in G. Curtius studien I 1, 176 ff. hätten zu statten kommen können. wenn s. 27 unter den fünf wortclassen, die keiner steigerung (im eigentlichen sinne) fähig sind, auch diejenigen 'quae colorum varietates et tenuia discrimina designant' ihre stelle finden, so soll damit nicht, wie Angermann im litt. centralblatt 1869 sp. 1028 geglaubt hat, den adjectiven der farbe überhaupt die gradation abgesprochen sein, sondern nur den farbennüancen wie *flavus*, *fulvus* u. dgl. W. hatte ja selbst das beispiel μελάντερος ἠΰτε πίσσα angeführt, wozu man leicht andere wie πυρώτερος (feuerfarbener) bei Aratos fügen kann.

Ueber den gebrauch der gradationsformen gibt das dritte capitel eine wolgeordnete und verständliche übersicht. natürlich hätte dieser gegenstand weit ausführlicher und gründlicher behandelt werden müssen, wenn es dem vf. darauf angekommen wäre den so interessanten abschnitt der syntax zu erschöpfen. die wesentlichen puncte aber hat er erörtert.

Was zunächst den casus der verglichenen sache anlangt, so ist

W. bemüht im anschlusz an B. Delbrück 'ablativ locativ instrumentalis' (Halle 1867) einer richtigern auffassung geltung zu verschaffen. dasz in einem satze wie *sol maior est luna* der abl. kein instrumentalis, wie man gemeiniglich annahm, sondern ein separativus ist und den ausgangspunct bezeichnet, hat schon Delbrück a. o. 19 ff. erkannt und ebenso den griech. genetiv beim comparativ richtig beurteilt. aber auch den genetiv beim superlativ, den man gewöhnlich als partitivus faszt, will W. jetzt hierher gezogen wissen, wiewol dabei immer die thatsache auffällig bleibt, dasz auch im lateinischen der genetiv und nicht der ablativ steht. die grundbedeutung des genetivs hat der vf. nicht ganz scharf gefaszt (vgl. darüber Max Müller lectures on the science of language I[5] 114 ff. und danach Siecke de genetivi in lingua Sanscrita inprimis Vedica usu, Berlin 1869, s. 6) und auch hinsichtlich des dativs nicht das richtige getroffen, wenn er sich Gabelentz und Löhe goth. gramm. 220 anschlieszt, die diesem casus einen sociativen sinn vindicieren wollen. wahrscheinlich würde er ihnen nicht beigestimmt haben, wenn ihm Delbrücks habilitationsschrift 'de usu dativi in carminibus Rigvedae' (Halle 1867) bekannt geworden wäre, die jetzt in verkürzter überarbeitung in KZ. XVIII 81 ff. vorliegt und wonach der dativ ursprünglich die neigung nach etwas hin bezeichnet. W. irrt also jedenfalls, wenn er die sociative bedeutung des comparativen dativ im gothischen für ursprünglich hält (sie könnte nur übernommene function des instrumentalis sein), und scheint auszerdem übersehen zu haben, dasz Delbrück schon in jener früheren schrift die ansicht ausgesprochen hat, dasz auch im deutschen der dativ nur vertreter des ablativ sein könne, wodurch die auffassung der gothischen beispiele natürlich sich wesentlich anders gestalten würde.

Die vergleichungspartikeln behandelt der vf. nur kurz, ohne tiefer in das wesen derselben einzudringen. eine schärfere unterscheidung wäre hier aber doch wol auch ohne weitläuftigere erörterungen möglich gewesen. so wird *atque* zusammen mit *quam*, ὡς, ὅσον, οἷον, ἠύτε als 'particularum genus ab aequiparandi usu ad superandi significationem translatum' bezeichnet; allein in dem *ad* von *atque* (wenn anders *adque* die grundform war) liegt nur das hinzubringen, nebeneinanderstellen, wie Ribbeck lat. part. 22 treffend bemerkt, durch dessen scharfsinnige auseinandersetzung mir überhaupt das richtige verständnis jener vergleichungspartikel angebahnt zu sein scheint. es liegt übrigens auf diesem gebiete der forschung noch ein weites feld offen, auch was das griechische anbelangt. hier ist namentlich ein auffallender sprachgebrauch zu verzeichnen, wonach ein satz mit ἤ zuweilen eine uns fremdartig erscheinende negation zu sich nimt. dieses ἢ οὐ hat schon die manigfachsten meinungsäuszerungen hervorgerufen; zuletzt ist es in seinem gebrauche bei Thukydides besprochen worden von Preibisch 'de comparativi cum comparata re coniuncti usu Thucydideo' (Breslau 1869) s. 66 ff. die ansicht W.s über dieses ἢ οὐ ist mir nicht ganz klar geworden, um so weniger als er mit G. Hermann von der irrigen voraussetzung ausgeht, der satz mit ἤ οὐ müsse notwendig das zweite glied eines verneinenden satzes mit μᾶλλον bilden, wie dies in dem angeführten beispiele Herod. IV 118 ἥκει γὰρ ὁ Πέρσης οὐδέν τι μᾶλλον ἐπ' ἡμέας ἢ οὐ καὶ ὑμέας allerdings der fall ist. aber gerade die beiden Thukydideischen beispiele wo ἢ οὐ vorkommt zeigen, dasz eine negation nicht notwendig vorhergegangen zu sein braucht: z. b. III 36, 4 καὶ τῇ ὑςτεραίᾳ μετάνοιά τις εὐθὺς ἦν αὐτοῖς (τοῖς Ἀθηναίοις) καὶ ἀναλογιςμὸς ὠμὸν τὸ βούλευμα καὶ μέγα ἐγνῶςθαι πόλιν ὅλην διαφθεῖραι μᾶλλον ἢ οὐ τοὺς αἰτίους. Classen bemerkt z. d. st. nur, οὐ sei pleonastisch wie II 62, 3. Preibisch versucht eine neue erklärung, indem er von der ursprünglichen satzform ausgeht πόλιν ὅλην διαφθεῖραι καὶ οὐ τοὺς αἰτίους μᾶλλον, nun sei zuerst μᾶλλον in den ersten satz übergetreten, dies habe dann durch eine art von attraction ἤ statt καί nach sich gezogen, also: καὶ οὐ μᾶλλον, μᾶλλον καὶ οὐ, μᾶλλον ἢ οὐ. ich habe mich bereits im litt. centralblatt 1869 sp. 1494 gegen die wahrscheinlichkeit einer solchen umstellung ausgesprochen, μᾶλλον stand im ersten gliede ganz an seinem platze. der weg den hier die entwicklung des satzbaus genommen hat läszt sich einfacher vorstellen. die primitivste gestalt solcher vergleichungssätze war wol in schlichtester parataxis diese: βέλτιόν ἐςτι τοῦτο, οὐκ ἐκεῖνο, jenes ist besser, nicht dieses, d. h. jenes ist besser als dieses. mag nun eine solche ausdrucksweise wirklich noch auf griechischem boden üblich gewesen sein oder nicht, jedenfalls hatte die sprache einmal eine periode, wo ihr die spätere fülle satzverbindender partikeln noch nicht zu gebote stand. dann traten diese hinzu, zunächst vielleicht das copulative καί, also καὶ οὐ einfach ablehnend, dann mit schon weiter vorgeschrittenem gefühl für das individuelle verhältnis beider sätze ἀλλ' οὐ. vom adversativen gegensatz war aber nur noch ein kleiner schritt zum disjunctiven und es trat ἤ ein.[1]) für gewöhnlich tritt aber zu ἤ keine negation hinzu, vermutlich weil dessen disjunctive kraft genügte die gleichsetzung des zweiten satzgliedes mit dem ersten auszuschlieszen. kommt οὐ dennoch vor, so musz eine besondere nüancierung des gedankens ἢ οὐ rechtfertigen. bleiben wir bei μᾶλλον ἤ stehen, so gibt Thukydides I 120 selbst: .. τοὺς δὲ τὴν μεςόγειαν μᾶλλον καὶ μὴ ἐν πόρῳ κατῳκημένους εἰδέναι χρὴ ὅτι usw.. für μᾶλλον ἀλλ' οὐ führt Matthiä gr. gr. § 455 an Isokr. s. 23[b] μᾶλλον αἱροῦνται ςυνεῖναι τοῖς ἐξαμαρτάνουςιν ἀλλ' οὐ τοῖς ἀποτρέπουςι. vergleicht man damit obiges beispiel aus Thukydides, in dessen erstem glied ich so wenig wie Passow einen negativen sinn herausfinde, so steht οὐ ganz an seinem platze, und der sinn der stelle wird, wenn wir einmal καί

---

1) wie nahe sich beide stehen, das kann man noch an der verwechslung von 'aber' und 'oder' in unseren volksdialekten beobachten. vgl. auch 'ader'.

statt ἤ übersetzen dürfen, genau wiedergegeben: 'es reute hinterher die Athener ihr grausamer beschlusz, vielmehr die ganze stadt zu vernichten und (aber, oder) nicht (was sie hätten beschlieszen sollen) nur die schuldigen.' es ist keineswegs gleichgültig, ob ἤ gesetzt ist oder nicht. so könnte es, wie Preibisch richtig bemerkt, nicht stehen Thuk. II 92, 4 κατεστήσαντο γὰρ .. τὸν νόμον .. λαμβάνειν μᾶλλον ἢ διδόναι. während in obiger stelle μᾶλλον zu πόλιν ὅλην gehört, gehört es hier zum verbum λαμβάνειν, und ἢ οὐ würde den ganz schiefen sinn geben: 'sie führten die sitte ein lieber zu nehmen und (aber, oder) nicht (was sie hätten thun sollen) zu gehen.'

Von diesem gebrauch ist nun die verbindung οὐ μᾶλλον ἢ οὐ, wie sie die Herodoteische stelle bietet, ganz zu trennen. hier gehört μᾶλλον eng mit der negation zusammen und ist auch zum folgenden οὐ hinzuzudenken. der sinn ist: 'die Perser kommen so gut gegen euch wie gegen uns.' statt dessen heiszt es mit umgekehrten satzgliedern: 'die Perser kommen nicht mehr gegen uns und (aber, oder) nicht mehr gegen euch', d. h. ihr angriff trifft uns in gleicher weise.

Mit jenem μᾶλλον καὶ οὐ läszt sich aber auch das lateinische beispiel erklären, welches W. anführt. wenn Cicero *ad Att.* XIII 2 schreibt: *mihi quidem videtur etiam diutius afuturus ac nollem*, so heiszt das unserm sprachgefühl accommodiert: 'mir scheint es als ob er länger ausbleiben werde als ich wünschte', aber wörtlich: 'mir scheint es als ob er länger ausbleiben werde, und[2]) ich wünschte es möchte nicht der fall sein.' wir müssen uns eben bei beurteilung solcher syntaktischer feinheiten hüten etwas von unserm sprachgefühl hineinzutragen: denn dies tritt nur allzu oft der richtigen erkenntnis hindernd in den weg.

Auch den unterschied zwischen dem comparativ mit vergleichungspartikel und dem comp. mit casus berührt der vf. es läszt sich wol im allgemeinen sagen, dasz im sanskrit, lateinischen und gothischen das princip der deutlichkeit für die wahl beider constructionen entscheidet. für das griechische begnügt sich W. mit der bemerkung Krügers, der genetiv stehe für ἤ mit jedem casus, was leicht die meinung erregen könnte, als sei kein unterschied dabei. aber wie wenig das z. b. für Thukydides der fall ist, hat Preibisch in der angeführten schrift zu zeigen gesucht.

Bei dem gebrauch des comparativs und superlativs unterscheidet der vf. mit recht, ob die sache mit sich selbst oder mit einer andern verglichen wird, und nennt ganz passend jenen gebrauch den reflexiven, diesen den relativen. was er sonst noch im einzelnen vorbringt, müssen wir hier bei seite lassen, um zu dem zweiten hauptteil der arbeit über die bildung der gradationsformen überzugehen.

---

2) so in schon verblaszter bedeutung. nach Ribbeck heiszt es eigentlich 'im vergleich zu dem wie'. übrigens erhellt aus dem gesagten, dasz kein grund vorliegt an jener stelle des Cicero mit Baiter vor *ac nollem* ein punctum zu setzen.

Das erste umfangreichste (s. 53—102) und wichtigste capitel stellt dieselben nach suffixen zusammen, und zwar zunächst nach den einfachen, dann nach den zusammengesetzten. als einfache suffixe zählt der vf. auf *ta, ma, ra, ja* nebst *jas* (besser *jans*), von denen die beiden ersten dem superlativ, die letzteren dem comparativ zugehören. da aber eine genaue unterscheidung zwischen beiden gradationsformen von anfang überhaupt nicht da war, so wurden einerseits jene einfachen suffixe auch promiscue gebraucht, anderseits traten sie zusammen, um von neuem zur bildung des superlativs und comparativs zu dienen. für den erstern ergaben sich so *ta* + *ta*, *ta* + *ma*, *is* + *ta* (*is* aus *jans* zusammengezogen), für den letztern hauptsächlich *ta* + *ra* und andere formen. es ist durchaus annehmbar, dasz diese einfachen mit *t, m, n, j* anlautenden suffixe hierher zu ziehen sind, weil sie wol von anbeginn auch zur bildung von wörtern verwandt wurden, die auf jene den gradationsformen ursprünglich eigenen räumlichen anschauungen sich zurückführen lassen. man vergleiche also, um der kürze halber nur beispiele aus éiner sprache anzuführen, ὕπα-τος, πρῶ-τος, ἔσχα-τος, πυ-μο (in πύματος), ἔνε-ρος, ὕπε-ρος, ἄλλος für ἀλ-jος, μέσσος für μεθ-jος, δεξ-ιός u. a. es ist selbst nicht unwahrscheinlich, dasz sich die grundbedeutung gewisser suffixe in solcher weise fixieren läszt: ist es doch bekannt, wie *la* und *ka* in den indogermanischen sprachen zur deminutivbildung verwandt werden.

Freilich musz man bei der aufstellung solcher grundbedeutungen sehr vorsichtig sein, namentlich suffixen gegenüber, die auch sonst weit verbreitet sind. es braucht hier nur daran erinnert zu werden, welche rolle die meisten jener kleinen lautgruppen (man denke an das *ta* der participien) in der wortbildung spielen. diesen gedanken hat W. auszer acht gelassen, und doch lag gerade darin die rechtfertigung für die auswahl der von ihm aufgeführten wortclassen. denn eine grenze läszt sich dabei keineswegs überall mit schärfe ziehen. man sieht z. b. nicht ein, weshalb der vf. skr. *dû-ra* (lang), welches nur s. 61 als positiv zu *dav-îjas* erwähnt wird und dessen instrumentalis *durêna* zur verstärkung der comparation überhaupt dient, nicht gleich unter suffix *ra* mit *a-pa-ra, pa-ra, ava-ra, adha-ra* zusammenstellt. jene allgemeinheit des gebrauchs war aber offenbar der grund für die combination der suffixe *ta* + *ta*, *ta* + *ma*, *ta* + *ra* usw., die für uns so sehr den eindruck fest verwachsener, einheitlicher suffixe machen, dasz nur sie in den grammatiken als comparativ- und superlativendungen aufgeführt werden. ja vielleicht erklärt sich daraus auch, weshalb von den genannten fünf einfachen suffixen gerade nur diese sich zu den üblichen gradationsendungen verbinden: denn jenes *ta* zeigt allerdings in seinem gebrauch die weiteste ausdehnung, und so konnte es kommen, dasz es vornehmlich einerseits mit sich selbst componiert wurde: *ta* + *ta*, anderseits weitere suffixe zu sich nahm: *ta* + *ma*, *ta* + *ra*, *t* + *ja*: demnächst kam *ja* (oder *jans*) an die reihe, woher *is* + *ta* (*is* + *ma*). viel individueller und daher seltener gebraucht mochten *ma* und *ra* sein, weshalb man denn kein *ma* + *ta* (auszer in einigen griechischen spuren und im altirischen, wo sich auch *ma* + *ma* findet, Schleicher comp.[2] 492), kein *ma* + *ra*, *ma* + *ja*, kein *ra* + *ta*, *ra* + *ma*, *ra* + *ja* mit specieller anwendung auf die gradation findet. später, aber erst als sie bereits allgemeiner geworden waren, wurden auch diese suffixe weiter gebildet, ja selbst die zusammengesetzten formen, die sich speciell für den comparativ und superlativ festgesetzt hatten, wurden, als ihre bedeutung nicht mehr recht gefühlt wurde, nochmals weiter gebildet: *ista* + *ra*, *ista* + *ma*, *ista* + *tara*, *ista* + *tama* u. a. gerade bei der steigerung bezeichnet es Pott als 'eigentümlichkeit dasz sie ein suffix auf das andere pfropft'. der vorgang aber ist hier eigentlich überall derselbe, nur dasz er in den letztgenannten gebilden uns viel näher gerückt ist und sich gewissermaszen vor unsern augen vollzieht. gerade solche uns näher liegende erscheinungen müssen wir benutzen, um mit hülfe derselben in jene frühesten perioden der entwicklung einzudringen, in denen sich das werden der sprache dem forschenden blicke entzieht.

Nach diesen vorbemerkungen prüfen wir das einzelne. zu den *t*-bildungen möchte man auch den stamm *an-ta* rechnen, woraus skr. *an-ti*, gr. ἀν-τί, lat. *ante*, goth. *and* entsprungen sind. jedenfalls war auch lat. *tô-tus* trotz seiner unsichern etymologie (Curtius grundz.[2] 204) hier aufzuführen. unter den *m*-bildungen vermiszt man *demum*, welches schon Förstemann a. o. 18 mit erwähnt und Corssen beiträge 83 ff. gewis richtig aus der präp. *de* mit steigerungsuffix *mo* ableitet, ferner alte superlativbildungen wie *purime* bei Festus 252 M., welches W. s. 99 mit unrecht aus *purrime* erklären möchte. in *purime* ist *i* schwächung des stammauslautes, *me* (*mo*) suffix, und diese bildung findet ihre analogien in den von Ribbeck a. o. 6 aus glossen beigebrachten *clarimum*, *coimum* sowie besonders in *ferme*, welches er als superlativ zu *fere* faszt und dessen ursprünglichere form *ferime* er bei Plautus *trin.* 319 *mihi quidem aetas actast ferime* als mit geringer verschreibung erhalten nachweist. zweifelhafter ist es, ob Ribbeck mit recht *immo* = *ipsimo* hierher stellt. für *primus* erwähnt W. zwei wege der erklärung, zwischen denen er schwankt. vielleicht ist es nicht uninteressant hier einmal alle versuche, die man zur erklärung von *primus* gemacht hat, zusammenzustellen. es sind mir deren nicht weniger als sieben bekannt: 1) *primus* identisch mit skr. *pra-thama*, skr. *ă* wurde lat. *ī*, *thama* verstümmelt sich zu *ma*: so Bopp vergl. gramm. II[2] 91 ff.; 2) *primus* entstand aus *pris-mus* d. i. dem comparativ *pris* = *prius* (vgl. *pris-cus, pris-tinus*) + superlativsuffix *mo*: so Förstemann a. o. 21. 28 und Pott etym. forsch. I[2] 560. II 1[2] 846 u. ö.; 3) *primus* entstand aus *pris-mus*, aber dieses aus *pri-sumus* d. h. *pri* vom stamm *prae* + suffix *sumus* = *tumus*: dies ist Büchelers meinung jahrb. 1863 s. 336; 4) *primus* entstand aus *prai-mus* d. h. dem locativ fem. *prāi* (zu *prai, prae*) + suffix *mo*: dies war Corssens frühere ansicht, noch beiträge 433 ff.; 5) *primus* entstand aus *pro-i-mus* d. i. präp. *pro* = skr. *pra* + suffix *mo* mit dazwischentretendem binde(?)vocal: so Ebel KZ. VI 203, vgl. Curtius grundz.[2] 256; 6) *primus* entstand aus *pris-mus* d. h. aus der verstümmelung *pras* für *paras* skr. *puras* gr. πάρος + suffix *mo*: diese ansicht hat Schönberg 'über composita in deren ersten gliedern viele grammatiker verba erkennen' (Mitau 1868) s. 26 aufgestellt; 7) *primus* entstand aus *proi-mus* durch die mittelstufe *prei-mus* d. i. aus dem locativus masc. *prăi*, woraus einerseits jene lateinischen formen, anderseits das umbr. *prû-mo-* (?) wurde. dies ist Corssens neueste erklärung ausspr. I[2] 781 f., und sie ist mir wenigstens ihrem grundgedanken nach die wahrscheinlichste. ob das griech. πρόμος, welches W. unerwähnt gelassen hat, nicht ursprünglich auch zahlwort war, ehe πρῶτος an seine stelle trat, mag hier nur als möglichkeit hingestellt werden, für welche die identität des suffixes sprechen würde.

Weitaus das wichtigste und verbreitetste der einfachen gradationssuffixe ist dasjenige welchem der vf. die indogermanische gestalt *jas* gibt, woraus erst durch nasalierung *jans* entstanden sei. aber schon Angermann hat im litt. centralblatt a. o. mit recht bemerkt, dasz *jans* als indogerm. grundform anzusehen sei, woraus sich mit abfall des *s* gr. ιον (ιων), mit ausstoszung des *n* lat. *ios* (*ior*) und contr. *is*, goth. *is*, *oz* entwickelte. von den über den ursprung dieses suffixes *jans* aufgestellten hypothesen teilt W. einige mit, weitere combinationen nicht nur hierüber sondern auch über den ursprung anderer suffixe hätte er in Scherers vielbesprochenem buche 'zur geschichte der deutschen sprache' s. 324 finden können, womit jetzt Kuhns gründliche anzeige KZ. XVIII 386 zu vergleichen ist. ich gehe auf diese frage hier nicht näher ein, sondern bemerke nur dasz mir die herleitung aus einem particip der wz. *i* (gehen), gleichviel unter welcher modification, nicht wahrscheinlich ist.

Die reinste gestalt des suffix *jans* zeigen noch vedische formen wie *nav-jans, tav-jans, vas-jans* u. a., während die gewöhnliche form im sanskrit bekanntlich *îjans* geworden ist. diese gestalt glaubten Bopp und andere (zuletzt Leo Meyer) festhalten zu müssen, um daraus das lange *i* zu erklären, welches gr. ιον meistens noch aufweist. anders Kühner, der ausf. gramm. I[2] 428 ἡδίων aus ἡδε-ιων erklären will und vermutlich an vocalsteigerung ἡδευ aus ἡδυ denkt. W. erklärt wieder anders: man dürfe sich durch die quantität nicht verleiten lassen *îjans* mit gr. ῑον zu confundieren, ῑ sei hier von natur kurz wie in ῥίγῑον und nur des dactylischen metrums halber verlängert. aber dies ist schwerlich richtig: denn wahrscheinlich hängt jenes skr. *îjans*, wie Curtius studien II 186 vermutet, mit der dickeren aussprache des *j* (zunächst freilich nur des intervocalischen) zusammen, vermöge deren ja auch im lat., was W. übersehen hat, *măg-jor* durch die mittelstufe *maj-jor* zu *mājor* wurde (vgl. Curtius a. o.). bei aufzählung der beispiele ist der vf. überall geneigt die comparative und superlative möglichst von wurzeln abzuleiten, was mit seiner oben s. 28 erwähnten hypothese zusammenhängt. unter den positivlosen bildungen muste er dann jedenfalls auch βελτίων aufführen, welchem wenigstens im griech. kein positiv zur seite steht. bei ἀρείων widerspricht er ohne grund der ansicht von Curtius, es gehöre dieser comp. zu ἀρι-, zu dem es lautlich und begrifflich passt. von 'bildungen zu denen nur positive derselben wurzel existieren' nennt W. diejenigen der adjectiva auf -υς: aber weshalb können diese nicht direct den zugehörigen positiven zu grunde liegen? dann ergäbe sich eine neue möglichkeit (die ich übrigens nicht vertreten will) das ῑ zu erklären, in dem υ + ι stecken könnte: das comparativsuffix überwog hier das υ, während sonst stammhaftes υ das element ι überwindet (vgl. δύη st. δυ-ίη), und κρήγυον würde gegen Benfey KZ. VII 113 um so sicherer fern zu halten sein; sonst hätte der vf. bei den griech. beispielen die dialektischen formen mehr erwähnen sollen, z. b. μέσσων μέζων zu μείζων, μάλιον zu μᾶλλον (Renner in Curtius stud. I 1, 17), κάρρων zu κρέσσων κρείσσων (Ahrens de dial. II 103). von griechischen hierher gehörigen adverbien führt W. kein beispiel auf, und doch ist πρίν nach der ansicht der meisten gelehrten (u. a. Pott et. forsch. II 1[2] 836. 845. Curtius grundz.[2] 256) ein comparativ, wiewol dies neuerdings Corssen ausspr. I[2] 781 anm. anzuzweifeln gesucht hat. man wird wol πρίν als entstanden aus προ-ιονς, πρ-ιον ansehen dürfen.

Im lateinischen hat das suffix *jans* in der verkürzten gestalt *jas* zunächst die adverbia auf *-is* durch zusammenziehung des *ja*, dann die auf *-us* mit ausfall des *j*, sowie die comparative auf *-ior* gebildet. hier kann nun der vf. die herleitung der comparative wie *grav-ior*, *lev-ior* usw. aus *u*-stämmen so wenig leugnen, dasz er sich sogar veranlaszt sieht noch *ôcior* und *pleor* (*pleores* im arvallied) heranzuziehen. für ersteres setzt er, wie mir scheint mit recht, ein *ocu-is* voraus, woraus der comp. *ôqu-ior ôq-ior ôc-ior* gebildet wurde. zweifelhafter ist die sache bei *pleores*, welches der vf. aus *plev-iores* entstehen läszt und direct an skr. *puru* gr. πολυ- anlehnt. es soll alsdann metathesis wie in *grav-ior* für *garv-ior* skr. *guru* gr. βαρυ- eingetreten sein. aber gerade in den analogen lat. bildungen fällt das *u* nicht aus, ja es verdrängt sogar wie in *levis* = *legvis* und *suavis* = *suadvis* vorhergehende consonanten. da nun W. nicht angibt, wie er sich bei seinem *pleviores pleores* den lautlichen wandel (fiel *v* oder *i* zuerst aus?) vor sich gegangen denkt, so wird man auch im hinblick auf gr. πλείων πλέων besser bei der auffassung Corssens a. o. 308. 368. 442 u. ö. stehen bleiben, wonach *pleor*, *plo-us* aus *plo-ījus* entstand. — Auch die adjectivisch gebrauchten participia erwähnt W.: einige worte wären hier doch über die comp. *benevolentior maledicentior* usw. zu sagen gewesen und ihr verhältnis zu den positiven *-volus -dicus* usw. Förstemann a. o. 43 wollte die letzteren unmittelbar aus den participien ableiten, Benfey und Leo Meyer benutzten positiv und comparativ zur stütze ihrer participialtheorie. das richtige gibt wol Corssen nachträge 131 ff., wenn er bemerkt dasz von compositis, deren zweite glieder von verbalstämmen mit suffix *a* gebildet sind, überhaupt keine steigerung üblich war und man deshalb zu den participien der entsprechenden verba griff. — Von den drei adverbien auf *us*: *min-us ten-us sec-us* versieht der vf. die beiden letzten mit fragezeichen, aber weshalb sollte *tenus* nicht von der determinierten wz. *tan* (sich ausdehnen, erstrecken) kommen können, die der bedeutung nach sehr gut passt? dasz die übersetzung den comparativischen sinn nicht mehr wiedergibt, wäre nicht auffallend, doch auch die herleitung von einem *as*-stamm nicht unmöglich. von *secus* wird unten die rede sein. — Ueber die adverbia auf *-is* wie *magis ultis satis nimis potis*, von denen einige sicher comparative sind, will der vf. kein bestimmtes urteil abgeben, sondern registriert nur die ansichten der gelehrten. wir übergehen daher diese frage, in die man auch *fors mox* u. a. hat hineinziehen wollen, und bemerken nur dasz W. in *nim-is* die silbe *nim* für eine wurzel zu halten geneigt ist, wie er denn auch *nim-ius* gern unter suffix *ja* bringen möchte. auf einen ganz andern weg führt jetzt M. Bréal KZ. XVIII 456, der *nimis* als *ne* + *mios* faszt, d. i. die negation + *mios mis* vgl. gr. μεῖον. es hiesze dann 'nicht wenig d. i. viel', dann 'zu viel' wie gr. ἄγαν.

Die gothischen bildungen, welche der vf. anführt, sind jetzt nach Leo Meyer 'die gothische sprache' (Berlin 1869) s. 178. 180 ff. 246. 253. 513. 623 ff. zu vervollständigen. zu den positivlosen comparativen gehören auch *rath-iz-a* und *ïus-iz-a*, welches letztere W. s. 73 irtümlich unter den auf adjectiva zurückgehenden anführt. in ein dilemma verwickelt er sich hier wieder durch sein bestreben die gradationsformen der *u*-stämme aus wurzeln abzuleiten. weil neben dem comp. *sut-iz-a*, welcher kein fragezeichen verdiente, ein positiv *sut-s* d. i. stamm *sut-ja* vorkommt, so setzt W. auch für *hard-iz-a* ein *hard-ja* an, das sich nirgends findet. jenes *suts* ist specifisch gothisch, und man kann nicht mehr entscheiden, ob es primär aus der wz. *svad* oder secundär mit verdrängung des *u* durch *ja* gebildet ist; doch ist letzteres wahrscheinlicher. andere comparative von *u*-bildungen sind nicht erhalten, aber von *kauru-s* (schwer) würde der comp., wenn er vorkäme, so gewis *kauriza* lauten, wie der verwandte lateinische *gravior* lautet und *hardus hardiza* bildet. Leo Meyer bemerkt daher mit recht, dasz die suffixe *ja* und *u* wie auch *a* vor dem comparativsuffix *iza* spurlos verloren giengen. aber W. geht noch weiter: sogar im lat. will er jetzt die entsprechenden comparative aus den wurzeln herleiten, und danach conjiciert er, es hätte einmal ein comp. *suâd-ior* bestanden, dann sei *suavis* gebildet worden und daraus wieder *suav-ior*. zur stütze dieser conjectur weisz er merkwürdiger weise nur jenes *ôc-ior* anzuführen, für das er selbst vorher gerade umgekehrt entstehung aus *ocu-ior* angenommen hatte. die ganze hypothese ist also hinfällig. — Noch einen punct hätte der vf. erwähnen sollen, die schwache biegung der comparativ- und superlativstämme im gothischen. gerade in jenem *-an* liegt das unterscheidende merkmal der adjectivischen comparationsbildung von der adverbialen: man vergleiche stamm *maiz-an* und *mais*. wahrscheinlich waren jene neutra schon zu adverbien erstarrt, ehe die germanische *n*-bildung antrat.

Von den zusammengesetzten suffixen stellt W. *ta-ta* voran, womit wir gleich, statt *ta-ma* mit ihm dazwischen zu schieben, *ta* + *ra* verbinden, damit so die zusammengehörigen comparative und superlative nicht getrennt werden. nach der seitherigen, auch vom vf. adoptierten ansicht sind die Homerischen superlative ἰθύντατα und φαάντατος unmittelbar von verbalstämmen abgeleitet. allein in ersterem kann ν suffixales element sein, in letzterem ist es wahrscheinlich der fall: φαάντατος steht für φαϝάντατος von der determinierten wz. φαϝ in φαῦος, φαυσίμβροτος (Curtius grundz.[2] 267) und suffix αν, es ist also genau ebenso gebildet wie μελ-άν-τατος ταλ-άν-τατος. unter den hier aufgezählten adverbialbildungen fehlen die Homerischen προ-τέρω, ἑκασ-τέρω ἑκασ-τάτω, τηλυ-τέρω, wie es denn überhaupt gut gewesen wäre, wenn der vf. in seiner arbeit etwas mehr rücksicht auf Homer genommen und die dahin gehörigen formen vor anderen ausgezeichnet hätte. eine schärfere unterscheidung wäre auch für steigerungsgrade auf -έστερος -έστατος, -ίστερος -ίστατος von nutzen gewesen. es lassen sich hier folgende gruppen unterscheiden: 1) das σ derselben entstand aus τ und zwar *a*) aus der schwachen form des suffix *vant* gr. ϝεντ, χαριϝέτ-τερος = χαριέστερος, ebenso τιμη-έστερος τιμη-έστατος. im dat. plur. fiel das τ der schwachen form aus in χαρίεσι. *b*) τ ist anderweitige suffixale weiterbildung: ἀχαρίσ-τερος ἀχαρίσ-τατος vgl. mit χάρις χάρι-τ-ος. 2) das σ gehört dem suffix *as* gr. ες an: σαφής — σαφέσ-τερος σαφέσ-τατος, ψευδής — ψευδέσ-τερος ψευδέσ-τατος. an diese bildungen schlieszen sich 3) die nach ihrer analogie geformten comparative und superlative, welche nun weiter, wie W. thut, nach den zugehörigen positivstämmen eingeteilt werden können. gerade bei der comparationsbildung hat die analogie eine grosze rolle gespielt, und es wäre ganz unzulässig hier überall wirkliche ες-stämme voraussetzen zu wollen, wie man es allerdings in einzelnen fällen, z. b. in dem vom vf. übersehenen εὐδιέσ-τερος εὐ-διέσ-τατος nach Grassmann KZ. XI 7 thun musz. am auffallendsten sind nachbildungen der doch gewis individuellen formen auf -ηέστερος -ίστερος, z. b. πτωχίστερος von πτωχός, ὑπεροπληέστερος von ὑπέροπλος. die erklärung Bopps, dasz in λαλίστερος, ἁρπαγίστερος ἁρπαγίστατος u. a., worüber auch Lobeck paralip. 287 handelt, ις comparativsuffix sei wie im lat. bei *is-timus*, verwirft W. mit recht; doch will neuerdings Schönberg a. o. 27 diese möglichkeit nicht so ganz von der hand weisen: in πλησιέσ-τερος neben πλησιαίτερος, meint er, sei wol *jas* zu ιες verstümmelt. aber dafür findet sich im griech. kein beispiel. ebenso wenig kann man Schönberg beistimmen, wenn er in seiner vorliebe für die *as*-stämme eine reihe von bildungen auf -αίτερος -αίτατος auf sein vermeintliches suffix *asi* zurückführt. — Ob die bekannte regel über ό-τερος ό-τατος und ώ-τερος ώ-τατος (vgl. Lobeck path. el. I 533) wiederum nur dem dactylischen metrum zu danken sei, wie W. meint, ist zweifelhaft; Bopp vergl. gramm. II[2] 23 gibt weiter reichende gesichtspuncte. — Unrichtig oder doch unnötig ist auch des vf. annahme, dasz εἰκοστός τριακοστός aus εἰκόστατος τριακόστατος verkürzt seien. diese formen sind einfach mit suffix το gebildet und das ς gehört dem stamme an. von anderer art ist dagegen das -στός, womit ὀλιγοστός (daneben kommt auch ὀλίγιστος vom comp. + το bei Homer und Hesiod vor, was s. 89 zuzufügen ist) und πολλοστός gebildet sind. hier braucht man nicht mit W. eine formübertragung von -στός anzunehmen, sondern kann ὀλιγο-τατος πολλο-τατος als grundformen ansetzen, aus denen sich nach ausfall des α jene formen entwickelten. vielleicht gehört hierher auch λοῖσθος. dieses merkwürdige vom vf. ganz übersehene wort, welches gewöhnlich mit λείπειν zusammengebracht wird (Kühner ausf. gramm. I[2] 437 a. 2), haben schon Förstemann s. 22 und Seidel s. 24 zu den superlativen gestellt, ohne jedoch damit fertig zu werden. — Unter den lat. adverbien fehlt *iterum*, welches Bopp II[2] 25 direct mit skr. *itara* in verbindung bringt. — Von den mit recht als ablativisch gefaszten *retro extra contra intra* usw. ist *contra* als accusativ erklärt worden von Usener vor dem index lect. Gryphisv. aest. 1866 s. 12, was Ritschl neue Plaut. excurse I 86 anm. ** durch Plautinische beispiele nicht zu widerlegen vermag. — Ueber die gothischen hierher gehörigen adverbia vgl. jetzt Leo Meyer a. o. 90 ff. 124. 145. 631.

Verhältnismäszig selten ist die verbindung des *t*-suffixes mit dem *j*-suffix. zweifelhaft ist hier der vf. wegen πρόσσω und ὀπίσσω, von denen das erstere Curtius grundz.[2] 256 für προ-τjω genommen hat. gegen diese erklärung würden die nebenformen πρόσω πόρσω πόρρω nicht sprechen. unklar bleibt W.s ansicht namentlich über ὀπίσσω, welches von der präp. ἐπί mit hülfe eines ς (?) gebildet sein soll, während er πρόσσω auf πρός zurückführt. bemerkenswerth ist hier auch Scherers deutung, der a. o. 315 anm. πρόσσω und ὀπίσσω mit Windischmann und Spiegel zendischen bildungen wie *frasha apasha* vergleicht und ein locativsuffix *sva* annimt. wieder etwas anders denkt über ὀπίσσω Leo Meyer, wenn er a. o. 508 ὀπίσσω = ὀπικ-jω setzt und skr. *ápâka* (entfernt) goth. *ibuks* (rückwärts gekehrt) vergleicht. dies würde dann auf skr. präp. *apa* gr. ἀπό lat. *ab* zurückführen, wie jenes zend. *apasha* auch, und dahin würde weiter goth. *if-tuma* gehören, für welches W. s. 80 vergeblich eine erklärung sucht.

Wie dem auch sei, jedenfalls hatte die suffixverbindung *tja* einen kleinen bereich; aber es wäre darum nicht minder auffällig, wenn das erste element derselben mit dem zweiten nur in dessen kürzerer gestalt *ja* und nicht auch in der eng damit zusammenhängenden volleren form *jas* oder *jans* vereinigt worden wäre. hält man diesen naheliegenden gedanken fest und nimt man an, es habe wie neben *ja* ein *jans jas*, so neben *tja* ein *tjans tjas* gegeben, so erklären sich damit, scheint mir, einige bis dahin noch von niemand völlig aufgeklärte bildungen. zunächst gehört hierher βελ-τίων, über dessen T W. s. 86 anm. nicht ins reine gekommen zu sein bekennt. eine weiterbildung mit Corssen anzunehmen wäre nur ein notbehelf, da die verwandten sprachen nichts der art bieten, mag man es nun mit wz. *var* (wählen) gr. βόλομαι skr. *váras* (gut) goth. *vaila* (vgl. u. a. Leo Meyer a. o. 368) oder mit skr. *balam* (kraft) *balishta* (fortissimus) lat. *val-ere* zusammenstellen. dasz βελ-τίων abzuteilen und nur βελ als wurzel zu setzen sei, zeigen auch βέλ-τερος βέλ-τατος und von jenem weiter gebildet βελ-τιώτερος. — Von lateinischen bildungen rechne ich hierher das vielumstrittene *se-tius* und *diu-tius*. für diese beiden formen stellt W. nach L. Langes vorschlag s. 22 f. 70 eine neue erklärung auf: beide sollen comparative der ablative *set* (vom pronominalstamm *sva sa*) und *diut* sein, ersteres bedeute also eigentlich 'vergleichsweise abseits'. dasz comparative von ablativen gebildet werden, ist an sich wol möglich und wird durch verweisung auf *temperius* von *temperi* und *prodius* von *prod* hinreichend gestützt. ja W. würde seine erklärung von *diutius* mit noch viel kühnerer zuversicht aufgestellt haben, wenn er Potts auseinandersetzung et. forsch. II 2[2] 1029 ff. gekannt hätte, der die ablativform *diu* sogar noch in einem weiteren kreise von wörtern (*diurnus*, *interdiu*) nachzuweisen sucht. allein nach Corssens scharfer kritik dieser ansicht ausspr. I[2] 233 ff. ist jener ablativ denn doch sehr in frage gestellt und zugleich überzeugend dargethan, welche bewandtnis es überhaupt mit dem auch von W. nach Bücheler in diesen jahrb. 1867 s. 68 angenommenen stamme *diu* hat. ein solcher würde sich neben *dies* aus *div-as* schwer erklären lassen, und dasz gar in *inter-dius* ein genetiv dieses *diu* ähnlich wie in *inter-vias* ein gen. auf *-as* stecken soll[3]), durfte Corssen a. o. und 769 f. gewis als unerwiesene behauptung ansehen. dagegen scheint mir seine annahme unnötig, dasz *diu-t-ius* wie *diu-t-urnus* auf einen stamm

3) denn für die construction von *inter* mit dem genetiv fehlt jeder beleg. anders steht es mit dem ablativ: hier kann ich Corssen nicht beistimmen, wenn er in *intereā praetereā* u. a. das *ā* als ursprüngliche länge des neutralen acc. pl. faszt. von rein sprachwissenschaftlichem standpunct aus wäre dies sehr wol möglich; allein diese möglichkeit wird jetzt abgeschnitten durch Ritschls neue Plaut. excurse I 82 ff., wo *interead propteread* aus vier Plautusstellen erwiesen werden. noch niemand hat aber, so viel ich weisz, die frage aufgeworfen, geschweige denn beantwortet, weshalb *inter* und *praeter* in ältester zeit auch mit dem ablativ verbunden werden konnten. der grund liegt meiner ansicht nach eben darin, dasz *inter* und *praeter* comparativische bildungen sind (vgl. auch *praeterquam*). wie es mit den übrigen von Ritschl aufgeführten adverbialen formen steht, mag noch offene frage bleiben: sind sie alle ablativisch, so kann vielleicht der hinweis auf ihre ursprünglich locale natur genügen; andernfalls ist die annahme eines *ā* des neutralen acc. pl. doch nicht abzuweisen, so lange der wegfall eines *d* für sie noch unbelegt ist.

diu-to zurückgehe: *diu-tius* erklärt sich in der oben angegebenen weise einfacher, und *diuturnus* ist auch in bezug auf sein *t* nach analogie von *nocturnus* gebildet. zwischen *diu* und *noctu* nebst ihren sippen waltete auch sonst ein leicht begreiflicher trieb nach analoger bildung, wenigstens kann ich das *diud* nicht anders auffassen, welches jetzt Ritschl neue Plaut. excurse I 85 in *Poen.* V 4, 29 aus spuren des palimpsestes nachgewiesen hat. — Gegen die erklärung von *setius* als comparativ des ablativs spricht vor allem, dasz sie die irrige voraussetzung zur basis hat, *setius* sei die einzig richtige und etymologisch einzig mögliche schreibweise. allein sie ist nur die bestbeglaubigte und einzig richtige *secius* gegenüber, während doch die neueste forschung wenigstens darüber einig zu sein scheint, dasz das gleichfalls überlieferte *sectius*[4]) die unmittelbar vorhergehende lautgestaltung war: so Corssen a. o. 37, Götze in Curtius studien I 1, 176, Schweizer in KZ. XVIII 296, Brambach rhein. mus. XXIV 539. auch läszt sich *sĕquius* und *sĕcus* keineswegs von *sētius* trennen (vgl. Fleckeisen rhein. mus. VIII 225): denn auch Corssens ableitung von *segnis* ist schwerlich richtig, wie Götze a. o. mit gutem grunde bemerkt. demnach bleibt also Fleckeisens etymologie bestehen, und nur den zweiten bestandteil *tius* fassen wir jetzt als zusammengesetztes comparativsuffix neben dem einfachen *ius* und *us* in *sequius* und *secus*, wodurch die annahme eines sonst nicht nachweisbaren adv. *secitus* unter berücksichtigung der von Corssen beiträge 8 dagegen erhobenen einwände überflüssig wird. jedenfalls empfiehlt sich diese erklärung als eine einfache und sprachgemäsze. auch wird sie nicht etwa dadurch zweifelhaft, dasz sich vorläufig keine weiteren bildungen auf *-tjans* beibringen lassen; im gegenteil stimmt dies nur zu der schon oben hervorgehobenen thatsache, dasz sich auch das suffix *tja* selten findet: W. führt aus dem griech. dafür nur ὕπτιος δισσός περισσός an, aus dem lat. nur *ter-tius*.

Seither spielte das suffix *tama* bei der erklärung des lat. superlativs eine grosze rolle, indem man annahm dasz 1) *t* sich in *s* verwandle wie in *maximus* = *mag-timus*, *oxime*; 2) dieses aus *t* entstandene *s* sich vorhergehendem *l* und *r* assimiliere: *facillimus celerrimus*; 3) *tama* sich mit dem comparativsuffix *is* zu *istumo issumo* vereinige, woher die gewöhnliche superlativbildung *probissumus carissumus* usw. dies alles stellt jetzt der vf. in abrede: denn ad 1) will er *tama* nur gewissen pronominalen superlativen, denen zugleich comparative auf *-tero* zur seite stehen, *exterus* — *extumus*, *inter(ior)* — *intimus*, sowie den denominativen adjectiven wie *finitumus mari-tumus* zukommen lassen; ad 2) bezweifelt er die lautübergänge *lt* und *rt* in *ll* und *rr*; ad 3) soll, da dem griech. το häufig

---

4) übrigens darf hier nicht unerwähnt bleiben, dasz der vf. sich über das verhältnis jener drei formen nicht ausspricht, sondern zur nähern begründung seiner ansicht mehrfach auf einen aufsatz im rhein. museum verweist, dessen erscheinen noch abzuwarten ist.

lat. *mo* gegenübersteht wie πρῶτος — *primus* (vgl. jedoch oben s. 35), δέκατος — *decimus*, -τερος -τατος — *-terus -tumus*, auch die griech. steigerung -ίων -ιστος die annahme einer lat. *-ior -ismus* erfordern. alle diese thesen müssen wir bestreiten und zwar aus folgenden gründen.

Dasz *tama* nur jenen pronominalsuperlativen zukomme, denen ein comparativ auf *-tero* entspricht, findet schon in den gleichfalls genannten (nach des vf. ansicht uralten) nominalbildungen widerspruch, denen im lat. keine ähnlichen auf *-tero* zur seite stehen, während doch im griech. in analoger weise ὀρές-τερος, ἀγρό-τερος u. a. erscheinen. überdies erklärt sich *maximus* aus *mag-timus* neben *major* aus *mag-jor* ohne zwang, zumal im hinblick auf *proximus* neben *propior*, bei welchem W. wegen *propter* jenes suffix *tumo* anzuerkennen nicht umhin kann. nur rücksichtlich des stammes von *proximus* kann man zweifeln; aber W. weist mit recht auf den wahrscheinlich gutturalen ursprung des zweiten *p* in *prope* hin, wiewol damit die etymologie von *pe* = *que*, die Pott II 1[2] 846 nicht einleuchten will, kaum gesicherter ist. von demselben grundgedanken geht übrigens neuerdings Fröhde aus, wenn er KZ. XVIII 159 *prope* aus der wz. *prak'* (verbinden) ableitet. in beiden fällen wäre dann Corssens vorausgesetztes *propicus* beseitigt.

Von den lautübergängen *lt* in *ll*, *rt* in *rr* ist wenigstens der erstere in einem sichern beispiele auch sonst noch bezeugt durch die obliquen casus von *mel* (Corssen beiträge 326), was der vf. hätte widerlegen sollen; der andere, der durch die mittelstufe *rs* vor sich gieng, dadurch nicht widerlegt, dasz sich in der participialbildung bald *rt* bald *rs*, aber nicht *rr* = *rt* findet. denn wie oft *rs* in *rt* übergieng, zeigt Corssens zusammenstellung a. o. 402 ff., ausspr. I[2] 442 f., und es ist ebensowenig auffällig, dasz sich hier verschiedene lautstufen neben einander erhalten haben, als wenn die geläufige lautgruppe *rn* gelegentlich auch in *rr* und *nn* übergieng. wollte W. den übergang von *lt rt* in *ll rr* durch *ls rs* widerlegen, so muste er zeigen, weshalb ein aus *t* entstandenes *s* weniger leicht sich vorhergehendem *l* oder *r* assimilieren konnte als ein ursprüngliches: vgl. *velle* = *velse*, *ferre* = *ferse*, mit anderen worten er muste die physiologische verschiedenheit beider *s*-laute nachweisen, was ihm aller wahrscheinlichkeit nach schwer geworden sein würde. es ist darum an der seitherigen ansicht festzuhalten, und um so fester, je zweifelhafter W.s eigne erscheinen musz, wonach auch jene bildungen wie *facillimus celerrimus* auf ein *is-mo* zurückgehen.

Die aufstellung dieser lat. suffixform *is-mo* ist nicht neu, sondern, was hätte angeführt werden sollen, bereits im j. 1831 von J. Grimm deutsche gramm. III 654 vorgebracht, aber von Bopp vergl. gramm. II[2] 32 anm. ausdrücklich bestritten worden. trotzdem ist der von neuem unternommene versuch sie näher zu begründen gewis interessant und lehrreich. jenes *ismus* nemlich läszt der vf. zunächst durch einschiebung eines bindevocals in *is-u-mus* übergehen, was dann seinerseits drei gestalten annahm: 1) *-irumus* wie in *ploirumus*, 2) verstümmelt mit wegfall des *i*: *-sumus* in *maxumus facillumus celerrumus*, 3) mit verdoppeltem *s* und erhaltenem *i*: *-issumus*, die gewöhnliche superlativendung. aber hier beginnen unsere zweifel gleich bei der grundform, und erweist sich diese als unhaltbar, so sind es natürlich auch die drei daraus abgeleiteten suffixgestalten, ganz abgesehen von dem was sich gegen jede derselben im einzelnen einwenden läszt. die lautgruppe *sm* nemlich war allerdings den Römern ungeläufig; allein die weitere entwicklung war nicht die, dasz ein hülfsvocal zur erhaltung beider elemente eingeschoben wurde, sondern vielmehr die, dasz *s* abfiel nicht nur im anlaut (vgl. Corssen ausspr. I² 279. 810), sondern auch im inlaut (ob hier mit oder ohne ersatzdehnung, ist für unsern zweck gleichgültig; vgl. ebd. 280. 811. Götze a. o. 163 ff.). solche fälle aber wie *Ca-mena, Ca-millus, re-mus, o-men, du-mosus, di-movere, impo-mentum* erwähnt W. nicht, wogegen er für die epenthese folgende beispiele aufführt: 1) wurzel *es* in *s-u-m* und *s-u-mus*, 2) *pos-i-merium* bei Festus s. 248, 3) *mus-i-mon* = μούσμων, 4) *aes-u-ma* von *aes* bei Festus s. 26. allein von diesen beispielen findet das erste seine natürliche erklärung darin, dasz das *s* der wz. *es* im lat. überhaupt nicht verloren gieng und mithin, um formen wie *e-m e-mus* zu vermeiden, nichts übrig blieb als ein dem *m* wahlverwandtes *u* einzuschieben. dieser hülfsvocal wurde dann nach abfall des *e* für alle zeiten durch den accent befestigt und erhalten. zweifelhaft ist das zweite beispiel, in welchem *i* schwerlich als bindevocal dient, während doch die gewöhnliche form der ältern sprache *po-merium* die regelmäszige behandlung jenes *sm* deutlich zeigt. entweder ist ein *pose* neben *pos* wie *pos-te* neben *pos-t* vorauszusetzen oder an der stelle des Festus mit Corssen a. o. 184 anm. *postmerium* zu lesen; dies ist schon deshalb nicht unmöglich, weil *postmerium* gewis die spätere dem üblichen *post* accommodierte form war, wie Götze a. o. richtig bemerkt, und als solche sogar aus Varro stammen konnte. denn unter die 'plane fictae veterum notationes' möchte ich es mit W. doch nicht zählen, wenn bei Varro *de l. lat.* V 143 *pomerium* aus *postmerium* erklärt wird. noch mislicher steht es mit dem dritten beispiel, weil *musimon* ein lehnwort ist und daher sich der allgemeinen regel derselben fügt, unbequeme lautgruppen nicht sowol zu zerstören als vielmehr durch eingeschobene hülfsvocale mundgerecht zu machen. endlich das vierte beispiel beruht gar auf einer unsichern glosse und ist, selbst wenn K. O. Müllers schöne emendation, der es sein dasein verdankt, nicht anzufechten wäre, seiner bildung nach noch keineswegs aufgeklärt. von allen beigebrachten belegen hat also nur der erste gewähr, und hier ist ein besonderer lautlicher grund für die einschiebung eines *u* zwischen *sm* vorhanden.

Unter den drei abgeleiteten formen nun weist der vf. zunächst *ir-u-mus* nur in *ploirumus* nach, und gerade dieses ist auch das einzige sichere beispiel für die annahme eines superlativsuffixes *is-mus is-u-mus.* dies hat noch niemand zu leugnen gewagt; aber auch hier hat die erhaltung des *s* durch epenthese des *u* wol nur in dem bestreben ihren grund, den ohnehin schon zusammengeschrumpften comparativ *plus* nicht bis zur unkenntlichkeit zu verstümmeln: denn es hätte nach analogie oben genannter bildungen, wie schon Förstemann a. o. 28 sah, schlieszlich ein *plumus* entstehen müssen. deshalb bildete man aus den verschiedenen formen von *plus* mit suffix *mo* und eingeschobenem vocal einerseits *pliisimus plusimus*, anderseits *ploirumus plourumus plurimus.* von der entstehung des *plus* war schon die rede; über die berechtigung der von W. angesetzten form *plovisumus* vgl. Corssen KZ. III 282, über die vocalverhältnisse ausspr. I² 667. 702. 709. 711.

Auszer in *plurimus* wurde also kein hülfsvocal zur verbindung des comparativsuffixes *is* mit dem superlativsuffix *mo* eingeschoben, noch auch fiel das *i* des erstern aus, was geschehen sein müste, wenn des vf. weitere erklärung richtig wäre, *facillimus* sei = *facil-si-mus* = *facil-is-i-mus* = *facil-is-mus, celerrimus* = *celer-s-i-mus* = *celer-is-i-mus* = *celer-is-mus* usw. da ist doch die seitherige erklärung einfacher, und noch weniger passt jenes verstümmelte *-simus* zu den superlativen *extremus postremus supremus*, die gar erst durch vorstufe *exterrimus posterrimus superrimus*[5]) aus *exter-is-mus exter-is-i-mus exter-s-i-mus* usw. entstanden sein sollen. über den lautlichen hergang dabei, z. b. den ausfall des einen *r* von *rr* sagt W. nichts, und man begreift nicht recht, wie dafür der hinweis auf *decrevi decretum, sprevi spretum* genügen soll. dagegen genügt allerdings der hinweis auf eine solche namentlich bei metathesis des *r* eintretende vocalsteigerung (Corssen a. o. 551), wenn man mit Pott et. forsch. II 1² 847 einfach annimt, dasz jene superlative aus den zugehörigen comparativstämmen *extero* in *exter'-ior, postero* in *poster'-ior, supero* in *super'-ior* durch anfügung des von W. selbst als vorwiegend lateinisch nachgewiesenen *mo* gebildet sind. es fiel dann der wahrscheinlich vorher zu *i* geschwächte stammauslaut weg und es entstand aus *exter-mus extremus, poster-mus postremus, super-mus supremus.*

Die grösten schwierigkeiten aber stehen der dritten aus *is-mus* abgeleiteten form *iss-i-mus* entgegen, für deren lautgestaltung der vf. folgende gründe ins feld führt: 1) das suffix *issimus* hatte ursprünglich nur éin *s*, wie die inschriftlichen superlative *probisuma carisuma* beweisen; 2) das *i* war kurz, wie Büchelers messung des Saturniers auf der grabschrift des L. Cornelius Scipio Barbatus beweist: *quoiús formá virtútei părĭsumá fúit*; 3) durch die versetzung des accents von der viertletzten auf die drittletzte nach Corssen ausspr. II¹ 321—38 wurde der sibilant geschärft und es entstanden aus den vorauszusetzenden formen *brévĭsumus lévĭsumus* die gewöhnlichen *brevíssumus levíssumus.* ohne für die letztere erscheinung,

5) dieses findet sich wirklich bei Varro und späteren grammatikern und ist anders d. h. mit suffix *timo simo* gebildet.

verdoppelung des sibilanten, belege zu geben, glaubt der vf. mit diesen drei thesen seine ansicht gestützt zu haben. aber von diesen stützen ist gleich die erste vollkommen hinfällig. denn es versteht sich von selbst dasz inschriften, welche überhaupt keine gemination haben, natürlich auch da einfache consonanz zeigen; wo doppelte etymologisch berechtigt wäre. jenes *probisuma carisuma* beweist also nichts. weit fester und unerschütterlicher scheint dagegen die zweite stütze für *ĭsumus* zu sein: denn unter den drei messungen jenes vielcitierten Saturniers (Ritschl: *quoiús fórma virtu-teí parísuma fúit*, Corssen: *quoíus fórma vírtu-tei parísuma fúit*) ist die von Bücheler in diesen jahrb. 1863 s. 336 vorgebrachte und von A. Spengel philol. XXIII 86 gebilligte allerdings vorzuziehen, hauptsächlich weil sie das lange nominativ-*a* des femininums[6]) in beiden vershälften wahrt, ganz abgesehen von der diärese. dennoch musz ich den von Corssen nachträge 94 gegen *părĭsuma* erhobenen einwand durchaus aufrecht erhalten, da diese messung weder durch irgend ein analoges beispiel aus dem ältern latein noch auch von seiten der sprachlichen bildung gerechtfertigt wird. im gegenteil kann gerade ein vers wie der des Nävius *b. Poen.* 38 *sin íllos déseránt for-tíssumós virórum* zeigen, wie auch die saturnische poesie im einklang mit aller spätern jene superlative gemessen hat. wenn Bücheler a. o. 337 meint, es wäre zu untersuchen, ob nicht die Plautinische prosodie noch superlative in *-ĭssumus* kürzte, so ist jetzt daran zu erinnern, dasz nach verlauf von sieben jahren die Plautuskritik strengerer schule keine derartige stelle aufgewiesen hat.[7]) alles zusammengenommen weisz ich keinen andern ausweg als *quoius* einsilbig zu nehmen, wie dies wirklich bei Plautus vorkommt, und dann allerdings mit vernachlässigung der diärese zu messen: *quoius fórma virtútei pa-rísumá fúit*. ein beispiel für das einsilbige *quoius* aus den inschriften würde das Eurysacesmonument liefern, wenn Spengel a. o. 94 recht hätte in den PLME. tf. LXXXVIII *d* die erste hälfte eines Saturniers zu erkennen: *quoius córporís relíquiae*. aber auch angenommen, die Büchelersche messung wäre die einzig richtige, ja mögliche, so würde sich der vf. doch nicht mit gleichem recht auf jenes *părĭsuma* berufen können wie Bücheler, weil nach dessen freilich weder an sich glaublicher noch für die sonstige superlativbildung durchführbarer erklärung *ĭ* bindevocal ist, wäh-

6) Corssens messung hat auszer der nichtbeachtung dieses für den saturnischen vers doch wahrscheinlichen quantitätsverhältnisses eben das dreisilbige *quoīus* gegen sich, welches durch sie bewiesen werden soll. dasz dieses durch *illīus*, *istīus* nicht gerechtfertigt wird und dasz Corssens ansicht über die genetivformen der pronomina *hic* und *qui* überhaupt nicht haltbar ist, hat E. Windisch in seinen untersuchungen über den ursprung des relativpronomens in Curtius studien II 239 sehr gut auseinandergesetzt. auch ich habe mich mit jenem locativischen *i* innerhalb eines andern casus im lateinischen niemals befreunden können.

7) was hr. geh. rath Ritschl, mein hochverehrter lehrer, mir brieflich zu bestätigen die güte hatte.

rend W. *i* als bestandteil von *is* faszt, welches doch aus *ios* zusammengezogen ist und somit von natur lang gewesen sein musz.

Die verdoppelung des *s* endlich ist auch unter annahme des Corssenschen betonungsgesetzes nicht wahrscheinlich gemacht, wie denn auch der vf. nichts dafür beibringt. das *s* zwischen vocalen war nicht ein 'fortis sibilus', wie er meint, sondern hatte im gegenteil weichen ton, wie Corssenausspr. I[2] 280 ff. nachweist. gerade jenes einzige *plurimus* konnte vielmehr den weg zeigen, welchen die lautliche entwicklung genommen haben würde, wenn *is-mus is-i-mus* die superlativendung gewesen wäre. — Wenn W. noch zur bestätigung seiner ansicht auf das nebeneinanderbestehen von formen wie *celerrimus celerissimus*, *maturrimus maturissimus*, *gracillimus gracilissimus* hinweist, so spricht auch dies eher gegen als für ihn. denn es ist doch glaublicher dasz in *facillimus* = *facil-timus facil-simus* und *utilissimus* = *utilis-timus* verschiedene bildungsweisen als so ganz auseinandergehende lautgestaltungen desselben *ismus* vorliegen. ebenso musz man für die lat. ordinalzahlen von zwanzig an bei Corssens erklärung stehen bleiben, da hier das comparativsuffix gar nichts zu thun hat, sondern im gegenteil die einfache superlativendung durch die verwandten sprachen empfohlen wird.

Durch ein rein objectives abwägen der gründe für und wider glaube ich des vf. erklärung der lat. superlativbildung widerlegt zu haben. hierzu kommt schlieszlich noch eine betrachtung allgemeinerer art, die ebenfalls gegen dieselbe spricht. es musz nemlich in dem *issimo* das suffix *isto* stecken, welches W. dem lateinischen gänzlich abspricht, während er es doch gleich darauf als indogermanisches gemeingut bezeichnet und selbst in den drei anderen von ihm behandelten sprachen (für das gothische vgl. jetzt Leo Meyer 96 ff. 180. 624) nachweist. Corssen hatte KZ. III 285 ff. auch *praesto, juxta, exsta, sublestus* für superlativbildungen erklärt; W. stimmt in bezug darauf mit Pott überein, wenn dieser etym. forsch. II 1[2] 838 meint, diese art von superlativen im latein von den toten wiederaufzuwecken sei vergebliche mühe. aber wie, wenn sie nur scheintot waren? bei *juxta* (Corssen beiträge 287) und *praesto* wenigstens halte ich dies nicht für unmöglich. doch wären auch diese nicht superlativisch, so müste man um so mehr in *issimo* eine weiterbildung von *isto* — denn wo sollte dies sonst hingekommen sein? — durch das im latein so beliebte *mo* anerkennen. Angermann bemerkte daher mit recht im litt. centralblatt a. o., es entspreche ganz dem zuge der lat. wortbildung, zu dem gräcoitalischen (vielmehr indogermanischen) suffix *isto* auf speciell lateinischem boden noch ein neues *mo* hinzuzunehmen.

Nachdem wir so das suffix *tumo* in sein gutes recht, aus dem es der vf. vertreiben wollte, wiedereingesetzt haben, können wir ihm auch nicht beistimmen, wenn er den ganzen abschnitt über die einfachen und einfach zusammengesetzten gradationssuffixe nach einer tabellarischen übersicht über dieselben mit den worten schlieszt: 'en habes perfectam mirabili constantia regulam, cui nec demere quidquam nec addere licet.' was ab- und zuzuthun sei, wurde im vorstehenden gezeigt: suffix *tjans* hat in die reihe der comparativsuffixe einzutreten, während lat. *ismo* bedeutend zu beschränken ist und kaum mehr anspruch hat als besonderes suffix gezählt zu werden, als ein griechisches ματο nach πύματος und ἑβδόματος haben würde (Curtius grundz. [2] 237). eine ganz singuläre erscheinung ist die aus einem superlativ gebildete comparativform *primores*, nach Pott a. o. I[2] 560. II 1[2] 847 = *prim-iores*[8]), welche W. irgendwo hätte erwähnen sollen.

Der folgende abschnitt behandelt dann die doppelte zusammensetzung der gradationssuffixe, von der oben s. 33 im allgemeinen die rede war. im lateinischen würde jetzt nach unserer ansicht das bei W. ziemlich verlassen stehende *sollistimus* durch die superlative auf *-issimus* eine grosze gesellschaft bekommen. vielleicht hätte hier ein kleines capitel über die weiterbildungen von comparativen und superlativen durch anderweitige suffixe seinen platz finden können, formen die doch eigentlich hierher gehörten und vom vf. wol nicht mit recht ganz übergangen worden sind. eine zusammenhängende untersuchung darüber fehlt noch. beispielsweise erwähnen wir aus dem griechischen mit ιο: ὕπατος — ὑπάτιος, λοῖσθος (wenn es superlativ ist) — λοίσθιος; aus dem lateinischen mit *io*: *nimis* — *nimius*, mit *co*: *pris-cus*, mit *tino*: *pris-tinus*, *pro-tinus* und die zahlreichen deminutivbildungen welche Leo Meyer KZ. VI 382 zusammengestellt hat, wie *majus-culus*, *minus-culus*, *grandius-culus*, *plus-culus*, *amplius-culus*, *nitidius-culus* u. a. vgl. darüber L. Schwabe de demin. gr. et lat. s. 21 und 59, Gustav Müller de linguae lat. demin. s. 11. nicht hierher gehören dagegen (was Leo Meyer a. o. 381 für möglich hält) griechische deminutive auf -ισκο, deren ις mit dem von ις-το schwerlich identisch ist.

Die beiden letzten capitel behandeln in knapper und übersichtlicher darstellung die gradationsbildung durch zusammensetzung und die periphrastische comparation. es ist schade dasz der vf. namentlich für die erstere keine kenntnis von Potts 'doppelung' (Lemgo 1862) genommen hat, woselbst s. 93 ff. mit der nur Pott eigenen sprachgelehrsamkeit alle hierher gehörigen erscheinungen besprochen sind. für das letzte capitel hätte W. bei Fritsch parti-

8) nur der curiosität halber sei hier des wunderlichen versuchs von Begemann 'de suffixis latinis *t-or*, *i-or*, *or*' (Göttingen 1867) s. 24 ff. gedacht, in *primores* und *minor or* als suffix zu fassen und auch in der übrigen lat. comparativbildung *i* von *or* zu trennen. letzteres soll dann gar noch durch die mittelstufen *on-t*, *un-t* auf eine grundform *vin-t* zurückgehen, aus dem nun alle möglichen suffixe abgeleitet werden. Begemann bekämpft zwar nicht mit unrecht die 'rhizomanie' in der erklärung der suffixe, verfällt aber selbst in den noch schlimmeren fehler eng zusammengehöriges auseinanderzureiszen.

keln I 67 ff. manches brauchbare material finden können. doch wir gehen nicht weiter darauf ein, sondern eilen zum schlusz unserer ohnehin schon zu weit ausgedehnten anzeige. so vielfach wir auch dem vf. und gerade in den wesentlichsten puncten widersprechen musten, so manigfache zusätze und berichtigungen wir auch zu geben hatten, so sind diese ausstellungen doch alle nicht der art, dasz sie ein ungünstiges urteil über die schrift begründen könnten. vielmehr verdient diese als ganzes durchaus anerkennung. W. hat mit fleisz und richtiger methode seinen stoff bearbeitet und ohne frage einen werthvollen und, wie vorstehende besprechung zeigt, anregenden beitrag zur lehre von der wortbildung geliefert. auch auf das äuszere der arbeit hat sich seine sorgfalt erstreckt: die sprache ist gut und verständlich und selbst die orthographie (mit geringen ausnahmen wie das durchgehende *conditio*) nicht vernachlässigt. möge der vf. auch fernerhin diesen von ihm glücklich begonnenen studien seine kräfte widmen.

Gieszen. Wilhelm Clemm.

5.
ZU POLYBIOS.

Bei Suidas u. ἕρμα steht ein fragment, das man mit groszer wahrscheinlichkeit dem Polybios zuweisen kann: παρεκόμιζε ναῦς φορτηγούς, ἃς ἕρματος γεμούσας ἐπενόει βυθίσας κατὰ τὸν τοῦ λιμένος ἔκπλουν ἀποκλείειν τοὺς πολεμίους καθόλου τῆς θαλάττης. die sprache hat Polybianische farbe und auszer vielleicht ἕρμα finden sich auch alle hier gebrauchten worte in den uns erhaltenen büchern und fragmenten des Polybios wieder; dasz dieser aber ἕρμα gebraucht haben musz, lehrt das vorkommen des wortes *saburra* in der unten angeführten Liviusstelle. was namentlich den inhalt betrifft, so spricht die vergleichung einer Pobybios entlehnten (s. Nissen untersuchungen s. 190. 193) stelle des Livius sehr für unsere annahme: 37, 14, 6 *se in animo habuisse tota classe Ephesum petere et onerarias ducere multa saburra gravatas atque eas in faucibus portus supprimere . . ita adempturum se maris usum hostibus fuisse.* dasz Suidas παρεκόμιζε hat, bei Livius übersetzt ist *se in animo habuisse . . ducere*, findet seine erklärung entweder in des erstern art auszuschreiben oder in des letztern art zu übertragen. das bruchstück würde dem buche κα´ des Polybios angehören.

Stendal. Moritz Müller.

6.

ZUR TOPOGRAPHIE ATHENS.

Die seit jahrzehnten hin und her schwankende topographie Athens scheint endlich sich ihrem sichern hafen zu nähern. das gebäude, dessen fundamente seit jahren schon manche gelehrte, besonders aber der unvergeszliche Leake gelegt haben, fängt nun an majestätisch sich aus dem boden zu erheben. dies beweist zur genüge die verdienstvolle arbeit des hrn. prof. E. Curtius 'sieben karten zur topographie Athens', mit welcher er nach jahrelangen forschungen endlich im j. 1868 der wissenschaft ein schönes geschenk gemacht hat. damit aber dieses gebäude in allen seinen teilen harmonisch sich aufbauen könne, ist es pflicht eines jeden, besonders aber derjenigen welche durch jahrelangen aufenthalt in Athen aus eigener anschauung manches haben beobachten können, bausteine zu diesem bau beizusteuern. C. Wachsmuth hat schon im rhein. museum bd. XXII und XXIII manches schätzbare geliefert und verspricht uns für die nächste zeit neue beiträge. auch von mancher andern seite ist besonders in den letzten jahren vieles geschehen: wir brauchen nur auf die früheren arbeiten von Ross, Ulrichs, Raoul-Rochette, Forchhammer und Beulé hinzuweisen, sowie auf die neuesten forschungen Bursians und Böttichers, um nicht zu reden von dem nicht hoch genug zu schätzenden material, welches die Athenische archäologische gesellschaft trotz ihrer beschränkten mittel in den letzten jahren durch ihre ausgrabungen geliefert hat.

Eine der wichtigsten fragen zur topographie Athens, die nach dem thor, durch welches Pausanias die stadt Athen betreten hat, scheint doch endlich ihrer lösung sich zu nahen: denn wenn auch Bursian geogr. Griech. I 278 und de foro Athenarum s. 4, sowie Wachsmuth im rhein. mus. XXIII s. 36 ff. und 48 ff. für das südlich vom Nymphenhügel gelegene Peiräische thor auftraten, so scheint der letztere doch geneigt seine ansicht bei erster bester gelegenheit fallen zu lassen, während sonst alle neueren topographen Athens, Curtius an der spitze, für das Dipylon sich entscheiden.

Ueber die agora Athens habe ich im philologus XXVII s. 660—672 meine ansicht ausgesprochen. hier möchte ich nur eines interessanten umstandes gedenken, welcher bei der ausgrabung der Attalischen stoa bemerkt wurde, und welcher, obwol für die topographie dieser gegend höchst wichtig, doch, wie ich sehe, bis jetzt von keinem topographen hervorgehoben worden ist. bei der ausgrabung nemlich des am meisten nördlich gelegenen gemaches dieser stoa fand man die construction der mauern etwas verschieden, und deshalb legte man die fundamente dieses nördlichsten gemaches zu tage und constatierte folgendes. diese fundamentmauern, aus sehr sorgfältig behauenen steinen gebaut, bilden ein nach unten sich verengendes viereck und scheinen in alter zeit blosz gelegen zu haben,

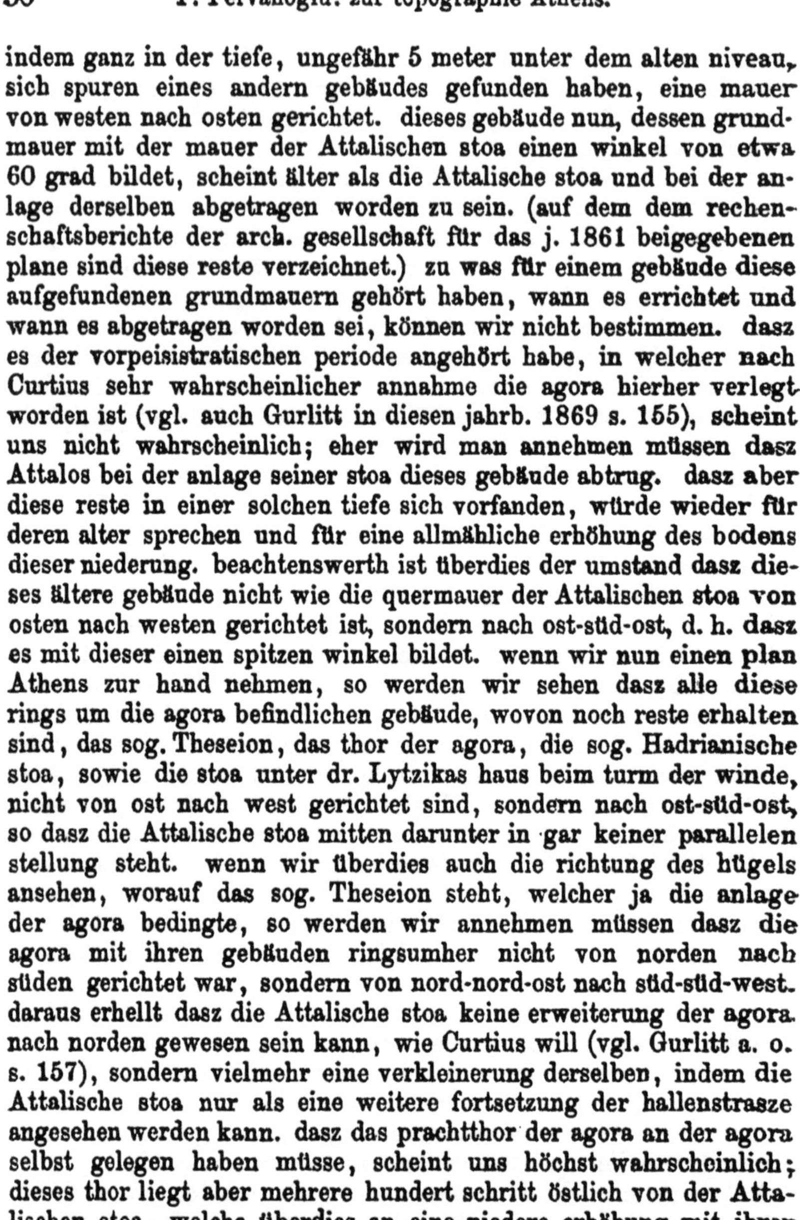

indem ganz in der tiefe, ungefähr 5 meter unter dem alten niveau, sich spuren eines andern gebäudes gefunden haben, eine mauer von westen nach osten gerichtet. dieses gebäude nun, dessen grundmauer mit der mauer der Attalischen stoa einen winkel von etwa 60 grad bildet, scheint älter als die Attalische stoa und bei der anlage derselben abgetragen worden zu sein. (auf dem dem rechenschaftsberichte der arch. gesellschaft für das j. 1861 beigegebenen plane sind diese reste verzeichnet.) zu was für einem gebäude diese aufgefundenen grundmauern gehört haben, wann es errichtet und wann es abgetragen worden sei, können wir nicht bestimmen. dasz es der vorpeisistratischen periode angehört habe, in welcher nach Curtius sehr wahrscheinlicher annahme die agora hierher verlegt worden ist (vgl. auch Gurlitt in diesen jahrb. 1869 s. 155), scheint uns nicht wahrscheinlich; eher wird man annehmen müssen dasz Attalos bei der anlage seiner stoa dieses gebäude abtrug. dasz aber diese reste in einer solchen tiefe sich vorfanden, würde wieder für deren alter sprechen und für eine allmähliche erhöhung des bodens dieser niederung. beachtenswerth ist überdies der umstand dasz dieses ältere gebäude nicht wie die quermauer der Attalischen stoa von osten nach westen gerichtet ist, sondern nach ost-süd-ost, d. h. dasz es mit dieser einen spitzen winkel bildet. wenn wir nun einen plan Athens zur hand nehmen, so werden wir sehen dasz alle diese rings um die agora befindlichen gebäude, wovon noch reste erhalten sind, das sog. Theseion, das thor der agora, die sog. Hadrianische stoa, sowie die stoa unter dr. Lytzikas haus beim turm der winde, nicht von ost nach west gerichtet sind, sondern nach ost-süd-ost, so dasz die Attalische stoa mitten darunter in gar keiner parallelen stellung steht. wenn wir überdies auch die richtung des hügels ansehen, worauf das sog. Theseion steht, welcher ja die anlage der agora bedingte, so werden wir annehmen müssen dasz die agora mit ihren gebäuden ringsumher nicht von norden nach süden gerichtet war, sondern von nord-nord-ost nach süd-süd-west. daraus erhellt dasz die Attalische stoa keine erweiterung der agora nach norden gewesen sein kann, wie Curtius will (vgl. Gurlitt a. o. s. 157), sondern vielmehr eine verkleinerung derselben, indem die Attalische stoa nur als eine weitere fortsetzung der hallenstrasze angesehen werden kann. dasz das prachtthor der agora an der agora selbst gelegen haben müsse, scheint uns höchst wahrscheinlich; dieses thor liegt aber mehrere hundert schritt östlich von der Attalischen stoa, welche überdies an eine niedere erhöhung mit ihrer unbearbeiteten hinterfront angelehnt war. das sind lauter umstände welche wir heutzutage wenigstens uns nicht erklären können.

Attika, ganz in das meer vorgeschoben, eine buchtenreiche halbinsel, gehört eigentlich mehr dem meere als dem festlande an (vgl. Curtius griech. gesch. I s. 9). darum konnte es den seefahrenden völkern vorhistorischer zeiten nicht lange verborgen bleiben: Phönikier, Lykier und sonstige kleinasiatische völker siedelten sich nach und nach hier an. seine ausgedehnten küsten und geschützten buchten zogen zuerst diese fremden ansiedler an: deshalb bemerkt ganz richtig A. Mommsen in seiner vortrefflichen heortologie s. 19 anm., dasz die ansiedelungen und stiftungen fremder gottheiten an der küste im allgemeinen älter gewesen sind als die binnenländischen, und dasz sie wol groszenteils in die zeit vor den wanderungen des zwölften und elften jh. gehören. wir finden phönikischen Aphroditecult am vorgebirge Kolias, Poseidonculte in Eleusis und Sunion, Artemisculte in Brauron und Munychia, phönikischen Melkartcult in Marathon usw. erst später drangen diese ansiedler ins innere des landes. rings um die von den einheimischen Pelasgern bewohnte akropolis siedelten sich fremde einwanderer an und bildeten selbständige gemeinden, wovon nach der unter Theseus vollzogenen vereinigung sich spuren erhalten haben in den noch fortbestehenden heiligen stiftungen. so hat Wachsmuth rh. mus. XXII s. 170 ff. schön und überzeugend nachgewiesen, wie der auf dem Helikonhügel zu Agrae noch in späterer zeit bestehende altar des Poseidon, sowie das Pythion und Delphinion in der Ilissosniederung reste einer alten thrakisch-ionischen niederlassung seien (vgl. auch denselben ebd. XXV s. 34). diesem folgend hat Curtius eine ältere thrakische niederlassung auf den hügeln von Agrae und dem Museion, sowie eine phönikische auf den höhen von Melite gefunden: hier finden wir noch in späterer zeit ein heiligtum des griechischen Herakles, welcher ja identisch war mit dem phönikischen Melkart; hier in der nähe finden wir auf dem Kolonos agoraeos, welcher noch in Melite lag (vgl. schol. zu Aristoph. vögeln 999), ein heiligtum der himmlischen Aphrodite (Paus. I 14), der phönikischen göttin (vgl. Mommsen heortologie s. 18 und Curtius gr. gesch. I s. 45), nicht zu verwechseln mit der Aphrodite pandemos, welche ein heiligtum an der alten agora hatte (Paus. I 22), eine stiftung des Theseus, deren dienst wahrscheinlich aus Trözen nach Attika eingeführt worden war (Thuk. II 15. Plut. Theseus 24). auch der dem thrakischen gotte Ares geweihte hügel mit der der thrakischen göttin Chryse geweihten grotte (s. unten), welche durch ihren schlangendienst und sonst oft mit Athena identificiert wurde (Soph. Phil. 194), deuten auf eine thrakische niederlassung. nicht nur auf der süd- und westseite der akropolis finden wir spuren solcher alten niederlassungen, sondern auch auf der ostseite derselben. hier finden wir den Lykabettos, dessen name auf einen alten sonnendienst hinweist, sowie das an seinem fusze gelegene Kynosarges mit dem alten Heraklesheiligtum des aus Marathon eingewanderten phönikischen sonnengottes Melkart (vgl. Olshausen im rh. mus. VIII s. 330, sowie über dessen stiftungslegenden O. Jahn in den memorie dell' Inst. II s. 10 ff.). dasz das Kynosarges wahrscheinlich bei dem heutigen kloster Asomati gelegen war, beweist auszer den von Leake und anderen angeführten gründen auch der umstand dasz manches architektonische fragment in den klostermauern eingemauert sich vorfindet, besonders aber, dasz dicht dabei im bette eines meistens trockenen, vom Lykabettos herabflieszenden gieszbaches im j. 1866 sich eine höchst interessante fragmentierte inschrift gefunden hat, welche von Kumanudis in der Athenischen zeitschrift Chrysallis vom 15 dec. 1866 und danach von H. Sauppe in den Göttinger nachrichten 1867 nr. 9 s. 146 ff. publiciert worden ist. es ist ein fragment einer marmornen stele, worauf ein teil des von Pausanias V 8, 6 ff. gegebenen verzeichnisses der Olympioniken steht; das original war in Olympia aufgestellt und eine copie davon höchst wahrscheinlich im Kynosarges-gymnasion.

So von fremden ansiedelungen und stiftungen fremdländischer gottheiten umgeben entwickelte sich die akropolis, der sitz der autochthonen geschlechter, zum mittelpunct der stadt Athen. auf ihrem plateau und ringsumher in den felsenhöhlen finden wir schon in alter zeit einheimische und eingeführte fremde gottheiten: Zeus Polieus, den höchsten pelasgischen himmelsgott, Athena Polias, die schutzgöttin des landes; Kekrops töchter hatten ihr heiligtum in der geräumigen grotte auf der nordseite, Demeter und Persephone am ostabhange, Dionysos, Asklepios, Themis und Gaea am südabhange derselben. nur éine der geräumigsten grotten, die später von Pan eingenommen wurde, soll in dieser alten zeit leer geblieben sein: denn seit Göttling (ges. abhandlungen I s. 100 ff.) hat man den früher hier eingenisteten Apollon gewaltsam verdrängen wollen und ihm als wohnstätte vielmehr eine etwas südlicher gelegene unbedeutende felsenvertiefung angewiesen (vgl. besonders Bötticher im philologus XXII s. 69 ff.). und doch spricht alles gegen diese in den letzten jahren fast allgemein angenommene ansicht (nur Bursian im rh. mus. X s. 481 und geogr. Griech. I s. 294 ff. und Beulé (l'acropole d'Athènes) bleiben der alten ansicht treu). sehen wir zuerst was Pausanias sagt (I 28, 4): καταβᾶϲι δὲ οὐκ ἐϲ τὴν κάτω πόλιν, ἀλλ' ὅϲον ὑπὸ τὰ προπύλαια πηγή τε ὕδατόϲ ἐϲτι καὶ πληϲίον Ἀπόλλωνοϲ ἱερὸν ἐν ϲπηλαίῳ. hier ist eine lücke, welche aber, da Pausanias gleich darauf von Pan spricht, nur mit den worten καὶ Πανόϲ ausgefüllt werden kann. Pans cult ist erst nach der Marathonischen schlacht in Athen eingeführt worden: dieses berichten uns Pausanias und andere alte schriftsteller. nun soll bis zu dieser späten zeit diese grotte leer geblieben sein, sie die eigentlich nebst der Aglaurosgrotte, der grotte oberhalb des Eleusinions und der oberhalb des Dionysostheaters auf diese benennung allein anspruch machen kann, indem alle anderen blosz felsenvertiefungen sind und keine grotten. auch bei der Klepsydra findet sich eine solche unbedeutende vertiefung im felsen der akropolis, welche Göttling für die Apollongrotte angesehen hat. heutzutage ist sowol die Klepsydra als auch diese ganze felsenpartie von der durch Odysseus im j. 1822 errichteten bastion eingeschlossen; doch kann man leicht durch den alten weg und die alte felstreppe, die Pausanias hinabgestiegen, noch heutzutage hinabsteigen. der felsen ist künstlich geglättet, sehr viele stufen der treppe sind aus dem felsen gehauen. man steigt die felswand entlang und gelangt zu der kleinen unterirdischen apostelcapelle, worin in einem tiefen schachte die Klepsydraquelle flieszt; sie lag in alter zeit offen und hiesz 'Εμπεδώ, und nach ihrer vermauerung wurde sie Κλεψύδρα genannt. sie liegt gerade an der stelle des altars der kirche, welche im ganzen keine zehn schritt lang ist. nach Bötticher a. o. soll die koncha dieser kleinen kirche aus dem felsen gehauen sein; heutzutage ist aber alles übertüncht und übermalt. die von der akropolis hinabführende treppe geht dicht bei dieser sog. Apollongrotte vorbei, in welcher schwerlich platz gewesen sein kann für das bild und den altar des gottes: man sieht noch etliche kleine nischen darin für weihgeschenke; wir glauben aber doch nicht, dasz man darum an Apollon denken müsse, indem ja auch die Klepsydra, welche dicht dabei flosz, als quellnymphe gar wol auf weihgeschenke anspruch hatte. dasz endlich auf die angeblich hier gefundene inschrift (ἱερατ)εύσας 'Απόλλωνι (τῷ) ὑπακραίῳ . . . sowie auf die von Göttling gelesene felseninschrift ΠΟΛ wenig gewicht zu legen sei, brauchen wir nicht zu betonen. (die inschrift ist in 'Εφημ. nr. 463, bei Lebas Attique I nr. 114, Göttling a. o., K. Keil im philol. VIII 170 und Bötticher a. o. publiciert.) alles dieses spricht gegen die ansicht Göttlings.

Jetzt wollen wir sehen ob wirklich vor Pan und auch später mit ihm gemeinschaftlich Apollon die sog. Pansgrotte inne hatte. dasz Pan sowol in Arkadien als auch in Attika als ländlicher hirtengott besonders in höhlen verehrt wurde, ist genügend bekannt. in Attika kennen wir folgende höhlen als ihm geheiligt: die akropolishöhle, ein heiligtum zu Marathon, am Ilissos, Parneshöhle, höhle bei Anaphlystos und Hymettoshöhle. dasz sein cult erst nach der Marathonischen schlacht nach Athen gebracht worden ist, haben wir schon oben erwähnt. dasz aber die akropolishöhle bis zu ihrer besetzung durch Pan leer gewesen sei, ist uns im höchsten grade unwahrscheinlich. wir dachten zuerst dasz Hermes sie früher inne gehabt hätte. Hermes, der altpelasgische gott, war schon in sehr alter zeit in Attika heimisch: er hatte selbst im innern des Erechtheion sein altes ithyphallisches xoanon; er war als gatte der Kekropstöchter mit den alten athenischen sagen innig verflochten. und doch finden wir weder in alter zeit noch später ein heiligtum von ihm angeführt, sein priester fehlt unter den priestern der übrigen gottheiten, für welche sich die sitze im Dionysostheater gefunden haben. sollte vielleicht Hermes in Athen, als regengott nur die befruchtende kraft des höchsten himmelsgottes bedeutend, als solcher keinen besondern cult gehabt haben? aber auch Nike, Ergane, Hygieia sind ja nur eigenschaften der göttin Athena, und doch hatten sie als solche ihre speciellen heiligtümer, altäre und opfer. bekannt ist die innige beziehung zwischen Hermes und Pan; Hermes heiszt Pans vater: vgl. Aristoph. thesm. 977 'Ερμῆν τε νόμιον ἄντομαι καὶ Πᾶνα καὶ νύμφας φίλας. überdies sind zahlreiche reliefs vorhanden, auf denen wir Hermes dargestellt sehen, wie er an der hand die drei Horen (nymphen) zum altar und zur grotte des Pan führt. darüber hat ausführlich Michaelis in den annali 1863 s. 292 ff. gehandelt. die meisten sind in Attika gefunden worden; zu den von Michaelis angeführten exemplaren fügen wir noch zwei in den letzten jahren gefundene hinzu: 1) ein von Newton im arch. anzeiger 1854 s. 512 besprochenes; 2) ein höchst interessantes im j. 1866 bei Munychia im Peiräeus gefundenes, eine 0,27 hohe und 0,36 breite marmorplatte (besprochen von Eustratiades in der griech. zeitschrift Παλιγγενεσία 10 sept. 1866 nr. 996 und von Wescher revue archéol. 1866 s. 350; vgl. auch Kekulé Theseion s. 81). diese reliefs sprechen entschieden für die innige beziehung zwischen Hermes und Pan; da aber bei keinem alten schriftsteller irgend eine andeutung hierüber zu finden ist, so sind wir gezwungen anzunehmen, dasz die sog. Pansgrotte in frühesten zeiten nicht dem Hermes sondern dem Apollon heilig gewesen sei.

Mit dieser frage hängt eine andere zusammen nach der lage des Pythion, welches Philostratos v. soph. II 1, 5 und Pausanias I 29 hier in der nähe beim Areiopagos und bei dem stationshause des panathenäischen schiffes ansetzen. Wachsmuth a. o. XXIII s. 55 und 531 hat nemlich gegen Bursian behauptet dasz dieses Pythion nur diese dem Apollon geheiligte grotte bei der Klepsydra sein könne. Bursian dagegen geogr. Griech. I s. 302 und rh. mus. XXIII s. 379 meint dasz Philostratos unter Pythion nur das alte am Ilissos gelegene gemeint haben könne (welches Wachsmuth ganz richtig als auszerhalb der stadtmauer gelegen annimt). Curtius entscheidet sich mit recht dahin dasz diese stelle des Philostratos corrupt sein müsse. wir möchten statt Πύθιον lesen Πειθοῖον. denn deutlich ersieht man aus den worten des Philostratos dasz dieses Pythion dem Pelasgikon nicht besonders nahe gelegen haben kann, und dasz man, um dahin zu gelangen, um das Pelasgikon eine biegung machen muste (παραμεῖψαι τὸ Πελασγικόν). das Pelasgikon wird heutzutage fast allgemein an der nordwestlichen ecke des akropolisfelsens angesetzt. da nun die Panathenäen-procession von der nordseite des akropolisfelsens kam, so muste sie, um zum eingange der akropolis zu gelangen, um die nordwestliche ecke derselben umbiegen. hier nun an dieser ecke bei der Klepsydra und der sog. Apollongrotte kann das heilige schiff nicht stehen geblieben sein: denn obwol auch hier die oben angeführte felstreppe auf die akropolis führte, so lag doch der haupteingang an der westseite. hier aber in der nähe des haupteingangs stand nach Pausanias I 22, 3 das heiligtum der Aphrodite pandemos, welches nach Harpokration an der alten agora lag und nach Pausanias von Theseus nach vereinigung der früher zerstreuten demen gestiftet worden war, weshalb die göttin den passenden beinamen Πειθώ führte. bei Philostratos a. o. kann aber nur dieses heiligtum gemeint sein.

Viel ist bisher seit Meursius darüber debattiert worden, ob in Athen éine agora gewesen sei oder zwei. Meursius ist der erste gewesen der für zwei marktplätze auftrat, einen ältern und einen jüngern; ihm folgten die bedeutendsten neueren topographen K. O. Müller, Leake, Göttling ges. abh. II s. 144, Stark im philologus XIV s. 711, Bursian geogr. Griech. I s. 280, Wieseler de loco quo ante theatrum Bacchi exstructum acti sint ludi scaenici (Göttingen 1860) s. 8 und in Ersch und Grubers encycl. I 83 s. 75, besonders aber E. Curtius attische studien II s. 45 ff. u. a. für éine agora kämpften Forchhammer, Raoul-Rochette sur la topogr. d'Athènes s. 54 ff., Ulrichs reisen und forschungen II s. 135 ff., Petersen zwölf götter Griech. s. 33 und Ross, welcher früher zwei annahm und erst im Theseion s. 39 sich zu der ansicht Forchhammers bekannte. man braucht aber nur sich die geschichte der entstehung der stadt Athen, wie Curtius a. o. II s. 11 ff. sie so schön beschreibt, zu vergegenwärtigen, um sich mit entschiedenheit der erstern ansicht zuzuneigen. man braucht nur sich zu vergegenwärtigen, wie Athen in uralten zeiten auf die akropolis sich beschränkte, wie hier oben mitten unter seinen unterthanen der könig residierte, wie bei fortschreitender entwicklung die stadt sich mehr nach süden ausdehnte und erst allmählich besonders unter den Peisistratiden sich mehr gegen norden von der akropolis hinzog; wie nach alter patriarchalischer sitte das volk sich vor dem königspalaste zu versammeln und hier mit dem herscher an der spitze über die staatsgeschäfte zu berathen pflegte. auch Athens älteste agora kann daher nur am westabhange dicht vor dem einzigen zugange zur akropolis gesucht werden: hier wird sie ja auch von Pausanias und Harpokration (s. o.) angesetzt. sie konnte aber nicht immer hier bleiben, denn die stadt dehnte sich in späteren zeiten nach norden aus, und so muste ein centraler ort zur marktversamlung gesucht werden. als solcher wurde ganz passend die niederung des nördlich von der akropolis gelegenen Kerameikos gewählt, und zwar geschah diese versetzung der agora, wie Curtius mit höchster wahrscheinlichkeit vermutet, zur zeit der Peisistratiden. es drängt sich uns aber jetzt die frage auf: blieb der ort der ältern agora in späteren jahren ganz unbenutzt, oder zu welchem gebrauch diente er? diese sanft nach westen abfallende fläche ist nemlich in der ganzen nächsten umgegend der akropolis der passendste ort zu versamlungen. von norden durch die Areiopagosfelsen vor rauhem nordwind geschützt, rings von hügeln umgeben, nahe dem mittelpuncte der stadt und doch entfernt genug vom geräusche des gewerbreichsten viertels bietet er alle möglichen vorteile; deshalb hat auch Ulrichs, als er mit hellem blicke die unmöglichkeit einsah als ort der volksversamlung den früher allgemein als solchen angesehenen auf den nordabhängen des Pnyxhügels anzunehmen, diesen ort als den passendsten erkannt (a. o. s. 209—212). und in der that, obwol schon bald dreiszig jahre seit diesem ausspruche verstrichen sind, und obwol heutzutage fast alle topographen Athens die frühere Pnyx verworfen haben, ist es doch bis jetzt noch keinem gelungen einen so passenden ort für die volksversamlungen zu finden wie den

Ulrichsschen (vgl. auch Wieseler in Ersch und Grubers encycl. I 83 s. 168). alle stellen der alten passen vortrefflich dazu. auf sanft absteigender fläche saszen auf rauhen steinen theaterförmig die versammelten (Pollux I 8, 10). vor dem auf der tiefer gelegenen bühne stehenden redner erhoben sich majestätisch die Propyläen (Harpokration u. Πνύξ); aus der nahgelegenen agora stiegen durch die einsattelung zwischen akropolis und Areiopagos die Athener und übersprangen die höher gelegenen sitze, um zu den der rednerbühne am nächsten liegenden zu gelangen. fragen wir aber jetzt wie dieser platz, der doch früher die alte agora hiesz, zu dem namen Pnyx kam, so werden wir folgendes antworten. der name Πνύξ ist viel älter und bedeutet ein dicht bewohntes viertel der stadt: wie der Museionhügel und der sog. Nymphenhügel, so musz auch der gewöhnlich Pnyx genannte mittlere hügel schon in alter zeit dicht bewohnt gewesen sein (Curtius att. studien I s. 50): dies beweisen deutlich seine unzähligen felseneinschnitte, häuserplätze, treppen und straszen. nach Platons Kritias 112[a] lag er dem Lykabettos gegenüber, auf seinem rücken lief die stadtmauer (schol. zu Arist. vö. 998). hier hatte der astronom Meton sein observatorium aufgeschlagen. in späteren jahren war es ein halbverödetes stadtviertel, von schlechtem gesindel besucht (Aeschines g. Tim. 10). der felsen erstreckt sich bis zur niederung der alten agora, und felseneinschnitte findet man in groszer anzahl bis hierher. deutlich kann man die spuren einer alten strasze verfolgen von der einsattelung zwischen Museion- und Pnyxhügel bis zu den westlichen abhängen des Areiopagos, umgeben von treppen und häuserplätzen; es ist die alte von Phaleros kommende strasze (vgl. meinen aufsatz im philologus XXV s. 337). sie führte zum alten thore des asty, welches in der niederung zwischen Areiopagos und Theseionhügel lag. man sieht an manchen stellen geglättete felswände und nischen für weihgeschenke; in der nähe müssen heiligtümer gelegen haben. ein felspfad führt von dieser hauptstrasze zu der terrasse, wo der hauptaltar des Zeus ist; zu diesem altar führt auch ein fuszpfad von westen her und einer von norden; seine spuren verlieren sich sodann unter der groszen pelasgischen sog. Pnyxmauer, was für das hohe alter dieses altars deutlich spricht. Curtius hat in seinen 'sieben karten' auch einen plan dieser interessanten gegend gegeben; er hat überhaupt diesem ganzen für die alte geschichte und topographie Athens so wichtigen terrain seine besondere aufmerksamkeit geschenkt. der plan ist aber nicht besonders gerathen, weil eine genaue aufnahme dieser gegend unmöglich ist, so lange nicht durch eine regelmäszige ausgrabung das ganze den felsboden bedeckende erdreich abgetragen sein wird, und dies wäre für jetzt wenigstens ein zu kostspieliges unternehmen, als dasz wir dasselbe in kurzer zeit von der zwar vom besten willen beseelten, leider aber mit geldmitteln nicht zu reichlich beglückten archäologischen gesellschaft Athens erwarten könnten. der mittlere hügel nun war schon in alter zeit dicht bewohnt.

und hiesz deshalb Pnyx; er übertrug seinen namen auf den dicht daneben in der tiefe liegenden volksversamlungsplatz, welcher früher die alte agora hiesz. dieses bestätigt auch der für die topographie dieser gegend höchst interessante bericht des ältesten Atthidenschreibers Kleidemos über das hier zwischen Athenern und Amazonen gelieferte treffen, welchen uns Plutarch im leben des Theseus 27 aufbewahrt hat. die Amazonen, deren lager auf dem Areiopagos war (Aesch. Eum. 688), waren in schlachtlinie davor aufgestellt, und zwar so dasz ihr linker flügel an das Amazoneion stiesz, ihr rechter aber bis zur Pnyx bei der sog. Chrysa reichte; die Athener dagegen, welche auf dem Museionhügel gelagert waren, stürzten ihnen entgegen. es kam zum treffen in der niederung zwischen Museion, Pnyx und Areiopagos: die Amazonen wurden zurückgeworfen bis zum thore bei dem heroon des Chalkodon, südlich vom Nymphenhügel, welches thor zu Plutarchs zeiten das Peiräische hiesz. hier aber gewannen die Amazonen wieder die oberhand und drängten die Athener zurück bis zu dem nördlich vom Areiopagos gelegenen heiligtum der Eumeniden, bis vom Ardettos, Palladion und Lykeion den Athenern hülfe kam und die Amazonen in die südlich von der akropolis gelegene niederung gedrängt wurden, wo auch viele ihren tod fanden, unter ihnen Antiope, welche auch hier beim Itonischen thore neben dem heiligtum der Gaea ihr denkmal hatte (Paus. I 1, 1 und I 18, 7). aus diesem bericht erfahren wir überdies dasz in der nähe der Pnyx ein heiligtum der Χρύϲα war, worüber kein anderer schriftsteller uns etwas berichtet. Curtius att. studien I s. 52 möchte χρυϲᾶν Νίκην mit Reiske und K. O. Müller schreiben; dies gäbe aber keinen sinn. wahrscheinlicher ist es, wenn wir diese Chrysa für ein altes grottenheiligtum der thrakischen göttin Chryse ansehen, welches hier am fusze des dem thrakischen gotte Ares geweihten hügels lag. und in der that findet sich hier eine geräumige grotte, welche durch zahlreiche nischen sich als eine geheiligte deutlich charakterisiert: sie soll heutzutage beim volke Χρούϲα heiszen, das wäre aber doch eine zu auffällige alte überlieferung. dasz diese lemnisch-thrakische gottheit mit der Athena oft identificiert wurde, wissen wir von den alten (vgl. Welcker griech. götterlehre I s. 307 ff.): ihr war, wie der Athena, die schlange heilig. dasz auch die von Pheidias gebildete unbewaffnete Athena aus erz, welche die Lemnier auf der akropolis Athens weihten, in beziehung zu dieser lemnischen göttin stand, wagen wir für jetzt wenigstens nicht zu behaupten, obwol wir bei einer andern gelegenheit zu beweisen versuchen werden dasz, sowie diese thrakische göttin ursprünglich eine erdgottheit gewesen, so auch die attische Athena ursprünglich keine luftgöttin, sondern vielmehr eine erdgottheit war, und zwar identisch mit der pelasgischen Gaea, und als solche nicht die tochter sondern gattin des in Athen verehrten pelasgischen himmelsgottes Zeus.

Zuletzt noch ein wort über das Pelasgikon. Bursian bemerkt im philologus IX s. 644 ganz richtig, dasz diese alte befestigung, welche den einzigen zugang zur akropolis schützte, in sich auch die einzige quelle derselben, die Klepsydra, einschlosz; und in der that musz man schon in sehr alter zeit, wie ja noch unlängst im j. 1822 Odysseus that, dafür gesorgt haben, dasz diese einzige akropolisquelle nicht in feindeshände gerathe. die kleine felstreppe musz deshalb innerhalb dieser pelasgischen feste ursprünglich angelegt gewesen sein, um von der höhe der akropolis aus leicht zu dieser quelle gelangen zu können. sie war also ursprünglich kein aufgang zur akropolis von der stadt aus, und erst nach der zerstörung der pelasgischen feste wurde sie zum aufgange benutzt. die Klepsydra war damals offen und wurde überwölbt wahrscheinlich erst nachdem die pelasgische feste weggefallen war und man, um bequemer auf die akropolis gelangen zu können, diese stelle aufgeschüttet hatte. deshalb liegt das wasser der Klepsydra ziemlich tief unter der jetzigen erdoberfläche; doch ihre überwölbung und einfassung scheint antik zu sein. eine ausgrabung und wegräumung dieser bastion des Odysseus würde manches interessante ans tageslicht bringen; höchst wahrscheinlich würden noch reste der pelasgischen befestigung zum vorschein kommen.

Wien. Peter Pervanoglu.

7.

ZUR LEHRE VOM DOCHMIUS.

In den metrischen studien zu Sophokles (einl. s. XXXI) habe ich behauptet, dasz nach einem achtzeitigen dochmius keine pause eintrete, so oft eine erweiterung oder ein zweiter dochmius ohne hiatus, syllaba anceps oder stärkere interpunction sich anschliesze. nach der manier der alten rhythmiker habe ich daher die teilung des dochmischen dimeter so angegeben: | ⏑ – | – ⏑ | – | ⏑ – | – ⏑ | – 3 : 3 : 2 : 3 : 3 : 2. es stellte sich jedoch heraus, dasz diese teilung nur durch die unvollkommenheit der antiken notierung zu erklären sei, dasz wir mit abstractem zeitmasze in den dochmischen reihen einfach syncopierte diplasische tacte fänden. demgemäsz wurden als die grundformen πόδες von 9, 12, 15, 18 zeiteinheiten angenommen und die 10-, 14-, 16-zeitigen κῶλα mit hülfe der πρόσθεσις auf jene grundformen zurückgeführt, z. b. ⏑ – | – ⏑ | – ⏑ | – ⏑͡| ⏑ ⏑ ⏑͡| ⏑ Λ̄, ebenso wie der achtzeitige dochmius aus dem neunzeitigen mit hülfe einer pause herzuleiten ist. eine periode von drei dochmien ohne innere unterbrechung durch hiatus, syllaba anceps, interpunction oder interjection bedurfte schon keiner πρόσθεσις, weil sich 24 zeiten ohne weiteres dem dreiteiligen tactgeschlecht unterordnen, nach alter messung: | ⏑ – | – ⏑ | – | ⏑ – | – ⏑ | – | ⏑ – | – ⏑ | –, nach moderner: ⏑ – | – ⏑ | – ⏑ | – ⏑͡| ⏑ ⏑ ⏑͡| ⏑ ⏑ ⏑͡| ⏑ – | ⏑ –.

Ich bin vorab darauf ausgegangen die identität des acht- und neunzeitigen (hypercatalectischen) dochmius darzuthun (a. o. s. 59 ff.) und hoffe hiermit den weg gezeigt zu haben, auf dem wir zur einsicht in die einheitlichkeit gröszerer dochmischer compositionen gelangen können. zugleich ergab sich eine erklärung für die möglichkeit des hiatus und der indifferenten silbe nach dem achtzeitigen einzeldochmius, eine möglichkeit welche in der einzeitigen pause für den neunten zeitteil ihre rhythmische begründung fand. nichtsdestoweniger muste wegen der continuierlichen zusammensetzung achtzeitiger dochmien, ohne innere pause, zugestanden werden, dasz nach der theorie des Aristoxenos der neunzeitige oder hypercatalectische dochmius gar kein dochmius mehr war, sondern eine diplasische tripodie mit hyperthesis der ersten silbe (syncope): | ⏑– | – ⏑ | – ⏑ ⏑, umgesetzt – ⏑ | – ⏑ | – ⏑ (s. XXXI). wol entstand bei mir die frage, ob denn die achtzeitigen dochmien notwendig und stets catalectische tripodien dieser art seien, oder ob nicht nach dem gleichen gesetze der syncope ein selbständiger achtzeitiger tact die form ⏑ – – ⏑ – annehmen dürfe? aber qui nimium probat, nihil probat: die alten haben zu deutlich bekundet, dasz sie einen drei- und einen fünfzeitigen bestandteil im einzeldochmius herausfühlten, als dasz wir ihnen eine einheitliche rhythmische grundform von acht zeiten zuschreiben dürfen. der hypercatalectische, der achtzeitige dochmius mit hiatus, syllaba anceps, schluszinterpunction und überhaupt alle allein stehenden dochmien sind diplasische, neunzeitige tacte, nach unserer notenschrift: | 9/8 ♪ ♩ ♩ ♪ ♩ ♪ | oder | ♪ ♩ ♩ ♪ ♩ 𝄾 |.

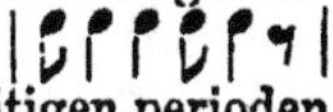

Die häufigen 16zeitigen glieder und 24zeitigen perioden fordern jedoch zur untersuchung auf, wie denn solche zusammensetzungen tactiert wurden, ob jeder dochmius je einen auf- und niederschlag erhielt, oder ob die zwei dochmien unter éinen auf- und éinen niederschlag fielen. da der achtzeitige dochmius ein glied für sich bilden kann, so ist beides möglich. wenn uns durch untrügliche anzeichen in der überlieferung jeder dochmius als einzelnes glied entgegentritt, so fällt auf den iambus die arsis (im antiken sinne) und auf die zweite länge die thesis ⏑ – | ⊥ ⏑ – (metr. stud. s. 74). sind dagegen zwei dochmien zu éinem gliede vereinigt, so gibt es nur éine arsis und éine thesis. ist das glied 18zeitig, so ist die diplasische teilung notwendig, z. b. im vollen, sogenannten hypercatalectischen gliede: | ⏑ – | – ⏑ | ,– ⏑ | ⏑ – | – ⏑ | – ⏑ oder | ⏑ – | – ⏑ | – ⏑ | ⏑ – | ,– ⏑ | – ⏑. also fällt auf die 6 ersten oder letzten zeiten die arsis, auf die übrigen 12 die thesis. aber wenn zwei achtzeitige dochmien zu einem sechzehnzeitigen gliede vereinigt werden, ohne dasz in der composition eine πρόcθεcιc gerechtfertigt wäre — und wirklich wüste ich in der 24zeitigen periode, wenn sie aus 2 + 1 dochmien besteht, sowie in der fortlaufenden vereinigung von dimetern eine πρόcθεcιc nicht zu rechtfertigen —: wie wird dann tactiert? diesen punct habe ich bis jetzt unerörtert gelassen, weil mir ein fester anhalt zur lösung der frage fehlte. es war mir nemlich das alte scholion zu

Aesch. sieben 120 entgangen, zu dessen verwerthung ich erst durch Christs abhandlung 'über die metrische überlieferung der Pindarischen oden' s. 53 (abh. der bayr. akad. I cl. XI 181) geführt worden bin: καὶ ταῦτα δὲ δοχμιακά ἐστιν καὶ ἴσα, ἐάν τις αὐτὰ ὀκτασήμως βαίνῃ. also dochmisch ist auch der vers ῥυσίπολις γενοῦ, Παλλάς, ὅ θ' ἵππιος (129 D.), d. h. dochmisch sind die beiden bestandteile: – ⏑ ⏑ – ⏑ –; aber das ganze tritt in die gleiche messung ein, wenn jemand die beiden achtzeitigen dochmien als je einen teil scandiert. dieses wichtige zeugnis lehrt uns also: 1) dasz zwei dochmien in der that ohne innere pause vereinigt werden, wie ich aus metrischen gründen bereits annahm; 2) dasz eine πρόσθεσις nicht notwendig ist; 3) dasz die 16 zeiten als eine der rhythmopöie eigene verbindung zweier dochmischer tacte zu betrachten sind und dem γένος δακτυλικόν (ἴσον) angehören. wie also der diplasische iambus und trochäus in der dipodie und im dimeter in die 'gleiche' messung eintritt, z. b. – ⏑ – ⏑, – ⏑ – ⏑ 6:6, so treten zwei achtzeitige, ihren bestandteilen nach ebenfalls diplasische dochmien in die teilung 8 : 8, d. i. 3 : 3 : 2 + 3 : 3 : 2 (nicht 3 : 3 + 2 : 3 : 3 : 2, wie metr. stud. s. XXXII). von groszem praktischem vorteil ist diese beobachtung deshalb, weil die reihen | ⏑ – | – ⏑ | – | ⏑ – | – ⏑ | – | überhaupt keine pausen mehr erfordern, was ich s. XXXII noch annahm. es ist nun nicht mehr nötig solche reihen auf eine 18zeitige grundform zurückzuführen; die dem achtzeitigen dochmius durch seine syncope verliehene eigentümliche abgeschlossenheit gestattet eben den unmittelbaren anschlusz der anlautenden kürze oder irrationalen, unbetonten länge an die in einem vorhergehenden dochmius auslautende betonte länge, obgleich diese ursprünglich nur durch catalexis an das ende gekommen ist. als 18zeitig sind jetzt nur noch diejenigen doppeldochmien zu behandeln, in welchen die charakteristischen merkmale der pause vorhanden sind. wir haben demnach in dochmischen compositionen zweierlei formen des dimeters:

1) | ⏑ – | – ⏑ | – | ⏑ – | – ⏑ | – | ἐν γένει ἴσῳ 8 : 8.

2) | ⏑ – | – ⏑ | ⏒ $\overline{\Lambda}$ | ⏑ – | – ⏑ | ⏒ $\overline{\Lambda}$ ἐν γένει διπλασίῳ 6 : 12.
hiatus od. sinnpause

tritt weder hiatus noch indifferente silbe noch interpunction ein, und der dichter hat dennoch durch pause oder dehnung (| ⏑ – | – ⏑ | ⏗ | ⏑ – | – ⏑ | ⏗ | s. metr. stud. s. 70*)) 18zeitig gemessen, so wird gewis die diplasische teilung der benachbarten glieder darüber aufschlusz geben.

*) pause und dehnung findet sich im Aias 394 = 412 | ⏑ ⏑ ⏑ | ⊥ ⏑ | ⏒ Λ | ⏑ ⏑ ⏑ | ⊥ ⏑ | ⏗; so nemlich ist der letzte tact zu bezeichnen, nicht | – Λ |, wie irrig in den metr. studien s. 84 gedruckt ist. ich benutze die gebotene gelegenheit, um noch ein zweites versehen zu berichtigen, welches sich ebd. s. 26 (mitte) eingeschlichen hat 'drei ²/₄ tacte' statt 'fünf ²/₄ tacte'.

Freiburg im Breisgau. Wilhelm Brambach.

8.

ZU PLAUTUS MILES GLORIOSUS.

223 ff. *interclude commeatum inimicis, tibi muni viam,*
quá cibatus commeatusque ad te et legiones tuas
túto possit pervenire. hanc rem age: res subitariast.

Ritschl bemerkt, dasz ihm *commeatum* v. 223 verdächtig sei, doch wol wegen des gleich wieder im folgenden verse vorkommenden *commeatusque*; und in der that läszt sich nichts matteres und der fülle und manigfaltigkeit der Plautinischen rede, die nie um ausdrücke verlegen ist, widersprechenderes denken als diese schleppende wiederholung. da v. 223 die bücher haben *inimicis commeatum*, so wird zu schreiben sein *interclude inimicis* o*mnis aditus*, *tibi muni viam*, wodurch zugleich die richtige beziehung zu *viam* gewonnen wird. zu vergleichen ist Cic. *Tusc.* V § 27 *occupavi te, Fortuna, atque cepi omnisque aditus tuos interclusi.* denselben gedanken hat Lorenz in seiner ausgabe ausgedrückt, wenn er, aber ohne alle wahrscheinlichkeit, vermutet *interclude iter inimicis, cate tibi muni viam,* wofür der recensent in Leutschs philol. anzeiger april 1869 s. 119 einen vers substituiert, dessen rhythmus unerträglich hinkt: *interdudito inimicis meatum, tibi moeni viam.*

262 f. *nam ille non potuit quin sermone suo aliquem familiarium*
párticipaverit de amica eri, vidisse sese eam.

hier bietet A ERISESEUIDISSEEAM, Ba *eri . s euidissé eam* mit einer rasur, Bc *eri seuidisse eam,* CD *eri qui uidisset eam.* wenn Ritschl zuerst dafür geschrieben hat *vidisse sese,* so ist er mit gutem grunde vom Ambrosianus abgewichen, da die betonung *sesé,* so viel ich sehe, sich nicht vertheidigen läszt. freilich ist er nachher in der praefatio zum Stichus (aber auch nur mit dem bedingten ausdruck 'servari posse') zu *sese vidisse* zurückgekehrt, abgesehen von dem gewicht des palimpsestes wol deshalb, weil auch die Pfälzer hss. dafür sprechen, dasz das subject nicht hinter, sondern vor *vidisse* gestanden hat, indem man *vidisset* doch nur als einen gewöhnlichen schreibfehler ansehen kann. aber ebenso sehr beweist sowol Ba wie CD, dasz auch das einfache *eri* nicht ursprünglich sein kann. das richtige zeigt der sprachgebrauch des Plautus, nach welchem nicht *eri amica*, sondern *erilis amica*, gerade wie *erilis filius*, *erilis concubina* weitaus das vorwiegende ist. dasz der dichter nicht auch hier diese form gebraucht haben sollte, wo er es unbeschadet des metrums konnte, wird um so unwahrscheinlicher, als wir dieselbe in diesem stücke nicht nur v. 114 und 122, sondern auch v. 274 wiederfinden. demnach stimmt alles zusammen, um folgende lesart zu empfehlen: *párticipaverit de amica* e*rili*, *se vidisse eam.*

387 f. *ego laéta visa, quia soror venisset, propter eandem*
suspítionem maxumam sum visa sustinere.

es ist bekannt dasz bei träumen die Lateiner gern den ausdruck *videri* anwenden, und so thut es auch Plautus hier mit einer gewis nicht unabsichtlichen geflissentlichkeit. vorher v. 383 heiszt es *hac nócte in somnis mea soror geminast germana visa* | *venísse Athenis in Ephesum*, v. 385 *ei ambo hóspitio huc in proxumum devorti mihi sunt visi;* dann v. 388 *suspitionem maxumam sum visa sustinere* und v. 389 *nam argúere in somnis me meus mihi familiaris visust.* durch dies *videri* kann aber doch nur das von auszen an uns herantretende traumgesicht gekennzeichnet werden; die innere gemütsstimmung dadurch auszudrücken wäre seltsam. so hat denn auch Ritschl v. 387 gewis mit recht an dem *visa* der hss. anstosz genommen. seine vermutung *facto* kann abgesehen von der hsl. autorität deshalb nicht bestehen, weil die sache, um die es sich handelt, eben nicht ein *factum*, sondern ein traumgesicht, ein *visum* ist, welches substantivum mit jenem verbum *videri* auf gleicher linie steht. dasz sonach mit F *viso* (oder auch mit Gronov *visu*) zu schreiben ist, bestätigen noch zwei anderweitige stellen. von diesen ist besonders belehrend die eine, Cic. *de div.* I § 57, wo der traum jenes Arcaders erzählt wird. hier heiszt es zunächst: *concubia nocte visum esse in somnis ei qui erat in hospitio illum alterum orare ut subveniret,* weiter *cum se collegisset idque visum pro nihilo habendum esse duxisset, recubuisse; tum ei dormienti eundem illum visum esse rogare.* auch hier haben wir also zweimal jenes *videri*, daneben das *visum* welches der träumende gesehen zu haben glaubt. die andere stelle, welche ich meine, ist die des Livius XXI 23, 1, wo nach der erzählung des traumes, den Hannibal hatte, ehe er über den Iberus gieng, gesagt wird: *hoc visu laetus tripertito Hiberum copias traiecit.*

396 *neque mé quidem patiar probri inpune esse insimulatam.* ich weisz nicht ob ich richtig vermute dasz die abweichung Ritschls von der hsl. lesart *probri falso inpune insimulatam* ihren grund darin findet, dasz er ein *esse* für notwendig gehalten hat. da es jedoch *Amph.* 888 ebenso ohne *esse* heiszt *non édepol faciam neque me perpetiar probri* | *falso insimulatam*, so wird auch hier mit den hss. zu schreiben sein *neque mé quidem patiar probri falso inpune insimulatam.*

436 ff. *iniuria*
fálsum nomen possidere, Philocomasium, postulas.
ábi scelesta: nam insignite meo ero facis iniuriam.

in dieser neuerdings mehrfach besprochenen stelle hat in v. 438 B: *A dice testu non dicat ei et meo aero non facis iniuriam;* C: *Adice testu n̄ dicat ei et meo ero n̄ facis iniuriā*, dasselbe D, nur im anfang *Ad icetestu*. aus dieser überlieferung wird sich als das richtige ergeben: *ádicere istuc non decet te; meo ero facis iniuriam.*

442 f. *mala's.*
Γ immo ecastor stulta multum, quae vobiscum fabulem.

wenn wir v. 370 ins auge fassen: *ego mora moror multum,* | *quae cum hóc insano fabulem* (denn an der richtigkeit dieser verbesserung von Danz zweifelt wol niemand mehr), so liegt die vermutung sehr nahe auch hier, wo die worte *quae vobiscum fabulem* gerade an jene stelle erinnern, zu schreiben *immo ecastor* *m o r a* *multum*; zu vergleichen ist noch *Men.* 571 *ut hóc utimur maxume more moro molestoque multum.*

466 *út utrobique orationem docte et astute edidit.*
hier scheint in dem was die hss. geben (Ba *ducta . dit . it intuā*, Bb *docte edidit. intuā*, C *ducta ediuit ut tuā*, D *ducte edunt ut tuā*) als ursprüngliche lesart verborgen zu sein: *út utrobique orationem d o c t a m* *m e d i t a t e* *i n s t i t i t.* dieselbe stelle im verse nimt *meditate* ein *glor.* 40 *novisse tuos me mores meditate decet* und *Bacch.* 545 *édepol ne tu illorum mores perquam meditate tenes.* zu vergleichen ist auszerdem *Pseud.* 941 *meditati sunt doli docte* und *glor.* 903 *probe meditatam utramque duco* und 943 *haec uti meditemur cogitate.*

798 ff. *audio:*
né mi ut surdo verbera auris. ⁋ egomet recta semita
ád eum ibo: a tua mi uxore dicam delatum et datum,
út sese ad eum conciliarem. ille eius domi cupiet miser.

zunächst möchte ich v. 799 und 800, wo die hss. haben *uerberaruit* (so D, *uerberauit* B, *uerberat uit* C) *si audis ego rectis meis* (so C, *recte meis* BD) *Dabo tua mihi uxorem* (so CD, *tuam mihi uxorem* B), mit vergleichung von *Pseud.* 990 *scio iám tibi me recte dedisse epistulam | póstquam Polymachaeroplagidae elocutus nomen es* schreiben: *né mi ut surdo verbera auris. ⁋* *s i* *a u d i s,* *e g o* *r e c t i s s u m e* | *e i* *d a b o:* *a tua mi uxore dicam delatum et datum*, da in *si audis* eine echt-Plautinische beziehung auf das vorhergehende *audio* enthalten und die veränderung von *rectis meis* in *rectissume ei* eine, wie mir scheint, überaus leichte ist. indem ich jedoch diesen vorschlag, wie billig, weiterer erwägung anheimgebe, glaube ich mit sicherheit sagen zu können, dasz im folgenden verse, wo D *Vt sese at eum*, C *Vt sese aut eum* geben, nach anleitung von B *Vt sedeat mecum* zu schreiben ist: *út* *s e d* *ad eum.* ich hatte diese vermutung gemacht, ehe mir Ritschls 'neue Plautinische excurse' zu gesicht gekommen waren, gestützt auf das von ihm opusc. II s. 341 bemerkte. jetzt, nachdem mir jene neueste bahnbrechende, nach form und inhalt gleich classische untersuchung meines hochverehrten lehrers bekannt geworden ist, gereicht es mir zur groszen freude seine darlegung s. 33 bestätigen zu können. wie gleichartig das von ihm ans licht gezogene beispiel derselben form *glor.* 1275 *ad sed eas* (wofür B hat *Adsedeas*) ist, springt in die augen; gleichartig nemlich in der überzeugungskraft, welche die aus der nicht verstandenen form erzeugte verderbnis bewirkt.[1])

---

1) ich benutze diese gelegenheit um noch zwei kleine nachträge zu Ritschls schrift zu geben. *trin.* 628 *potin ut me ire quo profectus sum sinas* haben CD *q u o d* *profectus*, und in demselben stück 1125, wo die bücher bieten *néque fuit neque erit neque esse quemquam hominem interdum arbitror*, wird alles richtig und die entstehung der corruptel klar, wenn geschrieben wird: *néque fuit neque erit neque esse quemquam homi-*

996 ff. *eós nunc homines metuo ne obsint mihi neve obstent uspiam,*
dómina si clam domo huc transibit, quae huius cupiens corporist,
quae ámat hunc hominem nimium lepidum et nimia pulcritudine,
mílitem Pyrgopolinicem.

für *domina si clam domo huc*, wie Ritschl schreibt, bieten die hss. *domosibit ac dum huc.* wenn einmal ein *domina* zur ergänzung hereingenommen werden soll, so möchte man noch lieber mit Fleckeisen vorziehen *domina domo si clam huc*, wird aber dann gestehen müssen dasz von der überlieferung der hss. *bitac* oder wenigstens *bita* ganz unberücksichtigt bleibt. ich meinerseits glaube dasz durch den gedanken ein begriff wie jenes *domina* durchaus nicht gefordert wird, da Milphidippa auch sonst von ihrer herrin ganz im allgemeinen spricht, so 1050 *ut quae te cupit eam ne spernas: | quae per tuam nunc vitam vivit* und 1085 *ibo atque illam huc adducam, | propter quam operast mihi.* es wird daher auch hier zu schreiben sein *dómo si clanculum huc transibit.**)

1025 ff. *adeo ád te. quid me voluisti?* ⌈ *quo pacto hoc dudum accepi,*
calidúm refero ad te consilium, hunc quasi depereat. ⌈ *teneo istuc.*
conlaúdato formam et faciem, et virtutis commemorato.

hier sind zunächst die worte *teneo istuc* im munde des Palästrio wegen des harten und unvermittelten übergangs zu den gleich folgenden auffallend. die bücher geben sie der Milphidippa, und wenn wir ähnliche stellen vergleichen, wie 1173 wo Acroteleutium die worte des Palästrio *satin praeceptumst?* mit *teneo* beantwortet; 1163 wo nach den worten des Palästrio *at scin quem admodum?* und der erwiderung der Acroteleutium *nempe ut adsimulem me amore istius differri* Palästrio selbst antwortet *eu, tenes*[2]), und endlich 876 wo Periplecomenus zu Acroteleutium und Milphidippa sagt *minus si tenetis, denuo volo praecipiatis plane*, so werden wir auch hier geneigt sein das *teneo istuc* der Milphidippa zu belassen, wie es auch Hermann gethan hat elem. doctr. metr. s. 406. daraus folgt éinmal, dasz eine belehrung des Palästrio vorhergegangen sein musz, doch wol in den worten 1026, die in B lauten *Velis ut fero ad te consilium,*

nem in terrad arbitror. *in terra* für das sonst in diesem sinne gewöhnlichere *in terris* steht bei Plautus auszer dem von Ritschl a. o. s. 68 hergestellten verse *glor.* 318 *Scéledre, Sceledre, quis homo in terrad alter test audacior?* noch ebd. 57. *Bacch.* 1170. *Pseud.* 351. *Poen.* V 4, 100. *cist.* IV 1, 8. [diese beiden nachträge hat auch Ritschl unabhängig von meinem verehrten mitarbeiter gefunden. *trin.* 628 flöszte ihm ein blosz in CD stehendes *quod* nicht genug vertrauen ein; erst die nachträglich erlangte gewisheit, dasz *quod* auch B gebe, hob diese form über den verdacht eines zufälligen schreibfehlers hinaus. A. F.]

*) [*dómina ubi actutum huc transibit* Haupt im Hermes II 215.]

2) oder besser blosz *tenes*, da die hsl. lesarten (*differre titenis* B, *differredittenis* C, *differet titenis* D) aus der schreibart *differrei tenes* hervorgegangen zu sein scheinen; vgl. Ritschl opusc. II 690.

hunc quasi depereat (*Vaelisit* C, *Vaeli sit* D), dann aber mit gleicher notwendigkeit, dasz diese belehrung die antwort war auf eine frage der Milphidippa, die zu suchen ist v. 1025 in folgender überlieferung der hss.: B *quo pacto hoccilium accepi*, aber *cce* als correctur, CDa *hoc ciliū apeli*, Dc *hoc consilium ape*[r]*li*. nach diesem allem hat Plautus, wenn ich nicht irre, geschrieben:

Mi. *quo pácto hoc* o c c i p i a m, a p e r i.
Pa. v e t u s á d f e r o ⟨e g o⟩ *ad te consilium, hunc quasi depereat.* Mi. *teneo istuc.*
Pa. *conlaúdato formam et faciem et virtutis commemorato.*

zu vergleichen ist zu den worten der Milphidippa *Stich.* 75 *príncipium ego quo pacto cum illis occipiam, id ratiocinor,* und zu *vetus adfero ego ad te consilium* vgl. *glor.* 905, wo Periplecomenus auf die frage des Palästrio, wie er Acroteleutium unterwiesen habe, antwortet: *ad túa praecepta de meo nihil novom adposivi.* der ausdruck *vetus consilium* findet sich übrigens auch Sall. *Iug.* 71, wo es heiszt: *ne omisso vetere consilio novum quaereret.*

1065 *tum argénti montis, non massas habet: Aetna aeque non altast.*

in diesem verse hat Fleckeisen krit. misc. s. 20 mit recht das spondeische *Aetna* in der überlieferten wortstellung der zweiten hälfte *Aetna mons non aeque altust* mit Lachmann in schutz genommen. die erste hälfte ist mit veränderung von *non massas* in *inmensos* vielleicht so zu schreiben: *tum argénti habet* i n m e n s o s *montis.* auch dem sinne nach passen die durch einen zusatz mit sich selbst verglichenen *montes* besser zu dem folgenden *Aetna mons non aeque altust*, als wenn sie an und für sich den *massae* gegenübergestellt werden. zur bestätigung kann noch dienen *Pseud.* 189 *quibus cúnctis montes maxumi frumenti sunt structi domi.*

1148 *ómnia dat dono sibi ut habeat: ita ego consilium dedi.*

hier ist nicht abzusehen, warum nicht *dono* a s e *ut habeat*, das die dritte hand von D für die lesart der anderen bücher *dono se ut habeat* (so BDa, *donos eut* C) gibt, mit Beroaldus und Dousa als die richtige lesart anerkannt werden soll.

1314 *quíd vis?* [*quin iubes tu ecferri dona quae ego isti dedi?*

wenn man die lesarten der hss. an dieser stelle (*quin tu iubes efferri omnia quae isti dedi* CD, *qui intus iubes et fori omniaqu' isti dedi* B) vergleicht mit v. 1338, wo dieselben übereinstimmend haben *exite atque ecferte huc intus omniaqu' isti dedi*, so kann wol nicht zweifelhaft sein, dasz die zweite vershälfte an beiden stellen lauten musz *q u a e e g o i s t i d e d i o m n i a?* (v. 1314 hatte Ritschl noch in der anmerkung vermutet *quin iubes tu ecferri huc intus isti quae dedi?* v. 1338 *exite atque ecferte huc intus omnia quae ego isti dedi.*) *omnia* so nachdrücklich ans ende gestellt findet sich sehr häufig: *glor.* 1349 *nos secundum ferri nunc per urbem haec omnia*; *rud.* 441 *quae voles facio omnia*; 639 *equidem tibi bona optavi omnia*; *Bacch.* 727 *quae parare tu me iussisti omnia*; *Pseud.* 72 *haec quae égo scio tu ut scires curavi omnia*; 694 *dúlcia atque amara apud te sum elocutus omnia*; 1187 *mea quidem haec habeo omnia*; *capt.* 440 *nám pater scio faciet quae illum facere oportet omnia*; *Poen.* I 2, 68 *de te equidem haec didici omnia*; III 3, 91 *sed haéc latrocinantur quae ego dixi omnia*; III 4, 16 *istaec volo ego vos commeminisse omnia*; *Epid.* IV 2, 21 *quae dixi didici omnia.* demnach möchte auch *truc.* II 2, 92 *multo illi potius bene sit quae bene volt mihi* | *quam mihimet, omnia qui mihi facio male* der falsche dactylus *omnia* zu beseitigen sein, indem man, da die hss. nicht *facio*, sondern *facto* haben, nach analogie von *trin.* 99 *male dictitatur tibi volgo in sermonibus* schreibt: *quam mihimet, qui mihi factito male omnia.*

Schulpforte. Hermann Adolf Koch.

*

Schon als student hatte ich mir einige conjecturen zum miles gloriosus, dieser mehr als andere verderbten comödie des Plautus notiert. einzelne daraus schienen mir auch noch nach zwölf jahren, als ich neulich das stück interpretierte, probe zu halten, und ich wünsche nur dasz sie ganz oder teilweise den beifall unserer autoritäten für Plautus davontragen mögen.

Zunächst behandle ich drei stellen, wo Ritschls vorschläge vortrefflich dem gedanken genügen, wir aber vielleicht mit geringerer änderung des überlieferten ebenfalls zum ziele gelangen können.

466 f. *út utrobique orationem docte et astute edidit,*
út sublinitur os custodi cauto conservo meo.

so *docte et astute edidit* Ritschl; dasz dieser ausdruck echt Plautinisch ist, bedarf keines beleges. doch die spuren der hss. weisen, wenn ich nicht irre, auf etwas anderes. B hat von erster hand *ducta . dit . it intuam*, von zweiter *docte edidit. intuam*, C bietet *ducta ediuit ut tuam*, endlich D *ducte edunt ut tuam.* es scheint mir danach kaum zweifelhaft, dasz wir in der tradition nicht eine interpolation, wie Ritschl angenommen, sondern nur eine verderbnis der buchstaben zu tilgen haben. danach möchte ich zuerst mit geringer änderung *tuam* in *suam* verwandeln. sieht man sich das übrige an, so glaube ich ergibt sich kein verbum, das zugleich dem sinn besser entspräche und den vorliegenden apices näher käme als *dididit* oder *divisit*: *ut utrobique orationem docte dididit suam* oder *ut utrobique orationem docte divisit suam*, wobei wir auch noch eine allitteration gewinnen. wie passend beide verba zu *utrobique* treten, brauche ich nicht zu sagen. ich ziehe jedoch *divisit* vor, teils weil es der überlieferung näher kommt (denn die zweite hand des B kommt gegen die zeugnisse der ersten in allen drei hss. nicht auf, ist vielmehr an unserer stelle wie sonst der interpolation verdächtig), teils weil wir so an vorletzter stelle den spondeus statt des iambus erhalten.

1426 *si posthac prehendero ego te hic arebo cestibus.*

so die echte überlieferung: denn das *arcebo* der vulgata, entstanden aus der zweiten hand in D, kommt kaum in betracht. Ritschl schreibt *separabo a testibus*, meint jedoch in der anmerkung 'quamquam haud scio an *segregabo* praestet'. ich musz gestehen dasz mir beide ausdrücke ein wenig gekünstelt scheinen; das einfachere wäre wol, wenn vielmehr stünde *testes a te separabo* resp. *segregabo*. in jedem fall haben wir auch hier eine blosze buchstabenverderbnis vor uns, der möglichst nahe zu treten unsere conjectur beflissen sein musz. vielleicht gelingt dies, wenn wir ins auge fassen, dasz dem *arebo* ein *c* vorhergeht. dann erhalten wir *carebo*, dem sinne nach vortrefflich, nur musz die person geändert werden. ich schreibe: *si posthac prehendero ego te hic, carebis testibus.* wie sehr *carebis* dem gebrauch des Plautus entspricht, braucht kaum bemerkt zu werden: vgl. z. b. aus unserm stücke v. 368 f. *oculis carebis credo,| qui plús vident quam quod vident*; womit man zusammenhalte 315 *iúben tibi oculos exfodiri, quibus id quod nusquamst vides? carebo* scheint durch die gedankenlosigkeit eines schreibers aus dem unmittelbar vorhergehenden *prehendero* entstanden zu sein. was den hiatus nach *te* betrifft, so ist derselbe zwar gesetzlich zu gestatten (Ritschl proleg. Trin. s. CXCII ff.), doch wäre ich, zumal da die interpunction erst nach dem folgenden worte eintritt, dies auch mit dem vorhergehenden eng zusammen gehört, sehr geneigt mit Lambin *ted* zu setzen. die accusative *med ted sed* wird es ja wol bis auf weiteres gestattet sein trotz neulichen einspruchs als Plautinisch anzuerkennen. man sehe Ritschls opuscula II 340 f. [und jetzt die neuen Plautinischen excurse I 21 ff.]. im allgemeinen kann gar nicht genug beherzigt werden die wiederholte mahnung Ritschls, dasz der hiatus von Plautus (abgesehen etwa von dem der monosyllaba bei folgender kürze) nicht als 'eleganz' gesucht, sondern wegen lästiger notwendigkeit gelegentlich bei cäsur und personenwechsel, allenfalls auch ohne beides bei starker interpunction zugelassen ist. ich bemerke dies, weil neulich von einem gelehrten, der nicht zu wissen scheint, dasz auch nach Lachmann für erkenntnis der dactylischen metrik einiges geschehen ist, Lachmanns name misbraucht worden ist um alle möglichen und unmöglichen hiate (besonders diese) bei Plautus zu schützen durch das beispiel der dactyliker! übrigens werde ich auf die sache gelegentlich zurückkommen.

469 *heús, Palaestrio, machaera nihil opust.* ⌈ *quid iam? aut quid est?*

so Ritschl. die hss. haben *quid iam haud quid opus est.* ohne zweifel hat Ritschl das erste *quid* in der bedeutung 'warum' gefaszt: denn wenn wir *quid iam?* mit 'was gibts?' übersetzen, so kann unmöglich nachher die disjunctive partikel *aut* stehen. wir können aber denselben gedanken leichter gewinnen, wenn wir das zweite *quid* als einfache wiederholung des eben vorangegangenen streichen: *quid iam haud opust?* 'weshalb ist es nicht mehr nötig?'

Sollte 277 *quid iam? aut quid negotist?* richtig sein, so müste man *quid iam?* gleichfalls durch 'warum nun?' übersetzen. doch kann mich selbst die autorität des Ambrosianus nicht für jenes *aut* gewinnen, da in der regel *quid iam?* so viel als 'was gibts?' zu bezeichnen pflegt. ich meine deshalb dasz *aut* zu streichen oder statt *aut quid* zu schreiben sei *ecquid.*

226 *réperi, comminiscere, cedodum calidum consilium cito.*
das *cedodum* Ritschls ist gewis notwendig, da ich die möglichkeit der verlängerung des *comminiscere* in der hülfscäsur des trochäischen septenars nach der vierten arsis nicht absehe; ebenso wenig oder vielmehr noch weniger kann der erste teil der aufgelösten arsis auf die letzte eines dactylischen oder dactylisch abschlieszenden wortes fallen (vgl. prol. Trin. s. CCXXIX). es entsteht aber bei Ritschls emendation eine andere unbequemlichkeit, dasz der dactylus statt des trochäus in das ende eines wortes zu liegen kommt. man kann diesen übelstand jedoch leicht beseitigen, wenn man *comminisce* herstellt: *réperi, comminisce, cedodum calidum consilium cito. reminisco* bezeugt ausdrücklich für die 'antiqui' Priscian s. 799, und wenn der redner und poet Rufus dieselbe form in seinem verse brauchte, weshalb er von Ausonius weidlich verspottet wird (epigr. 48. 49; vgl. de re metr. s. 402), so hat er sich diese doch nicht selbst erfunden, sondern ebenso wie die meisten autoren seiner zeit und Ausonius selbst oft genug mehr als billig den sprachschatz der vorciceronischen periode geplündert. für den passiven gebrauch von *comminiscor* führt Priscian s. 792 vgl. 791 zwar nur den nicht genügenden beweis der passiven bedeutung von *commentus* an; was aber für *reminisco* sicher steht, gilt ebenso für *comminisco.* auch hat derselbe Plautus nach dem zeugnis der Palatini *Men.* 1019 *commentavi.* wie ungemein oft sich übrigens in den trümmern der alten latinität die schreiber gerade dadurch versündigt haben, dasz sie die zu ihrer zeit gebräuchlichen deponentialen formen statt der activen einsetzten, weisz jeder der in der überlieferung des Plautus, Terentius und Nonius zu hause ist.

503 halte ich fest, um dies beiläufig zu sagen, an dem einst (de re metr. s. 348) vorgeschlagenen

longúmque diutinumque a mane ad vesperum,

nicht, wie überliefert ist, *longum diutinumque.* ich hoffe durch die beweisführung an genannter stelle Ritschl und den herausgeber dieser zeitschrift überzeugt zu haben, dasz Bentley recht hatte, als er den vers des Phaedrus I 2, 16 so scandierte: *immérsae límo cúm laterent díutius*; doch wäre es mir immer angenehm, wenn einer von beiden gelehrten diesen anlasz ergriffe sich noch einmal über die sache auszusprechen.

631 *si álbicapillus hic videtur, neutiquam ab ingeniost senex.*
um die minder elegante teilung des dactylus zu vermeiden, musz man *ne utiquam* schreiben (wie C bietet), so dasz wir den tribrachys statt des dactylus erhalten. ich habe diese form in den von mir her-

gestellten ionici a maiori des Laevius de re metr. s. 78 gleichfalls in ihr recht eingesetzt.

BONN. LUCIAN MÜLLER.

ZUSATZ.

an Lucian Müller in Bonn.

Mit vergnügen entspreche ich Ihrer obigen aufforderung, verehrtester freund, über die quantität der drittletzten in *diutius* und *diutinus* meine jetzige meinung auszusprechen, und zwar gleich hier in unmittelbarem anschlusz an Ihre aufforderung. vielleicht nimt auch Ritschl einmal veranlassung uns über seine heutige stellung zu der von Ihnen neu angeregten frage zu belehren. was mich betrifft, so stimme ich Ihnen darin vollkommen bei, dasz Bentley recht hatte in dem verse des Phaedrus I 2, 16 *díutius* als proceleusmaticus zu messen; wie sollte ich auch anders, da aus den von Ihnen de re metrica s. 348 angeführten stellen, namentlich Ov. *trist.* IV 6, 50 *haec fore morte mea non diuturna mala*, sonnenklar hervorgeht dasz in der Augusteischen zeit die derivata von *diu* kurzes *u* hatten? aber reicht diese unzweifelhafte thatsache aus, um daraus einen bindenden rückschlusz auf die prosodie des Plautinischen zeitalters zu machen? das werden Sie selbst nicht behaupten wollen, da Sie in Ihrem eignen buche mehrfache belege beigebracht haben für den quantitätswechsel einzelner silben und vocale, der sich in den zwei jahrhunderten zwischen dem zeitalter des Naevius Plautus Ennius und dem der Augusteischen dichter in der lateinischen sprache vollzogen hat. ich rechne also auf Ihre zustimmung, wenn ich behaupte dasz die quantität der drittletzten in *diutius* und *diutinus* bei Plautus aus diesem dichter selbst erschlossen werden musz und dasz Ihre — an sich ja sehr ansprechende — änderung in v. 503 des Gloriosus hinfällig wird, also auch Ihre bemerkung in der einleitung zu Phaedrus s. XI '*diŭtius.* ita semper omnes poetae' einer modification bedarf, sobald aus anderen Plautinischen versen die nichtübereinstimmung der prosodie dieses dichters mit der spätern sich ergeben sollte. und dieser fall tritt wirklich ein: Sie haben übersehen dasz auszer dem erwähnten und von Ihnen allein berücksichtigten verse des Gloriosus noch zwei andere sich bei Plautus finden, in denen das *u* unzweifelhaft lang ist, beide im Rudens, v. 93 und 1241:

eo vós amici détinui diútius.
ílle quí consulte dócte atque astuté cavet,
diútine uti ⟨*ei*⟩ *béne licet partúm bene.*

wonach also auch der von Ihnen angefochtene vers in seiner überlieferten gestalt mit langer antepaenultima in *diutinum* gehalten werden musz:

nisi míhi supplicium vírgeum de té datur,
longúm diutinúmque a mane ad vésperum.

allerdings ist nicht zu leugnen dasz, wenn die unabweisliche notwendigkeit vorhanden wäre dem Plautus die kürze des *u* zu vindicieren, die schwierigkeiten nicht unüberwindlich wären, wie den vers des Gloriosus so auch die beiden Rudensverse in übereinstimmung damit zu bringen: ein paar wortumstellungen würden dazu genügen:

eó detinui vós amici díutius.
⟨ei⟩ díutine uti béne licet partúm bene.

aber wäre das methodische kritik? — ich bemerke nur noch zu diesen beiden versen dasz in dem erstern der choriambische wortfusz *detinui* vor der letzten iambischen dipodie gerechtfertigt wird durch Ritschls proleg. s. CCXI f. und Brix zu *Men.* 506, und dasz in dem andern der zusatz des *ei*, das ich mit Camerarius[1]) (nur an anderer stelle) eingeschoben habe, vielleicht nicht notwendig erscheinen wird, wenn man die zusammenstellung der beispiele für diese sog. attraction des relativpronomens bei Holtze syntaxis I s. 387 ff. und A. Kiessling im rh. museum XXIII s. 423 genauer durchmustert.

Auszer diesen drei stellen mit *diutius diutine diutinum* kommt im ganzen Plautus nur noch ein einziger hierher gehöriger vers vor mit *diutius*: das ist v. 685 des Trinummus:

sícut dixi fáciam: nolo té iactari diutius,

und nach dem oben gefundenen resultate kann ich nicht glauben dasz Sie für diesen die messung *díutius* mit kurzem *u*, die bei Phaedrus allerdings notwendig ist, beanspruchen sollten, sondern ich bin überzeugt dasz Sie nun mit mir Ritschl zustimmen werden, der mit synizese des ersten *i* auch hier die länge des *u* anerkannt hat, also *djútius* oder noch lieber mit ausstoszung des *i dútius.*

So viel zur beantwortung Ihrer frage. da ich aber einmal die feder zur hand genommen habe, um Ihnen ein Plautinisches epistolium zu schreiben, so erlauben Sie mir bei dieser gelegenheit Ihnen und anderen mitforschenden freunden einige gedanken zur prüfung

1) beiläufig: welches war der deutsche name dieses aus Bamberg gebürtigen ersten sospitator Plauti? denn dasz Camerarius nur eine nach der humanistensitte des sechzehnten jh. latinisierte namensform ist, liegt doch wol auf der hand. von Philipp Melanchthon wissen wir bekanntlich dasz er eigentlich Schwarzert hiesz (nicht Schwarzerde — jener name beruht auf demselben bildungsgesetz wie Rothert, Grauert, Gelbert oder Gilbert, Schönert, Kleinert u. ä.), von Jacob Micyllus dasz er Moltzer, von Beatus Rhenanus dasz er Bilde (sein vater war aus Rheinach), von Johannes Crotus Rubianus dasz er Jäger hiesz und aus Dornheim gebürtig war usw. bei Camerarius sollte man zunächst an Kämmerer denken; dasz aber diese vermutung nicht das richtige trifft, lernen wir aus zwei actenstücken die vor kurzem in den höchst interessanten zwei programmen von Heerwagen 'zur geschichte der Nürnberger gelehrtenschulen in dem zeitraume von 1526 bis 1535' erste und zweite hälfte (Nürnberg 1867. 68) veröffentlicht worden sind. da nennt sich Camerarius in einem I s. 26 mitgeteilten officiellen gutachten an Hieronymus Baumgärtner, das in deutscher sprache abgefaszt ist, Joachim Camermeyster, und in dem entlassungsdecret des Nürnberger rathes vom 9 juli 1535 (bei Heerwagen II s. 25) heiszt er Joachim Cammermaister, also nach jetziger schreibweise Kammermeister.

vorzulegen, die mich seit einiger zeit in bezug auf die eben erwähnte synizese bei Plautus und in der ältern latinität überhaupt beschäftigen. dasz wir in dieser berufenen frage von dem standpunct auszugehen haben, den Ritschl neulich opusc. II s. 601 begründet hat, darf ich Ihnen gegenüber wol als selbstverständlich voraussetzen. danach sollen wir also *dju djerum djutius* sprechen, wenn das metrum die synizese erfordert. aber ist es nicht auffallend dasz wir hier eine consonantische verhärtung desselben vocals annehmen sollen, der in einer zusammensetzung desselben wortes vielmehr ausgestoszen worden ist? ich meine *dudum*: denn dasz dieses nichts anderes ist als *diudum*, haben schon die alten richtig erkannt (vgl. Priscian *part. XII versuum Aen.* s. 479, 30 K. *et putant quidam dudum quasi diudum dici*), und auch heutzutage zweifelt wol niemand daran. nehmen wir noch hinzu dasz, wie wir aus der vergleichenden grammatik lernen, in manchen suffixen desselben stammes das *i* unterdrückt worden ist, dasz z. b. nach Bopp II² s. 146 f. die silbe *-dam* von *quondam* mit dem sanskritischen femininstamm *divâ* zusammenhängt, zu dessen accusativ *divâ-m* auch das griech. δήν 'lange' gehöre, welches demnach für διην (aus διϝην)[2]), wie im lateinischen *-dem* von *pridem* für *-diem* (vgl. *pridie*) stehe: so liefern alle diese erscheinungen beweis genug für die fähigkeit der lateinischen sprache den vocal des stammes *divâ* nicht consonantisch zu verhärten, sondern vollständig auszustoszen, und man darf die frage wenigstens zu weiterer untersuchung anregen, ob nicht in solchen fällen, wo *diu* entschieden einsilbig gesprochen werden musz, wie z. b. in dem trochäischen septenar *glor.* 628 *tám capularis? támne tibi diu vídeor vitam vívere?* die aussprache *du* den vorzug verdiene vor *dju*, und ebenso in dem obigen Trinummusverse, wie ich oben schon angedeutet, lieber *dutius* zu sprechen sei als *djutius*.

---

2) durch dieses von Bopp beigezogene δήν (worüber auch G. Curtius griech. etym. s. 501 zu vergleichen) werden wir auf die analogie des griechischen geführt, wo sich zahlreiche beispiele von verschlingung des *i*-lautes vor anderen (langen und kurzen) vocalen finden, und zwar nicht blosz wie jenes δήν in der periode der sprachbildung, sondern auch in der litterarisch fixierten sprache. dem *du* = *diu* am nächsten steht πεῖν = πιεῖν: denn wenn Herodian bei Hermann de emend. rat. gr. gr. s. 317 sagt: ἁμαρτάνουσιν οἱ λέγοντες «πεῖν βούλομαι» μονοσυλλάβως, δέον λέγειν «πιεῖν» δισυλλάβως, so musz doch die von ihm getadelte einsilbige form in der sprache vorhanden gewesen sein, und wirklich findet sie sich noch in der anthologia Palatina XI 140, 3 οἷς οὐ σκῶμμα λέγειν, οὐ πεῖν φίλον. ferner erinnere ich an σωπάω = σιωπάω (Bergk zu Pind. Ol. 13, 91) und des Hesychios εὐσωπία· ἡσυχία, an σάλος = σίαλος oder vielmehr σίαλον, bestätigt durch das lat. *saliva*, an des Apollonios (Arg. I 685) βώσεσθε, wozu der scholiast bemerkt ἀντὶ τοῦ βιώσεσθε, an Δωνη (in Δωδώνη) = Διώνη (Usener im rh. museum XXIII s. 332) und anderes bei Lobeck path. elem. I s. 275 ff. dasz derartige griechische spracherscheinungen nicht unmittelbar beweisend sind für entsprechende lateinische, weisz ich sehr wol und habe sie deswegen auch in eine anmerkung verwiesen. aber das recht sie subsidiarisch zu verwerthen besteht unzweifelhaft.

Hiergegen werden Sie mir nun vor allem einwenden, dasz eine solche annahme durch keine spur der überlieferung unterstützt werde, und darin musz ich Ihnen vollkommen recht geben, ja ich kann hinzufügen dasz in einer metrischen inschrift, in der *diu* notwendig einsilbig ist, es mit drei buchstaben geschrieben steht: ich meine die grabschrift des M. Statius Chilo aus Cremona, CIL. bd. I nr. 1431: *heus tú viator lásse qui me praétereis,*
cum d i u ámbulareis, támen hoc veniundum ést tibi.
aber anderseits erinnere ich Sie wieder daran, wie wenig die alten Römer im groszen und ganzen darauf bedacht waren in solchen von dem gewöhnlichen abweichenden fällen sprache und schrift in übereinstimmung zu bringen. einige inschriftliche belege dafür hat Ritschl vor dem Bonner sommerkatalog von 1852 ('titulus Mummianus') s. II f. und XV f. zusammengestellt, nemlich ein zweisilbig zu sprechendes *voverat*[3]) (CIL. bd. I nr. 541), ein gleichfalls zweisilbiges *Hercolei* (ebd. nr. 1175) und *Hercules* (Visconti monum. Gabin. s. 153), ein einsilbiges *micis* und *soveis* (CIL. bd. I nr. 38 und 1297). und aus der handschriftlichen überlieferung gedenke ich hier vor allem der zahlreichen fälle wo im ausgang von senaren oder septenaren *diuitior* (*aul.* V 2) *diuitias* (*rud.* 542) *diuitiis* (*trin.* 682) u. ä. geschrieben steht, während die formen notwendig dreisilbig (*ditior* usw.) auszusprechen sind und auch in unseren heutigen texten so geschrieben werden; oder des widerspruchs zwischen schrift und aussprache in dem worte *fenestra*, das an den vier stellen wo es bei Plautus und Terentius überhaupt vorkommt (*Cas.* I 44. *glor.* 379. *rud.* 88. *haut.* 481) immer so geschrieben ist, während es zweisilbig *festra* gesprochen werden musz, eine nebenform für die wir sogar das doppelte ausdrückliche zeugnis des Festus Pauli s. 91 *festram a n t i q u i dicebant quam nos fenestram* und des Macrobius *Sat.* III 12, 8 haben:

quid fácies? ‖ *concludére in f e s t r a m fírmiter.*
neque f é s t r a nisi clatráta. nam certe égo te hic intus vídi,
inlústrioris fécit f e s t r a s que índidit.
huic quántam f e s t r a m ad néquitiem pateféceris

---

3) wie sehr die alten gewohnt waren in solchen fällen die volle form geschrieben vor sich zu sehen und die syncope lediglich der aussprache zu überlassen, davon gibt einen recht instructiven beleg der alte Nonius (oder vielleicht schon sein gewährsmann?), der ein compositum des oben erwähnten *voverat*, wo es ihm einmal ausnahmsweise in der syncopierten form vor die augen trat, als solches gar nicht erkannte. s. 98, 11 in dem verse aus der praetexta Aeneadae sive Decius des Accius (v. 15 s. 238 R.)
pátrio exemplo, et mé dicabo atque ánimam d e v o r o hóstibus
war er so weit entfernt in diesem *devoro* das futurum exactum von *devovere* zu sehen, dasz er es vielmehr für das praesens von *devorare* hielt: vgl. Bücheler im rh. museum XV s. 434 und Sie selbst de re metr. s. 399. dasz es aber auch auf diesem gebiete nicht ganz an beweisen vom gegenteil fehlte, zeigt des Ennius *nomus* = *novimus* in dem unten zu besprechenden fragment.

(den letzten vers mit Bücheler lat. decl. s. 60). ich gedenke ferner des gleichen widerspruchs in diesen zwei septenaren, *glor.* 1359 und Accius v. 488 R.:

múliebres morés discendi, obliuiscendi stratiótici.
án ego Vlixem obliuiscar umquam aut quémquam praeponí velim?

aber gerade bei diesem verbum *oblivisci* zeigt sich dasz jene gewohnheit der alten die verschiedenheit der aussprache für das auge nicht kenntlich zu machen doch in vereinzelten fällen durchbrochen worden ist: denn in einem andern septenar des Accius (v. 190 R.):

véritus sum arbitrós, atque utinam mémet possim oblíscier

hat sich in zwei sehr guten hss. des Nonius (s. 500, 4), der Leidener und der Bamberger, die syncopierte form *obliscier* erhalten, wonach wir ohne frage berechtigt sind auch in dem obigen Gloriosusverse *obliscendi* herzustellen, wie Ribbeck in v. 488 des Accius auch *obliscar* geschrieben hat. auszer diesen drei stellen kommt nun *oblivisci* in der ganzen scenischen poesie der Römer nur noch ein einziges mal vor, in v. 985 der Captivi:

cúr ego te non nóvi? ‖ *quia mos ést oblivisci hóminibus*
néque novisse, cúius nili sít faciunda grátia.

die möglichkeit dasz die überlieferung heil ist will ich nicht in abrede stellen: dann hätte Plautus eben nach belieben *oblisci* und *oblivisci* nebeneinander gebraucht; aber wahrscheinlicher ist es mir dasz auch hier die dreisilbige form herzustellen ist, und dann liegt wol nichts näher als, was ich schon in meiner ausgabe gethan habe, zwischen *quia* und *mos* den ausfall von *iam* zu statuieren, was auch dem sinne sehr gut entspricht: 'weil es jetzt (früher war es anders) sitte ist' usw. also: *quia* ⟨*iam*⟩ *mós est oblisci hóminibus.*

Bei aufmerksamer beobachtung ergibt sich dasz dieses streben schrift und aussprache in übereinstimmung zu bringen doch nicht so ganz vereinzelt dasteht. die eben besprochenen fälle von widerspruch und übereinstimmung gehören nicht in das gebiet der synizese, sondern in das der syncope. lassen Sie mich jetzt einige beispiele anführen, wo von den drei vocalen auf die sich die synizese erstreckt, *e i u*, der zu verschleifende auch in der schrift verschwunden ist. die reihenfolge ist für unsern zweck gleichgültig. ich beginne also mit *quattuor*. dasz dieses gewöhnlich dreisilbig gemessene zahlwort in vereinzelten dichterstellen (bei Plautus, Ennius, Seneca, Ausonius) zweisilbig vorkommt, wuste man längst und hatte synizese des *u* angenommen, also wol eine aussprache wie *quattvor*; diese annahme erscheint als nicht ganz richtig, seit inschriftlich (Orelli 4726) und handschriftlich (Cic. *de re p.* II 22, 39) die nebenform *quattor* zu tage getreten ist, der man ja nun auch in den texten begegnet: vgl. Ritschl im rh. mus. VIII s. 309, und Sie selbst haben diese sache berührt de re metr. s. 245 und jahrb. 1868 s. 212.

Ferner: unzweifelhaft sicher steht die ein- resp. zweisilbigkeit aller casus von *deus* und *dea*. dasz hier von einer consonantischen verhärtung des vocals *e* keine rede sein kann, versteht sich von selbst; Ritschl hat daher, weil die synizese doch unleugbar vorhanden ist, den ausweg versucht, die einsilbigkeit stamme aus einer periode in der für das *e* ein *i* zur herschaft gekommen sei. sei dem wie ihm wolle: dasz das *e* in diesen formen vollständig hat unterdrückt werden können und bei dem vortrag der verse ohne zweifel unterdrückt worden ist, lehrt uns eine reihe von inschriften, allerdings nicht dem Plautus gleichzeitige, sondern aus sehr viel späterer zeit und aus provinzen stammende; aber wer weisz nicht wie viele archaismen der sprache erst in der zeit der sinkenden latinität und in den provincialen dialekten wieder auftauchen?[4]) Brambach in seiner 'inscriptionum in Germaniis repertarum censura' (Bonn 1864) s. 14 f. hat zuerst auf drei inschriften hingewiesen, in denen *dae* geschrieben steht statt *deae*: *dae Viroddi* CIRh. 1726, *dae Lune* ebd. 1130, *dae* [*R*]*osmertae* ebd. 863. zu diesen drei in den Rheinlanden gefundenen inschriften kommen nach Hübners mitteilung in den monatsberichten der Berliner akademie 1866 s. 787 noch vier aus England hinzu: *do Mercurio* ('in guter schrift des ersten jh.'), *dae Fortunae, dae F*[*ortunae*], *do B*[*e*]*latucadro*. sind auch diese götternamen zum teil sehr barbarisch, so beweist doch die schreibung *do* und *dae* zusammengehalten mit dem brauch der alten dichter, dasz wir nicht blosze provincialismen darin zu sehen haben, sondern den nur in diesen gegenden gemachten versuch die allgemein zulässige einsilbige aussprache auch für das auge darzustellen, wie schon Brambach richtig bemerkte: 'neque hoc mirum est, cum in versibus in unam syllabam coeat.'

Haben wir hier durch wenngleich späte inschriften eine synizese des alten latein evident bestätigt gefunden, so lassen Sie mich jetzt den umgekehrten versuch machen aus der vocalunterdrückung später inschriften eine synizese bei Plautus und Ennius zu erschlieszen, die bis jetzt meines wissens noch nicht aufgestellt, wenigstens nicht allgemein anerkannt worden ist: in dem verbum *quiesco* und seinen derivaten. Bücheler hat in diesen jahrb. 1858 s. 69 bei besprechung einer inschrift (Orelli-Henzen nr. 6042), in der *inquetes* statt *inquietes* geschrieben steht, eine reihe analoger schreibungen aus anderen inschriften beigebracht: *requescere Quetus Queta Quetosus*[5]) (daneben auch *inquitare* und *Quita*) und alle diese

---

4) éin beispiel statt vieler. Sie erinnern sich vielleicht dasz ich im j. 1864 in den 'kritischen miscellen' s. 39 ff. aus metrisch-rhythmischen gründen dem Plautus die form *sagita* mit kurzer mittelsilbe vindiciert habe. vor einigen monaten geht mir durch Wilhelm Schmitz die freundliche mitteilung zu, dasz nach der angabe von Kaulen 'geschichte der vulgata' (Mainz 1868) s. 133 in der alten Itala *gen.* 49, 23 sich die form *sagitarum* finde. und ungefähr gleichzeitig lese ich in den durch Useners verdienst lesbar gemachten commenta Bernensia Lucani s. 104 zu III 235 *tingunt sagitas* mit der note des herausgebers 'et saepius *sagitas* C' (d. i. codex Bernensis saec. X).

5) belege dafür sind nicht dutzend- sondern ich möchte fast sagen schockweise zu finden in Schuchardts vocalismus des vulgärlateins s. 448 ff. III s. 296.

der zeit des verfalls zugewiesen: 'es war nur eine consequenz, wenn man so schrieb, da man schon längst so gesprochen hatte.' zugleich führt er einige inschriftliche senare an, in denen *quieti* und *adquiescerent* geschrieben, aber das erstere zweisilbig, das andere viersilbig zu lesen ist: Fabretti s. 283, 181 und IRNL. 5607:

vel ássint quieti cíneribus manés tuis.
parávi tribus ube óssa nostra adquiéscerent.

eine weitere consequenz zog damals Bücheler nicht aus dieser spracherscheinung; ich glaube dasz wir dazu für die ältere latinität berechtigt sind. nehmen wir erstlich v. 448 des Mercator, einen trochäischen septenar der in dieser gestalt überliefert ist:

quiesce, inquam: istanc rém ego recte vídero. ‖ *quid ais?*
‖ *quid est?*

so brauchen wir nichts zu ändern, wenn wir *quésce* sprechen mit umkehrung der bemerkung Ritschls 'synizesi nullus hic locus' in ihr gegenteil. zweitens in v. 78 des Persa, der bei Ritschl lautet: *quiérint recte nécne: num is fuerít febris,* in dessen anfang die hss. bieten: *quieuenerint nerecte,* d. h. mit geringer verschreibung *quiecerintne recte,* ist unbedenklich zu lesen (in der zweiten hälfte mit aufnahme von Haupts emendation im Hermes II s. 215):

querintne recte nécne: num afuerít febris.

denn das *ne* im ersten gliede der doppelfrage auszustoszen wären wir auch in dém falle nicht berechtigt, wenn eine erschöpfende untersuchung des Plautinischen sprachgebrauchs, die ich jetzt nicht in der lage bin anzustellen, das resultat ergeben sollte, dasz dann und wann das erste glied ohne fragpartikel vorkäme, wie bei Terentius *haut.* 95 *nunc habeam necne incertumst.* eine dritte stelle ist v. 169 des Amphitruo, den ich mit den beiden vorhergehenden hersetze, wie ich sie jetzt schreiben zu müssen glaube (in baccheischen tetrametern):

opulénto homini dúra hoc ⟨*magis*⟩ *servitús est,*
⟨*quod*⟩ *nóctisque diésque adsiduó satis supérquest*
quo fácto aut dictód est opús, quietus né sis.

in meiner ausgabe hatte ich diese verse drucken lassen nach dem vorschlag G. Hermanns in diesen jahrb. bd. XIX (1837) s. 270, den ich jedoch jetzt nur noch für den ersten aufrecht halte, und zwar auch hier nur in ermangelung von etwas besserem: denn dasz die hand des dichters damit wiederhergestellt sei, glaube ich selbst nicht, weil die eng zusammengehörigen worte *opulento homini servitus* zu weit auseinandergerissen sind; daher vielleicht eher *opulénto hoc homini servitús est* ⟨*magis*⟩ *dúra,* aber auch das genügt mir noch nicht. im zweiten verse habe ich zu anfang die partikel *quod* hinzugefügt, welche der zusammenhang mit notwendigkeit fordert (den ausfall beider worte, des *magis* und *quod*, hat wol das glossem *hoc magis miser est divitis servos* verschuldet, das als solches schon von Scioppius und Gulielmius erkannt worden ist). übrigens wollen Sie in diesem verse die einsilbigkeit von *dies* beachten, die auf gleicher stufe steht mit der oben besprochenen von *diu*; da nun auf späteren inschriften sich die schreibung *des debus* für *dies diebus* findet (Schuchardt a. o. II s. 445), so müssen wir uns dies als fingerzeig dienen lassen für die aussprache sowol in obigem verse als auch beispielsweise in *Poen.* V 4, 37 und *glor.* 743:

nós fore invito dómino nostro débus paucis líberas.

vérum ubi des decém continuos sít, east odiorum Ílias.[6])

den dritten vers endlich habe ich nach der evident richtigen emendation von Ritschl neue Plaut. excurse I s. 59 (vgl. s. 129) gegeben, der in dem hsl. *dicto adest opus* das ursprüngliche *dictod est opus* erkannt und sonst nichts an der überlieferung geändert hat. für die rhythmische auffassung der zweiten hälfte dieses verses ständen, sagt Ritschl, zwei wege offen. ohne mir anzumaszen seine gedanken errathen zu wollen, darf ich hier wol meine überzeugung aussprechen, dasz der eine dieser beiden wege der oben von mir eingeschlagene der zweisilbigkeit von *quietus* sei. dieses nemliche zweisilbige *quietus* (also *quetus*) finde ich nun noch an einer vierten Plautinischen stelle, in dem iambischen septenar des Epidicus III 2, 2:

per hanc cúram quieto tíbi licet esse: hóc quidem iam périit,

wo an der überlieferung kein iota geändert ist. an der verkürzung des *hanc* werden Sie keinen anstosz nehmen, wenn Sie sich des anfangs von v. 611 im Stichus erinnern: *pér hanc tibi cenam íncenato* — oder einiger anderen von A. Spengel T. Maccius Plautus s. 109 f. zusammengestellten verse, und dessen was zu deren rechtfertigung Bücheler lat. decl. s. 26 gesagt hat. auch Ritschl wird jetzt nichts mehr dagegen einzuwenden haben: was er opusc. II s. 454 sagt: 'an das verkürzte *hinc* wird doch zu glauben sein' gilt natürlich auch von *hunc* und *hanc*.[7])

---

6) ich habe unter vielen andern zur auswahl vorliegenden versen gerade diesen hergesetzt, um Reinhold Klotz zu beglückwünschen zu dem triumphe den in bezug auf diesen vers seine divinationsgabe feiert: in einer gelegenheitsschrift der Leipziger universität aus dem sommer 1868 'emendationum Plautinarum libellus' s. 7 f. hat er die zweite hälfte dieses verses genau so emendiert, wie sie Studemund aus dem Ambrosianus eruiert hat: vgl. den festgrusz der philolog. gesellschaft zu Würzburg an die XXVI philologenvers. s. 59 f. auch F. V. Fritzsche wird nicht ohne befriedigung in derselben begrüszungsschrift s. 72 f. gelesen haben dasz sein verbesserungsvorschlag zu *glor.* 169

ádgrediar hominem. ‖ *éstne advorsum hic qui ádvenit Palaéstrio?*

den er vor dem Rostocker sommerkatalog von 1850 s. 6 f. veröffentlicht hat (vgl. auch die vorrede zu meinem ersten Plautusbändchen s. XXIII) jetzt urkundliche bestätigung aus dem Ambrosianus gewonnen hat. bei Lorenz steht übrigens dieser vers in obiger fassung mit einer kleinen von mir vorgeschlagenen änderung schon im texte.

7) der diesem unmittelbar vorausgehende vers *Epid.* III 2, 1 lautet: *fecisti iam officium tú tuom, meum mé nunc facere opórtet.* so leicht es auch ist diesem verse zur übereinstimmung mit den jetzt allgemein geltenden regeln zu verhelfen durch streichung des *iam* (ein vorschlag den schon Jacob gemacht und kürzlich CFWMüller Plautinische prosodie

Zu diesen vier Plautinischen belegen für die verschleifung des *i* in *quiesco* und dessen derivaten kommt nun noch ein f ü n f t e r aus Ennius hinzu: das von Diomedes s. 388 K. erhaltene fragment aus seiner tragödie Hectoris lustra: *nos quiescere aequom est? nomus ambo Vlixem.* Ribbeck (v. 137 f.) und Vahlen (v. 198 f.) haben, wie Sie wissen, dieses fragment auf zwei unvollständige verse verteilt; sollte es gelingen ohne gewaltsamkeit éinen vollständigen vers daraus herzustellen, so würden Sie sicherlich der letzte sein der dagegen einspruch erhöbe, da Sie ja mehr als éinmal diesen grundsatz betont und bethätigt haben. es ist aber ein untadellicher senar, sobald wir lesen:

nos quéscere aequomst? nómus ambo Vlíxeum,

Vlixeum mit Bücheler im rh. museum XV s. 439.

So viel für dieses mal. über einige andere puncte verwandten inhalts mich zu expectorieren behalte ich einer andern gelegenheit vor. nur noch éine kleinigkeit erlauben Sie mir hier kurz zu berühren, die sich auf Ihren obigen aufsatz bezieht. Sie sind nemlich nicht der erste der an der überlieferten fassung von v. 277 des Gloriosus *quid iam? aut quid negotist? fac sciam* anstosz nimt: schon im j. 1851 hat Kayser in den Münchener gel. anzeigen bd. XXXIII nr. 93 s. 752 aus demselben grunde wie Sie vorgeschlagen *qui dum? aut quid negotist?* aber wie, wenn Sie dennoch beide mit Ihren bedenklichkeiten im unrecht und an der überlieferung nichts zu ändern wäre? für andere leser musz ich bemerken dasz das manuscript Ihres oben abgedruckten aufsatzes schon vor dem erscheinen von Ritschls neuen Plautinischen excursen in meinen händen gewesen ist (das citat daraus oben s. 67 ist eine interpolation von mir); hätten Sie dieses buch v o r h e r gelesen, so würden Sie, denke ich mir, Ihren änderungsvorschlag selbst als unnötig erkannt haben. denn was ist das *quid* in *quid iam?* anders als der ablativ *qui* mit seinem ursprünglichen auslaut *d*, der, wie wir n u n wissen, in hunderten von fällen bei Plautus noch erhalten gewesen ist? 'ich freue mich' sagt Palästrio 'dich zu treffen.' darauf Sceledrus 'wie so denn? oder was ist passiert? lasz michs wissen.' (die in A vorhandene lücke von drei buchstaben zwischen *quid* und *negotist* habe ich, um dies beiläufig zu bemerken, schon in meiner ausgabe durch *hoc*

---

s. 277 erneuert hat), so drängt sich mir doch trotz Ihrer abweichenden ansicht de re metr. s. 400 die frage auf, ob hier nicht ein zweites beispiel vorliege von der zweisilbigen aussprache des *fecisti* (etwa = *fexti*); ich sage ein zweites, indem mir als erstes nicht Ter. *eun.* III 2, 10 (vgl. Bentley), sondern das in *glor.* 456 von Ribbeck jahrb. 1862 s. 372 als wahrscheinlich erkannte gilt: *écce omitto.* ‖ *at ego dbeo omissa.* ‖ *múliebri fecisti fide.* obschon nicht zu leugnen ist dasz alle übrigen fälle dieser syncope (zusammengestellt bei Struve lat. decl. und conjug. s. 153 f. oder Neue lat. formenlehre II s. 418 ff.) etwas gemeinsames haben, was dem *fecisti* = *fexti* fehlt, dasz nemlich in der vollen form der endung *-isti* ein *s* (oder *x*) vorhergeht. einige wenige von dieser regel abweichende, aber sämtlich sehr unsichere formen bespricht Neue a. o. s. 420. die sache bedarf noch einer eingehenden untersuchung.

ausgefüllt und halte daran auch jetzt noch fest; vgl. *Bacch.* 415.) ebenso beharre ich v. 469 im widerspruch mit Ihnen bei Ritschls emendation *quid iam? aut quid est?* 'wie so denn? oder was ist?' vgl. *Epid.* I 1, 54 *di inmortales, ut ego interii basilice!* ⟦ *quid iam? aut quid est,* | *'Epidice?* und andere stellen. wie lange man dieses *quid* (das Ritschl im rh. museum XXIV s. 486 ebenso auffaszt) in der sprache noch als ablativ gefühlt, und wann man begonnen hat es als 'accusativ des inhalts' (Lorenz zu *most.* 563. 352) anzusehen, das bedarf noch einer nähern untersuchung. meiner überzeugung nach ist es diesem *quid* ebenso ergangen wie dem nahe verwandten *quod* im satzanfange vor *si nisi utinam quia* u. ä., worin die alten selbst den neutralen accusativ sahen, während es, was Bergk schon vor jahren ausgesprochen und Ritschl ausdrücklich anerkannt hat, in wahrheit der noch auf *d* auslautende ablativ ist.

DRESDEN. ALFRED FLECKEISEN.

9.

ZU HORATIUS ODEN.

I 2, 21—24 *audiet cives acuisse ferrum,*
quo graves Persae melius perirent,
audiet pugnas vitio parentum
rara iuventus.

die lesart *acuisse ferrum* verdankt es wol nur der langen, lieben gewohnheit so zu lesen und der gefälligkeit der leser das in gedanken zu ergänzen, was schwarz auf weisz im buche stehen sollte, dasz sie sich noch heutiges tages in den ausgaben findet. Peerlkamp, der die ganze strophe verwirft, hat zu *acuisse ferrum* bemerkt 'dicendum erat *cives contra cives.*' und in der that ist ein zusatz der art, wenn *acuisse* von Hor. herrührt, nicht zu entbehren. denn sowol *audiet cives acuisse ferrum* als *audiet pugnas* sind so allgemeine ausdrücke, dasz sie von jedem kriege, nicht blosz vom bürgerkriege verstanden werden können. anders steht es mit *epod.* 7, 1 *aut cur dexteris aptantur enses conditi?* weil hier schon das vorangehende *quo scelesti ruitis?* und mehr noch das folgende *parumne campis atque Neptuno super fusumst Latini sanguinis?* bestimmt auf den bürgerkrieg hinweist. da aber an der vorliegenden stelle ein zusatz wie *contra cives* ebenso wenig ergänzt als eingeschaltet werden kann, so bleibt nur übrig *acuisse* mit einem worte zu vertauschen, welches von den römischen bürgern dasselbe aussagt, was *perirent* von den Persern. diesen weg hat Lucian Müller eingeschlagen. seine vermutung *audiet cives cecidisse ferro* gibt den richtigen gedanken; aber besonders leicht ist diese änderung nicht. näher liegt die vermutung *audiet cives rapuisse ferrum.* es bezeichnet *ferrum, quo graves Persae melius perirent,* das schwert der Römer. also ist der sinn der stelle: 'der nachwuchs wird hören, dasz das schwert der Römer römische bürger fortgerafft hat.' auch scheint *cives rapuisse ferrum* den folgenden worten *rara iuventus* mehr zu entsprechen und dem sprachgebrauch der dichter gemäszer zu sein als *cives cecidisse ferro.* vgl. *carm.* II 13, 19 *inprovisa leti vis rapuit rapietque gentes. epist.* I 14, 7 *Lamiae pietas . . fratrem maerentis, rapto de fratre dolentis insolabiliter. carm.* IV 2, 21 *flebili sponsae iuvenemve raptum plorat . . nigroque invidet Orco.* Ov. *met.* VI 616 *aut linguam aut oculos et quae tibi membra pudorem abstulerunt ferro rapiam.* Verg. *georg.* III 68 *durae rapit inclementia mortis. Aen.* X 348 *pariterque loquentis vocem animamque rapit traiecto gutture.* vgl. Justinus II 2, 13. VII 2, 5. es spricht ferner für die aufnahme der lesart *cives rapuisse ferrum, quo graves Persae melius perirent* die parallelstelle *epod.* 7, 3—10 *parumne campis atque Neptuno super fusumst Latini sanguinis, non ut superbas invidae Carthaginis Romanus arces ureret . . sed ut secundum vota Parthorum sua urbs haec periret dextera?* um so mehr als an beiden stellen für das vergieszen von bürgerblut durch bürger ein ähnlicher grund, an der einen die ermordung des Julius Cäsar, an der andern die des Remus, angeführt wird. noch verdient es bemerkt zu werden, dasz auch *epod.* 7, 13 *an rapit vis acrior* das wort *rapit*, wenn gleich in anderer bedeutung als in dem vorliegenden verse, *cives* oder *Romanos* zum object hat.

Wolfenbüttel. Justus Jeep.

10.
ZU FLORUS II 4.

Das vierte capitel des zweiten buches in der epitome des Florus, in welchem die revolution des Saturninus geschildert wird, leidet an einer solchen unklarheit und verwirrung, dasz es jeder erklärung spottet. die lesart des Bambergensis *tantum viro Marius dabat qui nobilitati semper inimicus* trägt hierzu noch am wenigsten bei. von den versuchen diese stelle zu heilen scheint mir der Mommsens, welcher *tantum viro Marino dabat spei, nobilitati semper inimicus* vorschlägt, der glücklichste zu sein, aus gründen deren tragweite sich erst in der folgenden erörterung ergeben wird. sehen wir uns zunächst das an, was auf diese worte folgt. nach der kleinen lücke im texte ist dem zusammenhange gemäsz Marius subject, während in wirklichkeit von Saturninus die rede ist. der dritte mit *cum tot tantisque ludibriis* beginnende satz kann nur auf Saturninus bezogen werden, enthält dann aber nichts als unsinn. wie kann ein vernünftiger schriftsteller die ermordung eines mitbewerbers um das tribunat und den versuch einen schwindler an dessen stelle wählen zu lassen *ludibria* nennen? ist ferner nicht der ausdruck *rogandis Gracchorum legibus ita vehementer incubuit, ut senatum quoque cogeret in verba iurare* von einem tribunen, der dazu noch des schutzes eines hervorragenden mannes wie Marius bedarf, mindestens unpassend? endlich ist die drohung *aqua et igni interdicere* im munde des tribunen Saturninus vollends lächerlich. der satz *igitur post Metelli fugam* kann auch unmöglich auf den satz *unus tamen extitit qui mallet exilium* gefolgt sein, weil in dieser verbindung wol nicht leicht einer errathen würde, dasz unter dem *unus* eben Metellus zu verstehen sei. zu diesen sachlichen schwierigkeiten treten sprachliche hinzu. der vorn und hinten lahme satz *cum tot tantisque ludibriis* widerspricht durchaus der im allgemeinen flüssigen sprache des Florus. zudem sehe ich nicht ein, wie man einen satz, der mit *praeterea* und einer participialconstruction (*consulatu suo confisus*) beginnt, mittels einiger weniger worte zu ende führen will.

Alle diese schwierigkeiten sind augenscheinlich durch verschiebung einiger zeilen in folge auslassens bei dem abschreiben entstanden. die worte von *rogandis Gracchorum legibus* bis *qui mallet exilium* müssen an *consulatu suo praeterea confisus* angeschlossen werden, so dasz also der satz *occiso palam* usw. dahintertritt. in der lücke vor *occiso* hat jedenfalls das neue subject zu dem folgenden satze, nemlich *Saturninus* mit der nötigen übergangspartikel, und vielleicht vorher noch ein zu dem vorigen satze gehöriges *ipse* gestanden. der durch diese veränderung vereinzelte satzteil *cum tot tantisque ludibriis exultaret impune* schlieszt sich sehr passend an das vorhergehende *sed subdito titulo in familiam ipse se adoptabat* an. der leichtern übersicht wegen lasse ich die ganze stelle nach meiner verbesserung hier folgen: *nihilo minus Apuleius Saturninus Gracchanas adserere leges non destitit. tantum viro Marius dabat spei, nobilitati semper inimicus; consulatu suo praeterea confisus* ***ipse*** *rogandis Gracchorum legibus ita vehementer incubuit, ut senatum quoque cogeret in verba iurare, cum abnuentibus aqua et igni interdicturum minaretur. unus tamen extitit, qui mallet exilium.* ***Saturninus autem*** *occiso palam comitiis A. Ninnio conpetitore tribunatus subrogare conatus est in eius locum C. Gracchum, hominem sine tribu, sine notore, sine nomine; sed subdito titulo in familiam ipse se adoptabat, cum tot tantisque ludibriis exultaret inpune. igitur post Metelli fugam* usw. nunmehr enthält der in den jetzigen ausgaben durch die verschiebung getrennte satz nicht nur einen ordentlichen, dem sachverhalt entsprechenden sinn, wie aus der übereinstimmung mit Livius periocha 69 deutlich hervorgeht, sondern schlieszt sich auch recht passend an das vorhergehende nach Mommsens conjectur an. die hoffnung, welche Saturninus auf die wiederaufnahme der Gracchischen gesetzesvorschläge setzen durfte, beruhte nach Florus darstellung zunächst auf der der nobilität feindlichen gesinnung des Marius, dann aber besonders auf dem nachdrucke, mit welchem derselbe in person für dieselben im senate auftrat. das gebahren des falschen Gaius Gracchus findet in dem zusatze *cum tot tantisque ludibriis exultaret inpune* eine gebührende bezeichnung. endlich wird auch der unterbrochene bericht über die verbannung des [illegible]s mit *igitur post Metelli fugam* passend wieder aufgenommen.

[illegible]sseldorf. Ferdinand van Hout.

May 23

NEUE JAHRBÜCHER

FÜR

PHILOLOGIE UND PAEDAGOGIK.

Herausgegeben unter der verantwortlichen Redaction

von

Dr. Alfred Fleckeisen und **Dr. Hermann Masius**
Professor in Dresden Professor in Leipzig.

Einhundertunderster und einhundertundzweiter Band.
Zweites Heft.

Leipzig,
Druck und Verlag von B. G. Teubner.
1870.

INHALT

VON DES EINHUNDERTUNDERSTEN UND EINHUNDERTUND-ZWEITEN BANDES ZWEITEM HEFTE.

ERSTE ABTEILUNG (101R BAND).

seite

11. Anz. v. *L. Schiller:* Aeschylus Perser (Berlin 1869). von *R. Rauchenstein* in Aarau . . . . 81—91
12. Zu Platons Theaetetos [149[d]]. von *H. Schmidt* in Wittenberg . . . . 91—92
13. Anz. v. *G. Zillgenz:* Aristoteles und das deutsche drama (Würzburg 1865). von *Eduard Müller* in Liegnitz . . . 93—124
14. Die erste Horazische ode. von *J. F. C. Campe* in Greiffenberg . . . . 125—142
15. Zu Stobaeos eklogen II 8, 6. von *F. Drosihn* in Neustettin 142
16. Anz. v. *K. Lehrs:* Q. Horatius Flaccus (Leipzig 1869). von *H. Merguet* in Gumbinnen . . . . 143—145
17. Die gottmenschlichkeit und die wiedergeburt des Octavianus Augustus. von *Th. Plüss* in Plön . . . . . . 146—152

ERSTE ABTEILUNG
FÜR CLASSISCHE PHILOLOGIE

HERAUSGEGEBEN VON ALFRED FLECKEISEN.

11.

Aeschylus Perser. erklärt von dr. Ludwig Schiller, professor am gymnasium zu Ansbach. Berlin, Weidmannsche buchhandlung. 1869. 135 s. 8.

Es ist erfreulich zu sehen, wie viel seit dem erscheinen der epoche machenden Hermannschen ausgabe durch den wetteifer der gelehrten für die tragödien des Aeschylos gethan worden ist. insbesondere sind von den Persern, abgesehen von vielen abhandlungen, die Teuffel in seiner ausgabe s. 17 aufzählt, im verlauf der letzten vier jahre drei ausgaben erschienen: von Teuffel 1866, von Weil 1867 und die eben anzuzeigende von Schiller, unter denen sich besonders die erste und dritte vorzüglich für den schulgebrauch eignen. Teuffels und Weils ausgaben wurden eingehend und lehrreich angezeigt von L. Schmidt in Langbeins päd. archiv 1867, welche anzeige Schiller noch benutzen konnte. nicht mehr konnte er benutzen die anzeige beider ausgaben von Oberdick in der z. d. österr. gymn. 1868 heft 4. auch war ihm noch unbekannt die treffliche und an ergebnissen für kritik und exegese reiche schrift von Charles Prince 'études critiques et exégétiques sur les Perses d'Éschyle' (Neuchâtel 1868), welche bereits in diesen jahrb. 1869 s. 31 ff. eine sehr gehaltvolle anzeige von Brambach gefunden hat.

Schillers ausgabe hat ref. in der schule gebraucht und dieselbe in den händen seiner schüler recht zweckmäszig befunden. die einleitung gibt auf 34 seiten die erforderlichen weisungen zum verständnis und zur würdigung des stückes mit fleisziger berücksichtigung der manigfaltigen von vorgängern ausgesprochenen ansichten. besprochen wird das verhältnis des Aeschylischen stückes zu den Phoenissen des Phrynichos, die scenerie, die durchführung des planes, der religiöse und sittliche grundgedanke und endlich die trilogie. dasz im ersten stücke derselben, dem Phineus, die weissagung enthalten war, die Perser würden zwar landkriege glücklich führen, zur see aber unglücklich sein, wie Droysen annimt, Sch. aber ungewis läszt, dafür spricht einigermaszen der umstand dasz nach

Herodot VII 6 der athenische χρησμολόγος Onomakritos am persischen hofe nur die glück verheiszenden weissagungen mitteilte, die ungünstigen dagegen verschwieg. aber v. 740 ruft Dareios aus φεῦ, ταχεῖά γ' ἦλθε χρησμῶν πρᾶξις und 802 in beziehung auf den gänzlichen untergang des Perserheeres: die θέσφατα θεῶν gehen nicht nur teilweise, sondern ganz in erfüllung. nun ist aber in unserm stücke bis zu jenen stellen von unglück weissagenden göttersprüchen nichts zu lesen gewesen. also ist die höchste wahrscheinlichkeit, dasz die zuschauer solche sprüche aus dem ersten stücke kannten; und dasz die schlimmen erfolge für den fall vorausgesagt waren, wenn sich die Perser auf die see wagten, das mag uns auch die beängstigung des chors v. 102—117 erklären. — In dem Γλαῦκος des dritten stückes neigt sich der hg. mehr zu der meinung dasz man an den Πόντιος als an den Ποτνιεύς zu denken habe. freilich mit sicherheit läszt sich hierüber so wenig als über den inhalt des darauf folgenden satyrspiels entscheiden. die einleitung mit ihrer gründlichen besprechung der dahin einschlagenden fragen trägt viel dazu bei dem schüler das stück verständlich zu machen, zumal wenn er sie nach beendigter lectüre des stückes nochmals durchliest.

Der commentar ist, da er weder zu wenig noch zu viel gibt, für den gebrauch vorgerückterer schüler wol berechnet. der kritische anhang bespricht in lehrreicher weise die gründe für die gestaltung des textes, und am schlusse folgen die metrischen schemata der lyrischen partien. betrachten wir nun einzelnes.

V. 11 ff. billigt Sch. die auch von Teuffel angenommene versetzung und änderung Hermanns κακόμαντις ἄγαν ὀρσολοπεῖται | θυμός, ἔσωθεν δὲ βαΰζει. | πᾶσα γὰρ ἰσχὺς Ἀσιατογενὴς | οἴχωκε νέων, mit weglassung des ἄνδρα, nimt sie aber nicht in den text auf, wie wir in einer schulausgabe lieber gesehen hätten, sondern gibt die schwerverständliche vulgata. — 28 wird ψυχῆς εὐτλήμονι δόξῃ mit einem schol. erklärt: 'die mutige erscheinung ihrer seele.' vielmehr 'in der mutigen meinung ihres herzens.' für δόξῃ vermutet Weil πίστει, was eine stütze findet an v. 55. — 51 sucht Teuffel ἄκμονες in substantivischer bedeutung, aber durch sehr gekünstelte erklärung zu behaupten. richtiger doch wol Sch. = ἀκμῆτες. — 75 ἐπὶ πᾶσαν χθόνα ποιμανόριον θεῖον ἐλαύνει. Prince versteht ποιμανόριον als 'commandement en chef, *imperium*' und vergleicht die verbalconstruction ἐλαύνειν ἔλασιν. er faszt also ποιμανόριον im sinne von στρατηγία. ähnlich Brambach, der Lobeck paralip. I 218 dafür citiert, dasz das wort adjectivische form sei und in concreter bedeutung nicht 'herde', sondern 'dem hirten zukommendes' bezeichne. also heisze ἐλαύνει ποιμανόριον 'er übt hirtenvollmacht'. allein wenn auch öfter στρατὸν ἐλαύνειν gelesen wird, so ist doch die möglichkeit von ποιμανόριον oder στρατηγίαν ἐλαύνειν sehr zu bezweifeln; und wenn ποιμανόριον 'was dem hirten zukommt' bedeutet, so kommt ihm doch auch die herde zu, so dasz kein grund ist die bis[illegible]ige auffassung des wortes in metaphorischer bedeutung 'heer' zu verlassen. erklärt es doch schon Eustathios mit ποίμνιον. um so natürlicher ist es dann das gleich darauf folgende schwer zu erklärende πεζονόμοις, wie Schütz that und Prince wie auch Brambach billigen, in πεζονόμους zu verwandeln. — Die verse 93—100 setzen seit K. O. Müller namhafte kritiker als ἐπῳδός vor die vierte strophe, also vor v. 114; dagegen zeigt Sch. dasz diese verse an ihrer hergebrachten stelle keineswegs, wie behauptet wird, den zusammenhang unterbrechen, und Oberdick a. o. thut in ausführlicher erörterung dar, dasz die verse auch aus metrischen gründen an ihrem platze zu belassen seien als omphalos, nur gestaltet er sie zum teil nach Seidlers vorgang als strophe und antistrophe in folgender weise:

str. δολόμητιν δ' ἀπάταν θεοῦ | τίς ἀνὴρ θνατὸς ἀλύξει;
τίς ὁ κραιπνῷ ποδὶ πηδή|ματος εὐπετοῦς ἀνάσσων;
ant. φιλόφρων γὰρ παρασαίνει | βροτὸν εἰς ἄρκυας Ἄτα,
τόθεν οὐκ ἔστιν ὅπισθέν | νιν ὑπεκδραμόντ' ἀλύξαι.

wenn auch nicht ohne gewaltsamkeit, doch gewis annehmlich: denn die worte τὸ πρῶτον παράγει vor βροτὸν εἰς ἄρκυας geben sich doch bald als glossem kund. die in diesen versen liegende düstere ahnung kommt dem chor, wie das folgende zeigt, daher dasz, während die μοῖρα die Perser zum landkriege bestimmt hat, sie dagegen (ἔμαθον δέ, worauf Sch. aufmerksam macht) anfiengen sich auf die see zu wagen. — In der schweren stelle 116 f. hilft Oberdick einfach dadurch dasz er an die stelle des unnützen πόλις, welches auch ein schol. des Med. nicht gelesen zu haben scheint, μόρον setzt, womit die ganze stelle klar wird. — 121 das fut. ἔσσεται nach μή, wofür Heimsoeth und L. Schmidt ᾖ γόοις wollen, rechtfertigt Sch. mit verweisung auf Matthiä § 519, 7, wo sich viele beispiele finden. das fut. fällt hier um so weniger auf, da die worte καὶ τὸ Κισσίων . . . ἔσσεται gewissermaszen als parenthese eine versicherung enthalten, worauf dann eingeleitet durch den ausruf ὀᾶ wieder von μή abhängig πέσῃ folgt. — 132 für ἀνδρῶν πόθῳ, da bald darauf wieder πόθῳ folgt, schlägt Oberdick, da es der schol. mit ἀπουσίᾳ erläutert, ἀνδρῶν ὁδῷ ansprechend vor, weil ὁδός auch 'abreise' bedeutet.

163 f. μὴ μέγας πλοῦτος κονίσας οὖδας ἀντρέψῃ ποδὶ | ὄλβον. die gewöhnliche auffassung, dasz mit κονίσας οὖδας das hastige davoneilen des πλοῦτος bezeichnet werde, weist Sch. mit recht ab. er versteht es vom bestäuben des bodens durch den einfall des hauses. allein seltsam ist auch, dasz der πλοῦτος den ὄλβος umstürzen soll. ref. vermutet daher στρατός statt πλοῦτος, dann versteht sich auch κονίσας οὖδας, nemlich dasz das ungeheure heer, indem es auf seinem marsche den boden bestäubt, das glück mit dem fusze, d. i. zugleich mit seinem marsche, umstürzt. — 166 ἐν τιμῇ σέβειν. mit recht empfiehlt L. Schmidt Hartungs μένειν für σέβειν, welches zu einer gezwungenen construction führt. kurz nachher 168 f. erklärt Sch. und ebenso Prince ὀφθαλμοί und ὄμμα gewis richtig

vom wachenden auge des hausherrn, hier des königs. — 174 der sinn 'quae in nostra potestate sunt', den die worte ὧν ἂν δύναμις ἡγεῖσθαι θέλῃ haben sollen, ergibt sich eigentlich erst, wenn man παρῇ für θέλῃ schreibt, denn die δύναμις läszt sich kaum personificiert denken. — 185 vermiszt man bei Sch. eine andeutung, worauf die vorstellung κασιγνήτα beruht. — 220 πρευμενῶς läszt sich nicht ohne zwang mit πέμπειν, wie nach Hermann auch Sch. thut, verbinden, sondern die stellung nötigt mit αἰτοῦ, wie auch Prince will, und für diese verbindung spricht auch 609 παιδὸς πατρὶ πρευμενεῖς (oder πρευμενῶς) χοὰς φέρουσα. übrigens möchte ref., um das nicht so leicht verständliche τάδε zu umgehen, Weils auch von Brambach gebilligte conjectur πρευμενῶς αἰτουμένην annehmen. — 250 πολὺς πλούτου λιμήν emendiert Weil zu Eur. Or. 1077 das πολύς wol richtig in πλατύς. — 277 πλαγκτοῖς ἐν διπλάκεσσιν. Prince s. 38 findet die vorstellung, dasz die leichen in ihren gewändern im meere hin und her verschlagen werden, sonderbar und schlägt vor πλαγκτοῖς ἐν πλακίδεσσιν, mit berufung für πλακίς auf Hesychios. aber trotzdem dasz ihm Brambach beistimmt gibt doch Hesychios für πλακίς als 'schiffstrümmer' keinerlei gewähr, und wir werden sicherer bei der von Hermann aufgestellten und von Teuffel und Schiller angenommenen erklärung von δίπλαξ als 'kaftan' bleiben. für die Perser war die vorstellung, dasz die leichen der ihrigen in der nationaltracht vom meere umhergeschlagen werden, besonders schmerzlich. beiläufig noch die bemerkung, dasz v. 275 zu dieser anschauung die von Sch. beibehaltene vulgata πολυβαφῆ besser passt als die conjectur παμβαφῆ. — 280 ff. in str. und ant. γ' treffen Prince und Sch. viel zusammen, nur wäre mit Heimsoeth θεοὶ θέσαν zu schreiben. auch ist annehmlich, dasz Prince nach ἔθεσαν ein kolon setzt, das komma aber nach αἰαῖ tilgt, da von diesem ausruf der genetiv abhängt. — 288 erklärt Prince annähernd wie Sch. μάταν εὔνιδας 'frustra coniuges', also 'vergeblich verehlichte', wo dann aber ref. ἀνάνδρους als solche versteht, die nicht mehr zur heirat kommen. — 307 πολεῖ faszt Sch. mit dem schol. Par. = κατοικεῖ, wol passender als 'umschwimmt'. es ist bitterer dasz der Baktrier ein binnenländer als toter jetzt eine insel bewohnt. — Die umstellung der verse 311 und 312, die Sch. als vorschlag Weidlichs anführt, empfiehlt sich sehr, auch die von Sch. nicht erwähnte umstellung Weils, nemlich v. 315 nach 318.

329 τοιῶνδ' ἀρχόντων ist die hsl. lesart, für welche seit Canter τοιῶνδέ γ' ἀρχῶν gelesen wird. hier emendiert Prince, indem er nur das χ streicht, sehr glücklich τοιῶνδ' ἄρ' ὄντων = τοιάδ' ἄρ' ἐστὶν ὧν ὑπεμνήσθην πέρι. auch der folgende vers spricht für das neutrum. — 331: da hier nicht Xerxes den Hellenen, sondern die schiffe beider einander gegenüber gestellt werden, so behält Prince das hsl. βαρβάρων bei, wofür die neuern, auch Schiller, nach Hermanns vorgang βάρβαρον schreiben. dann nimt Prince für μὲν ἂν Wakefields μὲν οὖν auf und emendiert wie Heimsoeth 338 ναῦς ἄν,

so dasz die stelle nun sehr annehmlich lautet: πλήθους μὲν οὖν cάφ' ἴcθ' ἕκατι βαρβάρων ναῦc ἂν κρατῆcαι. dasz dann Sch. diese verse bis 347 dem boten gibt, während Hermann 344 und 345 der Atossa zuteilte, verdient gewis billigung. nach aufzählung der persischen schiffsmacht sagt der bote: 'du glaubst doch nicht dasz wir (mit solcher macht) für diesen kampf die schwächern waren. aber so (trotzdem) hat eine gottheit mit ungleicher wage unser heer vernichtet. götter schützen der göttin Pallas stadt.' auf diese weise ist der zusammenhang ganz natürlich, auch nicht einmal nötig v. 347 mit Hartung, wozu auch Sch. neigt, γάρ nach θεοί einzusetzen. denn ohne dieses γάρ drückt der bote seine aus den ereignissen geschöpfte überzeugung nur kräftiger aus. — Darauf fällt Atossa nach dem Mediceus voll erstaunen ein mit der frage ἔcτ' ἄρ' Ἀθηνῶν, ἔcτ' ἀπόρθητος πόλις; was Prince wol mit recht vorzieht, während die neueren für das erste ἔcτ' nach dem Guelph. weniger nachdrücklich ἔτ' schreiben. — 382 διάπλοον läszt Sch. unerklärt, verwirft aber Hartungs δίπλοον durch verweisung auf v. 366 mit recht. L. Schmidt will παννύχοις und διαπλόοις, weil διάπλοος nur als substantiv vorkomme, gegen welches bedenken Sch. den adjectivischen gebrauch anderer composita (ἐπίπλοος περίπλοος πρόπλοος) anführt. da aber hier offenbar die thätigkeit der oberbefehlshaber hervorgehoben wird, welche während der ganzen nacht bei der flotte hin und her fuhren und ordneten, so schlägt ref. vor: καὶ πάννυχοι δὴ διάπλοοι καθίcτacaν ναῶν ἄνακτες πάντα ναυτικὸν λεών. — In den versen 413—420 ist die grosze schwierigkeit, wo der nachsatz beginne. L. Schmidt will helfen durch annahme einer lücke vor 417. Sch. gibt keine entscheidende auskunft, nur weist er mit recht ab, dasz derselbe mit ἔθραυον 416 eintrete. richtiger läszt ihn Prince mit ἀρωγή 414 beginnen. der vordersatz ὡc δὲ . . ἤθροιcτο gibt die ursache des unglückes der flotte an, und von hier an entwickelt sich die reihe der für sie verderblichen folgen, und zwar stellt naturgemäsz der bote zuerst dar, wie es bei den Persern aussah, nachher von 417 an, was die Hellenen thaten. hier wird nun aber, wenn man mit Prince nach ἀρωγή statt δέ ein τε setzt und demselben das τε nach Ἑλληνικαί entsprechen läszt, die rede gerade bei der darstellung des gefährlichsten zu ruhig, und ich nehme deshalb den zweiten vorschlag von Prince an, nemlich γε nach ἀρωγή: 'wie die masse der Perserschiffe in der enge zusammengedrängt war, da war gewis gegenseitige hülfe unmöglich.' ferner ist das asyndeton παίοντ', ἔθραυον der raschen schilderung ganz angemessen. dagegen ist nicht abzusehen, was durch die von Prince empfohlene conjectur seines collegen Vuithier πταίοντ' gewonnen werde. die construction wird dadurch schwieriger, und für ἐπαίοντο spricht ὑφ' αὑτῶν. gegen πταίοντο erklärt sich auch Oberdick. nach cτόλον aber ist wol ein kolon zu setzen und δέ statt τε nach Ἑλληνικαί, weil damit ein gegensatz zum vorigen eintritt. — Dasz ἵηcι 470 vielleicht intransitiv stehe, wie Sch. glaubt, bezweifelt ref.

— 478 ff. die antwort des boten zeigt dasz Atossa nach männern, nicht nach schiffen fragte, so dasz Weil mit recht οἳ .. τούσδε für αἳ .. τάσδε schreibt. nur war unnötig ἔλειπες in λοιπούς zu verändern .und das kolon vor οἶσθα zu tilgen. da ferner mit v. 480 der bote nicht etwa die fortsetzung eines unterbrochenen berichtes, sondern antwort gibt auf die frage der Atossa, so vertheidigt Sch. mit recht ναῶν γε für ναῶν δέ. — 482 ff. erklärt Sch. die verwickelte construction nach Hermann und Teuffel so gut wie möglich. doch spricht Weils auch von L. Schmidt gebilligte änderung οἳ δ' ἐκπερῶμεν um so mehr an, als von da an die rede von den entronnenen ist, vorher aber von den umgekommenen. — 537: dasz mit πολλαί die mütter gemeint seien, bestreitet Prince mit grund. es sind, wie auch Brambach annimt, im allgemeinen frauen, die gattinnen erst von 541 an. auch wäre von den müttern wol ein speciellerer ausdruck zu erwarten als ἄλγους μετέχουσαι. treffend führt Prince, dem Brambach zustimmt, für seine erklärung den durchgehenden parallelismus an zwischen 122—138 und 537—545, da, was der chor dort geahnt hatte, hier eingetroffen ist. so entspricht πολλαί dem γυναικοπληθὴς ὅμιλος und καλύπτρας κατερεικόμεναι dem πέσῃ λακίς usw. — Ob 545 die änderung des hsl. ἀκορεστοτάτοις, um einen paroemiacus herzustellen, in ἀκορέστοις notwendig sei, möchte ref. mit Teuffel und Prince bezweifeln. — 546 war Hartungs κλαίω δοκίμων erwähnenswerth. denn von der vulg. αἴρω δοκίμως geben weder Teuffel und Weil noch Prince mit 'j'élève avec une solennité convenable' eine befriedigende erklärung. — 558 νῦν γὰρ δὴ πρόπασα μὲν στένει will Prince entweder γὰρ oder δὴ (letzteres mit zwei hss.) nach vorgang mehrerer streichen und schreibt in der antistrophe πεζούς τε γὰρ θαλασσίους θ', worin man ihm wol beistimmen kann, weniger aber, wenn er dann für ὁμόπτεροι vorschlägt ὁμοπτέρους 'land- und seesoldaten gleich eilig', während, wie Teuffel und Sch. nach dem vorgang Hermanns zeigen, ὁμόπτεροι von den gleichzeitig einschlagenden ruderreihen auf beiden seiten der schiffe sehr schön gesagt ist. — 564 statt des hsl. διὰ δ' Ἰαόνων χέρας schreibt Sch. richtiger διά τ' Ἰαόνων χέρας. gleichwol aber möchten wir H. Sauppes und Engers αἵ τ' Ἰαόνων χέρες parallel dem νᾶες vorziehen. — 565 τυτθὰ δ' ἐκφυγεῖν ἄνακτ' αὐτὸν ὡς ἀκούομεν. Sch. wendet gegen die gewöhnliche auffassung der construction ein, dasz hier der acc. c. inf. vorausgehe, also v. 188, wo der inf. nach ὡς ἐγὼ 'δόκουν ὁρᾶν folgt, nicht verglichen werden könne, und schlägt ὧδ' für ὡς vor. doch genügt wol ὡς ἀκούομεν in kommata einzuschlieszen: 'kaum sei er selbst entronnen, wie wir hören.' — 568 schreiben Teuffel und Prince nach Prien πρωτόμοροί γε, φεῦ. Sch. behält Heaths πρ. δή, φεῦ bei, ohne doch in der antistrophe 576 δεινᾷ zu lesen.

598 ff.: dem ref. war immer κακῶν an der spitze aufgefallen, als ob nur von unglücksfällen die rede wäre, da doch 601 f. auch günstige erlebnisse betreffen, und so vermutete er im ersten dieser

verse βροτείων für κακῶν μέν. die gleiche vermutung fand er dann später zu seiner freude auch bei Weil. κακῶν μέν gehört, wie Halm vermutet hat, in den folgenden versen an die stelle von βροτοῖσιν, welche beide begriffe ihre plätze gewechselt haben. mit benutzung der trefflichen emendation Heimsoeths ὡς ὅτῳ für ὡς ὅταν versucht ref.:

φίλοι, βροτείων ὅστις ἔμπειρος κυρεῖ,
ἐπίσταται κακῶν μὲν ὡς ὅτῳ κλύδων
βροτῶν ἐπέλθῃ, πάντα δειμαίνειν φιλεῖ. —

602 τὸν αὐτὸν ἀεὶ δαίμον' οὐριεῖν τύχης. Prince schreibt mit billigung Brambachs Τύχην als subject und erklärt τὸν αὐτὸν δαίμονα als 'accusatif de l'effet, ou accusatif par anticipation'. doch scheint keine änderung nötig. δαίμων ist eine höhere macht, welche die zufälligkeiten regiert, also δαίμων τύχης, und οὐρίζειν ist nicht, wie Sch. annimt, intransitiv, sondern βροτόν ist selbstverständlich object: 'die gleiche macht des glückes werde ihn begünstigen.' — In den versen 603—605 hat Prince wol darin recht dasz, da ἐν ὄμμασίν τ' und ἐν ὠσί sich entsprechen, statt βοᾷ δ' ἐν ὠσίν es heiszen musz βοᾷ τ' ἐν ὠσίν. wenn er dann 603 für ἐμοὶ γὰρ ἤδη schreiben will ἐμοί γ' ἄρ' ἤδη, so ist dagegen nicht viel einzuwenden. aber auch γάρ ist richtig. allerdings gilt für Atossa nur das erste glied (599 und 600), das zweite (601 und 602) ist nur des gegensatzes wegen zum ersten da und tritt gleichsam als parenthese zurück, so dasz γάρ seine directe beziehung zum ersten gliede behauptet. und nach den richtigen erklärungen Teuffels und Schillers 'feindliche zeichen von seiten der götter' bedarf es auch keines τὰ vor θεῶν. — 614 μητρὸς ἀγρίας. ἄγριος weder 'feurig' wie Teuffel, noch 'wildwachsend' wie Schiller, sondern 'ex agris proveniens', wie Weil und L. Schmidt erklären, da bekanntlich der weinstock im süden auf dem felde gepflanzt wird. — 616 θαλλούσης βίον vertheidigen Prince und sein lehrer Pétavel ähnlich wie Teuffel und Sch. gegen die conjectur θαλλούσης χεροῖν und zeigen dasz die stütze, die Heimsoeth dafür im schol. sah, nicht solid sei, da dort πάρεστι ταῖς ἐμαῖς χερσί nur eine erläuterung von πάρα ist. — 631 nimt Prince Pauws conj. ἄχος für das hsl. ἄκος wieder auf, was Brambach billigt: 'wenn er mehr (und bevorstehende) leiden weisz.' will man ἄκος beibehalten, so müste das schwierige πλέον, welches Sch. mit vergleichung von redensarten wie οὐδέν μοι πλέον γέγονε nicht befriedigend erklärt, durch Halms und Weils πέλον ersetzt werden. — 638 Hermanns διαβοᾶσαι statt διαβοάσω, mit tilgung der interpunction nach βάγματα, hätte ref. bei Sch. gern im texte gesehen. — 650: ist 'Αϊδωνεύς am ende des verses beizubehalten, so kann wegen des hiatus ἀνείη trotz der autorität mehrerer hss., die Prince geltend macht, nicht bleiben. dagegen 649 ist ἀνήρ und ὦχθος, wie Teuffel und Prince wollen, notwendig. — 656 findet Prince εὖ ποδοῦχει zu seemännisch. am meisten gefällt Passows εὖ 'ποδήγει. — 658 interpun-

giert Prince mit recht βαλήν, ἀρχαῖος βαλήν, ἴθι· ebenso 664, und in der antistrophe schreibt er mit Siebelis Δαρεῖ' ἄνα. — 665 ist wegen des auffallenden καινά τε.. νέα τε vielleicht zu schreiben ὅπως καίν' ἐμοῦ κλύῃς νέα τ' ἄχη. — 683 ist wol eher mit Hermann bei στένει, κέκοπται das vorausgehende πόλις als subject anzusehen, da καί auf ein anderes subject zu χαράσσεται hinweist, nemlich πέδον. — 686: gegen Heimsoeth zeigt Prince, dasz die wiederholung des τάφου nichts anstösziges hat. der τάφος ist für Atossa wie für den chor eine geweihte stätte. — 700 faszt Sch. χαρίσασθαι richtiger 'willfahren' als 'zu gefallen reden', und vertheidigt λέξας mit beispielen gegen Hermanns προλέγων und Heimsoeths ἐρέων. ebenso 710 ὡς ἕως τε mit Teuffel, wo andere ὅς θ' ἕως wollten.

Den v. 721 πῶς δὲ καὶ στρατὸς τοσόσδε πέζος ἤνυσεν περᾶν; schützt Prince mit recht gegen das πῶς δὲ καὶ πέρας τοσόνδε πεζὸς ἤνυσεν περᾶν Heimsoeths, der von der vorstellung ausgieng, wie 718 müsse Xerxes auch hier subject sein. allein es ist natürlich dasz das, wie aus κενώσας.. πλάκα hervorgeht, so grosze heer gerade wegen dieser grösze und schwierigkeit des hinübergelangens als subject hervortritt. dagegen empfiehlt sich 732 gerade wegen des vorausgehenden πανώλης δῆμος Heimsoeths einfache und leichte änderung εἰ μή τις γέρων. — 739 können die worte τοῦτό γ' οὐκ ἔνι στάσις schwerlich richtig sein; ref. vermutet τοῦδέ γ' οὐκ ἔνι στάσις 'darüber besteht nicht differenz'. — Gegen die zwar ingeniösen veränderungen und die umstellung der verse 743 und 744, die Heimsoeth vorschlägt, vertheidigt Prince die vulgata und bemerkt richtig, dasz νῦν wegen des starken gegensatzes zu διὰ μακροῦ χρόνου asyndetisch stehe. — 749 vertheidigt zwar L. Schmidt in θνητὸς ὢν θεῶν δὲ πάντων die ungewöhnliche stellung des δέ annehmlich mit der bemerkung, δέ stehe nach dem particip des gegensatzes wegen. indessen dürfte doch eine änderung wie Döderleins θνητὸς ὢν δὲ θεῶν τε πάντων ᾤετ', οὐκ εὐβουλίᾳ, καὶ Ποσειδῶνος κρατήσειν, wie auch Sch. meint, gerathen sein. da nemlich überall im stücke es als frevelhaft gilt dasz die Perser sich auf die see wagten, so ist bei dem gebrauch von τε.. καί ganz sachgemäsz, dasz der meeresgott durch καί hervorgehoben wird. — 759 τοιγάρ σφιν ἔργον ἐστὶν ἐξειργασμένον μέγιστον. unmittelbar vorher war von den bösen rathgebern des Xerxes die rede. daher bezieht L. Schmidt σφιν wol richtiger auf diese rathgeber als Sch. auf Xerxes. nach des ref. meinung sind beide vereinigt zu verstehen. — 795 ἀροῦμεν will Prince, da cod. Mosq. ἀροῖμεν gebe, in αἴροιμεν verwandeln, weil das futurum zu zuversichtlich laute. aber da müste denn doch das vorausgehende τοι in τἄν umgeändert werden, und in der äuszerung 'nun (ἀλλά) so werden wir ein wolausgerüstetes heer' usw. liegt nichts allzu zuversichtliches. — 814 κοὐδέπω κακῶν κρηπὶς ὕπεστιν, ἀλλ' ἔτ' ἐκπιδύεται. Prince nimt mit recht anstosz an der gewöhnlichen auffassung des κρηπὶς ὕπεστιν, welches nicht heiszen könne 'wir sind noch nicht auf dem grunde (nemlich der quelle)', sondern nur bedeuten kann 'der grund ist noch nicht unten', was widersinnig ist. er verwirft dann auch die ingeniöse conjectur von Schütz ἐκπιδύεται für das hsl. ἐκπαιδεύεται und faszt κρηπίς als fuszgestell einer Nemesis in der vorstellung 'la statue n'est pas encore sur son socle'. allein wie erscheint denn das von ihm aufgenommene ἐκπαιδεύεται von einer statue oder deren sockel gebraucht? wahr ist aber, dasz man bei der jetzt recipierten auffassung vom grund einer quelle πάρεστιν oder πέφηνεν erwarten sollte. — 829 πρὸς ταῦτ' ἐκεῖνον σωφρονεῖν κεχρημένοι πινύσκετ'. Prince entscheidet sich für κεχρημένοι. Schütz, dem Sch. folgt, schrieb κεχρημένον 'sapientia et moderatione animi indigentem', wogegen Prince nebst anderen gründen geltend macht, dasz es dann eher heiszen müste σωφρονισθῆναι. er faszt aber κεχρημένοι auch nicht wie Hermann 'vos quorum interest illum sapere', sondern in dem auch von Brambach gebilligten sinne: 'die ihr euch besonnenheit angeeignet habt', indem er auf χράω 'dargeben' verweist wie bei Pind. Ol. 7, 92. also medium 'sich dargeben lassen, sich verschaffen'. der sinn ist passend, aber beispiele mangeln. im grunde käme es fast auf Bruncks aus der randnote eines Pariser codex aufgenommenes κεκτημένοι hinaus.

Die stelle 857 ff. bietet grosze schwierigkeiten. Sch. schreibt πρῶτα μὲν εὐδοκίμους στρατιὰς ἀπεφαινόμεθ', ἠδὲ νομίσματα πύργινα πάντ' ἐπεύθυνον und erklärt νομίσματα πύργινα als durch türme geschützte, durch die von den Persern in den bekriegten ländern angelegten festungen aufrecht erhaltene gesetze, und rechtfertigt den plural ἐπεύθυνον wie wenn νόμοι subject wäre. Prince schreibt εὐδόκιμοι στρατιάς für das hsl. εὐδοκίμου στρατιᾶς, was allerdings kaum haltbar ist; ferner da νομίσματα erst von Hermann aus dem hsl. νόμιμα τὰ gemacht ist, schreibt er νόμαια τὰ πύργινα, indem er auf die von der μοῖρα (vgl. v. 105) den Persern bestimmte aufgabe hinweist, in landkriegen burgen zu zerstören; endlich schreibt er ἐπεύθυνοι mit berufung auf εὔθυνος = εὐθυντήρ, was aber doch zweifelhaft ist. Brambach erklärt sich für Prince; ref. dagegen findet sich weder durch Sch.s noch durch das verfahren von Prince in betreff der worte von ἠδέ an befriedigt und wagt in der not nicht mit zuversicht folgende änderung: ἠδὲ νόμαι' ἅτε πύργινα πάντ' ἐπεύθυνεν 'ordnungen gleichsam turmfest lenkten alles'. — 865—873: ὅσσας δ' εἷλε πόλεις nehme ich nicht mit Teuffel und Prince als ausruf, sondern mit Hermann, Schiller und L. Schmidt relativ als vordersatz zu τοῦδ' ἄνακτος ἄϊον: denn εἷλε enthält nicht den hier erforderlichen begriff 'sie waren ihm bleibend unterthan'. — 871 ist zu billigen, dasz Sch. ἐληλαμέναι πέρι πύργον behält und zugibt dasz ἐληλαμέναι medium sei. warum Teuffel die construction geschraubt nennt, ist nicht einzusehen: sie war dem Griechen so geläufig und verständlich wie ἠμφίεσταί τις χιτῶνα. auch ist weder περίπυργοι noch περίπυργον möglich: denn bei beidem ist schwer einzusehen, was ἐληλαμέναι heiszen soll. — 874 wird εὐχόμεναι allgemein als verdorben anerkannt; allein noch ist keine annehmliche emendation vorgebracht worden. ref. schlägt daher εὐκτίμεναι vor. — 888 καὶ τὰς ἀγχιάλους ἐκράτυνε μεσάκτους. mit recht bezweifelt Sch. die richtigkeit von ἀγχιάλους, wo man εἰναλίους erwartete. man beruft sich auf Soph. Ai. 135 Σαλαμῖνος ἀγχιάλου. allein es ist natürlich, dasz nach der anschauung der Athener Salamis, welches so nahe an Attika liegt, dasz es gewissermaszen als ein teil desselben gelten konnte, 'meerbenachbart' genannt wurde. am geeignetsten ist Blomfields ἀμφιάλους, und statt μεσάκτους, das Sch. mit recht gezwungen heiszt, ist vielleicht δυσάκτους zu lesen, die wegen ihrer klippen und riffe böse gestade haben. wenigstens gilt das von Lemnos, wie der von Sch. citierte K. O. Müller Orchom. s. 300 lehrt. — 923 f. ist es gerathen mit Heimsoeth und Prince Ξέρξᾳ und Ἅιδου zu tilgen und für Περσᾶν zu schreiben νεκρῶν, da leicht zu ersehen ist dasz man es bei diesem wortballast mit glossemen zu thun hat. Sch. hätte diesen vorschlag nicht unerwähnt lassen sollen. — 945 λαοπαθέα σέβων ἁλίτυπά τε βάρη. für ein compositum wie ἁλιπαθέα (wie Lange-Pinzger wollten), wofür ref. früher πολυπαθέα versuchte, spricht doch die genaue correspondenz mit dem doppelten κακο- in der strophe. auch ist ja gerade für festlandsbewohner jenes umhertreiben im meere, wie schon v. 277 hervorgehoben wird, eine besonders grauenhafte vorstellung, so dasz die wiederholung des ἁλι- gerechtfertigt scheint. Sch. glaubt, τε passe nicht, weil ἁλιπαθέα und ἁλίτυπα synonyma seien. allein das erste bezieht sich leicht auf die not im kampfe zur see, das zweite auf das umherverschlagenwerden der leichen (denn nur das können hier die βάρη sein) im meere. so gewohnt und heimisch den Hellenen das meer war, so unheimlich kam den inneren Asiaten nach des Aeschylos schilderung dieses element vor. σέβων 'ihnen als toten meine verehrung darbringend'. — 953 δυσδαίμον' ἀν' ἀκτάν, Oberdicks aus dem schol. κατὰ δυσδαίμονα ἀκτήν geschöpfte vermutung, ist sehr wahrscheinlich. — 954 und 966 ist Prince geneigt sich an Heimsoeth zu halten, der für das unhaltbare οἰοιοῖ βόα καὶ πάντ' ἐκπεύθου schreibt οἶ οἶ, πάντ' ἐκπευθοίμαν. jedenfalls ist βόα zu streichen. denn wenn Sch. mit anderen es für eine aufforderung eines teils des chors an den andern ansieht, so erfolgt doch nichts was dieser aufforderung entspräche. Weil tilgt βόα und schreibt καὶ πάντ' ἐκπέρθου, für ref. nicht einleuchtend. zwar ohne den anspruch das richtige zu geben möchte doch sinngemäsz sein σὺ δὲ πάντ' ἐκφαίνου 'gib du alles an den tag'. — 1008: von den versuchen die worte οἶαι δι' αἰῶνος τύχαι der strophe entsprechend in gehörigem sinne herzustellen ist am gefälligsten Sch.s οἷαι δὲ δαίμονος τύχαι oder οἵου δὲ δαίμονος τύχᾳ. doch glaubt ref. auch seinen versuch nicht zurückhalten zu sollen, nach welchem der ganze vers so zu schreiben wäre: πεπλήγμεθ' οἷ' ἀντιωτάτᾳ τύχᾳ. — 1016 τί δ' οὐκ; ὄλωλεν μεγάλως τὰ Περσᾶν schreibt Sch. mit Hermann am geeignetsten. da aber die hsl. lesart μεγάλα ist, so emendiert Prince τί δ' οὐκ ὄλωλε τὰ μεγαλεῖα Περσᾶν; er faszt τί als accusativ 'naturellement amené par le στρατὸν μέν v. 1015'. jedoch die formel τί δ' οὔκ; ist ungezwungener und der antistrophische vers 1029 hat keine auflösung.

Ref. schlieszt mit der bemerkung, dasz nach seiner erfahrung die gründliche arbeit Schillers für die schule trefflich geeignet ist; nur sollte hie und da statt verzweifelter lesarten aus rücksicht auf die schüler eine probable conjectur mehr in den text aufgenommen sein.

Aarau. Rudolf Rauchenstein.

12.

ZU PLATONS THEAETETOS.

149 cd καὶ μὴν καὶ διδοῦςαί γε αἱ μαῖαι φαρμάκια καὶ ἐπᾴδουςαι δύνανται ἐγείρειν τε τὰς ὠδῖνας καὶ μαλθακωτέρας, ἂν βούλωνται, ποιεῖν, καὶ τίκτειν τε δὴ τὰς δυςτοκούςας, καὶ ἐὰν νέον ὂν δόξῃ ἀμβλίςκειν, ἀμβλίςκουςιν; nachdem die zu einem vollen dutzend angewachsenen conjecturen, welche die randbemerkung des Stephanus über die wahrscheinliche unechtheit der worte νέον ὂν hervorgerufen hat (νεογνόν, ἀνεμιαῖον, δέον, αὖ, μόνον, νοςῶδες ὄν, ἀναγκαῖον, γε ὅςιον, κυούμενον, γόνον, ἄγονον, νεοττόν), von dem neuesten herausgeber des dialogs Wohlrab mit recht als ungenügend zur völligen aufklärung der stelle bezeichnet sind, hat vor kurzem H. Stein in diesen blättern 1869 s. 698 durch eine neue conjectur den anfang zu einem zweiten dutzend gemacht. er geht mit Buttmann von der voraussetzung aus, dasz für νέον ein wort gefordert werde, welches den grund des abtreibens enthalte, findet dieses in νόθον (ἐὰν νόθον ὂν δόξῃ ἀμβλίςκειν) und begründet dann weiter diese conjectur dadurch, dasz in der erklärung des Sokrates, er verstehe sich auf die kunst aus den kreisenden seelen der jünglinge die εἴδωλα, das ψεῦδος oder ἀνεμιαῖον fortzuschaffen, eine beziehung auf νόθον nicht zu verkennen sei. so viel bestechendes aber auch diese vermutung auf den ersten blick hat, so dürfte eine nähere prüfung doch ergeben, dasz auch sie eine verfehlte ist. was zunächst die specielle begründung betrifft, so ist dagegen einzuwenden dasz Sokrates gerade als den hauptunterschied seiner kunst von der eigentlichen hebammenkunst den umstand hervorhebt, dasz bei der seinigen echte und unechte geburten vorkämen und sie diese zu unterscheiden verstände. dasz aber auch jene voraussetzung keine richtige sei, geht, dünkt mich, ganz entschieden aus den textesworten selbst hervor, in denen das von Buttmann und Stein wie auch von anderen ganz übersehene wörtchen τε nach τίκτειν uns nötigt das participium τὰς δυςτοκούςας auch zum folgenden satze zu ziehen und in ihm den grund der ἄμβλωςις zu suchen, wie dies auch be-

reits Ast in seiner übersetzung ausgedrückt hat: 'atque efficere, ut quae difficulter pariant vel partum edant vel .. abortum faciant.' wenn nemlich die schwangeren frauen aus früheren erfahrungen oder sonst woher wissen, dasz sie zu den schwer gebärenden gehören, so können die hebammen durch ihre mittelchen ihnen entweder bei der geburt selbst zu hülfe kommen oder, wenn es aus furcht vor der mit der entbindung verbundenen gefahr gewünscht wird, eine früh- oder fehlgeburt veranlassen. die anakoluthie ἀμβλίσκουσι wird so allerdings noch etwas härter, ist aber durch den hypothetischen zwischensatz sowie durch das streben nach vermeidung der geschmacklosen wiederholung des infinitivs und, wie Wohlrab richtig bemerkt, durch den übergang des verbums von der intransitiven in die transitive bedeutung hinlänglich motiviert, und läszt sich auch durch analoge beispiele, wo in derselben weise die conjunctionen τε .. καί in anakoluthisch verbundenen sätzen stehen, belegen, wie durch das von Matthiä gr. gr. s. 1301 aus Herodot 6, 21 angeführte Ἀθηναῖοι δῆλον ἐποίησαν ὑπεραχθεσθέντες τῇ Μιλήτου ἁλώσει τῇ τε ἄλλῃ πολλαχῇ καὶ δὴ καὶ .. ἐς δάκρυα ἔπεσε τὸ θέητρον. was nun aber die worte des anstoszes νέον ὄν selbst betrifft, so ist die sich darauf beziehende anmerkung des Stephanus von fast sämtlichen interpreten und übersetzern bisher, wie ich glaube, gänzlich misverstanden. sie lautet: 'durius fuerit dictum hic νέον ὄν ideoque suspicione non caret apud nos hic locus', wozu Wohlrab nach Heindorfs und Stallbaums vorgang bemerkt: 'dubitat enim an νέον de fetu in matris utero usurpari possit, eumque secuti editores longe plurimi aliquid novi protulerunt.' allein weder 'durius dictum' noch νέον ὄν kann sich auf die ungewöhnliche bedeutung des einzelnen wortes νέον, sondern nur auf die in νέον ὄν liegende härte der construction beziehen. Stephanus nimt anstosz an der participialbestimmung ohne ausdrückliche nennung des bezüglichen objectes — dessen hinzufügung (βρέφος oder παιδίον) allerdings für uns die deutlichkeit befördern würde, während der griechischen darstellung die weglassung desselben nicht fremd ist — nicht aber an der bedeutung von νέον als 'recens fetus', wie es denn auch Campbell, und gewis mit recht, ganz unbedenklich in dieser bedeutung genommen hat. dem gebärenlassen der zur reife ausgetragenen wird das abtreiben der neu empfangenen frucht entgegengesetzt. es scheint also überhaupt hier das bedürfnis einer emendation nicht vorzuliegen und Stephanus die stelle ganz richtig übersetzt zu haben: 'et si, dum adhuc recens est foetus, videatur abortus esse faciendus', sowie, zugleich mit berücksichtigung des τε und mit nachbildung der anakoluthischen construction Schleiermacher: 'ja es können auch die hebammen .. den schwergebärenden zur geburt helfen, oder auch das kind, wenn diese beschlossen haben sich dessen zu entledigen, so lange es noch ganz klein ist, können sie abtreiben.'

Wittenberg. Hermann Schmidt.

13.

Aristoteles und das deutsche drama von dr. Gerhard Zillgenz. eine gekrönte preisschrift. Würzburg, 1865. verlag von A. Stuber. VII u. 155 s. gr. 8.

Auch in der kunstlehre des Aristoteles wird, glaube ich, wer irgendwie in eingehenderer weise sich mit ihr beschäftigt hat, das architektonische genie des groszen denkers, das ihn zuerst wissen zur wissenschaft erheben und auch die einzelnen von ihm geschaffenen wissenschaften ihn wieder auf der grundlage tieferer, fundamentaler gedanken auferbauen liesz, keineswegs gänzlich vermissen.[1]) und so wird auch in den lehren seiner poetik, bekanntlich der einzigen kunsttheorie, d. i. theorie einer mimetischen kunst, die wir von ihm haben, einem eindringenderen studium des merkwürdigen buches oder richtiger fragments, das ausschlieszlich mit deren darlegung beschäftigt ist, sowie der Aristotelischen schriften überhaupt, der strenge innere zusammenhang echter wissenschaftlichkeit durchaus nicht entgehen, und auch in das ganze der Aristotelischen philosophie wird es sie ganz wol einzufügen wissen.[2]) wenn daher nach Schiller in einem interessanten briefe an Goethe über die sonst mit ganz freundlichem auge von ihm angesehene Aristotelische poetik das ganze derselben nur aus vereinzelten aperçüs bestehen soll[3]), so möchte eine solche behauptung doch wol nur aus einer ziemlich flüchtigen ansicht des kleinen, aber inhaltschweren büchleins sich bei ihm erklären lassen. wogegen man gegen Goethes worte in dem briefe an seinen freund, durch welchen jene äuszerungen desselben hervorgerufen wurden, 'es sei sehr merkwürdig, wie sich Aristoteles blosz an die erfahrung halte', schwerlich etwas erhebliches wird einwenden können.

Es findet aber der besonders stark ausgeprägte empirische charakter gerade dieser schrift des groszen philosophen, das genaue eingehen auf alle einzelheiten der poetischen technik und die fülle maszgebender oder auch warnender beispiele aus den werken der dichter seiner nation vornehmlich auch darin seine erklärung, dasz bei abfassung derselben Ar. offenbar keineswegs von einem lediglich theoretischen interesse sich leiten liesz, sondern auch — wie dies zumal stellen wie poetik 9, 8 Herm. ὥςτ' οὐ πάντως εἶναι ζητητέον τῶν παραδεδομένων μύθων, περὶ οὓς αἱ τραγῳδίαι εἰςίν, ἀντέχεςθαι· 14, 4 οὐ γὰρ πᾶςαν δεῖ ζητεῖν ἡδονὴν ἀπὸ τραγῳδίας· 9 ταῦτα ζητητέον· 15, 10 χρὴ δὲ ἀεὶ ζητεῖν ἢ τὸ ἀναγκαῖον ἢ τὸ εἰκός· 12 ταῦτα δὲ δεῖ διατηρεῖν· 17, 1 δεῖ δὲ τοὺς μύθους cυνι-

1) s. meine darstellung der Aristotelischen kunstlehre in der geschichte der kunsttheorie bei den alten II s. 1—183. 346—395 und 417 und F. Biese philosophie des Aristoteles II s. 661—732. 2) über ihre einreihung unter die logischen schriften s. besonders Gumposch über die logik und die logischen schriften des Aristoteles (Leipzig 1839) s. 15 ff.
3) briefwechsel III 95—103.

στάναι καὶ τῇ λέξει συναπεργάζεσθαι usw. 18, 3 ἀλλὰ μηχανῇ ζητητέον ἐπὶ τὰ ἔξω τοῦ δράματος, deutlich beweisen[4]) — eine unmittelbare einwirkung auf die poetische praxis der dichter seiner zeit und seines volkes damit zu üben beabsichtigte. wobei man sich freilich darüber wundern zu müssen meinen könnte, dasz ein mann von so hoher bedeutung einer kunst, deren blütezeit doch unleugbar längst vorüber war und die jetzt nur noch von einigen den groszen meistern so entschieden nachstehenden epigonen nicht ganz ohne erfolg betrieben wurde, einer bereits im verfalle begriffenen kunst also, in regel und exemplification eine art correctiv darzubieten nicht unter seiner würde gehalten habe, und vielleicht in folge dessen hier auf einen mangel an dem sonst ihm eignen tief- und scharfblick bei ihm zu schlieszen sich versucht fühlen könnte. aber gehörte nicht zu den auf dem gebiete der tragödiendichtung — denn um diese fast allein handelt es sich ja hier — damals thätigen dichtern auch sein geliebter freund und zuhörer Theodektes[5]), und war Aristoteles bei seinem weitsichtigen, allumfassenden und fast durchweg vorurteilsfreien geiste, den nichts gering zu achten, jedes in seinem eigensten wesen zu erfassen, vorzüge und mängel, licht- und schattenseiten in den erscheinungen des natur- wie des seelen- und staatenlebens überall gleich unbefangen zu würdigen und auf das genaueste vergleichend gegen einander abzuwägen seine mit gleicher intensität auf das einzelste wie auf das allgemeine gerichteten studien von früh an gewöhnt hatten, überhaupt wol der mann, der alle die nur eben jenen drei dichterfürsten und vielleicht noch ein paar anderen nachstehenden, sonst gewis auch immer noch ganz respectabeln, dem dienste einer von ihm so hochgehaltenen kunst sich widmenden kräfte unter seinen zeitgenossen als jeder förderung unwerth ignorieren zu müssen gemeint haben sollte? er, der doch auch für die eigentümliche begabung eines Agathon, den die komödie fast nur mit der lauge des schärfsten spottes zu übergieszen weisz, so viel sinn und so manches anerkennende wort hat[6]), gegen die übertriebenen forderungen aber, mit denen eben die unter seinen zeitgenossen, die auch jetzt noch um den preis der tragischen

4) eine derartige praktische tendenz der poetik nimt auch G. W. Nitzsch an 'de Aristotele tragoediae suae potissimum aetatis existimatore' (Kiel 1846) s. IV, einem akademischen gelegenheitsschriftchen, auf dessen 4 seiten man freilich eine erschöpfende behandlung seines gegenstandes nicht suchen kann; ebenso G. Teichmüller Aristotelische forschungen II (Halle 1869) s. 404—406. vgl. auch E. Heitz die verlorenen schriften des Aristoteles (Leipzig 1865) s. 99. 5) über Theodektes und sein verhältnis zu Aristoteles handelt C. F. T. Märcker de Theodectis vita et scriptis (Breslau 1835); s. besonders s. 15—22, und Welcker griech. tragödien III s. 1070 ff., wo auch alle die zahlreichen auf seine dichtungen sich beziehenden stellen in den schriften des philosophen, die dessen vorliebe für ihn und seine werke so deutlich bekunden, angeführt und behandelt werden. 6) s. poetik 9, 7. 15, 12. rhet. II 23. vgl. meine gesch. der kunsttheorie II s. 180 und Susemihl Aristoteles über die dichtkunst (Leipzig 1865) s. 22.

kunst zu kämpfen wagten, eine hochnäsige kritik chicanierte, indem sie von jedem derselben hervorragende leistungen in jeder gattung der tragödie, der verwickelten wie der einfachen, der ethischen wie der pathetischen verlangte, diese geradezu nachdrücklich in schutz zu nehmen sich gedrungen fühlte?[7])

Indes ihrem reichen innern gehalte würden uns doch jedenfalls die praktischen von Ar. mit seiner poetik erzielten resultate nur sehr wenig entsprechend erscheinen können, wenn eben nur die griechische tragödie seiner zeit es gewesen wäre, auf die er mit ihr eine mehr oder weniger durchgreifende einwirkung zu üben vermocht hätte.

Dasz dem aber nicht so ist, dasz vielmehr gerade die poetik nebst den logischen schriften, dem sog. organon, des groszen meisters die nach dauer und umfang weitgreifendste wirkung geübt hat — freilich mehr noch fast die misverstandene als die richtig gedeutete — wem wäre dies unbekannt geblieben? und wenn auch aus einer beleuchtung dieser erfolge und wirkungen derselben für ihr verständnis unmittelbar nichts gewonnen werden kann, so doch sicher für die würdigung ihres werthes und ihrer bedeutung.

Hierin aber möchte wol auch eine zweite, ausführlichere besprechung der oben bezeichneten von der philosophischen facultät in Würzburg gekrönten preisschrift, der erstlingsarbeit eines mit ihr auf das vorteilhafteste in der litterarischen welt sich einführenden jungen gelehrten, in diesen blättern ihre rechtfertigung finden[8]), zumal neben der darlegung des verhältnisses des deutschen dramas zu den lehren des alten denkers und kunstrichters, die zwar nicht durchweg, aber doch groszenteils zugleich eine nachweisung ihrer einwirkung auf dasselbe in sich schlieszt, der vf. auch dem verständnisse derselben förderlich zu sein sich vielfach bemüht hat.

Nicht unberücksichtigt ist übrigens auch F. von Raumers bekannte abhandlung 'über die poetik des Ar. und sein verhältnis zu den neueren dramatikern' geblieben[9]), während eine nicht eben sehr gehaltreiche programmabhandlung des gymn. zu Reval aus dem j. 1848, von C. J. Rosenfeldt 'über die gegenwärtige gestalt der Aristotelischen poetik und über das verhältnis derselben zur deutschen litteratur', die nur über das schicksalsprincip und das verhältnis der Aristotelischen theorie zu demselben sich etwas weitläuftiger ausläszt, unserm vf. ganz unbekannt geblieben zu sein scheint.[10])

---

7) poetik 18, 6. vgl. A. Stahr Aristoteles poetik übersetzt und erklärt (Stuttgart 1859) s. 149, 5. 8) vgl. die von einem der thätigsten und verdienstvollsten unter den neueren bearbeitern der Aristotelischen poetik, hrn. prof. Susemihl, in diesen jahrb. 1867 s. 845 gelieferte kurze beurteilende anzeige derselben. 9) abhandlungen der akad. der wiss. zu Berlin aus dem jahre 1828 (Berlin 1831) und historisches taschenbuch (Leipzig 1842) s. 136—247. 10) als schriften die, wenn auch eine andere, höhere und umfassendere aufgabe von selbständigerer bedeutung behandelnd, doch vielfach auch zu den zwecken des vf. hätten benutzt

Die erste abteilung seiner schrift nun, die von dem gegenstande des trauerspiels handelt — die zweite von der form, die dritte von der wirkung desselben — eröffnet der vf. mit einer übersetzung der Aristotelischen definition der tragödie und einigen allgemeinen bemerkungen über dieselbe. hier hebt er namentlich s. 3 als ein verdienst Lessings hervor, dasz die falsche auffassung der worte δι' ἐλέου καὶ φόβου, welche die Franzosen des 17n und 18n jh. 'par le moyen de la compassion et de la terreur' zu übersetzen gepflegt hätten, denen nachfolgend dann auch die Deutschen den schrecken auf ihre bühne eingeführt hätten, von ihm berichtigt worden sei. nun ist allerdings nicht zu leugnen, dasz ungeachtet ihrer verkehrtheit diese übersetzung des tragischen φόβος durch 'terreur' angesehenen kunstrichtern, dichtern und altertumskennern jener periode der französischen litteratur sich in der that plausibel zu machen verstanden hatte[11]); gerade dér französische dichter und theoretiker jener zeit aber, dessen autorität und bedeutung am höchsten anzuschlagen ist, Corneille — dies hervorzuheben hätte nicht vergessen werden sollen — ist von diesem fehler durchaus frei geblieben, da überall, sowol in seinen 'trois discours sur le poème dramatique, sur la tragédie, sur les trois unités' als auch in seinen sonstigen kunsttheoretischen erörterungen der an sich beiderlei deutungen zulassende φόβος von ihm richtig mit 'crainte' wiedergegeben wird.[12]) nach Lessing nun — dem also nicht sowol das verdienst zuerst die richtige übersetzung des tragischen φόβος eingeführt zu haben (darin hatte er auch sonst vorgänger genug[13])) als das der sichreren feststellung derselben durch benutzung hierher gehörender stellen der Aristotelischen rhetorik zuerkannt werden musz —, heiszt es dann in den hieran sich anschlieszenden ausführungen, sei es nur noch A. W. von Schlegel[14]), welcher dem Ar. die lehre vorwerfe (wie sich etwas seltsam der vf. ausdrückt), dasz der zweck der tragödie erregung von mitleid und schrecken sei. indes so ganz richtig ist auch diese behauptung des vf. nicht. trug doch unter anderen[15]) auch Oehlenschläger,

werden können, wären noch besonders 'Melpomene oder über das tragische interesse' von M. Enk (Wien 1827) und Gustav Freytags ebenso lehrreiche als anregende 'technik des dramas' (Leipzig 1863) anzuführen.

11) s. die übersetzungen der Aristotelischen definition der tragödie von Batteux und Dacier bei Raumer a. o. s. 158. vgl. auch Strehlke über Corneille und Racine als nachahmer der alten tragödie (Danzig 1856) s. 14 und über Voltaires schwankende haltung diesem Aristotelischen φόβος gegenüber Barthélemy St. Hilaire poëtique d'Aristote (Paris 1858) s. 31. 12) s. oeuvres des deux Corneille (Paris 1856) II s. 313—398 und sein 'examen de Nicomède' ebd. s. 217, die épitre vor seinem Don Sanche d'Aragon s. 85 und préface zum Héraclius s. 10. vgl. auch 'Lessings kritik der französischen tragödie in Frankreich' von Robert Springer (in Prutz deutschem museum 1863 nr. 15) s. 510.

13) s. Raumer a. o. s. 155—158. 14) über dramatische kunst und litteratur I s. 110. 15) s. Goldbeck beiträge zur kritik der französischen tragödie (Brandenburg 1861) s. 18.

tragischer dichter, zugleich aber auch inhaber eines akademischen lehrstuhles der ästhetik in Kopenhagen, bei alle dem doch kein bedenken auch neuerdings noch in seiner der deutschen ausgabe seiner werke vorausgeschickten 'selbstbiographie' für die lehre des Ar. auszugeben, die tragödie wirke besonders, indem sie durch schrekken und mitleid rühre (!)[16]), und dasz auch Franzosen des 19n jh. von der alten vorliebe für 'terreur' in der tragödie sich immer noch nicht haben abbringen lassen, beweist in auffallendster weise J. Barthélemy St. Hilaire in seiner 'poëtique d'Aristote' (Paris 1858), wo er trotzdem, dasz er selbst für Corneille ausdrücklich die priorität in der auffassung des φόβος als furcht, nicht schrecken, vor Lessing geltend macht, doch für seinen teil immer noch an jenem altgewohnten 'schrecken' festhält[17]); warum? weil eben durch die tradition — doch wol keine kirchliche — jene formel 'la pitié et la terreur' geheiligt sei und — weil sie ihm, der nun einmal auf jene allzu subtile unterscheidung der worte keinen werth legen könne, 'sehr gut' scheine. demgemäsz er denn auch in seiner übersetzung der poetik selbst stets ruhig und getrost bei seiner 'terreur' verharrt und von jener allzu kecken sie zu einer bloszen furcht abschwächenden neuerung nirgends etwas wissen will.

Aber auch G. Hermann hatten ja in seiner lateinischen übersetzung der Aristotelischen poetik (Leipzig 1802) die so überzeugenden auseinandersetzungen Lessings doch von dem 'terror' noch nicht abzubringen vermocht[19]), obwol er gelegentlich den tragischen φόβος auch mit 'metus' wiedergibt.[20])

Ein irgendwie erheblicher einflusz einer solchen auffassung des tragischen φόβος des Aristoteles auf das deutsche drama möchte sich übrigens schwerlich nachweisen lassen. der vf. freilich meint, in einem solchen irrigen, aus der lehre von der erregung des schreckens durch die tragödie herzuleitenden bestreben wären besonders Klopstock und Gerstenberg befangen gewesen.

Aber von Klopstock wenigstens läszt sich durchaus weder darthun noch auch bei der hohen selbständigkeit des mannes in ästhetischer kritik und im kunsturteil auch nur mit einigem scheine der wahrheit annehmen, dasz Ar. und seine theorie des dramas, sei es nun richtig verstanden oder falsch aufgefaszt, irgend eine einwirkung auf ihn geübt habe. und findet sich denn auch wirklich in seinen dramen so viel schreckenerregendes, dasz gerade ihn vorzugsweise neben Gerstenberg als ein warnendes beispiel eines solchen irrigen bestrebens vorzuführen genügender grund da war? keineswegs. in seinem 'tod Adams', dém unter seinen trauerspielen, an das allein man hier allenfalls noch denken könnte, weisz uns der

16) werke (Breslau 1839) II s. 67 und 154. 17) préface s. XXI. auch Egger: essai sur l'histoire de la critique chez les Grecs (Paris 1849) hält stets ohne bedenken an dem traditionellen schrecken (terreur) fest: s. 180. 321 u. a. 18) s. s. 31. 65. 72. vgl. Susemihl in diesen jahrb. 1862 s. 332. 19) s. s. 15. 20) z. b. s. 115.

arme stammvater der menschen zwar viel von seiner namenlosen angst vor den schrecken des seiner wartenden todes vorzuerzählen und ein über die maszen zart besaitetes gemüt damit vielleicht wol auch in eine ähnliche peinliche stimmung zu versetzen; durch nichts aber wird unseren sinnen, unserer phantasie das schreckliche, von dem so viel geredet wird, nahe gebracht, da auch das erscheinen des die bekannten göttlichen drohworte doch nur wiederholenden todesengels — etwa das auch nur ganz unbestimmt angedeutete erbeben der felsen dabei ausgenommen — von keinen besonderen schrecknissen begleitet ist und auch Kains verwünschungen des vaters in dessen todesstunde nach den breiten auseinandersetzungen der gründe, die er habe sich an ihm zu rächen, uns auf keine weise mehr zu erschrecken vermögen.

Gerstenbergs Ugolino aber erscheint zu einem beispiele des aus der lehre von der erregung des schreckens bei den deutschen dichtern herzuleitenden irrigen bestrebens wenig geeignet. denn wenn auch durch kraft und glut der gefühle und den oft fast dithyrambischen schwung der rede Klopstocks schauspielen, nicht den lebenskräftigsten erzeugnissen seines genius, unendlich überlegen, verfolgt er doch eben in der von dem vf. selbst s. 15 ganz richtig bezeichneten aufgabe, die schrecken eines langsamen todes uns so grell als möglich vorzuführen, einen zweck, der dem wesen des ein ringen mit sichtbar hervortretenden feindlichen mächten, nicht mit den im innern des eignen leibes wütenden hungerqualen, fordernden dramas überhaupt durchaus widerstreitet, und nun die schrecken des todes auch in schrecken für den sympathetisch zu stimmenden zuschauer zu verwandeln kann einer solchen das tragische so wenig zur erscheinung bringenden und zugleich des überraschenden und unvorhergesehenen so wenig in sich schlieszenden dichtung natürlich auf keine weise gelingen.

Etwas gräszliches, ja höchst gräszliches hat daher das sujet dieses stückes allerdings; aber wie gerade die lehre von der erregung des 'schreckens' jene reihe möglichst gräszlicher stücke, zu denen es auch mit zu zählen sei, hervorgerufen haben solle, wird doch keineswegs klar.

Denn 'gräszlich' und 'schreckenerregend' geradezu als identische begriffe zu behandeln, wie dies dem vf. hier begegnet ist, wird doch von dem, der auf schärfe und genauigkeit in begriffsbestimmungen hält, unmöglich gebilligt werden können, ebenso wenig wie die worte 'grauen- und grausenhaft, schauervoll, abscheulich und schrecklich' ganz ohne unterschied zu gebrauchen; wenn auch freilich nicht nur Gottsched in seiner 'deutschen schaubühne'[21]) aus dem von ihm dem trauerspiel ohne bedenken zuerkannten zweck

21) s. E. Gervais: über die antike und die französische classische tragödie und die nachahmung beider von Gottsched und seinen schülern (programmabh. des gymn. zu Hohenstein 1864) s. 43.

schrecken und mitleid zu erwecken ohne weiteres auch die folgerung herleitete, dasz ein gutes schauspiel den zuschauer mit grauen und abscheu erfüllen werde, sondern auch sonst diese begriffe, wo von dem tragischen schrecken gehandelt wird, fast überall ziemlich bunt und willkürlich unter einander gewirrt werden.

Welches aber ist die eigentümliche natur des schreckenerregenden? die antwort liegt zunächst in einer möglichst scharfen und genauen auffassung der wirkungen des erschreckens. dasz aber, wer erschrickt, zusammenfährt, sich wie erstarrt und gelähmt fühlt und ein momentaner stillstand aller geistigen functionen beim erschrecken stattfindet, kann jeder leicht an sich und an anderen beobachten. eine solche gewaltsame einwirkung aber was vermag sie hervorzurufen? nur das unheilvolle oder unheil und zerstörung drohende, das plötzlich, unangekündigt und unerwartet über uns kommt, so lange es eben mit der vollen gewalt dieses ersten noch ungeschwächten eindrucks auf uns wirkt. weshalb denn eben jeder schreck notwendigerweise etwas schnell vorübergehendes, nur momentanes ist, da in dem nächsten momente das, was unser schrecken erregte, uns ja schon nicht mehr ganz unvorbereitet trifft.

Schon hieraus ergibt sich sofort auf das zweifelloseste, wie dem schrecken jedenfalls in der tragödie nur ein sehr beschränkter spielraum zugestanden werden kann und wie undenkbar es daher ist, dasz Ar. unter dem φόβος, dessen erregung und reinigung nach ihm nächst der des mitleids die hauptaufgabe der tragödie sein soll, an schrecken gedacht wissen wolle; dasz aber die in 'schrecken' und in 'terror, terreur' usw. liegenden begriffe im wesentlichen einander gleich sind, wird, wenn auch die erste, sinnliche bedeutung bei jenen worten nicht so klar hervortritt, wie bei unserem ursprünglich ein plötzliches aufspringen, auffahren und dem ähnliche bewegungen bezeichnenden schrecken, wol auch nicht bezweifelt werden können. denn eine solche anhäufung des schreckenerregenden, wie sie vor allem eben auf den schrecken hinarbeitend die tragödie in sich aufnehmen müste, wie vertrüge sie sich mit der forderung des kunstverstandes, dasz der dichter, vor allen der dramatische in der ernsten gattung des dramas, alles was er zur darstellung bringe sorgfältig zu motivieren und so durch die strenge des zusammenhanges in seiner ganzen composition, die seine dichtung durchwaltende innere notwendigkeit, das gefühl, dasz wir es nur mit willkürlichen erdichtungen zu thun hätten, in uns nicht aufkommen zu lassen und eben damit in jene illusion, ohne die eine stärkere einwirkung einer dichtung auf unser gemüt undenkbar ist, uns zu versetzen habe? und wie vermöchte ferner der schreck, nicht nur physisch, sondern auch geistig lähmend, wie er seiner ganzen natur nach wirkt, die phantasie in die thätigkeit zu versetzen, zu welcher doch jede dichtung, nicht die tragödie allein, den geist anregen und entzünden will und soll? eben darum aber wird dem schrecken sich auch nie etwas von der lust beimischen, wie sie ja doch die verwandten gefühle der furcht und des bangens sehr wol in sich aufzunehmen vermögen und auch das schauer- und grauenvolle den unabweisbarsten wahrnehmungen nach in räthselhafter weise in sich birgt. eine eigentümliche art aber von lust zu erregen ist ja doch nach Ar. bekanntlich der hauptzweck der tragödie; und auch deshalb also konnte dem schrecken, dessen wesen und natur übrigens auch sonst jede möglichkeit mit irgend etwas belebendem, erwärmendem und erhebendem sich zu vereinigen ausschlieszt, der zugang zu der tragödie entweder überhaupt gar nicht oder nur in höchst seltenen fällen gestattet werden. und was schrecken, wirklichen schrecken hervorzubringen stark genug wäre, würde es nicht, wenn auch in der wirklichkeit rein psychische einwirkungen, wie eine ganz unerwartete trauer- und unglücksbotschaft, eine solche kraft besitzen, in der dichtung, in der tragödie, die mit der vollen macht des wirklichen doch nie auf uns einwirken kann, immer etwas mächtig auf die sinne wirkendes sein müssen, und würde nicht der von dem schrecken einen ausgedehntern gebrauch machende tragische dichter mit den Aristotelischen kunstforderungen, die der ὄψις und alle dem was allein auf die rechnung des regisseurs, decorationsmalers und maschinisten, nicht des dichters kommt, durchaus keine so bedeutende mitwirkung zur erreichung des zweckes der tragödie zugestehen wollen[22]), in den entschiedensten widerstreit gerathen? wobei der schauspieldichter doch zugleich vor anwendung gewisser allzu wirkungsvoller kraftmittel, wie von der bühne aus fallende pistolenschüsse und dem ähnliches, sich immer noch würde in acht nehmen müssen, während bei anderen erschütterungsmitteln, wie scenischen ungewittern, er wieder gar zu sehr hinter der wirklichkeit zurückzubleiben und somit überhaupt den zweck schrecken zu erregen zu verfehlen gefahr laufen wird. aber eine erklärung des an sich allerdings ziemlich unbestimmten φοβεῖϲθαι für die tragödie bietet sich ja auch bei Ar. schon in nächster nähe, in dem vierzehnten capitel der poetik selbst dar, indem dort dem ἐλεεῖν, das der tragische dichter schon durch die handlung des dramas selbst hervorzurufen bemüht sein solle, statt des φοβεῖϲθαι das φρίϲϲειν an die seite gestellt wird. in der that die trefflichste bezeichnung der tragischen furcht, auch deshalb, weil in dem gebrauche, den die sprache von diesem worte macht, auch schon die erkenntnis, wie hier lust und unlust auf das engste aneinander grenzen, sich unmittelbar ausspricht[23]), ebenso wie in dem deutschen 'schauer' und 'schauder',

22) s. poetik 6, 27 und 14, 3, auch 27, 8. 23) so gebraucht φρίϲϲειν Platon auch für jene geheimnisvollen schauer, welche er in der berühmten stelle im Phädros 251ª bei dem anblick hoher, göttlicher schönheit auf erden den noch in frischer, ungeschwächter erinnerung an die einst geschaute himmlische schönheit lebenden durchrieseln läszt, wo doch offenbar nicht von einem dem ähnlichen schauder, wie ihn die einwirkung eisiger kälte hervorruft, die rede ist. und auch bei Xenophon *Kyrop.* IV 15 ist bei der φρίκη πρὸϲ τὸ θεῖον, welche mit θάρϲοϲ πρὸϲ τοὺϲ πολεμίουϲ verbunden ist und durch wahrnehmung entschieden

nur dasz unsere sprache sich der letzteren form des wortes fast immer nur zur bezeichnung entschiedener unlust der art bedient, im lateinischen in *horror*, da die ehrfurchtsvolle religiöse scheu, die so häufig mit diesem worte bezeichnet wird, doch auch in keiner weise als reine unlust sich auffassen läszt, wenn auch ganz so wie φρίσσειν in dem Sophokleischen ἔφριξ' ἔρωτι, περιχαρὴς δ' ἀνεπτόμαν 'ein schauer der wonne überläuft mich und freudetrunken flieg ich empor'[24]) für schauer der wonne schlechthin das lateinische *horrere* allerdings nirgends gebraucht wird.

Ein solcher φόβος also ist es ohne zweifel, an den Ar. in seiner poetik durchweg gedacht wissen will. sollte aber deshalb den schrecken, den doch auch Horaz in seiner schönen schilderung der mächtigen wirkungen, die der echte tragische dichter auf das gemüt hervorzubringen wisse, neben dem bangen und der unruhigen spannung, in die uns die durch die macht seines genies hervorgerufene illusion zu versetzen verstehe, unter den mitteln durch welche er eine solche gewalt über die seelen ausübe aufzählt[25]), Aristoteles ganz und gar aus der tragödie haben verbannen wollen?

Diese bisher unentschiedene frage wird jetzt noch zu beantworten sein.

Nun würde zunächst wol da, wo wir auf das was wir sehen und hören sollen überhaupt noch nicht wol vorbereitet werden konnten, also am anfange des dramas, schreckenerregendes einen platz finden können. und so mochte denn auch in der that in dem gefesselten Prometheus des Aeschylos der von den dämonischen riesengestalten Kraft und Gewalt und dem widerstrebenden vollstrecker so grausamer befehle des neuen beherschers des Olymps, Hephästos, zu qualvoller anschmiedung an einen felsen in Skythiens wildem geklüft herbeigeschleppte Titanensprözling schrecken und bestürzung hervorzurufen sehr wol geeignet sein; und wäre Senecas Thyestes auf die bühne gebracht und vor einem durch tragische kunstmittel noch zu erregenden publicum aufgeführt worden, so hätte wol auch hier das unvorbereitete erscheinen der den schatten des Tantalus aus der unterwelt herauftreibenden geiszelschwingenden Megära mit den zischenden schlangen in ihrem haare, die gegen

---

günstiger zeichen bei dem heere des Kyros hervorgerufen wird, an ein gefühl reiner unlust natürlich nicht zu denken.

24) Aias 694. 25) *epist.* II 1, 210—214 *qui pectus inaniter angit, irritat, mulcet, falsis terroribus implet, ut magus* usw. bei diesen *falsi terrores*, die der dichter wie ein magier hervorzubringen wisse, ist übrigens ohne zweifel vornehmlich an tragödien mit geistererscheinungen zu denken, wie die Hecuba des Ennius, die Iliona des Pacuvius: denn wie einesteils der tragische dichter durch nichts anderes bei einer noch nicht ganz ungläubigen zeit angehörenden zuschauern leichter schrecken erregen konnte, ebenso zeigte er sich anderseits den zauberern jener zeit, deren vornehmlichstes kunststück ja eben in dem *elicere manes, animas responsa daturas* bestand (s. Hor. *sat.* I 8, 28. Tib. I 2, 45. Ov. *amor.* I 8, 11. Cic. *Tusc.* I 16), in nichts ähnlicher als eben in dieser function des gewaltigen totenbeschwörers.

ihn geschüttelt ihn dahin bringen sollten selbst sinnverwirrende, unheilschwangere wut hineinzuschleudern in seiner enkel haus, eine ganz ähnliche wirkung hervorzurufen vermocht.

Indes in beiden fällen wäre es doch auch immer schon nicht mehr der kahle, an sich seiner ganzen natur nach durchaus unpoetische schrecken gewesen, durch den der dichter im verein mit den in seinen diensten stehenden künsten die zuschauer seine macht hätte fühlen lassen, sondern das dämonische und gespenstische der uns vor augen tretenden gestalten hätte dem schrecken sofort auch noch andere den zwecken der poesie weit mehr entsprechende gefühle beigemischt; ein grausen, wie es furchtbares, dem der reiz des wunderbaren, ahnungs- und geheimnisvollen sich beigesellt, in der seele erzeugt, muste zugleich den zuschauer ergreifen, was dann auch eine länger anhaltende einwirkung auf ihn ausüben konnte, gefühlserregungen durch die mittel der tragischen kunst, wie sie vor den augen eines Voltaire freilich, der den griechischen tragikern wie den Engländern es ausdrücklich zum vorwurfe macht, dasz sie nur zu oft statt des schreckenerregenden (terreur, terrible) des schauer- und grausenvollen (horreur), auch wol des entsetzlichen (effroyable) statt des schrecklichen, sich bedient hätten, keine gnade finden konnten[26]), während eine tiefere einsicht in das wesen und die bestimmung der poesie doch gewis lieber das bloszen schrecken erregende als das schauer- ja grausenvolle in der tragödie ganz wird missen wollen, wenn auch der echte, grosze künstler sich eine weise sparsamkeit allerdings auch hierbei stets zum gesetze machen wird.

Aber wer denkt nicht bei dem schreckenerregenden in der tragödie vor allem an des groszen griechischen tragikers Eumeniden, wo ja nach jener bekannten anekdote in einer alten biographie des dichters das erscheinen dieser furchtbaren rachegöttinnen in dem theater zu Athen einen solchen schrecken hervorgerufen haben soll, dasz die kleinen, unmündigen kinder in tötliche verzuckungen verfielen und schwangere frauen mit unreifen geburten niederkamen? indes einen jähen schrecken hervorzurufen waren doch dort jene schauerlichen töchter der Nacht bei allem grauenvollen, das ihr anblick unleugbar haben muste, wol kaum im stande; dazu wäre eben ein ganz unvorbereitetes auftreten derselben bald im anfange des stückes nötig gewesen; aber schon am schlusse der Choëphoren werden wir durch die wilden ausrufungen des sie jetzt zuerst erblickenden Orestes (1040), dann in dem eingange der Eumeniden durch die grauenerregende schilderung welche die Pythia von ihnen entwirft (46 ff.) auf ihr erscheinen vorbereitet; hierauf sehen wir sie, ehe jenes wutvolle stürmen derselben auf die orchestra, von dem dort eine so schreckliche wirkung hergeleitet wird[27]), stattfindet, schon schlafend

26) s. Voltaires discours sur la tragédie s. 247 f. in dem théatre de Voltaire t. I (Genf 1764).

27) cποράδην εἰcαγαγόντα τὸν χορὸν τοcοῦτον ἐκπλῆξαι τὸν δῆμον, ὡc τὰ μὲν νήπια ἐκψῦξαι, τὰ δὲ ἔμβρυα ἐξαμβλωθῆναι.

hingestreckt in dem hintergrunde des Delphischen tempels, nachher von Apollon verscheucht fliehen; grausen und entsetzen also mochten auch dann wol ihre nun erst den zuschauern zu recht deutlicher anschauung kommenden gestalten noch zu erregen fähig sein; einen jähen schrecken aber, der solche folgen hätte haben können, gewis nicht mehr, und so möchte auch deshalb jenem bereits aus anderen gründen von vielen seiten her als fabelhaft bezeichneten[28]) geschichtchen der glaube zu versagen sein.

Aber unerwartetes kann uns die tragödie doch auch noch an anderen stellen als beim ersten beginn der handlung vor augen führen, und namentlich die alte tragödie bediente sich der kunstmittel, deren wesen eben darin besteht, keineswegs selten, ich meine die peripetien und wiedererkennungen.

Und findet nun bei der peripetie ein umschlagen des glückverheiszenden in unheilvolles statt und erfolgt die wiedererkennung zu spät, nachdem die grause that so eben bereits vollbracht ist, die nächsten blutsverwandten dem wahn, der den feind in dem sah, das ihm das theuerste sein sollte, zum opfer gefallen sind: sollte nicht eine solche plötzliche entdeckung des wahren verhältnisses der dinge eine dem furchtbaren, zu boden schmetternden schrecken, den sie in dem, den der vernichtende schlag so ungeahnt getroffen, hervorrufen wird, nicht unähnliche wirkung auch auf den mitfühlenden zuschauer hervorbringen müssen? schwerlich: denn auch abgesehen von der von den dichtern der alten tragödie fast durchweg bei den zuschauern vorausgesetzten bekanntschaft mit dem stoffe, hat etwa der dichter selbst im verlaufe der handlung seines königs Oedipus uns fortwährend mit den bängsten ahnungen eines unheilvollen ausganges zu erfüllen unterlassen? und läszt er nicht namentlich den blinden, aber mit hellem geistesauge das allen anderen verborgene durchschauenden seher Teiresias den in des glückes sicherem schosze sich wähnenden könig sogar mit den deutlichsten, wenn auch von dem unseligen selbst, den sie betreffen, immer noch gemisdeuteten worten als seines vaters mörder und der eignen mutter gatten bezeichnen (s. v. 361. 362. 412. 423. 457)? und konnte er danach unmöglich die freude über die von Korinth kommende botschaft von seines vermeintlichen vaters Polybos natürlichem tode, wie über die aufdeckung seines wirklichen verhältnisses zu der aus scheu vor der ihm angedrohten blutschänderischen ehe gemiedenen Merope von den zuschauern auch nur einen augenblick geteilt wissen wollen: so konnte er natürlich auch durch die unmittelbar daran sich anknüpfende enthüllung der schauervollen wahrheit in betreff seiner

---

vgl. Schömanns übersetzung (Greifswald 1845) s. 6 u. 119 und F. Wieselers coniectanea in Aeschyli Eumenides (Göttingen 1838) s. LXVII.

28) s. besonders A. W. von Schlegel dram. kunst u. litt. I s. 150. Böttigers kleine schriften I s. 190 u. 303 und G. Hermanni opuscula II s. 128. 29) vgl. besonders Gruppe Ariadne s. 167 und an mehreren anderen stellen.

abstammung keinen schrecken in ihnen erregen wollen. aber gerade diese in ihrer peripetie und ἀναγνώρισις an den oben erwähnten fall ganz nahe anstreifende tragödie gilt ja doch dem Aristoteles vorzugsweise als das muster eines echten trauerspiels.

Aber jener art von wiedererkennung, die erst nach der an den nächsten blutsverwandten verübten schreckensthat erfolgt, schreibt doch Ar. selbst ausdrücklich eine wirkung zu, die er mit ἐκπληκτικόν bezeichnet, was doch wol nicht anders als 'schreckenerregend' übersetzt werden kann.

Gesetzt nun auch es wäre dies wirklich die entsprechendste übersetzung dieses wortes, so würde es immer doch nur éine gattung von tragödien sein, und zwar eine ziemlich selten vorkommende, wie denn aus dem ganzen altertum keine der art auf uns gekommen ist, die nach ihm, auch nicht durchweg, aber doch an einer wichtigen stelle der handlung, schrecken zu erregen bestimmt wäre, und die übersetzung des φόβος in der definition der tragödie mit 'schrecken' bliebe immer noch gleich unzulässig. in der that aber sind doch auch ἐκπληκτικόν und 'schreckenerregend' keineswegs identische begriffe. vielmehr wird ein ἐκπλήττεσθαι durch alles bewirkt, was mit einer so übermächtigen gewalt auf die seele einwirkt, dasz sie aus dem zustande freier lebensthätigkeit heraus in den einer geistigen und physischen regungslosigkeit für augenblicke wenigstens versetzt wird, so dasz neben dem schrecken auch staunen, entsetzen, jede heftige erschütterung des gemüts unter diesen begriff fallen.[30])

Etwas höchst erschütterndes, ja unter umständen wol selbst entsetzen erregendes muste nun aber eine ἀναγνώρισις der art, wenn anders der dichter mit der ganzen macht der mittel seiner kunst das hochtragische des moments fühlbar zu machen verstand, in der that für den ganz den eindrücken dieser welt des scheines sich hingebenden zuschauer haben; einen jähen schrecken jedoch in ihm hervorzurufen wurde gewis auch von dem des Pleisthenes, einer leider verloren gegangenen tragödie der art — der ja, war es wie es scheint Euripides[31]), doch wol auch schon in einem vorausgeschickten prologe die verhältnisse der hauptpersonen des dramas zu einander dargelegt hatte — nicht beabsichtigt und konnte auch aus dem bereits angeführten grunde gar nicht von ihm beabsichtigt werden, demzufolge denn das entsetzen, das des zuhörers sich be-

30) 'erschütternd' und 'von erschütternder wirkung' übersetzen das ἐκπληκτικόν der besprochenen stelle (poetik 14, 18) Walz und A. Stahr, ebenso 'ad percellendum facit' schon F. Ritter; 'agnitio terrorem facit' hat G. Hermann; 'die erkennung macht einen überraschenden eindruck' Susemihl; aber nicht alles überraschende ist darum schon ein ἐκπληκτικόν. 31) s. hierüber Welcker griech. trag. II s. 689, wo die tragische fabel bei Hygin, die von diesem Pleisthenes handelt, mitgeteilt wird und die bruchstücke des Euripideischen Pleisthenes in beziehung dazu gesetzt werden. andere beispiele einer solchen ἀναγνώρισις führt Aristoteles selbst an ebd. § 13, ebenfalls aus nicht auf uns gekommenen tragödien.

mächtigen sollte, auch wol schon sogleich nach vollbringung der schrecklichen that selbst, wenn sie ihm in recht lebhafter schilderung von dem das geschehene verkündenden boten vor augen geführt wurde, in ihm rege werden muste.

Und so möchte man denn, an dem eigentlichen begriffe der worte genau festhaltend, viele beispiele des gebrauches des schrecklichen und schreckenerregenden überhaupt in der gesamten dramatischen litteratur schwerlich aufzufinden im stande sein, auch bei dem dichter der neueren zeit nicht, den seine landsleute vorzugsweise 'den schrecklichen' zu nennen liebten, Crebillon, da er in seinem Thyestes wenigstens, der ihm seiner eigenen erklärung nach doch hauptsächlich diesen beinamen einbrachte, wie schon Lessing nachgewiesen hat[32]), hinter seinem lateinischen vorbilde Seneca im schrecklichen offenbar sehr weit zurückgeblieben ist, wie denn auch namentlich etwas dem grauenhaften eingange des lateinischen stückes, von dem oben bereits gesprochen worden ist, ähnliches bei ihm durchaus nicht zu finden ist.

Wie wenig aber die deutschen stücke, die der vf. als beispiele der einwirkung der lehre von der erregung des schreckens durch die tragödie anführt, hierher gehören, ist schon früher gezeigt worden und wird jetzt noch deutlicher geworden sein.

Eher hätten beispiele des wirklich schrecklichen bei H. von Kleist, dessen groszes talent zu dem gewaltsamen und ungeheuerlichen überhaupt nur zu sehr hinneigte, aufgefunden werden können, namentlich in seiner Hermansschlacht, wo die durchbohrung jener von römischen kriegern auf das freventlichste gemishandelten deutschen jungfrau durch den eignen vater in der that ganz das plötzliche und unerwartete hat, das durchaus zum wesen des schrecklichen gehört[33]); doch auch Oehlenschläger, sonst eine weit minder kühne und geniale und auf starke effecte es viel weniger absehende dichternatur, führt uns eine scene vor, die bei wirkungsvoller darstellung dem zuschauer einen jähen schrecken einzujagen sehr wol geeignet ist, wenn er den trefflichen Bue in seiner wilden Berserkerwut dem edlen von ihm selbst so hochgehaltenen Palnatoke in dem gleichnamigen stücke, da dieser ihn von der in tollem wahne beabsichtigten ermordung des jungen königs zurückreiszt, sofort das schwert zu tötlicher verwundung in die brust stoszen läszt.[34]) dagegen hätten sich von dem mit dem schrecklichen vom vf. ohne weiteres gleichgesetzten g r ä s z l i c h e n, so wenig berechtigung auch dies als ein absolut widriges, jedes reizes für sinn, geist und phantasie entbehrendes zur einreihung unter die den zwecken der poesie dienstbaren mittel hat, ebensowol in der vaterländischen drama-

32) s. Lessings schriften (Berlin 1826) bd. XI (von den lat. trauerspielen, welche unter dem namen des Seneca bekannt sind) s. 197—211 und les oeuvres de Crebillon (Paris 1764) bd. I Atrée et Thyeste, préface s. 112 u. 113. 33) act 4 scene 5. 34) Oehlenschlägers werke bd. V s. 125.

tischen litteratur wie in der anderer völker auch auszer Gerstenbergs Ugolino noch viele andere beispiele mit leichtigkeit auffinden lassen. da indessen ein einflusz, den auf dergleichen dichterische productionen älterer und neuerer zeit Ar. mit seiner falsch aufgefaszten lehre von dem tragischen φόβος geübt hätte, schwerlich sich nachweisen lassen wird, so verlasse ich einen gegenstand, der eine erschöpfende behandlung bei den durch die aufgabe der zu beurteilenden schrift wie durch die tendenz dieser blätter solchen erörterungen gezogenen grenzen hier doch nicht finden kann.

Ich gehe zu dem zweiten 'die nachahmung' überschriebenen paragraphen über, in welchem zuerst die Aristotelische lehre von der künstlerischen nachahmung von dem vf. entwickelt, dann bemerkungen über das verhältnis der ansichten neuerer kunsttheoretiker zu den lehren des griechischen denkers angeknüpft werden.

Hier hätte man aber billigerweise, zumal nach alle dem was in neuerer zeit auf diesem gebiete geleistet worden — in einer besondern schrift von W. Abeken[35]), dann von Raumer[36]), W. Schrader[37]), R. Zimmermann[38]) und anderen[39]) — wol etwas gründlicheres und gediegneres erwarten können; namentlich ist eine bündige und lichtvolle darstellung des innern zusammenhanges in den auseinandersetzungen des groszen philosophen über diesen gegenstand dem vf. durchaus nicht gelungen.

Ein hauptfehler vor allem, an dem hier seine erörterungen leiden, ist der mangel an schärfe in unterscheidung dessen, was nur von bestimmten richtungen und gattungen der poesie gesagt wird, von dem was für die gesamte poesie geltung hat, wie wenn nach s. 5 Ar. von dem künstler überhaupt fordern soll, dasz er, wo er einen minder schönen stoff vorfinde, ihn verschönere und veredle, wie auch die maler thäten, d. h. seinen gegenstand idealisiere, während doch in dem zum belege dafür citierten 15n capitel der poetik[40]) ausdrücklich nur der tragödie als einer μίμησις βελτιόνων ein verfahren der art zum gesetze gemacht wird, wie ja auch unter den malern nur eben die κρείττους μιμούμενοι, wie Polygnotos und ihm ähnliche[41]), an adel und schönheit über das masz der menschen der gegenwart hinausgehende gestalten dem auge vorzuführen sich zur aufgabe machten.

Wogegen in dem unmittelbar vorhergehenden wieder, wo gesagt wird 'dasz der dichter nach Ar. sich n i c h t m e h r einfach auf

---

35) de μιμήσεως apud Platonem et Aristotelem notione scr. G. Abeken, Göttingen 1836. 36) in der oben angeführten abhandlung s. 140—151. 37) de artis apud Aristotelem notione ac vi scr. G. Schrader (Berlin 1843) s. 52—67. 38) geschichte der ästhetik von R. Zimmermann (Wien 1858) s. 61—67. 39) auch in meiner gesch. der kunsttheorie II s. 1—23 und 346—361 wird die Aristotelische lehre von der künstlerischen nachahmung ausführlich behandelt. 40) s. § 11. 41) vgl. Ar. poetik 2, 2 und 7.

das was geschehen ist beschränken solle, sondern **auch** das darstellen, was geschehen konnte oder nach den von ihm vorausgesetzten umständen geschehen muste'[42]), allerdings ein ganz allgemeines, für alle poesie von Ar. geltend gemachtes kunstgesetz berührt wird, wo indes freilich auch sowol das 'nicht mehr' als das 'auch' anstosz erregen musz, da ja eben durchweg die poesie nach Ar. nicht geschehenes als solches darzustellen hat, wie die geschichtschreibung, sondern immer nur das, wovon unter gegebenen bedingungen zu erwarten war dasz es geschehen würde, uns vor augen führen soll, was denn immerhin auch ein wirklich geschehenes sein mag, nur dasz auch alsdann doch der behandelte stoff vorher in dem geiste des dichters eine gestalt gewonnen haben musz, in der es als ein in sich streng zusammenhängendes, durch und durch von den gesetzen der notwendigkeit oder wahrscheinlichkeit beherschtes sich ihm darstellt.

Erst der also, der irgend einen stoff so zu behandeln weisz, ist wirklich ein dichter; demzufolge denn auch rohe und unzusammenhängende improvisationen, die in buntem wechsel nach der laune des augenblicks aufgegriffene, nur ihrer äuszerlichkeit nach copierte gegenstände uns vorführen, zur poesie selbst von Ar. noch keineswegs gerechnet werden, sondern er nur aus ihnen nach und nach, was dieses namens in der that werth sei, entstehen läszt.[43])

Nicht minder aber verräth sich ein nicht zu lobender mangel an genauigkeit in darstellung der Aristotelischen lehre von der künstlerischen nachahmung darin, dasz immer noch von der **nachahmung der natur** als Aristotelischem kunstprincipe die rede ist, da doch von einer nachahmung der natur durch die kunst in dem gewöhnlichen, auch des vf. hierhergehörenden äuszerungen (s. 5 und 17) zum grunde liegenden sinne, nach welchem die natur als der inbegriff alles dessen, was durch die sinne wahrnehmbar den grund seines seins in sich selbst hat, gefaszt wird, so dasz aus ihr 'die kunst ihre stoffe zu nehmen haben soll', schon deshalb bei Ar. nirgends die rede sein konnte, weil diese natur, die *natura naturata*, ihm seinem sprachgebrauche nach überhaupt noch durchaus fremd ist, nur eine schaffende, bildende natur, die *natura naturans*, das innere princip des bestehens und der veränderung der dinge, von ihm gekannt wird.[44])

Wie denn selbst in dem bekannten von dem ältern Plinius angeführten ausspruche des Eupompus *naturam ipsam imitandam esse, non artificem*[45]), der übrigens ein allgemeines gesetz für alle mimetischen künste doch auch auf keinen fall aussprechen sollte, eine andere auffassung der sprachgebrauch jener zeit auf keine weise

---

42) οἷα ἂν γένοιτο. s. poetik 9, 2. 43) poetik 4, 7. vgl. meine abhandlung 'die idee der ästhetik ihrem historischen ursprunge nach dargestellt' (Ratibor 1840) s. 20 und 39. 44) s. physik II 1, 3. de part. anim. 1, 5 ἡ δημιουργήσασα φύσις. ebenso Platon gesetze X 8 (892^c). Prot. 313^c. 45) *nat. hist.* XXXIV 19, 6 (§ 61).

zuläszt, so dasz die in ihm liegende warnung durchaus keinen andern sinn haben kann als dasz, wer einen andern künstler sklavisch nachahme, sich damit dem lebensgesetz einer fremden natur unterwerfe und so nie etwas wahrhaft lebendiges, von einem warmen innern lebenshauche durchdrungenes zu schaffen und zu bilden im stande sein werde, während, wer die natur nachahme, oder richtiger der natur nachahme, bei der unendlichkeit der in ihr liegenden bildenden kräfte und triebe, von der die reiche manigfaltigkeit der zahllosen von ihr ins leben gerufenen gestalten zeuge[46]), in ihr sicher auch immer die normen für die seiner eigentümlichkeit entsprechende richtung der bildenden kraft finden werde.[47])

Ganz willkürlich und unbegründet erscheint also auch schon deshalb die s. 7 von dem vf. aufgestellte behauptung, 'bei Ar. strebe die kunst von der nachahmung der natur zur idealen darstellung zu gelangen'; indes auch dafür, dasz nach Ar. einer solchen darstellung überhaupt alle kunst zustrebe, ist von dem vf. durchaus kein beweis geliefert worden, wenn auch eine bevorzugung der kunstgattungen, in denen würde und erhabenheit herscht, vor den anderen insgemein die niederen genannten dem Ar. allerdings nicht fremd gewesen zu sein scheint[48]); und wenn ferner auch jene höhere, ideale poesie Ar. doch stets als eine μίμησις bezeichnet, indem sie οἷα εἶναι δεῖ nachahme[49]), und so durchaus den zusammenhang zwischen ihr und den übrigen gattungen der kunst festhält — denn immer ist das vorbild, das dem dichter bei seinen compositionen vorschwebt, doch nicht ein willkürlich von ihm selbst nach rein subjectiven launen und einbildungen erdichtetes, lediglich in seinem, dieses einzelnen individuums geiste vorhandenes —: so hätte auch bei dem vf. nicht hier auf einmal die 'ideale darstellung' die nachahmung verdrängen und so alle continuität in der darstellung des wesens und der zwecke der mimetischen künste von ihm aufgegeben werden sollen.

Doch ich müste fürchten wieder meinen kritischen auseinandersetzungen eine ausdehnung zu geben, bei welcher sie zu der kürze der meist fast aphoristischen bemerkungen des vf. über den gegebenen gegenstand in ein entschiedenes misverhältnis treten würden, wenn ich all das willkürliche und unbegründete in seiner darstellung

46) *demonstrata hominum multitudine* bei Plinius. 47) vgl. meine geschichte der kunsttheorie II s. 257 f., wo indes auch noch dem griechischen maler eine auffassung des begriffes der natur zugeschrieben wird, wie sie für das zeitalter wenigstens, dem er angehörte, sich durchaus nicht nachweisen läszt; dann auch K. F. Hermann über die studien der griechischen künstler s. 16; aber auch dort verräth die charakteristik der vorzüglich von Lysippos, dem eben jener rath gegeben wurde, begründeten richtung als einer 'verdrängung der idealen wahrheit durch die statt ihrer auf den thron des zeitgeschmacks gesetzte gemeine wirklichkeit mit ihrem natürlichen scheine' dieselbe willkürliche deutung der worte des berühmten künstlers. 48) s. besonders poetik 4, 8. 49) poetik 26, 2.

der Aristotelischen lehre über die künstlerische nachahmung, zu welcher auf den paar seiten, die sie in sich fassen, sogar noch ein abrisz seiner lehren von dem schönen in der kunst hinzugefügt wird, einer scharfen und genauen beleuchtung unterwerfen wollte.

Indem ich daher nur noch mit éiner behauptung des vf. den von mir ausgesprochenen tadel zu belegen mich begnüge, dasz nemlich 'nach Ar. bei weiterem fortschreiten der kunst der künstler seinen gegenstand nicht mehr so darstelle, wie er in der natur als einzelding sich finde, weil die natur in den einzelnen wesen nicht selten mangelhaft, zum teil verdorben sei' — während doch in der that nur in den wenigen ausnahmefällen monströser misgeburten oder sonst dem gattungszwecke nicht vollständig entsprechender bildungen solche fehlgriffe der natur von dem groszen denker angenommen werden[50]) — begleite ich ihn nun weiter auf den wegen, auf die seine untersuchungen ihn führen.

Da ist es nun zunächst die handlung des dramas als das vornehmste und wichtigste in demselben, worüber der vf., zur behandlung der einzelnen teile desselben übergehend, nach anleitung der Aristotelischen poetik sich verbreitet.

---

50) s. physik II 8, 8 εἰ δή ἐστιν ἔνια κατὰ τέχνην, ἐν οἷς τὸ ὀρθῶς ἕνεκά του· ἐν δὲ τοῖς ἁμαρτανομένοις ἕνεκα μέν τινος ἐπιχειρεῖται, ἀλλ' ἀποτυγχάνεται· ὁμοίως ἂν ἔχοι καὶ ἐν τοῖς φυσικοῖς, καὶ τὰ τέρατα ἁμαρτήματα ἐκείνου τοῦ ἕνεκά του, und de anima III 9, 6 εἰ οὖν μήτε μηδὲν ἡ φύσις ποιεῖ μάτην μήτε ἀπολείπει τῶν ἀναγκαίων, πλὴν ἐν τοῖς πηρώμασι καὶ τοῖς ἀτελέσι· τὰ δὲ τοιαῦτα τῶν ζώων (nemlich die ζῷα μόνιμα καὶ ἀκίνητα διὰ τέλους) οὐ πηρώματά ἐστι· σημεῖον δέ, ὅτι γεννητικὰ καὶ ἀκμὴν ἔχει καὶ φθίσιν usw., stellen die auch von Schrader in der oben erwähnten gediegenen abh. s. 61 angeführt werden; aber die daran von ihm angeknüpften deductionen, nach welchen in der natur wol wegen der einwirkung, die hier oft der zufall übe, solche misbildungen vorkämen, von der kunst aber alles der art verworfen und nur vollkomnere formen nachgebildet würden, denn der künstler bilde nach einem seinem geiste vorschwebenden ideale, finden bei Ar. wenigstens, dessen ideen doch wiedergegeben werden sollten, nirgends einen genügenden anhalt, auch nicht in den erörterungen welchen jene stellen entnommen sind; vielmehr werden dort ausdrücklich (physik II 8, 8) kunst und natur auch darin einander gleichgestellt, dasz ein verfehlen des richtigen und zweckgemäszen bei beiden stattfinden könne; an die mimetischen künste aber scheint nach den von der arzneikunde und der niederen, bürgerlichen baukunst hergenommenen beispielen bei dieser ganzen vergleichung zwischen kunst und natur der philosoph überhaupt sehr wenig gedacht zu haben, am allerwenigsten bei den unmittelbar an die vergleichung der natur mit der wohnhäuser aufrichtenden baukunst sich anschlieszenden worten § 5 ὅλως τε ἡ τέχνη τὰ μὲν ἐπιτελεῖ, ἃ ἡ φύσις ἀδυνατεῖ ἀπεργάζεσθαι, und nur das darauf folgende τὰ δὲ μιμεῖται könnte im hinblick auf die mimetischen künste gesagt zu sein scheinen, obwol doch auch in werken der bestimmte äuszere zwecke verfolgenden künste vielfache nachbildungen von gebilden der natur sich finden. ausführlicheres übrigens über die lehren des philosophen von den misbildungen der natur gibt Biese a. o. II s. 38 und 202—204.

Aber auch in so mancher Euripideischen tragödie verkannte man ja schon in alter zeit keineswegs jenen von dem echten tragischen stil so sehr abweichenden charakter, jene annäherung an das komödienartige, welche die neuere kritik oft so streng an dem groszen dichter gerügt hat, und auch auf diese sonst meist keineswegs gering zu achtenden stücke möchte daher vielleicht der unbestimmtere name 'schauspiel' besser passen als der den sie wirklich an ihrer stirn tragen.

So wird das komödienähnliche in der katastrophe des Orestes bekanntlich ausdrücklich in den beiden aus dem altertum auf uns gekommenen ὑποθέϲειϲ so wie in den scholien zu dem schlusse desselben (v. 1686) hervorgehoben.[56]) und in der that hat auch der ausgang dieses dramas schon in jener rührenden sorgfalt, die der intervenierende gott, Apollon, für die vollständigste befriedigung der in demselben agierenden personen nach allen ihren wünschen und ansprüchen an den tag legt[57]), indem er vor allem durchaus keine der noch heiratsfähigen personen eines passenden ehegesponses entbehren lassen will, etwas ganz entschieden komisches. denn nicht genug dasz für Orestes der väterliche consens zu seiner verheiratung mit Hermione, nach gewaltsamer beseitigung ihres andern freiers Neoptolemos, bei Menelaos von ihm ausgewirkt wird und dasz auch der bereits dem stande der alten jungfrauen angehörenden[58]) Elektra endlich die vermählung mit dem schon lange mit ihr verlobten Pylades sicher gestellt wird und so denn auch dieser nicht als junggesell zu sterben zu befürchten braucht: auch dem seiner vielgeliebten Helene wieder, jetzt für immer, beraubten Menelaos wird von dem gotte wenigstens der gute rath erteilt sich zum ersatze für sie wieder eine neue braut in das haus zu schaffen.[59]) aber auch sonst sehen wir Orestes durch die verheiszung eines günstigen urteilsspruches, der über ihn, den muttermörder, auf dem Areiopagos zu Athen gefällt werden solle, wie der herschaft in Argos nach beschwichtigung seiner feinde daselbst, den Menelaos durch das ihm anstatt jener als mitgift der entschwundenen gattin zugesicherte spartanische königtum, auf das vollkommenste zufriedengestellt. und Helene selbst, gegen deren leben zunächst die rachepläne der von ihrem gatten so schmählich im stiche gelassenen geschwister gerichtet waren, nun sie sahen wir schon früher deren verfolgungen sowie dem hasse und den verwünschungen aller ihrer die leichtsinnige urheberin des troischen krieges in ihr verabscheuenden landsleute[60]) in geheimnisvoller weise entrückt werden, so dasz wir an einer göttlichen intervention zu gunsten der an ihrem leben bedroh-

56) ὑπόθεϲιϲ A: τὸ δὲ δρᾶμα κωμικωτέραν ἔχει τὴν καταϲτροφήν· B, deren sonstiges ästhetisches räsonnement man sich freilich auf keine weise aneignen kann: τὸ παρὸν δὲ δρᾶμά ἐϲτιν ἐκ τραγικοῦ κωμικόν.
57) v. 1620—1660.
58) v. 652 und 72 παρθένε μακρὸν δὴ μῆκοϲ, Ἠλέκτρα, χρόνου.
59) v. 1633 ἄλλην δὲ νύμφην ἐϲ δόμουϲ κτῆϲαι λαβών.
60) v. 104. 105. 130.

ten Zeustochter schon damals kaum zweifeln konnten[61]); jetzt aber werden ihr auch geradezu von dem gotte ganz bestimmte göttliche ehren als beisitzerin Heras und Hebes, Herakles himmlischer gemahlin, und als schutzgöttin der seefahrer in gemeinschaft mit ihren göttlichen brüdern zugesichert[62]); wobei wir uns freilich eines bescheidenen zweifels nicht wol erwehren können, ob auch die bei schon alternden reizen doch immer noch so eitle, sogar von dem abschneiden einer locke ihres haares eine schmälerung ihrer schönheit befürchtende[63]) Helene durch die ihr zugedachten ehren für die stete angst, im Olympos von der neben ihr emporblühenden göttin ewig frischen jugendreizes ausgestochen zu werden, ganz werde entschädigt werden.

Aber nicht blosz in dieser übergroszen fürsorglichkeit des dichters für fast alle personen seines dramas liegt das komödienhafte des schlusses desselben, auch das so ganz plötzliche und unerwartete, nur durch rein äuszerliche mittel zu stande gebrachte der umwandlung von leid in freude, der beschwörung der drohenden ungewitter, die den horizont umdüsterten, der gänzlichen umgestaltung der verhältnisse der handelnden personen gegen einander an und für sich kann nur einen eben solchen eindruck hervorbringen.

Orestes und Elektra, so eben noch auf das äuszerste gegen Menelaos erbittert und die ärgsten schmähungen gegen ihn ausstoszend[64]), die in ähnlicher weise, als sie ihm die gattin umbringen wollten, dann auch von ihm erwidert werden[65]), sehen wir auf einmal auf das blosze commando des gottes, ohne dasz auch nur das geringste geschehen wäre, was ihnen das unedelmütige verhalten des vatersbruders gegen sie in einem anderen, milderen lichte erscheinen lassen könnte, ohne alles zaudern und bedenken mit dem so tief von ihnen verachteten sich verschwägern und versöhnen, und Hermione sollen wir uns sofort, nachdem Orestes auf Apollons befehl das gegen sie von ihm gezückte messer von ihrer kehle entfernt hat[66]), diesen auch mit bräutlichen gefühlen umfangend und in Elektra — die keinen augenblick, mit einer tücke über die nichts hinausgeht, das wolmeinen der arglosen, die mit ihnen Helenes schutz für sie zu erflehen sich ohne zögern auf das gutmütigste bereit erklärt hatte, zu ihrem verderben, dem einfangen der unschuldigen in das für sie ausgespannte todesnetz, auszubeuten angestanden hatte[67]) — die theure schwägerin begrüszend denken.

Nun, wo die menschen so willenlose werkzeuge in den händen der götter sind, dasz augenblicks auf das blosze commando von oben her bittere feindschaft in freundschaft, hasz in liebe sich bei ihnen verkehrt, die ausgesprochenste und wolbegründetste verachtung der

---

61) v. 1484. 1499. 1574. 62) v. 1679—1685. 63) v. 128. 64) v. 706 ὦ πλὴν γυναικὸς οὕνεκα στρατηλατεῖν τἄλλ' οὐδέν, ὦ κάκιστε, τιμωρεῖν φίλοις usw. und 1049 Μενέλαος ὁ κακὸς usw. 65) v. 1582 und 1552. 66) v. 1666. 67) v. 1322—1329 und 1313.

entgegenkommendsten bereitwilligkeit mit dem verachteten durch neue enge verwandtschaftsbande sich zu verknüpfen platz macht, kann da wol von einem ernsten und bedeutungsvollen handeln und streben (σπουδαῖαι πράξεις) bei so schwachen, macht- und willenlosen wesen überhaupt die rede sein? und musz uns nicht die teilnahme an ihren leiden und leidenschaften, die wir vielleicht geschöpfen, die so ganz ohne alles widerstreben zu spielbällen in den händen fremder mächte sich hingeben, widmeten, jetzt, wo wir zu dieser erkenntnis gekommen sind, nur wie eine verschwendung edler gefühle erscheinen und so die heiterkeit, die, wie es scheint, die so unerwartete glückliche beseitigung alles leids und aller gefahren in uns erzeugen soll, in dem verdrusz über unser vergeudetes mitleid notwendig eine art bittern und widrigen beigeschmacks erhalten?

Und noch verstärken musz das gefühl des thörichten und nichtigen der menschlichen bestrebungen, dasz hier nicht, wie doch sonst bei Euripides, die götter nur éinmal sich ins mittel zu schlagen sich begnügen, sondern zuerst Helene dem gewaltsamen tode, der sie bedrohte, von ihnen entrissen, dann wieder Apollon als friedensstifter vom Olympos herabgesendet wird, so dasz wir uns zu fragen nicht umhin können, warum, wenn doch hiernach eine einmischung der himmlischen in die irdischen händel so gar nichts absonderliches mehr zu sein scheine, ihren schützlingen nicht schon früher von ihnen beigesprungen worden sei, wo es sich dann recht gut auch so hätte einrichten lassen können, dasz selbst den einzigen, die in diesem drama umkommen, den phrygischen sklaven der Helene, das armselige leben, an dem sie dessenungeachtet mit so leidenschaftlicher liebe hängen und um das sie so ganz schuldlos, nur für ihre treue gegen ihre herrin, kommen[68]), gelassen worden wäre?

Wie wir nun aber die σπουδαία πρᾶξις des Aristoteles[69]) in diesem Euripideischen drama seiner katastrophe nach vermissen und deshalb es nicht für eine rechte tragödie gelten lassen können, ebenso auch die σπουδαῖοι, die nach ihm in der tragödie handelnd auftreten sollen.[70])

Nicht als ob mit dem verfasser der einen von jenen alten ὑποθέσεις des Orestes, auf die schon oben hingewiesen worden ist, geradezu alle personen des stückes auszer Pylades — nicht Menelaos allein, den schon Ar. als ein παράδειγμα πονηρίας ἤθους μὴ ἀναγκαῖον anführt[71]) — φαῦλοι zu nennen wären[72]); gegen die schärfe dieses urteils hat schon G. Hermann gegründete einwendungen gemacht[73]); aber von jenem edlen und hochherzigen, jener heroischen kraftentwickelung in verfolgung hoher und ernster zwecke, wie es doch wol entschieden zu dem wesen der σπουδαῖοι und βελτίονες ἢ

68) v. 1475 und 1487. 69) poetik 6, 1. 70) poetik 2, 1. 3, 4. 71) poetik 15, 7. 72) ὑπόθεσις A: χείριστον τοῖς ἤθεσιν, πλὴν γὰρ Πυλάδου πάντες ἦσαν φαῦλοι. 73) vorrede zu seiner ausgabe des Orestes (Leipzig 1841) s. XIV.

καθ' ἡμᾶς gehört, die deshalb natürlich immer noch nicht tugendmuster zu sein brauchen, zeigen sich doch auch in den uns vor augen geführten charakteren, Pylades ausgenommen[74]), dessen rolle indes doch nur für eine nebenrolle in dem schauspiele gelten kann, nur ganz schwache oder gar keine spuren.

Denn, um mit Orestes, der hauptperson des dramas, zu beginnen, einen starken und erhabenen charakter hat doch in ihm Euripides auf keine weise gezeichnet; wozu vor allem die zweifelloseste gewisheit, dasz des gottes gebot, einer heiligen, unabweisbaren pflicht, in ermordung der eignen mutter von ihm genügt worden sei, bei ihm notwendig gehört haben würde. aber wie quält er sich im gegenteil selbst mit immer wiederkehrenden zweifeln an der innern berechtigung zu der that die er begangen! da scheint es ihm bald, als ob der vater selbst, den er gerächt, sein vorhaben, wenn er ihn deshalb hätte befragen können, gemisbilligt haben würde.[75]) dann fürchtet er dasz vielleicht eines bösen dämons stimme, nicht der gott dessen gebot er in ihr zu vernehmen gemeint, ihn zu so gräszlichem verlockt habe.[76]) statt daher dem ankläger gegenüber die ganze macht der vollsten überzeugung von der notwendigkeit seines handelns und dem höheren schutze, dessen er, eben nur der vollstrecker göttlicher befehle, vollkommen sicher sein könne, zur geltung zu bringen, läszt uns seine vertheidigung gegen Tyndaros die grause that in dem trüben und zweideutigen lichte des erzeugnisses einer das für und wider kalt abwägenden und folgen und wirkungen derselben nach allen seiten hin berechnenden kühl verständigen überlegung erscheinen.[77]) und etwas erhabenes und groszartiges hat doch auch, wenn wir sie auch, auf den antiken standpunct uns stellend, nicht gerade als ganz verwerflich bezeichnen wollen, auf keine weise der trug und die hinterlist, mittels deren Orestes sich doch wenigstens durch tiefe verletzung des ihn seinen feinden feigherzig preisgebenden und nicht einmal seinem versprechen den anklägern gegenüber das wort für ihn zu nehmen genüge leistenden Menelaos[78]) eine gewisse genugthuung zu verschaffen sucht. und kommt nun noch jenes schon von G. Hermann gerügte unedle spiel, das mit der todesangst des aus dem gemetzel, das nicht wenige seiner genossen tot oder verwundet neben ihm niederstreckte, glücklich entflohenen, nun aber von neuem sein leben bedroht sehenden Phrygers von ihm getrieben wird, hinzu: so werden wir zu den echt tragischen charakteren, den σπουδαῖοι und

74) denn Pylades möchte bei dem hohen edelmute, den er darin bewährt, dasz er nur aus liebe zu dem freunde alle not und gefahr mit ihm teilt, die ausnahmestellung, die ihm die oben erwähnte ὑπόθεσις zuweist, blosz wegen der rache, die er doch nur für den freund an Menelaos durch Helenes ermordung zu üben räth, nicht mit G. Hermann streitig zu machen sein. 75) v. 278—290. vgl. K. O. Müller zu Aesch. Eumeniden s. 133. 76) v. 1661—1664. 77) v. 534—593; s. besonders 544 ἐλοπισάμην οὖν usw. 78) v. 694 und 1049—1052.

βελτίονες ἢ καθ' ἡμᾶς, diesen Orestes doch sicher nicht zählen können.

Und Elektra! freilich das lob einer sorgsamen, wahrhaft liebevollen pflegerin des unglücklichen bruders wird ihr niemand vorenthalten können; aber jene bereits besprochene tücke, mit der sie dem von ihr selbst ersonnenen anschlage gemäsz Hermione in das netz lockt[79]), wirft doch einen ziemlich starken schatten auf ihren charakter, und so edel und hochherzig, um sie entschieden den σπουδαῖοι und βελτίονες τῶν νῦν beizuzählen, zeigt sie sich doch auch nirgends, auch nicht in ihrer treuen krankenpflege dessen, mit dessen untergange sie ja zugleich der einzigen ihr übriggebliebenen stütze im leben beraubt worden wäre.[80]) Hermione aber zeigt von schlimmen oder zweideutigen charakterzügen allerdings nichts, aber handlungen, in denen sie eine thatkraft bewährte wie eine Sophokleische Antigone, gehen doch von ihr auch nicht aus, und ein edles und wolwollendes gemüt allein, ohne den heroismus hochherziger that, möchte doch wol noch keinen anspruch den σπουδαῖοι der poetik beigezählt zu werden begründen, wenn auch ein χρηστὸν ἦθος[81]) allerdings einer solchen natur mit vollem recht würde beigelegt werden können.

In dem Euripideischen Orestes also wäre uns hiernach in der that ein schauspiel aus dem altertum erhalten, in dem den tragischen elementen, wie sie in dem wahnsinne der hauptperson, den der anfang derselben in so ergreifender weise zur darstellung bringt, und der not und gefahr und leidenschaftlichen erregung der des muttermordes wegen verfolgten geschwister unleugbar enthalten sind, auch des komischen und komödienhaften so viel beigemischt ist, dasz es mehr eine art mittelding zwischen tragödie und komödie als eine echte tragödie zu nennen ist.

Ob indes diese entgegengesetzten bestandteile zu einer harmonie zu verschmelzen dem dichter gelungen sei, die wirklich ein beispiel einer berechtigten mittelgattung zwischen beiden uns in ihm erkennen lassen könnte, ist freilich eine andere frage, die man bei genauerer prüfung des sachverhaltes schwerlich bejahend zu beantworten geneigt sein möchte.

Hartung allerdings glaubte das stück, das wie die Alkestis an vierter stelle statt eines satyrdramas aufgeführt worden ist, damit dasz er es einer mittelstufe zwischen der erhabenen tragödie und der komödie, der neueren natürlich, nicht der alten attischen, zuweist, auch ohne weiteres dem tadel, der es sonst treffen könnte, entzogen zu haben. eine tragödie indes soll es nach ihm doch immer noch bleiben, nur aus der von Euripides eben erst erfundenen gattung von tragödien, welche die niedrige zu nennen wäre.[82]) diese gattung von tragödien aber soll auch schon Aristo-

79) v. 1289—1311 und 1150—1180. 80) v. 295—299. 81) poetik 15, 1. 2. 82) s. Hartungs ausgabe (Leipzig 1849) s. VIII—XVII.

teles selbst neben der erhabenen in ihrer berechtigung anerkannt und regeln für sie wie für jene in seiner poetik aufgestellt haben. denn διόπερ, ὅστις περὶ τραγῳδίας οἶδε σπουδαίας καὶ φαύλης, οἶδε καὶ περὶ ἐπῶν, sagt er poetik 5, 11; die σπουδαία aber und die φαύλη τραγῳδία sind nach Hartung hier eben die erhabene und jene niedrige gattung derselben, da eine gute und schlechte tragödie hier nicht gemeint sein könne, weil die schlechten tragödien Ar. hier gar nichts angiengen und nicht das enthielten, was die tragödie enthalten solle. σπουδαία und φαύλη τραγῳδία eine 'ernste oder erhabene' und eine 'niedrige' tragödie. ja wenn nur die φαῦλοι αὐληταί c. 27, 2, die φαῦλοι θεαταί im gegensatze zu den ἐπιεικεῖς, die ungebildeten, alles wahren kunstsinns ermangelnden zu den mit einem feinen kunstgefühl begabten ebd. § 5, die φαῦλοι ποιηταί entgegengestellt den ἀγαθοί c. 10, 4 und 25, 10, nebst den φαῦλα ἤθη und προαιρέσεις gegenüber den χρηστὰ ἤθη und den derartigen προαιρέσεις c. 15, 2 und den πράξεις τῶν φαύλων gegenüber den καλαὶ πράξεις c. 4, 8, eine andere auffassung als die bisher allgemein recipierte der φαύλη τραγῳδία als einer schlechten, den regeln und forderungen der kunst nicht entsprechenden überhaupt zulieszen, die denn auch gegen die von Hartung gegen sie erhobenen bedenken der wirkliche inhalt des Aristotelischen büchleins auf das vollkommenste sicher stellt, da ja in der that von dem, was als fehler und misgriff bei dem tragischen dichter zu betrachten sei, ebenso gut wie von dem was zu einer guten tragödie gehöre, in ihm gehandelt wird. und wie? fordert nicht eine σπουδαία πρᾶξις[83]) und σπουδαῖοι[84]) Ar. überhaupt von jeder tragödie, nicht blosz von éiner gattung derselben? und kennt er nicht durchaus nur éine art von lust, die aus mitleid und furcht durch die mittel der kunst hervorzulockende, als die der tragödie eigentümlich zugehörende[85]) und tadelt entschieden die nachgibigkeit der dichter gegen die wünsche der zuschauer, die sie auch die der komödie zugehörende lust durch die tragödie zu erregen verleitet habe?[86]) und würden jene gleichberechtigten und doch so wesentlich von einander verschiedenen gattungen der tragödie nicht auch die aufstellung einer doppelten theorie für tragische dichtungen oder wenigstens einzelner speciell nur für ein oder die andere gattung beanspruchender regeln gefordert haben, wovon doch in der ganzen poetik keine spur sich findet, wie denn auch der tadel gegen den Menelaos eben unseres Orestes als ein παράδειγμα πονηρίας ἤθους μὴ ἀναγκαῖον ganz an die allgemeinen feststellungen für die ἤθη der tragödie als darstellung der σπουδαῖοι und βελτίονες τῶν νῦν sich anschlieszt?[87])

Aber auch was jene sog. niedrige tragödie, zu der eben der Orestes neben der Alkestis gehören soll, eigentlich habe leisten sollen, scheint sich Hartung sehr wenig klar gemacht zu haben.

---

83) poetik 6, 1. 84) s. oben s. 114. 85) poetik 23, 1. 27, 15. 14, 5. 86) ebd. 13, 12. 13. 87) ebd. 15, 7.

denn wenn es bei ihm heiszt, dasz in der erhabenen das pathos, in dieser das ethos vorherschend gewesen sei, dasz daher in der letzteren keine heftigen leidenschaften, die zu gewaltthätigen handlungen und auszerordentlichen verbrechen hinführten, vorkämen, so passt gerade auf den Orestes, in dem doch Orestes, Pylades und Elektra von sehr heftigen leidenschaften bewegt uns vorgeführt werden und eine höchst gewaltthätige handlung den düsteren hintergrund des ganzen dramas bildet, aber auch innerhalb desselben gewaltthätigkeiten an den phrygischen sklaven der Helene wirklich verübt, andere noch gröszere wenigstens in besorgniserregendster weise vorbereitet werden, eine solche definition derselben doch jedenfalls sehr wenig.

Auch wie sich jene niedrigere gattung der tragödie, diese art von schauspielen, die also doch immer noch tragödien zu nennen gewesen wären, zu der wirklich von Aristoteles in die mitte zwischen tragödie und komödie gestellten gattung des dramas, von welcher sowie von dem als repräsentanten derselben angeführten Kleophon bereits oben (s. 111) gesprochen worden ist, verhalten haben solle, hat der bei rastlosem producieren mitunter etwas zu eilfertig arbeitende gelehrte und scharfsinnige mann ganz unerörtert gelassen.

Neben dem Euripideischen Orestes aber soll nach Hartung, wie wir sahen, auch die Alkestis desselben dichters dieser classe von tragödien, der niedrigen gattung derselben, angehören, und dasz komische elemente in ihr den tragischen beigemischt sind, wird ja auch jedem sofort auf den ersten blick klar und ist ebenfalls schon im altertum erkannt worden.

Ohne mich indes hier auf eine nähere beleuchtung dieses drama einzulassen, über das besonders nach entdeckung des fragments einer alten didaskalie, in dem ihr ausdrücklich die vierte stelle unter den zusammen aufgeführten stücken, wie sie sonst ein satyrdrama einzunehmen pflegte, zugewiesen wird, so viel verhandelt worden ist, begnüge ich mich nur auf die bei einer würdigung beider stücke vom ästhetischen standpuncte aus wol zu beachtenden unterschiede zwischen ihnen hinzuweisen. einesteils nemlich ist jenes jähe überspringen vom tragischen zum komischen, welches die katastrophe des Orestes kennzeichnet, der Alkestis doch entschieden fremd, da in ihr ja schon das die handlung eröffnende zwiegespräch zwischen Apollon und dem dämon des todes in dem gefallen, den das wilde und trotzige ungetüm seiner unbeugsamen halsstarrigkeit ungeachtet an sophistischen wortgefechten mit dem gotte findet, ein gewisses anstreifen an das komische nicht verkennen läszt, dann wieder in der mitte des stückes bald nach der rührenden scene des abschieds der für ihren gatten sich aufopfernden gattin von den ihrigen die humoristische scene mit dem von der wahren lage der dinge nichts ahnenden und so bei augenblicklichem ausruhen von den gewaltigen kraftanstrengungen der ihm auferlegten arbeiten sorglosester heiterkeit sich hingebenden heros folgt; weshalb denn auch ganz richtig bereits in jenem alten didaskalischen fragmente nicht wie bei dem Orestes die καταστροφή, sondern die ganze κατασκευή des drama κωμικωτέρα genannt wird.[88]) andernteils aber haben doch auch immer gerade die beiden hauptpersonen des drama hier auf die ehrende bezeichnung als σπουδαῖοι unleugbar den gegründetsten anspruch, wie denn an Herakles wol der mit seiner bewirtung beauftragte treue diener des hauses augenblicklich irre werden konnte, keinen augenblick aber der über den irtum desselben in betreff des dem hause durch den tod entrissenen weibes unterrichtete und den retter der Alkestis nach der vorherverkündigung Apollons[89]) von vorn herein in ihm begrüszende zuschauer.[90])

Hier also möchten in der that die 'randglossen eines laien zum Euripides'[91]) nicht mit unrecht auf eine gewisse ähnlichkeit unseres griechischen dichters mit Shakspeare in verbindung des tragischen mit dem komischen hingedeutet haben, während man eine der des Orestes ähnliche composition auch unter den tragödien dieses groszen dichters wol vergeblich suchen würde.

Schauspiele also, welche die mitte hielten zwischen dem lustspiel und dem trauerspiel, waren den alten, auch ganz abgesehen von dem satyrspiele der Griechen, das bei aller derbheit der hier zulässigen späsze doch immer auch seine zugehörigkeit zur tragödie nicht verleugnete, keineswegs ganz unbekannt. zu einer theorie indes dieser mittelgattungen findet sich nur eben in jenen andeutungen des Aristoteles in seiner poetik in betreff der stücke des Kleophon als μιμήσεις der ὅμοιοι ein schwacher ansatz; in den hierher gehörenden äuszerungen aus dem späteren altertum aber verräth sich fast durchgängig so wenig klare einsicht in das verhältnis des tragischen zum komischen, dasz hier, wozu ja auch hr. Zillgenz hinzuneigen schien, der hauptunterschied zwischen tragödie und komödie eben in dem glücklichen ausgang der ersteren, dem unglücklichen der anderen gesucht wird[92]), wonach denn überall, wo

---

88) vgl. F. W. Glum de Euripidis Alcestide (Berlin 1836) s. 1 und 14 f. 89) v. 65—69. 90) vgl. über den Herakles der Alkestis G. Hermann in seiner ausgabe s. VIII—XI. 91) historisches taschenbuch von F. von Raumer 1841 s. 223. 92) s. auch in der oben angeführten ὑπόθεσις εἰς Ἄλκηστιν die neben den mit billigung erwähnten stehenden worte: ἐκβάλλεται ὡς ἀνοίκεια τῆς τραγικῆς ποιήσεως ὅ τε Ὀρέστης καὶ ἡ Ἄλκηστις ὡς ἐκ συμφορᾶς μὲν ἀρχόμενα, εἰς εὐδαιμονίαν δὲ καὶ χαρὰν καταλήξαντα, ἅ ἐστι μᾶλλον κωμῳδίας ἐχόμενα, und die scholien zu Or. 1686 ἡ κατάληξις τῆς τραγῳδίας ἢ εἰς θρῆνον ἢ εἰς πάθος καταλύει, ἡ δὲ τῆς κωμῳδίας εἰς σπονδὰς καὶ διαλλαγάς. ὅθεν ὁρᾶται τόδε τὸ δρᾶμα κωμικῇ καταλήξει χρησάμενον, und ὑπόθεσις B εἰς Ὀρέστην: ἰστέον δὲ ὅτι πᾶσα τραγῳδία σύμφωνον ἔχει καὶ τὸ τέλος· ἐκ λύπης γὰρ ἄρχεται καὶ εἰς λύπην τελευτᾷ· τὸ παρὸν δὲ δρᾶμα ἔστιν ἐκ τραγικοῦ κωμικόν. λήγει γὰρ εἰς τὰς παρ' Ἀπόλλωνος διαλλαγὰς ἐκ συμφορῶν εἰς εὐθυμίαν κατηντηκός. ἡ δὲ κωμῳδία γέλωσι καὶ εὐφροσύναις ἐνύφανται. vgl. auch Hartung Euripides restitutus II s. 400 u. 401, G. H. Bode geschichte der hellenischen dichtkunst III 1 s. 83 u. 494 und A. Trendelenburg: grammaticorum Graecorum de arte tragica iudiciorum reliquiae (Bonn 1867) s. 37—39.

leiden und gefahren zuletzt einen glücklichen ausgang nehmen, eine μεταβολή also ἐκ δυστυχίας εἰς εὐτυχίαν sich findet, schon ein übergang der tragödie in jene mittelgattung anzunehmen wäre, eine ansicht deren oberflächlichkeit und unstatthaftigkeit schon oben in kürze dargelegt worden ist.

Aber freilich erst wenn die fragen 'was ist glück? was ist unglück?' gründlich beantwortet worden wären, würde sich überhaupt mit dem glücklichen und unglücklichen ausgang im drama ein recht bestimmter begriff verbinden lassen, wie wir denn auch bei Aristoteles, der in dem εἰς εὐτυχίαν ἐκ δυστυχίας ἢ ἐξ εὐτυχίας εἰς δυστυχίαν μεταβάλλειν das ganze wesen der tragischen handlung bestehen läszt, nur allzu sehr eine praktische anwendung dieser formeln auf stücke wie der Aias und der Oedipus auf Kolonos vermissen, in denen der held der tragödie stirbt, auf keinen fall aber im tode, von der gottheit selbst abgerufen und spender hoher güter an seines leibes bewahrer der eine, nach wiederhergestellter heldenehre der andere, für unglücklicher als im beginne der handlung des dramas gelten kann.

In demselben paragraphen s. 13 f. handelt der vf. von dem unterschiede zwischen der einfachen und der verwickelten handlung, aber in sehr oberflächlicher und ungenügender weise, indem auch von ihm, wie leider immer noch häufig genug bei ästhetikern und philologen, der schicksalswechsel[93]), den Aristoteles unbedingt von jeder tragödie fordert[94]), und die mit der ἀναγνώρισις nur einer gattung derselben, der verwickelten (πεπλεγμένη), angehörende peripetie[95]) mit einander verwechselt und somit als 'verwickelte mythen' die, in welchen durch wiedererkennung oder wechsel des schicksals oder beides eine veränderung in der lage der personen eintrete, von ihm bezeichnet werden.[96])

Bei dieser falschen auffassung des wesens der peripetie aber musz natürlich auch das, was er über das verhältnis des deutschen

---

93) s. z. b. Zeisings ästhetische forschungen (Frankfurt a. M. 1855) s. 270 anm., wonach Ar. die umwandlung der handlung in das gegenteil, die er peripetie nenne, für eins der wesentlichsten momente des dramas überhaupt, nicht blosz einer gattung desselben, erklären soll, nebst der ebd. von ihm angeführten stelle aus einer schrift von Carrière; F. Lindemann: brevis expositio de tribus summorum tragicorum fabulis usw. (Zittau 1851), wo περιπέτεια ohne weiteres 'conversio rerum' übersetzt wird; Ch. Walz in einer anm. zu seiner übersetzung der Aristotelischen poetik (Stuttgart 1840) s. 451, nach welcher περιπέτεια den teil der tragödie bezeichnen soll, wo ein plötzliches umschlagen des glücks in unglück und des unglücks in glück stattfinde. 94) poetik 7, 12. 95) poetik 18, 2. 96) das richtige über den begriff der peripetie s. in meiner gesch. der kunsttheorie II s. 143—148, vgl. auch meine anm. zu K. O. Müllers gesch. der gr. litt. II s. 130 und Düntzer rettung der Aristotelischen poetik (Braunschweig 1840) s. 149, sowie die neuesten übersetzer der poetik an den hierher gehörenden stellen, von denen Susemihl auch in diesen jahrb. 1868 s. 845 auf die falsche deutung des Aristotelischen terminus bei dem vf. bereits ausdrücklich hingewiesen hat.

dramas zu den Aristotelischen lehren über die verwickelte handlung sagt, viel irriges und verkehrtes enthalten. 'am schönsten' heiszt es nach c. 11, 4 der poetik 'sind diejenigen dramen, in welchen die wiedererkennung zugleich einen wechsel des schicksals in ihrer folge hat', wo übrigens auszer der schon gerügten verwechselung von schicksalswechsel und peripetie auch darin eine keineswegs ganz unerhebliche ungenauigkeit liegt, dasz von Ar. nur die ἀναγνωρίσεις selbst, wenn zugleich peripetien eintreten, nicht die ganzen stücke in denen beides sich vereinigt finde, da diese ja doch sehr wol sonst auch des minder gelungenen genug in sich schlieszen können, die schönsten genannt werden. 'bedeutende originalwerke' heiszt es dann weiter 'in welchen die wiedererkennung einen wechsel des schicksals hervorbrächte, haben wir in der deutschen litteratur nicht; wol haben eine solche lösung die beiden besten nachahmungen classischer dichter, die Iphigenie von Goethe und der Ion von A. W. von Schlegel. in beiden stücken sind befreundete personen im begriff einen mord an freund und anverwandten zu begehen, als sie sich wieder erkennen und so das schreckliche verhütet wird. im lustspiele hat unsere litteratur diese lösung öfter verwandt, so besonders Körner in seinem lustspiele: die braut.' hier findet sich nun des falschen und verkehrten nicht wenig zusammengehäuft.

Zunächst wird von Goethes Iphigenie durchaus unrichtig behauptet, dasz sie schon im begriffe gewesen einen mord an freund und anverwandten zu begehen, da ja, wie die ganze reinheit und erhabenheit ihres sinnes und charakters, so auch ganz bestimmte äuszerungen derselben noch vor der wiedererkennung, wie I 3 'der misversteht die himmlischen, der sie blutgierig wähnt' usw., I 4 in ihrem gebet an Diana 'o enthalte vom blut meine hände', III 1 'wie könnt' ich euch mit mörderischer hand dem tode weihen', der annahme eines solchen vorsatzes bei ihr auf das entschiedenste widerstreiten. dann trifft auch in demselben drama nicht nur keine peripetie mit der wiedererkennung der geschwister zusammen, sondern es ergibt sich aus ihr nicht einmal unmittelbar ein schicksalswechsel, eine μεταβολή aus unglück in glück, sondern nur der feste wille der Iphigenie alles zu versuchen, um die beiden unglücklichen zu retten, die sie vor der wiedererkennung zwar nicht selbst zum tode zu weihen, aber ihrem traurigen schicksale doch wenn auch widerstrebend überlassen zu müssen glaubte, ist die folge derselben. denn wie diese rettung bewerkstelligen? durch teuschung des königs? doch bald empört sich dagegen wieder der hohe sinn der edlen jungfrau mit einer durch keine gegenvorstellungen der freunde zu besiegenden entschiedenheit, und erst durch eine glückliche deutung des Apollinischen orakels an Orestes von der heimzuholenden schwester gelingt es den erzürnten könig so umzustimmen, dasz er nun zuletzt doch freiwillig die gefangenen mit Iphigenie zur heiszersehnten heimkehr entläszt. ebenso wenig aber ergibt sich in des griechischen dichters Taurischer Iphigeneia aus der ἀναγνώρισις unmittelbar die μεταβολή — von einer peripetie kann auch in ihr ebenso wenig wie in der deutschen die rede sein — sondern eine sichere aussicht auf die glückliche heimkehr der fliehenden wird uns auch nach dem gelingen der list, mit der Iphigeneia dem könige das bild der göttin mit den ihr zu opfernden zuerst in dem meere reinigen zu müssen vorspiegelt, doch immer erst durch Athenes intervention gewährt, durch die Poseidons gunst für sie gewonnen, wie auch Thoas an ihrer verfolgung verhindert wird.

Ganz anders im Ion, dem Euripideischen wie dem Schlegelschen. hier ist eine wirkliche peripetie mit der ἀναγνώρισις verbunden, wenigstens für Kreusa, die doch, unser mitleid unter allen personen des dramas ohne zweifel am stärksten erregend, insofern ganz wol als die hauptperson desselben betrachtet werden kann.[97]) denn eben die absicht des Ion sie, die ihn, den ungekannten, hatte vergiften wollen, dafür selbst dem tode zu überliefern, bewirkt durch das deren ausführung verhindernde dazwischentreten der Pythia und das daran sich knüpfende vorweisen der ἀναγνωρίσματα des nun nicht mehr in des tempels stille sich zu verbergen bestimmten durch dieselbe die glücklichste wendung ihres schicksals, dasz nun, nach einer in unerwartetster weise beseitigten lebensgefahr, auch alle unehre von ihr genommen, die berechtigung des heimlich von ihr geborenen kindes zu königlicher würde anerkannt und so — was allerdings nur Euripides hervorhebt — den Erechthiden auch für die zukunft die herschaft über Athen gesichert wird.[98])

Aber auch diese ganze nebeneinanderstellung dieser beiden dichtungen Goethes und Schlegels als der beiden besten nachahmungen classischer dichtungen hat etwas ein feineres kunstgefühl verletzendes: denn mag immerhin der Ion Schlegels, dessen hohe und bleibende verdienste auf ganz anderen leistungen beruhen, zu den bloszen nachahmungen classischer dichtungen gerechnet werden, Goethes Iphigenie ist bei ihrer gänzlichen verschiedenheit von der des Euripides in dem charakter der hauptperson wie in der lösung des geschürzten knotens jedenfalls mehr, ein echtes deutsches originalwerk, das, wenn es auch an tragischer kraft dem gleichnamigen Euripideischen nachsteht, doch ein ganz anderer, wärmerer hauch des tiefsten und edelsten gemütslebens durchweht.

Wie aber in betreff des trauerspiels jene falsche auffassung des begriffs der peripetie die ganze auseinandersetzung über die deutschen stücke, in denen mit einer wiedererkennung zugleich eine peripetie verbunden sei, durchaus unbrauchbar macht, ebenso natürlich auch in betreff des lustspiels. hier sind uns aus dem altertum zwar nur beispiele von wiedererkennungen allein ohne peripetie in reicherer anzahl erhalten; aber dasz doch auch die peripetie keineswegs dem lustspiele fremd blieb, ergibt sich nicht nur aus

---

97) vgl. Hermanns ausgabe (Leipzig 1827) s. XXXV. 98) vgl. Hermann a. o. s. XXXII.

dem begriffe derselben als einer μεταβολὴ τῶν πραττομένων εἰς τοὐναντίον schlechthin[99]), also ebensowol ἐκ δυστυχίας εἰς εὐτυχίαν wie umgekehrt, sondern éin beispiel wenigstens eines lustspieles mit einer an eine ἀναγνώρισις zugleich sich anknüpfenden peripetie ist uns auch als thatsächlicher beleg für deren anwendung in der alten komödie erhalten, in dem Plautinischen, einem stücke des Diphilos nachgebildeten[100]) Rudens, wo eben das, was Palaestra mit dem äuszersten elende bedroht, die rohe gewalt, die der ruchlose kuppler, in dessen besitz sie gekommen, anwendet, um die an den altar der göttin geflohene wieder in seine hände zu bekommen, ihren, ohne davon eine ahnung zu haben, in nächster nähe der verloren geglaubten tochter wohnenden vater ihr hülfe zu leisten aufstört und daraus sich denn bald die wiedererkennung beider, damit die anerkennung der armen als freigeborener bürgerin und ihre vereinigung mit dem von ihr geliebten jünglinge ergibt.

Wären aber einesteils mehr als vereinzelte bruchstücke von der neueren attischen komödie, dann auch der vermiszte von der komödie handelnde teil der Aristotelischen poetik, deren lehren gerade hier ohne zweifel eine praktische einwirkung auf die litteratur des volkes, für das sie zunächst bestimmt waren, übten[101]), wie ihnen auf die vaterländische tragödie einzuwirken im allgemeinen versagt war, auf uns gekommen: so würden wir wol auch rücksichtlich dieser peripetie der antiken komödie uns nicht blosz an ein einzelnes beispiel zu halten haben.

Dasz aber aus der deutschen litteratur in Körners von dem vf. hier angeführter 'braut' uns kein beispiel eines lustspiels mit einer an eine ἀναγνώρισις geknüpften peripetie, sondern eben auch nur einer art von schicksalswechsel in folge einer ἀναγνώρισις vorgeführt wird, indem der in die falschen hände gerathene brief zugleich dem thörichten werben des alten grafen Holm um eine seiner spottende jugendliche schöne ein ende macht, zugleich zur gegenseitigen erkennung von vater und sohn führt, ergibt sich aus dem vorigen von selbst.

Auch bei der richtigen auffassung des begriffes der peripetie jedoch würde der vf. leicht auch in der vaterländischen litteratur beispiele eines wirkungsreichen gebrauchs derselben haben auffinden können.

---

99) poetik 11, 1. 100) s. Meineke fragm. com. Gr. I s. 457. ganz willkürlich faszt Enk Melpomene s. 369 die peripetie nur als einen unerwarteten vorfall, der einen übergang vom glück zum unglück veranlassen musz. 101) vgl. das mit so glücklichem scharfsinn im rhein. museum VIII s. 561 ff. von J. Bernays behandelte Cramersche anekdoton (anecd. Par. I s. 3—20), und namentlich s. 573 die bemerkungen des trefflichen commentators zu dieser ergänzung zu Ar. poetik. bei den oben auf den ersten seiten dieser recension über die praktische einwirkung der Aristotelischen poetik gemachten bemerkungen ist natürlich nur der uns im wesentlichen in seiner ursprünglichen gestalt noch vorliegende teil derselben, in dem die theorie der komödie fehlt, ins auge gefaszt worden.

so enthält in einem der meisterwerke unseres Schiller, seiner Maria Stuart, die scene der zusammenkunft der beiden königinnen in dem parke von Fotheringhay-schlosz eine echt tragische peripetie in sich, indem ja auch hier in der that gerade das gegenteil von dem, was mit diesem persönlichen zusammentreffen der beiden gegnerinnen von Marias freunden, namentlich Talbot und Leicester, beabsichtigt worden war — ihre verurteilung zum tode durch Elisabeth unmöglich zu machen — nemlich die gröste beschleunigung ihrer verurteilung und hinrichtung, die folge desselben ist.[102])

Wobei freilich nicht zu leugnen ist, dasz von der berühmtesten peripetie der tragischen poesie des altertums, der im könig Oedipus, die hier zur anwendung gebrachte sich allerdings sehr wesentlich unterscheidet, indem in dem Schillerschen drama die unglückliche wendung, die ein auf die rettung Marias berechneter schritt nimt, nach dem charakter beider fürstinnen und der ganzen stellung derselben gegen einander schon vorher sich sehr wol erwarten liesz, während, wer die Oedipussage nicht bereits genau kannte, auf keine weise zu ahnen vermochte, wie die dem beherscher Thebens noch ein neues königtum zusichernde nachricht von dem tode des vermeintlichen vaters des Oedipus in Korinth jene unheilschwangeren aufschlüsse über die wirkliche abstammung desselben zur unmittelbaren folge haben sollte.

Indes auch schon die griechische tragödie kannte keineswegs nur eben peripetien jener éinen art, wie ja in desselben dichters Aias einesteils Aias selbst keinen augenblick darüber in zweifel ist, was seine entfernung aus der mitte der seinen für ihn zur folge haben solle, anderseits auch der das von dem dichter gezeichnete charakterbild des helden scharf und treu auffassende zuschauer durch jene zweideutige rede des tiefgebeugten vor seinem hinweggehen[103]) sich schwerlich zu ähnlichen hoffnungen hinsichtlich des zweckes desselben wie der chor und Tekmessa verleiten lassen konnte. nur für jene also, den chor und Tekmessa, lag in der that eine peripetie, eine μεταβολὴ τῶν πραττομένων εἰς τοὐναντίον, in des Aias entfernung von den seinen und den folgen derselben.

---

102) ein muster einer guten, auf umschwung (peripetie) und erkennung beruhenden tragödie nennt Hartung: lehren der alten über die dichtkunst (1845) seltsamer weise Lessings Nathan: denn findet sich hier auch allerdings eine art peripetie, so ist diese doch keineswegs eine tragische und das stück selbst nichts weniger als eine tragödie.
103) das absichtlich zweideutige der rede desselben bestreitet bekanntlich Welcker 'über den Aias des Sophokles' im rhein. mus. 1829 s. 229 ff.; indes ganz möchte es sich schwerlich ableugnen lassen, namentlich in betreff solcher worte wie v. 660 'ich will mein schwert verbergen, in die erde es eingrabend, wo niemand es sehen wird', wie der rücksichtlich der Atriden v. 680 ff. von ihm ausgesprochenen, die den worten seines monologs unmittelbar vor seinem tode v. 840 ff. so entschieden widerstreitende gesinnungen darlegen.

(fortsetzung folgt.)

Liegnitz. Eduard Müller.

14.
DIE ERSTE HORAZISCHE ODE.

Es ist ein ebenso seltsames wie übles zusammentreffen, dasz wir gerade bei unserm ersten eintreten in die lectüre des Horatius, gleichsam auf der schwelle zu diesem dichter, einem gedichte begegnen müssen, das mehr als irgend ein anderes von den liedern des Hor. dazu angethan ist uns den eintritt zu erschweren und zu verleiden. so viele fragen sind an dasselbe gerichtet, so viele vermutungen über den eigentlichen zweck desselben aufgestellt, so viele zweifel nicht blosz über die zuverlässigkeit der handschriftlichen tradition, sondern auch über den werth des ganzen gedichtes geäuszert worden, so verschiedene ansichten über sinn und geist, in dem dies gedicht zu fassen sei, ausgesprochen, dasz es schwer hält das aufgehäufte material zur interpretation und kritik desselben sich einigermaszen anzueignen, und noch schwerer, sich durch diese massen aufgehäuften stoffes zu einem leidlichen verständnis hindurchzuwinden. lassen wir uns jedoch durch alle diese hindernisse nicht zurückschrecken, wenn wir im folgenden auch nichts bieten können als einige leichte andeutungen zum einfachen verständnis des gedichtes. wir haben kein grobes geschütz massenhafter gelehrsamkeit und belesenheit zu unserer verfügung, und besitzen ebenso wenig den kühnen mut zu scharfsinniger conjectur und energischer kritik: es sind nur einfache leichte gedanken was wir bieten können, gedanken wie sie sich nicht dem gelehrten, sondern dem lehrer in dem kreis seiner schüler ergeben, wenn er sich und seinen schülern genüge leisten will. wir möchten allerdings zugleich durch diese und ähnliche mitteilungen aus der schulstube die erklärung und die kritik des Horatius in den einfachen und geraden weg zurücklenken, den sie nie hätte verlassen sollen.

Man hat den Hor. manches gute jahr in dem guten glauben gelesen, dasz der dichter, dem es doch wahrlich weder an feinem gefühl noch an sicherm und gebildetem urteil in sachen der poesie fehlte, an die spitze seines buches der lieder nur ein lied werde gestellt haben, das er dieses platzes, das er seiner selbst für würdig hielt, das den lesern nicht als unbedeutend erscheinen würde. die erste ode war sicher dazu bestimmt den eingang zu dem buch der lieder zu bilden; es war aber zugleich ein gedicht, mit welchem Hor. dies buch der lieder dem Maecenas überreichen und dedicieren wollte. das erste buch der satiren, das erste buch der episteln tragen ein gleiches zueignungsgedicht, an den gleichen Maecenas gerichtet, an der spitze. auch die erste epode ist an Maecenas gerichtet, an den scheidenden, schweren kämpfen, groszen gefahren entgegengehenden Maecenas: so steht die der zeit nach letzte epode an der spitze des epodenbuches. es war dies die damals übliche schöne weise der zueignung eines werkes der litteratur, die wir auch von anderen autoren, dichtern und prosaikern angewendet finden. es ist für die erklärung, wenn auch nicht gerade unseres gedichtes, wichtig dies festzuhalten, damit man nicht jedes folgende *tu* und *te* in einem solchen gedichte als denselben Maecenas bezeichnend auffasse. Maecenas steht an der spitze genannt; im verlauf des gedichts ist oft nur der geneigte leser, die unbestimmte person, die der dichter sich gegenüber denkt, zu verstehen. wir haben also ein dedicationsgedicht vor uns. mit feinem tacte stellt der dichter zwei gedichte, in gleichem versmasze gedichtet, an anfang und ende seines buches der lieder: anfang und ende schlieszen so zusammen. auch durch seinen inhalt war kein anderes gedicht so geeignet den eingang zu dieser liedersamlung zu bilden wie das unsere. wir dürfen daher mit sicherheit annehmen, dasz es von Hor. bei der herausgabe seines buches der lieder mit gutem bedacht an diesen platz gestellt; ich denke auch, dasz es express zu diesem behufe gedichtet sei, ein eingangsgedicht zu sein, nicht minder absichtlich als z. b. Goethe seine 'zueignung' an die spitze seiner lieder stellte. beiläufig möge uns die vermutung gestattet sein, dasz das sog. vierte buch der lieder und das zweite der episteln schwerlich von Hor. als bücher ediert worden sind. die erste epistel des zweiten buches ist an Augustus gerichtet; ein zweites buch der lieder würde, denke ich, von Hor. selbst ediert, keinen andern namen als den des Augustus an seiner stirn getragen haben.

Man hatte daher, dies alles vorausgesetzt, guten grund zu dem glauben, dasz man in der ersten ode nicht blosz ein Horazisches, sondern auch ein des Horatius würdiges, ja ein vorzügliches gedicht besitze. nicht alles was wir schaffen gelingt uns gleich gut; auch bei Goethe und Schiller findet sich viel unbedeutendes, was wir bei alle dem nicht entbehren möchten; aber wenn wir einmal gesammeltes mitteilen, so stellen wir unbedeutendes doch nicht an einen platz, wo es sofort aller augen auf sich ziehen musz.

Diesen alten wolberechtigten ruf unserer ode hat nun zuerst Guyet in frage gestellt; er erklärte nicht diesen oder jenen vers, nicht diese oder jene strophe, sondern die ganze ode für ein des Hor. unwürdiges machwerk. er hat mit dieser kühnen behauptung keinen anklang gefunden: niemand hat nach ihm das gleiche verdammende urteil ausgesprochen. dann hat in unserer zeit G. Hermann (1842) es kein hehl gehabt, dasz ihm die ode wenig bedeutend erscheine. 'quid vero' sagt er, nachdem er das pathos der beiden ersten zeilen bemerklich gemacht hat 'infert hic, qui tanto hiatu os aperuit? rem tritissimam, omnibus notam, nihil omnino habentem, quod viro atavis regibus edito, qui praesidium et decus poetae sit, narrari conveniat: longissimam enumerationem earum rerum, quibus pro suo quisque ingenio vel delectetur vel non delectetur, quae profecto post tam grandiloquam allocutionem non modo inepta, sed plane ridicula expositio est.' Hermann sagt dies allerdings zunächst, indem er den eingang und den inhalt des gedichtes zusammenhält; es ist daraus auch so seine ansicht über den werth des gedichtes an und für sich zu entnehmen.

Es sind aber auch diejenigen durch den inhalt des gedichtes nicht recht befriedigt, welche darin eine geistvolle beimischung feinen humors und schalkhafter laune empfinden. Herder ist hier vor allen andern zu nennen, welcher auch hier die 'frohe leichte ironie aller weisen' wiederfand, wie sie in geistreichen kreisen gebildeter unterhaltung immer anzutreffen ist, nur nach gegenständen, zeiten und personen variiert. jeder hat seine neigung, und jeder dieser neigungen ist eine kleine dosis von thorheit beigemischt: warum sollte ich nicht auch meinen kopf für mich und meine eigene neigung haben, sei es immerhin dasz auch ihr ein körnchen thorheit beigegeben sei? so scherze Hor. über sich und seine liebhaberei für poesie eben so, wie er über die neigungen anderer scherze. in ähnlichem sinne haben dann Penzel in einem Helmstedter programm, Grotefend in einem aufsatz in Wachsmuths Athenaeum und Eichstädt in einem Jenaer universitätsprogramme sich geäuszert. selbst Lübker gesteht Eichstädt das vollkommene recht zu, in unserer ode eine feine ironie zu finden, und spricht selbst von einer 'glatten, harmlosen, aller anklage bitterer vorwürfe entschlüpfenden ironie'. ich habe nicht die absicht kritik der kritik zu üben; aber das möchte ich doch wissen, wo in der *turba mobilium Quiritium* oder in dem *si proprio condidit horreo, quidquid de Libycis verritur areis* etwas von der glatten und harmlosen ironie zu finden sein sollte, die Lübker herausgefühlt hat. stärker und vernichtender liesze sich mit wenigen worten das verächtliche streben nach ehren, die widerliche gier nach geld nicht treffen, als es hier geschehen ist. es ist nichts gefährlicher als geistreiche interpretation, wie sie zu Herders und Wielands zeit beliebt war. dem geistreichen ist das ihm vorliegende einfache object immer unbedeutend; er sieht und entdeckt immer mehr als zu sehen ist. den groszen philologen wird niemand nachsagen wollen dasz sie geistreich gewesen seien. auch Herders groszer name darf uns in unserm urteile nicht irre leiten.

Guyets angriff erregte groszen anstosz; auch der G. Hermanns fand widerspruch, vornehmlich in dem gediegenen programm von J. Ch. Jahn (1843) über die erste ode des Hor., wenn dasselbe auch keine directe polemik gegen Hermann enthielt. inzwischen war ja schon durch Peerlkamps groszartige arbeit über Hor. die kritik in ganz neue bahnen gelenkt worden, welche von jener ästhetisierenden richtung weit entfernt war. die unbefangene verehrung für den dichter war erschüttert, der fromme glaube an ihn und seine poesie zerstört: man erblickte überall interpolation, verderbnis; man versuchte durch alle diese entstellungen zu dem echten Hor. hindurchzudringen, den echten kern seiner poesie aus dem schmutz, der sich an sie angesetzt, herauszuschälen. die nachfolger Peerlkamps sind weit über diesen selbst hinausgegangen, am weitesten Gruppe in seinem Minos, der jungen philologen nicht genug zum studium, als aufgabe für ihre eigene kritik, empfohlen werden kann, und O. Ribbeck, wie früher in seinem Juvenal, so jetzt in den Horazischen

grünen erdbeerbaum oder an einem sanftrieselnden quell — soll das nicht eben das trinken mit weincumpanen zurückweisen? soll es nicht einen unschuldvollen makellosen genusz (ein becher guten weins unter einem grünen baum), wie ihn jeder sich gönnen sollte, der ihn sich gönnen kann, bezeichnen? wer gibt uns doch das recht in dem *non spernit* eine steigernde litotes zu erblicken? und es wird ja orte auch in der unmittelbaren nähe Roms geben, wo man so einmal eine gute stunde, wie Goethe sie nannte und wie er sie so sehr liebte (man lese doch Eckermann) genieszen konnte. das haus des Maecenas auf den Esquilien bot sicher derartige plätzchen dar, wie wir sie hier sehen. und was hinderte denn auch, wenn die dichterische phantasie des mühevolle geschäftsleben mit einem stillleben in waldeinsamkeit verbände? natürlich geschieht das nicht alle tage. *non spernit* heiszt es: er verschmäht es nicht, er weist es nicht zurück, wenn er einmal zu einem solchen stillen abend im freien eingeladen wird. ich weisz in der that nicht, ob ich mir ein lieberes bild als dieses denken könnte. von einem gegensatze des dichters zu diesem leben ist ja gar nicht die rede, von ironie natürlich keine spur. wir haben einen der wenigen menschen (dies ist der sinn von *est qui* = 'es findet sich hier und da einer') vor uns, die ihres lebens einmal wahrhaft sich zu erfreuen verstehen.

Man möge nun doch sehen, wie z. b. Mitscherlich überall den 'homo in otio luxurians' zu finden gemeint hat, selbst in dem *nunc* . . *nunc*, worin doch nur das enthalten ist, dasz es immer und immer die einsame natur ist, welche er aufsucht, um einmal von den geschäften des tages auszuruhen.

Aus der eben gegebenen erklärung dieses bildes folgt, dasz die beiden vorhergehenden hierzu in einem gegensatz stehen müssen: sie führen uns zwei personen vor, welche eines solchen genusses nicht fähig sind: der eine kennt keinen höheren genusz als éinen tag wie alle tage auf einem ärmlichen gütchen sich abzumühen; der andere kommt vor verlangen nach erwerb nicht dazu seines lebens froh zu werden. sehen wir den ersten von den zweien:

gaudentem patrios findere sarculo
agros Attalicis condicionibus
numquam dimoveas, ut trabe Cypria
Myrtoum pavidus nauta secet mare.

wir haben einen mann in beschränktem besitz und mit beschränkten wünschen vor uns. die *patrii agri* können als die vom vater ererbten ebensowol die dem herzen theuren bezeichnen, von denen er aus pietät sich nicht trennen mag, wie die kleinen, welche für frühere zeiten genügten, jetzt aber nicht mehr ausreichen. es musz sich aus dem übrigen ergeben, welche von beiden vorstellungen hier prävaliert habe. wir werden uns für die letztere entscheiden müssen: *findere sarculo* malt einen mann der mit eigenen händen seinen acker umgräbt. es fehlt ihm selbst das gespann zum pflügen; man denke sich die grundstücke von zwei jugera, von denen eine familie vordem leben muste. jeder andere würde wünschen sich aus diesem mühseligen und kümmerlichen leben zu befreien und gern die aussicht welche sich ihm hierzu böte ergreifen; dem manne aber, den wir hier vor uns haben, könnte man aussichten auf Attalus schätze machen, und man würde ihn doch nicht bewegen sich von der väterlichen scholle loszureiszen und auf anderem wege sein glück zu versuchen. er kennt selbst nicht das verlangen nach einem besseren, höheren, des menschen würdigeren sein. es ist nicht die zufriedenheit mit dem kleinen besitz, wie sie etwa unser dichter mit seinem Sabinum empfindet, sondern die apathie und der stumpfsinn, welcher uns geschildert wird: die apathie, welche sich nicht aufraffen und ermannen kann, selbst wenn ihr die schönsten aussichten eröffnet würden. in ähnlichem sinne wie wir hat auch Eichstädt diese strophe gefaszt: nicht als bild des zufriedenen bauern, welcher sich von dem ihm theuren väterlichen gütchen nicht trennen mag, sondern als bild der geistigen beschränktheit und thorheit. das *findere sarculo* ist hier das entscheidende; diese worte geben nicht das bild eines in kleinen verhältnissen glücklichen mannes, wie es Hor. an anderen stellen so wol zu schildern verstanden hat: es ist das bild des mannes, der noch keinen höhern genusz kennt als éinen tag wie den andern an demselben joche ziehen. so bildet es einen gegensatz zu dem *est qui* —, von dem oben die rede gewesen ist.

Auch *gaudentem* widerspricht dem nicht: es ist ein weiter begriff, der sich zwischen dem *laetari* und dem *contentum esse* auf und ab bewegen kann. *epist.* I 8, 1 dient es um das griechische χαίρειν wiederzugeben. *epod.* 14, 15 *gaude sorte tua* nähert sich *gaude* dem 'zufrieden sein', umgekehrt *sat.* II 6, 110 *gaudet mutata sorte* = 'sie freut sich'. *epist.* I 7, 58 *gaudentem parvisque sodalibus et lare curto et ludis et post decisa negotia campo* = 'er verlangt nicht mehr'. in diesem sinne sind wir berechtigt *gaudere* auch hier zu fassen. — Es möge beiläufig bemerkt werden, dasz *Cypria trabe* nicht notwendig ein schiff ist das in Cypern gebaut ist oder dessen besitzer auf Cypern wohnt; es ist ebenso wol ein schiff das nach Cypern fährt, wie das Potsdamer thor in Berlin das thor ist durch das man nach Potsdam geht. das schiff ist also ein italisches. der kaufmann der seine schiffe in see hat wird mit gleichem rechte sagen 'meine ostindischen schiffe gehen morgen ab.'

Haben wir eben ein bild betrachtet, das einen mann darstellt, der höhern und edlern lebensgenusz nicht kennt, so haben wir in der nächstfolgenden strophe (wir brauchen diesen ausdruck der kürze wegen) einen mann den das unruhvolle jagen und treiben nicht zu diesem genusz kommen läszt:

luctantem Icariis fluctibus Africum
mercator metuens otium et oppidi
laudat rura sui: mox reficit rates
quassas indocilis pauperiem pati.

wir sehen einen mann der auf eignem schiffe zur see geht, um an ort und stelle einzukaufen: *mercator* ist der groszhändler, *mox reficit rates quassas*, es sind seine schiffe, die er wieder ausbessern und zu neuer seefahrt tüchtig machen läszt. der Africus überfällt ihn auf der rückfahrt (denn der Africus weht ihm doch wol entgegen); er gelobt sich, wenn er glücklich nach hause kommt, soll es die letzte fahrt gewesen sein; kaum ist er zurück, so macht er alles zu einer neuen seereise fertig. er ist nicht arm; aber, denkt er, ich könnte arm werden, wenn ich mich jetzt in ruhe setzte: ich könnte es nicht ertragen arm zu sein; ich musz wieder hinaus. es läszt ihm keine ruhe daheim, dies ist der punct um den sich unser bild gruppiert. er kommt zu keinem genusz, den er doch haben könnte. die furcht arm zu werden ist nur das mittel, welches ihn von dem heimischen herde wieder in die ferne hinaustreibt. statt der gewinnsucht hätte dies oder jene andere motiv verwandt werden können; die beschaffenheit des motivs ist nur von secundärer bedeutung. das worauf alles ankommt ist die innere unruhe, welche ihn zu keinem stillen genusz seines lebens kommen läszt. es ist nicht der ungenügsame den wir vor uns haben, sondern der nicht zum genusz kommende: und er kennt diesen genusz, und es gibt stunden wo er diesen genusz zu schätzen weisz; aber wenn er nun anfangen sollte sich selbst zu leben, treibt es ihn wieder auf das meer hinaus. mit dieser erklärung erledigt sich auch das bedenken, dasz Hor., nachdem er eben das streben nach geld erwähnt habe, noch einmal die gewinn- und habsucht vorführe. sie wird uns vorgeführt, ich gebe es zu, aber nur als mittel, als motiv, zur seite eines andern motives, neben dem es fast verschwindet. der mann im vierten bilde kennt noch keinen edleren lebensgenusz; der im fünften bilde kennt ihn, aber verschmäht ihn immer wieder; hier und da, dies ist das sechste bild, findet sich ein mann der in guten stunden sich des lebens rein zu erfreuen vermag.

Wir sehen nun leicht, wie bedeutend hier die begriffe *oppidum* und *rura* sind: die kleine stadt mit den sie umgebenden ländlichen fluren. das *tuta,* welches auch an sich hinter *rura* an anschaulichkeit zurücksteht, wird nun völlig unbrauchbar. allerdings denken wir uns den groszhändler eher in Rom als in einer bescheidenen landstadt; aber die dichterische phantasie setzt an die stelle Roms, das für den zweck des dichters unbrauchbar ist, das *oppidum* und die *rura oppidi* — gerade eben so wie sie in dem sechsten bilde die ländlichen scenen *(nunc viridi membra sub arbuto, nunc ad aquae lene caput sacrae)* eingesetzt hatte.

Die drei ersten bilder machen uns weniger schwierigkeiten. war in der zweiten gruppe das gleichsam dirigierende das verschiedene verhalten der menschen zu reinem lebensgenusse, so sind es hier die zwecke und ziele, auf welche die begierde und das streben der menschen gerichtet ist. bei dem einen ist es die ehre, bei dem zweiten die volksgunst, bei dem dritten das geld. da die *hono-*

res, die ehrenämter, welche zu ansehen und macht verhelfen, bei dem zweiten bilde gebraucht werden sollten, so war der dichter in der notwendigkeit zum ersten bilde die person aus Griechenland zu entnehmen. Jahn namentlich hat darauf hingewiesen, dasz schon um diese zeit auch Römer an den griechischen kampfspielen teil nahmen und einen darin gewonnenen sieg für höchst ehrenvoll hielten. mag dem so sein, so kommt es auf das was einzelne und nicht bedeutende personen thaten nicht an. in Griechenland selbst war der glanz der groszen spiele längst erloschen. der dichter kann nur an die alten zeiten denken, wo ein sieg in Olympia das höchste ziel des strebens edler Griechen war. es wäre eben so verkehrt, mit Galiani und dem sonst so feinfühlenden Jacobs an könige und fürsten zu denken, welche hier als kämpfer auftraten. für die Griechen war edle abkunft freier Griechen nicht gleichgültig; fürstliche würde hatte dort keinen werth. Hieron und Theron galten dort nur, weil griechisches blut in ihren adern flosz. zum ersten bilde dient also ein fremdes land und eine ferne zeit. es wäre pedantisch zu verlangen, dasz der dichter deshalb hier *fuerunt quos . . iuvaret* hätte setzen sollen. es war ja gerade eben so mit den wahlen in den comitien vorbei, in denen *mobilium turba Quiritium certat tergeminis tollere honoribus.* das bild vergegenwärtigt uns auch hier vergangene zeiten.

Im einzelnen ist nichts zu dem hinzuzufügen, was uns die commentare bieten. *curriculum* ist wol der wagen. die thörichte unterscheidung zwischen einem *curriculus* 'der wagen' und *curriculum* 'die rennbahn', welche wir bei Charisius finden, ruht auf der falschen vorstellung, als ob *curriculus* ein deminutiv von *currus* sei, wo denn das deminutiv die endung des stammwortes annehmen müsse. *curriculum* kommt von *currere* mit dem suffix *-culum,* wie *peri-culum* von *perire,* und *cubi-culum* von *cubare.* die örtlichkeit ist schon genügend mit *pulverem Olympicum* gezeichnet; von der gattung der kampfspiele bedürfen wir ein wort zu hören. es sind die vornehmsten und nur für vornehme und reiche leute möglichen: mit dem *curriculum,* dem wagen, sehen wir zugleich die classe und den stand der als kämpfer auftretenden vor uns. *collegisse iuvat* ist ganz aoristisch wie III 18, 15 *gaudet invisam pepulisse fossor ter pede terram.* das staub erregt haben kann keine freude mehr machen, sowenig als das getanzt haben. *evitata* ist die glücklich umbogene meta. der ausdruck ist prägnant. *evitata* sagt man nicht von dem der in weitem bogen um eine gefährliche stelle herumfährt, sondern nur von dem der zwar dicht herankommt, aber doch den gegenstand nicht berührt. das dicht herankommen denkt jeder von selbst hinzu. jede sprache thut das, nicht aus sprachlichem usus, sondern aus psychologischem grunde. die vorstellung des vermeidens schlieszt eine zweite damit eng verbundene vorstellung in sich ein: diese zweite tönt gewissermaszen zugleich mit der ersten. *si vitata,* was Linker aufgenommen hat, ist eine absurdität. wer sagt: *iuvat me, si me aliquid ad deos evehit* 'es macht mir freude, wenn ich mich hochbeglückt fühle'? die palme ist römisch, nicht griechisch. sollte Hor. das an sich richtige, den olivenkranz, nennen? wir würden es ebenso machen wie unser dichter. darum ist er dichter und nicht gelehrter altertumsforscher. es gilt die wahl eines ausdrucks, der wie mit éinem ruck die vorstellung des gekrönten siegers hervorruft, ohne dasz wir eines besondern nachdenkens bedürfen. alles weitere liegt unserer erörterung fern, die auf das ganze gedicht als poetisches ganzes gerichtet ist.

Das zweite bild zeigt uns einen mann, dem die volksgunst, die sich in der verleihung von éinem ehrenamte nach dem andern zeigt, das ziel seines strebens ist. dies ist unsere ansicht; es ist jedoch schwer zu entscheiden, ob die volksgunst welche ihn zu ämtern erhebt, oder die durch volksgunst erworbenen ämter das eigentliche ziel seines strebens seien. der gröszere nachdruck fällt jedoch, wie es uns scheint, auf jene seite: *mobilium turba Quiritium certat*. das bild ist vortrefflich, in wenigen strichen ein volles bild, wie das erste. sehen wir dort zuerst auf seinem wagen in der olympischen rennbahn den kämpfenden von einer staubwolke umhüllt, dann eben denselben glücklich um die meta herumbiegend, endlich mit dem kranz des sieges geschmückt, so hier die bewegte, lärmende masse des volks auf dem Marsfelde (*turba Quiritium*); einer will es dem andern zuvorthun, seine stimme für den geliebten bewerber abzugeben (*certat*), und die sonst so veränderlichen, launenhaften (*mobilium*) thun dies bei ihm constant bei éiner ehrenstufe nach der andern (*tergeminis honoribus*). das musz ihn mit gerechtem stolze erfüllen, sollte jedermann meinen: dieser eifer, diese dauer der gunst, soll er darauf nicht stolz sein? indes in *mobilium* ist zugleich ein warnender wink gegeben, wie wenig auf diese gunst zu bauen sei, und eine kritik dieses eitlen strebens, auf das Hor. auch sonst mit aller ihm möglichen verachtung herabblickt. das dritte bild zeichnet uns das streben nach besitz. den meister in der poesie erkennt jeder, der sehen will, im moment: er zeigt sich in der art und weise, wie er mit zwei drei strichen ein volles bild gibt: *verritur*: es wird zusammen gekratzt, dasz auch nicht ein körnchen liegen bleibt; *proprio*: er bringt es in seine scheune, dasz nur ja nicht etwas in die scheune eines andern kommt; *horreo*: es liegt dort in massen aufgespeichert. selbst der singular ist nicht unbedeutend: es trägt auch das mit dazu bei ihn zu beglücken, dasz er alles auf éinem flecke beisammen hat und beisammen sieht. auch hier gibt sowol das *verritur* wie das *proprio* des dichters urteil über dies widerliche streben.

Wir überblicken noch einmal den zurückgelegten weg, ehe wir weiter gehen.

Wie mancherlei, und zugleich wie nichtig, wie verächtlich, wie widerlich sind die bestrebungen der menschen! der eitle glanz der siegesehre, die wandelbare und verächtliche volksgunst, das gierig zusammengescharrte geld! und wie wenige wissen ihres lebens wahrhaft froh zu werden! der eine kennt keinen lebensgenusz, sondern schleppt sich unter seinem joche éinen tag wie den andern hin, ohne das verlangen nach besserem; der zweite kennt ihn wol, aber er kommt nicht zu ruhigem genusz vor seinem jagen und rennen: nur hier und da ist ein verständiger, der seines lebens in reiner weise (nicht in wilder lust) froh zu werden weisz. das sechste bild enthält also keinen tadel. es bildet dadurch einen vortrefflichen, wolthuenden wechsel in den uns vorgeführten bildern: die acht dem dichter voraufgehenden bilder würden sich ohne dieses höchste befriedigung ausdrückende sechste bild in einer unerquicklichen, einförmigen länge abspinnen. es ist ein ruhepunct, zu dem wir nach jenen fünf ersten bildern gelangen. wir können von hier aus zu weiterer betrachtung der noch zu erwartenden bilder fortschreiten. dies ist eine auffassung, die sich, wenn man die worte einfach und unbefangen liest, so von selbst ergibt, dasz ich kaum begreife, wie Gruppe dies hat übersehen können, der gerade für dinge dieser art ein so scharfes urteil, einen so tief poetischen blick besitzt.

Wir kommen nun zu der dritten gruppe, in der gewisse beschäftigungen, thätigkeiten aufgezählt werden, denen der Römer mit passion zugethan war, und die in den augen des volkes als durchaus des mannes und des Römers würdig galten. mit welcher passion war einst der jüngere Scipio der jagd beflissen gewesen! es kann ja Hor. nicht einfallen wollen, diese lust an der jagd, am kriegsleben tadeln zu wollen: hat er doch selbst in jungen jahren unter den fahnen des Brutus gekämpft; fordert er doch selbst junge leute auf sich der erfrischenden fröhlichen jagd nicht zu entziehen. sie gehen ihre wege: warum soll ich nicht meinen weg gehen dürfen? ich tadle keinen von ihnen, aber mein weg ist einmal nicht der ihrige: sehe jeder, wie er's treibe. ich sehe dasz so viele (bild 1—3) eitlen phantomen nachjagen; ich sehe dasz so wenige zu wahrem genusz ihres seins kommen (bild 4—6), nur hier und da ein glücklicher, um mit Goethe zu reden: da habe ich mir denn die poesie erkoren, die mir tiefe und reine befriedigung und freude gewährt. wir gehen nunmehr weiter von bild zu bild.

Das siebente bild stellt den krieger dar: soldatenleben, soldatenglück; nicht einen krieger dem es um beute zu thun ist, nicht einen krieger der auf diesem wege zu ehren emporsteigen will, sondern der am soldatenleben selbst seine freude findet, am soldatenleben etwa so wie Goethe und Schiller es zu schildern verstanden haben. ich sehe auf diesem bilde eine prächtige jugendliche gestalt vor mir, der lust und mut und der harmlose jugendliche sinn aus den augen leuchtet, einen vornehmen jungen Römer, nicht den gemeinen soldaten der um seinen sold dient, nicht den jungen officier der auf avancement dient. diesen unsern krieger sehen wir nun in drei situationen vor uns: 1) in dem glänzenden und genuszreichen lagerleben, die *castra* etwa *fulgentia signis,* wie sie *carm.* I 7 erscheinen, und er im kreise seiner *militares aequales*; 2) im moment wo die schlacht beginnt, wo *litui* und *tubae* zusammenklingen und das zeichen zum angriff geben, wie es *carm.* II 1 heiszt *iam nunc minaci murmure cornuum perstringis aures, iam litui strepunt,* gleichfalls im beginn der schlacht; 3) endlich der weitere krieg, der dem armen jungen manne so viel gefahren bringen kann. indes er bleibt dabei; selbst die verwünschungen der mutter über den unseligen krieg rufen ihn nicht von da zurück. in *detestata* sind sowol die gefahren des krieges, des ganzen krieges, gemalt, als auch ein motiv gegeben, das ihn zurückrufen müste, wenn er eben nicht mit solcher passion soldat wäre, dasz ihn nichts zurückrufen kann.

Auch der jäger ist vortrefflich gezeichnet: er soll als passionierter jäger geschildert werden. mit zwei strichen ist das geschehen: er bleibt die ganze lange kalte winternacht drauszen; zweitens: er denkt nicht an die zarte gattin daheim. ich denke, man wird schon hier an einen jungen (neuvermählten) Römer von stande denken. indes wir bedürfen einer motivierung, wie wir sie oben beim soldaten hatten. ohne diese motivierung kommt mir, um mit Penzel zu sprechen, das bild vor wie eine katze der der schwanz fehlt. dem jungen manne, der seine junge frau daheim so vergessen kann, musz der dichter, dasz er nicht roh erscheine, ein wort der entschuldigung widmen. was hält ihn denn drauszen die nacht hindurch zurück, dasz er alles darüber vergiszt? wer hinter *immemor* ein punctum setzen und damit das bild des jägers abschlieszen kann, entbehrt hierbei jedes poetischen sinnes. es schlieszt das bild mit einem schreienden miston, der verschwindet, sobald wir die motivierung hinzuthun. diese motivierung kann eine doppelte sein: 1) es hat sich den treu bei ihm ausharrenden hunden (*fidelibus*) ein hirsch gezeigt (*visa est* ist durchaus nicht notwendig als passiv von *videre* zu fassen: soll etwa Hor. den technischen jägerausdruck wählen?), oder 2) es ist ein eber durch die doch so festen (*teretes*) jagdnetze wieder hindurch gegangen. das erste reizt seinen jagdeifer, das zweite erregt seinen ärger. er musz um jeden preis den hirsch haben; er musz um jeden preis den eber wieder haben. darin ist echt poetische motivierung, wahrheit und manigfaltigkeit vereinigt. übrigens wird man auch in der meute von hunden (*catulis*) wie in den *teretes plagae* den vornehmen Römer erkennen. die ihn begleitenden sklaven hätten, wenn nicht schon diese striche genügten, mit erwähnt werden können, wie sie *epist.* I 18, 46 *quotiensque educet in agros Aeoliis onerata plagis iumenta canesque* zu denken sind, und ebd. I 6, 59 wirklich mit erwähnt werden: *Gargilius, qui mane plagas venabula servos differtum transire forum populumque iubebat, unus ut e multis populo spectante referret emptum mulus aprum.* derartig, nur kein Gargilius, ist auch unser junger vornehmer jägersmann zu denken. ich hoffe, niemand wird glauben dasz ich zu dem bilde irgend etwas hinzuphantasiert habe: ich habe nur das angedeutete und notwendige ergänzend hinzugefügt.

Wir haben einen mühsamen weg zurückgelegt und sind nun

bei dem dichter angelangt, der seine eigene thätigkeit (ich sage absichtlich nicht beruf) denen des soldaten und jägers hinzufügt: eine thätigkeit in der er volles und reines glück geniesze. auch dies bild hat zu vielen zweifeln und kritischen versuchen anlasz gegeben, die wir nicht zurückzuweisen haben, wenn uns das gegebene keine aufforderung dazu bietet. wir wollen nur im Horatius den Horatius aufzeigen, wie wir das bisher gethan haben.

me doctarum hederae praemia frontium
dis miscent superis, me gelidum nemus
Nympharumque leves cum Satyris chori
secernunt populo, si neque tibias
Euterpe cohibet nec Polyhymnia
Lesboum refugit tendere barbiton.

wir übergehen die thörichte vermutung des Francis Hare *te*, welche ohne Wolfs empfehlung nie erwähnt worden wäre. das bild des dichters von sich selbst gliedert sich dreifach, gerade ebenso wie wir das bei dem jungen soldaten und bei dem jungen jägersmann gesehen haben. das erste dieser glieder ist:

me doctarum hederae praemia frontium
dis miscent superis.

wie? hat man gesagt: erst fühlt sich der dichter in den kreis der götter entrückt, der oberen götter, und hernach begnügt er sich mit den Nymphen und Satyrn? welcher jähe sturz von der höhe! allein man hat hier den begriff der *di superi* zu sehr urgiert. es kann doch nichts anderes gemeint sein als oben im ersten bilde das *terrarum dominos evehit ad deos*, d. h. ein hyperbolischer ausdruck für das gefühl eines himmlischen glückes. was gewährt ihm nun dieses glück? *hederae praemia doctarum frontium* — wenn man nur nicht *praemia* als 'belohnung' fassen möchte, so ist alles klar und schön: es ist ebenso wol der schmuck und die zierde welche jemand trägt, und dies doch wol ursprünglich; später erst der durch verdienste erworbene schmuck. so *sat.* I 5, 35 *insani ridentes praemia scribae, praetextam et latum clavum prunaeque batillum*, wo diese *praemia*, mit denen sich der schreiber aufgeputzt hat, gleich aufgeführt werden. *epist.* I 9, 11 *frontis ad urbanae descendi praemia* ist von belohnung gar nicht die rede. Hor. sagt: ich habe mich verstehen müssen zu den *praemia urbanae frontis*; um nicht dem schlimmeren verdacht der selbstsucht zu verfallen, habe ich das kleinere übel gewählt, allzu dreist zu erscheinen, was ein schmuck von der stirn eines groszstädters ist. die dreistigkeit ist dem echten Römer (nicht im guten sinne, sondern wie wir 'Berliner' sagen würden) eigen. so würde man bei dem rinde die hörner *praemia frontis* nennen können, wie Tacitus *Germ.* 5 gesagt hat: *ne armentis quidem suus honor aut gloria frontis*, was denn auch von menschen gesagt ist: *honor eximiae frontis.* auch an unserer stelle schmückt epheu die dichterstirn (*doctae frontes* überhaupt von jeder art geistiger beschäftigung), aber nicht als belohnung. oder meint man wirklich,

Horatius habe sich als mit dem dichterepheu bekränzt vorführen wollen, als **gekrönten** dichter? auch dem gedanken nach ist diese auffassung absurd. er hat so eben von dem soldaten**leben** und von dem jäger**leben** gesprochen; liegt es nun nicht nahe dasz er sich gleichfalls als im dichter**leben** und inmitten jener dichterischen beschäftigung vorführen werde? wir können uns Hor. nicht als gekrönten dichter, sondern nur als eben **dichtend** vorstellen. er ist in dieser thätigkeit mit einem epheukranze, meinetwegen symbolisch oder weil er sich von einem gotte beseelt fühlt oder fühlen möchte, bekränzt, wie frohe trinkgenossen sich mit der myrte oder mit blumen des frühlings, rosen, lilien usw., die auswandernden mit einem pappelkranze schmückten, worüber wir ja auf das werthvolle programm von Garcke (1860) 'de Horatii corollis convivalibus' verweisen können. so trägt Hor. hier, indem er dichtet, den epheukranz. er ist in dichterischer thätigkeit, und diese seine thätigkeit beglückt ihn hoch: *dis miscent superis.*

Weiter heiszt es:

me gelidum nemus
Nympharumque leves cum Satyris chori
secernunt populo.

man hat hier an allem möglichen zu mäkeln gefunden, hauptsächlich aber, weil man den dichter nicht verstanden hat. wer hat denn je daran gedacht, dasz Hor. *populo* als 'pöbel' gefaszt wissen wollte? es ist die grosze masse des volkes, ohne jede herabsetzung, wie *sat.* I 6, 79 *in magno ut populo* unter den vielen menschen, von denen die straszen erfüllt sind, und so an zahllosen anderen stellen unseres dichters, wie es auch schon bei Terentius heiszt: *id populus curat scilicet.* Hor. geht abgeschieden von den vielen tausenden seine eigenen stillen wege und läszt sie ihre wege gehen. er lebt in der einsamkeit, in der zurückgezogenheit, abgeschiedenheit von der welt und ihrem treiben. er fühlt ohne zweifel dasselbe, was einst Kinkel sang: 'einsamkeit des dichters braut', wir fügen gleich hinzu: 'mutter natur ihn so grosz anschaut.'

Und was scheidet ihn nun von dem volke? sind es dichterische stoffe, die mit dem *gelidum nemus* usw. bezeichnet sein sollen? damit wäre denn doch der inhalt seiner poesie sehr schlecht angegeben; diese stoffe sind doch meist andere: und nicht blosz sehr wenig bezeichnend, sondern sehr ungeschickt würde der dichter sagen: dieser oder jener stoff scheide ihn ab von der menge. es ist vielmehr der ort den der dichter aufsucht und wo er sich ergeht, das *gelidum nemus* und die gestalten von denen er sich dort umschwebt fühlt, die er mit dem auge zu sehen glaubt. das volk folgt ihm nicht in die waldeinsamkeit: dort lebt er, abgeschieden vom volke, für sich allein sein stilles beseligendes dichterleben. die Goetheschen lieder sind voll von den gleichen gedanken und empfindungen: 'selig wer sich vor der welt (*a populo*!) ohne hasz verschlieszt'; auch bei Hor. ist keine spur von hasz, ironie, schalkhafter laune und wie man das alles nennen mag, was die geistreichen leute wie Herder ausgewittert haben. und Tieck singt: 'im hain, wo frühlingsblüten regnen, da bin ich gern mit mir allein, da fühl' ich eines geists begegnen, der unerkannt will bei mir sein.'[1])

gelidus kommt allerdings, da einem auch dies nicht geschenkt wird, von *gelu*, ist darum jedoch nicht 'eisig'. die wellen und quellen, die höhen und thäler, welche *gelidae* genannt werden, sind darum nicht eisig. ein guter index gibt dafür sattsame belege.

Die gestalten, welche ihm dort begegnen, sind *Nympharum leves cum Satyris chori. leves* kann die 'leichtfertigen' bezeichnen, was dann natürlich auf rechnung der frivolen Satyrn zu schreiben wäre; indes dieser begriff passt nur nicht hierher, wo der dichter in der einsamkeit sich von dem volke abgeschieden fühlt; es ist unser 'munter', wie *sat.* II 6, 98 das mäuschen munter hinaus hüpft, *domo levis exsilit.* diese muntern, waldesluft athmenden chöre der Nymphen und Satyrn sieht der dichter durch waldesgrün sich bewegen. hier ist das eigentliche heim des dichters. 'hier bin ich mensch, hier darf ich's sein' heiszt es bei Goethe. dies etwa ist es was Hor. meint, wenn er sagt: *me gelidum nemus Nympharumque leves cum Satyris chori secernunt populo.*

Zwei momente haben wir bereits gefunden: hohe befriedigung im dichterischen schaffen das eine, das andere die einsamkeit, die waldesfrische und das waldesdunkel. aber das dritte: wenn die Musen mir ihre gunst verleihen. wenn sie dir nicht die flöte darreichen oder selber das barbiton spannen, ist alles sinnen und mühen fruchtlos. da kann von überhebung oder auch nur dichterstolz sicher nicht die rede sein. niemand kann bescheidener von sich und seinem thun sprechen, als Hor. es thut.

Dies ist die reihe von bildern, welche uns Hor. in dem wundervollen liede vorführt. aber noch bleibt ein groszes räthsel zu lösen. wir gehen schwer daran, weil wir dabei hochverehrten männern widersprechen müssen. es sei jedoch gethan.

Wir verfolgen auch hier den weg, den wir bis jetzt nicht ohne einigen erfolg, hoffen wir, inne gehalten haben: wir halten an der überlieferten lesart fest und suchen ihr zu ihrem guten recht zu verhelfen, wenn dies einigermaszen möglich ist. selbst eine nur leidliche erklärung des gegebenen erscheint uns immer noch besser als eine glänzende conjectur. von der wegschneidemethode aber sind wir keine freunde und nehmen nur in äuszerster not unsere zuflucht dazu.

Hor. schlieszt also dies gedicht mit den worten:

quodsi me lyricis vatibus inseris
sublimi feriam sidera vertice.

wer diese worte übersetzt 'wenn du mich zu den lyrischen dichtern zählst', der wird allerdings dem anstosz nicht entgehen können.

---

1) ich irre vielleicht, da ich aus dem gedächtnis citiere.

hätte Hor. nicht sagen sollen *me quoque*? es werden doch auch andere lyrische dichter in Rom diese anerkennung gehabt haben lyriker zu sein. Catullus war sicher niemand in Rom unbekannt, und bei einer flüchtigen lectüre des Catull fand ich mich unwillkürlich an Hor. erinnert, so erinnert dasz ich einen jüngeren freund bat die gemeinsamen ausdrücke und wendungen in Catull, Horaz und Ovid einmal zusammenzustellen. und wenn wenigstens ein *tu* dastände! sich selbst erscheint Hor. schon längst als dichter; wenn auch Maecenas ihn dafür hielte, so könnte er vielleicht sagen, er werde mit dem scheitel bis an die sterne zu reichen glauben. und Maecenas, hatte er nicht dies bescheidene lob, dasz Horatius ein echter lyrischer dichter sei, diesem schon oft ausgesprochen? er muste dies sicher oft genug gethan haben, da ihm sicher die oden, welche in dem buch der lieder folgten, dies éine dedications- und das schluszgedicht etwa ausgenommen, sämtlich bekannt waren. endlich wie kommt es doch dasz Hor. an dieser éinen stelle sich nur *lyricus* nennt, während er sich sonst stolz genug als *Romanae fidicen lyrae* oder *Latinus fidicen* bezeichnet? dies alles ergibt sich aus einem falschen und, wie uns dünkt, leichtfertigen verständnis des *lyricis vatibus*, worunter nur die im alexandrinischen kanon der lyriker groszen lyrischen dichter, die gottbegeisterten barden (*vates*) verstanden werden können. diese konnte Hor. κατ' ἐξοχήν *lyrici vates* nennen, nicht aber all und jeden dem einmal ein glückliches lied gelungen war.[2]) auch *inseris* führt hierauf. es ist das 'einfügen in ein bereits vorhandenes, abgeschlossenes ganzes', nicht das vage 'hinzuzählen'. im eigentlichen sinne wird man es mit der präp. *in* verbunden finden, *collum in laqueum inserere, cibum in os inserere* u. dgl.; das 'einfügen' in ein ganzes wird mit dem dativ ausgedrückt.

Das war allerdings etwas, was den dichter mit hohem selbstgefühl erfüllen konnte, wenn ein Maecenas, kenner, urteilsfähig wie wenige, wenn er auch selbst kein geschmackvoller dichter sein mochte, ihn bezeichnete als werth den groszen lyrikern der Griechen, Alkaeos, Sappho, Pindaros usw. zugezählt und als neues glied in ihren kanon aufgenommen zu werden. hoffte nun etwa Hor. dasz Maecenas in zukunft dies thun werde? wollte er ihn etwa mit unserer stelle zu einem solchen urteil anregen? dies wäre von seiten des Hor. täppisch gewesen; wol aber durfte er sich mit stolz darauf beziehen, wenn Maecenas bereits eine solche äuszerung im freundeskreise gethan hatte, und zwar nicht scherzend, sondern in wahrhafter und ernster anerkennung unseres dichters. hieraus ergibt sich dasz ich für meine person nur *inseris* billigen kann, *inseres* dagegen als abgeschmackt abweise. die handschriftlichen autoritäten für *inseris* und *inseres* halten sich die wage, wie man bei Keller sehen wird.

Dasz nunmehr *sublimi feriam sidera vertice* keine wiederholung

---

2) auch *epist.* I 7, 11 ist *vates tuus* bedeutend.

von *dis miscent superis* sei, ist jedem klar; das letztere drückt die innere beseligung des dichters in seiner thätigkeit aus, das erstere den stolz des dichters, auf das urteil eines Maecenas gegründet.

Das band, welches diesen letzten gedanken an das letzte bild knüpft, ist die partikel *quodsi*, welche, wenn wir nicht sehr irren, fast von allen erklärern falsch verstanden ist. *quodsi* hat, auch bei Cicero, zwei bedeutungen: 1) 'wenn daher', anknüpfend an vorhergegangenes, und 2) 'und wenn ferner', hinweisend auf neues, folgendes. es ist nur nötig den anfang der rede *pro Flacco* zu lesen, wo *quodsi* wiederholt eben nur in der zweiten bedeutung gesagt ist. es würde uns zu weit führen diese zweite bedeutung herleiten zu wollen. sie ist unzweifelhaft da, sie ist auch bei Hor. da, nur zuweilen fälschlich in *quid si* entstellt. das letztere kann nur da stehen, wo man den andern durch etwas unerwartetes überraschen will; *quodsi* ist 'und wenn selbst', in ruhiger weise zu neuem fortschreitend. es ist daher *carm.* I 24, 13 unbedingt *quid si* zu verwerfen: denn mit dem bilde des Orpheus wird nichts überraschendes weder im gedanken noch im ausdruck dargeboten; wol aber ist der sinn vortrefflich: du bittest umsonst die götter, dir den Quintilius wieder zu geben: und wenn du selbst wie ein zweiter Orpheus feld und wald bewegtest, so würdest du doch den verlorenen nicht wieder ins leben zurückrufen. ebenso ist *carm.* III 1, 41 das handschriftlich allein überlieferte *quodsi* auch das allein verständige. aller reichtum, sagt Hor., befreit den menschen nicht von der sorge. und wenn ferner (*quodsi*) all dieser überflusz auch nicht den *dolentem delenit*, d. h. doch nur 'den körperlichen schmerz stillt', wozu dann all dies? *epod.* 2, 39 sind die reinen freuden des landlebens und seiner beschäftigungen aufgezählt; 'und wenn nun dazu eine züchtige hausfrau kommt' usw. auch hier ist *quodsi* dem still und ruhig aufzählenden einzig und allein angemessen. ebenso *epod.* 11, 15. der redende klagt: *contrane lucrum nil valere candidum pauperis ingenium?* dann fährt er fort: *quodsi meis inaestuet praecordiis libera bilis* — wo mit *quodsi* der übergang zu neuem erfolgt. in diesem sinne steht *epist.* I 7, 19 *quodsi bruma nives Albanis illinet agris, ad mare descendet vates tuus* = 'und wenn'. es gibt stellen die erst hierdurch verständlich werden, dasz *quodsi* den fortschritt anbahnt. so *epist.* I 3, 25 *quodsi* 'und wenn du vollends aufgeben könntest' usw.

Kehren wir zu unserer stelle zurück, so ist der gedanke also: in meiner dichterthätigkeit finde ich die höchste befriedigung: und vollends wenn du mich gar für würdig hältst in den kanon der groszen lyrischen genien eingefügt zu werden, werde ich mich so stolz fühlen, dasz ich mit meinem scheitel bis an die sterne zu ragen glaube. dies *quodsi* ist eigentlich der schlüssel zum verständnis der ganzen ode.

Es ist nun leichte mühe die beiden ersten verse unserm dichter zu vindicieren. die meisten oden des Hor. sind an oder in bezug auf gewisse personen gedichtet. es lag dies in der weise der alten

mehr als in der unsern. es ist dies für mich mit ein grund, um die teilung mancher gedichte in zwei zurückzuweisen, wie *carm.* I 4. 7. Hor. dichtete keine solche frühlingslieder an sich, ohne beziehung auf bestimmte personen. wer sollte glauben dasz er jene neun bilder ohne eine solche persönliche beziehung geschrieben hätte, zumal als eingangsgedicht seines liederbuchs? es lag dies soll ich sagen in dem praktischen, soll ich sagen in dem lebhaften sinne der alten, der Griechen wie der Römer. haben wir nun die beiden letzten verse gerettet, so sind damit auch die beiden ersten gesichert.

Auch sind die bedenken gegen diese doch nicht erheblich. G. Hermann tadelt das pathos in ihnen, das so sehr gegen das folgende absteche. aber wo ist denn dies pathos? die beiden begriffe des *praesidium* und des *dulce decus* sind ganz usuelle verbindungen, die bei Cicero unendlich oft vorkommen. und Horatius? war nicht Maecenas sein *praesidium*, dem er sicherheit seiner person und ein sorgenfreies leben verdankte? war er nicht sein *dulce decus*, der mann um dessen freundschaft ihn so mancher beneidete? das *atavis edite regibus* aber hat F. Jacob 'Horaz und seine freunde' vortrefflich erklärt. Maecenas hielt etwas auf seine abkunft von königlichen ahnen; wiederholt erinnert Hor. hieran. er verschmähte es vielleicht mit deshalb in die römische nobilität einzutreten und blieb ritterlichen standes, daher denn auch das *care Maecenas eques* sehr bedeutungsvoll ist. das pathos, welches Hermann in *atavis regibus* fand, verwandelt sich so in artigkeit.

Greiffenberg. J. F. C. Campe.

15.

ZU STOBAEOS EKLOGEN II 8, 6.

In dem schönen fragmente des philosophen Eusebios bei Stobäos (eklogen II 8, 6) heiszt es, nachdem der tugendweg beschrieben ist, s. 116, 22 ff. (Meineke) folgendermaszen: ἡ δὲ ἐπὶ κακίαν ἄγουσα (ὁδὸς) ἐστὶ λείη τὰ μὲν κατ' ἀρχὰς ὀλίγου πάγχυ καὶ τούτου οὐ γνησίου, ἀπατηλοῦ δὲ καὶ ἐπὶ παραγωγῇ τῶν προσιόντων γεῦσαι τοῦ ἥδεος, ὥστε καὶ μηδενὸς μετὰ ταῦτα ἡγεμόνος εὑρισκομένου εὐθὺς ἄγει εἰς ὁδὸν σκολιήν. Jacobs vermutet ὡς ὀλίγου . . γεῦσαι αὐτοὺς (sc. τοὺς προσιόντας) τοῦ ἥδεος, so dasz γεῦσαι transitiv gefaszt wird. unmöglich richtig. man erwartet eine dem λείη correspondierende bestimmung zu ὁδός. ich vermute γέμουσα für γεῦσαι: 'der andere weg aber, der zum laster führt, ist anfänglich glatt, voll von lüsten, die sehr geringer art und dazu unedel, betrügerisch und zur verführung der hinzukommenden sind, so dasz, da auch nachher kein führer sich findet, er sogleich auf einen krummen weg führt.'

Neustettin. Friedrich Drosihn.

16.

Q. Horatius Flaccus. mit vorzugsweiser rücksicht auf die unechten stellen und gedichte herausgegeben von K. Lehrs, professor in Königsberg. Leipzig, F. C. W. Vogel. 1869. X, CCLV u. 281 s. gr. 8.

Der herausgeber hat sich die aufgabe gestellt den bestand des Horazischen textes zu untersuchen. das ergebnis dieser untersuchung ist, dasz eine grosze anzahl von stellen, und zwar überwiegend in den oden, teils als eingeschoben, teils als verdorben, mithin als von Hor. überhaupt nicht oder wenigstens nicht in dieser gestalt herrührend bezeichnet wird. die gründe, auf welche sich diese athetesen stützen, sind zwar zum teil auch sprachliche oder metrische, hauptsächlich aber innere, nemlich ästhetische oder logische. beigegeben ist noch eine ähnliche untersuchung über die sog. Ovidischen Heroiden und eine abhandlung über die verschleifung bei Hor.

Obwol der name des hg. eine bürgschaft dafür ist, dasz man unter ästhetischen gründen hier nicht ein blosz oberflächliches, schöngeistiges bemängeln zu verstehen hat, so dürfte doch die sehr verbreitete meinung, dasz solche gründe überhaupt nicht allgemein gültig sein können, da sie von dem geschmack des beurteilers abhängen, leicht viele dazu bestimmen, dasz sie sich einer nähern prüfung dieser gründe für überhoben halten; und da dieses vorurteil einen um so nachteiligern einflusz ausüben könnte, als lectüre und erklärung gerade des Horatius eine ausdehnung gewonnen hat, wie sie nur noch wenigen anderen alten schriftstellern zu teil wird, so scheint es angemessen auf die berechtigung und bedeutung der in dieser ausgabe geübten kritik etwas näher einzugehen.

Da Hor. für uns nicht nur eine wissenschaftliche, sondern auch pädagogische bedeutung hat, so gestaltet sich hiernach die vorliegende frage als eine doppelte, und es scheint dasz beide teile derselben trotz ihres zusammenhanges mit entschiedenheit auseinander zu halten sind, wenn man zu einem sichern urteil gelangen will.

In der wissenschaft handelt es sich eben nur darum, ob die beschaffenheit der ausgeschiedenen oder emendierten stellen es überhaupt verbietet sie dem Hor. zuzuschreiben. hiergegen könnte nun allerdings der einwand gemacht werden, dasz rein ästhetische gründe zu einer sichern entscheidung nicht ausreichen: dasz auch dichter von gröszerer bedeutung als Hor. sehr mittelmäszige und schwache producte geschaffen haben, die gröszere schwäche eines stückes also noch kein ausreichender beweis gegen die autorschaft sei; dasz ferner der geschmack sich ändere und daher dem Hor. und seinen zeitgenossen etwas ganz wol gefallen haben könne, was uns nicht zusage. da sich diese sätze indes überhaupt nur auf möglichkeiten beziehen, so hört ihre anwendbarkeit in so weit auf, als die unbekannte möglichkeit durch bekannte thatsachen beschränkt wird. denn wir haben es bei Hor. nicht mit einem dichter von so unberechenbarem schaffen zu thun, dasz daraus die ungleichmäszigsten

17.

DIE GOTTMENSCHLICHKEIT UND DIE WIEDERGEBURT DES OCTAVIANUS AUGUSTUS.

Die geschichtlichen thatsachen des römischen kaisercultus sind bekannt und unbestritten; dagegen vielfach in ihrem werthe verkannt und bestritten hat man die dahin zielenden dichterstellen: man faszte sie in bausch und bogen als überschwänklichen ausdruck persönlicher schmeichelei oder dichterischer symbolik. die richtige auffassung haben neuerdings Gerlach in seiner kleinen schrift über Horatius und O. Jahn 'aus der altertumswissenschaft' s. 300 ff. wieder geltend gemacht; danach sind die dichter nur der mund des volkes und sprechen die geläufigen vorstellungen ihrer zeitgenossen aus. sehen wir uns nun die gottmenschlichkeit des Augustus, wie sie bei den Augusteischen dichtern erscheint, einmal näher an, so erkennen wir als leitende vorstellung nicht etwa die einer apotheose nach dem tode, sondern die eines auf erden gekommenen gottes.[1])

Allerdings klingt hie und da ein rationalistischer ton durch: so bei Horatius in gedichten von mehr persönlicher art, wie in der zweiten und ähnlich in der achten ode des vierten buches, und die beliebte zusammenstellung des Augustus mit Hercules, Liber, Castor und Pollux hat etwas vom erdgeschmacke der götter des Euhemeros. aber in dem sittlichen ernste der groszen staatsoden, in welchen Horatius sich ausdrücklich als der evangelist einer neuen sittlichen und religiösen weltordnung und eines neuen cultus an die heranwachsende generation wendet, ist ein volles anlehnen an die zeitideen und den volksglauben unverkennbar, und es wird im gegensatz zu jenen helden, die erst nach ihrer irdischen laufbahn in himmel und tempel aufgenommen sind, deutlich gesagt, dasz Augustus schon auf erden als gott erkannt und anerkannt sei.[2])

Der erste dichter, welcher den auf erden erschienenen gott erkennt, ist Vergilius. zwar in der ersten ecloge, dem dankliede des dichters für die schonung seines besitzes, erscheint die göttlichkeit Octavians noch als höchster ausdruck persönlicher verehrung; aber einige jahre später, während der stürmischen kriegsjahre 36—35, ertönt in den georgica schon die gewisse botschaft an alle: einer der götter sei auf erden erschienen das jahrhundert zu retten und menschliche triumphe zu feiern, und der dichter betet dasz die götter nicht etwa neidisch auf die sterblichen den retter wegrufen mögen.[3]) später, als der bürgerkrieg beendet scheint, glaubt Vergilius, jetzt werde der gott Octavianus in den himmel zurückkehren[4]);

---

1) vgl. schweiz. museum VI s. 45 anm. 2) Hor. *carm.* I 12, 21 ff. 50 f. III 3, 9 f. 33 f. IV 5, 31. *epist.* II 1, 5 ff. 3) *georg.* I 498 ff. in derselben zeit stellten viele städte die bildseule Octavians neben ihren göttern auf, vgl. Appian b. c. V 132. 4) *georg.* I 24 ff.

freilich nach der gewöhnlichen auffassung dieser und ähnlicher stellen verheiszt der dichter mit plumper, ominöser schmeichelei baldigen tod mit apotheose und macht den herscher vor seiner gottähnlichkeit bange. um dieselbe zeit spricht denselben glauben und dieselbe besorgnis, dasz der gott zum himmel zurückkehren könnte, Horatius im zweiten gedichte des ersten odenbuches aus: 'nur ein gott kann unsere verschuldung an Caesar sühnen; welchem gotte wird Jupiter das sühneramt verleihen? Apollo? Venus oder Mars? oder ist es etwa in der gestalt des jünglings der sohn der Maja, der sich rächer Caesars nennen läszt? o kehre spät in den himmel zurück und freue dich im volke des Quirinus zu wohnen. rette uns, Caesar.' und allerdings geht Caesar nach der rückkehr aus dem orient in den himmel; schon als Aeneas noch heimatlos auf den meeren irrte, hat Jupiter seiner besorgten tochter diesen besuch des späten enkels verheiszen: 'diesen wirst du einst beruhigt im himmel empfangen, wenn er kommt mit der beute des ostens beladen.'[5]) während er im himmel weilt, sitzt er im rathe Jupiters und liegt an den goldenen tischen der götter und trinkt nectar.[6]) von den menschen wird er von jetzt an als gott erkannt und verehrt, wie es Jupiter damals verheiszen.

Der aufenthalt im himmel ist freilich nur eine erholung nach kampf und sieg: denn Octavianus hat nun als vasall Jupiters die herschaft über den erdkreis erhalten, wie es Vergilius am eingang der georgica und Horatius in der zweiten ode des ersten buches als ihren wunsch aussprechen, und er ist damit nachfolger oder mitregent Apollos geworden; Apollos amt ist es ja sonst über länder und städte zu wachen und den lauf der zeit zu lenken.[7]) als göttlicher herscher der erde aber steht er über ihren völkern und fürsten ebenso hoch wie Jupiter über ihm und den andern göttern; er erhält nun den namen Augustus, der seine von der menschlichen generell verschiedene natur bezeichnet.[8]) zu den andern göttern steht er im verhältnis eines pairs: er ist kleiner nur als Jupiter, der zweite könig nach diesem.[9]) im verhältnis zu Jupiter selbst, als dessen stellvertreter auf erden, ist er geradezu Jupiters abbild. die erde kennt 'nichts gröszeres noch besseres' als ihn, auf erden ist auch er Optimus Maximus, wie er selber denn inschriftlich Zeus genannt wird und Caligula geradezu den titel Optimus Maximus führt.[10]) wie Jupiter in donner und blitz, so offenbart sich dieser Jupiter auf erden in seinen siegen und in der entfaltung des neuen goldenen zeitalters; Jupiters gigantenkämpfe sind vorbildlich für die kämpfe des Augustus gegen die feinde des reiches nach auszen

5) *Aen.* I 289 f. vgl. schweiz. museum a. o. anders wieder Weidner im commentar z. d. st. 6) Hor. *carm.* III 25, 3 f. 3, 11 f. über *bibit* vgl. schweiz. museum a. o. 7) vgl. *georg.* I 25—28 mit 231 ff. Hor. *c. saec.* 9—12. 8) vgl. Marquardt röm. alt. II 3, 303. IV 99. Ov. *fast.* I 607 ff. 9) *carm.* I 12, 49 ff. vgl. die parodie *epist.* I 1, 106 ff. 10) Hor. *carm.* IV 2, 37 f. vgl. *epist.* II 1, 17. Ov. *met.* XV 857 ff.

und innen, und die von jenem über vermessene frevler verhängten qualen sind drohungen für die hartnäckigen gegner der neuen sittlichen ordnung auf erden[11]); wenn aber die feinde besiegt sind und Caesar nach dem milden rathe der Musen die werke des friedens fördert, dann opfert der landmann dem gott Augustus, und Vergilius feiert ihm spiele, wie sie Jupiter in Rom und Griechenland gefeiert wurden.[12])

Wodurch aber war der sohn des Octavius und der Atia berechtigt ein auf erden erschienener gott zu sein und als solcher Jupiters ebenbild zu heiszen? man nennt als rechtstitel den altnationalen genienglauben, die göttliche verehrung der toten, den fürstencultus des hellenischen ostens und endlich die abstammung der Julier von Jupiter durch Venus einerseits und Dardanus anderseits. aber der genius, das höhere, verklärte selbst im gegensatz zur sinnlichen erscheinung, war jedem dinge, jedem menschen, sogar jedem gotte seit beginn ihres daseins an die seite gegeben; die gottmenschlichkeit Octavians tritt erst mitten in seinem irdischen leben ein. die verehrung der toten haben wir schon oben von der verehrung des lebenden kaisers geschieden, und ebenso ominös wie das beispiel der totenverehrung würde das beispiel der göttlichkeit des eben depossedierten alexandrinischen fürstenhauses sein. und endlich würde es gerade in dem göttlichen stammbaum eine empfindliche lücke bleiben, wenn Octavianus blosz durch die juristische adoption in das Julische geschlecht ein gott sein sollte.

Die lücke füllt uns Ovidius in seiner apotheose Julius Caesars: 'Caesar ist gott in seinem Rom; ihn hat nicht sein heldenruhm allein unter die gestirne erhoben, sondern mehr noch sein sohn. kein werk Caesars ist gröszer als dasz er vater Octavians geworden, kein sieg ist mehr als einen solchen mann gezeugt zu haben, durch dessen herschaft die götter das wohl des menschengeschlechtes überschwänklich verbürgt haben. damit also dieser nicht aus sterblichem samen entsprossen sei, muste jener zum gotte gemacht werden; gott sollte er werden durch seinen tod. als Venus diesen tod herannahen sah, erfüllte sie den himmel mit ihren klagen um das letzte haupt vom geschlechte des Iulus. Jupiter tröstete sie, die ihr unbekannte fortdauer ihres geschlechtes enthüllend: Caesar werde, nachdem seine

---

11) Hor. *carm.* III 4—5, 4; beide gedichte, 4 und 5, gewinnen an klarheit und innerer symmetrie, wenn 5, 1—4 schluszstrophe von 4 wird. mit dem übrigen inhalt von 5 haben diese ersten verse nichts zu thun, und nur durch unsere versetzung wird die athetese von Prien im Lübecker programm 1865 s. 14 überflüssig; dagegen wird der gedanke des vorhergehenden gedichtes: 'in der neuen weltordnung hat der dichter ein heiliges amt, für das er von jugend an berufen und bewahrt worden, den frieden zu predigen und dem fürsten milde zu rathen; aber er weisz auch, mit welchen strafen einst Jupiter die frevler getroffen' — kräftig abgeschlossen mit dem worte, dasz ebenso Augustus an den widerspenstigen seine göttliche macht offenbaren werde. vgl. *georg.* III 37 ff. 12) Hor. *carm.* III 4, 37 ff. IV 5, 15 ff. Verg. *georg.* III 16 ff.

zeit erfüllt sei, gott werden durch seinen tod, sein eigener sohn ihn rächen und den erdkreis retten und beherschen.'[13])

Die idee, dasz Caesar sterben muste, damit Octavianus aus göttlichem samen entsprossen wäre, und dasz Octavianus wiederum gott sein muste, um das wohl der menschheit zu verbürgen — eine idee die wunderbar an die christliche lehre erinnert und in Rom vor Caesar gewis keinen boden hatte[14]) — enthält den gedanken, dasz Caesar erst nach seinem irdischen tode den C. Julius Caesar Octavianus als seinen leiblichen sohn gezeugt habe, und dieser als sohn des divus Julius zum zweiten mal geboren worden und als göttlicher sühner und herscher nach Caesars tode auf erden erschienen sei.

Wie wir oben gesehen, darf Vergilius sich rühmen zuerst in dem jünglinge, wie er und Horatius ihn nennen, den gott auf erden erkannt zu haben. ja er hat die geburt desselben, das erscheinen auf erden prophetisch voraus verkündet im liede von dem göttlichen knaben, der unter Pollios consulat vom himmel kommen, die erde regieren und das goldene zeitalter allmählich heraufführen soll, in der vierten ecloge. dieses gedicht ist bekanntlich wie nur je ein prophetisches wort verschieden gedeutet worden. die väter der christlichen kirche und viele spätere sahen darin die verheiszung Christi; die alten und neuen gelehrten erklärer haben die weissagung bald auf einen gehofften spröszling Octavians und der Scribonia oder des Marcellus und der Julia, bald auf Marcellus selbst oder auf Drusus oder auf Asinius Gallus, den sohn Pollios, bezogen, oder sie haben von jedem bestimmten knaben abgesehen und das göttliche kind symbolisch auf das neue menschengeschlecht des goldenen zeitalters oder die projectierte abhaltung der fünften säcularfeier durch den consul Pollio gedeutet. die letztere, symbolische auffassung weicht zwar, allgemein wie sie ist, manchen schwierigkeiten aus, läszt sich aber mit manchen ganz besonderen zügen nicht vereinigen, so mit der erwähnung des vaters und seiner thaten, sowie der mutter, mit der bestimmten datierung der geburt, am wenigsten mit dem hauptzug, dasz der knabe durchaus selbstthätig auftreten soll als urheber und beherschêr der neuen zeit. die anderen deutungen auf bestimmte, aber doch erst erwartete spröszlinge gewisser irdischer ehen setzen alle den Vergilius der gefahr eines so entschiedenen dementis aus, wie es die geburt einer tochter, in dem einen falle der Julia, gewesen sein würde. doch zugegeben, der dichterprophet dürfe eine geburt weissagen, die schon geschehen ist, so soll der knabe vom himmel kommen, soll ein sprosz Jupiters sein, soll von

---

13) *met.* XV 745 ff. 14) sie liegt zwar der stelle des Livius VIII 9, 10 von der aufopferung des Decius zu grunde, wo es heiszt, Decius sei erschienen *augustior humano visu, sicut caelo missus piaculum omnis deorum irae:* die stelle stammt aber aus den annalen des jüngern Cincius: s. m. diss. de Cinciis s. 30 ff. vgl. auch pseudo-Sallustius *or. in Cic.* 2: *Cicero se dicit in concilio deorum immortalium fuisse; inde missum huic urbi civibusque custodem.*

anfang an mit den göttern leben als gott und zugleich als gottmensch den erdkreis regieren[15]): das kann Vergilius selbst mit dem weitesten gratulantengewissen keinem jener elternpaare verheiszen. dasz der sohn des Asinius Pollio später alle jene herlichkeiten auf sich bezog, glauben wir dem scholiasten recht gern; wenn aber an Asinius Gallus kein wort der weissagung in erfüllung gieng, so war der seher unschuldig: denn wenn Pollio, an welchen das gedicht doch gerichtet ist, nicht etwa als vater des wunderkindes, sondern blosz als consul des jahres, in welchem es kommen soll, beglückwünscht wird, so ist damit klar genug gesagt, dasz Pollio nicht der glückliche vater ist. man hat diese schwierigkeiten zu heben gesucht, indem man nach dem vorgang alter erklärer als eigentlichen stifter der goldenen zeit Octavianus Augustus annahm, aber den beginn dieses zeitalters an die erwartete geburt des Asinius Gallus[16]) oder an die vermählung des Marcellus mit der Julia sich knüpfen liesz.[17]) die letztere beziehung wurde freilich nur möglich, indem der name Pollios beseitigt wurde; durch beide erklärungen aber gewinnt das gedicht nicht an klarheit: alles, die herschaft auf erden wie das gleichzeitige leben im himmel, wird ausdrücklich dem éinen erwarteten knaben, einem sohne Pollios oder des Marcellus, verheiszen, aber der herscher und gott ist Octavianus! und wie kommt denn ein ungeborener oder noch gewickelter sohn Pollios dazu, so zu sagen der gradmesser für das wachstum der goldenen zeit Octavians zu werden? wie darf im andern falle Augustus blosz als consul, nicht auch als groszvater eine ehrenerwähnung bekommen? endlich, bei allen bisher genannten deutungen, was bedeutet der schlusz der ecloge? 'beginne, kleiner knabe, im lächeln die mutter zu erkennen! wem seine eltern nicht gelächelt haben, den hat weder ein gott seines tisches noch eine göttin ihres lagers gewürdigt.' also wenn der knabe nicht bald nach seiner geburt die mutter erkennt und ihr zulächelt und sie ihm nicht wieder lächelt, so ist er der verheiszene gott nicht: eine sonderbare, grausame nachträgliche bedingung, ebenso sonderbar und grausam wie die verheiszung selbst einem gewöhnlichen erdenkinde gegenüber.

In der that hat es sich von den alten scholiasten bis auf die neuesten erklärer immer wieder aufgedrängt, dasz alle die verheiszungen nur Octavianus gelten könnten, dessen vergötterung ja bekannt war. nur hat man das geburtsjahr, das consulat Pollios im jahre 40, nicht erklären können. wenn aber Octavianus nach dem was oben gesagt worden als Julius Caesars sohn göttlich wiedergeboren ist, dann stimmt alles. hier kann der dichter wissen dasz ein knabe, nicht eine tochter geboren wird; Octavianus ist als wirk-

---

15) die verse 15 und 16 können grammatisch und der sachlichen folge nach nur auf dieselbe zeit bezogen werden wie v. 17 ff., nicht etwa auf die zeit nach dem tode. 16) Ribbeck proleg. s. 9. 11 f., vita Verg. in der textausgabe s. XXII f. 17) Schaper in diesen jahrb. 1864 s. 645 f. 770 f. 792 f.

licher sohn des gottes Caesar in der that ein enkel Jupiters, *magnum Iovis incrementum*; er kommt wirklich vom himmel und führt als könig auf erden und als gott im himmel ein gottmenschliches doppelleben; ihn soll auch nach dem eingang der georgica eine göttin ihres lagers würdigen; er ist auch sonst der schützling Apollos und Dianas, ein zweiter Apollo, der wie der sonnengott die erde beherscht; er eröffnet auf erden wirklich das goldene zeitalter, regiert mit den tugenden seines vaters Caesar, dessen thaten er bewundert und nachahmt, und vertilgt die letzten spuren des bürgerkrieges; Octavianus endlich musz bald im lächeln die mutter erkennen, und sie musz freudig ihm entgegenlächeln, wenn er der verheiszene sein soll: die mutter, die ihn mit schmerzen getragen, ist ja Roma, deren göttliches bild in tempeln an der seite des divus Julius steht[18]), und nur wenn er Rom nach den langen schmerzen des bürgerkrieges, den geburtswehen der neuen zeit, den frieden bringt, wird sie ihn als den verheiszenen göttlichen sohn und sühner freudig erkennen; Rom erkennt ihn auch wirklich, und sein vater Caesar freut sich, als er vom himmel die friedensthaten seines sohnes sieht.[19])

Was nun im besondern das jahr der geburt betrifft, so konnte es verschieden angesetzt werden. bei Ovidius in Caesars apotheose denkt man zunächst an das jahr 44 oder 43; Octavianus selbst deutete den kometen, der bald nach Caesars tode erschien, auf sich: er werde in demselben geboren[20]); zum staatsdogma wurde die göttlichkeit Caesars durch die triumvirn im jahre 42 erhoben, aber das zerwürfnis zwischen den machthabern drängte die von einem sibyllenspruch verheiszene geburt eines friedensfürsten in die ferne. da, im jahre 40, als der brundisinische vergleich angebahnt oder schon abgeschlossen war, verkündete Vergilius den sohn des divus Julius als den friedensfürsten. er weissagte nicht als geburtstagsgratulant einem ihm noch unbekannten kinde sinnlose wunderdinge, sondern erkannte die ansprüche an, welche Octavianus als verheiszener gottessohn, weltbeherscher und welterlöser erhob, knüpfte aber diese anerkennung mit freimütigem patriotismus an die bedingung, dasz er Rom sich durch frieden und freundlichkeit gewinne.

Bis auf monat und woche läszt sich vielleicht die zeit einer andern göttlichen wiedergeburt des Octavianus bestimmen. in den Aratea des Caesar Germanicus[21]) heiszt es vom steinbock des thierkreises:

hic, Auguste, tuum genitali corpore numen
attonitas inter gentis patriamque paventem
in caelum tulit et maternis reddidit astris.

also unter dem sternbilde des steinbocks ist Augustus gott gewor-

18) Preller röm. myth. s. 773. Jahn aus der altertumsw. s. 297. nur mit diesen beiden eltern, Roma und Caesar, zusammen liesz anfänglich Octavianus sich selber verehren. 19) Ov. *met.* XV 850 f. 20) Plinius *nat. hist.* II 25, 94. 21) *phaen.* 558 ff. = *progn.* I 28 ff. (Breysig).

den und als solcher von der erde zum himmel erhoben worden, in einer zeit des schreckens der völker und des vaterlandes. weder von der eigentlichen geburt noch vom tode kann die rede sein: von diesem schon darum nicht, weil das gedicht an den lebenden Augustus gerichtet ist, von der natürlichen geburt nicht, weil die apotheose als rückkehr vom irdischen leben in den himmel bezeichnet wird. dagegen passen sternbild und situation auf die ersten tage des januars 43, wo dem göttlichen und plötzlich wie von gott gesandten jüngling oder knaben, wie ihn Cicero nennt, unter anderen göttlichen und unsterblichen auszeichnungen auch die göttliche ehre eines vergoldeten standbildes zuerkannt wurde, wo wunderzeichen und orakel den untergang der republik und den beginn der monarchie Octavians verkündeten.[22]) damals also wurde der göttliche Octavianus geboren, und während die irdische gestalt auf erden regierte, lebte das verklärte, göttliche selbst fortan mit den göttern und göttlichen eltern.[23])

Als abschlusz der kämpfe um individuelle freiheit, welche von den Römern des revolutionszeitalters auf dem felde des lebens und des dichtens, des wissens und des glaubens durchgekämpft werden, ist die gottmenschlichkeit des kaisers, wie sie in der Augusteischen poesie und dem volksglauben erscheint, ein parodisch-ironisches nachspiel zu dem tragischen untergange der republik; es herscht allerdings der persönliche wille des einzelnen, des kaisers nemlich, wo früher die tradition der aristokratie geherscht hat, in den formen der sitte und der litteratur, der wissenschaft und des cultus. aber innerhalb dieser formen wird die ausbildung des individuums, weniger eifersüchtig überwacht als früher, eine reichere, die religiösen und sittlichen ideen werden reiner und tiefer; so können namentlich die ideen der gottmenschlichkeit und der erlösenden wiedergeburt des kaisers die christliche lehre vorbereiten und ausbreiten helfen. und das ist die tragische versöhnung.

---

22) Cic. *Phil.* IV 1. 2. V 16. VII 3. Appian b. c. III 51. Cassius Dion XLVI 29. XLV 17. 23) das höhere selbst, das hier zum besondern himmlischen dasein geboren wird, ist der genius; statt *genitali* schreibe ich *geniali*.

Plön. Theodor Plüss.

July 2

NEUE JAHRBÜCHER

FÜR

PHILOLOGIE UND PAEDAGOGIK.

Herausgegeben unter der verantwortlichen Redaction

von

Dr. Alfred Fleckeisen und **Dr. Hermann Masius**

Professor in Dresden — Professor in Leipzig.

Einhundertunderster und einhundertundzweiter Band.
Drittes Heft.

Leipzig,

Druck und Verlag von B. G. Teubner.

1870.

INHALT

VON DES EINHUNDERTUNDERSTEN UND EINHUNDERTUND-ZWEITEN BANDES DRITTEM HEFTE.

ERSTE ABTEILUNG (101r BAND).

---

seite

18. Zur erklärung und kritik von Platons Gorgias. von *F. W. Münscher* in Torgau . . . . 153—181
19. Zu Suidas. von *Moritz Müller* in Stendal . . . . . . 181—182
20. Die spartanische gesandtschaft an den Perserkönig im jahre 408 vor Ch. (ol. 92, 4). von *K. Trieber* in Frankfurt am Main . . . . 183—186
21. Berichtigung [zu jahrgang 1869 s. 710]. von *H. Genthe* in Berlin 186
22. Anz. v. *F. Miklosich:* über den accusativus cum infinitivo (Wien 1869). von *G. F. Schömann* in Greifswald . . . 187—192
23. Aristodemos. von *R. Prinz* in Hamm . . . . 193—210
24. Zu Quintilianus VIII 3, 42. von *W. H. Roscher* in Bautzen 210
25. Zu meiner lateinischen elementar- und formenlehre für schulen (Halle 1869). von *H. Schweizer-Sidler* in Zürich 211—216
26. Zu Ovidius metamorphosen III 643. von *W. H. Roscher* in Bautzen 216
27. Anz. v. *F. W. Holtze:* syntaxis Lucretianae lineamenta (Leipzig 1868). von *F. Polle* in Dresden . . . . . . 217—222
28. Anz. v. *A. Widal:* Juvénal et ses satires (Paris 1869). von *H. Weil* in Besançon . . . . 222—224

ERSTE ABTEILUNG

FÜR CLASSISCHE PHILOLOGIE

HERAUSGEGEBEN VON ALFRED FLECKEISEN.

18.

ZUR ERKLÄRUNG UND KRITIK VON PLATONS GORGIAS.

450e ἀλλ᾽ οὔτοι τούτων γε οὐδεμίαν οἶμαί σε βούλεσθαι ῥητορικὴν καλεῖν, οὐχ ὅτι τῷ ῥήματι οὕτως εἶπες, ὅτι ἡ διὰ λόγου τὸ κῦρος ἔχουσα ῥητορική ἐστι. die erklärung der formel οὐχ ὅτι hat Kratz im anhang seiner ausgabe auf den richtigen weg, der zugleich der einfachste ist, geleitet. noch Deuschle suppliert hinter der negation λέγω und faszt ὅτι = 'dasz', gerade so wie bei dem andern οὐχ ὅτι, das Buttmann § 150, 1 erläutert und das dem sinne nach auf unser 'nicht nur' hinausläuft. aber in dem vorliegenden falle müste man zu einer umfangreichern ellipse seine zuflucht nehmen, um den richtigen sinn herauszubekommen. οὐχ ὅτι müste gesagt sein etwa für τοῦτο λέγω οὐ φροντίζων ὅτι. können wir dieser weitläufigen ergänzung durch eine andere auffassung von ὅτι überhoben werden, so werden wir diesen weg gewis vorziehen müssen. eben an diesem puncte greift Kratz die formel an, indem er οὐχ ὅτι = 'nicht weil' erklärt. die erläuterung jedoch, welche er hinzufügt, scheint mir nicht annehmbar. er knüpft dieselbe an Prot. 336d, wo er das wort des Alkibiades Σωκράτη ἐγγυῶμαι μὴ ἐπιλήσεσθαι, οὐχ ὅτι παίζει καί φησιν ἐπιλήσμων εἶναι so geschrieben wissen will: 'ich stehe dafür dasz er es nicht vergiszt, natürlich nicht deswegen, weil er im scherze behauptet vergeszlich zu sein — dieser grund würde ja vielmehr für das gegenteil sprechen — sondern trotz dieser behauptung.' man sieht leicht, wie damit das übel welches ausgetrieben werden sollte, die weitläufige ellipse, durch eine hinterthür, nur verdoppelt, wieder eingelassen wird. ja gerade die hauptsache würde dann ergänzt, d. h. nicht aus den worten heraus, sondern in sie hinein gelesen. Kratz hätte den formelhaften gebrauch von οὐχ ὅτι, wonach es eben einfach 'ungeachtet, obgleich' heiszt, von dem ursprünglichen sinne des ausdrucks unterscheiden sollen. nicht in jedem einzelnen beispiele, wo jener vorliegt, kann man ohne weiteres den letztern zu grunde legen, um den richtigen sinn daraus abzuleiten. dieses gelingt vielmehr nur bei solchen sätzen, wo οὐχ ὅτι sich an einen negativen gedanken anlehnt, dessen negation das οὐχ noch einmal aufnimt, um hervorzuheben dasz die jener negativen aussage entsprechende position auch aus der mit ὅτι eingeführten thatsächlichen wahrheit nicht folge. wenn nun die letztere der art ist, dasz man danach allerdings auf den ersten blick vielmehr die position anstatt der negation erwarten könnte, so nimt das 'nicht ist dies so, weil' von selbst den sinn an 'trotzdem ist dies nicht so, dasz'. dieser sachverhalt läszt sich gerade aus der uns vorliegenden stelle des Gorgias deutlicher erkennen als aus der von Kratz zu grunde gelegten des Protagoras. Sokrates sagt: aber doch glaube ich nicht dasz du irgend eine von diesen (vorher genannten künsten, wie arithmetik, geometrie usw.) redekunst nennen willst; ich glaube das nicht etwa deshalb, weil (d. i. ich ziehe diese an sich berechtigte folgerung nicht daraus dasz) du dem wortlaute nach so gesagt hast' usw. ziemlich deutlich ist dieser ursprung der formel auch noch in der von Kratz ebenfalls schon citierten stelle des Lysis 220[a] zu erkennen, wo es heiszt: πᾶσα ἡ τοιαύτη σπουδὴ οὐκ ἐπὶ τούτοις ἐστὶν ἐσπουδασμένη, ἐπὶ τοῖς ἕνεκά του παρασκευαζομένοις, ἀλλ' ἐπ' ἐκείνῳ, οὗ ἕνεκα πάντα τὰ τοιαῦτα παρασκευάζεται. οὐχ ὅτι πολλάκις λέγομεν, ὡς περὶ πολλοῦ ποιούμεθα χρυσίον καὶ ἀργύριον· ἀλλὰ μὴ οὐδέν τι μᾶλλον οὕτω τό γε ἀληθὲς ἔχῃ. freilich ist hier der ursprüngliche sinn des οὐχ ὅτι schon durch den nach der negation οὐκ ἐπὶ τούτοις ἐστὶν ἐσπουδασμένη hinzugefügten gegensatz ἀλλ' ἐπ' ἐκείνῳ verdunkelt. aber die worte ἀλλὰ μὴ . . ἔχῃ, welche offenbar dem vorhergehenden ἀλλ' ἐπ' ἐκείνῳ, οὗ ἕνεκα πάντα τὰ τοιαῦτα παρασκευάζεται entsprechen, zeigen doch deutlich genug dasz in das οὐχ der gedanke eingehüllt ist οὐ διὰ τοῦτο ἐπὶ τοῖς ἕνεκά του παρασκευαζομένοις τοιαύτη σπουδή ἐστιν ἐσπουδασμένη. immerhin dürfte es schon hier zweifelhaft sein, ob Platon noch bestimmt an diese auflösung der formel gedacht oder sie nicht vielmehr einfach in dem durch den gebrauch bereits festgestellten sinne = *quamquam* angewendet habe. sehr ähnlich ist die stelle, auf welche Kratz ebenfalls hinweist, Theaet. 157[b], nur dasz der formelhafte gebrauch hier noch mehr den ursprünglichen sinn in den hintergrund drängt: ὥστε ἐξ ἁπάντων τούτων, ὅπερ ἐξ ἀρχῆς ἐλέγομεν, οὐδὲν εἶναι ἓν αὐτὸ καθ' αὑτό, ἀλλά τινι ἀεὶ γίγνεσθαι, τὸ δ' εἶναι πανταχόθεν ἐξαιρετέον, οὐχ ὅτι ἡμεῖς πολλὰ καὶ ἄρτι ἠναγκάσμεθα ὑπὸ συνηθείας καὶ ἀνεπιστημοσύνης χρῆσθαι αὐτῷ. am vollständigsten ist dies endlich der fall in der stelle des Protagoras, an welche Kratz gerade seine erläuterung anknüpfen zu sollen glaubte, weil eben dort der hauptsatz ἐγγυῶμαι, mit welchem οὐχ ὅτι verbunden werden musz, rein positiv ist. wollte man aber auch hier den ursprünglichen sinn nachweisen, so würde man den ganzen gedanken Σωκράτη ἐγγυῶμαι μὴ ἐπιλήσεσθαι auf seinen einfachsten ausdruck bringen müssen: Σωκράτης οὐ μὴ ἐπιλήσεται. denn allerdings will das Alkibiades sagen: Sokrates wird es sicherlich nicht vergessen, auch nicht etwa deshalb weil, d. i. obschon er scherzend sagt usw. — wieder ganz verschieden von dem bisher erläuterten ist der im neuen testament häufige gebrauch von οὐχ ὅτι, wie er z. b. Joh. 6, 46. 7, 22. Phil. 4, 11. 2 Cor. 1, 24 vorliegt. hier wird mit der formel nicht etwas thatsächlich begründetes, unleugbares eingeführt, dem zum trotz die vorhergehende behauptung aufrecht erhalten werden soll, sondern vielmehr eine annahme, die dem vorhergehenden zum trotz doch nicht gelten soll. sie wird mit recht zurückgeführt auf οὐκ ἐρῶ ὅτι oder besser οὐ λέγω ὅτι = 'ich will nicht sagen dasz, nicht als wenn'. übersetzen kann man ein solches οὐχ ὅτι gerade umgekehrt wie unser Platonisches, das = 'obschon, gleichwol' ist, mit 'gleichwol nicht, doch nicht'.

455ª φέρε δή, ἴδωμεν τί ποτε καὶ λέγομεν περὶ τῆς ῥητορικῆς. wie wir es schon bei der vorhergehenden erörterung sahen, so hat sich auch sonst Kratz vor andern hgg. des Gorgias angelegen sein lassen die partikeln, welche ja für die feinere färbung der rede von so groszer bedeutung sind, gründlich zu beleuchten und nach ihrem wahren sinne genau zu bestimmen. so ist er namentlich dem gebrauche von καί umsichtig nachgegangen. was er jedoch zu dieser stelle (im anhang) über καί in der frage bemerkt, kann ich nicht ganz befriedigend finden. es liegt doch gewis in den vorstehend ausgeschriebenen worten mehr als dies: 'wir wollen nun auch sehen, welches der sinn (die tragweite) unserer so eben (455ª) gegebenen begriffsbestimmung der rhetorik sei.'[1]) und Krügers bemerkung (spr. 69, 32, 16), welche Kratz tadelt, καί zeige an dasz man vorzugsweise diesen begriff bestimmt wissen wolle, kommt dem richtigen näher, mag auch der ausdruck nicht ganz zutreffend sein. καί hat in unserm und in zahlreichen ähnlichen fragesätzen steigernde, nicht blosz hinzufügende bedeutung und bezieht sich unmittelbar auf denjenigen begriff vor welchem es steht, nicht, wie Kratz annimt, auf die ganze frage, so dasz es eigentlich vor dem fragewort stehen müste und logisch zu dem die frage einleitenden hauptsatz (hier zu ἴδωμεν) gehörte. an unserer stelle liegt darin die andeutung, dasz man nach dem bisherigen sogar darüber im unklaren bleibe, welches die wahre meinung der sich unterredenden — denn Sokrates scheidet sich in seiner artigen weise nicht von dem andern, betrachtet vielmehr die bis jetzt gegebenen mangelhaften (obschon nicht falschen) bestimmungen als gemeinsames eigentum — über die rhetorik sei. am besten wird der sinn der partikel im deutschen durch 'was denn eigentlich'[2]) wiedergegeben. der gebrauch des wörtchens in der frage ist gar nicht wesentlich verschieden von demjenigen, welchen

1) das klänge ja so, als wäre es selbstverständlich dasz man bei einer begriffsbestimmung erst noch nach ihrem sinne fragen müsse. 2) diese übersetzung gibt auch schon Schleiermacher, sowie Cron in der neuen auflage des Gorgias von Deuschle, welche mir erst nach vollendung meines aufsatzes bekannt ward.

wir bald nachher 456ᵃ auszerhalb der frage antreffen, wo ταῦτα καὶ θαυμάζων, ὦ Γοργία, πάλαι ἐρωτῶ heiszt: 'gerade meine verwunderung hierüber veranlaszte mich zu meiner vorherigen frage nach dem wesen der rhetorik.' ganz ähnlich ist auch 467ᶜ ἵνα καὶ εἰδῶ ὅ τι λέγεις = 'damit ich nur erst einmal verstehe was du meinst.' es schwebt dabei der gedanke vor: 'sogar das verständnis deiner rede fehlt mir, geschweige dasz ich ihr zustimmen könnte.' wenn man mit Kratz diese worte so verstehen wollte: 'um doch auch zu verstehen, nicht blosz zu vernehmen', so bliebe der gedanke matt. verwandt ist auch der gebrauch von καί in bestätigenden antworten in verbindung mit γάρ. so bedeutet 459ᵃ καὶ γὰρ ἔλεγον: 'das sagte ich ja wirklich.' letzteres wörtchen ist allerdings nicht genau dasselbe wie καί, aber es entspricht ihm doch im zusammenhange. denn καί bezeichnet hier dasz die thatsache (ἔλεγον) der aussage des Sokrates (ἔλεγες) entspreche.

456ᵈ καὶ γὰρ τῇ ἄλλῃ ἀγωνίᾳ οὐ τούτου ἕνεκα δεῖ πρὸς ἅπαντας χρῆσθαι ἀνθρώπους, ὅτι ἔμαθε πυκτεύειν τε καὶ παγκρατιάζειν καὶ ἐν ὅπλοις μάχεσθαι, ὥστε κρείττων εἶναι καὶ φίλων καὶ ἐχθρῶν· οὐ τούτου ἕνεκα τοὺς φίλους δεῖ τύπτειν οὐδὲ κεντεῖν τε καὶ ἀποκτιννύναι. allgemein wird in den neueren ausgaben der satz ὅτι ἔμαθε bis ἐχθρῶν zunächst als erklärung zum vorhergehenden τούτου ἕνεκα gezogen und daher hinter demselben ein kolon gesetzt, während doch die worte ὥστε κρείττων εἶναι καὶ φίλων καὶ ἐχθρῶν ganz bestimmt die beziehung auf das folgende οὐ τούτου ἕνεκα τοὺς φίλους δεῖ τύπτειν usw. anzeigen. weit natürlicher wird der verlauf der rede, wenn man das kolon hinter ἐχθρῶν mit einem komma vertauscht und dagegen vor ὅτι ein kolon setzt.[3]) dann bezieht sich das erste τούτου ἕνεκα auf den unmittelbar vorhergehenden begriff τῇ ἄλλῃ ἀγωνίᾳ in dem sinne eines διὰ τὸ ἔχειν oder εἰδέναι αὐτήν. ebenso können wir im deutschen ganz wol sagen: 'auch andere kampftüchtigkeit darf man ja deshalb nicht gegen alle menschen in anwendung bringen.' dasz nun ohne verbindende partikel fortgefahren wird, ist bei dem erläuterungssatze ganz in der ordnung, während man nach der herkömmlichen satzabteilung bei dem zweiten οὐ τούτου ἕνεκα ein γάρ vermiszt. und auch der nachfolgende die erläuterung fortführende satz οὐδέ γε μὰ Δία, ἐάν τις εἰς παλαίστραν φοιτήσας εὖ ἔχων τὸ σῶμα καὶ πυκτικὸς γενόμενος ἔπειτα τὸν πατέρα τύπτῃ καὶ τὴν μητέρα ἤ ἄλλον τινὰ τῶν οἰκείων ἢ τῶν φίλων, οὐ τούτου ἕνεκα δεῖ τοὺς παιδοτρίβας καὶ τοὺς ἐν τοῖς ὅπλοις διδάσκοντας μάχεσθαι μισεῖν τε καὶ ἐκβάλλειν ἐκ τῶν πόλεων gereicht unserer abteilung zur bestätigung, da sein bau dem des von uns hergestellten vorausgehenden satzes, mit dem er unverkennbar in enger beziehung steht, genau entspricht. so eben sehe ich dasz

3) das geforderte komma hat schon Heindorf, aber daneben auch vor ὅτι blosz komma, so dasz er doch der gewöhnlichen construction gefolgt zu sein scheint.

schon Schleiermacher derselben interpunction folgt. um so mehr aber scheint es in der ordnung, das mit unrecht verlassene richtige in erinnerung zu bringen.

458[b] εἰ μὲν οὖν καὶ cὺ φῄc τοιοῦτοc εἶναι, διαλεγώμεθα· εἰ δὲ καὶ δοκεῖ χρῆναι ἐᾶν, ἐῶμεν ἤδη χαίρειν καὶ διαλύωμεν τὸν λόγον. hier fällt dem aufmerksamen leser das καί vor δοκεῖ auf, weil für zwei verschiedene bedingungen zwei verschiedene folgerungen gezogen zu werden scheinen, wobei man im zweiten gliede ein 'wenn dagegen', nicht ein 'wenn aber auch' erwartet; daher Heindorf nicht abgeneigt war die partikel mit einigen alten ausgaben zu streichen. Kratz und Jahn haben die schwierigkeit beachtet und finden in καί die andeutung 'dasz die zweite bedingung ja auch möglich sei'. damit ist aber das bedenken gar nicht gehoben. der schlüssel zum richtigen verständnis liegt vielmehr in der erkenntnis, dasz die beiden anscheinend verschiedenen folgerungen doch im grunde sich auf eine und dieselbe zurückführen lassen, dasz nemlich Sokrates sich in jedem falle nach der neigung des Gorgias richten wolle. sowie wir dies beachten, erscheint 'wenn aber auch' in seinem gewöhnlichen sinne ganz am platze.

465[b—d] ἵν' οὖν μὴ μακρολογῶ . . . ἀκρίτων ὄντων τῶν τε ἰατρικῶν καὶ ὑγιεινῶν καὶ ὀψοποιικῶν.[4]) zuerst fällt hier μᾶλλον δὲ ὧδε auf. denn die folgende proportion stellt sich nicht sowol als eine berichtigung denn als eine erweiterung der vorangegangenen heraus, indem das zwischen den auf den körper bezüglichen scheinkünsten und den entsprechenden wahren bestehende verhältnis, von welchem vorher die rede war, nunmehr auch auf diejenigen scheinkünste und wahren künste übertragen wird, welche sich auf die seele beziehen; das erstere ist ebenso wol in der wirklichkeit begründet wie das letztere. gleichwol kommt dem ausdruck μᾶλλον δέ kein anderer sinn zu als unserm 'oder vielmehr'. nur liegt darin hier nicht dasz das vorhergehende zurückgenommen, sondern nur dasz es gegenüber dem für die vorliegende frage nach dem wesen der rhetorik unmittelbarer anwendbaren folgenden fallen gelassen werden solle. ähnlich, wenn auch nicht ganz gleichartig ist das gedankenverhältnis, wo mit μᾶλλον δέ ein vorschlag eingeführt wird, den man dem vorausgegangenen vorzieht, ohne jedoch jenen geradezu verwerfen zu wollen, in welchem falle noch εἰ βούλει hinzugefügt werden kann wie Phil. 23[c] πάντα τὰ νῦν ὄντα ἐν τῷ παντὶ διχῇ διαλάβωμεν, μᾶλλον δ', εἰ βούλει, τριχῇ.

Gröszere schwierigkeiten bereitet der folgende satz. zunächst ist ὅπερ μέντοι λέγω nicht nur von Stallbaum, sondern auch von Deuschle und selbst Kratz auf das nächst vorhergehende (die eben

4) die ganze stelle im texte nachzusehen kann dem leser um so mehr überlassen bleiben, da die folgende erörterung selbst die vergegenwärtigung des weitern zusammenhangs voraussetzen musz.

besprochene proportion) bezogen worden, obschon H. Schmidt in dem Wittenberger programm von 1860 (difficiliores aliquot Gorgiae Platonici loci accuratius explicati) s. 6 meines bedünkens mit überzeugenden gründen dargethan hat, dasz nur die schon von Heindorf angezogene stelle 464[c] das sein könne, was mit diesen worten in erinnerung gebracht werden solle.[5]) dasz die formel auf so weit zurückliegendes hinweisen könne, darf nicht bezweifelt werden, da 454[c] ganz dasselbe stattfindet: dort bezieht sich nemlich ὅπερ γὰρ λέγω auf 453[c] zurück. der anlasz zu der irrigen beziehung liegt wol in dem wörtchen οὕτω, das ja allerdings offenbar — und das hat Schmidt unbeachtet gelassen — auf die zuletzt aufgestellte proportion hinweist. wenn aber hier διέστηκε eine nähere bestimmung aus dem nächst vorhergehenden erhält, so hindert das doch keineswegs in jenem ausdrucke selbst das διαφέρουσί τι ἀλλήλων von 464[c] wiederzuerkennen. überdies aber ist die ganze wendung διέστηκε μὲν οὕτω φύσει hier nebensächlich, und der hauptnachdruck liegt auf dem zweiten gliede ἅτε δ' ἐγγὺς ὄντων φύρονται ἐν τῷ αὐτῷ καὶ περὶ ταὐτὰ σοφισταὶ καὶ ῥήτορες, mithin auf einem gedanken der in dem nächst vorhergehenden gar keinen anknüpfungspunct finden kann, wol aber 464[c] in den worten ἐπικοινωνοῦσι μὲν δὴ ἀλλήλαις, ἅτε περὶ τὸ αὐτὸ οὖσαι. da hiernach das ὅπερ λέγω mit diesem zweiten gliede gerade vorzugsweise in verbindung gesetzt werden musz, was auch schon durch die stellung jener formel vor διέστηκε μέν angezeigt ist, so wird man hinter φύσει statt des herkömmlichen kolon ein komma setzen müssen.[6]) als subject von διέστηκε wie von ὄντων versteht Kratz mit recht die gesamtheit der genannten künste sowol wie scheinkünste. oben 464[e] war allerdings noch blosz von den wahren künsten die rede, aber nach der zwischenliegenden erörterung, wonach eben die einzelnen scheinkünste je einer wahren entsprechen, ist es selbstverständlich, dasz das bei den einen bestehende verhältnis auch für die anderen gelten musz; ja selbst die verwechslung der wahren mit den entsprechenden scheinkünsten erscheint nach der stellung, welche die letzteren zu jenen einnehmen, ebenso möglich wie die der einzelnen auf den körper und auf die seele bezüglichen paare jeder der beiden classen unter einander. wenn nun also der oben nur von den wahren künsten ausgesprochene gedanke (einer paarweisen verwandtschaft) hier in der wiederaufnahme eine so ganz allgemeine beziehung erhalten hat, so erscheint es dem ersten blick auffällig, dasz gleichwol die folgerung, es finde leicht eine verwechslung statt, nur in so beschränktem umfang gezogen wird, nemlich

---

5) Cron in der neuen auflage des Gorgias von Deuschle hat die richtige beziehung befolgt. doch wird die nähere beleuchtung der manigfachen bedenken, welche diese stelle anregt, auch neben ihm nicht überflüssig sein, zumal sie ganz unabhängig von ihm entstanden ist. 6) diese berichtigung der interpunction haben Kratz und neuerdings Cron schon vollzogen.

von den auf die seele bezüglichen (schein-)künsten nur für sophistik und rhetorik, von den auf den körper bezüglichen nur für koch- und heilkunst. aber Platon konnte ja das was allgemein gilt ganz wol eben von denjenigen paaren (beispielsweise) aussprechen, die ihm am nächsten lagen, und bei denen die verwechslung im leben am gewöhnlichsten vorzukommen schien. dasz er nun rhetoren und sophisten zuerst ins auge faszte, war durch das nächste ziel des dialogs, die begriffsbestimmung der rhetorik, geboten. das andere beispiel aber, heilkunst und kochkunst, hat er deshalb gewählt, weil gerade diese verwechslung in der erfahrung besonders häufig hervortrat.[7]) einfach die erfahrung ist auch der grund, warum er nicht kochkunst und putzkunst zusammenstellte, sondern eben jene beiden. allerdings würde jenes paar nach dem schema dem erstern, rhetorik und sophistik, besser entsprechen, weil dann beide male zwei scheinkünste genannt wären.[8]) aber die behauptung einer verwechslung jener würde weit weniger einleuchtend gewesen sein. und im widerspruch mit dem vorhergehenden steht auch diese auswahl nicht, wenn nur eben, wie wir es vorher gefordert, als subject von διέστηκε und von ἐγγὺς ὄντων die gesamtheit der genannten künste und scheinkünste verstanden wird. den zusammenhang des satzes καὶ γὰρ ἂν usw. mit dem vorhergehenden sowie seinen eignen sinn hat Schmidt a. o. richtig erläutert.

466ᵃ ἀλλ' οὐ μνημονεύεις τηλικοῦτος ὤν, ὦ Πῶλε; τί τάχα δράσεις; streitig ist der sinn von τάχα. früher wurden hinter δράσεις noch die worte πρεσβύτης γενόμενος hinzugefügt, wo dann für τάχα nur die bei den Attikern allerdings gewöhnlichste bedeutung 'vielleicht' übrig blieb, obschon Heindorf auch so an dem wörtchen anstosz nahm und es nur durch die verbindung mit πρεσβύτης γενόμενος in dem sinne 'si forte grandior natu factus fueris' einigermaszen befriedigend zu erklären glaubte. da aber jene worte in den besten hss. fehlen, im Clarkianus wenigstens nur von späterer hand an den rand gesetzt sind, so haben die neuern hgg. sie mit recht getilgt. ihr ursprung aber wird, dünkt mich, noch deutlicher dadurch, dasz in zwei anderen hss. zusammen am rande steht νέος ὢν πρεσβύτης γενόμενος. hier haben wir doch ganz offenbar zwei glosseme vor uns, von denen das erstere νέος ὢν sich auf das Platonische τηλικοῦτος ὢν bezieht, das andere aber nichts entsprechendes im texte finden kann als eben das wörtchen τάχα. es fragt

7) wahrscheinlich wählte er dieses beispiel um so lieber wegen der ähnlichkeit, die zwischen dieser verwechslung und derjenigen, deren bekämpfung die spitze des ganzen dialogs bildet, der falschen mit der wahren staatsweisheit, unverkennbar besteht. 8) die meinung, dasz in solcher weise entsprechende paare genannt sein müsten, veranlaszte wirklich die vermutung, dasz entweder statt σοφισταὶ καὶ ῥήτορες vielmehr δικασταὶ καὶ ῥήτορες oder statt ἥ τε ὀψοποιικὴ καὶ ἡ ἰατρική vielmehr ἥ τε ὀψοποιικὴ καὶ ἡ κομμωτική zu schreiben sei. vgl. Schmidt a. o. s. 7 und Stallbaum zu d. st.

sich nun ob die darin liegende erklärung richtig ist. bezüglich des erstern ausdrucks wird das von allen seiten bejaht, dagegen bei τάχα von mehreren verneint. und so viel ist ja allerdings klar, dasz der sinn der worte πρεσβύτης γενόμενος nicht so bestimmt in τάχα liegen kann, wie in τηλικοῦτος der begriff νέος: aber das hat doch der glossator richtig erkannt, dasz τάχα hier temporale bedeutung habe. die möglichkeit hiervon bestreitet auch nur Kratz, obschon nicht blosz bei den attischen dichtern, sondern auch bei Xenophon jene bedeutung für das wörtchen unzweifelhaft feststeht und bei Platon selbst mehrere stellen dieselbe entschieden nahe legen, wie Gorg. 450[e], wo gegen Kratz Stallbaum zu vergleichen ist. und die behauptung, dasz selbst im Phaedros 228[c]. 242[a] die andere bedeutung 'vielleicht' mindestens ebenso gut passe, wird schwerlich von vielen unterschrieben werden. wenn 228[c] δεήθητε, ὅπερ τάχα πάντως ποιήσει, νῦν ἤδη ποιεῖν nicht die notwendigkeit der temporalen fassung anerkannt wird, so kann man sie freilich überall leugnen. denn wenn hier τάχα 'vielleicht' hiesze, so stände es mit πάντως in schreiendem widerspruch, abgesehen davon dasz auch der gegensatz νῦν ἤδη nur durch die übersetzung 'bald nachher' zu seinem vollen rechte kommt. ganz ähnlich aber steht die sache an unserer stelle. denn wenn auch nicht gerade ein πάντως daneben steht, so widerstrebt doch der sinn von τί δράσεις = 'was wird das noch mit dir werden?' entschieden einer solchen abschwächung der besorgnis, wie sie in einem τάχα = 'vielleicht, wol' liegen würde, daher auch Heindorf selbst bei der alten vulgata vor der verbindung τάχα δράσεις mit feinem gefühl sich hütete. Stallbaum hält nun auch die temporale fassung von τάχα aufrecht; gleichwol aber betrachtet er das πρεσβύτης γενόμενος als eine entschieden falsche erklärung des wörtchens, indem er die beziehung desselben auf das vorliegende gespräch beschränkt wissen will.[9]) aber ich wenigstens komme nicht darüber hinaus, dasz wie im Phaedros a. o. νῦν ἤδη, so hier τηλικοῦτος ὤν den gegensatz zu τάχα bilden müsse; und dann ergibt sich dasz das glossem der hauptsache nach den richtigen sinn getroffen hat, wenn es gleich den unbestimmtern ausdruck in einen bestimmtern umsetzte. ich würde nur für πρεσβύτης lieber πρεσβύτερος setzen, um dem relativen sinne des τάχα gerecht zu werden und dadurch noch dem einwand von Kratz zu begegnen, dasz, auch die zeitbedeutung zugegeben, τάχα doch immer nur die allernächste zeit, nicht das höhere alter des jungen Polos bezeichnen könne. dasz man das τάχα hier nicht nach minuten zu berechnen hat[10]), ist durch den gegensatz τηλικοῦτος ὤν hinreichend angezeigt; aber an das eigentliche greisenalter des Polos zu denken nötigt ja gar nichts, da das gedächtnis nicht erst bei greisen son-

---

9) ihm folgt Cron a. o. 10) dasz dies an sich auch bei diesem worte ebenso wenig notwendig ist als bei νεωστί, *nuper*, beweisen schon Homerische stellen wie A 205. α 251.

dern überhaupt mit den zunehmenden jahren abzunehmen pflegt. am genauesten hat demnach für unsere stelle Jahn τάχα erläutert: 'später, wenn du wirst älter werden', während Deuschle sich enger an das griechische glossem anschlieszt: 'was soll das werden? nemlich im alter.'

470ᵃ οὐκοῦν, ὦ θαυμάσιε, τὸ μέγα δύνασθαι πάλιν αὖ σοι φαίνεται, ἐὰν μὲν πράττοντι ἃ δοκεῖ ἕπηται τὸ ὠφελίμως πράττειν, ἀγαθόν τε εἶναι, καὶ τοῦτο, ὡς ἔοικεν, ἐστὶ τὸ μέγα δύνασθαι· εἰ δὲ μή, κακὸν καὶ σμικρὸν δύνασθαι; H. Schmidt a. o. s. 8 will, wie schon Ficinus und Schleiermacher, ἀγαθόν τε εἶναι nicht mit dem folgenden καὶ τοῦτο . . μέγα δύνασθαι coordiniert wissen, sondern mit dem vorhergehenden ὠφελίμως πράττειν. dadurch würde allerdings die in den worten ὡς ἔοικεν, ἐστὶ τὸ μέγα δύνασθαι liegende anakoluthie — denn man sollte im anschlusz an τὸ μέγα δύνασθαι φαίνεται erwarten καὶ τοῦτο εἶναι τὸ μέγα δύνασθαι — beseitigt werden. aber es steht dieser construction als ein unübersteigliches hindernis entgegen das μέν hinter ἐάν. denn dieses beweist dasz bei τὸ μέγα . . φαίνεται an ein doppeltes prädicat gedacht wird, von denen das eine sich an den mit ἐὰν μέν eingeführten fall anlehnt, das andere an den durch εἰ δὲ μή gegenübergestellten fall. sollte Schmidts auffassung berechtigt sein, so müste μέν entweder ganz fehlen, oder der satz müste mit τὸ μὲν μέγα δύνασθαι beginnen. die richtige erklärung geben einander ergänzend Deuschle und Kratz.[11])

473ᵃ πειράσομαι δέ γε καὶ σὲ ποιῆσαι, ὦ ἑταῖρε, ταὐτὰ ἐμοὶ λέγειν· φίλον γάρ σε ἡγοῦμαι. alle erklärer versuchen das motiv, welches Sokrates für sein bemühen den Polos zu seiner ansicht zu bekehren anführt, φίλον γάρ σε ἡγοῦμαι, zu erläutern. die meisten folgen dabei Heindorf, welcher den gedanken des Sokrates so wiedergibt: 'amicum enim te mihi esse arbitror, ut sperem sermonem te meum libenter auditurum et facile mecum concordaturum. amicorum enim dissensio facillime tollitur.' gegen diese auffassung (die er nur auffallender weise nicht bei Heindorf findet, sondern nur bei Stallbaum und Deuschle, indem er von Heindorfs erläuterung blosz die erste hälfte berücksichtigt) wendet Schmidt a. o. s. 9 mit recht ein, bei zustimmung zu der meinung eines andern dürfe man, wo es sich nicht um einen sittlich gleichgültigen wunsch desselben, sondern um eine wichtige sittliche wahrheit handelt, nach Sokrates grundsätzen gewis nicht von der freundschaftlichen neigung, sondern nur von wolbegründeter überzeugung sich leiten lassen. er

11) Cron weicht von ihnen ein wenig ab, indem er das vorangestellte gemeinsame subject beider glieder τὸ μέγα δύνασθαι schon bei ἐὰν μέν usw. in den hintergrund treten und bei εἰ δὲ μή völlig in vergessenheit kommen läszt, so dasz dasselbe gewissermaszen als casus absolutus erscheine. doch ist diese verschiedenheit der auffassung für den sinn des satzes ohne bedeutung, überdies die wahl zwischen beiden meinungen so subjectiver natur, dasz man sie eben wird frei geben müssen.

hätte sich dafür auf eine spätere stelle des dialogs selbst berufen können 487 [e], wo Sokrates gerade die hoffnung, Kallikles werde ihm aus keinem andern grunde leichtfertig zustimmen, sondern nur auf grund fester überzeugung, mit einem ganz ähnlichen satze begründet: φίλος γάρ μοι εἶ, ὡς καὶ αὐτὸς φῄς. durch Schmidts ausstellung aufmerksam gemacht hat denn Stallbaum in der neuesten auflage sich auch nur an die ersten worte Heindorfs gehalten und die bedeutung des motivs dahin abgeschwächt, Sokrates hoffe wegen der freundschaft des Polos auf geneigtes gehör. noch bedeutungsloser werden die worte, wenn man sie mit Schmidt nicht als motiv zu πειράσομαι, sondern als blosze rechtfertigung der anrede ὦ ἑταῖρε betrachtet. aber alles dies ist ja auch ganz gewis nicht der einer genauen betrachtung der stelle in ihrem zusammenhang sich ungezwungen ergebende sinn. Sokrates sagt ja gar nicht, er hoffe den Polos zu seiner meinung bekehren zu können, weil er ihn für seinen freund halte; ebenso wenig, er hoffe aus diesem grunde auf geneigtes gehör; sondern er sagt: 'ich will versuchen dich zu meiner meinung zu bekehren, weil ich dich als meinen freund betrachte.' bei einem manne wie Sokrates, der überall von sittlichen motiven bestimmt wird, kann das doch schwerlich etwas anderes heiszen als dies: er wolle den versuch machen, weil er sich dem freunde gegenüber dazu verpflichtet fühle. zum überflusz finden wir für diese auffassung noch eine ausdrückliche bestätigung in einer etwas frühern stelle des dialogs 470 [c], wo Sokrates eben zu dem, was er an unserer stelle dem Polos erweisen will, diesen seinerseits unter berufung auf seine freundschaft auffordert mit den worten ἀλλὰ μὴ κάμῃς φίλον ἄνδρα εὐεργετῶν, ἀλλ' ἔλεγχε. die pflicht der freunde ist es, dasz sie sich gegenseitig vom irrtum zu befreien streben (den erfolg dürfen sie freilich nur von der macht der wahrheit erwarten). dieser gedanke, wie er dort ganz deutlich vorliegt, schwebt offenbar dem Sokrates auch an unserer stelle vor und bildet den einzig zutreffenden schlüssel zu ihrem verständnis.

474 [e] καὶ μὴν τά γε κατὰ τοὺς νόμους καὶ τὰ ἐπιτηδεύματα οὐ δήπου ἐκτὸς τούτων ἐστὶ τὰ καλά, ἢ ὠφέλιμα εἶναι ἢ ἡδέα ἢ ἀμφότερα. Asts meinung, welche auch Findeisen schon ausgesprochen, dasz der artikel vor καλά gestrichen werden müsse, hat bereits Heindorf mit recht verworfen. aber die zutreffende rechtfertigung des artikels liegt nicht darin, dasz man, wie jener und auch Jahn, τὰ καλά zum substantivbegriff erhebt und τά γε κατὰ τοὺς νόμους καὶ (κατὰ) τὰ ἐπιτηδεύματα als attribut hierzu faszt, sondern umgekehrt ist τὰ καλά adjectivisches attribut zu jenen beiden begriffen (ebenso wie 474 [d] τὰ καλά zu τὰ σώματα als attribut hinzutritt). diese letztern aber sind nicht so zu fassen, als ob κατά auch vor τὰ ἐπιτηδεύματα wiederholt wäre. vielmehr ist τὰ ἐπιτηδεύματα mit τὰ κατὰ τοὺς νόμους gerade so coordiniert, wie kurz vorher τὰς φωνάς und τὰ κατὰ τὴν μουσικήν. dasz es bei ἐπιτηδεύματα einer solchen umschreibung mit der präposition nicht bedarf,

zeigt 474[d] τὰ καλὰ πάντα, οἷον καὶ σώματα καὶ χρώματα καὶ σχήματα καὶ φωνὰς καὶ ἐπιτηδεύματα, εἰς οὐδὲν ἀποβλέπων καλεῖς ἑκάστοτε καλά. τὰ κατὰ τοὺς νόμους aber (wofür Hipp. mai. 294[c] in gleichem zusammenhang νόμιμα steht) ist das in den bereich der gesetze fallende, d. h. die sittlichen handlungen, somit ein echtes synonymon von ἐπιτηδεύματα, welche letzteren daher auch oben in der allgemeinen aufzählung allein auftreten konnten, um diese gattung zu bezeichnen. als ein neues gebiet kommen dann nachträglich noch die μαθήματα hinzu.

481[b] ἐπὶ τὰ τοιαῦτα ἔμοιγε δοκεῖ, ὦ Πῶλε, ἡ ῥητορικὴ χρήσιμος εἶναι, ἐπεὶ τῷ γε μὴ μέλλοντι ἀδικεῖν οὐ μεγάλη τίς μοι δοκεῖ ἡ χρεία αὐτῆς εἶναι, εἰ δὴ καὶ ἔστι τις χρεία, ὡς ἔν γε τοῖς πρόσθεν οὐδαμῇ ἐφάνη οὖσα. ἐπὶ τὰ τοιαῦτα faszt die beiden 480[cd] und 480[e]—481[a] dargelegten, freilich nur hypothetisch und ironisch angenommenen gebrauchsweisen der redekunst zusammen, wonach sie einerseits dienen kann, um sich selbst und die freunde anzuklagen, wenn einer von diesen unrecht thut, anderseits um den feind vor der strafe zu schützen, wenn dieser unrecht thut.[12]) beide haben einen μέλλων ἀδικεῖν zur voraussetzung: denn in dem letztern falle ist ja die absicht einem andern zu schaden die triebfeder des handelns; in dem erstern musz ein geschehenes unrecht auf seiten des redenden (oder seiner freunde) vorliegen: diejenige person, zu deren gunsten die rhetorik gebraucht wird, musz ein ἀδικήσας, mithin auch ein μέλλων ἀδικεῖν sein. natürlich will Sokrates diese beiden gebrauchsweisen der rhetorik nicht im ernste empfehlen: die zweite nicht, weil sie geradezu unsittlich wäre; die erstere nicht, weil sie in der wirklichkeit undenkbar erscheint, sofern die zumutung sich selbst anzuklagen bei dem unsittlichen vergeblich, bei dem sittlichen überflüssig, ja ungereimt wäre.[13]) daher setzt er hinzu: ἐπεὶ τῷ γε μὴ .. ἐφάνη οὖσα d. h. 'während für einen solchen, der kein unrecht zu thun gesonnen ist, meiner meinung nach ihr nutzen nicht eben grosz ist[14]), wenn sie wirklich

12) in den worten mit welchen die darlegung dieser zweiten gebrauchsweise anhebt 480[e] τοὐναντίον δέ γε αὖ μεταβαλόντα erscheint es nicht angemessen den accusativ μεταβαλόντα zu dem zwischensatze εἰ ἄρα δεῖ τινα κακῶς ποιεῖν (als auf das subject von ποιεῖν bezüglich) zu construieren, wie Kratz will; vielmehr ist derselbe im hinblick auf den nachsatz παντὶ τρόπῳ παρασκευαστέον gesetzt, der dem sinne nach einem παρασκευάζειν δεῖ gleich kommt und daher auch weiter durch die accusative καὶ πράττοντα καὶ λέγοντα erweitert wird. 13) es bliebe nur die möglichkeit übrig, dass der sittliche zur erziehung unsittlicher freunde diesen weg einschlüge; aber auch dies ist in der wirklichkeit kaum denkbar. wird er doch zunächst den freund selbst zur einsicht seines unrechts zu bringen suchen und dabei der rhetorik nur in sehr uneigentlichem sinne bedürfen. 14) die bemerkung von Routh, welche Stallbaum sich aneignet: 'locum sic intellego: qui non sit iniuriam illaturus, non opus est ei rhetorica, ut eiusdem opera luat supplicio suo iniustitiam' erschöpft den gedanken nicht, indem sie von den beiden in bezug auf den μέλλων ἀδικεῖν möglichen gebrauchsweisen blosz die erstere berücksichtigt.

noch irgend einen nutzen für ihn hat, da in der vorigen betrachtung ein solcher sich nirgends herausgestellt hat.' abgesehen von der bedeutung, die dieser satz, wie eben gezeigt worden, für das nächst vorhergehende hat, ist die stelle, und namentlich die im druck ausgezeichneten worte, äuszerst wichtig für das verständnis des ganzen dialogs, indem sie zeigen, dasz Sokrates der rhetorik nicht unbedingt allen werth absprechen, sondern nur denjenigen nicht gelten lassen will, welchen Polos ihr zugesprochen hat, der in dem gewinn von macht im staate ohne rücksicht auf das recht und im schutz vor der strafe für begangenes unrecht bestehen sollte. sofern dies das princip der gewöhnlichen rhetorik war, ist sie allerdings dem streben des philosophen schlechthin entgegengesetzt und verwerflich, ist eben nur eine scheinkunst. die verwerfung dieser rhetorik läszt aber raum für eine edlere rhetorik, die sich selbst in den dienst der philosophie stellt. und wenn gleich dieser gedanke und der begriff einer solchen guten rhetorik in dem dialog nicht näher ausgeführt wird, so ist doch für die beurteilung der ansicht Platons von der sache die hier vorliegende andeutung nicht zu übersehen. eine ähnliche andeutung findet sich 527[c] in den worten καὶ τῇ ῥητορικῇ οὕτω χρηστέον, ἐπὶ τὸ δίκαιον ἀεί. auf diesen hintergrund des dialogs macht auch Deuschle in seiner einleitung s. 11, 6[15]) mit recht aufmerksam. um so mehr befremdet mich seine anmerkung zu unserer stelle. «εἰ δή» sagt er «hebt andeutend das eben über den nutzen der rhetorik gesagte wieder auf, weil es mit Sokrates wahrer ansicht nicht übereinstimmt. auch ἐπεὶ τῷ γε μὴ μέλλοντι ἀδικεῖν soll andeuten, dasz das zuletzt vorgetragene nicht auf sittlichem grunde ruhe.» die letztere bemerkung ist richtig und stimmt mit unserer ausführung überein. aber der mit εἰ δή anhebende satz soll schwerlich den so eben zugestandenen geringen nutzen der rhetorik wieder aufheben, sondern im gegenteil dem οὐ μεγάλη gegenüber, das als bescheidene form völliger leugnung alles nutzens aufgefaszt werden konnte, die position, dasz es doch wirklich einen sittlichen gebrauch der rhetorik geben könne, obwol nur in hypothetischer form wahren. hiermit wird auch der meinung von Kratz der boden entzogen, die in der bemerkung zu unserer stelle liegt: 'den fall, dasz die rhetorik auch zur verhütung von unrecht gebraucht werden könnte, übergeht Sokrates, weil er den willen hierzu bei den gewöhnlichen rhetoren nicht voraussetzt.' nicht übergangen ist dieser fall, sondern gerade mit den eben erläuterten worten angedeutet.

482[b] ἢ οὖν ἐκείνην ἐξέλεγξον, ὅπερ ἄρτι ἔλεγον, ὡς οὐ τὸ ἀδικεῖν ἐστὶ καὶ ἀδικοῦντα δίκην μὴ διδόναι ἁπάντων ἔσχατον κακῶν. wenn Jahn dies so auslegt: 'widerlege das was ich eben sagte', so hat er ὅπερ offenbar falsch bezogen. der relativsatz ist nicht object zu ἐξέλεγξον — dieses haben wir vielmehr allein in

15) in der neuen auflage von Cron s. 12, 5.

ἐκείνην zu finden[16]) — sondern er enthält die beiläufige nebenbemerkung, dasz die in ἐξέλεγξον τὴν φιλοσοφίαν enthaltene aufforderung auch kurz vorher schon ausgesprochen sei. dies hat Deuschle richtig erkannt; aber mit unrecht sucht er[17]) die frühere stelle, welche durch ὅπερ ἄρτι ἔλεγον in erinnerung gebracht werden soll, 480ᵉ in den worten οὐκοῦν ἢ κἀκεῖνα λυτέον ἢ τάδε ἀνάγκη συμβαίνειν, welche für ἄρτι zu weit zurückliegen und überdies dem ἐξέλεγξον τὴν φιλοσοφίαν nicht genau genug entsprechen. dies erinnert vielmehr an die worte 482ᵃ ἀλλὰ τὴν φιλοσοφίαν, τὰ ἐμὰ παιδικά, παῦσον ταῦτα λέγουσαν.

483ᵃ φύσει μὲν γὰρ πᾶν αἴσχιον, ὅπερ καὶ κάκιον, τὸ ἀδικεῖσθαι, νόμῳ δὲ τὸ ἀδικεῖν. wenn Schmidt de quattuor Gorgiae Plat. locis (Wittenberg 1862) s. 5 gegen Deuschle bemerkt: 'quod negari vult D. a Callicle, quae turpitudinis et mali communio natura cadat in iniuriam illatam, eandem lege cadere in acceptam, id re vera tamen ab illo dici indicant verba νόμῳ δὲ τὸ ἀδικεῖν, quae quid aliud significare possint, equidem non video', so beruht dies einerseits auf einer ungenauen auffassung dessen was Deuschle sagt: denn dieser läszt nicht den Kallikles leugnen, dasz nach dem gesetz das unrechtleiden schlimmer sei, sondern dasz es überhaupt schlimmer sei[18]), obschon es nach dem gesetz für häszlicher gelte. über das κάκιον urteilt ja das gesetz eben an sich gar nicht, wie Deuschle ganz richtig erkennt. hier hängt nun das misverständnis der worte Deuschles mit einer irrigen auffassung des Platonischen satzes selbst zusammen. bei νόμῳ δὲ τὸ ἀδικεῖν darf nach dem ganzen zusammenhange weiter nichts ergänzt werden als αἴσχιόν ἐστιν, nicht aber, wie Schmidt offenbar voraussetzt, auch noch πᾶν, ὅπερ καὶ κάκιον. dieser irrtum des scharfsinnigen auslegers ist ohne zweifel veranlaszt durch das wörtchen πᾶν, welches schon längst von vielen als störend anerkannt worden ist. wenn gleichwol Kratz, so sehr er die schwierigkeit des satzes zugibt, der meinung ist dasz man an πᾶν in keinem falle ändern dürfe, weil in diesem worte der nerv der sache liege, so beruht diese behauptung auf dem vorurteil, Kallikles müsse mit den worten φύσει μὲν γὰρ usw. notwendig einen allgemeinen grundsatz zum belege seines urteils über das wahre verhältnis von ἀδικεῖν und ἀδικεῖσθαι anführen, während er in wirklichkeit eben nur eine deutliche ausprägung dieses urteils selbst zu geben braucht. und dieser letztere im zusammenhang notwendige gedanke würde in der that schon völlig klar und bestimmt vorliegen,

16) schon die sprache verbot die andere auffassung, da für ἐξελέγχειν mit doppeltem objectsaccusativ schwerlich ein beispiel zu finden sein dürfte. gleichwol teilen die übersetzungen von Schleiermacher und Müller Jahns irrtum. 17) ebenso Cron. 18) die betreffenden worte Deuschles lauten: 'daraus (d. i. aus dem verhältnis des schlechten zu dem von natur häszlichen) dürfe aber nicht der umgekehrte schlusz auf das durch das gesetz für häszlicher erklärte gezogen werden, dasz es auch das gröszere übel sei.'

wenn πᾶν fehlte. dieses wörtchen aber ist der einzige grund der schwierigkeit des satzes. es stört in dreifacher beziehung. zunächst läszt der vorhergehende satz, indem er ganz bestimmt auf die beiden begriffe ἀδικεῖν und ἀδικεῖσθαι als die zu vergleichenden hinweist, eine solche verallgemeinerung, wie sie in πᾶν liegt, gar nicht erwarten, geschweige dasz er sie forderte. zweitens widerspricht das sofort wieder hinzutretende τὸ ἀδικεῖσθαι selbst dieser verallgemeinerung oder geht wenigstens in recht harter weise von dem allgemeinen zum besondern über. endlich stimmt der gegensatz νόμῳ δὲ τὸ ἀδικεῖν schlecht zu jenem allgemeinen gedanken. und wenn man sagen wollte, Platon habe zuerst nur an das erste glied gedacht und das zweite erst nachträglich hinzugefügt in anderer form, so steht dem das μέν im ersten gliede entgegen, welches zeigt dasz von anfang an die gegenüberstellung beider glieder beabsichtigt war. allen diesen übelständen, die man schwerlich durch die absicht Platons den Kallikles sich im eifer unbeholfen ausdrücken zu lassen entschuldigen kann, hat man schon längst abzuhelfen versucht, indem man für πᾶν πᾶσιν (so Stallbaum und Sybrand) oder πάντως (so Wagner) zu lesen vorschlug. und im wesentlichen scheint damit der richtige weg allerdings gezeigt zu sein. doch wird sich die veränderung des textes noch leichter erklären, wenn ursprünglich παντί gestanden hat. denn die silbe τι konnte, da αι folgte, leicht von einem abschreiber übergangen werden, zumal wenn das erstere wort etwa gebrochen war oder er den sinn des dativs παντί neben φύσει nicht gleich erkannte. Kallikles sagt dann sehr passend: 'denn von natur gilt einem jeden (also auch dem Polos trotz seiner dem wortlaute nach abweichenden erklärung 474[c]) auch als häszlicher das was schlimmer ist, das unrechtleiden, nach dem gesetz aber (gilt als häszlicher) das unrechtthun.'

491[d] τί δὲ αὑτῶν, ὦ ἑταῖρε; ἢ τί ἄρχοντας ἢ ἀρχομένους; so schrieb Stephanus diese stelle, welche eine der schwierigsten in dem ganzen dialog ist. die hss. ergeben mehrere abweichungen, indem Clark. und Vat. αὐτῶν statt αὑτῶν darbieten und ἄρχοντας mit einem der beiden ἢ nicht oder (Clark.) nur am rande haben, während die mehrzahl der übrigen hss. vor dem ersten ἢ noch ein τί einschiebt. — Schmidt Gorgiae Platonici explicati part. III (Wittenberg 1863) will am liebsten die lesart des Stephanus festhalten und dabei αὑτῶν auf das letzte wort des Kallikles ἀρχομένων beziehen und zu beiden gliedern der frage des Sokrates das prädicat wieder aus dem was Kallikles zuletzt gesagt hat entnehmen, nemlich πλέον ἔχειν προσήκει, so dasz von dem comparativ πλέον einerseits αὑτῶν als gen. comp., anderseits in gleichem sinne ἢ ἀρχομένους abhängig gedacht, das erste τί mit πλέον, das andere mit ἄρχοντας und ἀρχομένους in dem sinne *quatenus* verbunden werde. dasz diese erklärung sowol der form nach äuszerst gezwungen ist wie auch dem inhalt nach wenig befriedigt, ist wol ohne genaue auseinandersetzung einleuchtend. schon die zwei ganz verschiedenartigen fragen in solcher verbindung mit einander wären störend, zumal das folgende die erstere ganz unberücksichtigt liesze. Schmidt will auch nicht wehren, wenn man vorzieht zu lesen: τί δέ; αὑτῶν, ὦ ἑταῖρε, ἢ τί ἄρχοντας ἢ ἀρχομένους; und erklärt dann: 'quid vero? sibi ipsis, amabo, an qua ratione imperantes (par est plus seu praecipui aliquid habere) quam eos quibus imperatur?' so fällt wenigstens der vorher erwähnte anstosz der vereinigung zweier ganz ungleichartiger fragen weg. aber höchst sonderbar bliebe der ausdruck auch so. was soll namentlich die frage αὑτῶν ἢ τί? und dasz ἢ ἀρχομένους von πλέον abhänge, erscheint ohne wiederholung dieses wortes ganz unmöglich. dieses letztere bedenken vermeidet Kratz, dessen erklärung sich sonst der zweiten auffassung von Schmidt ziemlich nahe anschlieszt, wenn er gleich vorzieht die worte so abzuteilen: τί δὲ αὑτῶν, ὦ ἑταῖρε; ἢ τί ἄρχοντας ἢ ἀρχομένους; wobei er dann zu αὑτῶν aus Kallikles rede ἄρχοντας ergänzt. auch so bleibt ἢ τί störend: denn das folgende zeigt dasz die frage des Sokrates eben nur auf das verhältnis der herschenden des Kallikles zur selbstbeherschung gerichtet ist. lediglich in unerheblichen nebenpuncten weicht diese erklärung von der durch Heindorf gegebenen ab, während Stallbaum über vermutungen, denen er selbst kein rechtes zutrauen schenkt, nicht hinauskommt. — soweit die versuche den überlieferten text zu erklären. sie zeigen wol ohne zweifel so viel, dasz was Platon geschrieben von der überlieferung nicht völlig treu bewahrt sein kann, ein verdacht welchen auch schon das schwanken der hss. und nicht minder die umschreibungen des scholiasten und des Olympiodoros nahe legen. längst sind denn auch vorschläge zur berichtigung des textes gemacht worden. scheinbar am gründlichsten räumt mit den schwierigkeiten auf Bekker, wenn er von dem ganzen satze nur die ersten worte τί δὲ αὑτῶν, ὦ ἑταῖρε; stehen läszt, wofür er sich sogar auf cod. Paris. V berufen kann. aber es wird doch schwer anzunehmen, dasz die weiteren dunklen worte auf einem bloszen zusatz der abschreiber beruhten, den man höchstens aus einem glossem zu dem vorhergehenden τοὺς ἄρχοντας τῶν ἀρχομένων erklären könnte. denn wie sollte jemand den einfachen gen. comp. τῶν ἀρχομένων einer erklärung bedürftig gefunden haben? überdies wäre die so verkürzte frage 'wie aber steht es in bezug auf sie selbst?' an sich so dunkel gehalten, dasz es dem Kallikles gar nicht zu verdenken wäre, wenn er sie nicht verstände; Sokrates hätte dann nicht blosz für Kallikles sondern überhaupt unverständlich geredet. Jahn hält daher ἄρχοντας ἢ ἀρχομένους fest und streicht nur die allerdings in den hss. am meisten schwankend überlieferten fragewörter hinter ἑταῖρε. wäre die so verkürzte lesart richtig[19]), so würde doch die

19) Cron hat sie aufgenommen. nur setzt er das erste fragezeichen hinter ἑταῖρε, während Jahn schreibt: τί δέ; αὑτῶν, ὦ ἑταῖρε, ἄρχοντας ἢ ἀρχομένους;

erklärung, mit welcher Jahn sie stützt, wenig befriedigen: 'wie aber? sollen sie gegen sich selbst als herschend über sich im vorteil oder als beherscht von sich im nachteil sein?' denn der begriff 'im nachteil sein' ist dabei völlig aus der luft gegriffen. ich würde vielmehr erklären: 'wie aber? (sollen wir diese deine herschenden) sich selbst beherschend oder von sich beherscht (denken)?' aber es erscheint doch auch als ein gewaltact gegenüber der überlieferung jene schwierigen fragewörtchen einfach zu beseitigen. demnach bleibt nichts übrig als diese so zu verändern, dasz sich sowol die entstehung der verderbnis begreifen läszt als auch ein angemessener sinn sich ergibt. diesen weg hat Hermann betreten, welchem Deuschle folgt, indem sie in ἤ τί oder τί ἤ τί die spuren eines τί οἴει; finden. noch befriedigender für den sinn — denn die parenthese τί οἴει; wäre doch ein entbehrliches flickwort — und zugleich minder fern dem im Clark. überlieferten ἤ τί möchte ich ἤτοι vorschlagen.

Als Kallikles betont, die herschenden (welche er durch einsicht und tapferkeit ausgezeichnet sein läszt) verdienten gegenüber den beherschten (welche jenen in denselben tugenden nachstehen sollen) im vorteil zu sein, wirft Sokrates, um dem gegner die notwendigkeit der tugend der mäszigung, welche jener ganz auszer acht gelassen hat, zu gemüte zu führen, ein: τί δέ; αὐτῶν, ὦ ἑταῖρε, ἤτοι ἄρχοντας ἢ ἀρχομένους; = 'wie aber? (diese deine herschenden musz man doch) im vergleich zu sich selbst entweder (als) herschend oder (als) beherscht (denken)?'[20]) Sokrates fragt also gar nicht gleich, ob Kallikles selbstbeherschung von seinen herschern verlange oder nicht, sondern recht in seiner art vorsichtig bahnt er sich erst den weg zu dieser frage durch anregung des gedankens, dasz doch bei den von Kallikles den herschern zugesprochenen tugenden die doppelte möglichkeit bleibe, dasz sie zugleich auch selbstbeherschung übten oder nicht. er konnte so auch eher ein eingehen des Kallikles auf den neuen punct erwarten, als wenn er gleich die gewissensfrage in voller schärfe gestellt hätte. da Kallikles die frage gleichwol nicht versteht, weil ihm eben der gedanke der selbstbeherschung ganz fern liegt, so beginnt denn Sokrates eben diesen begriff zu erläutern, indem er fortfährt: ἕνα ἕκαστον λέγω αὐτὸν ἑαυτοῦ ἄρχοντα. diese worte noch an die vorige construction anzuknüpfen mit Schmidt, der auch hier ergänzt wissen will πλέον ἔχειν προσήκειν, ist gar kein grund vorhanden, da der acc. sich hier ganz einfach aus der abhängigkeit von λέγω erklärt: 'ein jeder, meine ich, ist ein herscher über sich selbst.' darin liegt natürlich nicht die behauptung, dasz jeder diese herschaft wirklich in richtiger weise ausübe, sondern nur dasz er die aufgabe habe sie auszuüben. dies wird

20) die in klammern gegebenen ergänzungen sind im deutschen unentbehrlich, im griechischen werden sie durch die genaue casusbezeichnung, welche die prädicative beziehung von ἄρχοντας ἢ ἀρχομένους auf τοὺς ἄρχοντας in der rede des Kallikles leicht ersehen läszt, ersetzt.

noch deutlicher durch den zusatz ἢ τοῦτο μὲν οὐδὲν δεῖ, αὐτὸν ἑαυτοῦ ἄρχειν, τῶν δὲ ἄλλων;

Zur rechtfertigung meiner vermutung ist nur noch auf einige stellen hinzuweisen, wo ἤτοι in ganz gleicher weise gebraucht erscheint. wir lesen 460ª ἐάνπερ ῥητορικὸν σύ τινα ποιήσῃς, ἀνάγκη αὐτὸν εἰδέναι τὰ δίκαια καὶ τὰ ἄδικα ἤτοι πρότερόν γε ἢ ὕστερον μαθόντα παρὰ σοῦ. ferner 475ª ὅταν ἄρα δυοῖν καλοῖν θάτερον κάλλιον ᾖ, ἢ τῷ ἑτέρῳ τούτοιν ἢ ἀμφοτέροις ὑπερβάλλον κάλλιόν ἐστιν, ἤτοι ἡδονῇ ἢ ὠφελείᾳ ἢ ἀμφοτέροις und 475ᵇ καὶ ὅταν δὲ δὴ δυοῖν αἰσχροῖν τὸ ἕτερον αἴσχιον ᾖ, ἤτοι λύπῃ ἢ κακῷ ὑπερβάλλον αἴσχιον ἔσται· ἢ οὐκ ἀνάγκη; dasz an keiner dieser stellen ἤτοι in einem fragesatze steht wie an der unsrigen, thut gar nichts zur sache, da eben auch wir in ἤτοι .. ἢ keineswegs eine form der doppelfrage sehen, sondern den ganzen gedanken αὐτῶν ἤτοι ἄρχοντας ἢ ἀρχομένους, der an sich ebenso gut als behauptung gefaszt werden könnte, in fragendem tone ausgesprochen sein lassen, um zunächst die zustimmung des gegners lediglich zu dieser alternative zu gewinnen, wie dies in der letzten parallelstelle durch den der behauptung angefügten zusatz ἢ οὐκ ἀνάγκη; erreicht wird. vgl. noch 475ᵇ g. e.: οὐκοῦν usw., wo auch der satz mit ἤτοι selbst die frageform zeigt.

Nicht minder streitig ist bis jetzt die schreibung und auslegung der alsbald folgenden stelle 491ᵉ ΚΑ. ὡς ἡδὺς εἶ· τοὺς ἠλιθίους λέγεις, τοὺς σώφρονας. ΣΩ. πῶς γὰρ οὔ; οὐδεὶς ὅστις οὐκ ἂν γνοίη ὅτι οὕτω λέγω. ΚΑ. πάνυ γε σφόδρα, ὦ Σώκρατες. ἐπεὶ πῶς ἂν εὐδαίμων γένοιτο ἄνθρωπος δουλεύων ὁτῳοῦν; einmal wurde in der erstern äuszerung des Kallikles τοὺς σώφρονας bis auf Deuschle allgemein als prädicat zu τοὺς ἠλιθίους betrachtet, so wenig es auch denkbar erscheinen will dasz der gewöhnliche sinn von σώφρων, auf welchen Sokrates im vorhergehenden hingewiesen hat, dem Kallikles nicht ebenfalls geläufig gewesen wäre, so dasz er über diese bezeichnung als etwas neues und dem Sokrates eigentümliches sich verwundern sollte, und so sehr auf der andern seite der (beim prädicat hier kaum zu rechtfertigende) artikel vor σώφρονας eine andere auffassung nahe legte. Deuschle nun, welchem auch Schmidt (Gorgiae Plat. explic. part. III s. 3) unumwunden zustimmt (während Kratz zu der ältern auffassung zurückkehrt), hat hier unzweifelhaft das richtige erkannt, indem er hinter λέγεις ein komma setzte und dadurch τοὺς σώφρονας als epexegetische apposition zu τοὺς ἠλιθίους bezeichnete (vgl. neben der ausgabe diese jahrb. 1860 s. 492 f.). eines prädicativen accusativs bedarf zwar λέγεις in diesem zusammenhang allerdings; aber als solcher wird gemäsz der vorangegangenen frage des Kallikles πῶς ἑαυτοῦ ἄρχοντα λέγεις; mit leichtigkeit eben ἑαυτῶν ἄρχοντας ergänzt und damit der hauptbegriff, um welchen sich auch das weiter folgende noch dreht, in gedanken fest gehalten, während nach der früher herkömmlichen auffassung dieser hauptbegriff völlig zurücktrat und dadurch der strenge zusammenhang der ganzen verhandlung verdunkelt wurde.

Mit dieser erkenntnis haben wir nun auch einen festen haltpunct für die beurteilung der verschiedenen meinungen über die nächste erwiderung des Sokrates gewonnen. dieselbe ist oben in derjenigen form mitgeteilt, in welcher sie in den besten hss. (Clark. und Vat.) vorliegt. hiervon weicht aber die mehrzahl der hss. insofern ab, als sie statt ὅτι οὕτω λέγω bieten ὅτι οὐ τοῦτο λέγω. vergleicht man zunächst diese beiden lesarten an und für sich mit einander, ohne vorläufig auf den zusammenhang mit den äuszerungen des Kallikles zu achten, so kann die wahl gar nicht zweifelhaft sein. denn während bei der lesart des Clark. die beiden teile des ausspruchs πῶς γὰρ οὔ; und οὐδεὶς ὅστις οὐκ ἂν γνοίη ὅτι οὕτω λέγω bestens zusammenstimmen in dem sinn einer kräftigen bejahung, stehen nach der vulgata beide in schreiendem widerspruche mit einander, indem der erstere bejaht, der zweite noch kräftiger verneint; der bejahung und der verneinung aber eine verschiedene beziehung zu geben (etwa bei der erstern an τοὺς σώφρονας, bei der letztern an τοὺς ἠλιθίους zu denken[21])) ist angesichts der unmittelbaren zusammenstellung der beiden sätzchen ohne andeutung eines zwischen ihnen bestehenden gegensatzes ganz unmöglich. aber passt denn eine zustimmende antwort des Sokrates auch zu der äuszerung des Kallikles, auf welche jene sich beziehen musz? nach der altherkömmlichen auffassung der letztern (welche wir eben nach Deuschles vorgang berichtigt haben) freilich entschieden nicht. Sokrates konnte unmöglich[22]) bejahen, dasz er die einfältigen als besonnen bezeichnen wolle. darum hielt man sich mit freuden an die lesart der geringern hss. οὐ τοῦτο und fand darin einen unter den gemachten voraussetzungen allerdings unabweisbaren verdachtsgrund gegen die richtigkeit der (übrigens vollkommen einstimmigen) überlieferung der ersten hälfte von Sokrates erwiderung, welche nun ebenfalls verneinenden sinn haben muste. und so wurde denn in der formel πῶς γὰρ οὔ; nach dem vorgange des Ficinus von Routh, Heindorf, Ast, ferner in der neuern zeit von den Zürcher hgg., von Hermann, Jahn und zuletzt mit gröster zuversicht von Kratz die negation als unerträglich (und durch dittographie aus dem folgenden οὐδείς entstanden) verworfen.[23]) für uns aber stellt sich die sache gerade umgekehrt. denn auf die bemerkung des Kallikles: 'die einfaltspinsel meinst du (mit den sich selbst beherschenden), die besonnenen' konnte Sokrates trotz des darin eingemischten spottes unmöglich verneinend antworten, und selbst eine ausweichende oder den spott zu allererst zurückweisende erwiderung

21) dies versuchte Schleiermacher in der zweiten auflage. vgl Schmidt a. o. s. 4. 22) Stallbaum sucht durch eine kleine verdrehung der worte des Kallikles selbst bei der prädicativen fassung von τοὺς σώφρονας die bejahung des Sokrates möglich zu machen, indem er jene so umschreibt: 'temperantes dicis stolidos illos homunciones, qui cupiditates coërcent.' 23) danach übersetzen auch Schleiermacher in der ersten auflage und Müller.

würde den charakter des Sokrates nicht in so helles licht treten lassen als wenn er, ohne auf den spöttischen seitenblick des Kallikles irgend zu achten, einfach mit einem πῶς γὰρ οὔ; bestätigt, Kallikles habe jetzt endlich verstanden, was er (Sokrates) mit dem ἑαυτοῦ ἄρχων meine. der wahre weise kann sich mit vollkommenem gleichmut von dem sittlichen unverstand einen thoren schelten lassen. lediglich darin verräth sich eine gewisse gemütsbewegung an Sokrates, dasz er hinzufügt οὐδεὶς ὅςτις οὐκ ἂν γνοίη ὅτι οὕτω λέγω und damit seine verwunderung bemerklich macht über die schwierigkeit, welche Kallikles an dem verständnis des doch auch sonst nicht ungewöhnlichen begriffes der selbstbeherschung — denn Sokrates konnte sich dafür sogar auf den allgemeinen sprachgebrauch berufen (mit den worten ὥςπερ οἱ πολλοί) — gefunden habe.[24]) durch diese beleuchtung der worte des Sokrates sind, dünkt mich, auch die einwendungen, welche Keck (jahrb. 1861 s. 422 f.) erhebt und auf die Schmidt a. o. groszes gewicht legt, vollständig beseitigt, als wenn Sokrates einerseits zu τοὺς ἠλιθίους λέγεις, τοὺς σώφρονας nicht 'ja' sagen könne, weil darin τοὺς ἠλιθίους als hauptmoment (allerdings für die spöttische absicht des Kallikles ist es so, aber eben nicht für den lediglich die wahrheit suchenden Sokrates) sich geltend mache, und als wenn derselbe anderseits mit den worten οὐδεὶς . . λέγω gegen seine gewohnheit eine berufung auf die autorität von jedermann an die stelle eines beweises für die wahrheit seiner behauptung setzen würde. um einen beweis für eine behauptung handelt es sich ja eben hier ganz und gar nicht, sondern nur darum dasz Kallikles in diesem puncte erst jetzt endlich angefangen hat, wie wir sagen würden, deutsch zu verstehen, was man allerdings doch trotz aller 'feinheit Sokratischer rede' von jedermann verlangen musz, mit dem man verhandeln soll.

Damit fällt denn auch das bedürfnis hinweg für den eigentümlichen versuch der lösung aller schwierigkeiten unserer stelle, welchen Schmidt a. o. vorgetragen hat. da ihm nemlich auf den mit Deuschle richtig verstandenen zweiten teil der äuszerung des Kallikles (τοὺς ἠλιθίους λέγεις, τοὺς σώφρονας) weder die bejahung πῶς γὰρ οὔ; noch die verneinung πῶς γάρ; zu passen scheint, so will er die erwiderung des Sokrates vielmehr auf die erste hälfte jener äuszerung (ὡς ἡδὺς εἶ) bezogen wissen. liegt diese beziehung nun schon an und für sich ferner, so scheitert der versuch völlig an der wirklichen bedeutung der zuletzt angeführten worte. ihnen legt Schmidt den sinn unter, als ob Kallikles damit die erklärung, welche Sokrates eben von ἑαυτοῦ ἄρχων gegeben hat, als nicht ernst-

24) ὅτι οὕτω λέγω entspricht hiernach vortrefflich als stricte antwort der den ganzen kleinen abschnitt beherschenden frage des Kallikles πῶς ἑαυτοῦ ἄρχοντα λέγεις, worin wir eine neue bestätigung für die richtigkeit jener lesart der besten hss. erkennen.

lich gemeint, sondern nur 'festive et ioci causa' vorgetragen bezeichnen wolle, wogegen hinwiederum Sokrates mit πῶς γάρ; ='wie so?' den vollen ernst seiner erklärung geltend mache. diesem gedanken wird dann auch die zweite hälfte der antwort des Sokrates angepasst durch eine combination beider überlieferter lesarten, die schon an sich nicht viel wahrscheinliches hat, indem Schmidt Sokrates hinzufügen läszt: οὐδεὶς ὅστις οὐκ ἂν γνοίη ὅτι οὐχ οὕτω τοῦτο λέγω = 'jedermann sieht ein dasz ich dies nicht in diesem sinne (d. h. nicht im scherze) sage.' aber eben diese bedeutung von ἡδὺς εἶ ist eine ganz unerwiesene annahme. zum glück kommt der ausdruck bei Platon wiederholt in ähnlicher beziehung vor, und zwar so dasz über seinen sinn kein zweifel bleibt. pol. I 337[d] erwidert Thrasymachos dem Sokrates, als dieser den anspruch erhebt, von ihm als dem wissenden über den wahren begriff der gerechtigkeit belehrt zu werden: ἡδὺς γὰρ εἶ· ἀλλὰ πρὸς τῷ μαθεῖν καὶ ἀπότισον ἀργύριον, d. h. offenbar nicht 'du scherzest' — denn Thrasymachos bildet sich alles ernstes ein den Sokrates belehren zu können — sondern etwa so viel wie unser burschikoses 'du bist gelungen' oder, wie Deuschle auch an unserer Gorgiasstelle erklärt 'du bist naiv; aber bezahle neben dem lernen auch geld.' ähnlich ist pol. VII 527[d]: wenigstens kann dort ἡδὺς εἶ, ὅτι ἔοικας δεδιότι τοὺς πολλούς, μὴ δοκῇς ἄχρηστα μαθήματα προστάττειν sicherlich wieder nichts von scherzhafter absicht besagen, sondern nur einen unabsichtlichen komischen eindruck. nicht minder ist das einleuchtend Euthyd. 300[a] σὺ δ' ἴσως οὐκ οἴει αὐτὰ ὁρᾶν· οὕτως ἡδὺς εἶ, wo ἡδύς sich eher dem begriffe des einfältigen als dem des witzigen, scherzhaften nähert. auch die anrede an Sokrates ὦ ἥδιστε pol. I 348[c] im munde des Thrasymachos ist verwandter natur: sie steht innerhalb einer ironischen zustimmung zu einer von Sokrates vollkommen ernstlich gemeinten annahme, von welcher aber Thrasymachos alsbald das gegenteil als seine wirkliche meinung hinstellt. überall also liegt in der bezeichnung einer person als ἡδύς ein ironisches oder gar höhnisches lob derselben in bezug auf eine äuszerung, in welcher der betreffende zwar sich ganz gibt wie er ist, die aber dem andern mehr oder weniger verkehrt, ja albern erscheint. demnach kann ὡς ἡδὺς εἶ auch an unserer stelle nichts anderes heiszen als: 'wie naiv (d. i. ein gemildertes 'lächerlich', aber bei leibe nicht 'schalkhaft, scherzhaft') bist du.'

Indessen auch der bau unserer eignen auslegung, so behutsam wir ihn bisher aufgeführt zu haben glaubten, scheint am ende wieder zusammenstürzen zu müssen, wenn wir Kratz (im anhang seiner ausgabe) hören, der aus der auf Sokrates erwiderung folgenden rückantwort des Kallikles πάνυ γε σφόδρα usw. die notwendigkeit folgern zu dürfen meint, dasz Sokrates der vorherigen meinung des Kallikles nicht zugestimmt, sondern derselben widersprochen und also οὐ τοῦτο (nicht οὕτω) gesagt habe. allerdings begründet Kallikles mit den worten ἐπεὶ πῶς ἂν εὐδαίμων γένοιτο ἄνθρωπος δουλεύων ὁτῳοῦν seinen fortgesetzten widerspruch dagegen, dasz von der forderung der selbstbeherschung die rede sein dürfe bei denen welche eben zum herschen über andere und damit zur wahren glückseligkeit (in Kallikles sinne) befähigt sein sollen. denn bei δουλεύων ὁτῳοῦν hat er offenbar gerade vorzugsweise den sich selbst beherschenden in gedanken, sofern dieser doch zugleich auch dienen musz.[25]) demnach müssen die worte πάνυ γε σφόδρα jenen fortgesetzten widerspruch irgendwie enthalten. daraus folgt aber nicht, wie Kratz meint, dasz Sokrates οὐ τοῦτο λέγω gesagt haben müsse, damit nemlich σφόδρα im gegensatz hierzu durch τοῦτο λέγεις ergänzt werden könne. vielmehr hat man jene betheurungsformel im genauen anschlusz an des Sokrates letzten ausspruch οὐδεὶς (sc. ἔστιν) ὅστις οὐκ ἂν γνοίη ὅτι οὕτω λέγω zu vervollständigen durch ἔστιν ὅστις οὐκ ἂν γνοίη ὅτι οὕτω λέγεις, was denn vermöge der litotes fast einem οὐδεὶς ἂν γνοίη gleichkommt.[26]) so entspricht die schluszerklärung des Kallikles auch aufs beste dem vorher mit ὡς ἡδὺς εἶ angeschlagenen tone. hat er dort schon ausgesprochen, dasz die rede des Sokrates vom ἑαυτοῦ ἄρχων ihm komisch vorkomme, so erklärt er dieselbe nun für geradezu unbegreiflich. natürlich ist sie ihm nicht deshalb unbegreiflich, weil ihr *wortsinn* ihm selbst nach Sokrates erläuterungen noch immer unklar wäre, sondern weil die *sache* ihm in diesen zusammenhang ganz und gar nicht zu passen scheint, wie er dies ja sofort weiter ausführt.

Durch diese erläuterung des πάνυ γε σφόδρα habe ich zugleich den anstosz aus dem wege geräumt, welchen die sonst der meinigen am nächsten stehende auffassung der ganzen stelle bei Deuschle und Cron übrig liesz. diese ergänzen nemlich πάνυ γε σφόδρα, obschon sie vorher nicht mit Kratz οὐ τοῦτο, sondern τοῦτο (D.) oder οὕτω (C.) lesen, doch auch durch τοῦτο oder οὕτω λέγεις und wollen diese scheinbare zustimmung des Kallikles zu Sokrates ausspruch bei offenbar entgegengesetzter ansicht dadurch rechtfertigen, dasz sie Sokrates bei seinem πῶς γὰρ οὔ; und οὕτω (oder τοῦτο) λέγω τοὺς σώφρονας im auge haben, Kallikles dagegen bei seiner bestä-

25) sein herr ist in wahrheit freilich nur der bessere teil seines eigenen ich — daher nach Sokrates meinung dieser dienst gerade zur wahren freiheit führt, wie er im Menon 86^{d} (citiert von Deuschle) deutlich ausspricht —; nach Kallikles aber, der von jenem bessern ich nichts weisz oder wenigstens nichts hält, versteckt sich dahinter nur die willkürliche satzung der schwächlinge, der menge, ὁ τῶν πολλῶν ἀνθρώπων νόμος τε καὶ ψόγος, vgl. 492^{b}. auf die bedeutung dieser letztern stelle für das richtige verständnis von δουλεύων ὁτῳοῦν hat Schmidt a. o. s. 4 mit recht aufmerksam gemacht; nur dasz er darin ohne grund einen widerspruch gegen Deuschles deutung des ausdrucks aus ἑαυτοῦ ἄρχων findet. wie beides zu vereinigen sei, glaube ich vorstehend gezeigt zu haben. 26) dasz πάνυ γε σφόδρα ohne weitern zusatz einer vorhergehenden negation in dem sinne unsers 'doch sehr wol, erst recht' entgegentreten kann, bestätigt der ganz ähnliche gebrauch von σφόδρα γε bei Lysias 31, 28.

tigenden zustimmung nur an τοὺς ἠλιθίους denken lassen.[27]) das wäre aber eine taschenspielerei mit begriffen, die selbst dem unverschämten, aber doch ehrlichen Kallikles nicht zuzutrauen ist, die einmal zugelassen nicht nur alle möglichkeit der verständigung zwischen den sich unterredenden personen ausschlieszen, sondern das gespräch auch für die zuhörer und leser ganz unverständlich machen würde.

Die einfachste probe auf unsere an den von den besten hss. überlieferten text sich treu anschlieszende auslegung wird eine übersetzung des ganzen kleinen abschnitts liefern, mit der wir bis an die zunächst vorher von uns behandelte stelle zurückgreifen: Kall.: in welchem sinne redest du von einem herscher über sich selbst? Sokr.: gar nichts besonderes meine ich damit, sondern wie man es allgemein versteht, wenn jemand besonnen ist und seiner selbst mächtig, indem er über die lüste und begierden in dem eigenen herzen die herschaft führt. K.: wie naiv (komisch) du bist! die einfaltspinsel meinst du [mit dem edeln namen von 'herschern' über sich selbst], die [sogenannten] besonnenen! S.: nun freilich; das kann ja niemand verkennen, dasz ich es in diesem sinne meine. K.: doch sehr wol [kann es mancher verkennen] (d. h. jeder vernünftige wird das unbegreiflich finden), o Sokrates. denn wie sollte wol von glückseligkeit die rede sein können bei einem menschen, wenn er irgendwem dienstbar sein musz?

495^{cd}. in bezug auf diesen ganzen abschnitt erhebt Schmidt Gorgiae explicati part. III s. 5 das bedenken, man sehe nicht ein, welchen zweck Platon damit verfolge, da er an sich keine widerlegung des Kallikles enthalte und auch als grundlage für die unmittelbar folgenden beiden beweise nicht notwendig sei. mich dünkt, so schlimm stehe die sache nicht. allerdings enthält dieser abschnitt keine vollständige widerlegung des Kallikles (wie Schmidt gegen Stallbaum ganz richtig nachweist), obschon die zusammenstellung der hier gewonnenen behauptung des Kallikles ἐπιστήμην καὶ ἀνδρείαν καὶ ἀλλήλων καὶ τοῦ ἀγαθοῦ ἕτερον mit der frühern ἡδὺ καὶ ἀγαθὸν ταὐτὸν εἶναι in den das resultat des kleinen abschnittes ziehenden worten φέρε δὴ ὅπως . . ἕτερον für den einsichtigen bereits sehr schlagend die in dem kopfe des Kallikles herschende begriffsverwirrung aufdeckt und so wenigstens die widerlegung vorbereitet. formell aber kommt dieser zusammenstellung nur die bedeutung einer einleitung der widerlegung zu. und als solche erweist sie sich auch vollkommen geeignet, indem sie eben die zu widerlegenden sätze, um sie recht bestimmt dem gedächtnis einzuprägen, formuliert. es wird sodann zuerst der satz für sich allein ins auge gefaszt ἡδὺ καὶ ἀγαθὸν ταὐτόν und ad absurdum geführt 495^{e} — 497^{d}. nachher aber 497^{e} wird zugleich auf die zweite behauptung

27) ähnlich Stallbaum, nur etwas erträglicher, weil er im vorhergehenden noch die (unrichtige) prädicative fassung von τοὺς σώφρονας festgehalten hat.

rücksicht genommen ἐπιστήμην καὶ ἀνδρείαν καὶ ἀλλήλων καὶ τοῦ ἀγαθοῦ ἕτερον und daraus eine consequenz gezogen: τί δέ; ἀγαθοὺς ἄνδρας καλεῖς τοὺς ἄφρονας καὶ δειλούς; welche Kallikles selbst sofort zur aufrechthaltung der frühern behauptung 491[c] zurückweisen musz, um dann aus diesem zugeständnis einen neuen widerspruch mit der erstern behauptung ἡδὺ καὶ ἀγαθὸν ταὐτόν abzuleiten. jene rückbeziehung auf die zweite behauptung des Kallikles wäre aber verdunkelt, wenn man mit Schmidt 495[d] statt τοῦ ἀγαθοῦ ἕτερον läse τοῦ ἡδέος ἕτερον. darum ist auch diese vermutung nicht zu billigen. denn der grund welchen Schmidt dafür geltend macht, dasz bei der überlieferten lesart ein mittelglied der schluszfolgerung fehle, ist durchaus nicht durchschlagend. Sokrates pflegt ja allerdings im allgemeinen sorgfältig schritt für schritt weiter zu gehen; doch widerspricht es auch seiner gewohnheit keineswegs, ein so selbstverständliches mittelglied, wie hier τοῦ ἡδέος ἕτερον sein würde, da ja unmittelbar der satz ἡδὺ καὶ ἀγαθὸν ταὐτόν vorhergeht, nach umständen auszulassen. und offenbar wurde durch die gewählte fassung der widersinn von Kallikles behauptung noch augenscheinlicher.

504[e] πρὸς τοῦτο ἀεὶ τὸν νοῦν ἔχων, ὅπως ἂν αὐτοῦ τοῖς πολίταις δικαιοσύνη μὲν ἐν ταῖς ψυχαῖς γίγνηται, ἀδικία δὲ ἀπαλλάττηται. warum hier Deuschle αὐτοῦ in αὐτῷ zu verwandeln sich gedrungen fühlt, verstehe ich nicht trotz Kecks unumwundener zustimmung zu jener änderung.[28]) er postuliert (jahrb. 1860 s. 496) für den genetiv die reflexive form, die dann natürlich hinter dem artikel stehen müste, während er bei dem ethischen dativ auf das reflexivpronomen ohne weiteres selbst verzichtet. was das aber für einen unterschied machen soll, hat er nicht gezeigt, und es wird auch schwerlich zu zeigen sein. das ist ja allerdings richtig: wenn die mitbürger des redners in bestimmtem gegensatz zu andern bürgern gedacht wären, so würde man das reflexivpronomen erwarten; nur ob der dativ oder genetiv des pronomens stände, wäre auch dann für den sinn gleichgültig. ein solcher gegensatz liegt aber, wie Deuschle ganz richtig erkennt, hier auszerhalb des gesichtskreises. dennoch würde die rede nicht die erwünschte deutlichkeit haben, wenn Platon blosz τοῖς πολίταις ohne zusatz geschrieben hätte, weil in dem griechischen πολίτης die beziehung auf eine person an sich gar nicht liegt, wie das bei unserm deutschen mitbürger der fall ist. diese beziehung wird nun durch das vorgesetzte αὐτοῦ angezeigt ebenso gut wie durch Deuschles dativ; ja es ist wol nicht zu verkennen, dasz die nebeneinanderstellung der beiden dative αὐτῷ und τοῖς πολίταις weder für die deutlichkeit noch für die gefälligkeit des ausdrucks ein gewinn wäre. daher ist Kratz sowie auch Stallbaum (ausgabe von 1861) mit recht bei der überlieferten lesart stehen geblieben.

28) auch Cron behält sie bei.

512ᵉ—513ᵃ. Sokrates hat dem Kallikles, der es als ein groszes lob der rhetorik betrachtet, dasz sie aus lebensgefahr vor gericht zu retten vermöge, vorgehalten, dasz ja diese fähigkeit aus lebensgefahr zu retten andern künsten wie dem schwimmen und steuern in noch höherm grade beiwohne, auf welche doch Kallikles mit geringschätzung herabsehe, und die auch selbst ihren werth gar nicht so hoch anschlügen in der richtigen erkenntnis, dasz lebenserhaltung für den am leibe oder gar an der seele kranken gar keine wolthat sei. diese erörterung schlieszt er ab mit den worten ἀλλ', ὦ μακάριε, ὅρα μὴ ἄλλο τι τὸ γενναῖον καὶ τὸ ἀγαθὸν ᾖ τοῦ σώζειν τε καὶ σώζεσθαι = 'aber das gute und edle besteht am ende doch in etwas anderm als in der lebenserhaltung.' nach der vorigen erörterung, besonders 511ᵇ kann es niemandem zweifelhaft sein, worin es nach der überzeugung des Sokrates wirklich besteht, nemlich in dem καλὸν κἀγαθὸν εἶναι. doch fügt Sokrates auch sofort eine positive erläuterung hinzu, aber in einer periode die zu manigfachen bedenken anlasz gegeben und daher eine ganze reihe von erklärungs- und verbesserungsversuchen hervorgerufen hat und trotzdem bis jetzt noch nicht völlig ins klare gestellt ist.

Zunächst fragt sich: wie weit reicht eigentlich die periode? und eben diese vorfrage scheint mir von keinem der bisherigen ausleger richtig beantwortet zu sein. diese alle, soweit ich sie vor mir habe, rechnen nemlich den ersten satz von 513ᵃ mit hinzu: καὶ νῦν δὲ ἄρα δεῖ σε ὡς ὁμοιότατον γίγνεσθαι τῷ δήμῳ τῷ τῶν Ἀθηναίων, εἰ μέλλεις τούτῳ προσφιλὴς εἶναι καὶ μέγα δύνασθαι ἐν τῇ πόλει, so dasz dieser ebenso wie der nächst vorhergehende von ἄρα abhängig gedacht und also fragend aufgefaszt wird.[29]) aber kann denn Sokrates so fragen offenbar im sinne der verneinung, nachdem er oben 510ᵈ die notwendigkeit der bejahung dieser frage überzeugend nachgewiesen hat? entspricht denn diese angebliche frage überhaupt der vorhergehenden, deren anwendung sie sein soll? der hinzugefügte condicionalsatz εἰ μέλλεις usw. schlieszt eine solche auffassung entschieden aus. unter dieser bedingung ist gar kein zweifel dasz es mit dem δεῖ ὡς ὁμοιότατον γίγνεσθαι seine richtigkeit hat. wir müssen also diesen satz von der mit μὴ γάρ beginnenden periode abtrennen (was die interpunction durch ein punctum zu bezeichnen hat) und als behauptung fassen, an welche dann erst mit den worten τοῦθ' ὅρα εἰ σοὶ λυσιτελεῖ καὶ ἐμοί die frage angeschlossen wird, welche jener erstern allgemeinen ἆρα ἐξομοιῶν αὑτὸν τῇ πολιτείᾳ ταύτῃ ἐν ᾗ ἂν οἰκῇ als anwendung auf den besondern fall des Kallikles entspricht.

Was aber ist nun von der so verkürzten periode zu halten?

29) Kratz bemerkt allerdings zu καὶ νῦν δὲ ἄρα..: 'übergang in die unabhängige rede.' ob er aber damit die richtige auffassung dieses satzes hat andeuten wollen, bleibt unklar, weil er vor καὶ νῦν ebensowie Hermann, Deuschle, Jahn, Stallbaum, sowie auch Cron blosz mit komma interpungiert.

dabei kommt zuerst eine verschiedenheit der textesüberlieferung in betracht, welche, so unbedeutend sie sich äuszerlich darstellt, doch für die auffassung des ganzen gar nicht unerheblich ist. statt der vulgata ὁπόσον δὴ χρόνον bieten nemlich Clark. und Vat. ὁπόσον δὲ χρόνον, mehrere andere hss. ὁπόσον δεῖ χρόνον. δεῖ beruht offenbar auf einem schreibfehler, der jedoch eher aus δή vermöge des itacismus zu erklären sein wird als aus δέ (gegen Stallbaum). gleichwol haben Hermann, Deuschle und auch Stallbaum in seiner letzten ausgabe δέ aufgenommen. hiergegen musz jedoch schon der umstand verdacht erwecken, dasz Hermann sich eben hierdurch zu einer bedeutenden änderung des textes im vorhergehenden genötigt sah, die doch als in sich durchaus unwahrscheinlich bei keinem herausgeber auszer bei Jahn anklang gefunden hat (er schrieb nemlich statt μὴ γὰρ τοῦτο μὲν τὸ ζῆν vielmehr ἡδὺ γὰρ τοῦτο μὲν τὸ ζῆν). Deuschle will nur statt τοῦτο schreiben αὐτό, eine sinnreiche vermutung die man sich schon gefallen lassen könnte. aber wenn er nun zu μὴ γὰρ αὐτὸ μὲν τὸ ζῆν aus dem vorhergehenden satze ἀγαθὸν ᾖ ergänzt[30]), so könnte das doch im anschlusz an jenen satz unmöglich etwas anderes heiszen als 'denn am ende ist es das leben selbst', während Deuschle den entgegengesetzten sinn hineinlegen will: 'denn das leben an sich ist es doch nicht', weil freilich jener erstere gedanke ganz unsokratisch sein würde. da wäre Stallbaums erklärung doch noch vorzuziehen, der (übrigens auch τοῦτο unangefochten lassend) die abgerissenen worte ergänzt wissen will durch οἷον τὸ ἀγαθὸν καὶ γενναῖον εἶναι. aber auch dieser versuch scheitert an der von Keck in diesen jahrb. 1861 s. 427 und von Kratz in seiner ausgabe (anhang) mit recht betonten unmöglichkeit zwischen dem leben an sich und der dauer des lebens einen solchen gegensatz zu bilden, wie er von Stallbaum in übereinstimmung mit Deuschle angenommen wird. und dieser umstand entscheidet überhaupt gegen die schreibung des Clark., bei welcher man eben diesem unpassenden gegensatze gar nicht ausweichen könnte.

Unter festhaltung von δή nun haben Keck und Kratz den überlieferten text in ziemlich übereinstimmender und, ich füge hinzu, im wesentlichen befriedigender weise erklärt.[31]) beide fassen die ganze periode als frage, in welcher das einleitende μή nicht, wie es gewöhnlich der fall ist, die erwartung einer verneinenden antwort seitens des redenden anzeige, sondern im gegenteil der frage den sinn einer positiven behauptung gebe, nur weniger bestimmt und zuversichtlich als es ein οὐ an derselben stelle thun würde. beide

30) dem einwand von Kratz, dasz ἀγαθόν im vorhergehenden satze nicht prädicat, sondern subject sei, könnte man im sinne Deuschles dadurch begegnen, dasz man eben τὸ ἀγαθόν als subject ergänzte, was für den gedanken auf dasselbe hinauskäme. 31) wodurch alle weitern emendationsversuche wie die conjecturen von Cornarius und Buttmann (s. bei Stallbaum) überflüssig werden. auch Cron hat sich obiger erklärung angeschlossen.

betrachten jedoch die frage mit μή als eine indirecte, die von einem vorschwebenden ὅρα abhängig zu denken sei, ebenso wie sätze mit μή und dem conjunctiv, von welchen jene sich nur ein wenig in der färbung des gedankens unterscheide, nemlich wie die litotes von der ironie (so bestimmt die sache Keck) — oder wie ein 'du wirst es nicht leugnen können' von einem 'du wirst es nicht verhindern können' (so bezeichnet den unterschied Kratz). Kratz will daher auch an unserer stelle die worte μὴ γὰρ usw., vor welchen er nur mit komma interpungiert, noch von dem ὅρα des vorigen satzes abhängen lassen, während Keck das punctum an jenem orte fest haltend eben einen solchen imperativ ergänzt. rücksichtlich dieser für den sinn des ganzen freilich sehr unerheblichen verschiedenheit, der einzigen welche zwischen Keck und Kratz statt findet, stehe ich meinerseits nicht an Kecks auffassung den vorzug zu geben. denn meines bedünkens ist nach σώζεσθαι ein gewisses ausruhen, das dem Kallikles zeit zum besinnen läszt, erforderlich, also wenigstens ein punctum; ich würde sogar einen gedankenstrich nicht unpassend finden. überdies widerstrebt doch auch eben der wechsel des modus einer so engen verknüpfung des fraglichen satzes mit dem vorhergehenden, wie Kratz sie annimt. gegen Kecks auffassung könnte nur ein teil der von ihm selbst als gleichartig herangezogenen stellen bedenken erregen, weil sie das nicht beweisen, was sie beweisen sollen. denn Gorg. 512[b] hat μή σοι δοκεῖ κατὰ τὸν δικανικὸν εἶναι gerade offenbar verneinenden und nicht, wie Keck will, bejahenden sinn (vgl. Deuschle zu d. st.). auch die beiden stellen der apologie 25[a] und 28[d] sind lediglich belege für den gewöhnlichen gebrauch, wonach μή eine bejahung abwehren will, und nur in ironischem sinne kann man für diese fragen eine positive behauptung setzen. als einziges beispiel unter den von Keck beigebrachten bleibt demnach die stelle, auf welche Keck allerdings auch das hauptgewicht legt, Menon 89[c] ἴσως νὴ Δία· ἀλλὰ μὴ τοῦτο οὐ καλῶς ὡμολογήσαμεν = 'aber am ende haben wir dies mit unrecht eingeräumt.' zum ersatz der verworfenen belege Kecks mag dienen Prot. 312[a] ἀλλ' ἄρα, ὦ Ἱππόκρατες, μὴ οὐ τοιαύτην ὑπολαμβάνεις σου τὴν παρὰ Πρωταγόρου μάθησιν ἔσεσθαι, ἀλλ' οἷα παρὰ τοῦ γραμματιστοῦ ἐγένετο καὶ κιθαριστοῦ καὶ παιδοτρίβου = 'aber du erwartest also wol doch keinen solchen unterricht von Protagoras (wodurch du ein sophist werden würdest), sondern einen solchen, wie usw. (d. h. wie er zur allgemeinen bildung gehört).' diese stellen zeigen zur genüge, dasz μή mit ind. auch ohne vorhergegangenes ὅρα recht wol den von Keck für unsere stelle angenommenen sinn haben kann. ich würde nur insofern noch über ihn hinaus gehen, als ich eben auch die ergänzung von ὅρα oder eines ähnlichen wortes für überflüssig halte und vielmehr die angeführten und ähnliche sätze von haus aus als directe fragen ansehe, freilich nur rhetorische fragen, so dasz man ebenso wie bei οὐκοῦν sie sogar geradezu als behauptungen betrachten und danach interpungieren dürfte. nur bedeutet οὐκοῦν eine zweifellose behauptung, während μή nur die besorgnis der wahrheit des sich anschlieszenden gedankens anregt und daher im deutschen durch ein 'vielleicht, am ende, ja wol' wiederzugeben ist.[32]) dieser sinn erscheint auch an unserer stelle als sehr passend, wenn man nur berücksichtigt, dasz Sokrates sich fein so ausdrückt, wie es Kallikles thun müste, wenn dieser in seiner bisherigen ansicht wankend würde. für ihn selbst ist es freilich keine besorgnis, sondern feste überzeugung.

Um das ergebnis meiner erörterung übersichtlich zusammenzufassen, stehe hier noch eine übersetzung der ganzen stelle: 'aber, mein bester, das edle und gute besteht am ende doch in etwas anderm als in der lebenserhaltung. denn dies, die lebensdauer nemlich[33]), musz ja wol wenigstens der wahrhafte mann dahingestellt sein lassen und darf nicht am leben hängen, sondern musz, indem er diesen punct gott befiehlt und den weibern glaubt dasz niemand seinem geschick entgehen könne, nur auf die weitere frage sein augenmerk richten, auf welche weise er die ihm zufallende lebenszeit möglichst gut hinbringen könne, ob etwa dadurch dasz er der regierung, unter welcher er steht, ähnlich zu werden strebt. auch jetzt aber muszt du eben dem volke der Athener möglichst ähnlich zu werden suchen, wenn du seine liebe gewinnen und im staate groszen einflusz haben willst; sieh dich nun vor, ob dies (die nachahmung des athenischen volkes) dir frommt und auch mir, damit es uns nicht, du verwegener, ergehe wie man von den thessalischen frauen sagt, welche den mond herunterholen, und uns das streben nach diesem einflusz im staate theuer zu stehen komme.'

525ᵃ οὐ γάρ, οἶμαι, ἐξῆν αὐτῷ. in dem erhabenen mythos von dem zustand der menschen nach dem tode, durch welchen der dialog seinen abschlusz findet, hat Platon den ärgsten frevlern die stellung von warnenden beispielen für die übrigen zugewiesen, da sie selbst unheilbar seien. er hat dann als wahrscheinlich bezeichnet, dasz die

32) mit dem gewöhnlichen verneinenden sinn der von μή eingeleiteten fragen verträgt sich dies sehr leicht, wenn man nur die grosze bedeutung des tones berücksichtigt, mit dem eine frage ausgesprochen wird. μή heiszt in der frage im grunde immer 'doch nicht?' (vgl. Hermann zu Vig. s. 787). spricht man dies im tone der abwehr aus, so erwartet die frage eine verneinung; läszt man dagegen den ton der besorgnis vorwalten, so ergibt sich ein bejahender sinn mit dem ausdruck des bedenkens. es liegt in der natur der sache, dasz bei eigentlichen fragen, die beantwortet sein wollen, das erstere entschieden vorherscht, während bei rhetorischen fragen der letztere gebrauch ebenfalls häufig genug ist; ebenso dasz die grenze zwischen dem einen und dem andern gebrauch eine flieszende ist, daher bei beurteilung der einzelnen fälle die ansichten leicht auseinander gehen können.

33) dasz τοῦτο einerseits auf den begriff der lebenserhaltung zurückweist und anderseits appositionsweise durch den begriff der lebensdauer näher bestimmt wird, hat durchaus nichts anstösziges, da beide begriffe so nahe verwandt sind, dasz sie für den vorliegenden zusammenhang als gleich gelten können. daher ist für Deuschles an sich ansprechendes αὐτό (anstatt τοῦτο) doch durchaus kein bedürfnis vorhanden.

mehrzahl dieser unglückseligsten gerade aus dem kreise der machthaber auf erden hervorgehe, weil sie in ihrer machtstellung eben die gelegenheit zu hervorragenden freveln fänden, und sich für diese seine meinung auch auf das zeugnis Homers berufen, der nur könige wie Tantalos im Hades ewige qualen erdulden lasse, während einen Thersites niemand als mit besondern strafleiden behaftet dargestellt habe, als ob er unheilbar wäre. 'denn' setzt er in den vorstehenden worten erläuternd hinzu 'es fehlte ihm, denke ich, an der möglichkeit dazu.' das 'wozu?' ist im allgemeinen klar genug, und doch ist die stricte antwort streitig. Deuschle will zu ἐξῆν ergänzen τὰ μέγιστα καὶ ἀνοσιώτατα ἁμαρτήματα ἁμαρτάνειν.[34]) ebenso Stallbaum, der sich noch ausdrücklich gegen die ergänzung von ἀνιάτῳ γίγνεσθαι verwahrt. geradezu will ich die letztere, welcher Schleiermacher folgt, auch nicht empfehlen; aber doch steht sie dem richtigen näher als jene andere. denn unmöglich kann man den zu ergänzenden infinitiv aus einem ganz andern abschnitt der rede, der durch drei sätze von dem unsrigen getrennt ist, herholen. οὐ γὰρ ἐξῆν αὐτῷ begründet das eben von Thersites gesagte, und daher kann eben auch nur das verbum dieses von Thersites handelnden satzes bei ἐξῆν hinzugedacht werden, also συνέχεσθαι μεγάλαις τιμωρίαις ὡς ἀνιάτῳ. 'es fehlte ihm an der möglichkeit zum verfallen in solche strafen, wie sie dem unheilbaren zukommen.' so sagt Platon. dasz dies nun eben darin seinen grund hat, dasz Thersites keine μέγιστα καὶ ἀνοσιώτατα ἁμαρτήματα begehen konnte, ist wahr, aber auch nach der vorangegangenen auseinandersetzung selbstverständlich.

527[c] ἐμοὶ οὖν πειθόμενος ἀκολούθησον ἐνταῦθα, οἷ ἀφικόμενος εὐδαιμονήσεις καὶ ζῶν καὶ τελευτήσας, ὡς ὁ σὸς λόγος σημαίνει. das possessivpronomen σός ist an dieser stelle durch die überwiegende mehrzahl der hss., worunter auch gerade die besten, gestützt; daher Stallbaum, Hermann und Deuschle, der letzte merkwürdiger weise ohne irgend ein wort der erläuterung oder des bedenkens[35]) dasselbe festhalten, während Heindorf, Jahn, Kratz es verwerfen. Heindorf vergleicht 511[b], wo ebenfalls mehrere hss. ὁ σὸς λόγος bieten im widerspruch mit dem zusammenhang der stelle. doch liegt dort die sache insofern anders, als es da immer nur untergeordnete hss. sind welche das pronomen hinzufügen, während in den besten das einfache, auch sonst mehrfach bei Platon vorkommende ὁ λόγος σημαίνει sich vorfindet. gleichwol ist auch an unserer stelle σός völlig unhaltbar, wie es kurz, aber schlagend Kratz nachweist. denn was Stallbaum zur rechtfertigung sagt: 'admonet (Socrates) ita Calliclem gravissime eorum quae ipse in disputatione superiore concesserat' ist eine behauptung für die ich den nachweis vergeblich suche. nirgends hat Kallikles gesagt oder auch nur dem Sokrates eingeräumt, dasz nur der gerechte im leben und im tode glücklich sein könne. vielmehr wie ungläubig er diesem grund-

34) dabei bleibt auch Cron. 35) dem hat Cron abgeholfen, ohne jedoch zu einer bestimmten entscheidung zu gelangen.

satze gegenüber steht, das haben noch seine letzten äuszerungen 522[c,e] zur genüge gezeigt. ganz mit recht wendet daher Kratz zu allererst dies gegen das wörtchen cόc ein, dasz mit ihm der satz geradezu unwahr wäre. es kommt aber hinzu dasz Sokrates ja gerade auch an unserer stelle ganz deutlich seine lebensanschauung der des Kallikles als eine grundsätzlich verschiedene gegenüberstellt mit den nachdrücklich an die spitze des satzes tretenden worten ἐμοὶ οὖν πειθόμενος. dasz also Platon nicht ὁ cὸc λόγος geschrieben hat, ist mir unzweifelhaft. daraus folgt jedoch nicht dasz er lediglich, wie so oft sonst in solcher verbindung, ὁ λόγος gesagt hat. dagegen spricht eben das fast einstimmige zeugnis der hss. an dieser stelle doch zu stark. und mich dünkt, das in der mitte liegende richtige wäre nicht schwer zu finden. Platon schrieb höchst wahrscheinlich ὁ cοφὸc λόγος, woraus das possessivpronomen durch einen schreibfehler entstanden sein wird, und meinte damit nichts anderes als die erzählung von dem gericht im Hades 523 ff., welche ja wirklich den nachweis von dem alleinigen und ewigen heile des gerechten geliefert hat. diese erzählung nennt er von vorn herein mit einem gewissen nachdruck einen λόγος (523[a]), nicht μῦθος, und wenn er sie dort auch vielmehr als καλὸc λόγος, nicht cοφὸc λόγος bezeichnet, so wird doch dies letztere attribut gewis nicht minder der meinung Platons entsprechen und offenbar an dieser stelle — zur begründung eines weisen rathes — besser passen. dasz cοφόc nach Platons sprachgebrauch zu λόγος als attribut hinzutreten konnte, kann keinem zweifel unterliegen, da er im Phaedon 100[c] τὰc ἄλλαc αἰτίαc τὰc cοφὰc ταύταc, Krat. 402[a] τὸν Ἡράκλειτόν μοι δοκῶ καθορᾶν παλαί' ἄττα cοφὰ λέγοντα gesagt hat, und auch im Gorgias selbst 483[a] τοῦτο τὸ cοφόν sich findet, mithin der gebrauch des wortes von sachen als echt Platonisch erwiesen ist. in dem unechten gespräche Hipparchos lesen wir sogar ganz gleichartig mit unserm cοφὸc λόγος 225[c] τι τῶν cοφῶν ῥημάτων.

TORGAU. FRIEDRICH WILHELM MÜNSCHER.

19.
ZU SUIDAS.

In dem fragment u. λυκόcτομοc· οὐ λύκοc ἐξ ἀνθρώπων κατὰ τὸν Ἀρκαδικὸν μῦθον, ἀλλὰ τύραννοc ἐκ βαcιλέωc ἀπέβη πικρόc ist ἀνθρώπων offenbar sinnlos und falsch, und es wäre schon wegen des gegensatzes βαcιλέωc durch conjectur zu schreiben ἀνθρώπου, wenn nicht auch das original der glosse, das den herausgebern entgangen ist, ἀνθρώπου böte, nemlich Polybios 7, 13, 7 οὐ λύκοc ἐξ ἀνθρώπου κατὰ τὸν Ἀρκαδικὸν μῦθον, ὥc φηcιν ὁ Πλάτων (rep. VII 565), ἀλλὰ τύραννοc ἐκ βαcιλέωc ἀπέβη πικρόc. somit ist auch die lesart ἀπέβη gegen das ἀπαίρει der früheren ausgaben gesichert.

Die u. μετεβάλετο beigebrachte stelle ὁ δὲ ἅμα τῷ εἰς ὄψιν ἐλθεῖν μετεβάλετο πρὸς τοὺς πολεμίους rührt, was keiner der herausgeber bemerkt hat, aus Polybios 5, 54, 1 her und lautet vollständig: τὸ δ' εὐώνυμον ἅμα τῷ συνιὸν εἰς ὄψιν ἐλθεῖν τῷ βασιλεῖ μετεβάλετο πρὸς τοὺς πολεμίους. sie liefert zugleich einen neuen beleg für die art und weise wie Suidas excerpiert hat (s. Bernhardy praef. s. LVI).

In der glosse χρῆμα· μέγα τι χρῆμα καὶ θαυμάσιον ἀνὴρ καὶ ψυχὴ δεόντως ἁρμοσθεῖσα κατὰ τὴν ἐξ ἀρχῆς σύστασιν, πρὸς ὅ τι ἂν ὁρμήσῃ τῶν ἐξ ἀρχῆς ἔργων ist gegen Gaisford mit Bernhardy zu lesen μέγα τι statt μέγα τὸ, ferner ist ἐξ ἀρχῆς vor ἔργων als fehlerhafte wiederholung (wofür es schon Bernhardy ansieht) zu beseitigen und dafür zu lesen ἀνθρωπίνων, ferner nach μέγα τι χρῆμα einzusetzen φύεται, wie das original der glosse, das ich bei Polybios 9, 22, 6 gefunden, bestätigt.

Die fundstätte des u. οὐχ οἷός τ' εἰμ' angeführten fragmentes οὐχ οἷός τ' ἦν ἐθελοντὴς συνυπακούειν ist, was man bisher übersehen hat, Polybios 25, 9, 7. es ist daselbst von Philopömens verhalten gegen die Römer die rede.

Ich schliesze noch einige kleinere notizen und berichtigungen zu den Suidascommentaren an. das fragment u. εὔστολον· ὁ δὲ προῆγε ποιήσας εὔστολον τὴν ἀκολουθίαν steht vollständiger u. περικοπή, aus welcher letztern stelle die form ἀκολουθίαν gegen die lesart des E ἀκολούθησιν gesichert wird. zur glosse περικοπή· ἅτε μηδεμίαν ἐχούσης πραγματικὴν ἔμφασιν τῆς περικοπῆς αὐτῶν ist die bemerkung nachzutragen, dasz die hgg. des Polybios das bruchstück den fragmenten dieses schriftstellers eingereiht haben (fr. gramm. 104 Schw. 154 Dind.). das fragment u. συνέπεσε· συνέπεσε τῷ στρατηγῷ πρὸς τὰ γόνατα, über dessen fundort nichts bemerkt ist, steht vollständiger u. σεμνομυθοῦσιν. früher stellten die ausgaben des Polybios dieses 39, 3 ein; Dindorf hat es entfernt. der glosse ὑπειρετικοῖς· ἔζευξε τὰς νῆας, βραχὺ διάστημα ποιῶν, ὥστε ὑπειρετικοῖς ἐκπλεῖν δύνασθαι καὶ διαπλεῖν weisen die hgg. des Polybios ihre stelle 14, 10, 11 an. das von Bernhardy conjicierte διεκπλεῖν hatte schon Schweighäuser bd. VIII B s. 145 vorgeschlagen. Bernhardy vermutet, das fr. u. αἰδοῖ εἴκων· καὶ χρυσοῦν στέφανον ἐπέβαλεν αἰδοῖ τοῦτο δρῶν τῆς περὶ τὸν Μάρκελλον ἀρετῆς, welches Hannibal an der leiche des Marcellus zum inhalte hat, sei aus Cassius Dion. von den schriftstellern, die über denselben gegenstand sprechen, erwähnt Zonaras 9, 9 nichts von einem goldenen kranze, ebensowenig Appian Hann. 50. Livius 27, 28, 2. Cic. *Cat. m.* 20, 75. Valerius Maximus 5, 1 *ext.* 6 läszt Hannibal einen lorbeerkranz schenken. bemerkenswerth ist die ähnlichkeit der betreffenden stelle Plutarchs Marc. 30 καὶ χρυσοῦν ἐμβαλὼν στέφανον mit dem bruchstück bei Suidas. sollte vielleicht dieses und Plutarch auf dieselbe quelle (Polybios) zurückgehen?

Stendal. Moritz Müller.

20.

DIE SPARTANISCHE GESANDTSCHAFT AN DEN PERSERKÖNIG IM JAHRE 408 VOR CH. (OL. 92, 4).

Ueber den führer der Spartaner bei der gesandtschaft, welche auf des Pharnabazos vorschlag an den Perserkönig im j. 409 abgieng, herscht in Xenophons griechischer geschichte grosze verwirrung. wir lesen in dem berichte (I 3, 13), dasz Pasippidas an der spitze der spartanischen gesandten gestanden habe: ἐπορεύοντο δὲ καὶ Λακεδαιμονίων πρέσβεις Πασιππίδας καὶ ἕτεροι, μετὰ δὲ τούτων καὶ Ἑρμοκράτης, ἤδη φεύγων ἐκ Συρακουσῶν (nach I 1, 27 im j. 411), καὶ ὁ ἀδελφὸς αὐτοῦ Πρόξενος. kurz vorher aber (I 1, 32) berichtet uns derselbe schriftsteller für das j. 411, dasz auf Thasos die lakonische partei samt dem harmosten in einem aufstande fortgejagt worden sei und dasz daran nächst dem Tissaphernes lediglich Pasippidas die schuld getragen habe, der das seewesen der bundesgenossen leitete; deshalb sei er angeklagt und verbannt worden: καταιτιαθεὶς δὲ ταῦτα πρᾶξαι σὺν Τισσαφέρνει Πασιππίδας ὁ Λάκων ἔφυγεν ἐκ Σπάρτης· an seine stelle trat nun ein anderer, heiszt es da weiter: ἐπὶ δὲ τὸ ναυτικόν, ὃ ἐκεῖνος ἠθροίκει ἀπὸ τῶν συμμάχων, ἐξεπέμφθη Κρατησιππίδας. dasz Pasippidas wieder nach Sparta zurückberufen worden sei, davon wird im folgenden nichts erzählt; es ist dies auch gar nicht wahrscheinlich. trotzdem ist im j. 409 eben derselbe mann in einer hohen stellung nach I 3, 17. denn es ist davon die rede, dasz der harmost Klearchos zu Pharnabazos gegangen sei, teils um geld für seine soldaten in empfang zu nehmen, teils um sowol die schiffe des Agesandridas zu sammeln als auch diejenigen welche von Pasippidas in den verschiedenen teilen des Hellesponts stationiert worden waren: ναῦς συλλέξων, αἳ ἦσαν ἐν τῷ Ἑλλησπόντῳ ἄλλαι (add. ἄλλῃ) καταλελειμμέναι φρουρίδες ὑπὸ Πασιππίδου καὶ ἐν Ἀντάνδρῳ καὶ ἃς Ἀγησανδρίδας εἶχεν ἐπὶ Θρᾴκης. die schwierigkeit ist dadurch noch gröszer geworden, da ja daraus hervorgeht, dasz Pasippidas sogar auf dem kriegsschauplatze seit einiger zeit wieder beschäftigt gewesen ist. und als sollte sich alles zusammenfinden, um die sache noch mehr zu verwickeln, heiszt I 4, 2 der führer der spartanischen gesandtschaft ganz anders: οἵ τε Λακεδαιμονίων πρέσβεις, Βοιώτιος ὄνομα καὶ οἱ μετ' αὐτοῦ. also Boeotios, nicht Pasippidas, ist das haupt der gesandtschaft. natürlich hat es nicht an leuten gefehlt, die die sache entschieden zu haben wähnten, wenn sie nicht blosz zwei verschiedene Pasippidas, sondern sogar zwei Hermokrates durch hypothese aufstellten.[1]) Morus und Schneider nehmen schlieszlich gar zwei gesandtschaften zu verschiedenen zeiten an. kurz und

1) denn auch bei Hermokrates ist es merkwürdig, dasz er als verbannter in Sparta eine so grosze rolle gespielt haben solle.

gut, die sache klingt so verzweifelt, dasz L. Dindorf, der besonnene forscher, schlieszlich in seiner vorrede zu Xenophons Hellenika (Leipzig 1866) s. V ausruft: 'ac praestat haud dubie talia abicere et similibus relinquere interpolatoribus qualem infra .... coarguam quam operam perdere in explicandis iis tanquam Xenophontis quae neque explicari neque scripta ab illo esse possunt.'

Indessen läszt sich durch ein einfaches kritisches hülfsmittel das ganze in ordnung bringen. geht man nemlich auf die stelle I 1, 32 zurück, in der über die verbannung des Pasippidas berichtet wird, so wird als sein nachfolger im j. 411 ein mann mit sehr ähnlich klingendem namen bezeichnet. es ist dies Kratesippidas: Πασιππίδας ὁ Λάκων ἔφυγεν ἐκ Σπάρτης· ἐπὶ δὲ τὸ ναυτικὸν.. ἐξεπέμφθη Κρατησιππίδας. die ähnlichkeit des namens ist aber hier an allem unheile schuld: denn sowol I 3, 13 als I 3, 17 ist der name Κρατησιππίδας an die stelle des Pasippidas einzusetzen.[2]) danach würde sich die sache nun folgendermaszen gestalten. Kratesippidas war im j. 411 mit der oberaufsicht über die schiffe der bundesgenossen betraut worden und hatte im j. 409 in dieser stellung die schiffe an verschiedene orte des Hellesponts stationiert, die Klearchos eben nächst den übrigen zu sammeln im begriff war. er war es auch, der nach I 3, 13 im j. 409 an der spitze der spartanischen gesandtschaft stand, und zwar weil er seiner stellung nach am ehesten dazu geeignet war. so weit wäre alles ganz gut.

Allein wie kommt es dasz I 4, 2 Boeotios statt seiner als führer der gesandtschaft genannt wird? auch das läszt sich nach den von Xenophon selbst gegebenen anhaltspuncten genügend erklären. Kratesippidas war nemlich für das jahr 408/7 zum nauarchen ernannt worden. dies berichtet uns freilich Xenophon erst viel später I 5, 1, und zwar nur gelegentlich, wo er vom antritt der nauarchie von seiten des Lysandros erzählt: οἱ δὲ Λακεδαιμόνιοι πρότερον τούτων οὐ πολλῷ χρόνῳ Κρατησιππίδᾳ τῆς ναυαρχίας παρεληλυθυίας Λύσανδρον ἐξέπεμψαν ναύαρχον. Lysandros war aber nauarch im j. 407/6 (ol. 93, 1). sein vorgänger Kratesippidas muste also dieselbe würde im j. 408/7 (ol. 92, 4) bekleidet haben, da die nauarchie nur ein jahr lang von einem und demselben bekleidet wurde.[3])

Danach bliebe indessen noch die éine frage zu erledigen, warum Kratesippidas im j. 409, also zu der zeit wo er noch nicht nauarch war, von der führung zurücktrat und sie dem Boeotios überliesz. allein auch darüber gibt Xenophon I 4, 1 f. auskunft. denn nach ihm blieb Pharnabazos den ganzen winter des j. 409 hindurch in Gordion, und die gesandten reisten erst im frühjahr des j. 408 zum könig: Φαρνάβαζος δὲ καὶ οἱ πρέσβεις.. ἐν Γορδιείῳ ὄντες τὸν

---

2) ähnliche namensverwechselungen hat L. Dindorf für die Hellenika selbst in seiner ausgabe s. XXI nachgewiesen. 3) vgl. Sievers gesch. Griechenlands s. 37 anm. 62.

χειμῶνα τὰ περὶ τὸ Βυζάντιον πεπραγμένα ἤκουσαν. ἀρχομένου δὲ τοῦ ἔαρος πορευομένοις αὐτοῖς παρὰ βασιλέα ἀπήντησαν καταβαίνοντες οἵ τε Λακεδαιμονίων πρέσβεις, Βοιώτιος ὄνομα καὶ οἱ μετ' αὐτοῦ καὶ οἱ ἄλλοι ἄγγελοι. im frühjahr des j. 408 war aber Kratesippidas als nauarch genötigt die führung der gesandtschaft einem andern, dem Boeotios zu überlassen, da er selbst ein so wichtiges amt einnahm, dasz er einerseits seinen posten nicht verlassen konnte, anderseits aber der ehre seines amtes eine solche gesandtschaft widersprach.

Es bleibt noch übrig über Hermokrates zu sprechen, dessen beteiligung an der spartanischen gesandtschaft man aus eben demselben grunde wie die des Pasippidas für unmöglich hielt. denn auch er war im j. 411 nach einem siege der demokratischen partei in seiner heimat Syrakus in die verbannung geschickt worden (I 1, 27—31). allein nichts scheint natürlicher als dasz ihm die Spartaner als gleichgesinnten, als aristokraten und Lakonisten, nicht blosz den ferneren aufenthalt in ihrem lande gestatteten, sondern ihm auch eine wichtige stelle einräumten, zumal er nach der schilderung Xenophons ein ehrenmann war. dasz sich ein solcher mann der spartanischen gesandtschaft anschliessen konnte, ohne officiell für dieselbe gewählt worden zu sein, ist klar. mehr aber sagt auch der text nicht als dasz er sich n e b s t a n d e r e n der gesandtschaft zugesellt habe: I 3, 13 ἐπορεύοντο δὲ καὶ Λακεδαιμονίων πρέσβεις Κρατησιππίδας καὶ ἕτεροι, μετὰ δὲ τούτων καὶ Ἑρμοκράτης [ἤδη φεύγων ἐκ Συρακουσῶν[4])] καὶ ὁ ἀδελφὸς αὐτοῦ Πρόξενος.

Noch wahrscheinlicher jedoch erscheint die annahme, dasz Hermokrates an dieser gesandtschaft in seiner eigenschaft als bürger von Antandros teil genommen habe. denn nach Xenophon (Hell. I 1, 26) war allen Syrakosiern für ihre groszen verdienste um die befestigung und sicherung der stadt die politie verliehen worden: οἱ Συρακόσιοι ἅμα τοῖς Ἀντανδρίοις τοῦ τείχους τε ἐπετέλεσαν, καὶ ἐν τῇ φρουρᾷ ἤρεσαν πάντων μάλιστα. διὰ ταῦτα δὲ εὐεργεσία τε καὶ π ο λ ι τ ε ί α Συρακοσίοις ἐν Ἀντάνδρῳ ἐστί. jedenfalls geschah dies wol aus dem grunde, damit die aus ihrer heimat verbannten in Antandros eine neue heimat fänden. in ähnlicher weise erhielten die Selinusier von der stadt Ephesos die politie für ihre verdienste um die stadt, mit dem ausdrücklichen zusatze, weil ihre stadt zu grunde gerichtet war. denn nebst ihnen hatten zugleich die Syrakosier noch andere auszeichnungen und vorrechte erhalten: Xen. Hell. I 2, 10 τοῖς δὲ Συρακοσίοις καὶ Σελινουσίοις κρατίστοις γενομένοις ἀριστεῖα ἔδωκαν καὶ κοινῇ καὶ ἰδίᾳ πολλοῖς καὶ οἰκεῖν

4) die worte ἤδη φεύγων ἐκ Συρακουσῶν halte ich für eine der zahlreichen interpolationen in den Hellenika, und noch dazu für eine corrumpierte: denn da die gesandtschaft im j. 409 in angriff genommen und er 411 verbannt worden ist, so braucht das nicht erst noch einmal gesagt zu werden. zudem ist das ἤδη φεύγων corruptel, etwa für ὁ δὴ φυγών. doch ist das höchst unwichtig.

ἀτέλειαν ἔδοσαν τῷ βουλομένῳ ἀεί· Σελινουσίοις δέ, ἐπεὶ ἡ πόλις ἀπωλώλει, καὶ πολιτείαν ἔδοσαν.

FRANKFURT AM MAIN. KONRAD TRIEBER.

21.

BERICHTIGUNG.

Auf s. 710 des vorigen jahrgangs steht in W. Dindorfs aufsatze 'lexicon Sophocleum' folgende bemerkung: 'nicht klüger ist ein anderer zweifel den Ellendt in betreff der ersten silbe des adjectivum ἀθάνατος äuszert. nach anführung eines choriambischen verses (Ant. 787), in welchem «prima epicorum modo producitur» führt er fort: «in ceteris exemplis nihil interest (OR. 905. Ph. 1420)» und läszt demnach die wahl ob man die drei ersten silben von ἀθάνατον in diesen versen für einen dactylus oder tribrachus halten will, ohne zu merken dasz das letztere ein schnitzer sein würde. denn die bei den alten epikern aus metrischer notwendigkeit hervorgegangene verlängerung der ersten silbe ist in dem adjectivum ἀθάνατος auch bei allen anderen dichtern nicht blosz im dactylischen masze, sondern auch in allen anderen silbenmaszen ohne unterschied zum unverletzlichen gesetz geworden, wie bei keinem anderen derartigen worte.' die verantwortlichkeit, welche ich mit der besorgung der zweiten auflage des Ellendtschen lexicons übernommen habe, fordert dasz ich den angegebenen thatbestand dieses monitums auf sein wahres masz zurückführe. Dindorf spricht in jenem artikel von den mängeln des in vieler hinsicht unübertroffenen Ellendtschen lexicon Sophocleum und legt seinen bemerkungen, wie billig und sachgemäsz, die erste auflage zu grunde. allein die angeführten worte stehen dort nicht; der artikel lautet vielmehr in seiner ersten hälfte: «Ἀθάνατος (– ⏑ ⏑ ⏑) *immortalis.* de mensura certo constat ex Ant. 787 *ch.* καί σ' οὔτ' ἀθανάτων φύξιμος οὐδείς; in ceteris exemplis nihil interest» und führt die beiden stellen OR. 905 *ch.* und Ph. 1420 an. die worte 'prima epicorum more (so, nicht 'modo' ist gedruckt) producitur' stehen erst in der zweiten auflage und sind ein zusatz von meiner hand, der in kürzester form die metrische observation rücksichtlich der nach dem vorgange der epiker in der gesamten poesie herschend gewordenen verlängerung der ersten silbe von ἀθάνατος an die spitze des artikels stellt und durch eckige klammern geschieden ist. das punctum hinter 'producitur' ist leider ausgefallen.

BERLIN. HERMANN GENTHE.

22.

Über den accusativus cum infinitivo. von Franz Miklosich. (aus den sitzungsberichten der k. k. akademie der wissenschaften.) Wien, druck und verlag von C. Gerolds sohn. 1869. 28 s. lex. 8.

Diese abhandlung des berühmten Slavisten geht darauf aus die bisherigen ansichten der grammatiker über die structur des accusativus cum infinitivo von Apollonios an bis auf die neueste zeit sämtlich als unzulässig zurückzuweisen. alles einzelne was er in dieser absicht vorbringt einer prüfung zu unterwerfen finde ich mich nicht veranlaszt, weil ich, wenigstens in der hauptsache, nemlich darin dasz die grosze mehrzahl jener ansichten die wahrheit verfehlt habe, derselben meinung bin wie er, wenn auch freilich nicht aus denselben gründen. auch darüber will ich mich jetzt in keine erörterung mit ihm einlassen, ob wirklich neben der structur des acc. c. inf. eine mit ihr gleichbedeutende des dativus c. inf. anzuerkennen sei, wie er sie im gothischen und im altslovenischen nachweisen zu können meint. was es mit den altslovenischen beispielen die er dafür beibringt für eine bewandtnis habe, vermag ich freilich nicht selbst zu beurteilen, weil mir die sprache fremd ist; indessen da hr. M. s. 497 uns versichert dasz diese erscheinung im altslovenischen vollkommen der im gothischen vorkommenden entsprechend sei, so darf daran auch nicht gezweifelt werden. was nun aber das gothische betrifft, so ist wie mir scheint jene dativstructur, wie sie z. b. nach dem praeteritum *varth* (es geschah, factum est, evenit) vorkommt, von Gabelentz und Löbe grammatica gothica s. 249 so einleuchtend richtig erklärt worden, dasz schwerlich jemand sich der überzeugung verschlieszen kann, wie jener dativ mit dem infinitiv unmittelbar gar nicht zusammenhänge, sondern nur zu *varth* als casus des beteiligten objects construiert werden müsse, wenn auch der begriff des durch ihn bezeichneten gegenstandes nachher beim infinitiv als subject desselben hinzuzudenken ist. hrn. Miklosich mag es zu gute kommen dasz er sich für seine abweichende meinung auf eine frühere beiläufige äuszerung Jacob Grimms berufen kann, der sich daran stiesz dasz der dativ nicht auch unmittelbar neben *varth* gestellt wird. wenn also hier dem groszen Germanisten etwas menschliches begegnet ist, so mag es auch dem Slavisten nicht verargt werden sich ihm angeschlossen zu haben. für jetzt aber will ich mich lediglich auf éinen hauptpunct in seiner abhandlung beschränken, hinsichtlich dessen er sich mir speciell als gegner gegenübergestellt hat, nemlich auf die frage, aus welchem grunde es zu erklären sei dasz beim inf. das subject im acc. auftrete. dasz dieser grund in der bedeutung des acc. zu suchen sei, wie ich mit andern angenommen habe, stellt hr. M. entschieden in abrede: 'da uns' sagt er s. 505 'die ursprüngliche d. h. die mit seiner entstehung zusammenhängende bedeutung des acc. ein geheimnis ist und auch für alle zukunft ein solches bleiben wird, so können auch die gegner nicht an die zurückführung der bedeutung des acc. in diesem bestimmten falle (d. h. wo er zur angabe des subjects des inf. dient) auf die urbedeutung des acc. denken.' eine widerlegung ist dies nun freilich nicht, sondern nur ein protest, dasz hr. M. von seinem standpunct aus jeden erklärungsversuch verwerfen müsse, der von einem ihm unergründlich scheinenden geheimnis ausgehe. auf diese unergründlichkeit werde ich unten zurückkommen; indessen hat hr. M. es auch nicht an allerlei anderen gründen oder wenigstens einwendungen fehlen lassen, um ganz besonders diejenige erklärung des acc. c. inf., die ich bisher allein vertreten habe und auch ferner zu vertreten gedenke, gleich zu anfang seiner abhandlung als unzulässig zurückzuweisen und somit schon im voraus, bevor er sich in den kampf mit anderen einliesz, einen besonders unbequemen gegner bei seite zu schieben. als er seinen aufsatz schrieb, waren von mir über den acc. c. inf., und zwar speciell über seine anwendung in den beiden classischen sprachen, nur ein paar sätze, die mehr andeutungen als ausführungen enthielten, in dem buch über die redeteile s. 45—47 vorgetragen. deswegen konnte hr. M. auch nur diese berücksichtigen, und aus diesem grunde will auch ich mich jetzt allein auf das dort vorgetragene beschränken und alles was sonst noch zur weitern begründung meiner ansicht dienen könnte bei seite lassen. dabei aber kann ich nicht umhin das dort vorgetragene seinem hauptinhalte nach hier kurz zu recapitulieren, weil ohne kunde davon dem leser die würdigung der von hrn. M. dagegen erhobenen einwendungen nicht möglich sein würde.

Zunächst also habe ich dort auf das dem inf. in beiden classischen sprachen eigene und ihn von unserm deutschen inf. unterscheidende wesen aufmerksam gemacht, welches darin bestehe, dasz in ihm immer der begriff einer thätigkeit mit dem begriff eines trägers derselben, eines subjects, verbunden sei, immer also eine synthesis von prädicat und subject in ihm liege, wenngleich dies letztere nur ganz allgemein und unbestimmt angedeutet werde. er sei also hierdurch wesentlich von dem abstracten verbalnomen verschieden, welchem die andeutung dieser synthesis fehle, und welchem der deutsche inf., dem sie ebenfalls fehlt, deswegen auch viel näher stehe. wenn nun das im griechischen und lateinischen infinitiv immer, obgleich nur allgemein und unbestimmt mit angedeutete subject auch noch ausdrücklicher und bestimmter durch ein nomen angegeben werde, so könne der grund, weswegen dies im acc. stehen müsse, nur darin liegen dasz beide, der inf. und sein von ihm nicht zu trennendes subject, in einem solchen verhältnis stehen, dessen ausdruck eben die function des acc. sei. dies sei aber kein anderes als das verhältnis des objects im engern und eigentlichen sinne. die verbindung, bemerke ich ferner, eines prädicatbegriffs mit einem subjectbegriff sei immer gegenstand entweder einer wahrnehmung und erfahrung, oder einer vorstellung, einer behauptung, einer vermutung, einer annahme oder fallsetzung, und dergleichen lasse sich auf zweierlei art vortragen. erstens in form eines selbständigen satzes durch ein verbum finitum mit dem subject im nominativ, wobei dann ein solcher satz auf mancherlei art mit anderen sätzen in verbindung gebracht werden kann, was hier zu verfolgen nicht nötig ist. zweitens aber lasse sich dergleichen auch in form eines abhängigen satzgliedes vortragen, was denn nicht durch das verbum finitum, sondern durch den inf. (natürlich nicht ohne das von ihm unzertrennliche subject) geschehe. ein solcher inf. samt subject könne nun entweder als grammatisch abhängiges object eines regierenden verbum, namentlich dicendi, sentiendi, cogitandi eintreten, oder auch ohne solche abhängigkeit lediglich als gegenstand einer betrachtung, vorstellung, annahme, fallsetzung hingestellt werden, wo er denn zwar kein grammatisch von einem regierenden verbum abhängiges, aber doch immer ein logisches object d. h. object einer denkthätigkeit sei, die sich in manchen fällen auch durch einen bestimmten ausdruck wie *cogita*, *fac*, *finge* u. dgl. ausdrücken lassen würde.

Dies wird genügen um dem leser meine ansicht klar zu machen, und er wird daraus ersehen, wie es mir ganz besonders darauf angekommen ist den grammatisch unabhängigen d. h. keinem regierenden verbum des satzes sich als object unterordnenden acc. c. inf. zu erklären, welcher im lateinischen und griechischen so häufig vorkommt, der deutschen sprache aber völlig fremd und wegen der wesentlich andern beschaffenheit unseres inf. gar nicht möglich ist. hören wir nun was hr. M. dagegen vorbringt.

'Nach dieser theorie' sagt er 'sind zwei fälle zu unterscheiden. im ersten falle tritt der inf. als grammatisches object der aussage auf; hier scheint der acc. des subjects sich mit notwendigkeit zu ergeben, allein es scheint nur so, da der satz «wenn an die stelle des verbum finitum der infinitiv tritt und dieser das object der aussage bildet, so musz der nominativ durch den accusativ ersetzt werden» durch keine analogie gestützt werden kann.' dasz zwei fälle zu unterscheiden sind, hat er richtig bemerkt; wenn er aber den mit anführungszeichen versehenen satz für den meinigen ausgeben will, wie es den anschein hat, so kann ich das nicht zugeben. hätte er meine ansicht getreu referieren wollen, so hätte er sagen müssen «wenn statt einer unabhängigen aussage durch das verbum finitum eine abhängige angabe mit dem infinitiv eintritt —»; auch würde er, statt mir eine vertauschung des nom. mit dem acc. in den mund zu legen, getreuer berichtet haben, wenn er mich hätte sagen lassen, dasz dann der abhängigkeit wegen mit dem verbum finitum zugleich auch der nom. ausgeschlossen sei, und mit dem inf. nur der acc. eintreten könne. ob er bei solcher fassung auch noch die stütze einer analogie vermiszt haben würde, mag seiner eignen erwägung anheimgestellt werden. wenn er ferner gegen den wirklich von mir aufgestellten satz, dasz nach verba dicendi, sentiendi, cogitandi der acc. c. inf. als grammatisches object derselben anzusehen sei, die einrede erhebt: der ausdruck 'grammatisches object', durch den man sich nicht imponieren lassen dürfe, sei im günstigsten falle nur auf den inf., nicht auf das subject desselben anwendbar, so erhellt hieraus dasz er gerade den hauptpunct in meiner darstellung entweder gar nicht ins auge gefaszt oder — geflissentlich verschwiegen hat. ich will lieber das erstere annehmen, da ich wol weisz dasz bisher der unterschied zwischen dem inf. der beiden classischen sprachen und dem der deutschen noch von niemand so wie es sich gebührt hätte beachtet und erwogen worden ist.[1]) obgleich ich nun in dem buch über die redeteile s. 47 nicht unterlassen habe darauf aufmerksam zu machen, so darf ich mich doch kaum darüber wundern, wenn hr. M. bei flüchtigem einblick in das buch die andeutung völlig übersehen hat. nur freilich hat er nicht wol gethan eine theorie zu beurteilen, deren fundamentalsatz ihm fremd geblieben ist. was zur nähern darlegung der in jenem buche nur kurz angedeuteten charakteristischen eigentümlichkeit dienen könnte hier auseinander zu setzen unterlasse ich, weil es für meinen gegenwärtigen zweck nicht erforderlich ist.[2]) denn für hrn. M., wenn er einmal die absicht hatte über meine theorie ein urteil auszusprechen, war es auch pflicht sich wirklich mit ihrer grundlage bekannt zu machen, und dazu konnten auch die in jenem buche schon enthaltenen andeutungen sehr wol hinreichen. hätte er diese pflicht erfüllt, so würde er wol auch eingesehen haben, dasz er jene behauptung, der ausdruck 'grammatisches object' sei im günstigsten falle nur auf den inf., nicht auf das subject desselben anwendbar, mir nicht entgegenstellen durfte, bevor er meinen satz, dasz der inf. im griech. und lat. eine synthesis von subject und prädicat ausdrücke, anstatt ihn einfach zu ignorieren, mit gründen zu widerlegen wenigstens versucht hätte. denn eben aus dieser synthesis folgt,

---

1) indem man einseitig nur das ins auge faszte, was der infinitiv der classischen sprachen mit dem der deutschen und anderer modernen gemein hat, übersah man was ihn von diesen unterscheidet. dies konnte um so leichter geschehen, weil auch in jenen die synthesis von subject und prädicat, obgleich sie in seinem wesen liegt, doch in der anwendung nicht immer gleich sichtbar hervortritt, und er bisweilen ganz einem abstracten verbalnomen zu entsprechen scheint, wie in den schon redet. s. 45 angeführten Homerischen beispielen, und im lateinischen, wo teils von dichtern, teils namentlich im volksmunde ausdrücke wie *meum intellegere*, *ridere meum* u. dgl. ganz = *meam intellegentiam* oder *risum meum* erscheinen. dazu kommt dasz auch die romanischen sprachen ihren offenbar aus dem lateinischen inf. praes. hervorgegangenen einzigen infinitiv ganz so wie die deutsche sprache den ihrigen auf die nominale angabe der thätigkeit beschränken, andeutungen der thätigkeitsdiathese aber (activ und passiv) oder der zeitverhältnisse ebenfalls nicht durch infinitivformen, sondern nur durch umschreibungen ausdrücken. über den infinitiv der slavischen sprachen wird uns hr. M. am besten auskunft geben, ob er ihm dem infinitiv der classischen sprachen oder dem lateinischen supinum näher zu stehen scheine. 2) ausführlicher habe ich darüber gesprochen in der abh. zur lehre vom infinitiv in diesen jahrb. 1869 s. 216 ff.

dasz eine solche trennung des inf. von seinem subjecte, wie er sie im sinne hat, beim griech. und lat. inf. gar nicht statthaft sei, sondern dasz, wenn der inf. grammatisches object ist, notwendig auch das infinitivsubject grammatisches object sein müsse.[3])

Jetzt zum zweiten der oben angegebenen beiden fälle. der acc. c. inf., sage ich, wenn er auch nicht als abhängig von einem regierenden verbum, also als grammatisches object desselben auftritt, musz doch immer als logisches object angesehen werden. dagegen behauptet nun hr. M. dasz die casus (also auch der acc. beim inf.) überhaupt nicht logische, sondern nur grammatische verhältnisse ausdrücken. ich musz es dahin gestellt sein lassen, was er eigentlich damit meine, ob er etwa überhaupt von logik in der grammatik nichts wissen wolle, oder ob er nur für die verhältnisse welche die casus ausdrücken, und speciell für das durch den acc. ausgedrückte objectverhältnis das epitheton l o g i s c h zu gebrauchen verbiete, vielleicht weil er irgendwo gelesen hat — es steht in einem ihm gewis nicht unbekannten buche — dasz die logik weder den begriff noch das wort object kenne. wie dem nun auch sein möge, ein nicht durch die brille dieser oder jener schullogik sehender grammatiker darf sich wol erlauben das wort l o g i s c h einfach von allem zu gebrauchen, was der gemeinen logik des sensus communis angehört, den man doch wol nicht aus der sprache wird verbannen wollen. diesem sensus communis nach musz es doch wol auch ein logisches objectverhältnis geben: denn sonst würde es auch in der sprache, in der eben die logik des sensus communis waltet, kein grammatisches objectverhältnis geben können. der unterschied zwischen logischem und grammatischem object liegt nur darin, dasz bei dem letztern die thätigkeit von der ein gegenstand object ist ausdrücklich angegeben wird, bei dem erstern dagegen unausgesprochen bleibt und nur mehr oder weniger deutlich gedacht wird. also was grammatisches object genannt wird, soll dadurch keineswegs als ein nicht logisches bezeichnet werden, sondern es soll nur seine abhängigkeit in der grammatischen structur dadurch hervorgehoben werden. und wenn man ihm gegenüber von einem logischen object redet, so will man dadurch nur andeuten, dasz es auch ohne die in

3) dasz und warum es sich mit der structur des acc. c. inf. im deutschen nicht ebenso verhalte, ist in der angeführten abh. s. 236 f. angedeutet. jetzt erlaube ich mir noch hinzuzufügen dasz, wenn Ulfilas sich bisweilen nach *varth* und nach impersonellen formen wie *es gefällt*, *es geziemt sich*, *es ist besser*, *es ist zeit* (worüber vgl. Gabelentz und Löbe s. 249) des acc. c. inf. bedient, darin wol nur eine nachahmung der griech. und lat. structur zu erkennen ist, dagegen die echt gothische structur vielmehr den dativ als casus des beteiligten objects zu *varth* oder jenen formeln setzt, und den infinitiv, dessen subject sich dann von selbst versteht, ohne weitere angabe desselben dazu stellt, wie es nicht nur Ulfilas selbst an vielen stellen thut, sondern auch die spätere deutsche sprache immer, wie: *es geschah ihm* (*zu*) *fallen*, *es ist ihm* (oder *für ihn*) *besser* (*zu*) *schweigen* u. dgl., ein acc. c. inf. aber bei solchen formeln unmöglich ist.

der structur hervortretende grammatische abhängigkeit nichtsdestoweniger immer als object des λόγος d. h. hier so viel als des denkens oder des gemeinen menschenverstandes anzuerkennen sei. demnach wird hrn. M. nur übrig bleiben mich deswegen zu tadeln, dasz ich dem acc. die bedeutung eines objectcasus zugeschrieben habe, eine schuld die ich freilich mit gar vielen teile, die er aber nicht ungerügt lassen darf, wenn er nicht sich selbst verleugnen will. denn wie wir oben gesehen haben, schärft er uns ja nachdrücklich ein, dasz uns die bedeutung des acc. ein geheimnis sei und auch in zukunft bleiben werde, woraus denn natürlich folgt dasz auch an die zurückführung seiner bedeutung in diesem falle auf seine urbedeutung gar nicht gedacht werden darf. solchem interdict gegenüber erlaube ich mir nicht blosz für mich, sondern im namen aller denkenden grammatiker folgendes zu entgegnen. wir können allerdings dem acc., wenn wir ihn blosz für sich allein und von auszen betrachten, nicht ansehen was er bedeute. aber da er uns doch im leben niemals so für sich allein, wie etwa in den paradigmen einer flexionslehre, sondern immer nur im zusammenhang der rede so oder so angewandt entgegentritt, so halten wir es keineswegs für unmöglich, aus einer möglichst vollständigen übersicht und vergleichung seiner anwendungen, zu denen er ja doch wol nur in folge seiner bedeutung tauglich sein kann, auch zu einer hinreichend sichern erkenntnis von dieser zu gelangen. wenigstens ist dies der allein mögliche weg rationeller grammatik, auf die wir, wenn er uns verschlossen wäre, gänzlich verzicht leisten und uns begnügen müsten blosz die thatsachen empirisch zu vermerken, ohne an ihre erklärung d. h. zurückführung auf ihren grund zu denken. so hat denn auch hr. M. hinsichtlich der jetzt in rede stehenden structur ausdrücklich als aufgabe der grammatik nur dies hingestellt, dasz in der syntax des griechischen, lateinischen, gothischen und altslovenischen in einer neu zu eröffnenden rubrik die regel registriert werde: 'der acc. kann das subject des inf. bezeichnen.' wenn er dies allein als seine aufgabe ansieht, so wird niemand etwas dagegen haben: *metiri se quemque suo modulo ac pede verum est*; und dasz man sich durch emsiges sammeln, registrieren und rubricieren auch ganz wol verdient machen und anerkennung gewinnen könne, davon haben wir ja an hrn. M. selbst ein naheliegendes beispiel. indessen je mehr wir seine derartigen leistungen nach verdienst anerkennen, um so mehr fühlen wir uns gedrungen ihm freundschaftlich zu rathen, er möge sich doch in zukunft nicht so ohne not und beruf als kritiker auf das gebiet der rationellen grammatik versteigen, sondern immer des spruches eingedenk sein: ἔρδοι τις ἣν ἕκαστος εἰδείη τέχνην.

Greifswald. G. F. Schömann.

23.
ARISTODEMOS.

Die fragmente des Aristodemos, die C. Wescher in seinen Πολιορκητικά 1867 in dér weise veröffentlicht hat, dasz er, wie C. Müller (Gött. gel. anz. 1869 nr. 1 s. 7) sagt, als erster herausgeber galant genug war nicht alles vorwegzunehmen und gewisse schwierigkeiten unerledigt zu lassen, sind der gegenstand vieler abhandlungen in den philologischen zeitschriften geworden. nachdem A. Schaefer in diesen jahrb. 1868 s. 81 ff. den historischen werth des neuen schriftstellers geprüft, unterwarf F. Bücheler ebd. s. 93 ff. den überlieferten text einer scharfen kritik und gab eine reihe trefflicher emendationen. da trat C. Wachsmuth im rhein. museum XXIII s. 303 ff. 582 ff. mit der behàuptung auf, dasz Aristodemos gefälscht sei, dasz ein durch die hände des Minoides Minas übermittelter grober litterarischer betrug vorliege. zu dieser ansicht, die dann von H. Hiecke in der z. f. d. gw. 1868 s. 721 ff. weiter verfochten wurde und, wie es scheint, die beistimmung vieler gefunden hat, ist Wachsmuth durch äuszere auf die handschrift bezügliche und innere den inhalt betreffende bedenken geführt worden. er glaubt fest dasz die fälschung sich mit äuszeren gründen nachweisen lassen müsse, nur bedürfe es, sagt er, dazu einer besichtigung der hs. selbst. es haben nun dr. Gustav Meyncke und dr. Rudolf Dahms die hs. untersucht, aber nichts für die unechtheit sprechendes gefunden. ebenso sagt Carl Müller, der den codex aus eignem gebrauche kennt, dasz zur begründung eines verdachts der fälschung sich kein stichhaltiges argument auffinden lasse (a. o. s. 29). auch ich begab mich unbefangen an die prüfung des codex, und weit entfernt auch nur eine spur der fälschung zu entdecken habe ich im gegenteil verschiedenes gefunden, wodurch mehrere bedenken Wachsmuths verschwinden werden. ich halte die ganze handschrift für ebenso echt wie alle anderen, die ich während der acht monate meines Pariser aufenthalts collationiert und in händen gehabt habe. wenn ich auch nicht hoffen kann für diejenigen, die eine fälschung glauben annehmen zu müssen, die frage zu erledigen, so glaube ich sie doch der entscheidung etwas näher bringen zu können.

Die handschrift um die es sich handelt, suppl. gr. 607, ist bekanntlich aus sehr verschiedenen teilen zusammengesetzt. den allein wichtigen kern, der sich schon durch die griechische paginierung heraushebt, bilden die blätter 16—103. die übrigen blätter, von denen die vorderen ein fragment der geschichte des Niketas Akominatos Choniates (15s jh.) und ein bruchstück von Io. Chrysostomos περὶ ἱερωσύνης (12s jh.), die hinteren (fol. 104—129) reden des Lysias (16s jh.) enthalten, sind zum teil wol deshalb hinzugefügt, damit der einband gefüllt werde. dieser einband mag, wie Wescher glaubt, aus dem 16n jh. herrühren. darauf scheint auch die auf der

innern seite des hintern deckels befindliche inschrift zu führen. es steht nemlich dort (nicht wie Wescher und Müller sagen Λουκαϲ Ουερονενϲηϲ ιλληγατορ ληβρορομ sondern) λυȣαϲ ȣωρονενϲηϲ[1]) ιλληγατορ ληβρορυμ βυδενϲιϲ ανν 5 . zwischen dem letzten ν, das nur noch zum teil sichtbar ist, und der 5 ist eine lücke, in der der buchstab ο und die zahl 1 gestanden haben können; nach 5 ist wieder eine lücke, in der platz für zwei zahlen. die lücken sind dadurch entstanden, dasz das papier abgerissen ist, wahrscheinlich als ein über das innere des deckels geklebtes blatt wieder abgenommen wurde. dasz aber, wie Wescher und Müller anzunehmen scheinen, die obigen worte eingeschrieben seien, als der einband für den jetzigen codex gebraucht wurde, glaube ich schwerlich. die hs., wie sie jetzt vorliegt, sieht nicht aus, als wenn sie durch die hand eines buchbinders gegangen wäre. die einzelnen blätter sind lose eingeheftet, und die fäden sehr unkünstlich und primitiv oben an dem einband befestigt, so dasz das ganze jetzt sehr lose zusammenhängt. fol. 16—103 müssen in einem frühern einbande in derselben reihenfolge gebunden gewesen sein, wie die (vielleicht im 16n jh. ausgeführte) griechische paginierung beweist. weshalb man diesen frühern einband verwarf, ist schwer zu sagen. wir können wol nicht annehmen, dasz es geschehen sei, um die anderen schriften mit den πολιορκητικά und πολιορκίαι zu verschmelzen, da jene doch diesen zu wenig verwandt sind. gesucht scheint es mir jedenfalls, wenn Müller sagt, dasz das bruchstück der rede des Chrysostomos hinzugefügt sei, weil es eine abhandlung über 'geistliche strategik und poliorketik' sei. bevor fol. 16—103 in den jetzigen einband gebracht wurden, musz ihr format bedeutend gröszer gewesen sein. überall sind überschriften, randbemerkungen und namentlich figuren, die bis an den äuszersten rand reichten, stark beschnitten. eine seitenzahl, welche ξε hätte sein müssen (fol. 81^v), ist sogar ganz fortgeschnitten. um schadhafte stellen des pergaments auszubessern und um zwei lose blätter zusammenzuhalten, hat der binder des frühern einbands streifen aus einer lateinischen papierhs. des 14n jh. verwandt.

Der kern der hs. besteht nun wieder aus zwei verschiedenen teilen, der samlung der poliorketiker und der militärischen beispielsamlung. beides sind ohne zweifel ursprünglich selbständige ganze gewesen: denn nicht nur ist, wie schon Wescher bemerkt, die hand eine verschiedene, sondern auch das pergament des letzten teils unterscheidet sich besonders dadurch dasz es dicker ist von dem des erstern. der zweite teil beginnt mit dem blatte 88.[2]) im ersten hören die polior-

1) das zeichen ȣ, das bekanntlich in der regel für ου steht, scheint der schreiber hier für κ angewandt zu haben. 2) von der am obern rande von fol. 88^r stehenden überschrift sind nur die in der zweiten zeile stehenden worte διαφόρων πόλεων erhalten. von der ersten zeile sind nur noch überbleibsel des ersten wortes und weiterhin einige haken und striche übrig. der zweite buchstab des ersten wortes war wahr-

ketikertractate auf fol. 82 auf, das vorhergehende und die fünf folgenden blätter enthalten varia, nemlich Philostratos leben des Apollonios, ein medicinisches fragment und — Aristodemos. dasz fol. 81 verschoben sei ist klar, und es haben dies schon Wachsmuth s. 589 und Minas im index, den er mit rother dinte vorn eingeschrieben hat, ausgesprochen. es darf uns dies nicht wundern, da ja der ganze codex in unordnung ist. die richtige reihenfolge der blätter ist, wie schon Wescher angegeben, 18—24. 32. 25. 31. 60. 59. 61. 33—55. 56. 58. 57. 62—80. 82. dasz aber fol. 81 einfach um ein blatt verschoben sei, wie Wachsmuth glaubt, ist nicht richtig, sondern das verhältnis ist ein anderes. zunächst ist zu constatieren, worüber man bisher im unklaren war, dasz fol. 81 und 82 zusammenhängen, wie man in der mitte noch sehen kann, während oben und unten papierstreifen eingeklebt sind, um das schadhafte pergament zusammenzuhalten. sie bilden einen pergamentbogen, der für sich allein eingeheftet ist. dies kommt aber sehr selten in hss. vor und musz an sich schon auffallen, besonders aber in unserm codex, der, wie sich bei genauerer untersuchung ergibt, ganz aus quaternionen bestanden hat. vollständige quaternionen sind noch vier erhalten: fol. 33—40. 41—48. 65—72. 73—80. bei zwei andern ist je ein blatt ausgeschnitten, so dasz nur noch je 7 blätter vorhanden sind. es sind dies fol. 18—24. 49—55. zwischen 22 und 23 ist die zu 20 und zwischen 51 und 52 die zu 52 gehörende hälfte ausgeschnitten:

18 19 20 21. 22. + 23. 24

49. 50. 51 + 52 53. 54. 55

die blätter der übrigen quaternionen sind beim einbinden in unordnung gerathen. besonders merkwürdig sind die blätter 31 und 32, die einen bogen bilden, verbunden. der binder hat nemlich, wie zuerst mein freund R. Dahms erkannt hat, als wir die hs. zusammen untersuchten, diesen bogen, der der äuszere des zweiten quaternio war, ganz nach den drei andern bogen gebunden, aber nicht einfach eingeheftet, sondern die innern ränder der blätter eingeknickt, so dasz die ränder dadurch bedeutend schmäler geworden sind als die der anderen blätter, und vorn an blatt 25 angeklebt. der zweite quaternio hatte also ursprünglich folgende gestalt:

---

scheinlich ein ρ, den ersten hielt Meyncke für ει, Müller glaubte ϲτ darin zu erkennen und conjicierte ϲτρατηγικαὶ τάξειϲ usw. ich möchte Meyncke beistimmen, da der untere strich des buchstabens sehr weit nach rechts gezogen ist, was bei ϲτ gewöhnlich nicht der fall ist. jedenfalls lautete das wort nicht ϲτρατηγικαὶ, da dann die unteren teile von η und γ sichtbar sein müsten; auch sprechen die noch sichtbaren reste der auf ρ folgenden buchstaben dagegen.

32. 25. 26. 27. 28. 29. 30. 31

die angabe Müllers (s. 11), dasz das letzte blatt des zweiten bogens, welches den anfang der πολιορκητικά des Apollodoros enthalten habe, verloren gegangen und an dessen stelle das letzte blatt des ersten bogens versetzt sei, ist demnach nicht richtig. die gröste confusion ist beim dritten quaternio. hier läszt sich noch deutlich erkennen, dasz fol. 58 und 59 zusammenhängen. die auf den blättern 56. 58. 57 (57 ist jetzt ein einzelnes eingeklebtes blatt) stehende cheirobalistra Herons musz in dem codex ursprünglich den anfang des dritten quaternio gebildet haben, dessen gestalt folgende gewesen sein wird:

56. 58. 57. + + 60. 59. 61

auf dem ausgefallenen bogen wird der jetzt fehlende ungefähr einen bogen einnehmende anfang von Apollodors poliorketik gestanden haben. vom folgenden quaternio sind nur noch drei blätter übrig. fol. 62 und 63 hängen zusammen, können aber nicht auf einander gefolgt sein, da kein zusammenhang des inhalts da ist. der schreiber des aus unserm codex abgeschriebenen codex Parisinus 2430 hat es gemerkt, die buchstaben στη zum worte στημάτια ergänzt und dann eine drittelseite frei gelassen. natürlich musz mehr ausgefallen sein; wie viel, läszt sich nicht bestimmen. ebenso wenig wage ich genaueres über die dem blatt 64 entsprechende hälfte zu sagen, die, wie noch zu sehen, ausgeschnitten ist. jedenfalls spricht nichts gegen die annahme, dasz die blätter 62. 63. 64 ursprünglich zu éinem quaternio gehört haben.[3])

So haben wir gefunden, dasz der ganze codex aus quaternionen bestanden hat, und können nun zur restitution des für uns wichtigsten letzten quaternio vorgehen. sieben blätter sind jetzt noch vorhanden. von diesen bilden fol. 82 und 81 einen bogen. fol. 82 musz das erste blatt des quaternio, folglich fol. 81 das letzte sein. ein dem blatt 87 entsprechendes blatt ist, wie noch deutlich zu sehen, zwischen fol. 82 und 83 ausgeschnitten, und so ist auch der letzte quaternio fertig:

82. + 83. 84. 85. 86. 87. 81

dies resultat, könnte man einwenden, ist, wenn auch nicht unwahrscheinlich, so doch nicht sicher. zum glück aber wird es unum-

3) dasselbe werden wir auch von fol. 16 und 17 sagen können, zwei einzelnen blättern, die an einen papierstreifen geklebt und so eingeheftet sind. dieselben haben jedoch ursprünglich nicht zu unserm codex gehört, sondern zu dem der militärischen beispielsamlung, der aber auch aus quaternionen besteht (fol. 88—95. 96—103). vor fol. 88 sind wahrscheinlich ein oder mehrere quaternionen ausgefallen.

stöszlich durch etwas, worauf diejenigen, die den codex bisher verglichen, nicht geachtet haben, durch die abklatschung. unser codex ist nemlich, wie viele andere hss., oben feucht geworden, und durch die feuchtigkeit, die das pergament oben zum teil zerstört hat, so dasz jetzt verschiedene (nach Hiecke künstliche und absichtliche!) lücken vorhanden sind, haben sich die buchstaben des einen blattes auf das gegenüberstehende abgedrückt. diese lassen sich dort mittels eines spiegels noch deutlich erkennen. diese abklatschung findet sich auch an anderen stellen des codex, besonders in den ersten zeilen von fol. 62ʳ 64ʳ 92ʳ 94ʳ 96ʳ 98ʳ (es sind meist, wie ja natürlich ist, die inneren zarteren seiten des pergaments). durch die feuchtigkeit haben die sehr dünnen und zarten pergamentblätter des letzten quaternio, die vielleicht schon beschädigt waren, als sie die letzten und untersten blätter des ersten codex bildeten, besonders gelitten, und daher ist die abklatschung auch auf diesen besonders stark.

Auf fol. 80ᵛ nun steht in der ersten zeile τύ, die folgenden buchstaben μπανον sind fast verschwunden, klar ausgeprägt stehen sie aber, natürlich umgekehrt, fol. 82ᵛ. auf fol. 88ʳ ist eine halbe zeile von fol. 81ᵛ abgeklatscht. die hier den schlusz der zweiten zeile bildenden buchstaben προς sind etwas undeutlich abgeklatscht, deutlich aber erscheinen im spiegel die worte οἰκῶν νῖνον (Philostr. leben des Apollonios I 3). auch auf fol. 87ᵛ sind einige spuren von dem auf fol. 81ʳ stehenden ἀναβιωίη τε (ebd. I 1). es kann daher kein zweifel sein, dasz die oben angegebene reihenfolge der blätter die richtige und ursprüngliche ist.

Die fraglichen blätter haben also von haus aus zu unserer hs. gehört und sind nicht erst später eingeschoben. somit fällt Müllers hypothese (s. 12 f.), dasz fol. 81 und fol. 83—87 einem andern codex angehört haben, und dasz vor fol. 81 wenigstens éin blatt, wahrscheinlich aber zwei blätter des Aristodemos ausgefallen seien, welche mit den übrigen sechs einen vollen quaternio gebildet. gegen die letztere annahme spricht schon der umstand dasz die vorderseite von fol. 83 mit medicinischen recepten beschrieben ist: denn dasz diese ursprünglich vom schreiber aus versehen überschlagen und später von anderer hand beschrieben sei, ist sehr unwahrscheinlich. vielmehr werden diese recepte schon auf fol. 83ʳ gestanden haben, als ein anderer schreiber sich anschickte auf die am ende des codex noch frei gebliebenen blätter andere sachen einzutragen, was ja in so vielen hss. geschehen ist. die blätter sind also nicht, wie Wachsmuth s. 589 meint, zur scheidung leer gelassen oder weil die militärische beispielsamlung im anfang unvollständig ist, sondern der text des ersten codex war zu ende auf dem ersten blatte des letzten quaternio.

Was die medicinischen fragmente betrifft, so hatte schon R. Dahms bemerkt, dasz acht recepte vorhanden, aber nur sieben krankheiten verzeichnet seien, und vermutet dasz die bezeichnung der ersten krankheit ausgefallen sei, zumal über der ersten zeile noch einige striche erkennbar seien. diese vermutung wird durch die abklatschung bestätigt, da auch fol. 82v verschiedene buchstaben abgeklatscht sind, die zum titel des ersten recepts gehört haben. hieraus ergibt sich, dasz die zu fol. 87 gehörende hälfte des pergamentbogens schon früh ausgeschnitten sein musz.

Auf fol. 83v beginnt der text des Aristodemos mitten in einem satze. darüber befindet sich von derselben hand geschrieben ein stern (✻) und die worte ϗ το ϲημεῖον τοῦτο ἐϲτιν, τὸ ζητούμενον τοῦ ἀριϲτοδήμου. das erste zeichen ist sicher ein καὶ und kann nicht, wie Müller anzunehmen scheint, etwas anderes bedeuten. an καὶ nahm schon Wachsmuth anstosz, der es als überflüssig bezeichnet, und auch Müller sagt: 'man sieht nicht was dieses wort hier soll, man erwartet ζήτει oder ἰδού.' auch mir ist es auffallend, so dasz ich fast glauben möchte, der abschreiber habe sich verschrieben oder ein zeichen vorgefunden, das er nicht verstand, zumal er sonst nie das hier gebrauchte compendium von καὶ anwendet. auch ist nicht sowol das zeichen das gesuchte als der text (τοῦτο). daher interpungiert Müller vor τοῦτο, und dies scheint auch Bücheler zu thun, da er s. 93 sagt: 'die rückseite von blatt 83 trägt oben den vermerk τοῦτο ἐϲτιν τὸ ζητούμενον τοῦ ἀριϲτοδήμου.' folgen wir der interpunction, die sich in der hs. findet, so könnten wir annehmen, die worte καὶ τὸ ϲημεῖον usw. seien aus einer längern notiz entnommen, die in der originalhs. beigeschrieben gewesen, dann wäre καὶ erklärt. ich bemerke übrigens noch dasz sich in der hs. über ζη in ζητούμενον ein haken befindet, den man für den untern teil des compendiums von καί halten kann, dessen oberer teil weggeschnitten ist. der schreiber hat nemlich zuerst ein καὶ nach ἐϲτιν gesetzt und es dann wieder ausgestrichen. er könnte es mithin wol an der richtigen stelle übergeschrieben haben, so dasz es zwischen τὸ und ζητούμενον zu setzen wäre ('und dieses ist das auch gesuchte'). das wort ἀριϲτοδήμου ist sehr verwischt; nach demselben ist, wie Müller richtig angibt, am ende der zeile ein stück pergament abgerissen, welches ein oder zwei worte enthalten konnte. wenn er aber sagt, unter dem worte ἀριϲτοδήμου sei etwas ausradiert, so irrt er sich. das pergament war an dieser stelle zerfetzt, neues papier ist untergelegt, und von der andern seite ist abgeklatscht, so dasz die rasur nur eine scheinbare ist.

Der text des Aristodemos geht nun bis zur mitte von fol. 85r. fol. 84r unten ist das ende eines buchs. nach Wescher soll τέλοϲ τοῦ δ dagestanden haben. die unteren teile der buchstaben sind fortgeschnitten. τέλοϲ τοῦ ist sicher, der letzte buchstab kann aber ein α oder δ oder λ gewesen sein. fol. 84v oben sind noch einige reste von buchstaben, deren obere teile abgeschnitten sind. in ihnen glaubte Wescher ἀρχή zu erkennen. Müller s. 15 gibt an, es stehe dort τὸ und das überbleibsel einer zahl, wie es scheine, der untere teil eines ϛ. es steht aber weder ἀρχή noch τὸ ϲτ da. das was

Müller für ein τ hielt, wird ein kreuz gewesen sein, wie es auch dem anfang des Philostratos vorgesetzt ist. das folgende kann kein cτ gewesen sein, wol aber ἀρ, wie Wescher erkannte. auf αρ kann aber kein χ gefolgt sein: denn wenn auch der schreiber nicht in gerader linie, sondern etwas schräg nach oben gehend geschrieben hat, die untere hälfte von χ müste noch vorhanden sein. es wird wol ἀριcτοδήμου dagestanden haben. nach einem zwischenraume von ungefähr sieben buchstaben ist auch der untere teil eines ο oder υ sichtbar.

Das letzte wort des Aristodemos auf fol. 85r ist τεμένει. an dieses schlieszt sich unmittelbar γέγραφεν an, ein wort mit welchem der text des Philostratos beginnt. es ist klar dasz der schreiber zuerst nicht gewust hat, dasz das folgende einem andern schriftsteller angehöre, sonst würde er wenigstens einen kleinen absatz gemacht haben, wie er fol. 86v um das zeichen ο—:—ο ·/· einen ziemlich groszen freien platz läszt. er hat später sein versehen bemerkt (d. h. wahrscheinlich eine am rande der hs., aus der er abschrieb, befindliche notiz gelesen) zwischen τεμένει und γέγραφεν ein ·/· gesetzt und über γέγραφεν ο——ο geschrieben. die erste null dieses zeichens ist übrigens aus einem andern buchstaben (wie es scheint τ) geändert, darauf ist ein buchstab (wol ο) ausradiert. darüber steht noch der gravis, so dasz es wol τὸ war. vielleicht stand in der hs., aus der unsere abgeschrieben ist, eine längere notiz, etwa τὸ cημεῖον usw., die der schreiber aus mangel an raum ausliesz.

Der rest von fol. 85r, dann 85v und 86r ist mit Philostratos (I 3 γέγραφεν bis I 9 ἔφη τοῦ ποιήcοντοc) beschrieben, fol. 86r aber nicht ganz, es sind noch einige zeilen frei. auf fol. 86v erscheint dasselbe zeichen ο—:—ο ·/· und danach sind noch die worte τοῦτο εcτιν το ζη zuerkennen. die oberen teile derselben sowie die folgenden buchstaben sind fortgeschnitten. es beginnt wieder Aristodemos, der diese und die beiden folgenden seiten einnimt. auf fol. 87v bricht der text mit dem worte ξυμμάχοιc mitten in einer zeile ab.

Auf fol. 81r steht der anfang des Philostratos. wahrscheinlich hat darüber der titel gestanden, der jetzt weggeschnitten ist. für diese annahme sprechen zwei noch vorhandene striche, die zur überschrift gehört haben werden. bis zum worte γέγραφεν trägt der schreiber den text des Philostratos (I 1 bis I 3) nach, und auf fol. 81v steht die notiz ζη το λιπον τούτου ὄπιθεν[4]) ἐν ᾧ cημεῖον εcτιν τοιοῦτον ο—:—ο ἡ δὲ ἀρχὴ τοῦ λόγου γεγραφεν ὧν κοινωνῆcαι καὶ αὐτόc φηcιν καὶ γνώμαc καὶ λόγουc καὶ ὁπόcα εἰc πρόγνωcιν ειπεν +. hieraufolgt noch Philostratos I 14 von den worten εἰc τὴν μνημοcύνην ἥδετο an bis I 16 πηγὰc ἐκδίδωcιν ὁ

4) vielleicht könnte jemand an ὄπιθεν anstosz nehmen und hierin einen beweis gegen die oben angegebene reihenfolge der blätter finden wollen, aber dies braucht ja auch der scholiast zu Pind. Ol. 7, 25 wie andere scholiasten und Byzantiner im sinne von *supra*.

χῶρος ἀφθόνους τε καὶ. 1⅝ zeilen sind noch leer. besonders die letzte seite ist sehr eng und klein geschrieben: man sieht, der schreiber hat gewust dasz er keinen platz mehr hatte. unten am rande steht von anderer hand geschrieben τ τὸ

ειπον

ἁτου. das übrige ist abgeschnitten. es wird wol ζητ (= ζήτει) τὸ λεῖπον (τοῦ) φιλοστράτου gelautet haben.

Wie wir uns die merkwürdige durcheinandermischung von Philostratos und Aristodemos zu erklären haben, hat schon G. Meyncke in diesen jahrb. 1868 s. 838 angegeben, und C. Müller ist selbständig auf denselben gedanken gekommen, dasz nemlich ein durch versetzung der blätter in unordnung gerathener codex, aus dem die fragmente unserer hs. abgeschrieben, ursache der verwirrung sei. aus den gröszenverhältnissen der einzelnen stücke ergibt sich, wie Müller ausgerechnet, dasz im originalcodex jedes blatt des Aristodemos und des Philostratos 75—76 Didotsche druckzeilen enthielt. in diesem codex werden aber, wie Meyncke vermutet, zur berichtigung der falschen reihenfolge notizen und zeichen sei es zwischen die zeilen sei es an den rand geschrieben sein. diese sind dann vom schreiber der fragmente in unserm codex gedankenlos und ohne rücksicht auf ihren inhalt dem texte hinzugefügt, so dasz die alte verwirrung dennoch fortbestehen blieb. so erklärt sich das tolle durcheinander, das Wachsmuth nicht begreifen kann, vollständig, und es ist nichts vorhanden, was den verdacht einer fälschung zu erwecken geeignet wäre.

In dem originalcodex musz sich natürlich ein zeichen und eine notiz gefunden haben, welche den auf fol. 83^{v} unseres codex befindlichen entsprachen. in unserer hs. ist wol nie eine verweisung auf die fragmente des Aristodemos und Philostratos gewesen. sie sind eben allotria, blosz eingetragen, weil die blätter am ende des codex leer waren, nicht weil bezug auf sie genommen war oder weil sie etwas vorhergehendes oder folgendes erläutern sollten.[5]) es ist ja bekannt, mit wie seltsamen und zum teil confusen sachen die letzten leer gebliebenen seiten sogar der saubersten und elegantesten hss. beschrieben sind. eine solche musterhs., für die sie Wachsmuth hält, ist aber die unsrige keineswegs. die fragmente vollends sind viel nachlässiger als der eigentliche codex, viel kleiner und enger und

---

5) Müller (s. 18) weisz nicht wie es gekommen, dasz den eklogen περὶ πολιορκιῶν ein langes fragment griechischer geschichte vorausgeschickt wurde. er vermutet daher, dasz der codex ursprünglich auszer der poliorketik auch die strategik umfaszte, und die darstellung des Aristodemos, die den ansprüchen der Byzantiner genügte, den entwicklungsgang der griechischen geschichte veranschaulichen sollte. aber s. 15 sagt er ja selbst, dasz in unserer hs. nach dem Aristodemos zwei volle bogen aus einem andern codex folgen. weshalb soll man denn unsere fragmente zu stücken in beziehung setzen, die in einem andern erst später mit dem unsrigen vereinten codex stehen?

möglichst nahe an den rand geschrieben, weil es an raum fehlte. es ist keineswegs die wunderbar gleichmäszige und ausgeprägte schrift des zehnten jh., von der Wachsmuth spricht. deshalb darf man auch kein gewicht darauf legen, dasz der schreiber einigemal das falsche, wenn er sich verschrieben, durchstrichen und das richtige übergeschrieben, und dasz er bisweilen nur ein punctum über das ι gesetzt hat, was übrigens auch in anderen hss. vorkommt. dies sind nemlich die kleinen von Dahms gegebenen notizen, von denen Wachsmuth s. 588 sagt dasz sie, wenn sie sich bestätigten und zu weiteren beobachtungen führten, bestimmten verdacht zu begründen im stande wären.

Die schrift der fragmente scheint mir dem ende des 11n, der codex selbst dem anfang des 11n jh. anzugehören. Wescher setzt alles in das 10e, Meyncke in das 10e oder 11e, Müller mit Minas in das 12e jh. es zeigt sich hier einmal wieder, wie verschieden die ansichten über das alter einer hs. sein können.

Das äuszere der hs. ist also von der art, dasz kein grund vorliegt an eine fälschung zu denken. aber auch der inhalt der fragmente scheint mir keinen triftigen verdachtsgrund darzubieten. sie sind nach inhalt und form so beschaffen, dasz es mir evident scheint, dasz der verfasser des compendiums, von dem diese bruchstücke erhalten, ein compilierender Byzantiner und zwar ein schlechter, später Byzantiner ist. unter den von Wachsmuth vorgebrachten verdachtsgründen ist keiner zwingend, und auch in ihrer gesamtheit üben sie kein solches gewicht aus, um an der echtheit der fragmente irgendwie zweifeln zu lassen. auf die einzelnen bedenken Wachsmuths gehe ich hier nicht näher ein, da die betreffenden puncte hinreichend von andern erörtert sind. selbst Hiecke gibt zu, dasz manche verdachtsgründe nichtig sind oder wenig beweisen. er stellt nun als hauptargument der fälschung die compilationsweise hin. angenommen, diese wäre so wie Hiecke sie sich denkt, dasz der verfasser aus den verschiedensten uns bekannten quellen sein machwerk zusammengestoppelt hätte, so wäre die fälschung doch noch nicht bewiesen: denn nach meiner ansicht darf man eine solche art ein compendium zu schreiben einem Byzantiner wol zutrauen. Aristodemos wird aber sicher auszer den uns bekannten und erhaltenen schriften andere benutzt haben. da viele stellen grosze ähnlichkeit mit der erzählung Diodors haben, so hat man angenommen dasz beiden dieselbe quelle zu grunde liege, nemlich Ephoros. ist dies der fall, so kann natürlich, wie Wachsmuth richtig sagt, Aristodemos die Aristophanescitate nicht aus Ephoros entnommen haben, da die lesarten der citate bei Aristodemos von denen bei Diodor bedeutend abweichen, sondern er musz sie aus einer besondern hs. ergänzt und verbessert haben. für unmöglich halte ich dies nicht, doch auch nicht für sehr wahrscheinlich, und bin daher eher geneigt mit Müller (s. 26) eine andere unbekannte hauptquelle anzunehmen, zumal Aristodemos in manchen wesentlichen puncten von Diodor abweicht. diese unbekannte quelle kann ja auch den Ephoros, dessen geschichte den späteren als handbuch diente, benutzt haben, so dasz daher die übereinstimmung zwischen Aristodemos und Diodoros rührt.

In den eben erwähnten Aristophanescitaten glaubt Wachsmuth auch einen verdachtsgrund gefunden zu haben. da ich aber selbst zu dem, was Wachsmuth und Bücheler über jene gesagt haben, wenig hinzufügen konnte, wandte ich mich in betreff dieses punctes an meinen freund dr. A. von Velsen in Saarbrücken, der die güte hatte mir folgendes zu schreiben:

'Ihrem wunsche, lieber freund, Ihnen meine ansicht über das verhältnis mitzuteilen, in welchem die in der Aristodemos-hs. enthaltenen citate aus Aristophanes zu der durch die codices des dichters dargebotenen überlieferung stehen, komme ich gern nach. das resultat ist der hypothese meines freundes Wachsmuth, nach welcher wir in jenem bruchstücke des Aristodemos nur eine fälschung des Minas haben sollen, keineswegs günstig; vielmehr bestätigt es, wie Sie sehen werden, die überzeugung, zu der wir bei wiederholter besichtigung des codex kamen, dasz auch jener teil der hs. zweifellos alt und unverfälscht ist. keine der in jenen citaten enthaltenen lesarten ist der art, dasz sie ein bedenken gegen die echtheit der hs. erwecken könnte, einige, namentlich v. 528 der Acharner, widerlegen nach meiner meinung ganz direct jeden gedanken an eine fälschung. das erste citat enthält die verse 603—611 des friedens.

In v. 603 haben die hss. des Aristophanes RVΓP (Vaticano-Palatinus 67) ὦ σοφώτατοι γεωργοί. aus dem citate bei Diodor XII 40 hat Meineke mit recht statt σοφώτατοι geschrieben λιπερνῆτες. die Aristodemos-hs. bietet ὠπερ^{ν}θητες, was eine corruptel der abschreiber ist, an der Aristodemos, welcher ὦ λιπερνῆτες schrieb, unschuldig ist. der abschreiber kannte das wort nicht und machte daher ὠπερνητες daraus. ein späterer abschreiber dachte bei diesem worte, wie Wescher richtig bemerkt, an θῆτες und schrieb ὠπερθητες, aber er bemerkte seinen fehler und schrieb daher das ν darüber. möglich ist es freilich auch, doch, wie ich meine, nicht so wahrscheinlich, dasz er, wie Bücheler vermutet, περθητες in πενητες ändern wollte. das σ in συνίετε (ξυνίετε RVΓP) findet sich ja in allen hss. tausende von malen.

In v. 607 haben RVΓP ῥήματ' εἰ βούλεσθ', unser codex ρηματια βούλοισθ'. durch nichtbeachtung des apostrophes entstand aus ῥήματ' εἰ zuerst ῥημάτια, und der ausfall des εἰ zog dann die corruptel in βούλοισθ' (statt βούλεσθ') nach sich.

In v. 605 steht πρῶτα in RVΓP, πρῶτον hat unser codex. die corruptel ist sehr gewöhnlich: vgl. z. b. ri. 542 in meiner ausgabe. im folgenden haben VΓP αὐτῆς ἦρξε, R αὐτῆς ἦρξε. wegen des spondeus im dritten fusze haben Bentley und Hermann de metris s. 117 die worte umgestellt. die richtige folge hat unser codex: ἦρξατ' αὐτῆς. dasz es kein indicium einer fälschung ist, wenn eine hs. statt eines groben metrischen fehlers einfach die richtige wortfolge hat, bedarf wol keines beweises. allein der vers ist, wie man schon längst eingesehen hat, auch so noch corrupt, und die meisten hgg. schlieszen sich Seidlers conjectur ἦρξεν ἄτης an, auf welche auch das ατ' in dem ἦρξατ' unseres codex zu führen scheint. aber ich stimme Meineke bei, der sich nicht bei dieser conjectur beruhigen will, sondern bemerkt: 'latet haud dubie aliud quid.' ich vermute dasz der vers zu schreiben ist: πρῶτα μὲν γὰρ ἦρξ' ἐπ' αὐτῆς Φειδίας πρᾶξαι κακῶς. ἐπ' αὐτῆς verstehe ich so: 'zu ihrer zeit, zur zeit als sie noch auf der erde (und nicht in der grube) war.' als noch friede im lande war, fieng zuerst Pheidias an in ungelegenheiten zu kommen. vgl. v. 593 derselben komödie: πολλὰ γὰρ ἐπάσχομεν, | πρίν ποτ' ἐπὶ σοῦ γλυκέα | κἀδάπανα καὶ φίλα. C. Müller (Gött. gel. anz. 1869 s. 31) conjiciert ἦρξ' ἀὐτῆς, aber dies ist schwerlich richtig. es erheben sich dagegen sprachliche und sachliche bedenken: 1) ἀὐτή ist dem stile des Aristophanischen dialogs fremd, und an eine parodie kann man an dieser stelle nicht denken; 2) nicht der arme Pheidias ist es der den anfang macht zu dem kriegsgetümmel, der zuerst in die kriegstrompete stöszt, sondern Perikles.

In v. 607 steht in den Aristophanes-hss. τὸν αὐτοδὰξ (αὐτοδαξ mit rasur über dem υ V) τρόπον. das τὸν αὐθάδη τρόπον der Aristodemos-hs. ist ein einfaches glossem, welches in den text gedrungen ist, wie das scholion zu gerade diesem verse klar zeigt: τὸν ἐμπεσόντα καὶ δάκνοντα, αὐθάδη, ὀργίλον.

V. 608 πρὶν παθεῖν τι δεινὸν αὐτὸς ἐξέφλεξε τὴν πόλιν (so ohne interpunction in R und V, mit einem kolon nach δεινὸν· Γ, mit einem komma an derselben stelle P) fehlt in unserm codex. für unsern nächsten zweck könnten wir uns bei der bemerkung Büchelers beruhigen: 'während im ersten citat Diodor zwei verse ausläszt, streicht Aristodemos nur den überflüssigen v. 608.' allein es hat sich mir, wie ich gestehen musz, trotz meines widerstrebens die ansicht aufgedrängt, dasz dieser vers überhaupt gar nicht dem Aristophanes angehöre. es haben mich dazu drei erwägungen gebracht: 1) der erste teil des verses enthält eine, wie mir scheint, unpassende wiederholung des in v. 606 gesagten εἶτα Περικλέης φοβηθεὶς μὴ μετάσχοι τῆς τύχης· 2) es handelt sich an unserer stelle nicht um einen brand des unwillens, den Perikles in der stadt Athen erregte, sondern um den kriegsbrand, der ganz Hellas verheerte; 3) das wort ἐκφλέγειν findet sich in der guten gräcität an keiner zweiten stelle, sondern nur bei späteren. dazu kommt dasz in v. 610 RVΓP wie die Aristodemos-hs. ἐξεφύσησε haben, was, wie Bentley zuerst erkannte, wenn man v. 608 beibehält, κἀξεφύσησε heiszen musz. indessen sei dem wie ihm wolle, so viel ist gewis, dasz in allen les-

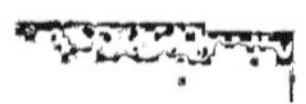

arten dieses citates sich keine spur einer fälschung findet, wol aber manches was entschieden für die echtheit der hs. spricht. denn in der lesart in v. 610 (dieses ist die letzte abweichung) ἐκ τοῦ κάπνου statt des τῷ κάπνῳ in RΓ und τῶ κάπνω in VP ist es ja wol klar, dasz eine übergeschriebene erklärung des dativs in den text gedrungen ist.

Ich wende mich zu dem zweiten citate, welches die verse 524—534 der Acharner enthält.

V. 524 lautet in den Aristophanes-hss. πόρνην δὲ cιμαίθαν (cημαίθαν AΓP [Vaticano-Palatinus 128]) ἰόντες μέγαράδε (μεγαραδὲ corrigiert aus μεγάραδε R, μέγαραδέ· Γ, μεγάραδε A). in der Aristodemos-hs. dagegen steht πόρνην εἰς μέθην ἰοῦcαν μεγαρίδα. nur auf den ersten blick hat die variante etwas auffälliges. ihre entstehung scheint mir ziemlich nahe zu liegen: aus μέγαράδε, welches, wie ja der abweichende, in R corrigierte accent in den Aristophanes-hss. zeigt, den abschreibern nicht geläufig war, entstand durch corruptel μεγαρίδα. der name cιμαίθαν (cημαίθαν in AΓP) war dem abschreiber so ganz unbekannt, dasz er meinte in den buchstaben einen schreibfehler vor sich zu haben, den er in εἰς μέθην verbesserte; die verbindung beider corruptelen zog dann die dritte, ἰοῦcαν für ἰόντες, nach sich. jedenfalls liegt in den corruptelen des verses nichts was auf eine fälschung hindeutete.

Wenn in v. 525 unser codex κλέπτουcιν (RΓAP κλέπτουcι) hat, so ist dies ja nur ein in allen hss. sehr gewöhnlicher fehler. nicht mehr besagt μεγαρεῖc in v. 526; ebenso steht in ΓA, während R und P μεγαρῆc bieten. im anfange dieses verses steht κᾆπειθ', während AP κᾆθ', R κάθ', Γ κᾆθ', die Athenäos-hss. PVL εἶθ' haben. das über κᾆθ' geschriebene glossem καὶ ἔπειθ' hat das richtige verdrängt.

In v. 527 hat die Aristodemos-hs. πόρναc, wie von den Aristophanes-hss. R, während in ΓAP πόρνα steht.

V. 528 lautet in den hss. des Aristophanes: κἀντεῦθεν (καντεῦθεν R, κἀκεῖθεν Athenäos, was Meineke, nach der jetzigen gestalt unseres textes sicherlich mit recht, in den text aufgenommen haben will) ἀρχὴ τοῦ πολέμου κατερράγη (κατερράγη· Γ, κατερράγη. A). in unserer hs. steht ἐνθένδ' ὁ πόλεμοc ἐμφανῶc κατερράγη, wobei zunächst in jedem falle für ἐνθένδ' zu schreiben ist κἀνθένδ'. hier haben wir den fall, dasz unser codex das richtige bietet, während alle Aristophanes-hss. und mit ihnen Athenäos den vers in verderbter gestalt haben. in der natur des bildes liegt es, dasz man sagen musz ὁ πόλεμοc κατερράγη, aber nicht ἀρχὴ τοῦ πολέμου κατερράγη. unerträglich aber wird die letztere verbindung durch den dativ Ἕλληcι πᾶcιν im folgenden verse. was in der natur der sache liegt, bestätigt zur evidenz v. 644 der ritter: ἐξ οὗ γὰρ ἡμῖν ὁ πόλεμοc κατερράγη, | οὐπώποτ' ἀφύαc εἶδον ἀξιωτέραc. die corruptel kam durch die erklärung zu κατερράγη in den text: ἀρχὴ τοῦ πολέμου ἐγένετο.

In v. 529 hat statt des λαικαστριῶν der Aristophanes-hss. unser codex δεκαστριων. da jenes wort dem abschreiber der Aristodemos-hs. unbekannt war, liesz er sich, wie schon Wescher mit recht bemerkt, durch die ähnlichkeit der buchstaben Δ und Λ verführen, aus dem ersten teil des wortes ein δεκα zu machen; die corrumpierung des αι in ε erinnert an das εἰς μέθην statt σιμαίθαν in v. 524. an diesen corruptelen scheint die aussprache des αι ihren anteil gehabt zu haben.

In v. 530 ἐντεῦθεν ὀργῇ (ὀργῆ RΓA) περικλέης (so die Aristophanes-hss.) hat unser codex ἐνθένδε μέντοι περικλέης. wieder ist ein glossem in den text gedrungen. das mit nachdruck vorangestellte ἐντεῦθεν war erklärt durch ἐνθένδε μέντοι, diese erklärung drang in den text und verdrängte auch ὀργῇ. am ende desselben verses hat die Aristodemos-hs., wie R und A, ὀλύμπιος, während Γ und P οὑλύμπιος haben.

Statt des ἤστραπτεν in v. 531 (so RAΓP) hat unser codex das richtige ἤστραπτ', welches sich auch bei Plinius *epist.* I 20 findet. dasz dieses in den text des Aristophanes aufzunehmen sei, bemerkt schon Dindorf in der Oxforder ausgabe. über das σ in συνεκύκα (ebenso scheint in dem citate bei Plinius zu stehen), während die vier Aristophanes-hss. ξυνεκύκα bieten, ist schon zu v. 603 des friedens gehandelt.

Ich komme zu der letzten abweichung, welche die Aristodemos-hs. enthält: v. 533 und 534 lauten in den hss. des Aristophanes: ὡς χρὴ μεγαρέας μήτ' ἐν γῇ μήτ' ἐν ἀγορᾷ | μήτ' ἐν θαλάττῃ μήτ' ἐν ἠπείρῳ μένειν. statt des metrisch unmöglichen μήτ' ἐν γῇ haben die hgg. Bentleys änderung μήτε γῇ in den text aufgenommen. unser codex nun hat die beiden verse folgendermaszen in éinen zusammengezogen: ὡς χρὴ μεγαρέας μήτ' ἐν ἀγορᾷ μήτ' ἐν ἠπείρῳ μένειν. ich kann mich, was diesen vers betrifft, nur vollständig den worten Büchelers anschlieszen: «Aristodemos las den vers 533 besser als wir, nemlich μήτ' ἐν ἀγορᾷ [μήτε γῇ | μήτ' ἐν θαλάττῃ] μήτ'.» ja ich füge hinzu, diese lesart ist nicht nur besser, sondern sie ist die richtige: denn bei der der Aristophanes-hss. wird auszer dem durcheinander in der aufeinanderfolge der angegebenen örtlichkeiten auch gerade die pomphafte steigerung und verallgemeinerung, in der eben die ähnlichkeit des Megarenser-edictes mit dem skolion des Timokreon, welches die scholien zu dieser stelle anführen, liegt, in der unpassendsten weise gestört.

Zum schlusse noch ein wort über die nahe liegende frage, in wie weit wir in den verderbnissen unserer citate die quelle in der Aristophanes-hs. zu suchen haben, welche Aristodemos mittelbar oder unmittelbar bei seinem citate benutzte, oder in der nachlässigkeit und unwissenheit des schreibers der Aristodemos-hs. schon oben habe ich gesagt, dasz solche fehler wie die entstellung von Ach. 524 (und eben dahin rechne ich das δεκαστριων in v. 529) eine solche unkenntnis der komödien des Aristophanes verrathen, dasz ich sie

eher dem schreiber der Aristodemos-hs. zuschreiben möchte. ebenso habe ich über fri. 603 geurteilt. anders steht es mit den corruptelen, die dadurch entstanden sind, dasz glosseme in den text gedrungen sind. man kann nicht annehmen, dasz jenes compendium des Aristodemos seinen scholiasten gefunden habe, am wenigsten aber würde eine solche annahme für die citate aus Aristophanes möglich sein. daher müssen jene glosseme schon in der Aristophanes-hs. den text entstellt haben, die den citaten bei Aristodemos zu grunde lag. eine solche annahme scheint mir nichts bedenkliches zu haben, da die spätern Byzantiner, zu denen Aristodemos gehört, Aristophaneshss. im gebrauch hatten, die besonders durch glosseme sehr verderbt waren, was natürlich nicht ausschlieszt, dasz sich in denselben richtige lesarten und spuren von richtigen lesarten erhalten hatten, die sich in den bis auf unsere zeit erhaltenen Aristophanes-codices nicht mehr finden.'

Ueber den finder der hs. und vermeintlichen fälscher der Aristodemosfragmente, Minoides Minas, bemerke ich noch folgendes. er hat die hs. aus den Athosklöstern nach Paris gebracht und viele jahre lang in seinem hause verborgen gehalten, so dasz man erst nach seinem tode einsicht in dieselbe erhalten hat. der grund zu einem solchen verfahren ist nicht klar. es beweist jedoch nicht eine fälschung in der hs.: denn er würde doch nicht gefälscht haben, um das gefälschte zu verbergen und zu verheimlichen. freilich hat er die Aristodemosfragmente weder in seinem rapport officiel erwähnt noch sie berücksichtigt, als er die wichtigeren historischen inedita abschrieb. er scheint unsere fragmente nicht für wichtig genug gehalten zu haben, zumal er ihren verfasser nicht kannte. das wort ἀριστοδήμου nemlich auf fol. 83^{v} ist, wie schon oben gesagt, sehr verwischt, und nach demselben ist ein stück pergament abgerissen. es ist sicherlich erst wieder recht lesbar geworden, seitdem die hs. im auftrag der bibliotheksverwaltung restauriert und unter ἀριστοδήμου ein papierstreifen geklebt ist. da Minas den autor nicht kannte, vermutete er dasz Charon und Ephoros die verfasser seien, und schrieb deshalb vorn in den index: ιγ ἡ δὲ ξϛ σελὶς καὶ ἡ ἐφεξῆς τοῦ λαμψακηνοῦ οἶμαι χάρωνος τεμάχιον ἐκ τῶν περὶ περσῶν πολέμου. ὁμοίως δὲ καὶ ἡ ξη ἄχρι τῆς ἐφεξῆς ἡμισείας τοῦ σημείου σ——ο τὰ γὰρ ἐφεξῆς πάλιν ἐκ τοῦ ἀπολλωνίου βίου ἄχρι τῆς ο σελίδος τοῦ σημείου σ——ο ταῦτα γὰρ πάλιν τοῦ χάρωνος ἄχρι τῆς οα σελίδος.
ιδ ἡ δὲ οα τεμάχιον τῆς ἐφόρου ἱστορίας.

auf diese leicht hingeworfene vermutung hat er offenbar wenig gewicht gelegt. ein durchschlagender grund um Minas zum fälscher zu stempeln fehlt. hätte er gefälscht, so würde er nach meiner ansicht nicht ein so elendes und jämmerliches machwerk geliefert haben, das nichts neues, wol aber viel albernes, unrichtiges und unsinniges bietet.

Die publication Weschers ist ziemlich genau, zum teil zu kleinlich, da es wol nicht nötig gewesen wäre die gewöhnlichen abkürzungen für θεός, υἱός, πατήρ jedes mal zu verzeichnen. an manchen stellen aber, an denen Wescher lücken angibt, glaube ich, da ich mit lupe und spiegel operiert habe, wenigstens etwas lesen und an einigen die ursprüngliche lesart mit ziemlicher sicherheit feststellen zu können. im folgenden stelle ich das wichtigere[6]), das ich bei meiner collation gefunden habe, zusammen, indem ich zugleich die wol nur wenigen zugängliche zweite ausgabe Weschers berücksichtige, die in dem im märz 1868 ausgegebenen 'annuaire de l'association pour l'encouragement des études grecques en France' 2ᵉ année p. 53—78 erschienen ist.

349, 12 Ἀριστείδης] der schreiber hatte zuerst Ἀρειστείδης geschrieben, hat dann das erste ει durchgestrichen und ι darüber geschrieben. auch 352, 18 ist das erste ι in Ἀριστείδης in rasur. es ist dies ein neuer beweis dafür, dasz der itacismus unzählige verschreibungen veranlaszte. so steht auch 357, 21 nicht Ἀργίλιος in der hs., sondern Ἀργήλιος (der zweite strich des η ist jetzt verwischt).

350, 17 αὐτῆς κινδυνεύουσα] im codex steht zwischen beiden worten καὶ, das in der zweiten ausgabe hinzugefügt ist.

351, 16 συμπείσας καὶ γὰρ αὐτός] ed. I «συμπείσας] supplevi. litteras συμπ habet codex. ceterae evanuerunt» (ed. II 'les autres lettres sont effacées'). Bücheler s. 94 bemerkt mit recht, dasz καὶ so an falscher stelle stehe und Wescher wol συνέπεισε γὰρ καὶ αὐτός gedacht habe, und conjiciert seinerseits συμπεπείκει γὰρ αὐτός. man würde diese hübsche conjectur annehmen können, wenn — καὶ γὰρ in der hs. stände. in dieser sind nur die buchstaben συμπ (vom π fehlt der obere querstrich) deutlich lesbar. nach dem π ist ein loch, in dem drei bis vier buchstaben gestanden haben können. das pergament nun ist unten so ausgezackt, wie die enden der buchstaben waren, der rand ist noch bräunlich wie die dinte. es wird sicher επει dagestanden haben. dann ist wieder κ deutlich lesbar. in dem folgenden zeichen glaubte Wescher ein α zu erkennen und nahm an, ein ι sei durch das folgende loch ausgefallen. da er so schon ein καὶ hatte, hielt er das folgende compendium für γάρ. das compendium für γάρ (ein wort das übrigens unser schreiber nie abkürzt) ist aber ein anderes als das vorliegende, das nur καί bedeuten kann.

6) die fehlenden accente, spiritus und apostrophe verzeichne ich hier nicht. dasz diese sowol in den Aristodemosfragmenten als auch in den übrigen teilen der hs. sehr oft ausgelassen sind, hätte Wescher wol bemerken können; dann wäre auch L. Dindorf nicht zu der irrigen ansicht gekommen, die er in diesen jahrb. 1869 s. 44 ausgesprochen, dasz der schreiber unserer hs. in der regel das, was ihm verdorben schien, ohne accent gelassen habe.

dieses compendium ist, wie bei unserm schreiber gewöhnlich, mit dem vorhergehenden c, das durch das loch ausgefallen ist, verbunden gewesen. dem c aber ist nicht ein αι sondern ein ω vorhergegangen, dessen vordere hälfte einem α sehr ähnlich sieht. wir erhalten somit cυμπεπεικὼc καὶ αὐτόc. dieses resultat, an dem vielleicht mancher noch zweifeln könnte, wird durch die abklatschung glänzend bestätigt. auf der nebenseite (fol. 83 v) ist nemlich ὼc deutlich abgeklatscht.

351, 18 ὑπέcχετο δὲ] in der zweiten ausgabe steht ὑπέcχετό τε wie im codex.

352, 14 φήcαντεc 'Αθηναίουc] nach φήcαντεc hatte der schreiber αὐτούc geschrieben, das er selbst wieder ausgestrichen hat. ebd. ἐμπειροτέρουc] ed. I 'supplevi. solae litterae ροτερουc in codice apparent.' ed. II 'les premières lettres sont effacées.' allerdings sind die ersten buchstaben ἐμπει etwas verwischt, können aber noch ziemlich deutlich gelesen werden, ebenso die buchstaben των in ἐπιcτρεφόντων 353, 8. an der letztern stelle fehlt deshalb auch in der zweiten ausgabe die bemerkung dasz των ergänzt sei.

354, 6: von den worten die in der lücke nach Πελοποννηcιακὸν (diese letzten fünf buchstaben sind noch ziemlich zu erkennen) gestanden haben, ist keine spur mehr vorhanden. auch die abklatschung fehlt, da auch das folgende blatt defect und neues papier eingeklebt ist. mehr dagegen glaube ich an der hinter Ἕλληνεc 354, 8 angegebenen lücke lesen zu können. Wescher ed. II ergänzt [ἐκ τῆc 'Αβύδου διαπλεύcαντεc μετὰ τριή]ρων, Bücheler s. 95 sagt dasz der sinn fordere [ἐκ τῆc Εὐρώπηc καταφυγόντων τῶν βαρβά]ρων. der scharfsinn Büchelers hat wie an anderen stellen so auch hier fast das wirklich von Aristodemos geschriebene getroffen. es läszt sich nemlich an der sehr zerfetzten und verwischten stelle noch folgendes erkennen: φυγόν[των] τῶν ἀπολει[φθέντων β]α[ρβά]ρων. das in klammern gesetzte ist von mir ergänzt. vor φυγόντων kann noch ἐκ oder ἀπο gestanden haben, für κατα ist der raum zu klein. von dem ersten ρ in βαρβάρων ist der untere teil sichtbar.

357, 2 und 3 sind zwei vollständige lücken, da das pergament hier, wie schon oben gesagt, ganz verschwunden und neues papier eingesetzt ist. Wescher gibt in beiden ausgaben nach κατεcκεύαζον und Δήλῳ eine lücke von je 18 buchstaben an. es werden aber einige mehr gewesen sein, da in der nächsten zeile auf gleichem raum 24 und in der dann folgenden 22 stehen. für die restitution der zweiten lücke gibt uns die abklatschung einigen anhalt. es lassen sich nemlich auf dem gegenüberstehenden blatte mit hülfe des spiegels die buchstaben cτερι, die im anfang der zeile gestanden haben müssen, deutlich erkennen, hierauf ist eine lücke von sechs buchstaben, dann sind wieder einige sichtbar, νομ wie es scheint, denen eine lücke von fünf buchstaben folgt. hierauf steht ein α abgeklatscht, dann ist wieder eine lücke von drei buchstaben. durch die buchstaben cτερ scheint die conjectur Büchelers ὑcτέρῳ χρόνῳ wiederum bestätigt zu werden. vor ϲτ können wol noch ein oder zwei buchstaben gestanden haben, und das ι nach dem ρ kann der anfang eines ω oder eines andern buchstaben gewesen sein. auszer der conjectur Büchelers sind natürlich viele andere möglich. das αντα, das sich nach der lücke findet, hat Bücheler in πάντα, Wescher wol richtiger in τάλαντα ergänzt. Aristodemos hat wahrscheinlich die anzahl der talente, die jährlich bezahlt werden musten oder die bei der verlegung der casse nach Athen geschafft wurden, ähnlich wie Diodor XII 38 angegeben. interessant ist, wie Hiecke sich unsere stelle zurecht legt. seine vermutung, die durch den oben angegebenen sachverhalt evident widerlegt wird, ist nemlich folgende: Aristodemos oder vielmehr der fälscher hat im sinne gehabt nach Diodor zu schreiben τὰ ϲυναχθέντα χρήματα ὀκτακιϲχίλια (ϲχεδὸν) τάλαντα ἐκ τῆϲ Δήλου μετεκόμιϲαν, den worten τὰ ϲυναχθέντα gab er eine andere stellung und liesz, um eine lücke zu erhalten, χρήματα ὀκτακιϲχίλια τάλ — aus.

357, 18 παιδὸϲ] der schreiber hat zuerst παιϲὶν geschrieben, dann ϲιν durchgestrichen und δοϲ darüber geschrieben. ebd. ἀπεκατέϲτη] Bücheler s. 97 hält dies für einen druckfehler statt ἀποκατέϲτη. es ist aber ein schreibfehler des copisten.

358, 5 αὐτοὶ [ὑπὸ αὐτὸ τὸ τέμενοϲ καὶ δι]πλῆν] ed. I 'supplevi. desiderantur in codice quindecim fere litterae.' ed. II αὐτοὶ [ὑπὸ τὸ αὐτὸ τέμενοϲ καὶ δι]πλῆν. 'restitution. cette moitié de ligne est presque effacée dans le ms.' Bücheler sagt s. 97, Wescher ergänze nicht ganz geschickt ὑπὸ αὐτὸ τὸ statt εἰϲ τὸ αὐτὸ oder εἰϲ τοῦτο τὸ τέμενοϲ. Löhbach (jahrb. 1868 s. 242) stimmt ihm in betreff des εἰϲ bei und vermutet εἰϲ τὸ τέμενοϲ. der codex nun hat, wie Bücheler conjiciert, εἰϲ τὸ αὐτὸ τέμενοϲ. da aber von der folgenden seite abgeklatscht ist, so sind die buchstaben nicht mehr recht deutlich und εἰϲ τὸ sieht wie ὑπὸ aus. von καὶ δι ist nur noch der obere haken des δ da.

358, 9 διεξῄει] 'διεξειν codex.' die hs. hat διεξείη, wie in der zweiten ausgabe steht, in der freilich der accent fehlt.

358, 14: die note, dasz καὶ im codex fehle, ist unrichtig und deshalb auch in der zweiten ausgabe weggeblieben.

359, 2: in παύϲαϲθαι, wofür Wescher ed. II und Bücheler παύϲεϲθαι vermuten, ist das zweite α in rasur von erster hand. ich halte übrigens mit Hiecke eine änderung für unnötig.

360, 9 αἴτιοϲ] ed. I 'post αἴτιοϲ desiderantur in codice fere viginti litterae.' ed. II αἴτιοϲ [ὁ καὶ (sic) δηλώϲαϲ λύειν μέλλονταϲ τοὺϲ Ἕλλ]ηναϲ. 'restitution. lacune d'une trentaine de lettres dans le ms.' auch Bücheler s. 98 ergänzt δηλώϲαϲ λύειν μέλλονταϲ τοὺϲ Ἕλλ]ηναϲ im anschlusz an den wortlaut 351, 8 δηλῶν ὅτι μέλλουϲιν οἱ Ἕλληνεϲ λύειν τὸ ζεῦγμα. dasselbe verbum δηλόω hat unser compilator nun doch nicht wieder an unserer stelle angewandt, sondern er hat ein verbum gewählt, in dem das κρύφα der ersten stelle mit ausgedrückt liegt. auf fol. 87[r] lassen sich nemlich die buchstaben δείξας λυ noch ziemlich deutlich lesen, dem δ müssen drei buchstaben vorangegangen sein und zwar ὑπο, da auf der andern seite ὑπ abgeklatscht steht. auf λυ aber sind die buchstaben σοντας wahrscheinlich gefolgt, da ντας (das ς mit einem langem schweif oben) auf der gegenüberstehenden seite noch im spiegel sichtbar ist. dann ist wieder τους deutlich lesbar. vor ηνας musz natürlich ἑλλ gestanden haben, und dies ist auch noch auf der andern seite erkennbar. wir erhalten somit: ὑποδείξας λύσοντας τοὺς Ἕλληνας. man sieht wie grau die theorie Hieckes ist, der s. 732 sagt: 'ich denke wir setzen κωλύων διαλῦσαι τοὺς Ἕλληνας ein und kommen damit dem vorbild des Aristodemos an dieser stelle am nächsten: schol. Aristoph. ri. 84 s. 36ᵇ 49 ff. (Dübner).'

363, 15 πολιορκήσαντες] «πολιορκησαν codex.» der codex hat nicht πολιορκησαν sondern πολιορκῆσαν.

Hamm. Rudolf Prinz.

24.

ZU QUINTILIANUS VIII 3, 42.

Wie kurz zuvor (§ 36) so citiert auch hier Quintilian eine stelle des Cicero (*de part. or.* 6, 19) nicht wörtlich sondern aus dem gedächtnis. Halm schreibt: *probabile autem Cicero id genus dicit, quod non nimis est comptum* und bemerkt hierzu: '*non nimis est comptum* scripsi ex Cicerone: *non nimis est dictum* (*dicunt* G per comp. et ut videtur A[1]) AG, *non plus minusue est quam dicit* MS et rell. ex interpolatione, item edd. sed hae *quam decet* ex Regii coni.' vergleichen wir nun mit der hsl. überlieferung die stelle des Cicero, welche lautet: *probabile autem genus est orationis si non nimis est comptum atque expolitum, si est auctoritas et pondus in verbis* usw., so sieht man auf den ersten blick, dasz die Halmsche conjectur zu weit von dem *dictum* oder *dicunt* der hss. abweicht um wahrscheinlich zu sein, dasz vielmehr ein wort zu suchen ist, das sich der äuszern form nach ebenso sehr an DICTUM als dem sinne nach an *comptum atque expolitum* anschlieszt. ich vermute daher PICTUM ('fein und sauber ausgeführt' vgl. O. Jahn zum Brutus 85, 294), was auch sonst als synonymon von *comptum* und *expolitum* erscheint: vgl. Cic. *or.* 27, 96 *florens orationis pictum et expolitum genus, Brut.* 37, 141 *σχήματα . . . non tam in verbis pingendis habent pondus quam in illuminandis sententiis*, ebd. 85, 294 *quo* [i. e. Lysia] *nihil potest esse pictius*. derselbe Lysias wird bekanntlich *or.* 9 *politissimus* genannt. vgl. auch Cic. *ad Att.* II 21, 3. *ad Q. fr.* 2, 15. Aquila Rom. *de fig.* s. 165 (Ruhnken). in der griechischen rhetorensprache entspricht ποικίλλειν dem lat. *pingere* ebenso wie χρώματα den *pigmenta* oder *colores orationis*: vgl. Ernesti lex. techn. gr. rhet. u. d. w.

Bautzen. W. H. Roscher.

25.

ZU MEINER LATEINISCHEN ELEMENTAR- UND FORMENLEHRE FÜR SCHULEN.

Durchaus nicht eitle empfindlichkeit über die ja bei allen nichts wesentliches treffenden aussetzungen sehr ehrende beurteilung meiner in der waisenhausbuchhandlung in Halle 1869 erschienenen 'lateinischen elementar- und formenlehre für schulen' durch einen geistvollen jünger von G. Curtius, sondern rein die sache an sich veranlaszt mich, was ich in der vorrede zu dem büchelchen nicht thun wollte, nun doch zu thun, nemlich wieder, wie das schon in meinem vor jahren veröffentlichten schriftchen 'über die verwendung der resultate der sprachvergleichung beim lateinischen elementarunterrichte' versucht wurde, in möglichster kürze zu zeigen, dasz bücher, ähnlich dem meinigen, mit bestem erfolge schon dem ersten unterricht im lateinischen zu grunde gelegt werden können und auf der nachelementarischen stufe zu grunde gelegt werden müssen. sicher musz es unser streben sein die schüler des gymnasiums, soweit das nur subjectiv und objectiv möglich ist, in die wirkliche erkenntnis des eigentlichen wesens der sprachen, der antiken und der modernen, welche an diesen anstalten gelehrt werden, einzuführen. dasz dieses auf dem ganzen gebiete derselben, auf dem grammatischen, dem lexicalischen, dem ästhetischen, nur sehr allmählich geschehen kann, das versteht sich von selbst, dafür hat die natur gesorgt. der umstand aber, dasz viele schüler immer auf der oberfläche bleiben, nie und nirgend in die tiefe dringen, darf uns in unserm streben nicht ermatten lassen, zumal wir uns bewust sind, dasz ein rein empirisches lehren, welches sich ja doch auch einer fülle von regeln bedient, sie in der gewinnung von stoff nicht weiter brächte. auch wir sind der ansicht, dasz man im ersten lateinischen unterricht, welcher sich durchaus an ein zweckmäszig eingerichtetes lesebuch anzuschlieszen hat und wobei die grammatik nur repetierbuch für das schon in der classe mit hilfe der tafel behandelte und eingeübte ist — dasz man da nicht alles grammatische, was eben vorkommt, erklären solle, wenn es an sich erklärt werden kann. zunächst ist es uns nur darum zu thun, dasz in der aufstellung der formen die in der sprache liegenden gesetze nicht gröblich verletzt werden. schon von anfang an ist allerstrengstens auf richtige aussprache, und zwar nicht nur in den endungen, sondern auch im inlaute der wörter zu halten. dafür brauchen wir keine weiteren gründe anzuführen; nur das bemerken wir, dasz wir damit das verständnis wichtiger lautgesetze vorbereiten, mit welchen so abscheuliche aussprachen wie *bĕne, măle, lĕgĕns, quŏs, măgnus* usw. in schneidendem widerspruche stehen. wir begreifen nicht die gleichgiltigkeit, welche meint dergleichen durchlassen zu dürfen, ja durchlassen zu sollen, weil die jungen sonst genug zu lernen hätten. die jungen werden bald und leicht richtig nachsprechen, wenn die alten sich bemühen richtig vorzusprechen. übrigens ist es damit und mit anderm in neuerer zeit — und darin wagen wir auch unserer thätigkeit einigen einflusz zuzuschreiben — viel besser geworden, und eigentümlich ist es, wie neben der wahrheit veraltete irrtümer nur etwa unter dem falschen heiligenschein praktischer regeln auftreten. nur einige wenige beispiele. der wechsel von *s* und *r* musz doch recht bald in declination, comparation, conjugation zur sprache kommen, und wir musten es vor jahren bei unseren besprechungen von mehr als éiner der verbreitetsten grammatiken rügen, dasz sie das wirklich als einen beliebigen wechsel darstellten, was physiologisch und historisch unwahr ist. das wissen des gesetzes ist nun aber recht wichtig für die richtige aufstellung nicht nur éiner grammatischen form. noch nicht sehr lange her ist es, dasz in diesem und jenem lehrbuche die declinationen blosz mechanisch gezählt wurden; heute ist die einsicht in die wesentliche einheit der declination und in ihre blosz artlichen verschiedenheiten je nach dem auslaute des nominalthemas durchgedrungen und, wie wir meinen, überall auch praktisch verwerthet. die zählung der declinationen kann ohne schaden bleiben; aber sie hat nun sinn: es haben sich fünf arten éiner gattung ergeben. die genitive auf *-i-um*, die accusative auf *-im* und *-īs*, der ablativ auf *-i* sind keine räthsel mehr. schon beim ersten unterrrichte können mit bestem erfolge die bildungen der vergleichungsstufen *-ro -tero -to -mo -timo -ior* (*-ios*) *-issimo* abgehoben und so die erkenntnis vorbereitet, das behalten gefördert werden. verwirrend war einstmals auch im lateinischen die darstellung der conjugation, und es fand sich auch da die sonderbarste rein äuszerliche ableitung der zeiten. nun sind seit langem die tempora imperfecta und perfecta auch zum heile des anfängers scharf geschieden und die beiden classen unter sich ins rechte verhältnis gebracht, streng geschieden die nominalen und die verbalen teile. hoffentlich überall — daran hindert doch der platz im lehrbuche, das ja überhaupt im ersten unterrichte nicht als systematischer wegweiser dient und dieses für den schüler jedenfalls erst spät wird — wird mit der sog. dritten conjugation, d. h. mit derjenigen welche ihr praesensthema mit ursprünglichem *ă* bildet, begonnen. da stellen sich bald fast von selbst unterschiede des praesensstammes vom perfectstamm heraus. auch das mechanische erlernen wird durch die richtige abtrennung der endungen mindestens ebenso sehr erleichtert wie durch die unrichtige scheidung; und warum sollten wir jenes *-o, -i-* des praesens, *-ē-* des imperfects nicht ebenso gut bildevocal wie bindevocal nennen können? als solche müssen dann natürlich zunächst auch die sog. kennvocale der übrigen drei conjugationen erscheinen. bei der bildung des perfectstammes und seinen verschiedenen bildungsweisen dürfen wir schon, wenn auch jetzt noch blosz formal, auf die analogien im deutschen aufmerksam machen, wir meinen darauf dasz auch da perfecta ohne

äuszern zusatz und mit solchem erscheinen. an den reduplicierenden formen aber läszt sich der perfectsinn recht anschaulich machen. das gesetz über den wandel von *s* in *r* zwischen zwei vocalen ist den schülern schon bekannt oder darf ihnen doch jetzt bekannt werden. ich hatte in meinem langjährigen elementarunterricht nie die mindeste schwierigkeit die jungen z. b. die bildung des perf. praet. sich zunächst in der weise aneignen zu lassen, dasz sie lernten: seine bildung geht vor sich durch ansetzung von *-sam* usw. an den perfectstamm; *s* aber wird zwischen zwei vocalen zu *r*. durch all das und hundert andere dinge ist dem schüler, denken wir, noch nicht zu viel erklärt; aber er hat schon ein gutes rüstzeug für künftige erkenntnis gewonnen, und mancher ahnt schon ein inneres gesetz.

Mit der ersten elementarclasse, heisze sie nun sexta oder sonst wie, darf der unterricht in der lat. formenlehre nicht abschlieszen. wie das griechische herantritt, kommt schon nebenbei manche erscheinung des lateinischen zur sprache. wir fürchten fast dasz der schüler, um mit den lauten anzufangen, nun allmählich auf die spaltung, resp. schwächung eines ursprünglichen *ă* kommen müsse, er musz aufmerksam werden auf die vocalsteigerung, und *fĭdes fīdus foedus* tritt für ihn, wie ἔλιπον λείπω λέλοιπα, *gestiegen steigen fuszstèig*, in innern zusammenhang. ein anderer anlasz führt auf andere mehr mechanische entstehung der diphthongen, und urverwandte wörter, wie *moenia mūnio, claudo inclūdo* u. ä. bringen den schüler zu der einsicht, dasz das classische latein, wie das niederdeutsche, sehr zur verdumpfung der diphthongen geneigt sei. auch auszerhalb des zusammenhanges aber mit dem griechischen wird der gesichtskreis des schülers in der lat. lautwelt sich erweitern; oder sollte nicht neben einander stehendes *consulere consilium, simul similis, is ea id, īmus eunt* den lehrer dazu zwingen eine beobachtung der assimilation und dissimilation wach zu rufen? und nicht lange wird es dauern, bis ein genitiv auf *-ī* statt *-ii* vorkommt und eine kurze lautliche erklärung fordert. musz, wenn der junge *carmen carminis, facio conficio confectum* u. ä. zusammen lernt, nicht notwendig ein wort über die schwächung einflieszen? soll der schüler, dessen auge für die äuszere natur zu schärfen wir mit recht uns sehr angelegen sein lassen, nicht, nachdem er eine zeit lang sein griechisch gelernt, nachdem er ein πεφίληκα neben *fefelli* u. ä. gefunden hat, dessen inne werden, dasz das lateinische vom griechischen sich ganz wesentlich darin unterscheidet, dasz es keine aspiraten, dasz es nur spiranten hat, dasz lat. *f* etymologisch einem griechischen φ θ χ entspricht und *h* eben so unursprünglich ist? mit diesem einfachen gesetze ist für die erkenntnis des sprachcharakters etwas, ist sehr viel für die erkenntnis der bedeutung mancher wörter gewonnen, ist auch das erreicht, dasz man später ins lateinische aufgenommene griechische lehnwörter von dem gemeinsamen alten sprachgute unterscheiden kann. der unterschied ferner zwischen griechisch und lateinisch, dasz jenes die spiranten *j v s* meidet, dieses sie im we-

sentlichen festhält, kann nicht unbeachtet bleiben, und es bietet sich da gelegenheit recht verkehrten vorstellungen, wie sie noch in verbreiteten griechischen und lateinischen wörterbüchern spuken, wirksam entgegen zu treten. soll der schüler sein leben lang nichts erfahren von der eigentümlichen entwickelung eines lat. *qu gv*, auf dasz er ja nicht den weg finde von *equos* zu ἵππος, vom stamme *quo* zu πο u. dgl.? doch noch im laufe der schülerzeit sicht er neben einander *duo dis- bis viginti perduellis bellum* u. dgl.; soll da nicht mit einem worte der rechte weg gewiesen werden? vielleicht erst wenn es an die wortbildung kommt — und an diese musz es nach unserer ansicht einmal kommen, soll das vocabellernen rationell betrieben werden und das etymologisieren auf gesundem boden ruhen — zu groszem teil aber schon bei der bildung der declination und der vollständigen conjugation müssen die gesetze über consonantenzusammenstosz, über das verschwinden einzelner derselben mit oder ohne ersatz usw. zur sprache kommen, nicht minder die auslautgesetze, das schwinden von vocalen u. a.

Auch in der flexionslehre musz der schüler bis in die obersten classen in innerer erkenntnis mehr und mehr fortschreiten, zunächst allerdings dazu durch griechische analogien, dann auch bei historischer kenntnis des deutschen durch dieses veranlaszt. es sei nur weniges beispielsweise angeführt. an den verschiedenen nominativzeichen für die geschlechtigen und ungeschlechtigen nomina, die im griechischen und noch deutlicher im lateinischen vorliegen, wird er des gestaltungstriebes und der gestaltungsfähigkeit des indogermanischen stammes inne. dasz ein genitivzeichen im sing. älter *-os* laute, wird ihm aus dem griechischen klar, er findet nun die mittelstufe *-us* noch im classischen latein in *cjus* usw. dasz der lat. ablativus nicht ein blosz parasitischer casus sei, kann er mit einem worte aus den griechischen adverbien auf -ως gelehrt werden. mit durch das griechische lernt er den pronominalen gen. plur. von dem alten auf bloszes *-um* unterscheiden; er lernt das *ō* im acc. plur. begreifen, wenn ihm λόγους erklärt wird und er *quotiens* neben *quoties* kennt. in der dritten declination wird dem schüler durch das griechische, zumal in den *i*-stämmen, vieles klarer. in der conjugation musz er bei gutem unterrichte in gar manches bessere einsicht gewinnen. auffallen musz ihm doch die gleichheit von λύοιμι und *amem*, und er sieht den feinen unterschied der modi, den der griechische geist geschaffen, im lateinischen verwischt; auffallen musz ihm der unterschied in der futurbildung des griechischen und lateinischen; die form führt ihn leicht darauf, dasz der lateiner im futurum der dritten conj. einen conjunctiv-optativ verwendet; auffallen musz ihm der mangel des augmentes im lateinischen und die zusammensetzungen mit einem verbum des s e i n s usw. nach mehreren seiten hin wichtig ist es, dasz nach und nach auch eine richtige auffassung der adverbia platz greife und sie nicht immer nur als tote formen im gedächtnis haften müssen.

Das sind vereinzelte und hoffentlich nicht gerade verfehlte beispiele, wie wir uns den fortgehenden unterricht in lateinischer elementar-, flexions- und wortbildungslehre nicht etwa nur denken, nein, mit groszem erfolg und zu groszer freude der schüler fast jahrzehnte lang geübt haben. allerdings erfordert ein derartiger unterricht nicht nur für die erkenntnis des stoffes, sondern auch für die pädagogische verwendung viel mehr nachdenken, viel mehr unmittelbare lebendigkeit als der schlendrian. es ist gar sehr ein sicherer tact nötig, der im laufe von jahren die rechte wahl trifft, der dann und wann in möglichst kurzer zeit scharf und lebendig den zerstreuten gewinn ordnet und zusammenfaszt, dann aber schöner früchte gewis sein kann, ohne irgendwie demjenigen, was die schule auf dem gebiete des lateinischen, auf dem gebiete der antiken sprachen überhaupt meint anstreben zu müssen, irgend abbruch zu thun. wir behaupten vielmehr, dasz so in den elementen unterrichtete schüler auch einen weit offenern blick in die syntax thun, dasz sie ein tieferes verständnis dafür gewinnen, was die alten wirklich sagen, und man am allerwenigsten ihnen die lectüre des originales mit einer übertragung ersetzen könnte. von solchen überzeugungen getragen und zur verwendung für solchen unterricht schrieb ich unter mancherlei andern arbeiten meine elementar- und formenlehre. ich gieng darauf aus in derselben möglichst kurz und scharf die betreffenden mir sicher erscheinenden resultate der sprachvergleichung zusammenzufassen, zugleich aber die ergebnisse der historischen specialforschung auf dem felde des lateinischen schulmäszig zu verarbeiten. das büchelchen sollte übrigens der schule überhaupt dienen, nicht nur der sexta — aber warum in dem für sie bestimmten teile nicht auch dieser? — auch der prima, nicht nur dem schüler, sondern auch dem lehrer.

Und ich bin heute noch überzeugt dasz ich meinen zweck nicht verfehlt habe, wenn die lehrer den hier gebotenen stoff rechtzeitig und mit hingebung verwenden; die auf der Zürcher universität und am hiesigen philologischen seminar gebildeten haben den versuch freundlich begrüszt. im einzelnen ist an demselben, wie ich schon in der vorrede bemerkte, noch manches zu bessern und zu ergänzen, und sollte er so glücklich sein eine zweite auflage zu erleben, so werde ich beweisen, dasz ich die winke und mitteilungen von forschern und praktikern wol zu würdigen wisse und selbst nicht stille gestanden sei. dén vorwurf meines verehrten Leipziger recensenten, dasz ich in dem buche für die schule die schule zu wenig berücksichtigt habe, meine ich hinreichend zurückgewiesen zu haben. das eine principlosigkeit zu nennen, wenn nicht paradigmata zu allen arten von consonantenstämmen der einzelbehandlung folgen, finde ich unrecht, mindestens viel zu stark ausgedrückt. viel eher wäre auf dem gebiete der terminologie ungleichheit zu rügen gewesen. wenn ich die fünfte declination neben der ersten als eigene art bestehen liesz, so habe ich implicite die gründe dafür in den anmerkungen mitgeteilt. aber auch wenn wir Windischs erklärung der stämme dieser declination, welche er in seinem gehaltreichen aufsatze über das relativpronomen mitgeteilt hat, annehmen, verlieren wir nicht alle berechtigung darin eine eigene art aufzustellen. in unsern grammatischen seminarübungen, die sich für das griechische selbstverständlich an Curtius anschlieszen, bezeichnen wir die bemerkung über die analogie der griechischen η-stämme mit den stämmen der lat. fünften declination als schief. auch in einer noch schärfern trennung der praesens- und perfectstämme sind wir Curtius absichtlich nicht gefolgt. was nun die lautlehre betrifft, welche trotzdem dasz im einzelnen die richtigen anschauungen herschen die schwächste partie des buches sei, so meinte ich gerade in den aufgestellten 'consonantengruppen' eine recht concrete darstellung der lautlichen vorgänge gegeben zu haben, auf welche ich dann auch nicht weiter zu verweisen hatte. dem lehrer müssen natürlich die gruppen gegenwärtig sein, und er hat sie bei allen vorkommenden formationen rechtzeitig zu verwenden. übrigens würde ich jetzt wirklich die lautlehre etwas anders gestalten. was die wortbildung betrifft, so ist meine ansicht über deren platz von derjenigen meines recensenten principiell verschieden, gründet sich aber auf reiche erfahrung.

Zürich. Heinrich Schweizer-Sidler.

26.

ZU OVIDIUS METAMORPHOSEN III 643.

'laevam pete' maxima nutu
pars mihi significat, pars quid velit aure susurrat.

in diesen worten des Acoetes scheint mir *aure* im höchsten grade anstöszig zu sein und zwar wesentlich aus zwei gründen. einmal fragt es sich, wie erklärt sich hier der ablativ, wo man doch *in aurem* erwarten sollte (vgl. Hor. *sat.* I 9, 9. Mart. I 89. Cicero bei Macrobius *Sat.* III 12), und weder Haupt, der in ihm 'die vorstellung des im ohre klingenden geflüsters' erblickt, noch auch Siebelis bemerkung, dasz der abl. instr. im deutschen oft anders aufgefaszt werde, können befriedigen, so lange nicht schlagende analogien beigebracht worden sind. der zweite, freilich nur in verbindung mit dem ersten gegen die richtigkeit der überlieferung geltend zu machende grund liegt in einer gewissen inconcinnität, welche offenbar durch die völlig verschiedene beziehung der beiden ablative bei sonstigem parallelismus (*pars nutu significat — pars aure susurrat*) entsteht. beide bedenken suche ich durch die vermutung *ore* zu beseitigen. wie leicht dieses in *aure* verderbt werden konnte, erhellt aus den von K. L. Schneider lat. elem. I 58 ff. oder Corssenausspr. I² 660 anm. gesammelten beispielen von *au* für *o*, z. b. *aureae = oreae, ausculum = osculum, ausculari = osculari* u. a. m.

Bautzen. W. H. Roscher.

27.

Syntaxis Lucretianae lineamenta. scripsit Fr. Guilelmus Holtze. Lipsiae, Otto Holtze. 1868. 204 s. gr. 8.

Was in gröszerer oder geringerer ausdehnung Dräger für Tacitus, Fischer für Caesar, Kühnast für Livius gethan haben, was Holtze selbst für die prisci scriptores latini gethan hat, das versucht er in dem hier anzuzeigenden buche für Lucretius zu thun.

Wenn man erleben musz dasz eine deutsche übersetzung des Lucretius vom j. 1865 fast blindlings dem Lachmannschen, eine andere vom j. 1868 sogar dem Wakefieldschen texte folgt 'jedoch mit sorgfältiger vergleichung der neuesten (so) ausgabe von Bernays', eine abhandlung eines philologen in einer philologischen zeitschrift vom j. 1865 sogar einem texte, den man vollständig obscur nennen musz, so fragt man bei einem buche wie dem vorliegenden zunächst nach den kritischen grundlagen, und hier hält der vf. ein verfahren ein, dem man im groszen und ganzen seine zustimmung nicht wird versagen dürfen: er legt der hauptsache nach den Lachmannschen text zu grunde, zwar etwas conservativer als mancher wünschen möchte, jedoch ohne sich gegen einleuchtende verbesserungen der neueren zu verschlieszen, und zeigt eine umfassende kenntnis der neueren litteratur. damit man ein urteil gewinne über den grad seines anschlusses an Lachmann, will ich hier kurz die stellen der ersten 40 seiten durchgehen, die mir in kritischer beziehung aufgefallen sind. mit vollem recht hat er trotz anderer neuerer vorschläge Lachmanns textgestaltung beibehalten an folgenden stellen: s. 5 gilt ihm III 358 als echt; s. 6 liest er IV 1050 *nomen* und s. 13 VI 474 *momine*; s. 16 I 114 *dirempta*; s. 33 I 66 *tendere*; s. 35 IV 612 *clausa domorum*; s. 37 III 1060 *esse domi quem pertaesumst*; s. 38 III 663 *dolorem*. mit vollem recht folgt er Lachmann auch an zweifelhaften und viel tentierten stellen, wie s. 7 III 658 *micante* (wol druckfehler für *micanti*) *serpentem cauda, e procero corpore utrimque*; s. 11 III 868 *differre ante ullo fuerit iam tempore natus*; s. 18 II 502 *aurea, pavonem ridenti imitata lepore saecla* und II 734 *quo sunt imbuta colore*; s. 30 VI 971 *effluat ambrosiae quasi vere et nectari' linctus*; s. 36 VI 47 *conscendere currum ventosum*; doch hätten derartige stellen als noch nicht endgiltig emendierte bezeichnet werden können, und das hat der vf. auch wol mit dem hie und da beigefügten 'sic Lachmannus' andeuten wollen. an folgenden stellen dagegen würde ich, ohne jedoch dem vf. einen vorwurf machen zu wollen, den Lachmannschen text lieber aufgegeben sehen: s. 6 V 201 *aliquam* und *ferarum* gegen Bernays *avide* und Bergks *feraeque*; s. 8 II 250 *sese* gegen Bernays *sensus*; s. 10 VI 697 gegen (Purmanns und) Munros annahme einer lücke; s. 13 V 1010 *nunc se nudant sollertius ipsi* (hier hat H. die abweichung Lachmanns von den hss. zu notieren versäumt) gegen meine philol. XXV s. 280 f. ausgesprochenen bedenken und III 404 *remota* gegen

Göbels vertheidigung des *remotus* des cod. obl.; ferner VI 956 *et tempestate in terra caeloque coorta* gegen Christs und Munros *et tempestates terra .. coortae*; s. 19 (auch 24. 36. 115), wo ihm III 431 als echt gilt, musz ich bedauern dasz ich ihn 'artis voc.' s. 54 nicht von der notwendigkeit diese verse zu streichen überzeugt habe, musz aber festhalten an meiner meinung, der auch Purmann quaest. Lucr. (Cottbus 1867) s. 6 beistimmt; s. 20 (auch 41) VI 755 *vi ibus officit*, wofür ich philol. XXV s. 283 *sponte efficit* vorgeschlagen habe; s. 26 V 45 *acres* gegen Bergks *acris*; s. 27 VI 369 *ut est* gegen das hsl. *id est* (s. philol. XXV s. 282); s. 31 IV 167 *res sibi* gegen *res ibi* des cod. obl., das Munro vertheidigt (damit im widerspruch sagt er s. 160: 'IV 167 recte scripsit Munro *ibi*', wo beiläufig die hsl. stütze nicht hätte übergangen werden sollen); s. 35 IV 147 und 152 *vestem* gegen Oppenrieders *vitrum*; s. 36 II 439 *confundunt* gegen Marullus *confunduntque* und II 716 *in se* gegen Briegers *inde*; s. 38 IV 1096 *mentem spes raptat* gegen meine philol. XXVI s. 343 f. ausgesprochenen bedenken. s. 27 (auch 45) nimt er VI 818 Lachmanns *sic ea Averna loca* auf, während er sonst an *et* für *etiam* keinen anstosz nimt und sogar s. 173, wo er von *et* für *etiam* spricht, inconsequent *sic et Averna loca* schreibt. beim ersten citat schreibt er Lachmanns diese stelle speciell betreffende begründung nach, Lucr. sage nie *sic etiam*, sondern blosz *sic*. diese beobachtung Lachmanns ist allerdings durchaus richtig; indes hat Lucr. VI 170 und 317 *sic quoque* gesagt; wollte man das aber für *quoque* zugeben, für *etiam* dagegen bestreiten, so ist zu sagen, dasz er eben auch VI 818 nicht *sic etiam*, sondern *sic et* gesagt hat.

Den angeführten 30 stellen, in denen H., durch andere vorschläge unbeirrt, Lachmann folgt, stehen auf den ersten vierzig seiten 13 andere gegenüber, wo er emendationen anderer oder hsl. lesarten, die Lachmann verworfen, andere neuere vertheidigt haben, dem Lachmannschen texte vorzieht, und zwar meiner überzeugung nach an allen 13 stellen mit recht, wie ich denn keiner nachlachmannschen conjectur in dem buche begegnet bin, die ich nicht vorher in meinem jahresberichte über Lucr. gebilligt hätte. s. 2 und 73 schreibt er II 802 *cervicemst* und s. 3 I 555 *ad summae aetatis pervadere finis* mit Brieger (ebenso s. 70 mit einem 'sic Briegerus' usw.; dagegen wird der vers s. 55 in Lachmanns form citiert); s. 7 (vgl. 158) V 839 *interutrasque* und s. 8 III 617 *regionibus omnibus* mit den hss.; s. 14 III 224 *nilo* mit Göbel und I 631 *quae nullis sunt partibus aucta* mit den hss.; s. 19 und 37 III 732 *contagi* mit Göbel; s. 20 V 233 *quis sua tutentur* mit Christ (ebenso s. 147, an beiden stellen ohne Christ zu nennen; s. 16 dagegen wird der vers in Lachmanns form citiert); s. 22 VI 778 *aspersa tractu* und I 665 *aliqua ratione* nach vorschlägen von mir, sowie II 941 *modo vitali* mit Göbel; s. 25 (auch 30) IV 271 *quae vere* mit Bernays; s. 38 V 1409 *servare genus* mit den hss. — Einer eignen conjectur des vf. bin ich in dem buche nicht begegnet, was mich wundert, da man doch meinen sollte, es müsten sich bei solchen arbeit corruptelen wie berichtigungen in gröszerer anzahl ungesucht ergeben.

Hin und wieder hat der vf. ungenauigkeiten durchschlüpfen lassen. auszer den schon erwähnten ist mir aufgefallen, dasz s. 109 eine anmerkung Lachmanns zu V 1252 in einer seltsamen form citiert wird. ferner war s. 25 zu IV 271 *quae vere transpiciuntur* Bernays anzuführen, s. 46 zu VI 550 *ubi lapi' cumque* Lachmann, s. 33 zu I 785 *a terra* Marullus, s. 54 zu III 644 *ab artubus* der corr. obl., s. 63 zu IV 545 *tortis convallibus* Lachmann, s. 70 zu V 1232 *ad vada* der corr. quadr., s. 71 zu VI 1031 *pronas ad partis* der cod. Vict., s. 73 zu VI 938 *ad res* der corr. quadr., s. 110 zu III 239 *quem posse creari* Lachmann, s. 165 zu III 199 *ipse Euru' movere* Munro, ganz abgesehen von den stellen, in denen die änderung ein anderes als das in rede stehende wort betrifft, wo H. absichtlich nur ausnahmsweise den urheber anführt.

Das buch seiner einrichtung nach zu charakterisieren kann ich mir und dem leser ersparen, wenn ich angebe, dasz diese einrichtung der hauptsache nach dieselbe ist wie in desselben vf. 'syntaxis priscorum scriptorum latinorum'.

Dasz eine solche zusammenstellung des syntaktischen gebrauches den Lucrezstudien förderlich ist und wir dem vf. für seine mühsame arbeit zu dank verpflichtet sind, ist keine frage. es darf jedoch nicht verschwiegen werden, dasz das buch durch einen geringen mehraufwand von mühe bei weitem nützlicher hätte werden können. man verlangt von einem solchen buche entweder resultate die es selbst zieht, oder das vollständige statistische material, durch das der leser in stand gesetzt wird seinerseits die resultate zu ziehen. das erstere ist offenbar nicht des vf. absicht gewesen, denn ausgesprochene resultate, wie z. b. s. 167: 'non recte igitur Lachmannus negat hoc (nemlich der gebrauch von *neque* für *ne . . quidem*) Lucretii orationi convenire' sind ganz selten in dem buche, das sich begnügt durch die blosze rubricierung das resultat anzugeben. soll aber der leser die resultate ziehen, so musz ihm das material vollständig geboten werden, damit er nicht nötig habe aufs neue den ganzen autor zu durchwühlen und das material zu sammeln. dabei ist nicht einmal nötig dasz überall vollständigkeit hersche, wenn nur der vf. sagt, wo er vollständigkeit beabsichtigt habe und wo nicht. das thut er aber nur ausnahmsweise. ich habe nemlich, da er in der vorrede sagt: 'praecipue sedulam operam navavi praepositionibus, transitivo et intransitivo usui verborum apud Lucretium atque coniunctionibus copulativis', die beispielsamlung für einige präpositionen auf die vollständigkeit hin geprüft. hier nun wird das material als vollständig fast nur bei denjenigen präpositionen bezeichnet, die nur éinmal vorkommen ('uno loco Lucretiano invenitur' usw.) wie *citra* und *infra* s. 74, *penes* s. 77, *prope* und *secundum* s. 84, *trans* und *ultra* s. 85, und meine nachprüfung hat die richtigkeit dieser angaben bestätigt. in den übrigen fällen scheint vollständigkeit auch hier gar nicht beabsichtigt zu sein. so kommt *per* in Lachmanns text 309mal vor. hiervon hat H. 285 stellen aufgezählt, dagegen folgende 24 übergangen: I 200. 952. 1090. II 105. 203. 262. 276. 282. 412. 547. III 360. 533. 923. IV 753. 755. 763. 863. 927. V 525. 784. VI 714. 881. 889. 895. indes das liesze sich rechtfertigen, da die übergangenen stellen etwas bemerkenswerthes nicht bieten und durch die übergehung von 24 stellen ziemlich viel raum erspart ward. wir wenden uns zu *a ab*. hier fragt man schon mit gröszerem rechte, warum von 178 stellen (so oft steht es in dem texte dem H. folgt) nur 168 aufgenommen sind und nicht auch die übrigen 10 (I 1048. 1093. II 88. 132. 269. 856. 1111. IV 194. 934. VI 105). jedoch auch diese 10 stellen bieten nichts, was nicht schon in den angeführten beispielen enthalten wäre. anders dagegen steht es bei *ad*. von 162 beispielen seines textes hat er 154 aufgenommen und 8 übergangen (II 135. III 836. IV 347. 537. 668. 802. V 1076. VI 732). unter diesen acht stellen sind aber drei, die entschieden aufnahme verdienten: II 135 *et quasi proxima sunt ad viris principiorum* ist die einzige stelle im Lucr. wo *ad* mit *proximus* und *esse* verbunden ist (auch *prope* und *propius ad* kommen bei Lucr. mit *esse* nicht vor, *propius* nur éinmal mit einem verbum der bewegung V 711 *quanto propius iam solis ad ignem labitur*); IV 537 *sermo nigrai noctis ad umbram aurorae perductus ab exoriente nitore* hätte dem vf. ein besseres beispiel für das von der zeit gebrauchte *ad* geboten, als jenes ist, welches er s. 71, von einer modification abgesehen, als einziges anführt, V 39 *ad satiatem*; endlich IV 804 *quae ad se ipse paravit* (wo *ad* von Lachmann hergestellt ist) ist das einzige beispiel im Lucr. von *ad* bei *parare*. was nützt es nun, dasz die beispiele für *ante* vollständig sind, da wir das erst durch nachprüfung erfahren? der werth solcher sammlungen liegt wesentlich darin, dasz man rasch sieht, was bei einem schriftsteller n i c h t vorkommt. bei dem vorliegenden buche würde ein schlusz ex silentio mit ganz seltenen ausnahmen ein fehlschlusz sein.

Auch sonst ist bei der auswahl keineswegs alles nicht aufgenommene ohne interesse. gleich auf der ersten seite vermiszt man unter der rubrik 'appositio' die eigentümlichste apposition im ganzen Lucretius: III 371 *D e m o c r i t i quod sancta v i r i sententia ponit*. dieser vers hätte auch unter die vorhergehende rubrik gehört: 'substantiva abstracta et concreta in unam notionem coniunguntur', wo *fortis equi vis* u. ä. angeführt wird, und wo man auch *mollis aquae natura* I 281 u. ä. ungern vermiszt. bei *insinuare* gibt das register die construction mit *in* nicht an, für die sich das beispiel III 671 *in corpus nascentibus insinuatur* s. 44 und 99 citiert findet. besonders stiefmütterlich sind die pronomina behandelt. s. 113 werden für *ullus* vier stellen angeführt, darunter eine in einem affirmativen satze. wem und wozu diese vier stellen nützen sollen weisz ich nicht. fruchtbar kann die sache erst werden, wenn man erfährt, dasz *ullus* unter 77 stellen 74mal mit der negation verbunden ist, 2mal die negation im zusammenhange liegt und nur jene éine stelle (III 640) *ullus* in einem affirmativen satze zeigt (vgl. philol. XXVI s. 305). s. 146 werden mehrere beispiele von *cum* gegeben, wo mehrfache auffassung möglich ist. ebenso mehrdeutig ist das *uti* II 460, von dem aber s. 145, wo der ort dafür gewesen wäre, nichts verlautet. das dem interrogativpronomen angehängte *nam* wird s. 190 nur mit *qua nam* I 77 und dem von Lachmann I 599 hergestellten, aber meines wissens von niemandem gebilligten *quia nam* belegt; es hätten *quid nam* III 7 und *ecquae nam* V 1212 nicht fehlen sollen. bei *donec* s. 192 war anzugeben, dasz es bei Lucr. weder mit einem nebentempus (V 995 *donique privarant* ist von Creech und von Sauppe de cod. Vict. s. 16 emendiert worden) noch mit dem conjunctiv vorkommt (IV 996 *donec redeant* habe ich jahrb. 1867 s. 34 als unmöglich nachgewiesen). bei *cumque* s. 193 fehlen die beiden interessanten stellen, wo *cumque* in den hss. ohne relativum vorkommt: V 312 (nur Lachmann zu V 311 wird citiert) und VI 550. s. 196 wird die verbindung *nisi si* unerwähnt gelassen, während *quasi si* belegt ist. *demum* wird ganz übergangen, und doch sind unter den 8 stellen (I 143. 486. III 57. IV 129. 384. 919. V 888. VI 465) ein paar von besonderem interesse.

Hin und wieder läszt auch die anordnung (um von der eigentümlichen grammatischen terminologie ganz zu schweigen) zu wünschen übrig. einiges derartige habe ich schon angeführt. so heiszt es ferner s. 84, *praeter* werde gebraucht 'c) de exceptione I 445 *praeter inane et corpora*' usw. 'd) de re praestanti II 920 *nil facient praeter volgum turbamque animantum*', wo zwischen c und d kein unterschied ist, sobald man nur die zweite stelle richtig erklärt (philol. XXVI s. 324). von *in* mit abl. heiszt es s. 94: 'f) indolem facultatem potestatem exprimit' und dann folgen vier beispiele für *quantum in se est*. was hier der präp. zugeschrieben wird liegt nicht in dieser, sondern in der ganzen redensart. s. 104 heiszt es: 'V 990 *unus — quisque — eorum* κατὰ σύνεσιν relatum est ad praegressum *mortalia saecla*.' die beispiele für diese construction (ich habe sie philol. XXVI s. 297 zusammengestellt) musz man nach der anordnung des buches an fünf stellen zusammensuchen: s. 104. 106. 108. 109. 151. s. 153 stehen unter der rubrik 'asyndeton' friedlich neben einander *fruges arbusta animantes; proelia pugnas edere; per membra per artus; visceribus nervis venis*. es war zu unterscheiden a) verbindung von sätzen, b) verbindung zweier nomina, c) verbindung mehrerer nomina. wenn H. s. 160 *si iam* gleich dem *iam* ohne *si* unter die 'adverbia temporis' einreiht, so verkennt er die ausnahmlos concessive bedeutung die ich für *si iam* philol. XXV s. 275 erwiesen habe. s. 8 f. werden beispiele für *prima fronte*, s. 94 für *in prima fronte* gegeben; hier waren verweisungen je auf den andern gebrauch nötig. das register gibt keine auskunft.

S. 2 lesen wir: 'notandus est singularis I 436 *corporis augebit numerum summamque sequetur.* toto illo loco Lucretius exposuerat omnia in mundo constare ex corporibus (quo plurali saepius usus est) s. materie et inani.' ich begrüsze diese stelle als einen schlagenden beweis für meine in diesen jahrb. 1866 s. 758 ausgesprochene behauptung, dasz Lucr. dactylisch ausgehende wörter auf *m* nie elidiere, folglich sich ihrer ganz enthalte. hätte der dichter *corporum* für metrisch möglich gehalten, hier hätte er es sicher gesetzt. s. 75 schreibt H.: 'VI 894 *quod dulcis inter salsas inter vomit* (d. i. *intervomit*) *undas,* ubi dubium est utrum a priore *inter* pendeat acc. *dulcis* an *salsas*: hoc mihi est verisimilius.' konnte aber darüber ein zweifel sein, wo vorausgeht *quod genus endo marist Aradi fons, dulcis aquai | qui scatit et salsas circum se dimovet undas?* s. 159 gibt er noch Lachmanns erklärung des *proporro.* ich glaube jahrb. 1866 s. 756 eine richtigere aufgestellt zu haben. — Bei H. figuriert noch immer 'Antonius Marii filius', den die bearbeiter des Lucr. doch endlich ruhig sollten schlafen lassen (philol. XXV s. 518).

Alle mängel die ich hier besprochen habe sind klein und unbedeutend gegenüber dem éinen groszen: dem mangel der vollständigkeit. aber auch trotz dieses mangels bleibt das buch ein nützliches für alle die untersuchungen, wo es auf vollständigkeit nicht ankommt. besonders ist dankbar anzuerkennen, dasz der vf. die einzelnen beispiele meist in solcher ausdehnung ausschreibt, dasz der sinn erkennbar ist; mit vorliebe gibt er sogar vollständige hexameter. die beispiele für *at* s. 183 hat er, wie die für manche ähnliche conjunctionen, meist gar nicht ausgeschrieben; er hätte das bei allen unterlassen können, da man doch nicht weisz was vorausgeht, darauf aber alles ankommt. möchte der vf. aus der keineswegs leichten durcharbeitung, welche ich seinem buche gewidmet habe, die achtung erkennen, die ich vor demselben hege.

Dresden. Friedrich Polle.

28.

Juvénal et ses satires, études littéraires et morales, par Auguste Widal, professeur à la faculté des lettres de Besançon. Paris, Didier et C°. 1869. LIX u. 354 s. 8.

Vorliegendes buch gehört einer gattung von schriften an, die in Frankreich zahlreicher vertreten ist als in Deutschland. textausgaben mit kritischem oder mit erläuterndem commentar, übersetzungen im versmasz des originals, biographische forschungen, allgemeine ästhetische beurteilungen und charakteristiken sind in Deutschland den meisten schriftstellern des altertums in reichem masze zu teil geworden. hrn. Widals buch über Juvenalis zählt zu keiner dieser classen und hat berührungspuncte mit jeder derselben. alle satiren des dichters werden der reihe nach zergliedert, erläutert und beurteilt, zusammenfassende referate wechseln mit wörtlichen übersetzungen ausgewählter stellen, sittenschilderungen mit ästhetischen betrachtungen, die verschiedensten schriftsteller alter und neuer zeit werden zur vergleichung herbeigezogen, seitenblicke auf die gebrechen unserer gesellschaft bringen dem heutigen leser die antiken zustände näher und lassen neben der historischen bedeutung der vorgeführten lebensbilder ihre allgemein gültige seite hervortreten. etwas ähnliches hat die verdienstliche schrift von C. Völker 'Juvenal, ein lebens- und charakterbild aus der römischen kaiserzeit' (Elberfeld 1851) angestrebt. allein das französische buch ist umfassender und erschöpfender, und während dort die einzelnen elemente, zergliederung, übersetzung, erläuterung, vergleichung, gesondert nebeneinander liegen, sind sie hier mit einander verschmolzen, so dasz jedes capitel sich zu einem ganzen abrundet und auch dem ungelehrten leser eine angenehme lectüre bietet. das muster dieser für ein gröszeres publicum bestimmten gattung ist wol unstreitig das schon in drei auflagen erschienene werk des hrn. Patin über die griechischen tragiker ('études sur les tragiques grecs'). aber auch hr. W. hatte sich schon mit glück auf diesem felde versucht: seine studien über die Ilias ('études sur Homère, I partie: l'Iliade, 2ᵉ éd. 1863) sind in Frankreich gut aufgenommen worden. sein Juvenal jedoch zeigt unserer meinung nach eine gröszere reife; insbesondere ist dem text des schriftstellers und der erklärung des einzelnen eingehendere aufmerksamkeit zugewandt und sind die forschungen deutscher philologen, die arbeiten von Heinrich, O. Jahn, K. F. Hermann, O. Ribbeck u. a. fortwährend zu rathe gezogen.

Die einleitung verbreitet sich über leben und charakter Juvenals, werth und bedeutung seiner satiren; auch der geschichte des textes und den hierauf bezüglichen fragen sind mehrere seiten gewidmet. man findet hier überall ein besonnenes, gesundes urteil. der vf. bescheidet sich nicht zu wissen, was wir eben nicht wissen können. die vorwürfe die man dem dichter gemacht hat, seine schilderungen seien übertrieben, seine farben zu grell, sein ewiger zorn ermüdend, er gefalle sich darin die widerwärtigsten und ungeheuerlichsten laster aufzudecken, sein declamatorischer ton und seine unzeitigen witze verrathen wenig sittlichen ernst, seine entrüstung sei äuszerlich und gemacht — diese vorwürfe werden mit fug zurückgewiesen oder auf das richtige masz beschränkt. aufrichtig gesagt, wir kennen den schriftsteller Juvenal; von dem menschen Juvenal wissen wir so viel wie nichts: sein privatleben ist unbekannt, sein vertraulicher briefwechsel nicht auf uns gekommen. unter diesen umständen scheint es mir wenigstens bedenklich, nach stilistischen eigenschaften oder schwächen, welche, wie manches beispiel lehrt, leicht teuschen können, über den werth des mannes abzusprechen.

Das buch besteht aus zwei abteilungen. die erste umfaszt die neun ersten satiren, die eigentlichen satiren Juvenals, so angeordnet dasz verwandte gegenstände, z. b. die laster des männlichen geschlechts (II und IX) einander nahe gerückt werden. hierauf folgen in der zweiten abteilung die übrigen stücke, welche man Juvenals episteln oder moralische predigten nennen könnte. der scharfe unterschied in ton, haltung und methode zwischen beiden hälften der samlung tritt so auch äuszerlich hervor. einen schritt weiter zu gehen und die zweite hälfte, mit ausnahme der elften und sechzehnten satire, dem dichter abzusprechen, dazu hat sich hr. W. nicht entschlieszen können, obschon er Ribbecks untersuchung 'der echte und der unechte Juvenal' offenbar mit groszem interesse studiert hat. er citiert ihn mit vorliebe und hält eine nicht unbeträchtliche anzahl der von Ribbeck statuierten interpolationen für erwiesen. so scheidet er insbesondere die einleitung zweier satiren, IV 1—36 und XI 1—55 aus. ebenso II 143—149. V 107—114. VIII 4—7 und dgl. mehr. allein in der hauptsache pflichtet er ihm nicht bei, und dies mit vollem rechte. Ribbeck ist mit blanken, scharfen waffen, mit frischer, ungestümer kraft gegen die späteren satiren zu felde gezogen; niemand hat den abstand derselben von den früheren lebhafter und eindringlicher dargethan. dasz jene viel schwächer sind, wird wol von allen kritikern zugestanden. allein sie haben doch auch ihre eigentümlichen vorzüge, die Ribbeck in dem leidenschaftlichen eifer des angriffs übersieht oder nicht anerkennen mag. stellen wie der schlusz der 10n satire (v. 346 ff.) oder die ermahnung an die väter XIV 44 ff. erheben sich zu einer moralischen höhe, der sich nicht leicht etwas ähnliches aus dem ganzen gebiete der antiken poesie an die seite setzen läszt. der sturz des Sejanus X 56 ff. ist eine vollendete schilderung, den kräftigsten und glänzendsten der früheren satiren vollkommen ebenbürtig. sogar das widerwärtige gemälde der übel des alters ebd. 188 ff., wenn wir es auch keineswegs mit hrn. W., der hier die bewunderung zu weit treibt, für 'sublime' erklären, verräth doch den kräftigen, derb realistischen pinsel unseres dichters. der köstliche spott auf die götterfabel XIII 38 ist eines Lucian würdig, und kann wahrlich nicht als eine blosze nachahmung des anfangs der sechsten satire betrachtet werden. anderseits liesze sich, wie uns scheint, nachweisen, dasz die meisten gebrechen der späteren stücke, das übermasz der amplificierenden aufzählung, der misbrauch der hyperbel, überhaupt die der declamation anhangenden untugenden auch den früheren stücken nicht fremd sind. man findet schon dort die keime der fehler, die später, als der dichter bei zunehmendem alter die aufgabe wählte moralische gemeinplätze zu entwickeln, mehr und mehr überhand nahmen.

Besançon. Heinrich Weil.

NEUE JAHRBÜCHER

FÜR

PHILOLOGIE UND PAEDAGOGIK.

Herausgegeben unter der verantwortlichen Redaction

von

Dr. Alfred Fleckeisen und **Dr. Hermann Masius**

Professor in Dresden — Professor in Leipzig.

Einhundertunderster und einhundertundzweiter Band.

Viertes Heft.

Leipzig,

Druck und Verlag von B. G. Teubner.

INHALT

VON DES EINHUNDERTUNDERSTEN UND EINHUNDERTUND-ZWEITEN BANDES VIERTEM HEFTE.

ERSTE ABTEILUNG (101R BAND).

seite

29. Ueber die bifurcation der hypothetischen periode nach Platon. von *M. Schanz* in Würzburg . . . . 225—245

(5.) Zu Polybios. von *Moritz Müller* in Stendal . . . . . . 245—246

30. Zu Platons Laches [191c]. von *M. Wohlrab* in Dresden 247—248

(13.) Anz. v. *G. Zillgenz:* Aristoteles und das deutsche drama (Würzburg 1865). fortsetzung. von *Eduard Müller* in Liegnitz . . . . 249—281

31. Zur elegia de nuce. von *A. Riese* in Frankfurt am Main 282

32. *Voxor = uxor.* von *H. A. Koch* in Schulpforte . . . 283—286

33. Zu Caesar de bello civili III 1, 6. von *G. Radtke* in Krotoschin . . . . 286—288

34. Zu Ovidius metamorphosen XIV 847. 848. von *F. Polle* in Dresden 288

ERSTE ABTEILUNG
FÜR CLASSISCHE PHILOLOGIE

HERAUSGEGEBEN VON ALFRED FLECKEISEN.

29.

ÜBER DIE BIFURCATION DER HYPOTHETISCHEN PERIODE NACH PLATON.

J. Classen hat durch seine schönen 'beobachtungen über den Homerischen sprachgebrauch' (Frankfurt a. M. 1867) uns gezeigt, wie die griechische periode zu studieren und zu behandeln ist. keiner hat sich so tief in das wesen der griechischen periodenbildung versenkt, keiner dieselbe so fein analysiert wie er. aus früheren jahren kann nur L. Dissen ihm zur seite gestellt werden, der mit seltenem feinsinn das walten des griechischen geistes in der periode ergründet hat. dasz hier noch auszerordentlich viel zu thun ist, wird niemand leugnen wollen, der sich mit dergleichen studien beschäftigt hat. man gestatte mir daher einen versuch in der griechischen periodologie zu machen und eine periodenform ins auge zu fassen, welche wir, da sie bisher in der grammatik keinen eignen namen gefunden, durch den terminus bifurcation zu markieren suchen.

Wir verstehen darunter diejenige hypothetische periodenbildung, welche ein paar vordersätze und ein paar nachsätze, die sich gegenseitig entsprechen und eine einheit bilden, umfaszt. folgendes schema mag die grundform darstellen: 'wenn A ist, so ist B; wenn aber C ist, so ist D.' dasz diese grundform sich manigfach ausgebildet hat, wird die nachfolgende auseinandersetzung darthun, die sich zunächst auf Platon stützen wird. wir wollen gleich einige beispiele aus ihm zur erläuterung der grundform anführen: apol. 30[b] εἰ μὲν οὖν ταῦτα λέγων διαφθείρω τοὺς νέους, ταῦτ' ἂν εἴη βλαβερά· εἰ δέ τίς μέ φησιν ἄλλα λέγειν ἢ ταῦτα, οὐδὲν λέγει. Lysis 205[e] ἐὰν μὲν ἕλῃς τὰ παιδικὰ τοιαῦτα ὄντα, κόσμος σοι ἔσται τὰ λεχθέντα καὶ ᾀσθέντα καὶ τῷ ὄντι ἐγκώμια ὥσπερ νενικηκότι, ὅτι τοιούτων παιδικῶν ἔτυχες· ἐὰν δέ σε διαφύγῃ, ὅσῳ ἂν μείζω σοι εἰρημένα ᾖ ἐγκώμια περὶ τῶν παιδικῶν, τοσούτῳ μειζόνων δόξεις καλῶν τε καὶ ἀγαθῶν ἐστερημένος καταγέλαστος εἶναι. Prot. 322[d] ὅταν μὲν περὶ ἀρετῆς τεκτονικῆς ᾖ λόγος ἢ ἄλλης τινὸς δημιουργικῆς, ὀλίγοις οἴονται μετεῖναι συμβουλῆς .. ὅταν δὲ εἰς συμβουλὴν πολιτικῆς ἀρετῆς ἴωσιν, ἣν δεῖ διὰ δικαιοσύνης πᾶσαν ἰέναι καὶ σωφροσύνης, εἰκότως ἅπαντος ἀνδρὸς ἀνέχονται. ferner kann die bifurcation auch durch das hypothetische relativ eingeleitet werden: s. rep. II 376[a] ὃν μὲν ἂν ἴδῃ ἀγνῶτα, χαλεπαίνει· ὃν δ' ἂν γνώριμον, ἀσπάζεται. wir sehen dasz in diesen beispielen sich die beiden vordersätze und die beiden nachsätze entsprechen und zusammengehören, wenngleich sie äuszerlich eine ziemlich grosze selbständigkeit sich gewahrt haben. hie und da werden aber auch die beiden sätze zu einer innigern einheit verbunden, indem so zu sagen der punct angegeben wird, von dem aus die abzweigung nach beiden seiten hin stattfindet: vgl. Euthyd. 307[b] ἀλλ' ἐάσας χαίρειν τοὺς ἐπιτηδεύοντας φιλοσοφίαν, εἴτε χρηστοί εἰσιν εἴτε πονηροί, αὐτὸ τὸ πρᾶγμα βασανίσας καλῶς τε καὶ εὖ, ἐὰν μέν σοι φαίνηται φαῦλον ὄν, πάντ' ἄνδρα ἀπότρεπε, μὴ μόνον τοὺς υἱεῖς· ἐὰν δὲ φαίνηται οἷον οἶμαι αὐτὸ ἐγὼ εἶναι, θαρρῶν δίωκε καὶ ἄσκει, τὸ λεγόμενον δὴ τοῦτο, αὐτός τε καὶ τὰ παιδία. soph. 235[b] δέδεικται τοίνυν ὅ τι τάχιστα διαιρεῖν τὴν εἰδωλοποιικὴν τέχνην, καὶ καταβάντας εἰς αὐτήν, ἐὰν μὲν ἡμᾶς εὐθὺς ὁ σοφιστὴς ὑπομείνῃ, συλλαβεῖν αὐτὸν κατὰ τὰ ἐπεσταλμένα ὑπὸ τοῦ βασιλικοῦ λόγου, κἀκείνῳ παραδόντας ἀποφῆναι τὴν ἄγραν· ἐὰν δ' ἄρα κατὰ μέρη τῆς μιμητικῆς δύηταί πῃ, ξυνακολουθεῖν αὐτῷ διαιροῦντας ἀεὶ τὴν ὑποδεχομένην αὐτὸν μοῖραν, ἕωσπερ ἂν ληφθῇ. in rep. VI 492[a] ἣν τοίνυν ἔθεμεν τοῦ φιλοσόφου φύσιν, ἂν μὲν οἶμαι μαθήσεως προσηκούσης τύχῃ, εἰς πᾶσαν ἀρετὴν ἀνάγκη αὐξανομένην ἀφικνεῖσθαι, ἐὰν δὲ μὴ ἐν προσηκούσῃ σπαρεῖσά τε καὶ φυτευθεῖσα τρέφηται, εἰς πάντα τἀναντία αὖ, ἐὰν μή τις αὐτῇ βοηθήσας θεῶν τύχῃ ist es der vorausgeschickte relativsatz, der die beiden glieder der bedingung beherscht. durch chiastische stellung wird die periode wie ein kreis geschlossen: vgl. Gorg. 484[c] φιλοσοφία γάρ τοί ἐστιν, ὦ Σώκρατες, χαρίεν, ἄν τις αὐτοῦ μετρίως ἅψηται ἐν τῇ ἡλικίᾳ· ἐὰν δὲ περαιτέρω τοῦ δέοντος ἐνδιατρίψῃ, διαφθορὰ τῶν ἀνθρώπων.

Wie aus den angeführten beispielen zu ersehen, findet das was wir bifurcation nennen nur dann statt, wenn zwei bedingungen einander gegenübergestellt werden und aus jeder sich eine apodosis ergibt. etwas ganz anderes ist es, wenn blosz die protasis eines bedingungssatzes antithetisch geformt ist, wie Menon 71[d] ἂν φανῇς σὺ μὲν εἰδὼς καὶ Γοργίας, ἐγὼ δὲ εἰρηκὼς μηδενὶ πώποτε εἰδότι ἐντετυχηκέναι. ebd. 91[d] καίτοι τέρας λέγεις, εἰ οἱ μὲν τὰ ὑποδήματα ἐργαζόμενοι τὰ παλαιὰ καὶ τὰ ἱμάτια ἐξακούμενοι οὐκ ἂν δύναιντο λαθεῖν τριάκονθ' ἡμέρας μοχθηρότερα ἀποδιδόντες ἢ παρέλαβον τὰ ἱμάτιά τε καὶ ὑποδήματα .. Πρωταγόρας δὲ ἄρα ὅλην τὴν Ἑλλάδα ἐλάνθανε διαφθείρων τοὺς συγγιγνομένους καὶ μοχθηροτέρους ἀποπέμπων ἢ παρελάμβανε πλέον ἢ τετταράκοντα ἔτη. bekanntlich steht in diesen durch μέν und δέ gegliederten bedingungssätzen als negation gewöhnlich οὐ (Madvig syntax § 202a anm.). sehr oft entsteht diese satzform dadurch dasz wirklichkeit und möglichkeit einander gegenübergestellt werden, wobei als gesetz gilt, dasz im ersten falle der indicativ des praesens oder praeteritum, im zweiten der optativ oder das futurum gesetzt wird: vgl. Cobet novae lectiones s. 361 f. Hertlein conjecturen zu griech. prosaikern (Wertheim 1862) s. 15 und folgendes beispiel aus Arist. Plutos 329 ff. δεινὸν γὰρ εἰ τριωβόλου μὲν οὕνεκα | ὠστιζόμεσθ' ἑκάστοτ' ἐν τἠκκλησίᾳ, | αὐτὸν δὲ τὸν Πλοῦτον παρείην τῳ λαβεῖν. weiter unten werden wir ein beispiel (apol. 28ᵉ) betrachten, wo gleichfalls diese erscheinung vorkommt. doch dies nur im vorübergehen. die bifurcation, wie sie von uns aufgefaszt wird, ist bei Platon ziemlich stark vertreten, wie nachstehende ziffern zeigen: Phaedros hat 13 beispiele, Gorgias 29, Protagoras 17, Menon 13, Laches 11, Euthyphron 9, apologie 7, Lysis 5, Kriton 5. in den übrigen dialogen bin ich meiner zahlen nicht ganz sicher.

Ehe wir auf die einzelheiten unserer periodenform näher eingehen, müssen wir vorausschicken dasz sich der grundcharakter der Platonischen periode auch in ihr ausgeprägt hat; diesen grundcharakter kennzeichnet aber Dissen vor seiner ausgabe der Demosthenischen rede vom kranz s. LXX gut in folgenden worten: 'profecto generatim Platonicum genus periodorum eo differt ab historico et oratorio, quod fere multo laxiorem structuram habet et remissiorem cursum, ut decet hos sermones. . . cum ars forensis oratorum nervosum et celerem cursum amet, Platonicas periodos non videas vividius properare ad finem, sed potius morari diutius ubicumque placeat, exponere singula saepe uberrime et digredi nunc huc nunc illuc sic, ut non raro propemodum obliviscaris cursum periodi.' wir wollen durch einige beispiele unserer periodenform die Dissensche ausführung klar machen: Laches 182ᵉ καὶ δὴ καὶ τὸ ὁπλιτικὸν τοῦτο, εἰ μέν ἐστι μάθημα, ὅπερ φασὶν οἱ διδάσκοντες καὶ οἷον Νικίας λέγει, χρὴ αὐτὸ μανθάνειν· εἰ δ' ἔστι μὲν μὴ μάθημα, ἀλλ' ἐξαπατῶσιν οἱ ὑπισχνούμενοι, ἢ μάθημα μὲν τυγχάνει ὄν, μὴ μέντοι σπουδαῖον, τί καὶ δέοι ἂν αὐτὸ μανθάνειν; wir sehen dasz eine gewisse breite diese periode durchdringt. noch deutlicher wird dies Menon 75ᶜ erscheinen lassen: καὶ εἰ μέν γε τῶν σοφῶν τις εἴη καὶ ἐριστικῶν τε καὶ ἀγωνιστικῶν ὁ ἐρόμενος, εἴποιμ' ἂν αὐτῷ ὅτι ἐμοὶ μὲν εἴρηται· εἰ δὲ μὴ ὀρθῶς λέγω, σὸν ἔργον λαμβάνειν λόγον καὶ ἐλέγχειν. εἰ δὲ ὥσπερ ἐγώ τε καὶ σὺ νυνὶ φίλοι ὄντες βούλοιντο ἀλλήλοις διαλέγεσθαι, δεῖ δὴ πρᾳότερόν πως καὶ διαλεκτικώτερον ἀποκρίνεσθαι. hier ist die bifurcierte periode durch eine andere kleinere unterbrochen. eine ähnliche unterbrechung findet auch statt symp. 214ᵉ ἐάν τι μὴ ἀληθὲς λέγω, μεταξὺ ἐπιλαβοῦ, ἂν βούλῃ, καὶ εἰπὲ ὅτι τοῦτο ψεύδομαι· ἑκὼν γὰρ εἶναι οὐδὲν ψεύσομαι. ἐὰν μέντοι ἀναμιμνησκόμενος ἄλλο ἄλλοθεν λέγω, μηδὲν θαυμάσῃς, womit zu vergleichen rep. VII 521ᵃ. nicht selten wird ein neuer bedingungssatz in die periode eingefügt: Phaedon

91[b] ὑμεῖς μέντοι, ἂν ἐμοὶ πείθησθε, σμικρὸν φροντίσαντες Σωκράτους, τῆς δὲ ἀληθείας πολὺ μᾶλλον, ἐὰν μέν τι ὑμῖν δοκῶ ἀληθὲς λέγειν, ξυνομολογήσατε· εἰ δὲ μή, παντὶ λόγῳ ἀντιτείνετε εὐλαβούμενοι usw. sehr interessant ist apol. 27[d] εἴπερ δαίμονας ἡγοῦμαι, ὡς σὺ φῄς, εἰ μὲν θεοί τινές εἰσιν οἱ δαίμονες, τοῦτ' ἂν εἴη ὃ ἐγώ φημί σε αἰνίττεσθαι καὶ χαριεντίζεσθαι . . εἰ δ' αὖ οἱ δαίμονες θεῶν παῖδές εἰσι νόθοι τινὲς ἢ ἐκ νυμφῶν ἢ ἔκ τινων ἄλλων, ὧν δὴ καὶ λέγονται, τίς ἂν ἀνθρώπων θεῶν μὲν παῖδας ἡγοῖτο εἶναι, θεοὺς δὲ μή; hier ist die protasis enthalten in εἴπερ δαίμονας ἡγοῦμαι, die apodosis ist bifurciert, hat demnach zwei vorder- und zwei nachsätze. ähnlich gebaut, nur noch etwas complicierter, ist apol. 33[c]: vgl. Keck in diesen jahrb. 1861 s. 407. kleinere abweichungen vom symmetrischen bau der periode bieten folgende beispiele: Gorg. 458[b] εἰ μὲν οὖν καὶ σὺ φῂς τοιοῦτος εἶναι, διαλεγώμεθα· εἰ δὲ καὶ δοκεῖ χρῆναι ἐᾶν, ἐῶμεν ἤδη χαίρειν καὶ διαλύωμεν τὸν λόγον. hier ist die apodosis des zweiten gliedes ausgebildeter als die des ersten. ähnlich Menon 97[d] ταῦτα, ἐὰν μὲν μὴ δεδεμένα ᾖ, ἀποδιδράσκει καὶ δραπετεύει, ἐὰν δὲ δεδεμένα, παραμένει. Euthyphron 3[c] Ἀθηναίοις οὐ σφόδρα μέλει, ἄν τινα δεινὸν οἴωνται εἶναι, μὴ μέντοι διδασκαλικὸν τῆς αὑτοῦ σοφίας· ὃν δ' ἂν καὶ ἄλλους οἴωνται ποιεῖν τοιούτους, θυμοῦνται. diese periode ist gewissermaszen erst nachträglich bifurciert worden. daher fehlt auch μέν im ersten gliede.

Welche mittel besitzt denn die griechische sprache, die zusammengehörigkeit der beiden bedingungsglieder zu veranschaulichen? gewöhnlich bezeichnet man den gegensatz und dadurch die zusammengehörigkeit der glieder durch die partikeln μέν und δέ, welche den vordergliedern beigegeben werden. aber die griechische sprache besitzt ein noch energischeres mittel die einheit der bifurcierten periode darzustellen. dies geschieht dadurch dasz sowol vorder- als nachsatz des ersten teils μέν erhält, vorder- und nachsatz des zweiten teils δέ: z. b. Gorg. 512[a] λογίζεται ὅτι οὐκ, εἰ μέν τις μεγάλοις καὶ ἀνιάτοις νοσήμασι κατὰ τὸ σῶμα συνεχόμενος μὴ ἀπεπνίγη, οὗτος μὲν ἄθλιός ἐστιν ὅτι οὐκ ἀπέθανε καὶ οὐδὲν ὑπ' αὐτοῦ ὠφέληται· εἰ δέ τις ἄρα ἐν τῷ τοῦ σώματος τιμιωτέρῳ, τῇ ψυχῇ, πολλὰ νοσήματα ἔχει καὶ ἀνίατα, τούτῳ δὲ βιωτέον ἐστὶ καὶ τοῦτον ὀνήσει, ἄν τε ἐκ θαλάττης ἄν τε ἐκ δικαστηρίου ἄν τε ἄλλοθεν ὁποθενοῦν σώσῃ usw. hier ist der nachsatz des gegensatzes wegen auf gleiche linie mit dem vordersatz gestellt, nicht an und für sich wird er betrachtet, nicht in seinem verhältnis zum vordersatz, sondern nur mit rücksicht auf den nachsatz des entgegengesetzten gliedes. richtig bemerkt Stallbaum zu polit. 275[a]: 'geminatarum in his particularum causa et ratio in eo est posita, quod protasis protasi et apodosis apodosi opponitur.' vgl. noch Kühners gramm. § 733, 5. Hartung griech. partikeln I 172. Bäumlein griech. partikeln s. 92—94. Tillmanns in diesen jahrb. 1865 s. 275 ff. Rehdantz zu Xen. anab. VI 6, 16. nach meiner überzeugung hat hier das zweite μέν und das zweite δέ keine bedeutung für den satz, sondern dient in seiner wiederholung rein äuszerlichen zwecken. meist suchen diese beiden wiederholten conjunctionen eine stütze an einem pronomen oder adverbium demonstrativum.

Wir fahren fort mit den beispielen welche das gesagte bestätigen werden. Gorg. 514[c] καὶ εἰ μὲν εὑρίσκομεν σκοποὺμενοι διδασκάλους τε ἡμῶν ἀγαθοὺς καὶ ἐλλογίμους γεγονότας καὶ οἰκοδομήματα πολλὰ μὲν καὶ καλὰ μετὰ τῶν διδασκάλων ᾠκοδομημένα ἡμῖν, πολλὰ δὲ καὶ διὰ ἡμῶν, ἐπειδὴ τῶν διδασκάλων ἀπηλλάγημεν, οὕτω μὲν διακειμένων νοῦν ἐχόντων ἦν ἂν ἰέναι ἐπὶ τὰ δημόσια ἔργα· εἰ δὲ μήτε διδάσκαλον εἴχομεν ἡμῶν αὐτῶν ἐπιδεῖξαι οἰκοδομήματά τε ἢ μηδὲν ἢ πολλὰ καὶ μηδενὸς ἄξια, οὕτω δὲ ἀνόητον ἦν δήπου ἐπιχειρεῖν τοῖς δημοσίοις ἔργοις καὶ παρακαλεῖν ἀλλήλους ἐπ' αὐτά. apol. 28[e] ἐγὼ οὖν δεινὰ ἂν εἴην εἰργασμένος, εἰ, ὅτε μέν με οἱ ἄρχοντες ἔταττον, οὓς ὑμεῖς εἵλεσθε ἄρχειν μου, καὶ ἐν Ποτιδαίᾳ καὶ ἐν Ἀμφιπόλει καὶ ἐπὶ Δηλίῳ, τότε μὲν οὗ ἐκεῖνοι ἔταττον ἔμενον ὥσπερ καὶ ἄλλος τις καὶ ἐκινδύνευον ἀποθανεῖν, τοῦ δὲ θεοῦ τάττοντος, ὡς ἐγὼ ᾠήθην τε καὶ ὑπέλαβον, φιλοσοφοῦντά με δεῖν ζῆν καὶ ἐξετάζοντα ἐμαυτὸν καὶ τοὺς ἄλλους, ἐνταῦθα δὲ φοβηθεὶς ἢ θάνατον ἢ ἄλλο ὁτιοῦν πρᾶγμα λίποιμι τὴν τάξιν. in der bifurcierten periode ist wirklichkeit und möglichkeit gegenübergestellt; strenge symmetrie ist von Platon nicht eingehalten worden, da das zweite glied durch ein particip eingeleitet wird. dies beispiel zeigt uns dasz jener gebrauch des μέν .. μέν, δέ .. δέ nicht auf bedingungssätze beschränkt ist; besonders werden auch relativsätze häufig so gestaltet: vgl. Menon 94[d] δῆλον ὅτι οὗτος οὐκ ἄν ποτε, οὗ μὲν ἔδει δαπανώμενον διδάσκειν, ταῦτα μὲν ἐδίδαξε τοὺς παῖδας τοὺς αὑτοῦ, οὗ δὲ οὐδὲν ἔδει ἀναλώσαντα ἀγαθοὺς ἄνδρας ποιῆσαι, ταῦτα δὲ οὐκ ἐδίδαξεν, εἰ διδακτὸν ἦν. selten dürften fälle sein wie polit. 274[e] ὅτι μὲν ἐρωτώμενοι τὸν ἐκ τῆς νῦν περιφορᾶς καὶ γενέσεως βασιλέα καὶ πολιτικὸν τὸν ἐκ τῆς ἐναντίας περιόδου ποιμένα τῆς τότε ἀνθρωπίνης ἀγέλης εἴπομεν, καὶ ταῦτα θεὸν ἀντὶ θνητοῦ, ταύτῃ μὲν πάμπολυ παρηνέχθημεν· ὅτι δὲ ξυμπάσης τῆς πόλεως ἄρχοντα αὐτὸν ἀπεφήναμεν, ὅντινα δὲ τρόπον οὐ διείπομεν, ταύτῃ δὲ αὖ τὸ μὲν λεχθὲν ἀληθές, οὐ μὴν ὅλον γε οὐδὲ σαφὲς ἐρρήθη, διὸ καὶ βραχύτερον ἢ κατ' ἐκεῖνο ἡμαρτήκαμεν.

In dem usus findet man aber das schema μέν .. μέν, δέ .. δέ vielfach variiert: *a*) dem doppelten μέν entspricht kein doppeltes δέ, z. b. gesetze II 673[e] εἰ μέν τις πόλις ὡς οὔσης σπουδῆς τῷ ἐπιτηδεύματι τῷ νῦν εἰρημένῳ χρήσεται μετὰ νόμων καὶ τάξεως .. τοῦτον μὲν τὸν τρόπον ἅπασι τούτοις χρηστέον· εἰ δ' ὡς παιδιᾷ τε καὶ ἐξέσται τῷ βουλομένῳ καὶ ὅταν βούληται καὶ μεθ' ὧν ἂν βούληται πίνειν μετ' ἐπιτηδευμάτων ὡντινωνοῦν ἄλλων, οὐκ ἂν τιθείμην ταύτην τὴν ψῆφον, womit zu vergleichen Gorg. 503[d] ἠναγκάσθημεν ἡμεῖς ὁμολογεῖν, ὅτι αἱ μὲν τῶν ἐπιθυμιῶν πληρούμεναι βελτίω ποιοῦσι τὸν ἄνθρωπον, ταύτας μὲν ἀποτελεῖν, αἱ δὲ χείρω, μή. hier ist übrigens der grund einleuchtend, warum das zweite δέ fehlt. b) dem doppelten δέ entspricht kein doppeltes μέν: vgl. Prot. 313[a] εἰ μὲν τὸ cῶμα ἐπιτρέπειν cε ἔδει τῳ . . πολλὰ ἂν περιεσκέψω . . ὃ δὲ περὶ πλείονος τοῦ cώματος ἡγεῖ, τὴν ψυχήν, καὶ ἐν ᾧ πάντ᾽ ἐcτὶ τὰ cὰ ἢ εὖ ἢ κακῶc πράττειν, χρηcτοῦ ἢ πονηροῦ αὐτοῦ γενομένου, περὶ δὲ τούτου οὔτε τῷ πατρὶ οὔτε τῷ ἀδελφῷ ἐπεκοινώcω οὔτε ἡμῶν τῶν ἑταίρων οὐδενί, εἴτ᾽ ἐπιτρεπτέον εἴτε καὶ οὐ τῷ ἀφικομένῳ τούτῳ ξένῳ τὴν cὴν ψυχήν usw. hier ist auch noch im zweiten gliede die hypothetische form verlassen worden, um die relative an ihre stelle zu setzen. der grund ist wol darin zu suchen, dasz der annahme die wirklichkeit gegenübergestellt wird. auch ein beispiel aus Laches 194[d] kann hier beigezogen werden: πολλάκιc ἀκήκοά cου λέγοντοc, ὅτι ταῦτα ἀγαθὸc ἕκαcτοc ἡμῶν, ἅπερ cοφόc, ἃ δὲ ἀμαθήc, ταῦτα δὲ κακόc.

Die bifurcierte hypothetische periode ist meist nicht vollständig ausgebildet. da nemlich beide glieder in einem innigen zusammenhang mit einander stehen, so kann oft das verbum im zweiten glied aus dem ersten ergänzt oder, mit Madvig zu sprechen, unterverstanden werden. dadurch wird der zusammenhang beider teile stärker und inniger, da ja in diesem falle kein glied ohne das andere bestehen kann. die unterverstehung findet im zweiten gliede aus dem ersten statt, und zwar kann *a*) zugleich für den vorder- und nachsatz des zweiten gliedes das bezügliche verbum des ersten gliedes ergänzt werden: z. b. Phaedros 248[e] ἐν δὴ τούτοιc ἅπαcιν ὃc μὲν ἂν δικαίωc διαγάγῃ, ἀμείνονοc μοίραc μεταλαμβάνει, ὃc δ᾽ ἂν ἀδίκωc, χείρονοc. ebd. 231[d] καὶ μὲν δὴ εἰ μὲν ἐκ τῶν ἐρώντων τὸν βέλτιcτον αἱροῖο, ἐξ ὀλίγων ἄν cοι ἡ ἔκλεξιc εἴη· εἰ δ᾽ ἐκ τῶν ἄλλων τῶν cαυτῷ ἐπιτηδειοτάτων, ἐκ πολλῶν. Gorg. 489[b] κακουργῶ ἐν τοῖc λόγοιc, ἐὰν μέν τιc κατὰ φύcιν λέγῃ, ἐπὶ τὸν νόμον ἄγων, ἐὰν δέ τιc κατὰ τὸν νόμον, ἐπὶ τὴν φύcιν. ebd. 483[a] κακουργεῖc ἐν τοῖc λόγοιc, ἐὰν μέν τιc κατὰ νόμον λέγῃ, κατὰ φύcιν ὑπερωτῶν, ἐὰν δὲ τὰ τῆc φύcεωc, τὰ τοῦ νόμου. Theaet. 159[e] ἕκαcτον δὴ τῶν πεφυκότων τι ποιεῖν ἄλλο τι, ὅταν μὲν λάβῃ ὑγιαίνοντα Cωκράτη, ὡc ἑτέρῳ μοι χρήcεται, ὅταν δὲ ἀcθενοῦντα, ὡc ἑτέρῳ; ebd. 154[e] ἀcτραγάλουc ἕξ, ἂν μὲν τέτταραc αὐτοῖc προcενέγκῃc, πλείουc φαμὲν εἶναι τῶν τεττάρων καὶ ἡμιολίουc, ἐὰν δὲ δώδεκα, ἐλάττουc καὶ ἡμίcειc. *b*) es fehlt das verbum des vordersatzes des zweiten gliedes, indem es aus dem vorhergehenden suppliert wird: symp. 173[c] καὶ γὰρ ἔγωγε καὶ ἄλλωc, ὅταν μέν τιναc περὶ φιλοcοφίαc λόγουc ἢ αὐτὸc ποιῶμαι ἢ ἄλλων ἀκούω, χωρὶc τοῦ οἴεcθαι ὠφελεῖcθαι ὑπερφυῶc ὡc χαίρω· ὅταν δὲ ἄλλουc τινάc, ἄλλωc τε καὶ τοὺc ὑμετέρουc τοὺc τῶν πλουcίων καὶ χρηματιcτικῶν, αὐτόc τε ἄχθομαι ὑμᾶc τε τοὺc ἑταίρουc ἐλεῶ. Menon 88[b] οὐχὶ ὅταν μὲν ἄνευ νοῦ θαρρῇ ἄνθρωποc, βλάπτεται, ὅταν δὲ cὺν νῷ, ὠφελεῖται; Euthyphron 6[e] ἵνα . . ὃ μὲν ἂν τοιοῦτον ᾖ, ὧν ἂν ἢ cὺ ἢ ἄλλοc τιc πράττῃ, φῶ ὅcιον εἶναι, ὃ δ᾽ ἂν μὴ τοιοῦτον, μὴ φῶ. vgl. noch Laches 184[b]. *c*) es wird das verbum des nachsatzes unterverstanden. für diesen fall fehlen uns beispiele aus Platon; er leidet überhaupt an unnatürlichkeit und wird sich nicht oft in der griechischen litteratur finden.

Ehe wir die lehre von der unterverstehung verlassen, wollen wir noch eine periode ins auge fassen, in der sogar im ersten gliede das verbum unterzuverstehen ist: Laches 186[a] lesen wir nemlich: cὺ δ' ὦ Λάχηc καὶ Νικία εἴπετον ἡμῖν ἑκάτεροc, τίνι δὴ δεινοτάτῳ cυγγεγόνατον περὶ τῆc τῶν νέων τροφῆc, καὶ πότερα μαθόντε παρά του ἐπίcταcθον ἢ αὐτὼ ἐξευρόντε, καὶ εἰ μὲν μαθόντε, τίc ὁ διδάcκαλοc ἑκατέρῳ καὶ τίνεc ἄλλοι ὁμότεχνοι αὐτοῖc, ἵν', ἂν μὴ ὑμῖν cχολὴ ᾖ ὑπὸ τῶν τῆc πόλεωc πραγμάτων, ἐπ' ἐκείνουc ἴωμεν καὶ πείθωμεν ἢ δώροιc ἢ χάριcιν ἢ ἀμφότερα ἐπιμεληθῆναι καὶ τῶν ἡμετέρων καὶ τῶν ὑμετέρων παίδων, ὅπωc μὴ καταιcχύνωcι τοὺc αὑτῶν προγόνουc φαῦλοι γενόμενοι· εἰ δ' αὐτοὶ εὑρεταὶ γεγονότε τοῦ τοιούτου, δότε παράδειγμα, τίνων ἤδη ἄλλων ἐπιμεληθέντεc ἐκ φαύλων καλούc τε κἀγαθοὺc ἐποιήcατε. die periode war so angelegt, dasz εἴπετον als gemeinsames verbum der beiden nachsätze beabsichtigt war; mit δότε παράδειγμα aber ist die einheit der periode durchbrochen worden: da nemlich das erste glied durch verschiedene einschaltungen und allerlei nebenbestimmungen beträchtlich erweitert wurde, so wäre es schleppend gewesen nochmals auf das entfernt stehende εἴπετον zurückzugreifen. zu den beiden vordersätzen ist ἐπίcταcθον aus dem vorhergehenden zu supplieren. von dieser unterverstehung des verbums ist wol zu unterscheiden der fall, in welchem das verbum den beiden gliedern gemeinsam ist, z. b. Krat. 433[a] ὅταν γὰρ τοῦτο ἐνῇ, κἂν μὴ πάντα τὰ προcήκοντα ἔχῃ, λελέξεταί γε τὸ πρᾶγμα, καλῶc ὅταν πάντα, κακῶc δὲ ὅταν ὀλίγα.

In den bisher durchgenommenen beispielen blieb die grundform der bifurcierten periode gewahrt, wenn auch ihre teile nicht vollständig ausgebildet waren, sondern durch unterverstehung ergänzt werden musten. ganz anderer art ist eine verkürzung, durch welche die regelmäszige form der periode verändert wird. dies geschieht, wenn statt eines gliedes (gewöhnlich des zweiten) das particip eintritt. z. b. Gorg. 468[c] ἐὰν μὲν ὠφέλιμα ᾖ ταῦτα, βουλόμεθα πράττειν αὐτά, βλαβερὰ δὲ ὄντα οὐ βουλόμεθα. Phaedon 69[c] ὃc ἂν ἀμύητοc καὶ ἀτέλεcτοc εἰc Ἅιδου ἀφίκηται, ἐν βορβόρῳ κείcεται, ὁ δὲ κεκαθαρμένοc τε καὶ τετελεcμένοc ἐκεῖcε ἀφικόμενοc μετὰ θεῶν οἰκήcει. noch freier ist Euthyphron 14[b] ἐὰν μὲν κεχαριcμένα τιc ἐπίcτηται τοῖc θεοῖc λέγειν τε καὶ πράττειν εὐχόμενόc τε καὶ θύων, ταῦτ' ἔcτι τὰ ὅcια, καὶ cῴζει τὰ τοιαῦτα τούc τε ἰδίουc οἴκουc καὶ τὰ κοινὰ τῶν πόλεων· τὰ δ' ἐναντία τῶν κεχαριcμένων ἀcεβῆ, ἃ δὴ καὶ ἀνατρέπει ἅπαντα καὶ ἀπόλλυcιν. im ersten glied haben wir eine verkürzung Gorg. 485[c] παρὰ νέῳ μὲν γὰρ μειρακίῳ ὁρῶν φιλοcοφίαν ἄγαμαι.. ὅταν δὲ δὴ πρεcβύτερον ἴδω ἔτι φιλοcοφοῦντα καὶ μὴ ἀπαλλαττόμενον, πληγῶν μοι δοκεῖ ἤδη δεῖcθαι. symp. 196[b] ἀνανθεῖ γὰρ καὶ ἀπηνθηκότι καὶ cώματι καὶ ψυχῇ καὶ ἄλλῳ ὁτῳοῦν οὐκ ἐνίζει Ἔρως, οὗ δ' ἂν εὐανθής τε καὶ εὐώδης τόπος ᾖ, ἐνταῦθα καὶ ἵζει καὶ μένει. wenn beide glieder durch participia verkürzt sind, so ist kaum mehr das verhältnis der bifurcation anzunehmen, z. b. Menon 87[c] τούτου μὲν ἄρα ταχὺ ἀπηλλάγμεθα, ὅτι τοιοῦδε μὲν ὄντος διδακτόν, τοιοῦδε δ' οὔ. noch ein interessantes beispiel mag hier platz finden: Theaet. 167[d] σώζεται γὰρ ἐν τούτοις ὁ λόγος οὗτος. ᾧ σὺ εἰ μὲν ἔχεις ἐξ ἀρχῆς ἀμφισβητεῖν, ἀμφισβήτει, λόγῳ ἀντιδιεξελθών, εἰ δὲ δι' ἐρωτήσεων βούλει, δι' ἐρωτήσεων. hier ist ein dem εἰ δι' ἐρωτήσεων βούλει entsprechendes glied vor λόγῳ ἀντιδιεξελθὼν ausgefallen.

Von diesen mehr äuszeren eigenschaften der bifurcierten periode wenden wir uns nun zu den inneren. es ist leicht begreiflich, dasz negation und position am häufigsten in das verhältnis der bifurcation treten. wir betrachten zuerst den fall, wenn *a*) negation und position einander gegenübergestellt werden, z. b. Gorg. 465[e] ἐὰν μὲν οὖν καὶ ἐγὼ σοῦ ἀποκρινομένου μὴ ἔχω ὅ τι χρήσωμαι, ἀπότεινε καὶ σὺ λόγον, ἐὰν δὲ ἔχω, ἔα με χρῆσθαι. Charm. 158[d] ἐὰν μὲν μὴ φῶ εἶναι σώφρων, ἅμα μὲν ἄτοπον αὐτὸν καθ' ἑαυτοῦ τοιαῦτα λέγειν, ἅμα δὲ καὶ Κριτίαν τόνδε ψευδῆ ἐπιδείξω καὶ ἄλλους πολλοὺς οἷς δοκῶ εἶναι σώφρων, ὡς ὁ τούτου λόγος· ἐὰν δ' αὖ φῶ καὶ ἐμαυτὸν ἐπαινῶ, ἴσως ἐπαχθὲς φανεῖται. vgl. Euthyd. 287[e]. zwei beispiele müssen wir einer eigentümlichkeit wegen noch ausschreiben: rep. VII 526[e] εἰ μὲν οὐσίαν ἀναγκάζει θεάσασθαι, προσήκει, εἰ δὲ γένεσιν, οὐ προσήκει, und Kriton 54[a] πότερον ἐὰν εἰς Θετταλίαν ἀποδημήσῃς, ἐπιμελήσονται, ἐὰν δ' εἰς Ἅιδου ἀποδημήσῃς, οὐχὶ ἐπιμελήσονται; die wiederholung des vorausgegangenen verbums mit οὐ ist es, worauf wir durch diese beispiele aufmerksam machen. manche haben anstosz daran genommen, aber mit unrecht. wichtiger ist, wenn *b*) position und negation einander gegenübergestellt werden, z. b. apol. 37[d] κἂν μὲν τούτους ἀπελαύνω, οὗτοι ἐμὲ αὐτοὶ ἐξελῶσι, πείθοντες τοὺς πρεσβυτέρους· ἐὰν δὲ μὴ ἀπελαύνω, οἱ τούτων πατέρες τε καὶ οἰκεῖοι δι' αὐτοὺς τούτους. diese wiederholung des verbums mit der negation ist aber sehr selten; gewöhnlich tritt dafür ein εἰ δὲ μή und zwar auch nach ἐάν, z. b. Kriton 48[c] καὶ ἐὰν μὲν φαίνηται δίκαιον, πειρώμεθα, εἰ δὲ μή, ἐῶμεν. rep. I 329[d] ἂν μὲν γὰρ κόσμιοι καὶ εὔκολοι ὦσι, καὶ τὸ γῆρας μετρίως ἐστὶν ἐπίπονον· εἰ δὲ μή, καὶ γῆρας ὦ Σώκρατες καὶ νεότης χαλεπὴ τῷ τοιούτῳ ξυμβαίνει. ebd. III 401[c] καὶ ποιεῖ εὐσχήμονα, ἐάν τις ὀρθῶς τραφῇ, εἰ δὲ μή, τοὐναντίον. Gorg. 504[e] σὺ δέ, ἂν μέν σοι δοκῶ ἐγὼ καλῶς λέγειν, φάθι· εἰ δὲ μή, ἔλεγχε καὶ μὴ ἐπίτρεπε. Phaedon 114[b] καὶ ἐὰν μὲν πείσωσιν, ἐκβαίνουσί τε καὶ λήγουσι τῶν κακῶν, εἰ δὲ μή, φέρονται αὖθις εἰς τὸν Τάρταρον. Laches 196[c] καὶ ἐάν τι φαίνηται λέγων, ξυγχωρησόμεθα, εἰ δὲ μή, διδάξομεν. es würde zu weit führen alle beispiele hier auszuschreiben; es mag genügen die übrigen anzudeuten: rep. IV 434[d]. gesetze 747[b]. 961[b]. 817[d]. 631[b]. Lysis 206[c]. 210[c]. Prot. 351[e]. Charm. 157[c]. Theaet. 209[a]. symp. 212[d]. Phaedon 91[be].

rep. VII 540[c]. Gorg. 470[a]. rep. VII 531[d]. Phaedon 114[b]. ebenso wenig notwendig ist es alle beispiele auszuschreiben, in denen εἰ μέν und εἰ δὲ μή gegenübergestellt werden, da hierin nichts eigentümliches liegt. Kriton 48[d] σκοπῶμεν ὦ 'γαθέ κοινῇ, καὶ εἴ πῃ ἔχεις ἀντιλέγειν, ἀντίλεγε καί σοι πείσομαι· εἰ δὲ μή, παῦσαι ἤδη ὦ μακάριε. Phaedros 273[d] ὥστ' εἰ μὲν ἄλλο τι περὶ τέχνης λόγων λέγεις, ἀκούοιμεν ἄν· εἰ δὲ μή, οἷς νῦν διήλθομεν πεισόμεθα. Gorg. 457[e]. 467[c]. Prot. 313[e]. Euthyphron 5[ab]. Laches 185[a]. Charm. 158[e]. kehren wir zum ersten fall ἐὰν μέν . . εἰ δὲ μή zurück und suchen den grund dieser erscheinung aufzudecken. warum wird bei εἰ δὲ μή keine rücksicht auf ἐὰν μέν genommen? antwort: weil es nicht notwendig ist die nebenbeziehung hervorzukehren wie beim ersten gliede; dort beim vollständigen satz denkt man an die realisierung der handlung; hier, wo das verbum fehlt, denkt man blosz an den gegensatz ohne andere nebenbeziehungen; εἰ δὲ μή ist zur formel geworden, den gegensatz zu bezeichnen, mag das erste glied gestaltet sein wie es will. dasselbe scheint auch Engelhardt zu Menex. 238 sagen zu wollen, wiewol er sich unklar und undeutlich ausdrückt: 'causa haec esse videtur. particulae ἐάν inest notio exspectationis manifestum fore, sitne id quod hypothetice ponimus necne. verti igitur potest: *si quod se ostendet* vel *quod manifestum fiet.* si ergo duae res hypothetice opponuntur, iam sufficit semel hanc notionem additam esse, et quidem priori membro, quia id prius ponere solemus, quod nostra magis interest . . superflua prorsus haec notio in altero membro. aliter res se habet, ubi non opponuntur affirmativa et negativa, sed aequiparantur, ut perinde sit unumne fiat an alterum, v. c. faciam sive voles sive noles, ποιήσω ἐάν τε σὺ βουληθῇς ἐάν τε μή, ubi eadem ad praecedens verbum ratio eandem structuram poscit.'

Vereinzelt finden sich beispiele welche die gegebene regel nicht befolgen, z. b. Lysis 217[e] ἐὰν μὲν κατά τινα τρόπον παρῇ, ἔσται, ἐὰν δὲ μή, οὔ. Prot. 328[b] ἐπειδὰν γάρ τις παρ' ἐμοῦ μάθῃ, ἐὰν μὲν βούληται, ἀποδέδωκεν ὃ ἐγὼ πράττομαι ἀργύριον· ἐὰν δὲ μή, ἐλθὼν εἰς ἱερόν. ὀμόσας ὅσου ἂν φῇ ἄξια εἶναι τὰ μαθήματα, τοσοῦτον κατέθηκεν. Phaedon 86[de] δοκεῖ μέντοι μοι χρῆναι πρὸ τῆς ἀποκρίσεως ἔτι πρότερον Κέβητος ἀκοῦσαι, τί αὖ ὅδε ἐγκαλεῖ τῷ λόγῳ, ἵνα χρόνου ἐγγενομένου βουλευσώμεθα τί ἐροῦμεν, ἔπειτα δὲ ἀκούσαντας ἢ ξυγχωρεῖν αὐτοῖς, ἐάν τι δοκῶσι προσᾴδειν, ἐὰν δὲ μή, οὕτως ἤδη ὑπερδικεῖν τοῦ λόγου. bei relativen und temporalconjunctionen musz natürlich das zweite glied gegeben werden wie das erste: vgl. Menon 88[a] ἆρ' οὐχ ὅταν μὲν ὀρθὴ χρῆσις, ὠφελεῖ, ὅταν δὲ μή, βλάπτει; Phaedon 100[a] ἃ μὲν ἄν μοι δοκῇ τούτῳ ξυμφωνεῖν, τίθημι ὡς ἀληθῆ ὄντα, καὶ περὶ αἰτίας καὶ περὶ τῶν ἄλλων ἁπάντων, ἃ δ' ἂν μή, ὡς οὐκ ἀληθῆ. rep. III 412[d] ὃ μὲν ἂν τῇ πόλει ἡγήσωνται ξυμφέρειν, πάσῃ προθυμίᾳ ποιεῖν, ὃ δ' ἂν μή, μηδενὶ τρόπῳ πρᾶξαι ἂν ἐθέλειν. ebd. II 377[c] καὶ ὃν μὲν ἂν καλὸν ποιήσωσιν, ἐγκριτέον, ὃν δ' ἂν μή, ἀποκριτέον.

Das oben aus Lysis 217ᵉ angeführte beispiel bot uns eine eigentümliche kürze des vorder- und nachsatzes des zweiten gliedes durch negationen; wir wollen die übrigen beispiele dieses gebrauchs nachtragen: rep. II 360ᵉ τὴν δὲ κρίσιν αὐτὴν τοῦ βίου πέρι ὧν λέγομεν, ἐὰν διαστησώμεθα τόν τε δικαιότατον καὶ τὸν ἀδικώτατον, οἷοί τ' ἐσόμεθα κρῖναι ὀρθῶς· εἰ δὲ μή, οὔ. Menon 80ᶜ ἐγὼ δέ, εἰ μέν ἡ νάρκη αὐτὴ ναρκῶσα οὕτω καὶ τοὺς ἄλλους ποιεῖ ναρκᾶν, ἔοικα αὐτῇ· εἰ δὲ μή, οὔ. Gorg. 520ᵉ ὥστε καλὸν δοκεῖ τὸ σημεῖον εἶναι, εἰ εὖ ποιήσας ταύτην τὴν εὐεργεσίαν ἀντ' εὖ πείσεται· εἰ δὲ μή, οὔ.

Wie bei der abgekürzten redeweise ἐὰν μέν . . εἰ δὲ μή, so finden wir auch bei vollständig ausgebildeten sätzen eine verschiedene auffassung des hypothetischen verhältnisses beider glieder, was folgende beispiele zeigen werden: Gorg. 447ᵇ ὥστ' ἐπιδείξεται ἡμῖν, εἰ μὲν δοκεῖ, νῦν, ἐὰν δὲ βούλῃ, εἰσαῦθις. Prot. 342ᵃ ἐθέλω σοι εἰπεῖν, εἰ βούλει λαβεῖν μου πεῖραν ὅπως ἔχω, ὃ σὺ λέγεις τοῦτο, περὶ ἐπῶν· ἐὰν δὲ βούλῃ, σοῦ ἀκούσομαι. Theaet. 166ᵃᵇ ὅταν τι τῶν ἐμῶν δι' ἐρωτήσεως σκοπῇς, ἐὰν μὲν ὁ ἐρωτηθεὶς οἷάπερ ἂν ἐγὼ ἀποκριναίμην ἀποκρινόμενος σφάλληται, ἐγὼ ἐλέγχομαι, εἰ δὲ ἀλλοῖα, αὐτὸς ὁ ἐρωτηθείς. Prot. 357ᵈ εἰ μὲν οὖν τότε εὐθὺς ὑμῖν εἴπομεν ὅτι ἀμαθία, κατεγελᾶτε ἂν ἡμῶν· νῦν δὲ ἂν ἡμῶν καταγελᾶτε, καὶ ὑμῶν αὐτῶν καταγελάσεσθε. Phaedros 259ᵃ εἰ οὖν ἴδοιεν καὶ νῷ καθάπερ τοὺς πολλοὺς ἐν μεσημβρίᾳ μὴ διαλεγομένους .. δικαίως ἂν καταγελῷεν· ἐὰν δὲ ὁρῶσι διαλεγομένους καὶ παραπλέοντάς σφας ὥσπερ Σειρῆνας ἀκηλήτους, ὃ γέρας παρὰ θεῶν ἔχουσιν ἀνθρώποις διδόναι, τάχ' ἂν δοῖεν ἀγασθέντες. Euthyphron 3ᵈᵉ εἰ μὲν οὖν, ὃ νῦν δὴ ἔλεγον, μέλλοιέν μου καταγελᾶν, ὥσπερ σὺ φῂς σαυτοῦ, οὐδὲν ἂν εἴη ἀηδὲς παίζοντας καὶ γελῶντας ἐν τῷ δικαστηρίῳ διαγαγεῖν, εἰ δὲ σπουδάσονται, τοῦτ' ἤδη ὅπῃ ἀποβήσεται ἄδηλον πλὴν ὑμῖν τοῖς μάντεσιν zu vergleichen mit Laches 179ᵈ ἐνδεικνύμεθα λέγοντες ὅτι, εἰ μὲν ἀμελήσουσιν ἑαυτῶν καὶ μὴ πείσονται ἡμῖν, ἀκλεεῖς γενήσονται, εἰ δ' ἐπιμελήσονται, τάχ' ἂν τῶν ὀνομάτων ἄξιοι γένοιντο ἃ ἔχουσιν.

Einmal zur formel geworden und dadurch in den zustand der erstarrung gekommen wird εἰ δὲ μή auch nach negativen sätzen verwendet, wo man eine position, also εἰ δέ erwarten sollte. bei Platon finden sich nicht viel beispiele der art; ich habe mir blosz notiert: Kriton 53ᵉ ἴσως ἂν μή τινα λυπῇς· εἰ δὲ μή, ἀκούσει ὦ Σώκρατες πολλὰ καὶ ἀνάξια σαυτοῦ. Parm. 132ᵉ οὐκ ἄρα οἷόν τέ τι τῷ εἴδει ὅμοιον εἶναι οὐδὲ τὸ εἶδος ἄλλῳ· εἰ δὲ μή, παρὰ τὸ εἶδος ἀεὶ ἄλλο ἀναφανήσεται εἶδος usw. Euthyphron 5ᵇ καὶ ἐμὲ ἡγοῦ καὶ μὴ δικάζου· εἰ δὲ μή, ἐκείνῳ λάχε δίκην. die beste übersetzung wird hier sein 'andernfalls, widrigenfalls, sonst'. man wollte die formel auch dadurch erklären und rechtfertigen, dasz man sagte, μή verneine hier das negierte verbum des ersten gliedes (vgl. Frohberger zu Lysias XII 50); allein diese erklärung ist zu gekünstelt und gesucht, als dasz wir sie billigen könnten. die obige übersetzung von εἰ δὲ μή ist auch räthlich, wenn dem seinsollen das nichtsein zur seite gestellt wird, ein usus den wir näher durch folgende beispiele erläutern: Gorg. 459[e] ἢ ἀνάγκη εἰδέναι, καὶ δεῖ προεπιστάμενον ταῦτα ἀφικέσθαι παρὰ σὲ τὸν μέλλοντα μαθήσεσθαι τὴν ῥητορικήν; εἰ δὲ μή, σὺ ὁ τῆς ῥητορικῆς διδάσκαλος τούτων μὲν οὐδὲν διδάξεις τὸν ἀφικνούμενον, ποιήσεις δὲ usw. rep. II 375[c] δεῖ γε πρὸς μὲν τοὺς οἰκείους πράους αὐτοὺς εἶναι, πρὸς δὲ τοὺς πολεμίους χαλεπούς· εἰ δὲ μή, οὐ περιμενοῦσιν ἄλλους σφᾶς διολέσαι, ἀλλ' αὐτοὶ φθήσονται αὐτὸ δράσαντες. Menon 78[d] πάντως δήπου δεῖ ἄρα ὡς ἔοικε τούτῳ τῷ πόρῳ δικαιοσύνην ἢ σωφροσύνην ἢ ὁσιότητα προσεῖναι ἢ ἄλλο τι μόριον ἀρετῆς· εἰ δὲ μή, οὐκ ἔσται ἀρετὴ καίπερ ἐκπορίζουσα τἀγαθά. rep. VII 521[b] ἀλλὰ μέντοι δεῖ γε μὴ ἐραστὰς τοῦ ἄρχειν ἰέναι ἐπ' αὐτό· εἰ δὲ μή, οἵ γε ἀντερασταὶ μαχοῦνται. Phaedon 63[de] φησὶ γὰρ θερμαίνεσθαι μᾶλλον τοὺς διαλεγομένους, δεῖν δὲ οὐδὲν τοιοῦτον προσφέρειν τῷ φαρμάκῳ· εἰ δὲ μή, ἐνίοτε ἀναγκάζεσθαι καὶ δὶς καὶ τρὶς πίνειν τούς τι τοιοῦτον ποιοῦντας. Phaedros 241[bc] ὁ δὲ ἀναγκάζεται διώκειν ἀγανακτῶν καὶ ἐπιθειάζων, ἠγνοηκὼς τὸ ἅπαν ἐξ ἀρχῆς, ὅτι οὐκ ἄρα ἔδει ποτὲ ἐρῶντι καὶ ὑπ' ἀνάγκης ἀνοήτῳ χαρίζεσθαι, ἀλλὰ πολὺ μᾶλλον μὴ ἐρῶντι καὶ νοῦν ἔχοντι· εἰ δὲ μή, ἀναγκαῖον εἴη ἐνδοῦναι αὑτὸν ἀπίστῳ usw. (verwandt Theaet. 177[b] περὶ μὲν οὖν τούτων ἐπειδὴ καὶ πάρεργα τυγχάνει λεγόμενα, ἀποστῶμεν· εἰ δὲ μή, πλείω ἀεὶ ἐπιρρέοντα καταχώσει ἡμῶν τὸν ἐξ ἀρχῆς λόγον. Prot. 336[a] εἰ οὖν ἐπιθυμεῖς ἐμοῦ καὶ Πρωταγόρου ἀκούειν, τούτου δέου, ὥσπερ τὸ πρῶτόν μοι ἀπεκρίνατο διὰ βραχέων τε καὶ αὐτὰ τὰ ἐρωτώμενα, οὕτω καὶ νῦν ἀποκρίνεσθαι· εἰ δὲ μή, τίς ὁ τρόπος ἔσται τῶν διαλόγων;) wie wir aus Phaedros 241[bc] und rep. VII 521[b] ersehen, findet sich auch hier εἰ δὲ μή nach einem negativen satze.

In den behandelten beispielen, in denen negation und position einander gegenübergestellt waren, war naturgemäsz der gegensatz stark ausgeprägt; es gibt nun aber auch fälle, in denen der gegensatz fast ganz erloschen und an seine stelle die subjective wahl getreten ist, die beliebig für ein glied sich entscheiden kann, oder auch die zufälligkeit, durch welche das eine oder das andere glied getroffen werden kann, z. b. Gorg. 472[a] μαρτυρήσουσί σοι, ἐὰν μὲν βούλῃ, Νικίας ὁ Νικηράτου καὶ οἱ ἀδελφοὶ μετ' αὐτοῦ . . ἐὰν δὲ βούλῃ, Ἀριστοκράτης ὁ Σκελλίου . . ἐὰν δὲ βούλῃ, ἡ Περικλέους ὅλη οἰκία ἢ ἄλλη συγγένεια usw. Prot. 347[b] νῦν δὲ δίκαιόν ἐστιν . . Πρωταγόρας μὲν εἰ ἔτι βούλεται ἐρωτᾶν, ἀποκρίνεσθαι Σωκράτη, εἰ δὲ δὴ βούλεται Σωκράτει ἀποκρίνεσθαι, ἐρωτᾶν τὸν ἕτερον. Menon 71[e] καὶ ἄλλη ἐστὶ παιδὸς ἀρετὴ καὶ θηλείας καὶ ἄρρενος καὶ πρεσβυτέρου ἀνδρός, εἰ μὲν βούλει, ἐλευθέρου, εἰ δὲ βούλει, δούλου. gesetze 858[a] καὶ δὴ καὶ τὸ νῦν ἔξεστιν ἡμῖν, ὡς ἔοικεν, εἰ μὲν βουλόμεθα, τὸ βέλτιστον σκοπεῖν, εἰ δὲ βουλόμεθα, τὸ ἀναγκαιότατον περὶ νόμων. Krat. 430[e] ἆρ' οὐκ ἔστι προσελθόντα ἀνδρί τῳ εἰπεῖν ὅτι τουτί ἐστι σὸν γράμμα, καὶ δεῖξαι αὐτῷ, ἂν μὲν τύχῃ, ἐκείνου εἰκόνα, ἂν δὲ τύχῃ, γυναικός; ebd. 431ᵃ ἂν μὲν τύχῃ, τὸ ἐκείνου μίμημα, εἰπόντα ὅτι ἀνήρ, ἂν δὲ τύχῃ, τὸ τοῦ θήλεος τοῦ ἀνθρωπίνου γένους, εἰπόντα ὅτι γυνή; eine varietät bietet Phaedros 261ᵈ ὁ τέχνῃ τοῦτο δρῶν ποιήσει φανῆναι τὸ αὐτὸ τοῖς αὐτοῖς τοτὲ μὲν δίκαιον, ὅταν δὲ βούληται, ἄδικον. ebd. 268ᵇ ἐγὼ ἐπίσταμαι τοιαῦτ' ἄττα σώμασι προσφέρειν, ὥστε θερμαίνειν τ' ἐὰν βούλωμαι καὶ ψύχειν, καὶ ἐὰν μὲν δόξῃ μοι, ἐμεῖν ποιεῖν, ἐὰν δ' αὖ, κάτω διαχωρεῖν, καὶ ἄλλα πάμπολλα τοιαῦτα.

Ferner sind noch zwei besonderheiten ins auge zu fassen: 1) öfters wird für εἰ δὲ βούλει elliptisch gesetzt εἰ δέ, z. b. symp. 212ᶜ τοῦτον οὖν τὸν λόγον ὦ Φαῖδρε, εἰ μὲν βούλει, ὡς ἐγκώμιον εἰς Ἔρωτα νόμισον εἰρῆσθαι, εἰ δέ, ὅ τι καὶ ὅπῃ χαίρεις ὀνομάζων, τοῦτο ὀνόμαζε. rep. IV 432ᵃ διὰ πασῶν παρεχομένη ξυνᾴδοντας τούς τε ἀσθενεστάτους ταὐτὸν καὶ τοὺς ἰσχυροτάτους καὶ τοὺς μέσους, εἰ μὲν βούλει, φρονήσει, εἰ δὲ βούλει, ἰσχύϊ, εἰ δέ, καὶ πλήθει ἢ χρήμασιν ἢ ἄλλῳ ὁτῳοῦν τῶν τοιούτων. gesetze III 688ᵇ ἥκει δὴ πάλιν ὁ λόγος εἰς ταὐτὸν καὶ ὁ λέγων ἐγὼ νῦν λέγω πάλιν ἅπερ τότε, εἰ μὲν βούλεσθε, ὡς παίζων, εἰ δ' ὡς σπουδάζων. Euthyd. 285ᶜ παραδίδωμι ἐμαυτὸν Διονυσοδώρῳ τούτῳ ὥσπερ τῇ Μηδείᾳ τῇ Κόλχῳ· ἀπολλύτω με καὶ εἰ μὲν βούλεται, ἑψέτω, εἰ δ' ὅ τι βούλεται τοῦτο ποιείτω. (Alk. I 114ᵇ τί οὐκ ἀπέδειξας, εἰ μὲν βούλει, ἐρωτῶν με ὥσπερ ἐγὼ σε· εἰ δέ, καὶ αὐτὸς ἐπὶ σαυτοῦ λόγῳ διέξελθε.) 2) oft können wir sowol die vollständige als auch namentlich die elliptische formel des zweiten gliedes negativ übersetzen ('wenn du aber nicht willst, wenn aber nicht' u. dgl.): Prot. 348ᵃ κἂν μὲν βούλῃ ἔτι ἐρωτᾶν, ἕτοιμός εἰμί σοι παρέχειν ἀποκρινόμενος· ἐὰν δὲ βούλῃ, σὺ ἐμοὶ παράσχες σαυτόν, περὶ ὧν μεταξὺ ἐπαυσάμεθα διεξιόντες, τούτοις τέλος ἐπιθεῖναι. ferner Alk. I 114ᵇ. Euthyd. 288ᶜ usw. wir drücken mit dieser übersetzung nicht genau die griechische auffassungsweise aus; der Grieche bezeichnet blosz das subjective belieben bezüglich zweier objecte, er läszt unbeachtet, dasz sie sich gegenseitig ausschlieszen; er drückt die sache nicht so aus wie wir, dasz, wenn die eine annahme wegfällt, sich eine andere ergibt, sondern er stellt die beiden annahmen nebeneinander und läszt den leser zwischen ihnen wählen; er hebt bei jedem glied eigens das subjective belieben hervor.

Ein schwieriger punct ist die weglassung der apodosis im ersten bedingungssatz (vgl. Hermann zu Vig. s. 509. Matthiae gr. gr. § 617a. Krüger spr. 54, 12, 12. Kühner gr. § 823, 3c. Madvig syntax § 194b anm.). diese ellipse findet sich bereits bei Homer: vgl. Il. A 135 und dazu Nägelsbach. bei Platon finden sich acht stellen, welche deutlich zeigen dasz diese ellipse in den einzelnen fällen ganz verschieden aufzufassen ist. darum verdient Rehdantz alle anerkennung, dasz er zu Xen. anab. VII 7, 16 verschiedene fälle auseinander gehalten und sonach nicht die sache mit der ellipse 'so ist es gut' abgethan hat. wir wollen die einzel-

nen Platonischen beispiele vorführen, dieselben analysieren und daran einige allgemeine sätze anschlieszen. wir beginnen *a*) mit den beispielen welche die ergänzung eines καλῶς ἔχει 'gut' zulassen. symp. 185[d] ἐν ᾧ δ' ἂν ἐγὼ λέγω, ἐὰν μέν σοι ἐθέλῃ ἀπνευστὶ ἔχοντι πολὺν χρόνον παύεσθαι ἡ λύγξ· εἰ δὲ μή, ὕδατι ἀνακογχυλίασον. rep. IX 575[d] ἐὰν μὲν ἑκόντες ὑπείκωσιν· ἐὰν δὲ μὴ ἐπιτρέπῃ ἡ πόλις, ὥσπερ τότε μητέρα καὶ πατέρα ἐκόλαζεν, οὕτω πάλιν τὴν πατρίδα, ἐὰν οἷός τ' ᾖ, κολάσεται ἐπεισαγόμενος νέους ἑταίρους. Prot. 325[d] καὶ ἐὰν μὲν ἑκὼν πείθηται· εἰ δὲ μή, ὥσπερ ξύλον διαστρεφόμενον καὶ καμπτόμενον εὐθύνουσιν ἀπειλαῖς καὶ πληγαῖς. gesetze IX 854[c] τὰς δὲ τῶν κακῶν ξυνουσίας φεῦγε ἀμεταστρεπτί. καὶ ἐὰν μέν σοι δρῶντι ταῦτα λωφᾷ τι τὸ νόσημα — εἰ δὲ μή, καλλίω θάνατον σκεψάμενος ἀπαλλάττου τοῦ βίου. *b*) die ergänzung ist aus teilen der periode selbst zu entnehmen, wie dies in folgenden beispielen geschehen ist. Prot. 328[b]: hier schildert Protagoras den modus seiner honorarbeitreibung also: ἐπειδὰν τις παρ' ἐμοῦ μάθῃ, ἐὰν μὲν βούληται, ὃ ἐγὼ πράττομαι ἀργύριον, ἐὰν δὲ μή, ἐλθὼν εἰς ἱερόν, ὀμόσας ὅσου ἂν φῇ ἄξια εἶναι τὰ μαθήματα, τοσοῦτον κατέθηκεν. in dieser stelle ist kaum eine ellipse anzuerkennen: denn κατέθηκεν gehört auch zum ersten gliede. ebd. 311[d] sagt Sokrates: παρὰ δὲ δὴ Πρωταγόραν νῦν ἀφικόμενοι ἐγώ τε καὶ σὺ ἀργύριον ἐκείνῳ μισθὸν ἕτοιμοι ἐσόμεθα τελεῖν ὑπὲρ σοῦ, ἂν μὲν ἐξικνῆται τὰ ἡμέτερα χρήματα καὶ τούτοις πείθωμεν αὐτόν — εἰ δὲ μή, καὶ τὰ τῶν φίλων προσαναλίσκοντες. hier ist, wie leicht zu ersehen, zum ersten gliede der begriff ἀναλίσκοντες mit ταῦτα als vorschwebend zu denken. wir schlieszen nun zwei beispiele an, die eine eigene analyse erfordern, weil hier der periodenbau ganz anakoluth geworden ist: Gorg. 503[c] lesen wir: εἰ ἔστι γε ὦ Καλλίκλεις, ἣν πρότερον σὺ ἔλεγες ἀρετήν, ἀληθής, τὸ τὰς ἐπιθυμίας ἀποπιμπλάναι καὶ τὰς αὑτοῦ καὶ τὰς τῶν ἄλλων· εἰ δὲ μὴ τοῦτο, ἀλλ' ὅπερ ἐν τῷ ὑστέρῳ λόγῳ ἠναγκάσθημεν ἡμεῖς ὁμολογεῖν, ὅτι αἳ μὲν τῶν ἐπιθυμιῶν πληρούμεναι βελτίω ποιοῦσι τὸν ἄνθρωπον, ταύτας μὲν ἀποτελεῖν, αἳ δὲ χείρω, μή· τοῦτο δὲ τέχνη τις εἶναι· τοιοῦτον ἄνδρα τούτων τινὰ γεγονέναι ἔχεις εἰπεῖν; Sokrates fragt den Kallikles, ob er ihm einen redner aufzeigen könne, durch den die Athener besser geworden seien; Kallikles verneint dies von der gegenwart, glaubt aber in den älteren zeiten solche zu finden: er erinnert an Themistokles, an Kimon, Miltiades, Perikles. jetzt macht Sokrates ihm nochmals den standpunct klar, von dem aus die beurteilung der staatsmänner zu geschehen habe. diese wird nemlich verschieden ausfallen, je nachdem man befriedigung der begierden ohne unterschied oder befriedigung der guten begierden als ziel des menschen hinstellt. im erstern fall will Sokrates jene männer als beispiele gelten lassen; sehr fraglich scheint es ihm aber, ob im letztern fall Kallikles beispiele beibringen könne. dies ist das gerippe der periode. im ersten gliede, welches nach τῶν ἄλλων endigt, fehlt die apodosis: es ist zu denken 'dann hast du recht' καλῶς εἶπας. das zweite glied, welches vielfach von zwischensätzen durchbrochen ist, findet seinen schlusz erst in τοιοῦτον ἄνδρα τούτων τινὰ γεγονέναι ἔχεις εἰπεῖν; der vordersatz dieses zweiten gliedes ist nicht vollständig, es ist nemlich ἀληθές ἐστι zu τοῦτο, ἀλλ' ὅπερ usw. aus dem vorhergehenden zu ergänzen. anakoluthisch ist in diesem gliede 1) ὅτι mit nachfolgendem infinitiv, 2) der ganz auszer construction stehende satz τοῦτο δὲ τέχνη τις εἶναι, wenn nicht, wie mir scheint, in εἶναι ein verbum finitum steckt; 3) auch τοιοῦτον ist nicht correct.

Nicht so viele unebenheiten zeigt uns folgende periode im Laches 186ª καὶ ἡμᾶς ἄρα δεῖ ὦ Λάχης τε καὶ Νικία, ἐπειδὴ Λυσίμαχος καὶ Μελησίας εἰς συμβουλὴν παρεκαλεσάτην ἡμᾶς περὶ τοῖν υἱέοιν, προθυμούμενοι αὐτοῖν ὅ τι ἀρίστας γενέσθαι τὰς ψυχάς, εἰ μέν φαμεν ἔχειν, ἐπιδεῖξαι αὐτοῖς καὶ διδασκάλους οἵτινες ἡμῶν γεγόνασιν, οἳ αὐτοὶ πρῶτοι ἀγαθοὶ ὄντες καὶ πολλῶν νέων τεθεραπευκότες ψυχὰς ἔπειτα καὶ ἡμᾶς διδάξαντες φαίνονται· ἢ εἴ τις ἡμῶν αὐτῶν ἑαυτῷ διδάσκαλον μὲν οὔ φησι γεγονέναι, ἀλλ' οὖν ἔργα αὐτὸς αὑτοῦ ἔχει εἰπεῖν καὶ ἐπιδεῖξαι, τίνες Ἀθηναίων ἢ τῶν ξένων, ἢ δοῦλοι ἢ ἐλεύθεροι, δι' ἐκεῖνον ὁμολογουμένως ἀγαθοὶ γεγόνασιν· εἰ δὲ μηδὲν ἡμῖν τούτων ὑπάρχει, ἄλλους κελεύειν ζητεῖν καὶ μὴ ἐν ἑταίρων ἀνδρῶν υἱέσι κινδυνεύειν διαφθείροντας τὴν μεγίστην αἰτίαν ἔχειν ὑπὸ τῶν οἰκειοτάτων. hier wird auch eine ergänzung des nachsatzes angenommen (vgl. Cron); allein eine kurze analyse der periode wird die sache anders erscheinen lassen. das verhalten welches Sokrates, Nikias und Laches, welche von Lysimachos und Melesias wegen der erziehung ihrer söhne zu rathe gezogen werden, diesen gegenüber zu beobachten haben, ist das fundament der ganzen reich gegliederten periode. man kann sich ihr verhalten in zwiefacher weise denken, je nachdem sie das zeug für erziehung besitzen oder nicht. darauf gründet sich die bifurcation der periode. gleich der erste satz ist elliptisch: denn zu εἰ μέν φαμεν ἔχειν ist συμβουλήν oder ein ähnlicher begriff als vorschwebend zu denken. an dies erste glied der periode wird ein zweiter hypothetischer satz angeschlossen, indem nicht ein dem καὶ διδασκάλους entsprechender begriff angereiht wird, sondern der begriff weiter ausgeführt zu einem satze sich ausbildet; und zwar wird dieser satz ziemlich losgelöst und selbständig dadurch dasz sein nachsatz auch von δεῖ beherscht wird: denn nach meiner überzeugung ist so zu interpungieren: ἀλλ' οὖν ἔργα αὐτὸς αὑτοῦ ἔχει, εἰπεῖν καὶ ἐπιδεῖξαι, damit εἰπεῖν und ἐπιδεῖξαι auch von δεῖ abhängig gemacht werden kann. das zweite glied der bifurcierten periode ist nicht mit rücksicht auf εἰ μέν φαμεν ἔχειν gebildet, sondern mit rücksicht auf den nachsatz des ersten gliedes, was nicht anstöszig ist: denn wenn die folgerung verneint wird, fällt damit auch die voraussetzung weg.

Blicken wir nochmals auf das gesagte zurück, so müssen wir

scharf von einander trennen die fälle bei welchen die ellipse durch unterverstehung zu erklären ist, und jene bei welchen ein καλῶς ἔχει u. ä. ergänzt werden musz. nur das letztere fordert eine nähere erklärung. diese ellipse findet nur statt, wenn position und negation einander gegenübergestellt werden; das erste glied ist dann das unwichtigere: der sprechende eilt deshalb rasch auf das zweite glied zu, ohne die apodosis des ersten gliedes vollendet zu haben; es ist eben hier nichts erhebliches zu sagen, weil alles interesse das zweite glied in anspruch nimt. in der regel pflegt in diesen beispielen μέν im ersten gliede zu stehen, um den folgenden gegensatz anzudeuten (vgl. Cobet variae lectiones s. 241, doch oben Gorg. 503[e]). ferner ist zu beachten, dasz hie und da von den abschreibern die fehlende apodosis durch ein εὖ ἔχει ergänzt worden ist: vgl. Nauck Eurip. studien II s. 96.

Eine eigentümliche kürzung des ausdrucks erfährt die bifurcation durch die formel μάλιστα μέν .. εἰ δὲ μή. hier wirkt die kraft des adverbiums so stark, dasz wir um dieselbe zu erschöpfen zu einem ganzen satze ausholen müssen. sowol im lateinischen als im griechischen besitzt das adverbium diese energie: s. z. b. Livius I 13 *melius peribimus quam viduae aut orbae vivemus* 'es ist besser, wenn wir zu grunde gehen' vgl. Nägelsbach lat. stilistik § 185, 5. εἰς καιρὸν ἥκεις 'est ist recht, dasz du kommst' (Bäumlein macht in diesen jahrb. 1866 s. 115 auf eine besonders interessante art dieser energischen verwendung des adverbiums aufmerksam. ähnlich ist aufzufassen und zu beurteilen Gorg. 471[a] καὶ κατὰ μὲν τὸ δίκαιον δοῦλος ἦν 'Αλκέτου, καὶ εἰ ἐβούλετο τὰ δίκαια ποιεῖν, ἐδούλευεν ἂν 'Αλκέτῃ usw.) im vorliegenden falle vertritt μάλιστα den satz 'am besten ists, wenn'. will man eine durchaus wörtliche übersetzung des μάλιστα, so genügt in den meisten beispielen das deutsche 'im besten falle'. das musterbeispiel wollen wir aus einem unechten dialog entnehmen: Theages 125[e] εὐξαίμην μὲν ἂν οἶμαι ἔγωγε τύραννος γενέσθαι, μάλιστα μὲν πάντων ἀνθρώπων, εἰ δὲ μή, ὡς πλείστων, womit zwei beispiele aus Thukydides (I 32, 1. I 40, 4) verglichen werden können. diese abgekürzte art der bifurcation gibt nun zu manchen beobachtungen anlasz, welche hier in möglichster kürze so folgen sollen, wie sich dieselben aus den 14 beispielen, die ich mir aus Platon notiert, ergeben haben.

1) die erwähnte formel findet ihre anwendung meist, um einzelne glieder innerhalb éines satzes in das verhältnis der bifurcation zu bringen, indem sie entweder einzelne begriffe oder auch von éinem gemeinschaftlichen verbum abhängige sätze einander gegenüberstellt. für die letztere alternative vgl. rep. VIII 564[c] δεῖ εὐλαβεῖσθαι, μάλιστα μὲν ὅπως μὴ ἐγγενήσεσθον, ἂν δὲ ἐγγένησθον, ὅπως ὅ τι τάχιστα ξὺν αὐτοῖσι τοῖς κηρίοις ἐκτετμήσεσθον· für die erstere rep. II 378[a] τὰ δὲ δὴ τοῦ Κρόνου ἔργα καὶ πάθη οὐδ' ἂν .. ᾤμην δεῖν ῥᾳδίως οὕτω λέγεσθαι πρὸς ἄφρονάς τε καὶ νέους, ἀλλὰ μάλιστα μὲν σιγᾶσθαι, εἰ δὲ ἀνάγκη τις ἦν λέγειν, δι' ἀπορ-

ῥήτων ἀκούειν ὡς ὀλιγίστους. ebd. V 461ᶜ καὶ ταῦτά γ' ἤδη πάντα διακελευσάμενοι προθυμεῖσθαι, μάλιστα μὲν μηδ' εἰς φῶς ἐκφέρειν κύημα μηδέ γ' ἕν, ἐὰν γένηται, ἐὰν δέ τι βιάσηται, οὕτω τιθέναι, ὡς οὐκ οὔσης τροφῆς τῷ τοιούτῳ. ebd. IX 590ᵈ ἀλλ' ὡς ἄμεινον ὂν παντὶ ὑπὸ θείου καὶ φρονίμου ἄρχεσθαι, μάλιστα μὲν οἰκεῖον ἔχοντος ἐν αὑτῷ, εἰ δὲ μή, ἔξωθεν ἐφεστῶτος. ebd. III 414ᵇ τίς ἂν οὖν ἡμῖν μηχανὴ γένοιτο . . γενναῖόν τι ἓν ψευδομένους πεῖσαι μάλιστα μὲν καὶ αὐτοὺς τοὺς ἄρχοντας, εἰ δὲ μή, τὴν ἄλλην πόλιν; gesetze III 687ᶜ πάντων ἀνθρώπων ἐστὶ κοινὸν ἐπιθύμημα ἕν τι . . τὸ κατὰ τὴν τῆς αὑτοῦ ψυχῆς ἐπίταξιν τὰ γιγνόμενα γίγνεσθαι, μάλιστα μὲν ἅπαντα, εἰ δὲ μή, τά γε ἀνθρώπινα.

2) der schriftsteller begnügt sich bisweilen nicht mit der verkürzung des ersten gliedes; durch anwendung des participa verkürzt er nicht selten auch das zweite glied; die äuszeren kennzeichen der bifurcation sind dann verschwunden, der gedankenzusammenhang ist es der uns die richtige auffassung der sätze zeigen musz. zwei beispiele können wir hier aus Platon bieten: gesetze VI 758ᵈ ὅπως ἂν μάλιστα μὲν μὴ γίγνωνται, γενομένων δὲ ὅ τι τάχιστα αἰσθομένης τῆς πόλεως ἰαθῇ τὸ γιγνόμενον. das andere beispiel, gesetze I 628ᵇ, lautet nach den hss. so: ὃν (sc. πόλεμον) μάλιστα μὲν ἅπας ἂν βούλοιτο μήτε γενέσθαι ποτὲ ἐν ἑαυτοῦ πόλει, γενόμενόν τε ὡς τάχιστα ἀπαλλάττεσθαι. Böckh bemerkt aber comm. in Plat. Minoem s. 87 ganz richtig: 'postrema verba hanc debent continere sententiam: quod bellum quivis cupiet in sua civitate cum maxime ne existere quidem, sin autem extiterit, extingui quam citissime. legendum igitur certissime ὃν μάλιστα μὲν . . μηδὲ γενέσθαι . . γενόμενον δέ.' diese doppelte änderung von μήτε in μηδὲ und von τε in δὲ kann nicht erspart bleiben, weil μέν seinen gegensatz fordert, und was noch wichtiger ist, weil sonst μάλιστα auf den ganzen satz statt auf ein glied sich beziehen würde.

3) wenn man von der formel μάλιστα μέν . . εἰ δὲ μή spricht, so ist das nicht so aufzufassen als m ü s t e εἰ δὲ μή folgen; bei Platon sind unter den 14 beispielen nur 5, welche das zweite glied mit εἰ δὲ μή andeuten: 1) rep. III 413ᶜ, 2) ebd. IX 890ᵈ, 3) gesetze III 687ᶜ (s. oben), 4) Gorg. 481ᵃ ὅπως μὴ ἀποθανεῖται, μάλιστα μὲν μηδέποτε, ἀλλ' ἀθάνατος ἔσται πονηρὸς ὤν, εἰ δὲ μή, ὅπως ὡς πλεῖστον χρόνον βιώσεται τοιοῦτος ὤν. 5) Euthyd. 304ᵃ μάλιστα μὲν αὐτὼ πρὸς ἀλλήλω μόνω διαλέγεσθον· εἰ δὲ μή, εἴπερ ἄλλου του ἐναντίον, ἐκείνου μόνου, ὃς ἂν ὑμῖν διδῷ ἀργύριον. in den übrigen beispielen wird ein ausgebildeter satz dem μάλιστα μέν gegenübergestellt; notwendig ist dies natürlich, wenn ein positiver satz die antithese bildet.

4) wol zu beachten ist die loslösung d e s z w e i t e n g l i e d e s. das schwache unvollendet gebliebene glied mit μάλιστα bedarf einer stütze; der zweite satz, der sich ebenfalls anlehnen sollte, schüttelt den druck ab und sucht sich frei zu gestalten. der Grieche liebt es

überhaupt nicht die einheit in einer periode strict durchzuführen; so verschmäht er es z. b. den zweigliedrigen relativsatz mit dem relativ fortzusetzen, um das schleppende der rede dadurch zu vermeiden. doch zu unseren beispielen: Gorg. 507[d] παρασκευαστέον μάλιστα μὲν μηδὲν δεῖσθαι τοῦ κολάζεσθαι, ἐὰν δὲ δεηθῇ ἢ αὐτὸς ἢ ἄλλος τις τῶν οἰκείων, ἢ ἰδιώτης ἢ πόλις, ἐπιθετέον δίκην καὶ κολαστέον, εἰ μέλλει εὐδαίμων εἶναι. apol. 34[a] καὶ ἄλλους πολλοὺς ἐγὼ ἔχω ὑμῖν εἰπεῖν, ὧν τινα ἐχρῆν μάλιστα μὲν ἐν τῷ ἑαυτοῦ λόγῳ παρασχέσθαι Μέλητον μάρτυρα· εἰ δὲ τότε ἐπελάθετο, νῦν παρασχέσθω, ἐγὼ παραχωρῶ, καὶ λεγέτω, εἴ τι ἔχει τοιοῦτον. gesetze V 740[c] τοὺς δὲ ἄλλους παῖδας, οἷς ἂν πλείους ἑνὸς γίγνωνται, θηλείας τε ἐκδόσθαι κατὰ νόμον τὸν ἐπιταχθησόμενον, ἄρρενάς τε, οἷς ἂν τῆς γενέσεως ἐλλείπῃ τῶν πολιτῶν, τούτοις υἱεῖς διανέμειν, κατὰ χάριν μὲν μάλιστα· ἐὰν δέ τισιν ἐλλείπωσι χάριτες usw. das letzte beispiel verdient auch darum unsere beachtung, weil hier das μέν vor μάλιστα steht; es ist das eine kleine unregelmäszigkeit, die wir, da sie durch dichterstellen sicher gestellt ist, eben hinnehmen müssen: vgl. Soph. Phil. 617 οἴοιτο μὲν μάλισθ' ἑκούσιον λαβών, εἰ μὴ θέλοι δ', ἄκοντα (mehr stellen gibt Schneidewin zu Ant. 327) und Winckelmann zu Euthyd. 304[a] (s. 139). endlich soph. 246[d] ἀλλ' ὧδέ μοι δεῖν δοκεῖ περὶ αὐτῶν δρᾶν . . μάλιστα μέν, εἴ πῃ δυνατὸν ἦν, ἔργῳ βελτίους αὐτοὺς ποιεῖν· εἰ δὲ τοῦτο μὴ ἐγχωρεῖ, λόγῳ ποιῶμεν. der infinitiv hängt von δεῖν δοκεῖ ab; der schriftsteller hätte auch fortfahren können mit εἰ δὲ μή, λόγῳ. hier ist auch darauf zu achten, dasz μάλιστα noch ein erklärendes glied in εἴ πῃ δυνατὸν ἦν erhalten hat: dadurch wird das schwache μάλιστα gestützt und erhält eine bestimmtere fassung. dies ist der f ü n f t e punct, welchen wir bei dieser abgekürzten bifurcation erwähnen müssen: vgl. Dem. von der truggesandtschaft § 101 μάλιστα μέν, εἰ οἷόν τε, ἀποκτείνατε, εἰ δὲ μή, ζῶντα τοῖς λοιποῖς παράδειγμα ποιήσετε. Thuk. I 35 ἀλλὰ μάλιστα μέν, εἰ δύνασθε, μηδένα ἄλλον ἐᾶν κεκτῆσθαι ναῦς, εἰ δὲ μή, ὅστις ἐχυρώτατος, τοῦτον φίλον ἔχειν. auch sonst tritt ja zu einem bedingungssatze nicht selten ein zweiter erläuternder hinzu: s. Prot. 353[b] εἰ οὖν σοι δοκεῖ ἐμμένειν οἷς ἄρτι ἔδοξεν ἡμῖν, ἐμὲ ἡγήσασθαι, ᾗ οἶμαι ἂν ἔγωγε κάλλιστα φανερὸν γενέσθαι, ἕπου· εἰ δὲ μὴ βούλει, εἴ σοι φίλον, ἐῶ χαίρειν. wir können nun die zwei noch übrigen beispiele aus Platon besprechen; ihre erklärung wird sich aus dem gesagten leicht ergeben: nemlich Gorg. 481[a] ὅπως μὴ ἀποθανεῖται, μάλιστα μὲν μηδέποτε, ἀ λ λ' ἀ θ ά ν α τ ο ς ἔ σ τ α ι π ο ν η ρ ὸ ς ὤ ν, εἰ δὲ μή, ὅπως ὡς πλεῖστον χρόνον βιώσεται τοιοῦτος ὤν. hier ist dem μάλιστα μὲν μηδέποτε mit ἀλλά sein gegenteil gegenübergestellt worden; mit rücksicht darauf kann der schriftsteller mit εἰ δὲ μή fortfahren. ferner Euthyd. 304[a] ἀλλ' ἄν γ' ἐμοὶ πείθησθε, εὐλαβήσεσθε μὴ πολλῶν ἐναντίον λέγειν, ἵνα μὴ ταχὺ ἐκμαθόντες ὑμῖν μὴ εἰδῶσι χάριν, ἀλλὰ μάλιστα μὲν αὐτὼ πρὸς ἀλλήλω μόνω διαλέγεσθον· εἰ δὲ μή, εἴπερ ἄλλου του ἐναντίον, ἐκείνου μόνου, ὃς ἂν ὑμῖν διδῷ ἀργύριον. hier ist ein glied zu εἰ δὲ μή als erläuterung hinzugesetzt worden. — Zu welchen irrtümern das nichtwissen der von uns eben erörterten eigenschaften der bifurcation mit μάλιστα μὲν . . εἰ δὲ μή führen kann, zeigt in wahrhaft glänzender weise Cobet in der Mnemosyne VIII s. 456, wo er die stelle Ciceros *Tusc.* I 12, 26 also schreibt: *expone igitur, nisi molestum est, primum animos* [si potes] *remanere post mortem: tum, si minus id obtinebis* (*est enim arduum*) [docebis] *carere omni malo mortem,* und dazu bemerkt: 'spurium esse *docebis* et verba *carere omni malo mortem* perinde atque *animos remanere post mortem* pendere a verbo *expone* perspicue docet loci compositio. Graece pro *primum* et *tum si minus id obtinebis* dici solet μάλιστα μέν et εἰ δὲ μή, quae ex uno eodemque verbo quod praeponitur suspendi solent. simul intellegitur *si potes* insiticium esse.' ich müste meine lehre schlecht vorgetragen haben, wollte ich über diese Cobetsche auseinandersetzung noch weiter mich auslassen und sie zu widerlegen suchen.

6) nicht mehr hierher rechnen wir μάλιστα μὲν . . ἔπειτα δέ, da hier kein bedingungs- sondern nur noch ein rangverhältnis stattfindet: s. Dem. v. d. trugges. § 267 κακῶς σε μάλιστα μὲν οἱ θεοί, ἔπειθ' οὗτοι πάντες ἀπολέσειαν. Gorg. 480ᵇ εἰ μὴ εἴ τις ὑπολάβοι ἐπὶ τοὐναντίον κατηγορεῖν δεῖν μάλιστα μὲν ἑαυτοῦ, ἔπειτα δὲ καὶ τῶν οἰκείων καὶ τῶν ἄλλων, ὃς ἂν ἀεὶ τῶν φίλων τυγχάνῃ ἀδικῶν. vgl. Winckelmann zu Euthyd. 304ᵃ (s. 139).

Zum schlusz geben wir noch ein beispiel, in dem wir drei glieder haben, indem dem glied mit εἰ δὲ μή ein neues glied, ebenfalls mit εἰ δὲ μή gegenübergestellt wird: rep. V 473ᵇ πειρώμεθα ζητεῖν τε καὶ ἀποδεικνύναι, τί ποτε νῦν κακῶς ἐν ταῖς πόλεσι πράττεται, δι' ὃ οὐχ οὕτως οἰκοῦνται, καὶ τίνος ἂν σμικροτάτου μεταβαλόντος ἔλθοι εἰς τοῦτον τὸν τρόπον τῆς πολιτείας πόλις, μάλιστα μὲν ἑνός, εἰ δὲ μή, δυοῖν, εἰ δὲ μή, ὅ τι ὀλιγίστων τὸν ἀριθμὸν καὶ σμικροτάτων τὴν δύναμιν.

Wir haben oben als das schema der bifurcierten periode aufgestellt: 'wenn A ist, so ist B; wenn aber C ist, so ist D.' nun kann man aber auch das schema folgendermaszen gestalten: 'wenn A ist, so ist B; wenn aber nicht A ist, so ist auch nicht B.' diese form liegt der abgebrochenen bifurcation zu grunde, die sich darin zeigt, dasz das erste glied eine annahme enthält, die im gegensatz zur wirklichkeit steht, und dasz ferner diese wirklichkeit eigens hervorgehoben wird: z. b. Menon 86ᵈ ἀλλ' εἰ μὲν ἐγὼ ἦρχον ὦ Μένων μὴ μόνον ἐμαυτοῦ ἀλλὰ καὶ σοῦ, οὐκ ἂν ἐσκεψάμεθα πρότερον εἴτε διδακτὸν εἴτε οὐ διδακτὸν ἡ ἀρετή, πρὶν ὅ τι ἔστι πρῶτον ἐζητήσαμεν αὐτό· ἐπειδὴ δὲ σὺ σαυτοῦ μὲν οὐδ' ἐπιχειρεῖς ἄρχειν, ἵνα δὴ ἐλεύθερος ᾖς, ἐμοῦ δὲ ἐπιχειρεῖς τε ἄρχειν καὶ ἄρχεις, συγχωρήσομαί σοι. soph. 265ᵈ καὶ εἰ μέν γέ σε ἡγούμεθα τῶν εἰς τὸν ἔπειτα χρόνον ἄλλως πως δοξαζόντων εἶναι, νῦν ἂν τῷ λόγῳ μετὰ πειθοῦς ἀναγκαίας ἐπεχειροῦμεν ποιεῖν ὁμολογεῖν· ἐπειδὴ δέ σου καταμανθάνω τὴν φύσιν, ὅτι καὶ ἄνευ τῶν παρ' ἡμῶν λόγων αὐτὴ πρόσειςιν ἐφ' ἅπερ νῦν ἕλκεσθαι φῄς, ἐάσω. symp. 180[d] πάντες ἴσμεν ὅτι οὐκ ἔστιν ἄνευ Ἔρωτος Ἀφροδίτη. μιᾶς μὲν οὖν οὔσης εἷς ἂν ἦν Ἔρως· ἐπεὶ δὲ δὴ δύο ἐστόν, δύο ἀνάγκη καὶ Ἔρωτε εἶναι. es hat sich aber für die abgebrochene bifurcation eine noch kürzere form ausgebildet, indem einem gewöhnlich mit μέν versehenen bedingungssatze die wirklichkeit mit νῦν δέ gegenübergestellt wird, und zwar so dasz entweder die protasis oder die apodosis desselben negiert wird. lateinisch wird der wirkliche fall mit *nunc*, *nunc vero* oder mit der einfachen adversativpartikel *sed* oder *autem* eingeführt: s. Seyffert zu Ciceros Laelius s. 219. nun zu den beispielen. Phaedros 244[a] εἰ μὲν γὰρ ἦν ἁπλοῦν τὸ μανίαν κακὸν εἶναι, καλῶς ἂν ἐλέγετο· νῦν δὲ τὰ μέγιστα τῶν ἀγαθῶν ἡμῖν γίγνεται διὰ μανίας, θείᾳ μέντοι δόσει διδομένης, und folglich können wir hinzusetzen: οὐ καλῶς λέγεται. die protasis ist hier verneint worden. Theaet. 143[e] καὶ εἰ μὲν ἦν καλός, ἐφοβούμην ἂν σφόδρα λέγειν, μή καί τῳ δόξω ἐν ἐπιθυμίᾳ αὐτοῦ εἶναι· νῦν δέ, καὶ μή μοι ἄχθου, οὐκ ἔστι καλός. Phaedon 63[b] εἰ μὲν μὴ ᾤμην ἥξειν πρῶτον μὲν παρὰ θεοὺς ἄλλους σοφούς τε καὶ ἀγαθούς, ἔπειτα καὶ παρ' ἀνθρώπους τετελευτηκότας ἀμείνους τῶν ἐνθάδε, ἠδίκουν ἂν οὐκ ἀγανακτῶν τῷ θανάτῳ· νῦν δὲ εὖ ἴστε ὅτι παρ' ἄνδρας τε ἐλπίζω ἀφίξεσθαι ἀγαθούς. apol. 31[b] καὶ εἰ μέντοι τι ἀπὸ τούτων ἀπέλαυον καὶ μισθὸν λαμβάνων ταῦτα παρεκελευόμην, εἶχον ἄν τινα λόγον· νῦν δὲ ὁρᾶτε δὴ καὶ αὐτοί, ὅτι οἱ κατήγοροι τἆλλα πάντα ἀναισχύντως οὕτω κατηγοροῦντες τοῦτό γε οὐχ οἷοί τε ἐγένοντο ἀπαναισχυντῆσαι παρασχόμενοι μάρτυρα, ὡς ἐγώ ποτέ τινα ἢ ἐπραξάμην μισθὸν ἢ ᾔτησα. die realität kann auch in eine frage eingekleidet werden: Laches 196[b] εἰ μὲν οὖν ἐν δικαστηρίῳ ἡμῖν οἱ λόγοι ἦσαν, εἶχεν ἄν τινα λόγον ταῦτα ποιεῖν· νῦν δὲ τί ἂν τις ἐν ξυνουσίᾳ τοιᾷδε μάτην κενοῖς λόγοις αὐτὸς αὑτὸν κοσμοῖ; (vgl. Thuk. I 68, 3 καὶ εἰ μὲν ἀφανεῖς που ὄντες ἠδίκουν τὴν Ἑλλάδα, διδασκαλίας ἂν ὡς οὐκ εἰδόσι προσέδει· νῦν δὲ τί δεῖ μακρηγορεῖν;)

Hie und da fehlt μέν nach εἰ; aus Platon lassen sich folgende beispiele anführen: 1) gesetze X 891[b] καὶ γὰρ εἰ μὴ κατεσπαρμένοι ἦσαν οἱ τοιοῦτοι λόγοι ἐν τοῖς πᾶσιν ὡς ἔπος εἰπεῖν ἀνθρώποις, οὐδὲν ἂν ἔδει τῶν ἐπαμυνούντων λόγων ὡς εἰσὶ θεοί· νῦν δὲ ἀνάγκη. 2) symp. 193[e] καὶ εἰ μὴ ξυνῄδειν Σωκράτει τε καὶ Ἀγάθωνι δεινοῖς οὖσι περὶ τὰ ἐρωτικά, πάνυ ἂν ἐφοβούμην, μὴ ἀπορήσωσι λόγων διὰ τὸ πολλὰ καὶ παντοδαπὰ εἰρῆσθαι· νῦν δὲ ὅμως θαρρῶ. 3) rep. I 336[d] καί μοι δοκῶ, εἰ μὴ πρότερος ἑωράκη αὐτὸν ἢ ἐκεῖνος ἐμέ, ἄφωνος ἂν γενέσθαι. νῦν δὲ ἡνίκα ὑπὸ τοῦ λόγου ἤρχετο ἐξαγριαίνεσθαι, προσέβλεψα αὐτὸν πρότερος.

Oefters wird der hypothese der reale fall auch mit νῦν δὲ οὐ γάρ gegenübergestellt. da wir in ἀλλὰ γάρ ein analogon dieser ellipse besitzen, so wird man S. Vögelin im n. schweizerischen museum VI s. 285 beistimmen müssen, wenn er mit anderen gelehrten den gedankenstrich nach νῦν δὲ tilgt; vgl. darüber auch Stallbaum zur apol. 38[b]. Engelhardt Plat. dial. sel. s. 221. die formel ist so zu deuten: mit νῦν δέ wird ausgedrückt, dasz dem angenommenen fall die wirklichkeit gegenübersteht, und mit γάρ wird dann der grund dieses verhältnisses angegeben: vgl. Engelhardt a. o.: 'ex antecedentibus patet, quid sequi debeat post νῦν δέ, videlicet contrarium eius quod praecesserat seu «res aliter sese habet». tum statim additur causa, cur in praesenti rerum statu aliter res sese habeat, sequitur vero plerumque uberior quaedam expositio τοῦ νῦν δέ praecedentis.' beispiele: 1) apol. 38[b] εἰ μὲν γὰρ ἦν μοι χρήματα, ἐτιμησάμην ἂν χρημάτων ὅσα ἔμελλον ἐκτίσειν· οὐδὲν γὰρ ἂν ἐβλάβην· νῦν δὲ οὐ γὰρ ἔστιν, εἰ μὴ ἄρα ὅσον ἂν ἐγὼ δυναίμην ἐκτῖσαι, τοσούτου βούλεσθέ μοι τιμῆσαι. 2) Euthyphron 14[c] δ εἰ ἀπεκρίνω, ἱκανῶς ἂν ἤδη παρὰ σοῦ τὴν ὁσιότητα ἐμεμαθήκη· νῦν δὲ ἀνάγκη γὰρ τὸν ἐρωτῶντα τῷ ἐρωτωμένῳ ἀκολουθεῖν. 3) ebd. 11[c] εἰ μὲν αὐτὰ ἐγὼ ἔλεγον καὶ ἐτιθέμην, ἴσως ἄν με ἐπέσκωπτες . . νῦν δὲ σαὶ γὰρ αἱ ὑποθέσεις εἰσίν. 4) Laches 200[e] εἰ μὲν οὖν ἐν τοῖς διαλόγοις τοῖς ἄρτι ἐγὼ μὲν ἐφάνην εἰδώς, τώδε δὲ μὴ εἰδότε, δίκαιον ἂν ἦν ἐμὲ μάλιστα ἐπὶ τοῦτο τὸ ἔργον παρακαλεῖν· νῦν δ' ὁμοίως γὰρ πάντες ἐν ἀπορίᾳ ἐγενόμεθα. 5) Theaet. 143[d] εἰ μὲν τῶν ἐν Κυρήνῃ μᾶλλον ἐκηδόμην, τὰ ἐκεῖ ἄν σε καὶ περὶ ἐκείνων ἂν ἠρώτων . . νῦν δὲ ἧττον γὰρ ἐκείνους ἢ τούσδε φιλῶ, καὶ μᾶλλον ἐπιθυμῶ εἰδέναι τίνες ἡμῖν τῶν νέων ἐπίδοξοι γενέσθαι ἐπιεικεῖς. 6) symp. 180[c] εἰ μὲν γὰρ εἷς ἦν ὁ Ἔρως, καλῶς ἂν εἶχε· νῦν δὲ οὐ γάρ ἐστιν εἷς. wenn man diese beispiele aufmerksam prüft, so wird man zu dem schlusse kommen dasz, da mit γάρ und seinem gliede die protasis abgelehnt wird, dann νῦν δέ die apodosis zurückweist. da nun zwischen beiden ein naturgemäszer zusammenhang besteht, so wird der gebrauch der conjunction γάρ dadurch gerechtfertigt und anschaulich. verschieden von den angeführten beispielen ist Laches 184[d] εἰ μὲν γὰρ συνεφερέσθην τώδε, ἧττον ἂν τοῦ τοιούτου ἔδει· νῦν δέ — τὴν ἐναντίαν γάρ, ὡς ὁρᾷς, Λάχης Νικίᾳ ἔθετο — εὖ δὴ ἔχει ἀκοῦσαι καὶ σοῦ, ποτέρῳ τοῖν ἀνδροῖν σύμψηφος εἶ. hier ist eine parenthese zu statuieren: denn mit Engelhardt νῦν δὲ τὴν ἐναντίαν γάρ, ὡς ὁρᾷς, Λάχης Νικίᾳ ἔθετο· εὖ δὴ ἔχει ἀκοῦσαι καὶ σοῦ, ποτέρῳ τοῖν ἀνδροῖν σύμψηφος εἶ zu schreiben (a. o. s. 221) hindert uns das harte asyndeton, welches durch diese schreibung entsteht. es würde in unserm beispiel genügen: νῦν δὲ τὴν ἐναντίαν γάρ, ὡς ὁρᾷς, Λάχης Νικίᾳ ἔθετο. denn damit wäre auch, wie wir oben gezeigt haben, die apodosis zurückgewiesen. so aber hat der schriftsteller dieses νῦν δέ in einem satz gleichsam erläutert; der satzbau ist dadurch ein anderer geworden, wir haben keine ellipse mehr, sondern eine parenthese.

Zum schlusz unserer abhandlung bemerken wir noch, dasz νῦν δέ nicht blosz den gegensatz zu einer annahme, sondern auch zu einer forderung und zu einem wunsche einleitet. Frohberger hat hierüber zu Lysias XII 22 einige gute bemerkungen mitgeteilt, die auch hier eine stelle finden mögen. er sagt: 'in der form des gegensatzes von (unerfüllbarem) wunsch und wirklichkeit fehlt μέν im ersten gliede in der regel, wenn ἄν bei ἐβουλόμην steht (seltene ausnahme Dem. prooem. 23), wogegen ohne ἄν ἐβουλόμην μέν geläufiger ist . . bei der gegenüberstellung von (nicht erfüllter) forderung und wirklichkeit fehlt μέν beliebig oder steht: vgl. auch Aken tempus- und moduslehre § 83 s. 65.'

Würzburg. Martin Schanz.

(5.)

ZU POLYBIOS.

Ueber die beziehung einiger fragmenta incertae sedis von Polybios finden sich bei Schweighäuser und L. Dindorf vermutungen, die mir nicht haltbar erscheinen. das fr. hist. 39 Schw. 170 Dind. ὁ δὲ Περσεὺς ἐβουλεύετο μὲν στέλλεσθαι, οὐ μὴν ἐδύνατό γε κρύπτειν τὸ γεγονός bringt ersterer zusammen mit Livius 44, 10, 1 *Perseus tandem e pavore eo quo attonitus fuerat recepto animo malle imperiis suis non obtemperatum esse, cum trepidans gazam in mare deici Pellae . . iusserat.* aus dieser Liviusstelle ist οὐ μὴν ἐδύνατό γε κρύπτειν τὸ γεγονός nicht erklärbar. mit mehr wahrscheinlichkeit — denn beim unterbringen so abgerissener stücke kann es sich nur um gröszere oder geringere wahrscheinlichkeit handeln — möchten die Polybianischen worte zu vergleichen sein mit Livius 44, 35, 2 *et primo supprimere in occulto famam eius rei est conatus . . sed iam et pueri quidam visi ab suis erant . . et . . eo facilius emanant.* das fragment würde demnach stammen aus dem buche κθ'.

Das nächste fragment (gramm. 117 Schw. 171 Dind.) ὀλίγοι δέ τινες δεδιότες μήποτ' οὐ δυνάμενοι στεῖλασθαι καταφανεῖς γένωνται, ἀνέφερον τὸ χρυσίον, glaubt Dindorf, handle von dem golde das Perseus habe ins meer werfen und von den tauchern wieder heraasholen lassen (s. Livius 44, 10, 3). in dieser Liviusstelle findet sich jedoch nicht der geringste anhalt für die annahme, dasz einige das gold hätten verbergen wollen, dann aber, weil sie das nicht gekonnt, herausgegeben hätten. es scheint vielmehr in dem fragment die rede zu sein von einer ähnlichen ausplünderung und beraubung von bürgern, wie sie Polybios z. b. 13, 7, 6 ff. von Nabis, 32, 21 von Charops, 4, 18, 8 von den Aetolern erzählt.

Noch zwei andere Polybiosbruchstücke seien hier kurz besprochen. zu dem fr. gramm. 12 Schw. 5 Dind. ὀλίγοι δέ τινες ἦσαν οἱ καταινέσαντες, οἱ δὲ πλείονες ἀντέπιπτον· ὧν οἱ μὲν ἀλογιστίαν, οἱ δὲ μανίαν ἔφασαν εἶναι τὸ παραβάλλεσθαι καὶ κυβεύειν τῷ βίῳ, τὸ παράπαν ἀνεννόητον ὄντα τῆς μάχης καὶ τῆς βαρβαρικῆς χρείας bemerkt Schweighäuser gegen Gronovs ansicht richtig:

'videtur potius de uno quodam viro agi in certamen singulare cum barbaro quodam prodituro.' ich vermute dasz das fragment von dem zweikampf des Scipio handelt, über welchen sich bei Polybios auszerdem noch zwei kurze stücke (35, 5, 1 und 2) finden. die worte in dem ersten derselben ἐνέπεϲε . . διαπόρηϲιϲ, εἰ δεῖ ϲυμβαλεῖν καὶ μονομαχῆϲαι πρὸϲ τὸν βάρβαρον scheinen anzudeuten, dasz Scipio andere um ihre meinung befragt oder dasz andere ihre ansicht darüber kundgegeben. unser bruchstück würde demnach passend zwischen 35, 5, 1 und 2 eingesetzt werden können.

Unter die fragmente des 34n buches hat Schweighäuser — als notbehelf — alle bruchstücke geographischen inhalts aufgenommen, bei denen ein bestimmtes buch nicht genannt war (s. bd. VIII s. 106 seiner ausgabe). jedenfalls müssen aus dieser ungeordneten masse diejenigen ausgesondert werden, die sich nach ihrem inhalt einem andern buche zuweisen lassen. dazu gehört wol auch das bei Strabon VII s. 313 erhaltene: πρὸϲ τῷ Πόντῳ τὸ Αἷμόν ἐϲτιν ὄροϲ, μέγιϲτον τῶν ταύτῃ καὶ ὑψηλότατον, μέϲην πωϲ διαιροῦν τὴν Θρᾴκην, ἀφ' οὗ φηϲι Πολύβιοϲ ἀμφοτέραϲ καθορᾶϲθαι τὰϲ θαλάτταϲ, οὐκ ἀληθῆ λέγων· καὶ γὰρ τὸ διάϲτημα μέγα τὸ πρὸϲ τὸν 'Αδρίαν καὶ τὰ ἐπιϲκοτοῦντα πολλά (bei Polybios 34, 12, 1), das, wie eine vergleichung mit Livius 40, 21 und 22 vermuten läszt, aus Polybios κδ' herstammt. übrigens musz Strabon (οὐκ ἀληθῆ λέγων usw.) die betreffende stelle des Polybios falsch verstanden oder flüchtig gelesen haben: denn der — jedenfalls aus Polybios geschöpfte (Nissen untersuchungen s. 235) — bericht des Livius (40, 21, 2 und c. 22, 5) beweist, dasz es die gewöhnliche ansicht war (*vulgata opinio* bei Livius), man könne vom Haemus die zwei meere erblicken, und dasz gerade Polybios dieser meinung entgegengetreten. dasz aber Polybios vielleicht, im widerspruch mit der stelle die Livius vor augen gehabt, an einem andern orte — dem blosz geographisches behandelnden 34n buche — wo er den Haemus erwähnte, die ansicht ausgesprochen habe, welche Strabon hier widerlegen zu müssen glaubt, scheint mir undenkbar, ebenso dasz Livius den Polybios berichtigt haben könne.

Von allen herausgebern des Polybios, neuerdings auch wieder von L. Dindorf, ist ein fragment aus Suidas u. περιρρῶγοϲ irrtümlich als Polybianisch aufgenommen worden (gramm. 105 Schw. 132 Bk. 155 Dind.): ἐπὶ ὄχθου (es ist zu lesen ὑπὲρ ὄχθου· vgl. auch Suidas u. ὄχθουϲ) τινὸϲ ἀποτόμου καὶ περιρρῶγοϲ ἐπετείχιζον αὐτοῖϲ φρούριον ἱκανὸν φυλάττεϲθαι τοϲαύτῃ ϲτρατιᾷ. die stelle stammt aus Dionysios von Halikarnass 9, 15 (s. Bernhardy zu Suidas bd. II 2 s. 226).

Stendal. Moritz Müller.

30.

ZU PLATONS LACHES.

191° Λακεδαιμονίους γάρ φασιν ἐν Πλαταιαῖς, ἐπειδὴ πρὸς τοῖς γερροφόροις ἐγένοντο, οὐκ ἐθέλειν μένοντας πρὸς αὐτοὺς μάχεσθαι, ἀλλὰ φεύγειν, ἐπειδὴ δ' ἐλύθησαν αἱ τάξεις τῶν Περσῶν, ἀναστρεφομένους ὥσπερ ἱππέας μάχεσθαι καὶ οὕτω νικῆσαι τὴν ἐκεῖ μάχην. die erklärer dieser stelle verfahren in zwiefacher weise. die einen folgen der andeutung von F. Jacobs, welcher sagt: 'dieses scheint auf die von Herodot IX 61 erzählten vorfälle zu gehen; doch wird so bestimmt dieser umstand nirgends erwähnt.' allein in Herodots beschreibung der schlacht bei Platää findet sich gar nichts was mit dem von Platon angedeuteten vorgange irgend welche ähnlichkeit hätte. die γέρρα der Perser werden allerdings erwähnt, auch wird die kriegskunst der Lakedämonier gerühmt und gesagt, sie sei der der Perser weit überlegen gewesen; aber dasz diese kriegskunst in einem gegen die γερροφόροι vorgenommenen manöver sich bewährt habe, davon sagt Herodot kein wort. da sich nun die Platonische stelle weder mit der schilderung des Herodot noch eines andern schriftstellers in verbindung bringen läszt, so begnügen sich andere erklärer damit einfach zu constatieren, dasz für die von Platon gegebene notiz sich andere gewährsmänner nicht anführen lassen. hierbei sich zu beruhigen wird jedem schwer fallen. wenn die von Platon angeführte kriegslist in der schlacht bei Platää wirklich den ausschlag gab, ist es dann glaublich dasz sie von keinem andern schriftsteller sollte erwähnt sein? ist es wahrscheinlich, dasz Platon nur andeutungsweise von der sache gesprochen haben würde, wie er es doch thut, wenn er sie nicht als allbekannt voraussetzen durfte? aber vielleicht ist Platon in diesem puncte ungenau. auch diese annahme ist kaum zulässig. denn erstens geht aus dem zusammenhange der ganzen stelle hervor, dasz er sich auf ein allbekanntes vorkomnis (Λακεδαιμονίους γάρ φασιν) berufen will; zweitens ist doch kaum anzunehmen, dasz Platon in einer so allbekannten sache nicht hinlänglich unterrichtet gewesen sei.

Hiernach wird sich wol niemand mit dem von den exegeten bisher geleisteten zufriedenstellen wollen. man wird es wahrscheinlich finden müssen, dasz ἐν Πλαταιαῖς durch eine verwechslung in diese stelle gekommen sei, und eine vermutung nicht unberechtigt nennen, die eine vollständige übereinstimmung der bei Platon erhaltenen tradition mit einem glaubwürdigen bericht über eine andere schlacht herstellt. als diese andere schlacht aber glauben wir die ἐν Πύλαις bezeichnen zu können.

Alles was Platon in der angeführten stelle des Laches erzählt stimmt aufs genaueste überein mit folgender schilderung, welche Herodot VII 211 von der schlacht bei den Thermopylen entwirft: Λακεδαιμόνιοι δὲ ἐμάχοντο ἀξίως λόγου, ἄλλα τε ἀποδεικνύμενοι

wol sich eignete, wird schon nach Shakespeares tragödie dieses namens schwerlich jemand in zweifel ziehen wollen.

Aber 'die handlung (der tragödie) hatte für sie (die alten) eine geschichtliche bedeutung, von ihrem ausgange hatte zum teil der zustand der dem dichter gegenwärtigen zeit abgehangen' fährt der vf. fort, wonach das würdige derselben jetzt in dieser art des bedeutungsvollen gesucht zu werden scheint.

Wogegen zu erinnern ist, dasz eine beziehung der mythischen handlung des dramas auf verhältnisse der gegenwart allerdings wol bei vielen tragödien der Griechen, wie dem Sophokleischen Oedipus auf Kolonos, dem Ion, der Andromache, den Herakliden, der Taurischen Iphigeneia des Euripides, ganz klar ans licht tritt, eine geschichtliche bedeutung der art aber, dasz von ihrem ausgange zum teil 'der zustand der dem dichter gegenwärtigen zeit' abgehangen haben soll, doch nur sehr wenigen, wie den Persern des Aeschylos, in gewisser beziehung auch seinen Eumeniden, mit grund zugesprochen werden kann. doch 'das von Aristoteles gebrauchte wort σπουδαῖος' heiszt es dann weiter — und wir sehen jetzt, wie es eben die Aristotelische definition der tragödie ist, die der vf. hier von anfang an im auge hatte — 'gibt nicht blosz den sinn des bedeutsamen, sondern auch des ernsten und des sittlich hervorragenden', so dasz mit der πρᾶξις σπουδαία der grosze Grieche hier zugleich jede 'unsittliche tendenz' des trauerspiels ausgeschlossen haben soll. eine unsittliche tendenz bei einem trauerspiele, 'unsittliches' wie der vf. bald darauf seine worte erklärt 'als sittliches, so dasz sich sein eignes behagen daran in seiner darstellung desselben abspiegelt, von dem dichter vorgeführt, ja geradezu dem zuschauer angepriesen' — nun bei einem Aristophanes allerdings könnte wol aus den von ihm dem Aeschylos gegen Euripides in den mund gelegten worten, 'dasz er edle frauen edler männer durch seine tragödien beredet habe bei dem unglücklichen ausgange strafbarer liebesabenteuer den giftbecher zu trinken'[106]), ein vorwurf der art gegen diesen mit so unerbittlicher consequenz von ihm bis über den tod hinaus verfolgten dichter herausgedeutet werden; bei Aristoteles indessen spricht in seiner ganzen poetik auch nicht das geringste dafür, dasz er bei jenen σεμνότεροι, die er allein der tragischen poesie sich zuwenden läszt[107]), so etwas auch überhaupt nur für möglich gehalten hätte. und wie? wenn mit dem σπουδαῖον der πρᾶξις der tragödie doch offenbar das eigentümliche, von der der komödie sich unterscheidende der tragischen handlung bezeichnet werden soll, würde daraus dann nicht geschlossen werden müssen, dasz Aristoteles den lustspieldichtern als darstellern der οὐ σπουδαῖα geradezu durchweg unsittliche tendenzen schuld gegeben habe? was doch an sich nicht wol denkbar, auch mit seinen äuszerungen in der politik rücksichtlich der zulassung von zuschauern bei komö-

106) frösche v. 1040. 107) poetik 4, 8.

dien, nach welchen eben nur die jüngeren davon ausgeschlossen, sonst nichts gegen aufführungen der art einzuwenden sein soll[108]), sehr wenig sich reimen würde. doch wie liesze sich überhaupt vernünftiger weise annehmen, dasz mit dem σπουδαῖον der πρᾶξις, 'die der dichter darstelle, die also den von ihm zu behandelnden, zu dem μῦθος einer tragödie, einer tragischen fabel, zu gestaltenden stoff enthält — dem ihr zum grunde liegenden objectiven also — zugleich auch die in der subjectivität des dichters wurzelnde art der behandlung und darstellung derselben von Aristoteles habe bezeichnet werden sollen? und so erscheint diese ganze auseinandersetzung über sittliche oder unsittliche stimmungen und tendenzen des dichters, sowie das zur unterstützung des in ihr behaupteten benutzte citat aus Schillers briefen an Goethe, das übrigens auch keineswegs mit tragödien, sondern mit Goethes erotischen römischen elegien es zu thun hat[109]), hier als etwas durchaus fremdartiges.

Kann nun aber so das σπουδαῖον der πρᾶξις der tragödie nur auf die beschaffenheit derselben an sich, in keiner weise auf die bei darstellung derselben bei dem dichter eben obwaltenden stimmungen und tendenzen bezogen werden, so wird Ar. wol auch unsittliche handlungen von der tragödie zwar nicht durchweg ausgeschlossen wissen wollen, aber die haupthandlung des stücks, die éine πρᾶξις, von der eben in der definition derselben die rede ist, wird nach ihm jedenfalls nicht schlecht und unsittlich sein dürfen. der vf. dagegen scheint dies, indem er σπουδαῖος jetzt wieder schlechthin mit 'ernst und bedeutsam' übersetzt — das sittlich hervorragende scheint er seltsamer weise nur rücksichtlich der tendenzen des dichters bei seiner dichtung mit dem begriffe verknüpft wissen zu wollen, auch die schlechte that aber soll nach ihm ernst und bedeutsam sein können — mit der theorie des groszen kunstrichters für ganz wol vereinbar zu halten.

Aber wenn von Aristoteles die σπουδαῖα und ἐπαινετά oder auch καλά, ebenso die φαῦλα und ψεκτά und φευκτά schlechthin mit einander identificiert werden[110]), und wenn, wo von dem ursprunge der tragödie und komödie oder vielmehr jener beiden einander entgegengesetzten gattungen der poesie, zu denen neben der epopöe, der heroischen und der komischen, auch sie gehören, gehandelt wird[111]), geradezu die καλαὶ πράξεις, deren nachahmung die σεμνότεροι sich zugewendet hätten, wie die εὐτελέστεροι der nachahmung derer der φαῦλοι, den σπουδαῖα, in deren darstellung Homer vornehmlich sein dichtergenie bewährt habe, gleichgestellt werden: so ist die verwerfung des unsittlichen charakters der handlung der tragödie damit doch wol auf das entschiedenste ausgesprochen. eine handlung musz es sein, die, mit ernst und eifer betrieben,

108) politik VII 15, 9. vgl. auch meine gesch. der kunsttheorie II s. 128. 109) Schillers und Goethes briefwechsel I s. 128. 110) Nik. ethik VII 2, 6. 4, 5. 1, 5. 111) poetik 4, 8. 12; vgl. auch 26, 15.

auch auf ein eines solchen ernsten und eifrigen strebens würdiges ziel gerichtet ist: das ist offenbar der sinn, in dem die tragische handlung von ihm σπουδαία genannt wird[112]), und auch des Orestes muttermord und die wiederherstellung befleckter heldenehre durch die sühne freiwilligen todes in der Elektra und im Aias, sowie die aufspürung des durch seine ungesühnte that so schweres unglück über Theben bringenden mörders des Laios nebst der grauenvollen selbstbestrafung des Oedipus in dem stücke gleiches namens werden, wenn wir anders eben nur, wie es sich gebührt, das richtmasz der moral ihrer zeit und ihres volkes an sie anlegen, sehr wol zu der kategorie der handlungen der art gerechnet werden dürfen.

Indem ich nun zu dem übergehe, was in demselben § vom vf. über die Aristotelische lehre vom lustspiel und über das verhältnis in welchem das deutsche lustspiel zu der theorie des griechischen philosophen stehe, gesagt wird, kann ich mich zunächst mit der behauptung desselben, dasz 'mit der forderung, es solle nicht blosze schmähung, λοιδορία, gegenstand des lustspiels sein, Aristoteles sich den ersten lustspieldichtern seines volkes entgegenstelle' (s. 25), unmöglich einverstanden erklären.

Denn wenn in unserer poetik, in welcher sich uns doch jedenfalls eine unverfälschtere quelle Aristotelischer lehre darbietet als in jenem von Cramer zuerst herausgegebenen bruchstück einer theorie der komödie, welches der vf. seinen ausführungen zu grunde legt, das ψόγους ποιεῖν keineswegs den komödiendichtern, sondern jenen iambendichtern, die eben nur in ihrer richtung auf darstellung der πράξεις τῶν φαύλων vorläufer der komödiendichter gewesen wären, zugeschrieben wird, die komödiendichter dagegen, was ton und farbe ihrer poesie anbetrifft, vielmehr ausdrücklich für nachahmer des im altertum als Homerisch geltenden Margites erklärt werden, indem es heiszt, dasz die ihrer natur nach mehr zur nachahmung der φαῦλοι hinneigenden jetzt aus iambendichter (ἀντὶ ἰάμβων) komödiendichter geworden wären, wie die die entgegengesetzte richtung verfolgenden aus epischen tragödiendichter, weil diese dichtungsarten auf eine gröszere beachtung und geltung hätten rechnen können[113]): so erscheint doch damit von anfang an die komödie über die richtung auf den bloszen ψόγος oder die blosze λοιδορία erhaben; wobei indes die einmischung solcher elemente, scharfer und derber persönlicher satire, auch in die lustspieldichtung von Aristoteles auf keine weise übersehen und auch der unterschied, der in dieser beziehung zwischen der alten und der neuen komödie stattfand — obwol bekanntlich selbst bei Menandros und Diphilos

112) auch A. Stahr und Susemihl bezeugen durch ihre übertragung der griechischen worte mit 'eine würdig ernste handlung' oder 'eine handlung würdig bedeutenden inhalts' (so Stahr) eine ganz ähnliche auffassung der σπουδαία πρᾶξις des Aristoteles. 113) poetik 4, 8—13.

der spott über allgemein bekannte persönlichkeiten, mochten sie auch den angesehensten geschlechtern angehören, noch nicht ganz verstummte[114]) — natürlich nicht unbeachtet gelassen worden ist.

Aber geräth da nicht, könnte man einwerfen, Aristoteles mit sich selbst in widerspruch, wenn er hier die komödie in einen so bestimmten gegensatz gegen die iambendichtung stellt, während doch in dem neunten capitel der poetik mit den worten ἐπὶ μὲν οὖν τῆς κωμῳδίας ἤδη τοῦτο δῆλον γέγονε· συστήσαντες γὰρ τὸν μῦθον διὰ τῶν εἰκότων οὕτω τὰ τυχόντα ὀνόματα ἐπιτιθέασι, καὶ οὐχ, ὥσπερ οἱ ἰαμβοποιοί, περὶ τῶν καθ' ἕκαστον ποιοῦσι offenbar, wie besonders das ἤδη deutlich zeigt, nur die komödie seiner zeit, die mittlere und die neue, deren erste anfänge ja auch noch in die zeit seines lebens fielen[115]), der iambendichtung von ihm entgegengestellt und so als wirkliche poesie anerkannt wird, die dichter der alten komödie dagegen ohne weiteres selbst als iambendichter bezeichnet werden?

Ja wenn wirklich, wie dies allerdings mehrfach, und zwar von sehr beachtenswerther seite her, angenommen worden ist[116]), das ἤδη in der oben bezeichneten art als hinweis auf die gegenwart im gegensatz gegen das frühere verfahren der lustspieldichter aufzufassen wäre, dann würden wir einer solchen consequenz schwerlich entgehen können.

Aber deutlich lehrt der zusammenhang, dasz nicht sowol zwei zeitalter und gattungen der komödie als vielmehr die komödie und die tragödie hier einander entgegengestellt werden und nur das hier behauptet wird, dasz, was an sich, dem allgemeinen wesen der poesie

---

114) s. Meineke fragm. com. gr. IV s. 179 und 391. 115) nicht nur insofern ja doch auch schon von Aristophanes der Kokalos den charakter der neuen komödie an sich trug, sondern auch das erste auftreten ganz der neuen komödie angehörender dichter wie Philippides und Philemon (s. K. O. Müller gesch. der gr. litt. II² s. 270 und Bernhardy grundrisz der gr. litt. II s. 1016) erlebte Aristoteles ja noch, und auch dasz diese stelle seiner poetik durchaus einer zeit, wo die neue komödie noch nicht entstanden war, angehöre, möchte ich nicht mit solcher entschiedenheit, wie dies Ritter in seiner ausgabe s. 152 thut, behaupten. vgl. auch Bernays im rhein. museum VIII s. 570.

116) s. Meineke a. o. I s. 273: 'ubi apertum est de suae aetatis comoedia loqui Aristotelem, cui recte opponit ἰαμβοποιούς, quo nomine cum omnes significentur qui aperto quod aiunt capite conviciantur, etiam antiquae comoediae poetas comprehendi consentaneum est' und Ritter a. o., der seiner auffassung der worte gemäsz in seine übersetzung des συστήσαντες auch ein 'coeperunt' hineinbringt: 'fabulam e probabilibus posteaquam componere coeperunt', ferner auch Bernays a. o. s. 570: 'denn dies kann keinem aufmerkenden entgehen, dasz Ar. bei dem entscheidenden gewicht, das er auf straffe verknüpfung des sujets zur einheit legt, bei der strenge, mit welcher er nur allgemeine (καθόλου) charaktere als wahrhaft poetische gestalten anerkennt, notwendig dahin kommen muste, die mittlere und was ihm etwa von der neuen komödie noch bekannt wurde als gattung hoch über die alte zu stellen.'

nach, von allen gattungen derselben erwartet werden müste — ein nicht aus der geschichte und wirklichkeit entnommene, sondern frei gewählte benennung der von ihr uns vorgeführten, doch nie ein bloszes abbild geschichtlicher individuen nach allen ihren zufälligen eigenheiten darzubieten bestimmten personen — von der komödie auch bereits wirklich geleistet worden sei, von der tragödie dagegen, weil die erhabenheit ihrer charaktere über das masz der gewöhnlichen menschennatur bei fingierten namen uns leicht von vorn herein allen glauben an die möglichkeit der existenz solcher wesen benehmen könnte, bis jetzt nur in sehr beschränktem umfange, obwol doch auch hier in manchen stücken nur éin oder zwei namen bekannt, die anderen alle erdichtet, ja in einigen auch, wie z. b. in Agathons Ἄνθος, namen und handlungen überhaupt durchweg erdichtet wären.[117]) läszt indes hier Aristoteles jene freie namengebung bei den dichtern der komödie ganz von der construction der fabel ihrer stücke abhängig erscheinen, indem er von ihnen sagt, nicht von vorn herein hätten sie sich an bestimmte namen geheftet, über die sie, wie die iambendichter, die lauge ihres spottes oder den geifer ihres ingrimms hätten ausschütten oder ausspritzen wollen, sondern zuerst hätten sie eine nach den gesetzen der wahrscheinlichkeit in sich zusammenhängende fabel gedichtet, dann beliebige namen (τὰ τυχόντα ὀνόματα) für die träger der handlung in derselben ausgewählt: nun da wären denn hier doch wenigstens alle die vor Krates lebenden attischen komödiendichter, von dem die poetik ja ausdrücklich sagt[118]), dasz er der erste gewesen, der zu Athen, von der art und weise der iambendichter abgehend (ἀφέμενος τῆς ἰαμβικῆς ἰδέας) stoffe und fabeln allgemeinen gehalts ersonnen hätte[119]), von dén komödiendichtern, an die Ar. in der eben behandelten stelle gedacht wissen will, auszuschlieszen. und auch wol noch manche andere, vielleicht sogar die mehrzahl auch der nach Krates lebenden dichter der alten komödie, da ja nicht gerade alle, die nach ihm lebten, deshalb auch seine nachfolger auf dem von ihm betretenen wege zu sein brauchten und in dem wenigstens, was ihm und seinem nacheiferer Pherekrates von jenem anonymus περὶ κωμῳδίας besonders nachgerühmt wird, der gänzlichen oder doch fast gänzlichen enthaltung von allen heftigen angriffen und schmähreden auf bestimmte personen und der eng damit zusammenhängenden schilderung des charakters und der sitten ganzer classen von menschen[120]), nicht einzelner individuen, dies ja auch in der that keineswegs gewesen sind; und so würden wir denn, diese charakteristik der dich-

---

117) poetik 4 § 6 und 7. 118) ebd. 5 § 5. 6. 119) καθόλου ποιεῖν λόγους ἢ μύθους. vgl. Susemihls ausgabe s. 59 und 168. der λόγος der tragödie ist die handlung derselben nur ihren allgemeinsten umrissen nach, mit ausschlusz aller episoden (poetik 17, 4—11); im begriffe des μῦθος liegt eine solche beschränkung nicht so notwendiger weise, da ja poetik 10, 3 auch von einem (freilich getadelten) ἐπεισιώδης μῦθος die rede ist. 120) Meineke a. o. s. 60.

tungsweise des mannes zur auslegung der worte des Aristoteles benutzend, doch immer wieder, scheint es, darauf zurückkommen die rechte verwirklichung der Aristotelischen idee von der echten ihres namens in wahrheit würdigen komischen poesie im allgemeinen erst in der mittlern und neuen komödie erblicken zu können. wie aber? würde wol Aristoteles bei einer solchen ansicht über die an die komödie, die dieses namens wirklich werth erscheinen solle, zu stellenden anforderungen als repräsentanten dieser ganzen dichtungsart, neben Homer und Sophokles als denen der epischen und der tragödiendichtung, gerade Aristophanes aufgeführt haben[121]), bei dem doch jene allgemeinen, ganze classen von menschen (wie sykophanten, priester, wahrsager) charakterisierenden sittenschilderungen nur hie und da in nebenpartien seiner komödien[122]) einen ganz beschränkten raum einnehmen, die schärfste personalsatire dagegen ohne scheu fast überall sich geltend macht?

Nun, so werden wir jenes καθόλου μύθους ἢ λόγους ποιεῖν des fünften capitels noch einmal recht genau ins auge zu fassen und, da es doch nicht denkbar ist, dasz mit dem καθόλου Aristoteles hier etwas anderes als in jenem inhaltsschweren neunten capitel, mit dessen aufstellungen wir uns schon vorher beschäftigt haben, gemeint haben sollte, vor allem das, was dort von ihm selbst zu dessen erklärung gegeben wird, einer möglichst scharfen beleuchtung zu unterwerfen haben. ἔστι δὲ καθόλου μέν, sagt aber dort Ar., τῷ ποίῳ τὰ ποῖα ἄττα συμβαίνει λέγειν ἢ πράττειν κατὰ τὸ εἰκὸς ἢ τὸ ἀναγκαῖον, τὸ δὲ καθ' ἕκαστον, τί Ἀλκιβιάδης ἔπραξεν ἢ τί ἔπαθεν. zunächst also soll sich hiernach der dichter nie, wozu der geschichtschreiber bei mangelhaftigkeit seiner quellen nicht selten genötigt ist, damit begnügen die personen, die er uns vorführt, rein äuszerlich durch angabe ihres namens, ihres geschlechts und ihrer herkunft sowie anderer äuszerer verhältnisse kenntlich zu machen und von anderen zu unterscheiden, sondern in allem, was er von ihnen zur darstellung bringt, soll sich ein bestimmter charakter, ein ἦθος, in dem eben nach poetik 6, 8 die ποιότης der von dem dichter als handelnd uns vor augen gestellten besteht, kund thun; die vollständigste durchsichtigkeit des innern seins und wesens also ist es, die hier schon Aristoteles, wie Shakespeare im Hamlet, von den gebilden des dichters fordert, und durchaus nichts anderes als eben dies. wie dies noch deutlicher aus dem folgenden sich ergibt, wo gefordert wird, dasz diese bestimmte ethische ποιότης in allem, was von den uns vorgeführten personen gesprochen und gethan wird, sich zeigen müsse, dasz es also als notwendig oder doch durchaus wahrscheinlich erscheinen müsse, dasz eben ein solches individuum solches gethan und gesprochen habe.

121) poetik 3, 4. 122) so in den Acharnern, dem frieden, den vögeln und dem Plutos. s. auch G. H. Bode gesch. der hell. dichtkunst III 2 s. 291.

Ist aber damit zugleich auch die forderung, dasz eben nur auf dies für die uns vorgeführten personen charakteristische in den reden und handlungen derselben der dichter sich zu beschränken habe, ausgesprochen, liegt darin denn nicht ein neuer schlagender beweis für die vollkommene richtigkeit der Aristotelischen feststellungen rücksichtlich des unterschiedes zwischen dem dichter und dem historiker, da der historiker, der schlechthin τὰ γενόμενα, nicht οἷα ἂν γένοιτο (was eben von handlungen und erlebnissen aus dem bestimmten charakter der handelnden person mit einer gewissen notwendigkeit sich ergibt) ans licht zu stellen hat, auch da wo seine zwecke ihm eine auswahl aus den überlieferten thatsachen zu treffen und nur die wichtigeren in seine darstellung aufzunehmen gestatten, doch jedenfalls nicht lediglich durch die rücksicht auf das mehr oder minder helle licht, welches auf den charakter der von ihm geschilderten personen durch ihre reden und handlungen fällt, sondern nicht minder auch durch das masz und den grad, in welchem sie auf den ganzen verlauf der ereignisse, den gang der allgemeinen geschichtlichen entwickelung einfluszreich sich erweisen, sich dabei wird leiten lassen müssen; wovon selbst der biograph, der doch immer vornehmlich auch die allgemeine geschichtliche bedeutung der von ihm dargestellten persönlichkeit zur anschauung zu bringen sich zur aufgabe wird stellen müssen, keine ausnahme machen darf.

Wie aber, könnte man jetzt noch fragen, kam nun Aristoteles dazu eben die kategorie des καθόλου auf die poesie und die von ihr ins licht gestellten charaktere anzuwenden, wenn doch an charakterschilderungen von allgemeinerer geltung, ganzer arten und classen von menschen, dabei durchaus nicht von ihm gedacht worden sein soll? weil eben durch auflösung in seine ethischen bestandteile, eine seinen charakter nach allen den ihn constituierenden merkmalen und eigenschaften zur anschauung bringende darstellung (indem so die art und weise offenbar wird, wie an der allgemeinen menschennatur auch dies wesen teil hat) das individuum ein solches vereinzelt dastehendes nur durch ganz äuszerliche beziehungen mit anderen menschen verknüpftes einzelwesen, wie es die blosze bezeichnung nach namen, geschlecht, herkunft und ähnlichen äuszeren merkmalen erscheinen läszt, zu sein aufhört[123]); wobei die bedeutung dessen, was zu dem allgemeinen hier immer noch hinzutritt, des besondern und unterscheidenden, was jedes individuum in folge der eigentümlichen verhältnisse, in welchen jene an sich allgemeinen, ihm mit anderen gemeinsamen eigenschaften eben bei ihm sich mit einander mischen, an sich trägt, von dem groszen denker doch auch keineswegs ganz übersehen worden zu sein braucht, wie

---

123) vgl. übrigens meine geschichte der kunsttheorie II s. 113—116 und in der schon öfter angeführten abhandlung F. von Raumers über die poetik des Aristoteles s. 207—211, auch Biese a. o. II s. 680.

denn vielmehr das bedeutsame μᾶλλον, das er zu dem τὰ καθ' ὅλου λέγει ἡ ποίησις, ἡ δὲ ἱστορία τὰ καθ' ἕκαστον hinzufügt, auf eine ausdrückliche berücksichtigung desselben hinzudeuten scheint.

Eine andere erklärung des καθόλου aber läszt ja auch schon die vollkommene gleichstellung der komödie mit der tragödie in dieser beziehung auf keine weise zu.[124])

Oder wie? sollte vielleicht auch schon Aristoteles, wie Schiller in jenem bekannten briefe an Goethe, in den charakteren der griechischen tragödie nur 'eine art idealischer masken' gesehen und alle wahre individualität ihnen abgesprochen haben?

Aber schwerlich hat Schiller, als er jene behauptung aufstellte, sämtliche charaktere der griechischen tragödie sich im geiste vergegenwärtigt; und wenn man ihm auch in betreff des von ihm zum belege für seine behauptung angeführten Odysseus im Philoktetes im allgemeinen gern zugestehen wird, dasz in ihm in der that eben nur 'ein ideal der listigen, über ihre mittel nie verlegenen engherzigen klugheit' von Sophokles gezeichnet worden sei[125]), nur dasz bei der wichtigkeit der von ihm verfolgten zwecke für das gesamte Griechenland die berechtigung zur bezeichnung dieser klugheit als einer so ganz engherzigen doch wol noch in zweifel zu ziehen sein möchte: wird, was von einzelnen in einer mehr oder minder bedeutenden nebenrolle auftretenden personen allerdings bereitwillig zugestanden werden kann, deshalb auch sofort zu einer charakteristik der tragischen charaktere des altertums überhaupt benutzt werden können, so dasz uns auch ein Philoktetes selbst, eine Antigone, ein Aias in den gleichnamigen Sophokleischen stücken und andere protagonistenrollen der antiken tragödie für blosze, aller wahren individualität ermangelnde allgemeine charaktermasken sollten gelten müssen? gewis nicht, wenn auch jene mit der höchsten meisterschaft individualisierender charakteristik bis in das kleinste und feinste detail hinein ausgearbeiteten seelengemälde, wie wir sie besonders in Shakespeares dramen finden, der kunst der alten allerdings noch fremd blieben.

Indes auch aus der Aristotelischen poetik selbst wird man vielleicht einen beweis für die geringen ansprüche, die Ar. an die tragische und die ihr verwandte epische poesie rücksichtlich der individualisierung der von ihm uns vorgeführten personen gemacht habe, entnehmen zu können meinen. denn wie? begnügt er sich nicht in dem 17n capitel der poetik bei erläuterung des begriffes des λόγος, des *argumentum* einer tragischen und epischen dichtung, durch beispiele damit, die heldin der Taurischen Iphigeneia schlecht-

124) vgl. auch Lessing in der Hamburgischen dramaturgie (schriften bd. 25) s. 262. 125) briefwechsel mit Goethe III s. 52. vgl. auch Schneidewins ausgabe des Sophokles bd. I³ s. 157: 'Odysseus ist der kluge, durchaus praktische mann, der sein ziel auf allen dahin führenden wegen zu erreichen strebt.'

hin als κόρη τις und mit einem gleichen unbestimmten τὶς auch den helden der Odyssee zu bezeichnen?

Aber nicht um die charaktere, sondern nur um die handlung, die eine dichtung zur darstellung zu bringen habe, handelt es sich ja dort, weshalb ein directes eingehen auf jene, auf die besondere ethische ποιότης der hauptpersonen der dichtung, hier natürlich nicht zu erwarten ist.

Zu bestimmten schluszfolgerungen indes auf eine eigentümliche, hervorragende ποιότης der hauptpersonen derselben findet sich doch auch schon in dieser so kurzen inhaltsangabe beider dichtungen hinreichendes material. denn jenes mädchen, das in ein fremdes land versetzt wird, wo es sitte war alle fremden der dort verehrten göttin zu opfern, kann doch wol, wenn es, statt geopfert zu werden, vielmehr mit der würde einer priesterin eben jener gottheit von den eingeborenen betraut wird, keine gewöhnliche erscheinung gewesen sein, sondern musz mit der macht einer besonders edlen und groszartigen persönlichkeit jenen wilden zu imponieren vermocht haben, und der held, den ein gott wie Poseidon nicht zu gering achtete ihm bei seiner jahrelang währenden heimfahrt beständig aufzulauern und nachzustellen, und der dessenungeachtet allein nach untergang aller seiner gefährten in die heimat sich rettete, hier aber ungeachtet jenes verlustes seiner gesamten mannschaft doch alle die seine habe und güter aufzehrenden freier seiner gattin zu überwältigen im stande war, musz doch wol ein mann von der höchsten bedeutung und ein durch eine bewunderungswürdige vereinigung von hoher klugheit und seltener ausdauer und tapferkeit in ganz ungewöhnlicher weise sich auszeichnender charakter gewesen sein, und eine ahnung wenigstens aller der groszen eigenschaften, die den eigentümlichen charakter des zweitgrösten unter den griechischen helden vor Troja bildeten, weisz so doch auch jener λόγος schon in uns zu erwecken.

Nicht also als ob dem charakter der helden jener zwei dichtungen alle eigentümlichkeit damit abgesprochen werden sollte, nur weil Ar. den namen und den an ihnen haftenden äuszeren beziehungen bei den von dem dichter darzustellenden personen nur eine ganz untergeordnete bedeutung zugestand, hat er sich hier mit einer bezeichnung derselben mittels des ganz unbestimmten 'irgend jemand' (κόρη τις) begnügt.

Ist nun aber hiernach jenes καθόλου des 9n capitels jedenfalls auf die gesamte komödie, nicht blosz auf die gestalt die sie später, ganz entschieden eben erst zu Aristoteles zeit, angenommen hat zu beziehen, so werden natürlich auch unter den iambendichtern (ἰαμβοποιοί), die im gegensatze gegen die, welche Ar. allein für wahre dichter gelten läszt, περὶ τῶν καθ' ἕκαστον ποιοῦσιν, eben nur ganz dem wortlaute gemäsz die welche wirklich gedichte dieses namens abfaszten, keineswegs auch, wie bei der oben erwähnten auffassung jener worte angenommen wird und angenommen werden musz, alle die komödiendichter, die der zeit wie dem charakter ihrer poesie nach der alten attischen komödie angehören, zu verstehen sein. bei jenen iambendichtern aber, einem Archilochos, einem Hipponax, konnte, wie hoch auch aus anderen gründen namentlich der erstere mit recht im allgemeinen im altertum gestellt werden mochte, doch, nach den nachrichten der alten über sie wie nach den uns erhaltenen bruchstücken ihrer dichtungen, allerdings unbedenklich eine art und weise des dichtens, welche an die stelle des τὰ καθόλου λέγειν jenes περὶ τῶν καθ' ἕκαστον ποιεῖν setze, als charakteristische eigentümlichkeit ihrer poesie hervorgehoben werden. denn nicht den ästhetischen sinn befriedigende, in sich abgerundete charaktergemälde beabsichtigen sie in darstellung der zustände und handlungen der personen, auf die ihre darstellungen sich beziehen, zu liefern, nicht den innigen innern zusammenhang zwischen gewissen charaktereigentümlichkeiten und den handlungen und erlebnissen der personen, denen sie anhaften, zu klarer anschauung zu bringen, sondern ihren auf ihre persönlichen verhältnisse und äuszeren beziehungen zu denselben sich gründenden gefühlen rücksichtlich derselben, ihrem zorn und ingrimm gegen sie wollen sie, ein Archilochos gegen seine ungetreue Neobule und deren familie, ein Hipponax gegen jenen in entstellendem abbilde ihn dem spotte der mit- und nachwelt preisgebenden Bupalos, luft machen; während ein Aristophanes doch selbst bei seinen angriffen auf Kleon ursprünglich von viel höheren rücksichten und beweggründen geleitet wird und daher auch ein bild von ganz anderer, allgemeinerer bedeutung von ihm entwirft, wobei indes nicht geleugnet werden soll, dasz nach den durch ihn erlittenen mishandlungen auch bei ihm die polemik gegen den mächtigen demagogen nicht immer ganz frei von aller beimischung persönlicher feindseligkeit geblieben sein mag. indes gewährt nun auch hiernach jener deutung des καθόλου ποιεῖν λόγους ἢ μύθους auf eine gewisse allgemeinheit der komischen charaktere, wie sie bei Epicharmos und Phormis zuerst sich zeige, wenn auch erst in der mittlern und neuen attischen komödie vorherschend geworden sei, das καθόλου im neunten capitel richtig erklärt durchaus nicht die von den vertheidigern derselben angenommene unterstützung; so ganz unmöglich erscheint es deshalb, wird man vielleicht sagen, immer noch nicht, dasz doch in dem fünften capitel Ar. abweichend von dem dort befolgten sprachgebrauche diesen sinn damit verbunden haben könnte, wie auffallend auch ein so verschiedener gebrauch desselben terminus in zwei durch einen so geringen zwischenraum von einander getrennten stellen derselben schrift sein würde, und wir werden deshalb doch diese stelle wol noch einmal ins auge fassen und um ein ganz sicheres verständnis derselben bemüht sein müssen.

Nun würde aber offenbar weder mit dem Hermannschen texte derselben τοῦ δὲ μύθους ποιεῖν Ἐπίχαρμος καὶ Φόρμις ἦρξαν· τὸ μὲν οὖν ἐξ ἀρχῆς ἐκ Σικελίας ἦλθε· τῶν δὲ Ἀθήνησι usw., noch mit dem Ritterschen das nur in der Aldina sich vorfindende ἦρξαν tilgenden τὸ δὲ μύθους ποιεῖν Ἐπίχαρμος καὶ Φόρμις (nemlich ἀπέδωκαν)· τὸ μὲν ἐξ ἀρχῆς usw. eine solche auffassung der stelle verträglich sein, da Ar. mit dem μύθους ποιεῖν an sich doch unmöglich die allgemeinheit der komischen charaktere konnte bezeichnen wollen, dem Epicharmos also hiernach von ihm eine solche neue gestaltung der komischen poesie mit keinem worte von ihm zugewiesen worden wäre, auch bei Krates aber, da dessen neuerung doch, wie das μέν .. δέ (τὸ μὲν ἐκ Σικελίας ἦλθεν· τῶν δὲ Ἀθήνησι) unverkennbar zeigt, der seines sikelischen vorgängers im wesentlichen gleichgestellt werden soll, das hinzugefügte καθόλου nicht auf einmal auf eine solche ganz besondere behandlung der fabel und der charaktere der komödie konnte hindeuten sollen.

Wie aber? wenn mit Susemihl in den Ritterschen text ein οἵους hinter μύθους ποιεῖν eingeschoben und nun mit tilgung des punctums hinter Φόρμις im zusammenhange τὸ δὲ μύθους ποιεῖν οἵους Ἐπίχαρμος καὶ Φόρμις τὸ μὲν ἐξ ἀρχῆς usw. gelesen wird, läszt sich nicht dann in der that der von ihm mit den schon früher berührten auslegern derselben der stelle zugeschriebene sinn, dasz die sikelische komödie überall lediglich die thorheiten ganzer stände und menschenclassen angegriffen habe, von den vertretern der alten attischen komödie aber sich dieser sonst in Athen nur von der sogenannten mittlern und neuen komödie verfolgten richtung Krates (nebst Pherekrates) angeschlossen habe, ganz wol mit den worten verbinden?

Aber wie seltsam und unklar hätte sich dann doch Ar. ausgedrückt! denn erstens konnte er billigerweise seinen lesern doch nicht zumuten, dasz sie bei dem μύθους οἵους Ἐπίχαρμος entweder sofort gerade an diese und keine andere sie auszeichnende eigentümlichkeit der Epicharmischen muse denken, oder, sahen sie sich dazu auszer stande, zunächst, ehe sie zu dem bei Krates hinzugefügten καθόλου kämen, überhaupt jedes bemühen um ein sicheres verständnis seiner worte ganz aufgeben sollten: dann klänge dies μύθους ποιεῖν οἵους Ἐπίχαρμος usw., τὸ μὲν ἐξ ἀρχῆς ἐκ Σικελίας ἦλθεν 'die komische fabel in der art anzulegen, wie es Epicharmos und Phormis thaten, kam zuerst in Sikelien auf und stammte von daher' doch auch offenbar ganz so, als ob eben jene keine sikelischen dichter gewesen wären, sondern nur eine aus Sikelien stammende art der komödiendichtung nachgeahmt hätten, und auf keinen fall durfte Ar. sich so ausdrücken, wenn eben sie, wie dies doch keinem zweifel unterliegt, die ersten sikelischen dichter waren, die in dieser weise dichteten.

Weshalb nun meiner meinung nach lieber bei dem Hermannschen oder Ritterschen texte zu verbleiben, damit aber auch für diese stelle jene deutung des καθόλου von der allgemeinheit der charaktere, wie sie Horaz mit seinem *communia dicere* bezeich-

net[126]), entschieden aufzugeben und mit Stahr vielmehr dies μύθους ποιεῖν oder, wie es dann um der gröszeren deutlichkeit willen heiszt, καθόλου ποιεῖν μύθους ganz nach anleitung der in dem 9n capitel gegebenen erklärung des begriffs schlechthin von der construction 'zusammengesetzter fabeln' im drama zu verstehen sein wird.

Denn etwa gar mit Ritter hier jene specielle eigentümlichkeit der Epicharmischen komödie, die vorliebe desselben zu dem 'fabulas ex historia mythica petitas comoediae subicere' damit bezeichnet zu meinen hindert ja schon der umstand, dasz des Epicharmos und des Krates weise durch jenes μέν und δέ hier in so enge verbindung als ganz gleichartiges mit einander gesetzt werden, bei Krates aber das vorherschen mythischer argumente in seinen komödien durchaus nicht nachzuweisen ist und auch das hier hinzugefügte καθόλου unmöglich so gedeutet werden kann.

Glaubt aber Ritter einen beweis für die notwendigkeit einer solchen auffassung der μῦθοι an dieser stelle daher entnehmen zu können, dasz Ar. einen so von dem gewöhnlichen abweichenden sprachgebrauch, wie des μῦθος als der fabel des dramas, schlechthin nicht eher sich habe erlauben können, als bis er, wie dies im 6n capitel[127]) geschieht, ausdrücklich erklärt habe, dasz hier dem worte ein ganz besonderer sinn von ihm beigelegt werde: so widerstreitet dem ja schon das πῶς δεῖ συνίστασθαι τοὺς μύθους gleich im anfange der poetik, und ebenso wie von dem begriffe des μῦθος wird ja in dem 6n capitel auch von dem der ἤθη und dem der διάνοια eine genaue erklärung von ihm gegeben, obwol diese doch seinen lesern unmöglich ganz fremd sein konnten, weil eben bei so fundamentalen begriffen eine wahrhaft wissenschaftliche behandlung des gegenstandes dies durchaus mit sich brachte.

Sollte man es aber mit dem, was wir sonst von den früheren zuständen der attischen komödie wissen, unvereinbar finden, dasz Aristoteles hiernach das μύθους ποιεῖν überhaupt erst dem Krates, noch keinem seiner vorgänger, zugestanden haben solle: so möchte zu erwägen sein dasz, wenn auch Ar. einen wirklichen μῦθος, eine σύνθεσις πραγμάτων, einen streng einheitlichen, durch alle teile der dichtung sich hindurchziehenden plan, erst bei diesem dichter auf der athenischen bühne gefunden zu haben meinte, er damit alle handlung den stücken seiner vorgänger abzusprechen noch nicht beabsichtigt zu haben braucht, nur dasz entweder mehrere vereinzelte scenen, in denen vielleicht eine und dieselbe person in verschiedenen situationen auftrat, von ihnen dem zuschauer vorgeführt wurden, oder wol auch selbst schon eine art einheitlicher handlung

---

126) *epist. ad Pisones* 125. anders als *loci communes* deutet die *communia* hier O. Ribbeck in seiner ausgabe s. 219, des damit verbundenen *dicere* wegen; aber es sind hier doch durchweg auf die wahl des gegenstandes der dichtung sich beziehende vorschriften, die von dem dichter gegeben werden. 127) 6, 6. vgl. Ritter s. 125.

in ihren lustspielen enthalten war, die einzelnen teile derselben aber nur ganz locker und lose unter sich zusammenhiengen, so dasz anfang, mitte und ende nur sehr unvollkommen zusammenpassten[128]), ein verfahren das wir selbst Krates unmittelbarem vorgänger, dem gewaltigen Kratinos, bei allem respect vor dem urkräftigen seines genius zuzuschreiben doch kein bedenken tragen dürfen, da es ja ausdrücklich von ihm heiszt[129]) dasz er, wenn er auch glücklich das rechte traf in der allgemeinen anlage seiner stücke, nun auch alles einzelne in der dramatischen composition derselben der der ganzen dichtung zum grunde liegenden idee gemäsz auszugestalten doch wenig verstanden habe, wie denn überhaupt nur, was rasch im feuer frischer begeisterung und mächtiger zornesglut aus des geistes springquell bei ihm hervorsprudelte, ihm so recht gelungen, die nüchterne und mühevolle arbeit eines mit ruhiger überlegung jedes einzelne genau an der passenden stelle dem zusammenhange des ganzen einfügenden kunstverstandes viel weniger seine sache gewesen zu sein scheint. weshalb denn auch durchaus kein grund da ist es auffallend zu finden[130]), dasz das verdienst unter den attischen lustspieldichtern einer kunstgerechten komödiendichtung zuerst bahn gebrochen zu haben von Aristoteles nicht ihm, sondern eben erst jenem an poetischer begabung ihm sonst allerdings gewis weit nachstehenden Krates zugewiesen wird, worin übrigens ja auch die behauptung, dasz auch komödien der art zu dichten ihm überhaupt nie gelungen wäre, noch keineswegs enthalten ist, da er, gar nicht so lange vor Krates als dichter auftretend und noch lange mit ihm zugleich auf der attischen bühne waltend[131]), später auch diesem immer recht wol etwas von seinen künsten abgelernt haben kann.

Auf eine solche ansicht aber von der ältesten attischen komödie deutet bei Aristoteles ja auch das im 6n capitel der poetik (§ 19) ganz im allgemeinen über die ältesten dichter (οἱ πρῶτοι ποιηταί) ausgesprochene urteil hin, dasz ihre dichtungen fast insgesamt, ebenso wie immer noch die ersten poetischen versuche derer, die der poesie sich widmeten, wie wol ausgearbeitet sie sonst auch immer in diction und charakterzeichnung sein möchten, doch ein entschiedenes unvermögen einen kunstgerechten poetischen plan zu entwerfen (τὰ πράγματα συνίστασθαι) zu bekunden pflegten.

Immer jedoch werden wir zu der vorstellung von den ersten

128) vgl. Meineke a. o. s. 24 f. über Susarions komödien: 'praemeditatae autem si fuere Susarionis comoediae et versibus utcumque inclusae, easdem etiam quibusdam argumentorum finibus circumscriptas fuisse probabile est, ita tamen ut ipsa illa argumenta neque artificiosius excogitata neque ad certum actionis finem directa fuisse videantur.'

129) s. Platonios π. κωμῳδίας (bei Meineke a. o. s. 52): εὔστοχος ὢν ἐν ταῖς ἐπιβολαῖς τῶν δραμάτων καὶ διασκευαῖς, εἶτα προϊὼν καὶ διασπῶν τὰς ὑποθέσεις οὐκ ἀκολούθως πληροῖ τὰ δράματα.

130) wie es ganz neuerdings wieder Nesemann erschienen ist: 'zur formalen gliederung der attischen komödie' (Lissa 1868) s. 14.

131) s. Meineke a. o. s. 45. 46 u. 59.

attischen komödiendichtern, dasz 'blosze schmähung, λοιδορία, bei ihnen der gegenstand des lustspiels' gewesen sei, aus der Aristotelischen poetik keine berechtigung entnehmen können; und wie wenig würde auch selbst das bild dazu stimmen, das wir uns von dem erfindungsreichen und immer auf neue mittel zur ergetzung seines publicums sinnenden Magnes nach Aristophanes zu entwerfen haben! wenn auch freilich nach derselben stelle in dessen rittern (v. 520 ff.) zuletzt allerdings der gaumen seines unterdessen an die stärkere würze beiszendsten spottes gewöhnten theaterpublicums, weil er ihm davon nicht mehr genug zu liefern vermochte, den alternden dichter, der früher mit seinen 'lautenschlägerinnen, vögeln, Lydiern, gallwespen und fröschen' eine augenweide und ohrenschmäuse ihm zu gewähren gewust, die seinen chören fast immer über die seiner nebenbuhler den sieg verschafften, nicht mehr goutierte und man ihn nun von den brettern sogar schmählich hinunterzujagen kein bedenken trug.[132])

Entschieden nun aber den forderungen eines solchen überreizten gaumens trotz zu bieten und statt dessen den versuch zu machen allein oder doch vorzugsweise durch den reiz einer spannenden fabel, echt komischer situationen und charaktere seine zuhörer zu fesseln — das und nichts anderes meinte Aristoteles mit seinem πρῶτος ἦρξεν, ἀφέμενος τῆς ἰαμβικῆς ἰδέας, καθόλου ποιεῖν λόγους ἢ μύθους — dies glaubte unter den attischen komödiendichtern in nachahmung des Epicharmos und Phormis erst Krates wagen zu können.

Dasz übrigens Aristoteles nicht nur überhaupt in der tendenz auf blosze λοιδορία nie einen der lustspieldichtung würdigen zweck erkennen konnte, sondern auch von den trüben elementen gemeiner und unanständiger schmähreden, der αἰσχρολογία[133]), von denen auch die stücke eines sonst so geistvollen und feinsinnigen dichters wie Aristophanes doch unleugbar immer noch nur zu oft in widerwärtiger weise strotzen, die komödie immer mehr gereinigt wissen wollte und insofern, als allerdings dieser läuterungsprocess der neuen komödie besser als der alten gelungen zu sein scheint, dieser natürlich auch einen gewissen vorzug, wenn auch nicht den unbedingten vorrang, vor jener einräumen muste, soll dabei keineswegs geleugnet werden, wie ja auch in der that ein solches urteil über das verhältnis beider zu einander in jener stelle seiner Nikomachischen ethik IV 8, 6 ἡ τοῦ ἐλευθέρου παιδιὰ διαφέρει τῆς τοῦ ἀνδραποδώδους καὶ αὖ τοῦ πεπαιδευμένου καὶ ἀπαιδεύτου· ἴδοι δ' ἄν τις καὶ ἐκ τῶν κωμῳδιῶν τῶν παλαιῶν καὶ τῶν καινῶν in ganz klaren und unzweideutigen worten von ihm ausgesprochen wird.

---

132) s. Meineke a. o. s. 33. 133) s. Meineke a. o. s. 273 und die dort aus Platons staat angeführten worte κακηγοροῦντάς τε καὶ κωμῳδοῦντας ἀλλήλους καὶ αἰσχρολογοῦντας.

Indes will er die jugend doch wenigstens auch nicht zur aufführung dieser art von komödien zugelassen wissen, aus demselben grunde, aus welchem er sie auch an Pausons gemälden nicht die augen weiden lassen will, sondern vielmehr an denen des Polygnotos[134]), weil nemlich die unmündige jugend mit noch unsicherer, schwankender und unausgebildeter geistesrichtung und charakteranlage erst zu einer entschiedenen vorliebe für alles hohe, edle und grosze herangezogen, diese erst ganz fest in ihr begründet werden müsse, hierauf die kunst aber natürlich nur durch diejenigen ihrer werke, welche nachahmungen der κρείττονες, nicht der χείρονες τῶν νῦν, edler und würdiger, nicht niedriger und gemeiner naturen wären[135]), also eben nicht durch die werke eines Pauson[136]), sondern die eines Polygnotos und ihm ähnlicher maler, und nicht durch die werke der komödiendichter, sondern die der epischen und tragischen, hinzuwirken im stande wäre.[137])

Dann aber ist doch auch bei dem versuche etwas sicheres über Aristoteles ansichten von dem verhältnis der alten und der neuen komödie zu einander festzustellen, nie zu vergessen, dasz eine solche scharfe sonderung jener verschiedenen arten der attischen komödie, wie sie in neueren litteraturgeschichten platz gegriffen hat, in der that sich nur sehr unvollkommen durchführen läszt, wie ja denn auch jene ὑπόνοιαι, von denen Ar. in der angeführten stelle der ethik sagt, dasz sie mehr das γελοῖον in der neuen komödie bildeten, in der alten dagegen die αἰσχρολογία, schon dem Aristophanes —

---

134) politik VIII 5, 7. 135) poetik 2, 1. 136) vgl. über diesen maler K. O. Müller handbuch der archäologie 3e aufl. s. 147, wo er indes doch nicht ganz passend 'der maler der häszlichkeit' genannt wird: denn ganz offenbar sind es ja die ἤθη, die κακία und die ἀρετή der einen und der anderen, auf welchen nach jener stelle der poetik der unterschied zwischen den κρείττονες die Polygnotos, und den χείρονες die Pauson nachbildete, beruht. 137) anders Bernays in der öfter angeführten abh. s. 571 anm. 2. nach ihm nemlich soll mit dem verbote der politik VII 15, 9, nach welchem die jüngeren weder bei iamben noch bei komödien zuschauer sein sollten (τοὺς νεωτέρους οὔτε ἰάμβων οὔτε κωμῳδίας θεατὰς νομοθετητέον), wie die danebenstehenden iamben zeigten, nur die alte komödie gemeint sein. wollte man aber auch davon absehen, dasz auch bei dieser nebeneinanderstellung doch immer nicht einzusehen wäre, wie diese Ar. sollte schlechthin 'die komödie' habe nennen können, so spricht doch schon das entschieden gegen diese auffassung, dasz ja die αἰσχρολογία ganz und gar von Aristoteles aus dem staate verbannt wird und in übereinstimmung damit denn auch das zuschauen bei allem, was λόγοι ἀσχήμονες in sich enthalte, ebenso wie niemand seine augen an gemälden der art solle weiden dürfen, auch die älteren nicht, nur dasz in betreff dieser bei der feier der feste gewisser götter, von denen allerdings reden und bilder der art (ἀσχημόνων πράξεων) sich nicht ausschlieszen lieszen, eine ausnahme zu machen sein werde; an dieser nemlich würde freilich männern reiferen alters sich zu beteiligen gestattet werden müssen und diese würden denn auch ihre weiber und kinder bei solchen gottesdienstlichen handlungen zugleich mit zu vertreten haben (s. politik VII 15, 8).

man denke an seinen Demosthenes und Lamachos und den Paphlagonier als knechte des herren Demos, seine Νεφελοκοκκυγία als abbild der luftschlösser einer allgemeinen glückseligkeit, wie sie die bewegliche phantasie der Athener seiner zeit sich aufbaute, den chor der wolken als schutzgöttinnen aller nebler und schwebler (v. 331) und ähnliches — keineswegs fremd waren.

In § 5 alsdann handelt der vf. von der vollendung der handlung, der forderung dasz sie in sich abgeschlossen sein solle, und in engem zusammenhange damit von der länge (!) des stoffes, d. i. dem dem trauerspiele durch die beschaffenheit des zu bearbeitenden stoffes selbst vorgezeichneten masze. indem ich hier — bei beurteilung einer älteren, noch vor aufstellung der neuesten, übrigens auch bereits vielfach mit gutem erfolg bekämpften erklärung der berühmten worte des 5n capitels der poetik von dem μῆκος τῆς τραγῳδίας, nach welchen diese ὅτι μάλιστα πειρᾶται ὑπὸ μίαν περίοδον ἡλίου εἶναι ἢ μικρὸν ἐξαλλάττειν, ans licht getretenen schrift — auf eine prüfende würdigung dieses kühnen versuches der vielbesprochenen lehre von der einheit der zeit in der tragödie ganz und gar ihren Aristotelischen ursprung streitig zu machen verzicht leiste, bemerke ich nur dasz in der s. 34 von denselben gegebenen übersetzung 'die tragödie sucht meistens den zeitraum eines tages oder etwas darüber zu umspannen' dies 'zu umspannen suchen' durchaus kein glücklich gewählter ausdruck genannt werden kann, da danach der antike tragödiendichter nur ja nicht hinter dem masze eines vollen tages, d. i. eines vollständigen umlaufes der sonne, von 24 stunden also, zurückzubleiben bemüht gewesen sein müste, während offenbar dem ganzen zusammenhange nach vielmehr von dem streben desselben die rede ist, innerhalb möglichst enger grenzen, engerer als dem epischen dichter gezogen sind, die handlung zum abschlusse zu bringen. viel besser sowie weit genauer drückt A. Stahr den sinn der griechischen worte aus, indem er 'die tragödie es möglichst darauf anlegen' läszt 'dasz die in ihr dargestellte handlung innerhalb eines sonnenumlaufs vor sich gehe oder doch nur wenig darüber hinausgehe' (denn auch auf ein zurückbleiben hinter diesem zeitmasze die letzten worte zu deuten, wie ganz vor kurzem geschehen, ist schon deshalb unzulässig, weil die nicht volle 24 stunden währende handlung doch immer auch ὑπὸ μίαν περίοδον ἡλίου fällt.[138])

Dasz übrigens die worte des Aristoteles nicht nur an 'keine ausschlieszliche regel' denken lassen, wie Zillgenz sich über sie ausdrückt, sondern überhaupt gar keine regel, kein gesetz und keine forderung, wie sie doch auch er in ihnen gefunden zu haben meint, in ihnen ausgesprochen liegt, sondern eben nur des vorherschenden, allerdings seiner ratio nicht entbehrenden usus der neueren tragö-

138) s. F. Haecker in der zeitschrift f. d. gymnasialwesen 1868 s. 922.

diendichter im gegensatze gegen die näher an die epiker sich anschlieszenden älteren in ihnen erwähnung geschieht — das kann einer scharfen und unbefangenen auffassung derselben keinen augenblick zweifelhaft erscheinen.

Hierauf folgt § 7 s. 44—49 ein 'die charaktere' überschriebener abschnitt. die erste bedingung ist, heiszt es hier nach c. 15 der poetik, dasz sie 'brauchbar' seien, womit das Aristotelische χρηστά wiedergegeben werden soll. brauchbar wozu? fragt man natürlich, und offenbar soll in dem folgenden in den worten 'nicht jede προαίρεσις sei für den dichter verwendbar' eine antwort auf diese frage enthalten sein.[139]) aber weder konnte einer solchen verwendbarkeit zu poetischen zwecken wegen ein ἦθος χρηστόν genannt werden, da die tüchtigkeit eines ἦθος an sich doch unmöglich in einer solchen beschaffenheit desselben gesucht werden kann, noch könnte eine solche ganz allgemeine und unbestimmte, übrigens auch selbstverständliche forderung in einer reihe neben anderen, speciellen, das ἁρμόττον und ὁμαλόν derselben betreffenden aufgeführt werden.

Und fügt der vf. dann weiterhin noch hinzu, die 'freiwillige neigung' — wie προαίρεσις unpassend genug von ihm übersetzt wird, als ob es auch unfreiwillige neigungen gäbe und nicht überhaupt etwas ganz anderes, höheres, auf verständiger überlegung und erwägung beruhendes, kurz eine willensrichtung[140]) damit bezeichnet würde — müsse in der tragödie eine solche sein, welche grosz und damit bedeutsam genug sei, eine würdige that herbeizuführen: so würde Aristoteles selbst, nach seiner auffassung des χρηστόν, diese anwendung von dem begriffe zu machen doch in durchaus unzulässiger weise ganz dem leser allein überlassen haben; aber es ist dies jedenfalls wieder ein ganz anderer begriff als der des χρηστὸν ἦθος, da z. b. sklaven, denen doch auch ein χρηστὸν ἦθος in der tragödie zukommen soll, προαιρέσεις der art auf keine weise zugemutet werden können.

Nein, ein χρηστὸν ἦθος, wie es Ar. im allgemeinen von allen arten von charakteren der tragödie fordert, ist offenbar nichts anderes als schlechtweg ein guter charakter; wie ja auf das deutlichste namentlich auch die von ihm § 7 als ungerechtfertigte abweichung von dieser regel angeführte unnötige πονηρία ἤθους bei Menelaos in dem Orestes des Euripides zeigt, und auch Schrader[141]) befindet sich daher auf einem entschiedenen irrwege, wenn er behauptet: 'cum ἦθος in consilio et voluntate cernatur, ita ut in eo moralem vim inesse putemus, quem ex voluntate aliquid sectari et perficere videmus, nostro loco non de probis moribus sermo est, sed omnino

139) vgl. auch Susemihl jahrb. 1868 s. 845. 140) so Susemihl in seiner übersetzung dieser stelle. vgl. Ar. Nikom. ethik III 4, 17. 141) de artis apud Aristotelem notione ac vi s. 59 anm. 15.

de morali vi, i. e. ut personae aliquod consilium consulto et voluntarie teneant, quod quidem sine quadam animi magnitudine fieri non potest.' und wie könnte eine solche auffassung des begriffes, wie sie diese worte bekunden, wol auch der klemme des dilemma entgehen, dasz alsdann entweder überhaupt jedes ἦθος ein χρηστόν sein müste, da eben in jedem eine ohne eine gewisse willens- und entschlieszungskraft überhaupt nicht denkbare προαίρεσις sich zu erkennen gibt, oder, wenn wir auf das '**tenere** aliquod consilium consulto et voluntarie' und die 'animi magnitudo', die sich darin offenbaren soll, den nachdruck legen, von den sklaven wenigstens, sämtlichen sklaven der tragödie, dann ihrer ganzen abhängigen stellung wegen ein χρηστὸν ἦθος unmöglich erwartet werden konnte? und doch wird auch diesen, wie bereits erwähnt worden, ein χρηστὸν ἦθος, ein guter charakter also, natürlich aber nur ein relativ guter, nach den verhältnissen des sklaven als gut erscheinender, mit klaren worten (καὶ γὰρ γυνή ἐστι χρηστὴ καὶ δοῦλος) von Ar. zugestanden, keineswegs ihnen, wie in offenem widerstreit mit dieser erklärung desselben von Schrader behauptet wird, unbedingt abgesprochen.

Beruht nun aber die **tugend des sklaven** als solchen nach Ar. vornehmlich auf seiner willigen unterordnung unter den herrn und sorgfältiger beachtung seiner gebote und ermahnungen — die übrigens, wo das rechte verhältnis zwischen herren und sklaven stattfindet, nach ihm bei richtiger erkenntnis des beiden teilen gleich nützlichen und zuträglichen einer solchen verbindung[142]) zu einer wahren, treuen anhänglichkeit des sklaven an den herrn, ja selbst zu einer art φιλία zwischen beiden führen wird[143]) — und so viel anteil an den tugenden der σωφροσύνη und ἀνδρία, der ihn an der vollführung der in seiner stellung ihm obliegenden aufgaben weder nicht zu bändigende zügellosigkeit (ἀκολασία) noch schlaffheit und feigheit (δειλία) verhindern läszt[144]): sehen wir da nicht auch in der that im besitze dieser ihnen zukommenden tugend in der antiken tragödie, auch noch bei Euripides, fast alle von ihr uns vorgeführte sklaven, von des Orestes ihrem pflegekinde durch das ganze leben hindurch in so zärtlicher ergebenheit zugethaner amme und wärterin in den Choëphoren (v. 740 ff.) und dem an seinem alten herrn fortwährend mit gleicher treue und innigkeit hängenden wächter im Agamemnon (v. 32 ff.) an bis zu dem über Herakles laute und lärmende lustigkeit bei der trauer des hauses über das dahinscheiden der geliebten gebieterin so entrüsteten diener des Admetos in der Alkestis; ja selbst Phädras amme im Hippolytos, die um die liebe des jünglings für ihre herrin zu werben sich ja doch auch nur widerstrebend entschlieszt, erst als sie sich durch kein anderes mittel

142) Ar. politik I 2, 20. 143) s. ebd. § 21 διὸ καὶ συμφέρον ἐστί τι καὶ φιλία δούλῳ καὶ δεσπότῃ. vgl. Medeia 54 χρηστοῖσι δούλοις ξυμφορὰ τὰ δεσποτῶν κακῶς πιτνόντα καὶ φρενῶν ἀνθάπτεται. 144) politik I 5, 9.

den tod der liebessiechen verhindern zu können überzeugt hat, wird das χρηστὸν ἦθος einer sklavin kaum abgesprochen werden können; und sehen wir damit also nicht in wahrheit hier die forderung der χρηστὰ ἤθη auch bei diesen untergeordneten und von dem verdienste einer in einem selbständigen kräftigen handeln zur erscheinung kommenden tugend durch ihre ganze stellung ausgeschlossenen personen auf das vollständigste erfüllt?

Wenn nun aber von einem zurückbleiben der sklaven der tragödie hinter den Aristotelischen anforderungen an die ihnen zukommende ἀρετή hiernach nicht die rede sein kann, so wird dagegen ein hinausgehen darüber bei manchen derselben, wie bei dem pädagogen des Orestes in der Elektra (v. 28 ff.), an dem dieser eben rühmt, dasz er auch als greis noch nicht müde werde ihn zur vollführung des ihm obliegenden rachewerkes anzutreiben, ebenso bei der ihrer herrin den rath Hyllos zu ihrem gatten zu senden erteilenden dienerin der Deianeira in den Trachinierinnen[145]), bei der in der politik von ihm behaupteten unfähigkeit der sklaven zu selbständigem erkennen und ergreifen des guten und rechten[146]) unmöglich in abrede gestellt werden können.

Indes jene beschränkte sklaventugend wird ja auch von Aristoteles nur dem φύσει δοῦλος, dem als sklaven geborenen, zugewiesen, der durch den besitz derselben auch sein verhältnis, falls nur auch sein herr wirklich von der natur zu einem solchen bestimmt sei, zu einem erfreulichen, für beide teile wahrhaft förderlichen gestalten könne; wie nun aber der nicht von der natur, sondern lediglich durch ungunst der verhältnisse zum sklaven bestimmte? sollte dem auch nur jene dem sklaven als solchem eignende tugend von Ar. zugestanden werden?

Schwerlich: denn unterscheidet er nicht ausdrücklich in seiner ethik von dem verhältnis, in dem er als sklav zu seinem herrn stehe, gleichsam als ein beseeltes werkzeug in den händen desselben, die rein menschlichen beziehungen, in die ebenfalls beide zu einander treten könnten und sollten, und ist es da nicht eine wahre, nicht blosz jene bereits oben berührte vulgäre freundschaft, die dann auch diesem verhältnis nach ihm sehr wol entkeimen kann?[147]) nun, etwas

---

145) v. 53 vgl. v. 62 ἥδε γυνὴ δούλη μέν, εἴρηκεν δ' ἐλεύθερον λόγον.
146) politik I 5, 6 ὁ δοῦλος οὐκ ἔχει τὸ βουλευτικόν, und I 2, 13 ἔστι φύσει δοῦλος ὁ δυνάμενος ἄλλου εἶναι καὶ ὁ κοινωνῶν λόγου τοσοῦτον, ὅσον αἰσθάνεσθαι, ἀλλὰ μὴ ἔχειν. 147) Nikom. ethik VIII 11, 7 ᾗ μὲν οὖν δοῦλος, οὐκ ἔστι φιλία πρὸς αὐτόν, ᾗ δ' ἄνθρωπος· δοκεῖ γὰρ εἶναί τι δίκαιον παντὶ ἀνθρώπῳ πρὸς πάντα τὸν δυνάμενον κοινωνῆσαι νόμου καὶ συνθήκης· καὶ φιλίας δὴ καθ' ὅσον ἄνθρωπος. vgl. auch Stahr in seiner übersetzung der poetik s. 127, mit dessen übertragung des ὅλως in den worten des cap. 15 καίτοι γε ἴσως τούτων τὸ μὲν χεῖρον, τὸ δὲ ὅλως φαῦλόν ἐστιν durch 'im allgemeinen' ich mich indes nicht einverstanden erklären kann, da der gegensatz, in den das geschlecht der sklaven zu dem der weiber gestellt wird, einen beschränkenden zusatz zu der bezeichnung des ersteren als φαῦλον

dem ähnliches wollte, wol auch Sophokles in der verbindung zwischen Orestes und jenem hüter und beschirmer seiner kindheit und jugend, dem er jetzt wieder die ausführung des wichtigsten auftrags anvertraut, zur anschauung bringen.

Dabei bleibt indessen die sprache des dieners bei Sophokles immer die dem herrn gegenüber geziemende, während bei Euripides allerdings[148]) vertraute diener und dienerinnen in ihren reden und äuszerungen über und gegen ihre herschaft die schuldige ehrerbietung bisweilen etwas auszer acht lassen, wenn sie auch von der frechheit des tones, in dem in der attischen komödie diener mit ihren herren zu sprechen pflegen, immer noch sehr weit entfernt sind.

Nur so aufgefaszt, auf sittliche tüchtigkeit gedeutet, schlieszen ja aber auch die χρηστὰ ἤθη der personen der tragödie die forderung in sich, die eben nach der bestimmung des begriffs derselben, nach welcher sie mit dem epos eine μίμησις σπουδαίων ἢ βελτιόνων ἢ καθ' ἡμᾶς sein solle, bei specieller behandlung der ἤθη in derselben durchaus an die spitze zu stellen war. womit indes doch, wie auch schon früher (s. 116) angedeutet worden, nicht gerade die begriffe des χρηστὸν ἦθος und des σπουδαῖος schlechthin für einander vollständig deckende ausgegeben werden sollen. denn einen nur eben durch jene eigentümlichen sklaventugenden sich empfehlenden sklaven würde Ar. bei der ihm mangelnden freiheit und selbständigkeit im handeln und beschlieszen, sowie dem einseitigen und beschränkten der in seine sphäre fallenden tugend[149]), doch wol schwerlich als σπουδαῖος haben gelten lassen.

Obwol auch diesen σπουδαῖοι der tragödie, namentlich insofern ihre schicksale es vorzugsweise sein sollen, durch welche die mittels der tragödie in uns zu erweckenden gefühle des mitleids und der furcht in uns erweckt würden, Ar. in seiner poetik bekanntlich doch auch nicht jene sittliche vollkommenheit, die seiner ethik nach[150]) der σπουδαῖος in sich darzustellen hat, beimiszt, da ja diese protagonisten der tragödie nach ihm vielmehr geradezu ἀρετῇ καὶ δικαιοσύνῃ μὴ διαφέροντες sein sollen.[151])

In folge dessen er denn zur bezeichnung des sittlich vollkommen reinen und schuldlosen hier wieder einen andern ausdruck, den

---

offenbar nicht gestatten will, weshalb es denn wol bei G. Hermanns auffassung der worte 'alterum omnino vile est' wird bleiben müssen. und ermäszigt nicht das schroffe in dem von Ar. hierauch über den sklavenstand ausgesprochenen urteil auch schon das hinzugefügte ἴσως einigermaszen?

148) s. z. b. Medeia 60. Phoen. 20 und die ganze art und weise des verkehrs zwischen Phädra und ihrer amme im Hippolytos. vgl. auch Aristophanes frösche 949 ff. 149) vgl. politik III 6, 5 Stahr (bei Bekker c. 11), wonach erst ein complex guter eigenschaften, wie sie bei den zur groszen masse gehörenden individuen nur immer einzeln sich vorfinden, den σπουδαῖος macht. s. auch über die σπουδαῖοι der tragödie meine rec. von Hartungs Euripides restitutus in der z. f. d. aw. 1848 s. 514—517. 150) Nikom. ethik III 4, 5. 151) poetik 13, 5.

sonst keineswegs immer einen so hohen sinn in sich schlieszenden ἐπιεικής[152]), gebraucht und danach, während die leiden der σπουδαῖοι seiner rhetorik nach (II 8) gerade vor allen mitleid zu erregen geeignet sein sollen, das μεταβάλλοντας φαίνεσθαι τοὺς ἐπιεικεῖς ἄνδρας ἐξ εὐτυχίας εἰς δυστυχίαν als etwas gräszliches und empörendes mit dem zwecke der tragischen handlung durchaus unvereinbar findet.

Wie sich nun aber auch immer die begriffe der χρηστὰ ἤθη, der σπουδαῖοι und der ἐπιεικεῖς ἄνδρες, von denen Aristoteles in der poetik handelt, zu einander verhalten mögen, das steht doch jedenfalls mit unzweifelhafter gewisheit fest, dasz mit alle dem, was in betreff der charaktere der tragödie in ihr festgestellt wird, eine gewisse sittliche tüchtigkeit von den in ihr auftretenden personen gefordert wird, von denen sich die der komödie als φαυλότεροι[153]) durch eine viel geringere sittliche tüchtigkeit, mangel an sittlichem ernst und eifer, fehler und verkehrtheiten, die in dem mangel an sittlicher kraft und entschiedenheit und einer niedern lebensanschauung wurzelnd nicht sowol grauen und abschen als vielmehr lachen zu erregen geeignet wären, durchaus merklich zu unterscheiden hätten, und daher in jenen φαυλότεροι, wie auch in neuerer zeit[154]) noch geschehen, nur 'geringe und geringhaltige, in beschränkten lebenskreisen sich bewegende und deshalb nie zu thaten von höherer bedeutung und denen entsprechenden gemütsbewegungen sich zu erheben fähige personen' suchen, als einen σπουδαῖος geradezu nur einen 'herschenden, hochgestellten' gelten lassen zu wollen, der 'bei der wechselwirkung der stellung, gesinnung und der handlungen in der regel (?) zugleich denn auch ein hochgesinnter' sein würde, will sich nun einmal mit jener schon oben berührten ausdrücklichen erklärung des Ar. in seiner poetik, dasz nach der κακία oder ἀρετή der ἤθη die menschen hier von ihm in diese beiden classen eingeteilt würden, auf keine weise vereinigen lassen; und dasz, wenn in der antiken tragödie, so weit wir sie genauer kennen, allerdings wirklich nur eben personen der art wichtigere rollen übertragen werden, dies in ganz anderen dingen als in einem

---

152) anders Hasselbach Sophokleisches (Frankfurt a. M. 1861) s. 239 'der ἐπιεικής wird hier nemlich, wie auch sonst bei Aristoteles, dem zunächst folgenden μοχθηρός und 27, 5 dem φαῦλος entgegengesetzt, ist also gleichbedeutend mit σπουδαῖος 2, 1. 3. 4. 5, 11 und wird 13, 5 umschrieben durch ὁ ἀρετῇ διαφέρων καὶ δικαιοσύνῃ.' aber wenn hiernach gerade der held der von Ar. für die beste erklärten gattung der tragödie kein σπουδαῖος sein dürfte, würde dann wol noch schlechthin die tragödie eine μίμησις σπουδαίων von ihm haben genannt werden können? 153) φαυλότεροι bleiben deshalb bei den selbstischen und aller sittlichen würde entbehrenden motiven, von denen sie sich leiten lassen, auch die an sich ganz löbliche tendenzen verfolgenden personen der Aristophanischen komödie, ein Chremylos (Plutos 35 ff.), Dikäopolis (Ach. 271 ff. 722. 893 ff. 1200 ff.), Trygäos (fri. 341 ff.), eine Lysistrate (Lys. 83. 197) und Praxagora (ekkl. 7 ff.) und ihnen ähnliche.
154) s. F. von Raumer a. o. s. 151.

ausschlieszlichen anspruche der hochgestellten auf den ehrennamen der σπουδαῖοι seinen grund habe, ist auch schon oben (s. 249) kurz von mir angedeutet worden. ist aber doch auch bei bürgern oder bauern — die deshalb nicht immer leute ohne mittel, ansehen und weitgreifenden einflusz sind, wie z. b. die häupter der verschwörung in Schillers Wilhelm Tell dies auf das deutlichste zeigen — ein nicht für sie allein, sondern für weite kreise bedeutungsvoller glückswechsel recht wol denkbar: so möchte 'eine schlechthin unaristotelische aufgabe gewählt zu haben' dem, der solche helden für eine tragödie sich wählte, schwerlich mit recht vorgeworfen werden können. wie nun aber? geräth da nicht der verfasser der poetik in den entschiedensten widerstreit mit sich selbst, wenn in derselben schrift, in welcher die χρηστὰ ἤθη, die σπουδαῖοι und βελτίονες ἢ καθ' ἡμᾶς, der tragödie zugewiesen und somit also schlechthin sittliche tüchtigkeit von den tragischen personen gefordert wird, doch zugleich Menelaos in dem Euripideischen Orestes als ein παράδειγμα πονηρίας ἤθους μὴ ἀναγκαίου[155]) getadelt und damit indirect auch eine πονηρία ἤθους in der tragödie an sich statthaft gefunden, an einer andern stelle der poetik aber (18, 19) geradezu lobend der fall angeführt wird, wo ein kluger aber boshafter mensch, wie Sisyphos, in der tragödie überlistet und ein tapferer aber ungerechter besiegt werde?

Keineswegs: denn wir brauchen uns jene hauptstelle in der poetik über die ἤθη der personen der tragödie nur etwas genauer anzusehen, und sofort verschwindet auch jeder schein eines solchen an sich schon fast undenkbaren widerspruches des groszen kunsttheoretikers mit sich selbst. danach trachten nemlich soll allerdings der dichter, χρηστὰ ἤθη in der tragödie uns vorzuführen[156]); aber es gibt nun eben fälle, wo eine tragische handlung ohne πονηρία, ohne bösartige dem tragischen helden entgegenwirkende charaktere nicht zu stande kommen kann: in solchen fällen ist natürlich auch derartigen charakteren ein platz in der tragödie einzuräumen, aber auch nur in solchen — dasz Ar. so sein an sich freilich auch eine andere auffassung zulassendes στοχάζεσθαι hier verstanden wissen will, bezeugt unwidersprechlich die unmittelbare verbindung, in welcher sich die bezeichnung des verstoszes gegen jene regel als ein παράδειγμα πονηρίας ἤθους μὴ ἀναγκαῖον mit der regel selbst, beides der ersten hälfte desselben capitels angehörend, bei ihm findet.

Und dasz er ebenso auch im anfang seiner poetik mit jener an die ganze höhere poesie, zu der ja ebenso gut wie die tragödie auch das heroische epos nach ihm gehört, von ihm gestellten forderung des μιμεῖσθαι τοὺς σπουδαίους oder βελτίονας ἢ καθ' ἡμᾶς nicht eine gänzliche ausschlieszung von charakteren anderer art aus ihr

---

155) poetik 15, 7 und 26, 3. 156) 15, 1 περὶ δὲ τὰ ἤθη τέτταρά ἐστιν, ὧν δεῖ στοχάζεσθαι.

beabsichtigt, zeigt ja doch auch schon die stets lobende anführung der Homerischen dichtungen, der Ilias und Odyssee, als vollkommenster muster für diese ganze dichtungsgattung, die in einem Thersites, einem Iros, einem Melanthios und einer Melantho, einem Polyphemos und ähnlichen ungethümen wie auch in dem zuchtlosen und übermütigen gebahren der freier der Penelope nicht wenig von πονηρία zu tage fördern.

So viel indes steht bei alle dem doch unbedingt fest, dasz der σφόδρα πονηρός, der ganz entschiedene bösewicht, nach Aristoteles nie wenigstens eine hauptrolle in der tragödie wird spielen dürfen: denn ein μεταπίπτειν aus glück in unglück vermag nach Ar. wol ein gewisses menschliches mitgefühl allerdings auch bei ihm in uns rege zu machen, nie aber jene stärkeren gefühle, auf deren erregung es doch die tragische kunst vornehmlich abgesehen hat, mitleid und furcht; das entgegengesetzte aber, ein μεταβάλλεσθαι ἐξ ἀτυχίας εἰς εὐτυχίαν, erscheint ihm bei allen μοχθηροί überhaupt als ἀτραγῳδότατον, da es weder jenes mitgefühl noch mitleid und furcht erregen könne.[157])

Und so erscheint denn allerdings Aristoteles mit der praxis so mancher auch der grösten neueren tragischen dichter in entschiedenem widerstreit, namentlich Shakespeares in seinem Macbeth und Richard dem dritten, und man kann deshalb in der that schwer begreifen, wie Lessing einerseits die Aristotelische poetik für ein so unfehlbares werk halten[158]) und anderseits doch auch Shakespeare als tragischem dichter eine so hohe bedeutung beimessen und ihn ebenso selten wie Sophokles mit den wesentlichen forderungen des Aristoteles im widerspruch finden konnte.[159])

Oder wäre etwa selbst sein Richard, der an selbstkräftiger, rücksichtsloser entschiedenheit im bösesthun jedenfalls doch auch Macbeth noch unendlich weit hinter sich zurückläszt, doch immer noch kein solcher σφόδρα πονηρός? fast könnte es scheinen, als hätte Lessing dies wirklich gemeint, wenn er bei seinem freunde Weisse es so scharf rügt[160]), dasz er in seinem Richard dem dritten 'das gröste, abscheulichste ungeheuer, das je die bühne getragen' auf diese gebracht habe, über Shakespeares Richard aber dabei kein wort des tadels ausspricht und nur die nichtbenutzung des Shakespeareschen trauerspiels bei Weisse entschieden tadelnswerth findet. indes würde auch seinem Richard das prädicat ἀνδρεῖος im sinne jener oben berührten stelle der poetik allerdings unbedenklich zugestanden werden können und insofern anzunehmen sein, dasz Ar. ihn für einen charakter, wie er recht wol in der tragödie auch einen platz finden könne, zu erklären schwerlich angestanden haben würde, wie ja eben jener in der poetik ausdrücklich gebilligte fall, wo der ἀνδρεῖος μὲν ἄδικος δέ besiegt wird, hier uns entgegentritt: ein

157) poetik 13, 3. 4. 158) werke t. 25 s. 250 und t. 24 s. 274. 159) t. 24 s. 42 u. 111 ff. t. 25 s. 210. 160) t. 25 s. 155 ff.

σφόδρα πονηρός würde er doch, meine ich, in seinen augen immer geblieben sein, wie er denn ja auch da, wo er einer streng wissenschaftlichen sprache sich bedient hätte, selbst jenes prädicat ἀνδρεῖος ihm doch schwerlich zugestanden haben würde, da nach der Nikom. ethik III 7, 2 die ἀνδρία, die als eine wahre tugend zu betrachten sei, doch immer nur dem zuerkannt werden kann, der gefahren besteht, denen er um eines guten, edlen zweckes willen (τοῦ καλοῦ ἕνεκα) sich aussetzt, ebenso wie er den an derselben stelle als beispiel ähnlicher art angeführten Sisyphos bei aller seiner πονηρία einen σοφός zu nennen doch auch wol eben nur da, wo er um genauere abgrenzung der begriffssphären der worte unbekümmert ohne weiteres dem gemeinen sprachgebrauch folgte, keinen anstand nahm. oder wie? sollte wirklich den, der anderen πόνοι der schlimmsten art zu bereiten, wo es irgendwie seine rein egoistischen zwecke zu heischen schienen, so wenig wie Richard bedenken trägt, einen πονηρός, ja σφόδρα πονηρός zu nennen Aristoteles nur einen augenblick haben anstehen können?[161])

Also zum eigentlichen helden einer tragödie würde einen charakter der art allerdings doch Ar., wie bereitwillig er auch ohne zweifel 'eine gewisse erhabenheit der in übung des bösen von ihm bewiesenen kraft'[162]) ihm zugestanden haben würde, gewis nicht geeignet gefunden haben, da ja jene mächtigen gefühle des ἔλεος und φόβος, deren erregung und reinigung er nun einmal vor allem von der tragödie fordert, durch das unglück eines solchen menschen seiner meinung nach durchaus nicht in uns erregt werden können. und so möchte uns denn in der that nur die alternative bleiben, entweder Shakespeares Richard den dritten für keine echte tragödie gelten zu lassen, oder der Aristotelischen theorie der tragödie jene von Lessing für sie in anspruch genommene unbedingte allgemeingiltigkeit streitig zu machen.

Wie aber? wäre es dann die festigkeit jener allgemeinsten grundlagen der Aristotelischen theorie, die richtigkeit des satzes, dasz überhaupt mitleid und furcht die affecte sein sollen, welche die tragödie vorzugsweise in uns zu erregen habe, oder die jener specielleren behauptung desselben, dasz mitleid für sich und damit zugleich furcht für uns nur eben der entschiedene bösewicht seiner unähnlichkeit mit allem, was sonst mensch heiszt, und somit auch mit uns selbst wegen zu erregen nicht im stande sei, die von uns zu bestreiten wäre? nun, dasz die tragödie vor allem mitleid und in folge dessen auch eine art furcht in uns zu erregen bestimmt sei, würde doch wol blosz der, der leiden überhaupt nicht mehr als

161) hiernach kann ich nicht zugeben, dasz mit dem hinweis auf jene im text behandelte stelle der poetik von A. Stahr (Ar. poetik s. 54 f.) der beweis, den er damit geführt zu haben meint — dasz auch mit seinem Richard und Macbeth Shakespeare doch mit Ar. in übereinstimmung sich befinde — in der that geführt worden sei. 162) Stahr a. o.

gegenstand des trauerspiels gelten lassen wollte, behaupten können; in wem aber sollten begriff, ursprung und geschichte desselben einen solchen gedanken aufkommen lassen können?

Aber in betreff des der darstellung des bösen, wie es in seiner ganzen furchtbarkeit in dem charakter des entschiedenen bösewichts uns entgegentritt, in ihr einzuräumenden platzes möchte in der that die auf christlichen grundanschauungen ruhende neuere tragödie recht wol auch einen andern weg als die antike einschlagen dürfen.

Denn allerdings wird auch der entschiedene bösewicht, wenn uns nur überhaupt noch ein mensch, nicht ein ungeheuer, das nur namen und gestalt mit den menschen gemein hat, in ihm vor augen geführt wird, doch immer noch ganz andere gefühle als den abscheu einerseits, den die ruchlosigkeit seines sinnes und seiner handlungen uns einflöszt, und jene ästhetische, jeder art kraft gezollte bewunderung anderseits, die wir bei glänzenden beweisen geistiger überlegenheit und im dienste des bösen sich bekundender willensstärke ihm freilich auch nie werden versagen können, in uns zu erwecken vermögen.

Weisz es nemlich einerseits der dichter nur recht klar und einleuchtend zu machen, wie doch immer nur aus keimen heraus, wie sie schwächer oder stärker eines jeden menschen herz in sich hegt, in folge einer besondern verhängnisvollen verkettung der umstände, bei mangelndem kräftigem widerstande gegen die ihm auflauernden und nachstellenden dämonischen mächte, also doch auch nie ohne eigne schuld, das böse sich bei ihm entwickelt und bis zu einer so furchtbaren höhe gesteigert hat, anderseits auch die pein und die qualen, welche die sünde über ihre sklaven bringt, uns zu nicht minder lebendiger anschauung als die macht und gewalt, welche sie über sie übt, zu bringen: wie sollte da nicht auch in dem grösten verbrecher doch der mensch von uns erkannt und gefühlt und so neben dem zorn und der empörung, die seine schandthaten in uns hervorrufen werden, doch auch ein tiefes wehevolles mitleid mit dem dem bilde, nach dem der mensch geschaffen worden, so unähnlich gewordenen in uns rege werden, und in und mit ihm zugleich eine dem grauen vor dem sich hier eröffnenden schauerlichen abgrunde, in den seine sündhaften neigungen den menschen zu stürzen vermögen, entsteigende furcht vor uns und für uns selbst, da ja auch wer jetzt steht doch nie sicher ist vor dem falle?

Insofern also vermag allerdings auch der σφόδρα πονηρός mitleid und furcht in uns zu erregen, und sonach kann denn auch er keineswegs für unbedingt untauglich zum helden einer tragödie erachtet werden.

Und machte denn nun der neuern tragödie die längere dauer, die gerade die hervorragendsten unter den vertretern derselben der tragischen handlung einzuräumen ohne bedenken sich erlaubt haben, wie überhaupt der gröszere umfang, der in der regel ihre werke von denen der antiken unterscheidet, dann auch die feinere und ausgeführtere seelenmalerei, die sie bei aufhebung so mancher im altertum die dramatische dichtung beschränkenden bedingungen sich gestatten durfte, eine solche darstellung des gestaltungs- und entwickelungsprocesses des bösen in der menschlichen seele sehr wol möglich und musten für tiefere geister gerade die hierbei sich dem menschengeiste aufdrängenden, nun erst in ihrer ganzen bedeutsamkeit sich enthüllenden probleme einen ganz eigentümlichen auf das mächtigste zu versuchen ihrer lösung drängenden reiz haben: wäre es da nicht vielmehr zu verwundern, wenn sie sich dessenungeachtet an darstellungen der art nie gewagt oder doch fragen der art stets nur nebenbei, nie als hauptaufgabe zu behandeln sich begnügt hätte?

In Shakespeares Richard dem dritten also nur wegen der unleugbaren πονηρία seines helden doch im wesentlichen nichts als eine misgeburt der tragischen muse zu sehen und deshalb bei aller bewunderung der grösze des genies, das ihn geschaffen, doch über ihn als kunstwerk den stab zu brechen würde jedenfalls nur eine sehr mangelhafte einsicht in das wahre wesen und die ewig giltigen gesetze der tragischen kunst bekunden. oder finden sich nicht in der that alle die bedingungen, unter welchen, wie wir sahen, dem tragischen dichter auch einen solchen charakter in den vordergrund zu stellen gestattet werden konnte, hier auf das vollkommenste erfüllt? denn wie einerseits die wilde rücksichtslosigkeit, mit der Richard alles, was bei seinem trachten nach Englands krone ihm hindernd entgegensteht, aus dem wege räumt, in dem bei der unfähigkeit einen andern reiz in sein leben zu bringen nur um so stärker sich in ihm geltend machenden bewustsein seiner entschiedenen geistigen überlegenheit über alle seine umgebungen ihre tiefe psychologische begründung findet, dann auch die furchtbare höhe, welche die sittliche verhärtung bei ihm erreicht hat, durch den einblick in das allmähliche wachstum des bösen in ihm noch erklärbarer gemacht wird — nicht minder ferner durch das ergreifende gemälde, das uns der dichter von jener greulichen zeit der schauervollsten sittlichen entartung, die nur in Richard ihren schärfsten und entschiedensten ausdruck gefunden habe, vor augen stellt —: ebenso mächtig zeigt sich der genius des grösten seelenmalers unter den dichtern aller zeiten in der erschütternden schilderung aller der furchtbaren gewissensqualen, von denen er vornehmlich, aber keineswegs allein, in wüsten und schrecklichen träumen in folge seiner blut auf blut häufenden verbrechen heimgesucht wird, der innern selbstverdammnis, der alle jene beschönigungskünste seiner verworfenheit ihn doch nicht zu entziehen vermögen, und all der unseligkeit, die an das bewustsein der eignen schlechtigkeit und das davon unzertrennliche mistrauen gegen die treue aller seiner anhänger und parteigenossen, auch der scheinbar in hingebendster unterwürfigkeit seinen plänen dienenden, notwendig geknüpft ist. wozu dann noch kommt, dasz wir auch jene goldene frucht, nach der er so gierig mit aufbietung aller kraft unter hintansetzung aller anderen rücksichten hascht, seine verlangende hand eben nur erreichen sehen, um ihren besitz sofort auch wieder mit dem leben zugleich dahingeben zu müssen.

Entdecken wir nun aber dagegen in unserm deutschen Richard dem dritten, dem Weisseschen trauerspiele dieses namens, von einer solchen psychologischen erklärung des charakters Richards keine spur, ebenso wenig von wirklichen gewissensqualen desselben, da zwar auch er schreckliche träume hat und ein schauer bisweilen ihn plötzlich überfällt, aber etwas dem verdammungsurteil, das er in jenem furchtbar schönen monologe bei Shakespeare über sich selbst ausspricht, ähnliches sich nirgends bei ihm findet, sehen wir ihn ferner dabei auch in entblöszung von aller scham und scheu vor verübung der verruchtesten thaten Shakespeares Richard immer noch weit überbieten — wie er denn bei Weisse nicht nur mit eigner hand die beiden prinzen, seine neffen, ermordet, sondern auch selbst gegen seinen vertrautesten freund und diener, Catesby, blosz weil er ihm eine schlimme nachricht bringt, den dolch zückt und ihn ersticht — und endlich von Richmond getötet unter tausend flüchen sein 'schwarzes leben' aushauchen — während bei Shakespeare bei all seiner verruchtheit doch immer noch die gewissensqual ihm ein 'erbarmen Jesu' auszupressen vermag — und wird uns dabei auch selbst die heroische tapferkeit, die nach Shakespeare einen hauptzug seines wesens bildet, bei ihm nirgends, auch nicht in seinen letzten kämpfen um krone und leben, zu lebendiger anschauung gebracht: so können wir es allerdings nur vollkommen begreiflich finden, wie Lessing das, was von seinem Richard gilt, von dem Shakespeareschen doch auf keine weise gelten lassen wollte, und bei der auszerordentlichen künstlerischen und stilistischen unreife und unmündigkeit, die an der Weisseschen production durchweg sich zu erkennen gibt, auch bei gebührender berücksichtigung der zeit ihres entstehens überhaupt nur die grosze freundschaftliche nachsicht und milde in jener kritik desselben in der Hamburger dramaturgie bewundern.[163])

Wobei indes die frage, wie der σφόδρα πονηρός als held einer tragödie mit Aristoteles von Lessing entschieden habe verworfen und doch zugleich gegen Shakespeares Richard, wie es scheint, keine einwendung irgend einer art von ihm habe erhoben werden können, freilich doch immer noch ungelöst bleibt.

Von hrn. Zillgenz nun ist diese ganze frage, ob die Aristotelische vorschrift, dasz ein entschiedener bösewicht nicht der hauptheld einer tragödie sein solle, auch noch jetzt giltigkeit habe, nur

163) vgl. Guhrauer in dem trefflichen werke über Lessings leben und schriften (Leipzig 1853) II 1 s. 174—176 und 317, dessen worten 'wenn wir die sache unparteiisch nehmen, so hat es fast das ansehen, als wenn der arme Weisse hier das centnerschwere gewicht des vorwurfs tragen müste, an dem ihm Shakespeare mit tragen helfen sollte' ich hiernach nicht ganz beistimmen kann.

ganz flüchtig s. 15 in den worten 'soll daher mitleid und furcht wirklich erregt werden, so darf der held nicht durch seine laster zu denen gehören, welche sich durch sie gleichsam von der menschheit losgesagt haben und ihr auswurf geworden sind' und s. 22, wo er auf die verschiedenheit der ansicht Schillers von Aristoteles in diesem puncte aufmerksam macht, nach welchem die leiden eines verbrechers nicht weniger tragisch ergötzend sein könnten als die leiden eines tugendhaften, berührt worden. aber Schiller spricht sich nur in der abhandlung 'über das pathetische' in diesem sinne aus, wenn es dort, durchaus ohne bestimmte beziehung auf den helden einer tragödie, heiszt dasz, wo der dichter nur eine starke äuszerung von freiheit und willenskraft antreffe, er auch einen zweckmäszigen gegenstand für seine darstellung gefunden habe, weshalb es für sein interesse eins sei, aus welcher classe von charakteren, der schlimmen oder guten, er seine helden nehmen wolle, da das nemliche masz von kraft, welches zum guten nötig sei, sehr oft zur consequenz im bösen erfordert werden könne und bei ästhetischen urteilen auf die kraft mehr als auf die richtung der kraft ankomme. wozu er hinzufügt, dasz 'laster, welche von willensstärke zeugten, eine grössere anlage zur wahrhaften moralischen freiheit ankündigten als tugenden, die eine stütze von der neigung entlehnten, weil es dem consequenten bösewicht nur einen einzigen sieg über sich selbst, eine einzige umkehrung der maximen koste, um die ganze consequenz und willensfertigkeit, die er an das böse verschwendete, dem guten zuzuwenden.' wo das 'nur einen einzigen sieg über sich selbst, eine einzige umkehrung der maximen' doch jedenfalls etwas höchst befremdliches hat, da das gröste der wunder, die plötzliche ausrottung langjähriger lasterhafter gewöhnungen in einem augenblick, damit wie etwas ganz einfaches und leicht ins werk zu setzendes behandelt wird.

Dagegen sagt er in seiner abhandlung 'über die tragische kunst', hier also in bestimmter beziehung auf die tragödie, Aristoteles nicht nur vollkommen beipflichtend, sondern sogar noch weit über ihn hinausgehend, da nicht blosz von dem eigentlichen helden der tragödie bei ihm die rede ist, ausdrücklich, dasz 'unser mitleid bedeutend geschwächt werde, wenn der urheber eines unglücks, dessen schuldlose opfer wir bemitleiden sollen, unsere seele mit abscheu erfülle, weshalb es jederzeit der höchsten vollkommenheit seines werkes abbruch thue, wenn der tragische dichter nicht ohne einen bösewicht auskommen könne, und wenn er gezwungen sei die grösze des leidens von der grösze der bosheit herzuleiten', eine behauptung für deren richtigkeit Shakespeares Jago und Lady Macbeth, Cleopatra in Corneilles Rodogune[164]), Franz Moor in seinen eignen räubern die besten belege darbieten sollen.

---

164) denn kein anderes stück kann doch wol mit der Roxolane bei Schiller gemeint sein.

Noch fordert in dem abschnitte von den charakteren das von dem vf. über die ἤθη ὅμοια gesagte eine besondere besprechung.

Ueber diese ὅμοια ἤθη der Aristotelischen poetik nemlich läszt er sich s. 45 in folgender art aus: 'verwandt mit dieser (der bedingung, dasz sie ἁρμόττοντα seien) ist die dritte bedingung, dasz die charaktere ähnlich seien dem, welcher dargestellt werde, dasz sie treffend seien und zu den handlungen passen, welche sie ermöglichen sollen.' aber, um das letztere zuerst ins auge zu fassen, charaktere, die gar nicht zu den handlungen passen, welche sie ermöglichen sollen, würden ja schon gegen jenes erste gesetz, das Ar. für alle poesie überhaupt aufstellt, dasz sie nemlich τὰ καθόλου, τῷ ποίῳ τὰ ποῖ' ἄττα συμβαίνει λέγειν ἢ πράττειν κατὰ τὸ εἰκὸς ἢ τὸ ἀναγκαῖον darzustellen habe, sündigen; dasz er aber eben dieses hier mit der forderung des ὅμοιον in betreff der ἤθη nur wieder habe in erinnerung bringen wollen, würde sich nur etwa annehmen lassen, wenn es an die spitze der ganzen erörterung über die ἤθη gestellt von neuem eingeschärft worden wäre, nicht bei der behandlung, die ihm wirklich zu teil wird, wo ihm erst der dritte platz unter den für die ἤθη speciell aufgestellten regeln eingeräumt wird, während, dasz allerdings auch ebenso auf die ἤθη wie auf die σύστασις πραγμάτων jene forderung sich erstrecke, dann noch besonders nach aufstellung jener auf die ἤθη speciell sich beziehenden regeln mit den worten (15, 10) χρὴ δὲ καὶ ἐν τοῖς ἤθεσιν, ὥσπερ καὶ ἐν τῇ τῶν πραγμάτων συστάσει, ἀεὶ ζητεῖν ἢ τὸ ἀναγκαῖον ἢ τὸ εἰκός, ὥστε τὸν τοιοῦτον τὰ τοιαῦτα λέγειν ἢ πράττειν, ἢ ἀναγκαῖον ἢ εἰκός, καὶ τοῦτο μετὰ τοῦτο γίνεσθαι, ἢ ἀναγκαῖον ἢ εἰκός erinnert wird. die dem vorangehende bestimmung des begriffs bei Z. aber, 'dasz die charaktere treffend und ähnlich sein sollen dem welcher dargestellt werde', kann noch weniger befriedigen, da sie eines klaren sinnes ganz entbehrt, indem der mensch ja eben durch seinen charakter vornehmlich erst das wird was er ist, bei 'treffenden charakteren' aber sich in der that überhaupt gar nichts denken läszt.

Indes auch andere erklärungen dieses ὅμοιον sind in neuerer zeit aufgestellt worden, mit denen man sich unmöglich einverstanden erklären kann, wie wenn A. Stahr (a. o. s. 128) das τρίτον δὲ τὸ ὅμοιον des Ar. übersetzt 'der dritte punct ist die übereinstimmung des geschilderten charakters mit der überlieferung', während doch schon G. Hermann in seiner ausgabe (s. 150) das unzulässige dieser auffassung einer für die gesamte tragödie überhaupt geltend gemachten forderung namentlich durch hinweisung auf solche stücke wie Agathons Ἄνθος mit den 'fictae personae' desselben dargethan hatte, oder wenn Schrader (a. o. s. 60) mit Victorius die ὅμοια ἤθη mit 'mores qui non abhorreant a moribus illius aetatis, e qua fabulae argumentum petitum sit' wiedergibt, wo man einerseits nicht einsieht, wie Ar. habe meinen können diesen sehr speciellen begriff mit dem einfachen ὅμοιον genügend ausgedrückt zu haben, dann die gleich im anfange der poetik gegebene bezeichnung der tragischen personen als βελτίονες τῶν νῦν, an die dann wieder die forderung der χρηστὰ ἤθη in diesem capitel sich anschlieszt, eine solche bestimmung auch ganz überflüssig erscheinen lassen würde, da ein engerer anschlusz an den bestimmten charakter der eben darzustellenden zeit zu sehr dem ganzen geist und wesen der antiken tragödie widerstreitet, als dasz Ar. eine derartige historische treue dem tragiker hätte vorschreiben sollen.

Aber einen fingerzeig, wie Ar. diese forderung der ὅμοια ἤθη in der tragödie aufgefaszt wissen wolle, finden wir auch schon in dem capitel selbst, in welchem sie von ihm aufgestellt wird, wie sich auch nicht anders erwarten liesz, da ja auch sonst keine von den die ἤθη in derselben betreffenden forderungen in ihm ohne einen erläuternden, näher bestimmenden zusatz geblieben ist.

Der tragödiendichter soll dem guten portraitmaler nachahmen, heiszt es nemlich hier; wie jener die eigentümliche gestalt des von ihm abzubildenden in seiner abbildung wiedergebe, ein dem abzubildenden ähnliches bild von ihm liefere (ὁμοίους ποιεῖ), das doch dabei schöner sei als in wirklichkeit der abgebildete erscheine, ebenso müsse es auch der tragödiendichter machen; ähnlich also den menschen, wie sie die wirklichkeit uns vorführe, müssen zunächst natürlich auch die personen sein, die er in seiner dichtung einführt, und wenn er nicht so aus dem wirklichen leben, in dessen mitte er selbst gestellt ist, form, umrisz und farben für sein gebilde entnähme, wie sollte er dann auch überhaupt das leben und den teuschenden schein der wirklichkeit in sie hineinzubringen vermögen, ohne welche sie doch durchaus reiz- und wirkungslos bleiben müsten?

Also ὅμοια, typen wie sie die wirklichkeit, sorgfältige beobachtung des thuns und treibens der ihn umgebenden welt ihm darbietet, entsprechend müssen durchaus auch bei dem tragödiendichter die ἤθη, die er darstellen will, sein[165]); aber freilich musz er in die züge, die er nachbildet, zugleich einen ausdruck zu legen wissen, der sie edler und erhabener, als sie die wirklichkeit zu zeigen pflegt, erscheinen läszt, so dasz die ὅμοια ἤθη doch immer zugleich ἤθη βελτιόνων τῶν νῦν bleiben, wie sie nun einmal die tragödie uns vor-

165) ebenso faszt den begriff Susemihl auf a. o. s. 105 u. 191 und neuerdings G. Teichmüller: Aristoteles philosophie der kunst (Halle 1869) s. 153 und im wesentlichen auch schon ich selbst in meiner gesch. der kunsttheorie II s. 128, eine erklärung des begriffs, der Schrader (a. o.) mit unrecht den vorwurf macht, dasz die vorschrift, die dann Ar. hier gegeben hätte, schon in den ἁρμόττοντα und ὁμαλὰ ἤθη enthalten wäre, da, wie auch schon G. Hermann, unser vorgänger in dieser auffassung des wortes, bemerkt, die ἁρμόττοντα solche sind, welche zu dem geschlecht, der lebensweise, dem stande dessen der dargestellt wird passen, durch das ὁμαλόν aber das rein phantastische, jedes vorbildes in der wirklichkeit entbehrende des zu schildernden charakters immer noch nicht ausgeschlossen sein würde, da auch ein solches traumgebilde doch nicht gerade alles innern zusammenhanges zu entbehren brauchte.

31.

ZUR ELEGIA DE NUCE.

Aus einigen in diesem etwas barocken gedichte vorkommenden anspielungen kann man auf das zeitalter desselben einigermaszen schlieszen. in v. 43 f. nemlich

sic timet insidias, qui scit se ferre viator
cur timeat; tutum carpit inanis iter

liegt eine hindeutung auf den zweiten vers des bekannten jugend-epigramms von Vergilius auf den tod des räubers Ballista (bei Donatus *vita Verg.* s. 58 Reiff. und anth. lat. 261 meiner ausg.) *nocte die tutum carpe viator iter;* womit wenigstens dem klange nach auch v. 100 der Nux sich vergleichen läszt: *maiorem domini parte viator habes,* sowie auch, als ob sich der dichter an diesem verse gar nicht genug thun könnte, v. 136 *inprobe vicinum carpe viator holus.* diese anspielung ist nun zu vereinigen mit Nux v. 143 f.:

sed neque tolluntur nec, dum regit omnia Caesar,
incolumis tanto praeside raptor erit.

es gibt nemlich einen vers (anth. lat. II 67 B. 757 Mey.), welchen die einzige bekannte quelle, der cod. Rehdigeranus saec. XV eher als XIV, über welchen ich M. Hertz freundliche auskunft verdanke (vgl. auch Ribbeck app. Verg. s. 28), mit folgender überschrift gibt:

Vergilius de Caesare.
Iuppiter in caelis, Caesar regit omnia terris.

diese beiden anspielungen auf als Vergilisch überlieferte epigramme, von welchen das letztere stets sehr unbekannt blieb, daneben aber so viel ich gesehen der mangel von anspielungen auf andere stellen der zerstreuten kleineren lateinischen dichtungen, sind von wichtigkeit und geben eine handhabe dafür, das gedicht in das altertum, und zwar in die verhältnismäszig frühe zeit desselben zu versetzen, in welcher das Vergilische oder dem Vergilius zugeschriebene buch von epigrammen (vgl. anth. lat. I praef. s. XXVIII f. Hagen in diesen jahrb. 1869 s. 733 f.) noch als ganzes bestand und gelesen wurde. zu den vorzüglichen erzeugnissen jener zeit wird es allerdings nicht zu zählen sein. sehr interessant wäre es endlich zu wissen, ob in v. 32 *audiat hoc cerasus: stipes inanis erit* ein wirklicher anklang an den vers (anth. lat. 262, 2) *Iuppiter exiguo tempore inermis erit* zu finden ist, welcher auch als *eiusdem* dem Vergilischen epigrammenbuch in der überlieferung des codex Salmasianus zugeteilt ist, sich aber auch bei Ovidius *trist.* II 34 findet. eine entscheidung wage ich nicht zu geben; die folgerungen daraus lieszen sich jedoch leicht ziehen.

Frankfurt am Main. Alexander Riese.

32.
VOXOR = VXOR.

Im Trinummus des Plautus v. 800 hat der Vetus zu anfang des verses anstatt *Vxorem* die variante *Voxorem*, die sich in der nemlichen hs. auch *truc.* II 6, 34 wiederfindet. dasz hier nicht ein bloszer schreibfehler vorliegt (wenn auch die form in der Truculentusstelle nicht in den vers passt, es sei denn dasz man in diesem verse die durch den annalisten Gnäus Gellius beglaubigte form *Neria* einführen wollte: *Márs peregre adveniens salutat Neriam voxorem suam*), sondern *voxor* als gleichberechtigt neben *uxor* dem Plautus zurückzugeben ist, gedenke ich in den folgenden zeilen darzuthun.

Bopp hat es in seiner vergleichenden grammatik II² s. 206 als eine im sanskrit häufige erscheinung bezeichnet, dasz *u* als verstümmelung der silbe *va* vorkommt, und ist von diesem gesichtspunct aus geneigt *cujus* auf *quojus* (also *vo* = *u*) zurückzuführen, erwähnt auch als dahingehörige erscheinungen des lateinischen *concutio* von *quatio*, *secutus* von *sequor*, *locutus* von *loquor*. dasz in der that *cujus* aus *quojus* entstanden ist, kann derselbe übergang lehren, wie er als allgemein anerkannt vorliegt in *cur* für *quor*, *cum* für *quom*, ferner in formen wie *aecus* für *aequos*, *cocus* für *coquos*, wie denn in den Plautus-hss. sich die unmittelbar auf jene entstehung hinweisende schreibart *qur* (*Bacch.* 333. *Pseud.* 799. 915), *aequs* (*Bacch.* 488. *Stich.* 4), *qum* (*Bacch.* 284. 421. 826. *Pseud.* 58. *Men.* 304), *coqus* (*Pseud.* 800. 802. 851) ebenso wie *quja* für *quoja* (*merc.* 720) findet, wozu inschriftliche zeugnisse für *qum* (CIL. bd. I 1230), *qur* (ebd. 1454) hinzukommen, und ganz in demselben kreise sich haltend *delinqunt* für ein altes *delinquont* (*merc.* 717. *Stich.* 328).

Derselbe wechsel von *vo* und *u* findet sich aber nicht blosz nach *q*, sondern greift, wenn den handschriftlichen, zum teil von inschriftlicher autorität unterstützten zeugnissen zu trauen ist, noch weiter. um auch hier mit bekanntem und zugestandenem anzufangen, so ist die form *sultis*, aus *si ultis* für *si voltis* zusammengezogen, allgemein recipiert, wobei zu bemerken ist, dasz an zwei stellen des Plautus *Men.* 350 und 1060 die hss. dafür das gewöhnliche *si voltis* geben, also wol anzunehmen ist dasz bei Plautus selbst wirklich *si ultis*, nicht *sultis* geschrieben war. von viel bedeutenderer tragweite aber ist, dasz in einer inschrift aus alter zeit (CIL. bd. I 63) MAVRTE für *Mavorte* sich findet, für welche form Corssen ausspr. I² s. 410 die ziemlich künstliche erklärung gibt, dasz nach ausfall des *v* das *ao* in *au* übergegangen sei, während Ritschl im rhein. museum XVI s. 610 geneigt ist darin ein *Mavrte* mit in der schrift unterdrücktem *o* zu sehen. auf ganz gleicher stufe steht das in späteren inschriften erscheinende *aunculus* für *avonculus* (Corssen a. o. I² s. 321), das, wie schon andere bemerkt haben, an folgenden drei stellen der Aulularia herzustellen ist:

IV 10, 47 f. *sí me novisti minus,*
génere qui sim gnatus, hic mihi est Megadorus aunculus.
IV 10, 52 *eám tu despondisti opinor meo aunculo.* ‖ *omnem rem tenes.*
IV 10, 69 *eá re repudium remisit aunculus causa mea.*

aber auch andere formen ähnlicher art, die bisher nur aus inschriften späterer zeit bekannt waren, finden sich in Plautinischen hss. wieder, so *vius* für *vivos* (Corssen a. o. s. 316) *Pseud.* 339, woran sich schlieszt *viunt* für *vivont Bacch.* 540 und *trin.* 1075, wo nach Studemund im rhein. museum XXI s. 620 der palimpsest so schreibt, und *nous* für *novos* (Corssen s. 321) *Pseud.* 434 und *most.* 759; ferner zwar nicht inschriftlich beglaubigt, aber ganz gleichartig *salus* für *salvos trin.* 618. 1089. *most.* 566; *subditium* für *subditivom Pseud.* 752, so dasz auch *uster* für *voster trin.* 591 und *most.* 946 nicht füglich in zweifel gezogen werden kann.

Kaum wird es hiernach als zu kühn erscheinen, einige auffallende eigentümlichkeiten unter denselben gesichtspunct zu stellen, welche das wort *deus* bei Plautus darbietet. in dem verse *merc.* 842
dívom atque hominum quae spectatrix atque era eadem es hominibus
hat (D) *Diuom* (v über o), (C) *Diuvm*, C *D'uum* (i über '), D *Diuum*, B und (B) *Dium*, und ich glaube nicht zu irren, wenn ich das seltsame schwanken der hss. aus der an dieser stelle ursprünglich vorhandenen form *dīum* für *divom*, welche der Vetus zweimal bietet, herleite. durch die herstellung desselben *dīum* wird auch *asin.* 716 *quem te aútem dium nominem?* ‖ *Fortunam atque obsequentem* ohne weitere veränderung oder umstellung geheilt, und wenn *Men.* 217 *néque hodie ut te perdam meream deorum divitias mihi* B *deum* hat, so scheint es angezeigt auch hier *dīum* zu schreiben.

Während die bisherigen beispiele uns anstatt des im gewöhnlichen gebrauch erscheinenden *vo* ein *u* darbieten, so fehlen auch die umgekehrten fälle nicht. *most.* 1153 hat anstatt *parumper sine* Ba und C *parvom persine* und *Men.* 635 *nóvi ego te: non mihi censebas esse qui te ulciscerer* BaCDa in merkwürdiger übereinstimmung *uolciscerer*, das ebenso gut wie *ulciscerer* in den vers passt; dies nemliche *volcisci* bieten, was besonders bedeutungsvoll ist, im Phormio des Terentius v. 989 *vel óculum exculpe, est ubi vos ulciscar probe* bei Umpfenbach die hss. CP und nach s. LXXXV auch B; im Persa des Plautus aber v. 726 *nunc est illa occasio | inimicum ulcisci.* ‖ *ecce me: numquid moror* verschwindet durch aufnahme jener form der hiatus. bemerken will ich auch noch, dasz Ter. *Phorm.* 690 A *uolnus* (c über n) für *ulcus* hat, so dasz es fast scheint, als ob auch hier ursprünglich *volcus* gestanden habe, obwol dies unsicher bleiben musz.

Wenn wir nach allem diesem zu dem zu anfang aufgeführten doppelten zeugnis für *voxor* zurückkehren und uns auszerdem der ableitung von *uxor* aus *uctor* für *vactor* von der skr. wurzel *vaç* für *vak* 'wollen, wünschen, lieben', wie sie Corssen a. o. s. 312 gibt, erinnern, wird, denke ich, die berechtigung nicht bestritten werden können, die Plautinischen stellen, wo bisher *uxor* gelesen würde, einer nähern prüfung zu unterziehen, um auf dem von Ritschl neu eröffneten wege aus metrischen gründen zu erkennen, ob wirklich jene form als eine Plautinische anzusehen sei oder nicht.

Zunächst nun finden sich für *voxor* im iambischen senar folgende sichere stellen:

asin. 84 ff. *cupis id quod cupere te nequiquam intellego.*
dotálem servom Sauream *v o x o r* *tua*
addúxit, quoi plus in manu sit quam tibi.

Fleckeisen schreibt mit G. Hermann (bei Linge de hiatu s. 61) *Sauream* ⟨*ne*⟩ *uxor tua.* wenn CFW. Müller Plaut. prosodie s. 536 in bezug hierauf sagt, das eingeschobene *ne* sei entbehrlich, da das *cupis* v. 84 als antwort auf den vorhergehenden vers *cupio ésse amicae quod det argentum suae* stehen könne, so meine ich, wird eine genauere betrachtung lehren, dasz diese beziehung die einzig mögliche ist und v. 85 jedes zusammenhangs mit dem *cupis* in v. 84 ermangelt.

merc. 239 *suaé* *v o x o r i s* *dotem ambedisse. oppido* —

B hat *ambae dedisse*, D *ambedisse*, C *ampedisse.* Ritschl schreibt *suae dotem uxoris ambadedisse. oppido*, Müller a. o. s. 379 *suae sibi uxoris.* derselbe bemerkt richtig, dasz für *ambedisse Cas.* IV 1, 20 *ambestrices* spreche, und verbessert danach ansprechend v. 241, wo auch keine hs. *ambadederit*, sondern C und D *ambederit*, B *dederit* gibt, *uxóris simiai dotem ambederit.*

merc. 586 *metuo égo* *v o x o r e m*, *cras si rure redierit.*

Ritschl *metuo ego* ⟨*iam*⟩ *uxorem.* zu welchen stellen noch kommt:

trin. 111 *simul eius matrem, suam* *v o x o r e m* *mortuam,*

da das *que* der hss., welche geben *suamque uxorem*, noch niemand hat rechtfertigen können.

Zahlreichere beiträge liefern die trochäischen septenare:

Amph. 1086 *Ámphitruo, piam et pudicam tuam esse* *v o x o r e m* [*ut scias.*

Fleckeisen *uxorem uti.*

Amph. 1106 *nón metuo quin meae* *v o x o r i* *latae suppetiae sient.*

Fleckeisen *meae quin uxori.*

rud. 1046 *métuo propter vos ne* *v o x o r* *mea me extrudat aedibus.*

Fleckeisen *metuo propter vos mea uxor ne me extrudat aedibus*, wodurch die echt Plautinische zusammenordnung von *mea* und *me* verloren geht.

asin. 894 *díce, amabo, an fetet anima tuae* *v o x o r i?* [*nauteam.*

diese wortstellung bietet, natürlich mit *uxori*, Nonius s. 233, 6; der Vetus *an fetet anima uxoris tuae?* Fleckeisen *an anima fetet uxoris tuae?* mit an sich weniger ansprechender stellung.

Men. 963 *quíd ego nunc faciam? domum ire cupio,* *v o x o r* [*non sinit.*

Ritschl ⟨*at*⟩ *uxor* mit Camerarius.

cist. II 1, 23 *ét me si umquam tibi* *v o x o r e m* *filiam dedero meam.*

Müller a. o. s. 710 will umstellen *tibi umquam.*

trin. 375 *dúcere uxorem sine dote.* ‖ *sine dotē(i) voxorem?* ‖ *ita.* Ritschl schreibt mit Reiz *sine dote uxoremne?* Fleckeisen *sine dote* ⟨*autem*⟩ *uxorem?* Guyet *sine dote uxorem?* ‖ *ita pater,* während die altertümliche form mit absicht gewählt scheint um die entrüstung des Philto zu malen.

trin. 378 *égone indotatam voxorem ut patiar?* ‖ *patiundumst, pater,*

wenigstens nach dem palimpsest, der *te* vor *uxorem* ausläszt.

Hierzu kommen noch die stellen, an denen durch aufnahme jener form der hiatus in der cäsur verschwindet:

asin. 934 *cáno capite te cuculum voxor ex lustris rapit.*

Men. 399 *égo quidem neque umquam voxorem habui neque habeo: neque huc —*

glor. 1402 *cúr es ausus subigitare alienam voxorem, inpudens?*

Zweifelhaft sind einige stellen, an denen die wahl zwischen verschiedenen formen frei steht:

glor. 932 *a tuá voxore mihi datum esse eamque illum deperire,* wo Ritschl in der ausgabe *a túa esse uxore mihi datum*, n. Plaut. exc. I s. 68 nach Büchelers vorgang (lat. decl. s. 50) *a tuad uxore mihi datum esse* schreibt.

Amph. 498 *cum Álcumena voxore usuraria,* wofür Ritschl im rh. museum XXIV s. 486 schreibt *cum Álcumenad uxore usuraria*, und

glor. 699 *mé voxore prohibent, mihi qui huius similis sermonis serat,*

wo die von Ritschl n. Plaut. exc. I s. 43 (vgl. Bücheler a. o.) vorgeschlagenen lesarten *me uxoré(i) prohibent* und *med uxore prohibent* ebenso möglich sind.

Wem diese beispiele zahlreich genug erscheinen, um *voxor* als Plautinisch zu vindicieren, der möge sich denn auch nicht scheuen bei Terentius *hec.* 558 *róga velitne an non uxorem: si est ut dicat velle se* der lesart von A *uxorem an non* die ehre zu geben, indem er schreibt:

róga velitne voxorem an non: si est ut dicat velle se.

Schulpforte. Hermann Adolf Koch.

33.

ZU CAESAR DE BELLO CIVILI III 1, 6.

Als Cäsar im j. 49 zum ersten mal elf tage lang die dictatur bekleidete und dann mit P. Servilius zum consul gewählt wurde, liesz er es sich angelegen sein, wie das erste capitel des dritten buches *de bello civili* dies schildert, seiner herschaft moralische stützen zu schaffen. wie es in jenen kriegerischen zeitläuften nicht anders sein konnte, war der credit gesunken. die verschuldeten hofften, die gläubiger fürchteten von Cäsar, wie 15 jahre früher von Catilina, neue schuldbücher. Cäsar jedoch wollte 'nichts weniger sein als der testamentsvollstrecker Catilinas' (Mommsen röm. gesch. III³ s. 454). wenn er auch den verschuldeten zahlungserleichterungen und processmilderungen verschaffte, so war er doch sehr weit davon entfernt die allgemeine unsicherheit in den geldverhältnissen durch ungerechte verordnungen zu gunsten der demokratie noch zu erhöhen. aus ähnlichem grunde, nemlich um die autorität der gerichte, zumal in criminalsachen, nicht zu schädigen und dadurch der unsicherheit der politischen lage vorschub zu leisten, trug er mit recht bedenken, die unter dem früheren regiment geächteten aus eigner machtvollkommenheit zurückzurufen, wenn schon diese sich einen gewissen anspruch auf Cäsars erkenntlichkeit dadurch erworben hatten, dasz sie ihm gleich im anfang des krieges ihre dienste zur verfügung gestellt hatten. dafür traf er aber veranstaltung, dasz deren zurückberufung auf gesetzlichem wege, d. h. auf antrag der volkstribunen durch das volk erfolgte. zur begründung dieses seines verfahrens sagt nun Cäsar: *statuerat* (*Caesar*) *enim prius hoc iudicio populi debere restitui quam suo beneficio videri receptos, ne aut ingratus in referenda gratia aut arrogans in praeripiendo populi beneficio videretur.* die gewöhnliche erklärung von *ingratus*, der auch Held und Doberenz folgen, 'undankbar gegen das ihn begünstigende volk' verwirft mit recht Kraner-Hofmann. denn 'die feinheit dieser wendung wird dadurch ganz verwischt, und es entsteht eine unerträgliche tautologie, da im folgenden wiederum von der rücksicht die er auf das volk nahm gesprochen wird.' mit recht findet Kraner-Hofmann in dem ersten gliede der disjunction die beziehung auf die geächteten, in dem zweiten die auf das volk. aber weiter kann ich mich ihm nicht anschlieszen, wenn er behauptet: 'Cäsar sagt, er habe ihr anerbieten nicht angenommen, damit er nicht, indem er sich für dasselbe (durch das *recipere*) dankbar zeigte, zugleich undankbar gegen sie wäre, weil er ihnen dadurch den vorteil einer restituierung durch das volk entzogen und sie nur durch ihn aufgenommen geschienen hätten. es schien ihm also das *recipere* von seiner seite ohne volksbeschlusz ein zu geringer dank und das wäre eben undankbarkeit gewesen.' ich fürchte dasz diese erklärung zu künstlich ist und viel mehr in den worten sucht, als sie enthalten. ich nehme die stelle ganz einfach, wie sie lautet. zwei verpflichtungen hatte Cäsar: erstens die gegen die geächteten, denen er dank schuldete, zweitens die gegen das volk, dessen rechte er, wenn schon nur äuszerlich, möglichst zu respectieren hatte. sein verfahren, indem er durch seinen einflusz die zurückberufung der geächteten auf gesetzlichem wege erwirkte, kam beiden verpflichtungen nach. daher übersetze ich die letzten worte des capitels, indem ich sie nicht blosz auf den inhalt des nächsten vordersatzes, sondern auf die ganze verfahrungsweise Cäsars in dieser sache beziehe, folgendermaszen: 'damit er einerseits (gegen die verbannten) dankbar — denn er setzte ihre zurückberufung (auf gesetzlichem wege) durch — anderseits dem volke gegenüber rücksichtsvoll erscheine, indem er in der erteilung der restitution, die dem volke zukam, diesem gesetzlichen factor nicht vorgriff.' wir geben hier den satz positiv; die grammatische structur von *ne aut* — *aut* für *ut neque* — *neque* ist klar. offenbar hat übrigens Cäsar schon deshalb sich der hülfe der geächteten nicht bedient, weil dadurch dieselben auch ohne volksbeschlusz de facto recipiert gewesen wären. fassen wir die stelle, wie angegeben, dann brauchen wir für *ingratus* weder mit Bentley *cessator* zu lesen, noch mit Herzog *ignavus*, wenn schon dies einen guten gegensatz zu *arrogans* geben würde.

Krotoschin. Gustav Radtke.

34.
ZU OVIDIUS METAMORPHOSEN XIV 847. 848.

Nachdem Iris der Hersilia ihre bevorstehende apotheose verkündet hat, heiszt es von der letztern:

noc mora, Romuleos cum virgine Thaumantea
ingreditur colles. ibi sidus ab aethere lapsum
decidit in terras; a cuius lumine flagrans
Hersiliae crinis cum sidere cessit in auras.

dasz nach diesen worten das haar der Hersilia, nicht sie selbst, die apotheose erfährt, daran hat kein erklärer sonderlichen anstosz genommen, nur Lenz ändert *cum sidere* in *cum corpore*. dennoch kann Ov. nicht so geschrieben haben. zunächst ist festzuhalten, dasz *flagrans* nicht heiszen kann 'brennend', sondern 'mit lichtglanz übergossen' und dasz *cessit in auras* heiszt 'verschwand' (Preller röm. myth. s. 329 vgl. mit s. 83), also dasselbe bedeutet, was wenige verse vorher (824) von Romulus ausgesagt wird in den worten *corpus mortale per auras dilapsum tenues*. es haben nun aller wahrscheinlichkeit nach die wörter *terras* und *crinis*, die genau über einander stehen (jedem derselben gehen neun buchstaben voraus), ihre plätze getauscht und es ist zu schreiben:

sidus ab aethere lapsum
decidit in crinis, a cuius lumine flagrans
Hersilia e terris cum sidere cessit in auras.

wessen haar gemeint sei kann kaum zweifelhaft sein und wird noch klarer, wenn v. 846 aus der mehrzahl der hss. *ubi* aufgenommen und vor diesem worte mit komma interpungiert wird.

Dresden. Friedrich Polle.

NEUE JAHRBÜCHER

FÜR

PHILOLOGIE UND PAEDAGOGIK.

Herausgegeben unter der verantwortlichen Redaction

von

Dr. Alfred Fleckeisen und **Dr. Hermann Masius**
Professor in Dresden Professor in Leipzig.

Einhundertunderster und einhundertundzweiter Band.
Fünftes Heft.

Leipzig,
Druck und Verlag von B. G. Teubner.
1870.

INHALT

VON DES EINHUNDERTUNDERSTEN UND EINHUNDERTUND-ZWEITEN BANDES FÜNFTEM HEFTE.

ERSTE ABTEILUNG (101R BAND).

seite

35. Ueber die zusammengesetzten nomina bei Homer. von *E. Herzog* in Tübingen . . . . 289—302
36. Zu Lykurgos rede gegen Leokrates. von *C. Bursian* in Jena 302
37. Miscellen. 22. 23. von *M. Hertz* in Breslau . . . . . 303—304
38. Anz. v. *A. Steitz:* die werke und tage des Hesiodos (Leipzig 1869). von *E. Hiller* in Bonn . . . . 305—319
39. Zu Aeschylos Persern vers 43. von *W. H. Roscher* in Bautzen . . . . 319—320
40. Zu Sophokles Antigone vers 506. 507. von *A. Doberenz* in Hildburghausen 320
41. Anz. v. *J. Classen:* Thukydides. 4r band (Berlin 1869). von *J. M. Stahl* in Köln . . . . 321—342
42. Noch einmal Seneca epist. 115, 5. von *F. L. Lentz* in Königsberg 342
43. Die neueste litteratur der Aristotelischen politik. zweiter artikel. von *F. Susemihl* in Greifswald . . . . 343—350
    L. Spengel: Aristotelische studien. II (München 1865)
    F. Susemihl: das vierte (richtiger sechste) buch der Aristotelischen politik, im rhein. museum XXI (Frankfurt a. M. 1866)
44. Zu Varro [*de l. lat.* VII 50]. von *L. Schwabe* in Dorpat 350—352
45. Zu Senecas tragödien. von *B. Schmidt* in Jena . . . 352

ERSTE ABTEILUNG
FÜR CLASSISCHE PHILOLOGIE

HERAUSGEGEBEN VON ALFRED FLECKEISEN.

35.
ÜBER DIE ZUSAMMENGESETZTEN NOMINA BEI HOMER.

Wer über die motive der bildung von sprachformen sich klar zu werden sucht, dessen aufmerksamkeit musz notwendiger weise auf die zusammengesetzten wörter gelenkt werden als ein gebiet von eigentümlicher bedeutung für die fortbildung einer sprache in historischer zeit. während nemlich auf dem gebiete der laut- und flexionslehre die sprache im allgemeinen das product eines nicht-controlierbaren stillschweigenden übereinkommens der sprechenden oder schreibenden unter sich und mit den vorhergehenden generationen ist und nur in seltneren fällen ein sprachgesetz auf einzelne formschöpfer zurückgeführt werden kann, haben wir in den zusammengesetzten nomina, die uns die litteratur, zumal die dichterische bietet, groszenteils erzeugnisse individueller bewuster production der einzelnen schriftsteller, die sich zwar anschlieszt an gegebene beispiele und insofern nicht rein willkürlich schafft, aber doch nach eignem ermessen, nach einer selbstgemachten ratio jenen beispielen folgt, über welche sie genötigt ist zu reflectieren, ehe sie dieselben anwendet. wie bekannt, ist nemlich das auffallendste an diesen bildungen das, dasz sie gerade an der stelle der zusammensetzung den gewöhnlichen grammatischen gesetzen widersprechen, indem das erste glied der composition, obgleich es zum zweiten in einem eine flectierte form verlangenden logischen verhältnis steht, doch eine form hat, die von allen regelmäszigen flexionsformen abweicht. wenn θ 185 statt μῦθος τὸν θυμὸν δάκνων gesagt wird μῦθος θυμοδακής und c 201 Penelope statt αἰνὰ παθοῦcα heiszt αἰνοπαθής, so hat in diesen fällen der dichter jedesmal ein neues wort gebildet nach einem eigentümlichen formprincip. ferner da er in den beiden fällen, obgleich sie formell verschieden waren, sofern θυμο für τὸν θυμόν, αἰνο für αἰνά steht, dasselbe princip angewandt hat, so ist er offenbar einer gewissen traditionellen regel gefolgt, die er sich abstrahieren muste. wären nun alle fälle der anwendung dieser regel den genannten zweien ähnlich, so wäre das bewuste element bei solcher formschöpfung ein sehr unbedeutendes, eine der einfachsten anwendungen des gesetzes der analogie, und käme für die principien der grammatik wenig in betracht. nun finden wir aber Σ 319 einen ἀνὴρ τὸν ἔλαφον βάλλων genannt ἐλαφηβόλος, während man nach der analogie von θυμοδακής erwartet ἐλαφοβόλος, wir finden bei Homer nebeneinander ἀνδρόκμητος und ἀνδρειφόντης, πυρκαϊά und πυρίκαυστος, μελαγχροιής und μελανόχρως. wie sind diese verschiedenen arten von zusammensetzungen entstanden? wie weit folgt der schriftsteller gegebenen beispielen? nach welchen motiven modificiert er dieselben? kurz, welches sind die formellen principien der zusammensetzung in beziehung auf das erste glied derselben?

Die sprachvergleichung hat erwiesen dasz das verfahren zwei nomina, die im verhältnis der bei- oder unterordnung zu einander stehen, zu éinem wort zusammengehen zu lassen zur sprachlichen mitgift der indogermanischen völker überhaupt gehört, und hat zugleich gefunden dasz das formelle princip von haus aus darin bestand, dasz man dasjenige nomen, welches das erste glied der zusammensetzung ausmacht, in der reinen thema- oder stammform setzte. es schlieszt dies in sich, dasz solche zusammensetzung sehr weit zurückgeht, in eine zeit in welcher die stämme noch selbständige stellung in der sprache hatten; das princip aber, nach dem man dabei verfuhr, bestand darin dasz man die logische genauigkeit, welche im ersten glied eine flectierte form verlangt hätte, der einheit des wortes opferte, welche eine möglichst kurze und leicht zum ganzen sich zusammenschlieszende form wollte.

Allein dieses formelle princip ist in den verschiedenen einzelsprachen verschieden modificiert worden, im zend z. b. (wenigstens nach Bopp) so dasz zwar nicht das thema, aber auch nicht der vom logischen verhältnis geforderte casus, sondern, was auch das logische verhältnis der zwei glieder sein mochte, der nominativ im ersten glied angewandt wurde. so war also mit jenem princip nur ein ausgangspunct, nicht ein gesetz für alle einzelsprachen gegeben, und es ergibt sich die aufgabe für jeden einzelnen zweig der indogermanischen sprachfamilie die frage besonders zu erörtern.

Was nun die classischen sprachen betrifft, so spielen die zusammengesetzten nomina im griechischen jedenfalls eine viel gröszere rolle als im lateinischen. das letztere hat sie auch von uralter zeit an in volkstümlicher weise und für technische ausdrücke der politik und des täglichen lebens angewandt (*municipium, pontifex, locuples, aedificium*); dagegen in künstlerischer und individueller weise konnte solche anwendung erst spät um sich greifen, da eine gebildete dichterische litteratur in Rom lange auf sich warten liesz. bei den Griechen dagegen hat die frühzeitige und reiche dichterische entwicklung zu dem aus dem munde des volkes entnommenen einen beträchtlichen schatz neuer individueller bildungen hinzugefügt und durch alle productiven stadien der griechischen litteratur hindurch fortwährend vermehrt. darum spielen auch die zusammengesetzten wörter der griechischen sprache nicht nur innerhalb der allgemeinen sprachforschung eine gröszere rolle als die lateinischen, sondern sie sind auch, namentlich hinsichtlich des formellen princips, viel häufiger gegenstand specieller untersuchung geworden. seit Lobeck vom standpunct der alten grammatischen schule aus in den parerga zu Phrynichos dieses capitel behandelt hat, sind von Bopp, J. Grimm, Pott, Justi, G. Curtius die hier einschlägigen fragen in bekannten werken unter den sprachvergleichenden gesichtspunct gestellt worden, und im anschlusz daran haben namentlich in dem letzten jahrzehnt jüngere kräfte einzelne teile der ganzen frage zum gegenstand von dissertationen gemacht.[1]) auch haben auf nicht sprachvergleichender seite Buttmann im lexilogus und Döderlein im Homerischen glossarium viele hierher gehörige wörter besprochen. allein die grosze zahl dieser bearbeitungen zeugt nur für das interesse das man der sache beilegt, hat aber keineswegs das resultat gehabt, dasz auch nur über die wesentlichsten puncte eine übereinstimmung erzielt worden wäre. im gegenteil: quot homines tot sententiae. unter diesen umständen liegt es nahe sich folgendes dilemma zu stellen: entweder ist die frage über das formelle princip der zusammengesetzten nomina überhaupt nicht mit einiger bestimmtheit zu lösen, oder die bisher eingeschlagene methode bedarf einer revision. selbstverständlich ist von diesem dilemma aus der richtige weg der, dasz man zuerst mit annahme des zweiten falls ein resultat zu gewinnen sucht, ehe man überhaupt auf ein solches verzichtet. und da scheint uns nun, dasz ein wesentlicher factor der frage bis jetzt ungebührlich vernachlässigt worden ist, nemlich eben jenes individuelle moment oder die unleugbare thatsache, dasz die gröszere zahl der in der litteratur, speciell bei den dichtern vorkommenden zusammengesetzten nomina von dem schriftsteller selbst gemacht ist, also auf analogien beruht, die er sich selbst zurechtgelegt hat, folglich nur nach dem masz von sprachlicher bildungsfähigkeit beurteilt werden darf, das wir dem schriftsteller selbst zutrauen. bei Lobeck lieszen sich am ehesten ansätze zu einer solchen behandlung finden, aber ihm fehlt die grundlage, welche nur von der sprachvergleichung her genommen werden kann; von der sprachvergleichenden seite aus dagegen verfährt man, obgleich man es nicht wort haben will, fortwährend so, als ob der betreffende wortbildner im stande gewesen wäre dieselben analysen fertiger wörter zu machen, welche der heutige sprachforscher macht. wenn man z. b. sagt, in dem worte ἁρματοπηγός sei der stamm ἁρματ mittels des compositionsvocals ο mit dem zweiten gliede verbunden worden, so ist klar dasz man dem

1) von diesen monographischen untersuchungen von Weissenborn, Sanneg, Berch, Rödiger und Clemm sind mir die drei ersten nur aus anführungen bei andern bekannt.

dichter zutraut aus den flectierten formen des nomen ἅρμα den stamm herauszustellen und mittels solcher reflexion die zusammensetzung zu bilden. dies findet anwendung auf die ganze lehre vom compositionsvocal. während man mit recht die etymologischen fähigkeiten der alten selbst für die zeiten der gelehrten grammatiker möglichst niedrig taxiert, setzt man also hier gerade diejenigen sprachlichen fähigkeiten bei ihnen voraus, welche die grundlage aller richtigen etymologie bilden. auszerdem verfährt man meist gleichmäszig durch die verschiedenen perioden der sprache hindurch, was ebenfalls den richtigen gesichtspunct verrückt.

Indem wir nun im folgenden den bisherigen bearbeitungen dieser frage eine andere, ebenfalls auf dem gebiete der griechischen sprache sich bewegende gegenüberstellen, welche der eben erwähnten rücksicht rechnung trägt, genügt es irgend einen dichter zu wählen und die bei diesem vorkommenden zusammengesetzten nomina in ihrer gesamtheit zu betrachten. natürlich ist hierfür der schicklichste derjenige dichter, welcher das Α und Ω aller genetischen betrachtung der griechischen sprache bildet, Homeros, mit dem wir nur zu einzelnen puncten Pindaros und Aeschylos vergleichen werden. selbstverständlich behaupten wir dabei nicht in jedem einzelnen fall unterscheiden zu können, was der dichter neu gebildet und was er traditionell übernommen hat, sondern nur dasz es fälle gibt in welchen so unterschieden werden kann, ja dasz die zahl der individuellen bildungen so grosz ist, dasz man die ganze untersuchung davon ausgehen lassen kann. für diesen gesichtspunct ist es auch gleichgültig, dasz wir in den Homerischen gedichten die sprachliche tradition verschiedener dichterperioden vor uns haben: es ist in den für uns in frage kommenden fällen doch immer irgend ein persönlicher dichter, der das wort geschaffen hat. da bei diesem verfahren von dem eigentümlichen standpunct aus auch das einzelne seine eigentümliche erklärung erhält, so können wir nur ausnahmsweise auf andere ansichten eingehen, da sonst die principielle discussion immer zu erneuern wäre.

Auch wir acceptieren, wie schon gesagt, die annahme, dasz die ursprüngliche bildung zusammengesetzter nomina die war, das erste glied in der form des reinen stammes oder themas zu geben. bei der weiterentwicklung der einzelsprache sodann machten die stämme die lautlichen veränderungen mit, welche der sprache in die sie übergiengen eben ihren eigentümlichen charakter gaben; also wie skr. *dhûmas* zu θυμός wurde, so auch der stamm *dhûma-*, wenn er etwa in einer zusammensetzung vorkam, zu θυμο-, und so wäre, wenn der ausdruck θυμοδακής von den zeiten der gemeinsamkeit her in die einzelsprache übergegangen wäre, es unmittelbar richtig zu sagen dasz hier das erste glied durch den reinen stamm gebildet sei; auch wäre bei ähnlichen bildungen der ο-stämme das, dasz der schriftsteller bei eventueller eigenbildung sich des princips nicht bewust war, ein verschwindendes moment. dasselbe gilt für alle diejenigen stämme, deren auslaut mit keiner oder unwesentlicher änderung von der ursprache in das griechische übergieng, also für die υ- und ι-stämme. höchstens kämen die speciellen lautgesetze der einzelsprache hinsichtlich der zusammenziehung, elision, assimilation u. dgl. in betracht, die aber am princip nichts ändern würden, so wenig dieselben, wenn sie beim zusammentreten des stammes mit den flexionselementen eintreten, das princip der flexion ändern. allein indem nun von diesen primären fällen aus secundäre nach dem princip einer analogie gebildet wurden, welcher das bewustsein vom stamm verloren war, lenkten die eben angeführten lautgesetze die anwendung der analogie namentlich bei den consonantischen und der α-declination in andere bahnen, und das abhandenkommen der bewusten anwendung des ursprünglichen princips wird so wichtig, zwischen demselben und diesen secundären neubildungen wird eine solche kluft befestigt, dasz das erstere keinen bestimmenden einflusz mehr üben konnte. es ergibt sich also für den sprachforscher die aufgabe diejenigen neuen motive herauszufinden, welche an die stelle des ursprünglichen princips traten und für neue reihen oder gruppen den anstosz gaben, und als die methode für die lösung der aufgabe ergibt sich die zusammenstellung aller ähnlichen fälle, um unter ihnen herauszufinden, was vom standpunct des wortbildners aus das bestimmende sein konnte. an sich findet dieser gesichtspunct anwendung auf alle diejenigen wörter, welche nicht von der ursprache her übernommen, sondern auf dem boden der einzelsprache neugebildet wurden, mochte der bildner nun ein bestimmter dichter oder irgend einer aus dem volke sein, von dem es dann in den mund des volkes überhaupt übergieng. aber für die erkenntnis des princips sind die schriftstellerischen bildungen leichter zu verwenden, weil wir uns in die reflexion des einzelnen gebildeten schriftstellers besser hineindenken können als in die schöpfungen irgend eines aus dem volke, und weil die dichterischen bildungen über den corruptionen des mündlichen verkehrs stehen und deshalb in ihrer ursprünglichen conception ebenso viel leichter zu erkennen sind, wie legende und bild einer von der prägung an bei seite gelegten münze leichter als die einer im verkehr abgeschliffenen. aus diesem grunde lassen wir auch im folgenden die eigennamen weg, weil diese eben im munde des volkes entstehen und, wenn auch in geringerm grade als gewöhnliche wörter, wandlungen ausgesetzt sind. dagegen sind in den gruppen Homerischer zusammengesetzter nomina, welche wir im verlauf unserer untersuchung zusammenstellen, noch fälle mit aufgenommen, welche als unechte zusammensetzungen bezeichnet werden, nemlich solche in denen das erste glied ein casus ist; sie sind uns unentbehrlich, nicht sowol für sich als weil sie analogie machen. anderseits sind die zusammensetzungen, in denen das erste glied ein adverbium d. h. ein völlig erstarrter casus ist, weggelassen, als jedenfalls nicht hierher gehörig. mitgezählt sind wiederum abgeleitete verba wie στρεφεδιvεῖν, ἐχθοδοπεῖν u. a., weil diese ein zusammengesetztes nomen voraussetzen.

Was die zusammenstellungen selbst betrifft, so sind die verzeichnisse, die ihnen zu grunde liegen, mit der intention möglichster vollständigkeit gemacht, was freilich nicht ausschlieszt, dasz das eine oder andere wort entgangen sein kann. die vorkommenden zahlangaben aber sind insofern nicht in absolutem sinne zu nehmen, weil die zurechnung des einen oder andern wortes eine problematische ist; dagegen als verhältniszahlen behalten sie ihren vollen werth. ferner sind bei der dabei angewandten zählung sämtliche wörter, in denen das erste glied der zusammensetzung identisch ist, nur einfach gezählt, also z. b. alle formen mit ἀργυρο-, μεγα-, πολυ- je einfach.

Die gesamtzahl der zusammengesetzten nomina in dem sinne, dasz das erste glied der zusammensetzung von einem flectierbaren wort herrührt, ist bei Homer 307, welchen in dem uns von Pindar erhaltenen 207, von Aeschylos 349 entsprechen. diese zerfallen vor allem in zwei hauptteile, solche bei denen das erste glied der form und bedeutung nach ein nomen, und solche bei denen es entweder der bedeutung oder der form und bedeutung nach von verbalem charakter ist.

A. composita mit einem nominalen ersten glied.

Darunter bilden die gröste gruppe

I*a* die zusammensetzungen mit nomina der o-declination im ersten glied: ἀγανόφρων usw. bei Homer 85, bei Pindar 69, bei Aeschylos 109, wobei nur die gezählt sind, in welchen das o erhalten, nicht vor einem mit vocal anlautenden zweiten gliede elidiert ist.

Bei diesem zahlenverhältnis ist es begreiflich, dasz der auslaut des ersten gliedes auf o analogie gemacht hat auch in die α- und in die consonantische declination hinein:

I*b* bei Homer in die α-declination ἀελλόπους, ἀμαλλοδετήρ, ἀμιτροχίτων, ἀποδειροτομεῖν, μυλοειδής, ὑλοτόμος — in die consonantische declination: αἱμοφόρυκτος, ἀνδρόκμητος, ἁρματοπηγός, γλακτοφάγος, διογενής (διϝογενής), δουροδόκη, εἱροκόμος (von τὸ εἶρος), ἑλικοβλέφαρος, ἐχθοδοπεῖν, ἠεροειδής, θηροσκόπος, μελανόχρως, μενοεικής, μητροπάτωρ, παιδοφόνος, πατροφονεύς, ῥινοτόρος, ὑδατοτρεφής, φοινικοπάρῃος — auf wörter mit einem ersten glied von verbalem charakter: ἁμαρτοεπής, ἠλιτόμηνος, ὀλοφώιος, ὀρσοθύρη, ὑλακόμωρος, φυγοπτόλεμος, über welche unten.

In entsprechendem verhältnis macht sich diese analogie bei Pindar und Aeschylos geltend: vgl. bei Pindar z. b. ἁμαξοφόρητος, ἀϊδροδίκης (von ἄϊδρις); ἀσπιδόδουπος, γηροτρόφος, λεοντοδάμας, οἰακόστροφος, ὀπιθόμβροτος; ὀρσοτριαίνης, φθινόκαρπος (die zwei letzteren verbal); bei Aeschylos u. a. ἀναγκόδακρυς, αἱματολοιχός, ἀληθόμαντις, γυναικόβουλος, δρακοντόμαλλος, ἑλκοποιός, κρεισ-

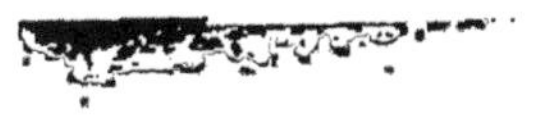

cότεκνος, κρεοβότος, φρενοδαλής, χαριτογλωccεῖν; μιξοβόας, cτροφοδινεῖcθαι (die zwei letzten verbal). wie gerechtfertigt es ist bei einem ἀcπιδο-, ἑλικο-, λεοντο- usw. nicht von stamm mit o als compositionsvocal zu reden, sondern nur von auslautendem o, zeigen namentlich die beispiele mit αἱμο-, ἀληθο-, κρειccο-, μενο-. bei der anwendung dieses auslauts gieng man bald von den obliquen casus aus wie bei ἀcπιδο-, bald vom nominativ wie bei αἱμο-, je nach der bequemlichkeit.

II*a* wörter mit auslautendem ι und υ im ersten glied, bei Homer: δαΐφρων, πτολίπορθος; ἀcτυβοώτης, βαθυ-, βαρυ-, γλυκυ-, δακρυ-, δαcυ-, δρυ-, εὐρυ-, ἡδυ-, ἠϋ-, θραcυ-, λιγυ-, ὀξυ-, πολυ-, cυ-, ταχυ-, τηλυ-, ὠκυ-, zusammen 18 mit υ. entsprechend ist die zahl bei Pindar und Aeschylos. analogie macht dieser auslaut bei Homer nur in éinem falle:

II*b* bei τανυ- (τανύγλωccος, τανυγλώχιν, τανυήκης, τανύπεπλος, τανυπτέρυξ statt τανυcίγλωccος usw., vgl. unten gruppe VIII). diese differenz zwischen dem den Griechen lautlich so bequemen o und dem ι oder υ liegt in der natur der sache.

Bei den folgenden classen berücksichtigen wir nur Homer.

III*a*: dem logischen verhältnis am nächsten liegt diejenige zusammensetzung, bei welcher das erste glied den vom sinne des zweiten verlangten obliquen casus hat. die zusammensetzung selbst ist hier nur durch die einheitliche aussprache, für uns bezeichnet durch den accent, gegeben, zum teil auch dadurch dasz das zweite glied in einer form erscheint, in welcher der entsprechende begriff eben nur in zusammengesetztem wort erscheint: αἰγίβοτος, ἁλίπλοος, ἀρηίφιλος, δουρίκλυτος, κηρεccιφόρητος, ναυcίκλυτος, ὀρεcίτροφος, παcιμέλουcα, πυρίκαυcτος, ἐμπυριβήτης, τειχεcιπλήτης. diesen schlieszen sich, auf der grenze zwischen casus und adverbium stehend, die locativformen an: ὁδοιπόρος, χοροιτυπία, ἰθαιγενής, μεcαιπόλιος, von welchen beiden letzteren unten nochmals zu reden ist.

III*b*: auf dem wege der analogie wurde nun zunächst einem αἰγίβοτος ein αἰγίλιψ, einem ἀρηίφιλος ein ἀρηίθοος nachgebildet, und so mag es gekommen sein, dasz für wenige fälle das in diesen dativen auslautende ι eben nur als auslaut übertragen wurde, so in διϊπετής, wo ein dativbegriff nicht zu grunde liegen kann, καλλιγύναιξ, vielleicht auch πυκιμήδης von πύκα, wenn dieses nicht besser unter nr. V seine stelle findet. an ὁδοιπόρος, χοροιτυπία schlieszt sich an ὁλοίτροχος oder ὁλοοίτροχος von einem verloren gegangenen worte Ϝολοός, stamm ϜολϜο, wurzel Ϝελ, vgl. lat. *volvo*. Curtius griech. etym. s. 322 f.

Von anderen casus haben wir den accusativ in καρηκομόωντες, wenn dies überhaupt ein einheitliches wort ist, und in ἀταλάφρων = ἀταλὰ φρονέων.

IV: der vorigen classe stehen eigentümlich gegenüber die welche wir als vom nominativ ausgehend bezeichnen können. darunter ist freilich sehr verschiedenartiges begriffen; allein es kommt dabei nicht der nominativ seiner logischen bedeutung nach in betracht, sondern nur nach seiner formellen bequemlichkeit, beziehungsweise nach seinem auslaut. wir zählen dahin

1) die mit auslautendem η, unter denen

a) an die spitze zu stellen sind die, bei welchen η dem nominativ von rechtswegen zukommt: αἰθρηγενής, βοηθόος, βουληφόρος, γαιήοχος, μυλήφατος; auch können wir λυκάβας (von λύκη) hier anreihen mit nicht ionischem α in einem bei Homer vorkommenden aber nicht ionischen wort. nachdem einmal so das η als auslaut des ersten glieds vorhanden war, machte es analogie in andersvocalischer und consonantischer declination in

b) ἀθηρηλοιγός (von ἀθήρ), ἑκατηβελέτης, ἐλαφηβόλος, θαλαμηπόλος, νεηγενής (neben νεοαρδής u. a), πυρηφόρος (γ 495 statt des sonst üblichen πυροφόρος von ὁ πυρός), noch viel auffallender aber in ἐπήβολος, εὐηγενής, ὑπερηφανής. in allen diesen fällen kann der grund der übertragung nur ein metrischer sein, gerade wie wenn wir μυλοειδής und μυλήφατος neben einander haben, und es sprechen diese fälle ganz entschieden gegen Westphals ansicht von dem verhältnis der dichter zu den umgestaltungen der laute, wenn dieser (griech. metrik II 2, 281) sagt: 'die poesie hat sich so wenig erlaubt die quantität des vocals zu verändern, wie die sonstige form des worts und der flexionsänderungen umzugestalten; alles das ist für die poesie unantastbar.' in unserm fall haben die dichter nicht gewählt zwischen verschiedenen im leben üblichen formen, sondern sie haben sich die für das metrum dienliche geschaffen.

2) als unterabteilung dieser gruppe stellen wir ferner zusammen γαλαθηνός, μελιηδής, ὀνομάκλυτος, ἐξονομακλήδην, wo offenbar der nominativ als die erkennbar einfachste form des wortes gewählt wurde.

3) nicht minder haben wir nominativformen in μογοστόκος, mit dem das Hesiodisch-Pindarische θεόσδοτος zu vergleichen ist; in ἑωσφόρος; ἐγχέσπαλος, ὀρεσκῷος, σακέσπαλος, τελεσφόρος. für sie alle nehmen wir als motiv an eine vorliebe für das zusammentreffen von σ mit mutae. man führt gewöhnlich die formen auf auslautendes ες im ersten gliede (ἐγχέσπαλος usw.) als besonders sprechende beispiele dafür an, dasz man im ersten gliede den reinen stamm habe, und man könnte es sich ja auch von unserm standpunct aus gefallen lassen anzunehmen, dasz von dieser classe einige beispiele von der urzeit her sich erhalten hätten, in denen das erste glied auf *as* (mit stammhaftem *s*) lautete und dann einfach das *a* durch ο hindurch zu ε geschwächt wurde. allein weshalb dann dieses *s* oder, wenn man das schwinden des *s* zwischen vocalen im griechischen berücksichtigt, wenigstens spuren seines vorhandenseins nicht auch vor vocalisch anlautendem zweitem gliede? vielmehr während man das *s* zwischen vocalen schwinden liesz, liebte man es anderseits zusammen mit einer muta, um so mehr wo dann seine er-

haltung zur unterscheidung der nomina der zweiten und dritten diente: denn dies motiv konnte wirksam sein neben dem, dasz die laune oder nachlässigkeit wieder ein μένος, ἔχθος mit denen der zweiten declination zusammenwarf. man wende nicht ein dasz, wenn diese vorliebe für *s* mit einer muta vorhanden gewesen wäre, man nichts einfacheres zu thun gehabt hätte als, wie in μογοστόκος, so überhaupt bei der ganzen zweiten declination es zu lassen; allein bei der letzteren war nun einmal der auslaut auf ο von urzeiten hergebracht, so dasz μογοστόκος wie verirrt erscheint. bezeichnend ist anderseits, dasz in dem ebenfalls vom nominativ aus gebildeten ναύλοχος, ναύμαχος das nomen ναῦς sein ς verliert, weil ein zusammentreffen von ς mit λ oder μ lautlich unbequem war. eine ähnliche lautneigung, die aber mit dem nominativ nichts zu thun hat, mag in δικασπόλος wirksam gewesen sein, das übrigens bei Homer sicher nicht neugebildet, sondern aus dem gewöhnlichen leben entnommen ist. sollte endlich in diesen zusammenhang nicht auch δασπλῆτις gezogen werden können? weder die zusammensetzung mit δᾴς fackel (Döderlein Hom. gloss. I s. 222) noch etwa, woran man auch denken könnte, mit δασύ ist formell oder materiell befriedigend; wir würden dagegen die analogie mit δαφοινός, δάσκιος vorschlagen und δας als ein um ς vermehrtes διά ansehen, entsprechend den beispielen, wo partikeln, wie ἀμφίς gegenüber von ἀμφί, um ein ς vermehrt sind: vgl. Curtius gr. etym. s. 36.

V. wie wenig man in dem bestreben nach bequemer einheitlichkeit des ganzen auf vollständige herausstellung des im ersten glied enthaltenen wortes, d. h. auf etymologische genauigkeit sah, zeigt die gruppe, welche den auslaut oder die letzte silbe des ersten gliedes preisgibt und sich begnügt so viel beizubehalten, als zur erkenntnis des sinnes nötig ist. hierher gehören γυναιμανής, Ζείδωρος, θεσπέσιος, κελαινεφής, κραταιγύαλος, ληϊβότειρα, πυγμάχος, σκηπτοῦχος, ψευδάγγελος. diese erklären sich gegenseitig: sie stehen offenbar für γυναικομανής, Ζειόδωρος, θεοσπέσιος, κελαινονεφής, κραταιογύαλος, ληϊοβότειρα, πυγμομάχος, σκηπτροῦχος, ψευδοάγγελος (wie μενοεικής). nach diesen vorgängen könnte man auch das oben III *b* erwähnte πυκιμήδης hierher stellen = πυκινομήδης.

VI. der zufälligkeit und äuszerlichkeit der motive, die wir bis jetzt gefunden, entspricht es, wenn das motiv für analogie vom zweiten gliede hergenommen ist. von diesem gesichtspunct erklären sich nemlich ἀνδρειφόντης, ἀργειφόντης; βωτιάνειρα, κυδιάνειρα; ἰθαιγενής. beim ersten paar ist das maszgebende beispiel wol in dem beinamen des Hermes Ἀργειφόντης zu suchen; diesem entspricht als beiname des Ἐνυάλιος das in den vier stellen der Ilias (Β 651. Η 166. Θ 264. Ρ 259) vorkommende ἀνδρειφόντης. wie ει in diesen der mythologischen sprache angehörigen ausdrücken zu erklären sei, läszt sich bei mangelnder analogie nicht leicht sagen. ἰθαιγενής hat schon Lobeck in den parerga zu Phryn. s. 648 mit

Θηβαιγενής, Κρηταιγενής, Κρισσαιγενής zusammengestellt. in diesen letzten wörtern erklärt sich αι als locativ, in ἰθαιγενής ist es von -γενής her übertragen. ein solcher locativ wird dann auch, nur anders motiviert, in μεσαιπόλιος vorliegen; dasselbe kommt bei Homer éinmal vor N 361, ist aber schwerlich vom dichter selbst gemacht.

VII. nun bleiben noch als irrationelle reste in dieser ersten hauptclasse ἀνδράποδον, κυνάμυια, ποδάνιπτρα und καλαῦροψ. alle vier sind dem täglichen leben, also dem volksmund entnommen; von den drei ersten kann man bei dem gänzlich anomalen verhältnis der bedeutung nicht einmal sagen, dasz sie unter sich analogie machen, und für jedes einzelne macht eben der nicht individuelle ursprung bei mangelnder sonstiger analogie jede vermutung vag. in καλαῦροψ (= καλα-Ϝροψ), über dessen zweites glied Hofmann quaest. Hom. I s. 138 und Curtius gr. etym. 314. 496 zu vergleichen, ist der erste bestandteil καλα von Döderlein Hom. gloss. III s. 111 nicht genügend etymologisch aufgeklärt. man möchte an eine zusammenstellung mit καλαπόδιον, καλάπους denken (s. z. b. Plat. symp. 191ᵃ); doch fällt der quantitätsunterschied zwischen κᾱ in letzterm und κᾰ in καλαῦροψ immerhin ins gewicht, wenn dieses bei Homer auch nur ein relatives ist. wäre ein καλαός vorauszusetzen, so würde das wort unter gruppe V fallen.

B. composita mit einem ersten glied von verbalem charakter.

Ehe wir diese rubrik rechtfertigen und erklären, stellen wir zuerst ähnlichkeitsgruppen zusammen.

VIII: ἀερσίπους, ἀεσίφρων, ἀλεξίκακος, ἀλφεσίβοιος, εἰνοσίφυλλος, ἐννοσίγαιος, ἑλκεσίπεπλος, ἐρυσίπολις, λυσιμελής, πηγεσίμαλλος, πλήξιππος, ῥηξήνωρ, ταλασίφρων, ταμεσίχρως, τανυσίπτερος, τερψίμβροτος, φαεσίμβροτος, φθισήνωρ, φυσίζοος, ὠλεσίκαρπος — ἀκερσεκόμης.

IX: ἀγαπήνωρ, ἀγελείη, ἀρχέκακος, εἰλίπους, εἰλυφάω oder -φάζω, ἑλκεχίτων, ἐχέθυμος, μενεδήϊος, στρεφεδινεῖν, τερπικέραυνος, ὑλακόμωρος, χαλίφρων — ἀγέρωχος, λεχεποίης, μιαιφόνος.

X: ἁμαρτοεπής, ἠλιτόμηνος, λαθικηδής, ὀλοφώιος, φυγοπτόλεμος — βητάρμων, ὀρσοθύρη.

Alle drei gruppen haben das gemeinsam, dasz das erste glied den verbalen begriff einer handlung enthält und einem participium entspricht; dagegen gehen sie in der form aus einander. nichtsdestoweniger hat man sie auch formell in éine kategorie zusammenbringen wollen. so hat C. Justi (zusammensetzung der nomina s. 45) sie nach sanskritischer analogie auf participialformen zurückgeführt, ein versuch der wol entschieden als mislungen angesehen werden darf; andere wollen verschiedene temporalformen darin erblicken, in VIII futur- (Lobeck zu Phryn. s. 769) oder aoristformen; G. Curtius (gr. schulgr. § 358), dem sich W. Clemm (de compositis graecis s. 108 ff.) anschlieszt, in IX präsens- oder allgemeine verbalstämme. Jacob Grimm (deutsche gramm. II s. 978) nimt noch genauer für beide, VIII und IX, den imperativ an, bei VIII des futurs, bei IX des präsens. allen diesen gegenüber wird es zweckmäsziger sein beide für sich zu behandeln.

Dasz gruppe VIII sich an futur oder aorist anschliesze, kann durch die bedeutung nimmermehr gerechtfertigt werden, und formell passt eine solche erklärung nicht auf alle in diese kategorie gehörigen, z. b. nicht auf die mit εἶναι oder ἕνναι zusammengesetzten. auszerdem ist es schwierig zurechtzulegen, wie man gerade auf diese formell nicht einfachen und ferner liegenden tempora, futur und schwachen aorist verfallen sein soll. viel weniger schwierigkeiten scheint uns die schon von Pott etym. forschungen I[1] s. 90 aufgestellte ansicht zu haben, dasz wir bei nr. VIII verbalsubstantiva, nomina actionis, im ersten glied haben. allerdings ist unter den oben genannten Homerischen beispielen nur das nomen λύσις bei Homer selbst nachzuweisen, und dieses hat ῠ, während λυσιμελής ῡ hat; ἄλεξις, ἔνοσις, ἔρυσις, πλῆξις, ῥῆξις, τάνυσις, τέρψις, φθίσις, φύσις kommen entweder erst bei späteren vor, oder wie φύσις zwar auch bei Homer, aber nicht in der bedeutung die es in der zusammensetzung (φυσίζοος) hat. indessen da überhaupt keine formelle erklärung aufzufinden sein wird, die auf die ganze classe anwendung findet, so ist es methodisch wol das richtige diejenige anzunehmen, welche wenigstens eine analogie an die hand gibt, von der aus alle erklärt werden können. eine solche analogie aber scheint uns darin gegeben, dasz überhaupt bei Homer solche nomina actionis geläufig sind, wie sie unstreitig zum gemeinsamen indogermanischen erbgut gehören; demgemäsz konnte man solche lediglich für derartige composita schaffen, ohne dabei nach strengem sprachlichem bildungsgesetz zu verfahren. so ist ἀλεξίκακος sicher in diese kategorie und nicht zu gruppe IX zu stellen, obgleich das präsens ἀλέξω heiszt. wie man später das für sich bestehende nomen ἄλεξις bildete nur durch anhängung von -ις, nicht -σις, weil in ξ schon ein σ enthalten war, so auch hier bei der verwendung des wortes zu einer composition. dasz in λυσιμελής und φυσίζοος ein ῡ ist, kann keinen absoluten widerspruch begründen, da die beispiele, welche Bekker Hom. blätter s. 135 f. von der verwandlungsfähigkeit der quantität nach dem versbedürfnis anführt, diesem argument jedenfalls seine entscheidende kraft nehmen. dieser gruppe eigentümlich gegenüber steht ἀκερσεκόμης, das Υ 39 als beiwort Apollons vorkommt und vom dichter sicherlich aus der cultsprache aufgenommen ist. dasz hier ein verbaler bestandteil im ersten gliede vorliegt, hat offenbar schon Pindar angenommen, indem er Pyth. 3, 14 u. a. ἀκειρεκόμης an die stelle setzte. mir scheint dieses wort in seiner ersten bildung geradezu aus einem relativsatz übersetzt zu sein, in welchem das verbum im aorist stand; allein hier haben wir dann auch kein -σι, sondern ein -σε.

Uebrigens wie man diese ganze gruppe VIII formell auffassen mag, jedenfalls ist sie erst auf griechischem boden entstanden. eine anwendung der verkürzung, ähnlich denen in nr. V, auf diese gruppe haben wir in IIb gehabt bei ταvυ- statt ταvυcι-; eine andere liegt in ταλάφρων vor neben ταλαcίφρων. auch diese beispiele zeigen, wie frei man mit solchen bildungen umgieng.

Einfacher liegt die sache hinsichtlich der gruppe IX. hier läszt sich das erste glied schlechterdings nicht auf eine nominalform zurückführen, sondern wir bleiben nach form und inhalt auf den verbalen charakter angewiesen. kommt aber einmal das verbum in betracht, so musz auch an ein bestimmtes tempus gedacht werden: denn auf dem standpunct der einzelsprache, dem auch diese bildungen angehören, kennt man keinen verbalstamm mehr, sondern nur tempusformen. für gruppe IX nun liegt offenbar das präsens zu grunde, nicht im imperativ (denn der würde auf εἰλι-, τερcι-, ὑλακο-, χαλι- schlechterdings nicht passen), sondern mit formell freier anwendung des indicativs, von dessen form man so viel nahm als formell bequem war und zugleich genügend um die bedeutung zu erkennen. das eine mal that man dies mit den formen auf ε, das andere mal in analogie der nominalcomposita auf ι und ο. für diese erklärung und damit zugleich für die erklärung der ganzen gruppe scheinen mir die formen χαλίφρων und ὑλακόμωροc von χαλάω und ὑλακτέω unbedingt maszgebend zu sein. — ε ἰ λ ί π ο υ c wird jedenfalls mit εἴλειν zusammenhängen, wie man auch die bedeutung zurechtlegt.[2]) wenn ein verbum εἴλειν = εἰλύειν von wurzel Fελ = *volvo* erhalten wäre, so könnte gar kein zweifel sein dasz es damit in verbindung zu bringen wäre; indessen ist es möglich dasz ein solches existierte und durch εἰλύω zum unterschied von εἴλειν 'drängen' ersetzt wurde. — In dieselbe kategorie mit IX haben wir ἀ γ έ ρ ω χ ο c gebracht, indem uns die ableitung Döderleins (a. o. I s. 54) von ἀγείρειν und ὄχοc='wagenkämpfer' durch die parallele mit ἱππόμαχοι und ἱπποκορυcταί, in welcher es steht, gerechtfertigt erscheint. weder die verkürzung in ἀγερ- noch die verlängerung von ο zu ω in ὄχοc kann bei der Homerischen freiheit der quantitätsbestimmung auffallend sein; hinsichtlich ο und ω genügt es κρατερῶνυξ zu vergleichen. — Dieser gruppe nachgebildet scheint λ ε χ ε π ο ί η c zu sein. ein verbum λέχω existiert nicht, sondern nur das nomen τὸ λέχοc. entweder also ist λέχω verloren gegangen, oder λεχεποίηc ist von λέχοc in analogie der verbalcomposita gebildet. das erstere ist das wahrscheinlichere. — Der präsensgruppe gegenüber ist μ ι α ι φ ό ν ο c in ähnlicher weise zu erklären wie in den mit nomina zusammengesetzten die gruppe V. wie γυναιμανήc zu γυναικομανήc usw., so μιαιφόνοc zu μιαινεφόνοc oder μιαινοφόνοc.

2) unmöglich scheint mir die erklärung Döderleins (Hom. gloss. II s. 26 f.) εἴλων τὴν γῆν τοῖc ποcίν als zeichen der starkfüszigkeit. einmal ist es nicht richtig, dasz bei Homer a l l e epitheta ornantia lobende seien: es gibt auch einfach charakteristische; sodann wäre bei jener bedeutung das zweite glied gewis nicht von πούc, sondern von γῆ gebildet.

das wort kommt übrigens nur viermal vor in der Ilias als beiwort des Ares, darunter dreimal im Ε, v. 31 = 455. 844, auszerdem Φ 402. der uns bekannte sprachschatz läszt keine andere erklärung zu als die von μιαίνω, und es ist in der that kein grund abzusehen, weshalb nicht ebenso gut wie nomina, so auch verba im ersten glied verkürzt werden konnten. zu betonen wäre wol der analogie nach μιαίφονος.[3]) dasz die spätere zeit bei diesem wort an μιαίνω dachte, geht aus der nachbildung μιαιγαμία (bei Suidas) hervor.

X. wie die vorigen vom präsens, so leiten wir von den hier zusammengestellten ἁμαρτοεπής bis φυγοπτόλεμος von starken aoristen ab. dies scheint ein widerspruch damit zu sein, dasz wir oben die aoristbedeutung als nicht motiviert abgewiesen haben. indessen auch hier suchen wir das motiv nicht in der bedeutung des tempus, sondern in seiner einfachen form.

Nun bleiben schlieszlich nur noch ὀρσοθύρη und βητάρμων übrig, jenes dem täglichen leben entnommen, dieses θ 250. 383 bei der schilderung phäakischer lustbarkeit vorkommend in der bedeutung 'tänzer'. bei beiden liegt es wol an dem mangel etymologischer aufklärung, dasz eine zuteilung zu einer bestimmten gruppe nicht möglich ist; sollte z. b. bei ὀρσοθύρη im ersten glied wirklich ein nomen ὄρσος stecken, so wäre nichts einfacher als diese bildung. bei βητάρμων fehlt eine griechische analogie überhaupt: wer weisz woher es überhaupt in die sprache gekommen ist?

Das resultat der vorstehenden untersuchung ist im verlauf derselben hinlänglich angedeutet. es läszt sich kurz dahin zusammenfassen dasz, nachdem hinsichtlich des formellen princips der zusammensetzung zweier nomina die ursprünglich für das erste glied geltende regel abhanden gekommen war, im griechischen an die stelle der einheitlichen regel eine manigfaltigkeit anderer motive trat, unter denen das am häufigsten auftretende zugleich das natürlichste ist, nemlich die form des auslauts des ersten glieds. um den hieraus entnommenen analogien zu folgen, dazu bedurfte es für den wortbildner keiner analysierenden reflexion, sondern einfach des ohrs. wenn mit dieser auffassung die gesetzliche consequenz gelockert wird, so ist dies kein verlust: denn die sprachkenntnis kann nur gewinnen, wenn neben den zu grunde liegenden gesetzen auch die manigfaltigkeit berücksichtigt wird, die überall da auftritt, wo individueller einflusz herscht. was wir aber im vorstehenden für Homer erwiesen haben, das gilt zugleich für die griechische sprache überhaupt. wer die späteren bildungen zusammengesetzter nomina sowol der einzelnen schriftsteller als der volkssprache durchgeht, wird kaum andere motive finden als die oben besprochenen, nur dasz die art, wie die maszgebenden analogien verwendet werden, eine noch freiere und vagere ist. beispiele hiervon haben wir schon unter den

---

3) so steht, wie ich sehe, auch bei Lobeck zu Phryn. s. 671, wol nicht blosz infolge eines druckfehlers.

oben von Pindar und Aeschylos angeführten wörtern gefunden, wenn z. b. in ἀϊδροδίκηϲ der auslaut auf ο auch in das gebiet der ι-stämme eingedrungen ist. indes weiter auf das verfahren der einzelnen späteren dichter, speciell des Pindar und Aeschylos einzugehen hätte nur insofern interesse, als nachzuweisen wäre, wie sich beide in der hier vorliegenden frage zu dem vorgang Homers verhalten. dies jedoch gehört einem andern zusammenhang an.

Tübingen. Ernst Herzog.

36.

ZU LYKURGOS REDE GEGEN LEOKRATES.

§ 19 scheint mir keiner der bisherigen verbesserungsversuche der worte ὡϲ καὶ μεγάλα καὶ βλάβουϲ εἴη τὴν πεντηκοϲτὴν μετέχων αὐτοῖϲ irgend genügend; ich vermute ὡϲ καὶ μεγάλα καταβεβλαφὼϲ εἴη (oder καταβλάψειε) τὴν πεντηκοϲτὴν μετέχων αὐτῆϲ· vgl. § 58.

§ 63 ist wol das entschieden störende που (nach δή) als dittographie der anfangsbuchstaben von τοῦτο zu streichen.

§ 78 schreibe ich: ποῦ δ' ὑπὲρ ὁϲίων καὶ ἱερῶν ἤμυνεν (mit streichung von ἄν) ὁ μηδένα κίνδυνον ὑπομείναϲ; τίνι δ' αὖ (für δ' ἂν) τὴν πατρίδα παρέδωκε μείζονα; (mit streichung von προδοϲίᾳ, letzteres nach Voigtländer).

§ 80 ist mir Polles erklärung des ἰϲχνῶϲ (in diesen jahrb. 1869 s. 754) als ästhetisch-kritische randglosse (nach analogie des καλῶϲ bei Lysias ὑπὲρ τοῦ ἀδυνάτου 3) wenig wahrscheinlich und möchte ich lieber ΙϹΧΝΩϹ in ϹΑΦΩϹ (oder ΚΑΛΩϹ) ändern.

§ 93 schrieb Lykurgos vielleicht: τὸ γὰρ τῶν νόμων τοῖϲ ἠδικηκόϲι τυχεῖν τιμωρίαϲ ἐϲτίν, so dasz τυχεῖν zweimal zu denken ist, zu νόμων und zu τιμωρίαϲ (sogenanntes ἀπὸ κοινοῦ), und so erklärt sich auch die auffallende stellung des τυχεῖν. am schlusz des § vermute ich: δεινὸν γὰρ ἂν εἴη, εἰ ταὐτὰ ϲημεῖα τοῖϲ εὐϲεβέϲι καὶ τοῖϲ κακούργοιϲ φαίνοι ταὐτά.

§ 102 vermutet A. H. G. P. van den Es adnotationes ad Lycurgi orationem in Leocratem (Leiden 1854) s. 48 f. für das jedenfalls corrupte ἐπαινῶν vielmehr ἐπαινέτην unter vergleichung von Thuk. II 41, welche stelle aber zu der unsrigen gar nicht passt. ich halte unsere stelle für lückenhaft; Lykurgos hatte vielleicht geschrieben: βούλομαι δ' ὑμῖν καὶ τὸν Ὅμηρον παραϲχέϲθαι ⟨μάρτυρα, ἄνδρα οὐ δεόμενον τῶν ἡμετέρων⟩ ἐπαίνων: vgl. § 100.

§ 105 braucht man sich weniger weit von der überlieferung zu entfernen als bisher geschehen ist, wenn man schreibt: καίτοι εἰ τοῖν ἀφ' Ἡρακλέουϲ γεγενημένοιν, οἳ ἀεὶ βαϲιλεύουϲιν ἐν Ϲπάρτῃ usw. über den plural des relativs nach dem dual vgl. Krüger gr. spr. § 58, 3 anm. 10.

§ 128 wol καλὸν γὰρ ἐκ (für ἔϲτι) πόλεωϲ usw.

Jena. Conrad Bursian.

37.
MISCELLEN.
(fortsetzung von jahrgang 1869 s. 767 f.)

22.

Bei Tacitus *ab exc. d. Aug.* I 13 liest man jetzt allgemein nach Rhenanus vermutung *quousque patieris, Caesar, non adesse caput rei publicae?* die Mediceische hs. bietet nach Ritters ausdrücklicher versicherung *aput* (nicht *apud*) *tē rei publicae*; das wunderliche *tē* bleibt bei dieser änderung ohne verwerthung, doch ist jene sicher besser als die versuche die bis jetzt zu einer verwendung dieses *tē* (oder wie ehemals angegeben wurde *te*) gemacht sind: von Lipsius *non esse caput te* und von Vertranius *non esse apud te caput rei publicae.* näher scheint mir zu liegen und durchaus annehmbar zu sein *non adesse* ***apicem*** *rei publicae. apex* in dieser übertragenen bedeutung braucht schon Cicero *de sen.* § 60 *apex est autem senectutis auctoritas*; am nächsten kommen Amm. Marc. XXVI 6, 10 *arbitratusque ubi felicius acciderit fatum, ad apicem summae potestatis adsumi* und Pacatus *paneg. Theodosio Aug. dictus* 6, 2 *o digna imperatore nobilitas, eius esse filium principem, qui princeps esse debuerit, qui hunc humani fastigii apicem non solum sapientia, sed decore etiam corporis et dignitate potuerit aequare*; andere beispiele bieten die wörterbücher. da diese conjectur bei mir das 'nonum prematur in annum' schon doppelt durchgemacht hat und bei erneuter prüfung mir immer wieder wahrscheinlicher als die gangbare lesart erscheint, möchte ich auch einmal hören was andere dazu sagen.

23.

In der reihe der römischen annalisten ist nächst Cato weitaus der interessanteste Sempronius Asellio. zu einem abschlieszenden verständnis desselben ist freilich nicht zu gelangen, ehe nicht der wortlaut der beiden bruchstücke bei Gellius V 18 festgestellt ist, die den inbegriff der ihn leitenden gedanken enthalten. in bezug auf das erstere derselben[1]) herscht wenigstens in der hauptsache übereinstimmung und sicherheit; um so mehr gehen die meinungen in bezug auf das zweite auseinander. namentlich über den beginn desselben: *nam neque alacriores ad rem publicam defendundam neque segniores ad rem perperam faciundam annales libri commovere quicquam possunt.* ich habe diese worte früher (phil. klin. streifzug 1849 s. 38 ff., wo die abweichungen der hss. mitgeteilt sind) für verderbt gehalten und statt *perperam* vorgeschlagen *properanter*, während der nunmehr auch dahingeschiedene treffliche H. Jacobi,

1) zuletzt hat O. Jahn darüber gesprochen philol. XXVI s. 8. die abhandlung von Stelkens über Sempronius Asellio ist mir noch nicht zugänglich gewesen.

wie dort angegeben, *propositam* oder, was er selbst vorzog, *propriam* vermutete. Nipperdey dagegen in seiner eingehenden behandlung dieser ganzen stelle (philologus VI (1851) s. 134 ff.) stellte um: *nam neque alacriores ad rem perperam faciundam neque segniores ad rem publicam defendundam annales libri commovere quicquam*[2]) *possunt.* schon in meiner textausgabe (1853) kehrte ich dagegen zu der hsl. überlieferung zurück. mich leitete dabei die inzwischen gewonnene überzeugung, dasz der schriftsteller in diesen worten nur das habe ausdrücken wollen, dasz die annalen ohne jeden politischen einflusz seien, dasz man daher in ihnen weder das motiv für die ersprieszliche thätigkeit der eifrigeren bürger noch für das verkehrte handeln der schlafferen zu suchen habe, da sie weder das eine noch das andere hervorzurufen im stande seien. in dieser überzeugung wurde ich einige jahre darauf in überraschender weise durch die äuszerung eines deutschen schriftstellers bestärkt, der sicherlich ohne Sempronius Asellios hülfe ganz auf den gleichen gedanken gekommen ist. in den erzählungen eines alten tambours ('aus dem volk', geschichten von Edmund Höfer, Stuttgart 1852, s. 19) findet sich nemlich folgende stelle, deren verfasser sichs wol kaum wird haben träumen lassen, dasz sie einmal in einer philologischen zeitschrift citiert werden würde: 'bah! nacheifern! ich sag' euch, mein guter herr, damit ist es nun gar nichts. dem feigen und schlechten mögt ihr so viel erzählen, wie ihr wollt, er läuft doch davon und ahmt keiner seele nach; und umgekehrt, der gute und brave, wenn er auch im leben nichts hört von den groszen kriegsläuften und schlachten und sonstigen affairen, wo's heisz hergeht, der wird doch stehen und doch kopf und mut haben.'

Das folgende schreibe ich jetzt so: *scribere autem bellum initum quo consule et quo confectum sit et quis triumphans introierit ex eo* [*et eo*] *libro quae in bello gesta sint iterare* (*id fabulas*), *non praedicare autem interea quid senatus decreverit aut quae lex rogatiove lata sit neque quibus consiliis ea gesta sint* (*iterare*), *id fabulas pueris est narrare, non historias scribere.* dazu habe ich nur mit rücksicht auf Nipperdey a. o. die bemerkung hinzuzufügen, dasz mir das *iterare* ganz an seiner stelle scheint, das freilich nicht einfach 'memorare, referre' bedeutet, sondern die erzählung dieser dinge neben dem verschweigen der wichtigeren momente der gleichzeitigen inneren entwickelung und der politischen motive als ein — um einen etwas derberen, sonst entsprechenden ausdruck zu gebrauchen — (ob jenes verschweigens scil. unnützes und überflüssiges) wiederkäuen charakterisiert.

---

2) *q;q̃* (über dem zweiten q ein a) der Rottendorffianus; *quemquam* stillschweigend hingeworfene vermutung in der (zu nutz und frommen anderer bemerkt, völlig werthlosen) rede von Blagoweschtschensky de carminibus convivalibus eorumque in vetustissima Romanorum historia condenda momento (Petropoli 1854) s. 25 anm. 2.

Breslau. Martin Hertz.

38.

Die werke und tage des Hesiodos. nach ihrer composition geprüft und erklärt von dr. August Steitz. Leipzig, druck und verlag von B. G. Teubner. 1869. IV u. 188 s. gr. 8.

In dieser schrift gibt der vf. die vor einigen jahren versprochene umgearbeitete und vervollständigte darlegung seiner ansicht über das so viele probleme bietende gedicht, über welches er bereits in zwei früheren schriften gehandelt hat (de operum et dierum Hesiodi compositione forma pristina et interpolationibus pars I, Göttingen 1856; die werke des landbaus in den werken und tagen des Hesiodos, Frankfurt a. M. 1866). ihr zweck ist der nachweis der composition des ursprünglichen ganzen, die ausscheidung des unechten und die behandlung einzelner schwieriger stellen; voran geht eine einleitung, in welcher nach dem vorgange von G. Heyer die spuren der bekanntschaft älterer dichter mit den w. u. t. zusammengestellt und die grundsätze, die für den vf. bei der höhern kritik des gedichtes bestimmend waren, ausgesprochen werden. die darstellung schlieszt sich an den überlieferten text an, wird indessen von einigen excursen unterbrochen: so wird s. 37 ff. auf die übereinstimmungen zwischen den unter Hesiodos namen erhaltenen gedichten hingewiesen, s. 54 ff. über den standpunct und zweck der didaktischen poesie des Hesiodos gehandelt, s. 95 ff. über die gnomensamlungen, die ihr nach der meinung des vf. vorausgiengen. der vf. bemerkt in der vorrede, dasz er die exegetischen untersuchungen als hauptsache bei seiner arbeit ansehe, und in bezug auf diese musz das günstige urteil, welches über die erste der genannten beiden früheren schriften im philologus XIX (1863) s. 119 von Merkel, sowie in diesen jahrb. 1864 s. 1 von Susemihl ausgesprochen worden ist, auch von der hier vorliegenden gelten. grosze sorgfalt in der interpretation des einzelnen, eine aus gründlichem studium hervorgegangene vertrautheit mit der sprache der Hesiodischen gedichte und ein klares und feines urteil, unterstützt durch eine bei classischen philologen nicht häufige kenntnis der litteraturen anderer nationen[1]) — das sind die vorzüge dieser bearbeitung der w. u. t., welche keiner, der sich mit den Hesiodischen poesien beschäftigt, auszer acht lassen darf.

In der wichtigsten frage, in der frage nach der composition der w. u. t., stehe ich freilich auf einem wesentlich andern standpunct als der vf. die frage um die es sich dabei handelt ist bekanntlich: welche von den acht bestandteilen des gedichtes müssen wir als ursprünglich zusammengehörig betrachten? sie gliedert sich wieder in eine reihe von speciellen fragen, je nach den stücken die man ins auge faszt, z. b. ob die lehren über den ackerbau von anfang an mit denen über die schiffahrt, oder ob die aber-

1) man vgl. s. 19. 27. 62. 65. 79 f. 83. 98. 140. 155. 170.

gläubischen regeln 724—764 von anfang an mit den ἡμέραι verbunden waren. am wichtigsten aber und am meisten entscheidend für unsere vorstellung von dem zweck und der art der ursprünglichen dichtung ist das urteil über das verhältnis der beiden an Perses gerichteten teile zu einander, der den rechtsstreit mit Perses betreffenden stücke (11—41. 202—326) zu den lehren über den ackerbau. die untersuchungen über diese probleme haben zu sehr verschiedenen resultaten geführt, deren aufzählung und besprechung mir selbstverständlich fern liegt. St. entscheidet sich dafür, dasz zwei gröszere einschiebsel, die episoden von Pandora und den weltaltern (über welche auch nach unserer ansicht kein zweifel bestehen kann), und eine menge kleinerer auszuscheiden seien, dasz aber im übrigen alle teile nach dem prooemium bis zum schlusz der werke der schiffahrt in notwendigem zusammenhang ständen, dasz endlich auch die folgenden einen zwar nicht unentbehrlichen, doch mit dem übrigen durchaus verträglichen hauptteil bildeten, also auch zu ihrer ausscheidung kein genügender grund vorliege (s. 12). von dem poetischen werthe der nach seiner ansicht echten bestandteile hat der vf. eine sehr hohe ansicht. wie ein lauteres edles metall scheint ihm das ursprünglich zusammengehörige nach ausscheidung der schlacken zurückzubleiben. es ist ihm ein meisterwerk, ein reich componiertes, überall fest zusammenhängendes kunstwerk, dem nichts zur sache gehöriges fehlt (s. 13). andere werden wol nicht so günstig urteilen und beim durchlesen der von St. für echt gehaltenen stücke nicht den eindruck eines fest zusammenhängenden kunstwerkes, sondern eher den des gegenteils empfangen; indessen würde ein streit hierüber ziemlich fruchtlos sein. keinenfalls aber kann das ästhetische urteil des vf. für diejenigen, die es nicht teilen, beweiskraft haben.

Die situation, die uns im anfang des gedichtes entgegentritt, hat sehr bestimmte verhältnisse und facta zu ihrer voraussetzung. zwei brüder, der dichter und Perses, haben das väterliche gut geteilt; Perses aber hat sich auszerdem durch bestechung der recht sprechenden edlen in unredlicher weise zu bereichern gewust.[2]) aber damit nicht zufrieden bedroht er nun den dichter mit einem neuen processe, und allem anschein nach werden die edlen wieder zu seinen gunsten entscheiden. in dieser lage greift der dichter zum mittel der poesie, um die drohende gefahr abzuwenden. den Perses ermahnt er von der streitsucht abzustehen und sich nicht zum zweiten male unrechtmäszig zu bereichern; in Askra (falls dies wirklich der schauplatz ist) wollen sie sich unter einander vergleichen, nicht die entscheidung den βαcιλεῖc in Thespiae übertragen.

---

2) dasz dies auf kosten des dichters geschah, der von seiner übrigen habe manches habe abtreten müssen, wie Steitz der gewöhnlichen auffassung folgend s. 24 annimt, liegt genau genommen nicht notwendig in den worten ἤδη μὲν γὰρ κλῆρον ἐδαccάμεθ', ἄλλα τε πολλὰ ἁρπάζων ἐφόρειc (37 f.).

dies wird durch betrachtungen allgemeinerer art motiviert: recht sei besser als gewaltthat, welche immer zu schlimmem ende führe; segen und friede herschen da wo das recht walte, jegliches unheil da wo unrecht geübt werde. so möge denn Perses nicht den pfad des frevels wandeln, wenn er auch bequemer sei als der pfad der tugend; durch ehrliche arbeit, nicht durch raub und lüge möge er seine habe vermehren. zugleich aber wendet sich der dichter auch an die edlen: er vergleicht die gewaltthat die sie an ihm, dem machtlosen sänger, ungestraft verüben können, mit der art wie der habicht gegen die nachtigal verfährt; sie sollen bedenken, dasz es Dike sofort dem Zeus anzeigt, wenn sie verletzt ist, dasz dann das ganze volk zu leiden hat durch den frevel der fürsten. der dichter mochte seine verse zuerst in den λέσχαι von Askra und Thespiae oder vor anderen versamlungen seiner landsleute selbst vortragen, dann anderen zu weiterer verbreitung überliefern. er konnte hoffen dasz durch seine lehren Perses zu einer sinnesänderung gebracht, noch mehr dasz die rücksicht auf die vox populi von einflusz auf sein und der richter verfahren in dem rechtsstreit sein werde. der allgemein gültige inhalt der in dem gedicht enthaltenen lehren muste demselben zugleich eine über den nächsten zweck hinausgehende bedeutung verleihen.[3])

Wir haben hier ein stück alter gelegenheitspoesie, aus einer zeit in welcher die dichtkunst so oft in den unmittelbaren dienst des bürgerlichen und politischen lebens trat, in dieser beziehung (freilich auch in keiner andern) an die seite zu stellen den iamben, durch welche Archilochos bewirkt dasz Lykambes 'seinen mitbürgern ein gegenstand lauten gelächters wird', ferner der elegie Εὐνομία, durch welche Tyrtäos zwistigkeiten in Sparta schlichtet, den elegien in welchen Solon vor den plänen des Peisistratos warnt usw. durch den vortrag von gedichten soll in allen diesen fällen nicht eine blosze unterhaltung der hörer erzielt, sondern auf die ansichten und bestrebungen der menge und einzelner bestimmend eingewirkt werden; das gedicht vom rechtsstreit mit Perses ist für uns das erste erhaltene beispiel dieser art. ist es nun wahrscheinlich (fast möchte ich sagen denkbar), dasz der bruder des Perses seine klage über die ihm drohende gewaltthat und die daran angeknüpften ermahnungen zur gerechtigkeit in verbindung mit einem bauernkalender vorgetragen? wenn er eine poetische unterweisung in den werken des ackerbaus geben wollte, war dazu dies ein passende gelegenheit? wodurch konnte er eher hoffen die hörer von seiner guten sache zu überzeugen und für dieselbe zu interessieren, wenn er schlosz mit der schilderung des vorzugs eines durch arbeit gewonnenen gutes vor dem mit

3) sonderbar ist es, wenn St. s. 28 die veranlassung zum gedichte eine 'wahre oder erfundene' nennt. ein dem volk angehöriger dichter sollte den adel seines landes aus einem erdichteten grunde getadelt und beschimpft haben? vgl. auch Ranke Hesiod. studien s. 13.

[illegible] — [illegible] γάρματα γήμης. οὐ μὲν γάρ [illegible] τῆς ἀγαθῆς, τῆς δ' αὖτε κακῆς [illegible] Amorgos 7, 110 f. (οἱ δὲ γείτο- [illegible] γυναικὸς οὐδὲν χρῆμ' ἀνὴρ ληί- [illegible]). aber von v. 701 gesteht [illegible] sprichwort enthalten könne [illegible] betrifft, so würde es allerdings [illegible] umgesetzt habe, wenn [illegible] ältesten bestandteilen der w. [illegible] dürfen wir dies nicht, [illegible], dasz ihr verfasser die [illegible].

[illegible] einzelner stellen, über [illegible] v. 19 γαίης ἐν [illegible] der ausdruck frei- [illegible]. aber wie γαίης [illegible] kann, ist uns [illegible] übertragung der [illegible] geben? von allen [illegible] möglichche [illegible] VI 1 s. 221): «γαίης τ' ἐν ῥίζῃσι, was [illegible] nur die tiefen der erde bedeuten kann, [illegible] etwas anderes als auf die zeugungskraft [illegible] selbst wetteifernd neue früchte her- [illegible] dagegen ein: 'hoc si verum esset, [illegible] certaminis exempla proferre debuisset, quam [illegible] certaminis proposuit.' aber mit unrecht. hier [illegible] wie St. mit recht bemerkt, nur auf die macht der Eris [illegible] menschen an: der in γαίης τ' ἐν ῥίζῃσι liegende gedanke [illegible] subordiniert, grammatisch coordiniert, eine gewohnheit [illegible] griechischen sprache für welche beispiele beizubringen über- [illegible]: 'sie ist weit mächtiger unter den menschen, wie auch in [illegible] der erde.' dasz auch nach dieser erklärung der gedanke [illegible] auffallendes behält, soll nicht geleugnet werden; aber eine [illegible] annehmbare erklärung ist, wie gesagt, noch nicht gegeben [illegible]. und eine notwendigkeit die überlieferung zu ändern ist nicht vorhanden.

V. 20 schreibt St. mit Lehrs ὁμῶς statt ὅμως und erklärt rich- tig: «ἀπάλαμόν περ ὁμῶς bedeutet: ebenso den trägen wie den thätigen» (s. 27). ungewöhnlich ist das fehlen dieses zweiten gliedes. St. vergleicht folgende stellen: 372 πίστεις δ' ἄρ τοι ὁμῶς καὶ ἀπιστίαι ὤλεσαν ἄνδρας. 669 ἐν τοῖς γὰρ τέλος ἐστὶν ὁμῶς ἀγαθῶν τε κακῶν τε. Il. I 320 κάτθαν' ὁμῶς ὅ τ' ἀεργὸς ἀνὴρ ὅ τε πολλὰ ἐοργώς. alle diese stellen beweisen natürlich für die statuierte ellipse gar nichts. noch ähnlicher, meint St., sei Mimnermos 1, 6 γῆρας ὅ τ' αἰσχρὸν ὁμῶς καὶ καλὸν ἄνδρα τιθεῖ. [illegible]lings, wenn man erklärt: das alter macht auch den schönen mann auf gleiche weise häszlich w i e d e n h ä s z l i c h e n. aber dagegen spricht der sinn. richtig ist gewis die erklärung Bergks: «ὁμῶς τιθεῖ eodem modo dictum est quo Xenophon scripsit Ages. 11, 12 ἀεὶ τιθεὶς τὰ τῶν φίλων ἀσφαλῶς.» somit hat auch diese stelle für die erklärung von St. keine beweiskraft. es war vielmehr Od. ο 34 zu citieren: νυκτὶ δ' ὁμῶς πλείειν 'bei nacht ebenso wie bei tage'.

Wem der ungewöhnliche gebrauch von ὅς in v. 22 als ein genügender grund zur änderung der überlieferten lesart erscheint, der mag mit Lehrs ὁ (wie es auch St. s. 89 thut) oder mit Schömann ὥς schreiben. die widerlegung des letztern vorschlags, die St. s. 187 versucht, erscheint uns nicht stichhaltig: die gliederung mit μέν und δέ spreche dagegen, die subjecte und prädicate seien in den zwei sätzen 22 und 23 gegenübergestellt, von jenen dürfe keines fehlen. aber zur hervorhebung des subjectes im ersten satze genügt das vorausgegangene τίς mit den beiden participien vollkommen. als entschieden verfehlt aber musz ein neuer vorschlag von St. zur schreibung und erklärung der stelle betrachtet werden: 'wird die hsl. lesart ὃς beibehalten, so ist ὃς σπεύδει usw. relativsatz zu πλούσιον, dann aber wegen μέν 22 nach οἶκον statt τ' zu lesen δ'. wegen der nicht ganz der concinnität entsprechenden stellung des μέν vgl. Α 140. 41. so wäre das participium ἰδών durch τε dem hauptverbum coordiniert (vgl. Bäumlein griech. part. s. 218 mitte): τίς τε ἰδών — ζηλοῖ δέ τε und γείτων derselbe wie τις. δέ im nachsatz nach participium μ 356. Θ 20.' dasz auf ein participium mit τε das hauptverbum mit δέ τε folgte, wäre wol ohne beispiel. und auszerdem: wenn γείτων derselbe ist wie τις, so ist der mit γείτονα bezeichnete niemand anders als der πλούσιος; von diesem würde also zuerst gesagt ὃς σπεύδει . . θέσθαι, dann εἰς ἄφενον σπεύδοντ', eine üble tautologie, die man keinenfalls in den dichter hineincorrigieren darf. endlich wäre die teilung der drei infinitive durch μέν und δέ seltsam.

50 κρύψε δὲ πῦρ 'nicht nur den lebensunterhalt verbarg er, sondern auch das feuer' (s. 43). wollte der dichter oder zusammenfüger v. 42 und 47 einerseits und v. 50 anderseits auf d i e s e weise in beziehung zu einander setzen, so muste er die beabsichtigte beziehung ausdrücken. nach den worten, wie sie überliefert sind, können wir nur mit Schömann (Hesiodi reliquiae s. 19) sagen: 'apparet poetae nihil admodum interesse visum esse, hocine (κρύψε δὲ πῦρ) an illud (ἔκρυψε βίον) diceretur, sed eodem utrumque redire: propterea scilicet, quod igne subducto necesse fuerit omnem hominum vitam miseram et laboriosam fieri.' dann stimmt auch unsere stelle überein mit der in der theogonie enthaltenen darstellung, welche der dichter wol vor augen hatte: nach dem betruge, den Prometheus in Mekone ausgeführt hat, wird den menschen nur das feuer entzogen, ohne dasz ihnen auch noch in anderer weise der gewinn des lebensunterhalts erschwert wird (563). freilich entsteht

Das stück 327—380 enthält eine reihe von sentenzen, die zum teil nur in einem sehr lockern zusammenhang unter einander stehen und in denen eine anrede an Perses nicht vorkommt. nach dem oben bemerkten müssen wir es für höchst wahrscheinlich halten, dasz dieselben ursprünglich weder zu dem sich auf den rechtshandel beziehenden gedichte noch zu den eigentlichen ἔργα gehörten; zu den ersteren nicht, weil die meisten der hier gegebenen lebensregeln mit jenem handel gar nichts zu thun haben, zu den ἔργα nicht, weil es wenig glaublich erscheint, dasz der dichter ein in sich so wol zusammenhängendes abgeschlossenes gedicht durch eine solche sentenzensamlung eingeleitet haben sollte. auch wäre es äuszerst seltsam, wenn v. 371 (καί τε κασιγνήτῳ γελάσας ἐπὶ μάρτυρα θέσθαι) in einer an den bruder gerichteten dichtung gestanden, der dichter also den Perses geradezu vor allzu groszem vertrauen auf seine eigene redlichkeit gewarnt hätte.[7]) wollte man mit rücksicht darauf diesen und den folgenden vers streichen, so wäre dies unbegründet und unmethodisch. überhaupt aber müssen in diesem stücke athetesen bedenklicher als in irgend einem andern teile der w. u. t. (mit ausnahme von v. 724—764) erscheinen. ein innerer zusammenhang zwischen den auf einander folgenden sentenzen ist, wie bemerkt, zum teil schwer nachweisbar; m. vgl. 341 und 342. 369 und 370. 375 und 376. wer möchte daher entscheiden, wie weit der samler im zusammenstellen solcher sprüche von verschiedenartigen beziehungen gegangen ist? aus diesem grunde können wir mit St. nicht übereinstimmen in bezug auf die athetese von 346—349. gewis, die veranlassung diese drei sentenzen aufzunehmen bot nur die erwähnung des nachbarn in v. 346; aber dies kann schon für den ersten zusammensteller ein genügender grund zur aufnahme der verse gewesen sein, trotz des von Lehrs a. o. s. 185 erwähnten scheinbaren widerspruchs zwischen 343 und 346[8]), trotzdem dasz man die reflexion in 346 trivial und 347 müszig nennen kann. einen widerspruch zwischen 345 und 348 vermögen wir ebenso wenig zu erkennen, als wir einsehen, wie das sprichwort in 348 'fast als ausgemacht annimt, dasz die nachbarn meist schlecht seien'. übrigens hat Lehrs nicht, wie St. angibt, 346 'verworfen' (vgl. Lehrs a. o. s. 246), sondern nur den mangel des zusammenhangs erwiesen; von einem verwerfen kann bei der methode, die Lehrs in der behandlung dieses stückes anwendet, überhaupt nicht die rede sein.[9]) die verse 355 und 356 dem ersten samler abzusprechen, dazu wäre ein gewisser grund vorhanden, wenn wirklich, wie St. nachzuweisen versucht, 357—360 die begründung von 354 enthielten. St. erklärt nemlich folgendermaszen: (δόμεν ὅς κεν δῷ, καὶ μὴ δόμεν, ὅς κεν μὴ δῷ·) denn 'wer gern gibt, gibt mit freuden selbst viel, grund genug um auch ihm zu geben; das herz des habsüch-

---

7) vgl. Twesten comm. crit. de Hes. s. 32. 8) er ist in der that nur scheinbar: vgl. Steitz s. 106. 9) dasselbe gilt von 352. 356. 365.

tigen aber erfüllt selbst eine kleine gabe mit betrübnis, also wird kein vernünftiger ihm etwas geben.' wir müssen zweifeln, ob diese interpretation irgend jemandem einleuchten wird. denn erstens sind die von uns durch den druck hervorgehobenen worte, welche die begründung erst aussprechen würden, im griechischen texte gar nicht vorhanden, St. hat sie ergänzt. zweitens ist derjenige, welcher sich fremdes gut gewaltsam aneignet (359), ohne weiteres an die stelle dessen getreten ὅς κεν μὴ δῷ: aber zwischen beiden besteht doch noch ein bedeutender unterschied. drittens musz nach St. unter dem τό γε im nachsatz 360 nicht dasjenige verstanden werden, was sich der unverschämte aneignet (359 ὃς δέ κεν αὐτὸς ἕληται ἀναιδείηφι πιθήσας), sondern 'aus 358 musz δῶρον als subject genommen werden'. dies scheint uns nicht nur 'etwas hart', sondern fast unmöglich. wie einfach und natürlich ist dagegen alles, wenn wir die vier verse als begründung von 356 auffassen. dieser vers (δὼς ἀγαθή, ἅρπαξ δὲ κακή, θανάτοιο δότειρα) bedeutet im wesentlichen: 'geben ist besser als nehmen', nur dasz das nehmen hier auf ein gewaltsames aneignen beschränkt wird. ἀγαθή und κακή beziehen sich auf die folgen; der ausdruck θανάτοιο δότειρα ist hyperbolisch und allerdings etwas schwülstig, aber nicht dunkel. dieser gedanke nun erhält im folgenden seine begründung: 'denn wer gern gibt, freut sich, auch wenn er groszes gibt, dieses geschenkes; wer aber unverschämter weise selbst nimt, wenn es auch eine wenigkeit ist, dem macht es böses gewissen' (so Hermann a. o. s. 232). v. 356 also erscheint uns notwendig; 355 wiederholt, wie St. mit recht bemerkt, den gedanken von 354, braucht aber darum nicht ein späterer zusatz zu sein.

V. 361 und 362 sollen nach St. (s. 109) eine rechtfertigung von 359 und 360 (zufolge der von St. gegebenen interpretation dieser verse) sein. 'dem habsüchtigen bereitet auch ein kleines geschenk, das er anderen macht, kummer: denn fügt man kleines zu kleinem, so kommt schlieszlich groszes zusammen.' dasz aber ein ethischer dichter die handlungsweise des von ihm so scharf getadelten habsüchtigen rechtfertigen sollte, ist absolut unmöglich. St. spricht zwar vorsichtig nur von einer scheinbaren rechtfertigung; aber es ist nicht einzusehen, worin das scheinbare liegen soll, da, wie St. richtig bemerkt, weder von einer ironie eine andeutung vorhanden ist noch auch der satz vom standpuncte des unrechthandelnden ausgesprochen wird. dazu kommt nun noch dasz, wie wir zu erweisen suchten, die interpretation von 360 falsch ist, nach der von uns angenommenen aber von einem causalnexus zwischen 361 f. und 359 f. gar keine rede sein kann. man muss vielmehr zugestehen, dasz γάρ in v. 361 nicht eine begründung, überhaupt nichts mit dem vorhergehenden in verbindung stehendes anfügt; es mag in einem andern zusammenhang, aus welchem die sentenz genommen ist, seine richtige stelle gehabt haben. gemein-

that, kann man störend und ungeschickt finden, und man kann ihn deshalb tadeln, ohne dasz man ihn zu corrigieren braucht. dasz der vater des Hesiodos aus mangel an anderm unterhalt professionsmäszige ἐμπορία trieb, liegt weder in den worten βίου κεχρημένος ἐσθλοῦ (634) noch in (τῇδ' ἦλθε) οὐκ ἄφενος φεύγων οὐδὲ πλοῦτόν τε καὶ ὄλβον, ἀλλὰ κακὴν πενίην (638), sondern nur dasz er seinen dürftigen verhältnissen durch handel aufzuhelfen suchte; mag seine thätigkeit immerhin noch etwas anderes sein als die über welche der dichter belehrt: die verse 631 und 632 enthalten nichts was nicht beiden gemeinschaftlich wäre. die worte ἐμός τε πατὴρ καὶ σός, μέγα νήπιε Πέρση (633) mahnen den Perses, mit dem der dichter nicht in gutem einvernehmen lebt, in ebenso einfacher wie nachdrücklicher weise an die von ihm vernachlässigte pflicht der anhänglichkeit an den bruder (vgl. 707), und durch die häufung οὐκ ἄφενος φεύγων οὐδὲ πλοῦτόν τε καὶ ὄλβον (637) wird die drückende armut des vaters (ἀλλὰ κακὴν πενίην) aufs kräftigste hervorgehoben. weshalb endlich, wie St. meint, das urteil über die gegend von Askra durch den inhalt der beiden vorigen abschnitte hätte vorbereitet werden müssen, verstehe ich nicht. alle diese bemerkungen gehen, wie ich nochmals ausdrücklich erwähne, von dem standpuncte des vf. aus, nach welchem die schiffahrtslehren für den wirklichen Perses gedichtet sind. schreibt man sie dagegen nicht dem bruder des Perses, sondern einem spätern nachdichter zu, so wird man es gleichfalls nicht im geringsten auffallend finden, dasz derselbe einiges über die persönlichen verhältnisse des vorgeblichen Hesiodos einfügte, um das interesse der zuhörer zu steigern und seinem gedichte einen gröszern schein von echtheit zu verleihen. erklärt man übrigens die verse für unecht (oder das ganze stück für eine nachdichtung), so gebe man sich auch keiner selbstteuschung hin. sie beweisen dann nur, dasz zur zeit ihres verfassers eine tradition bestand, nach welcher Askra ein sitz Hesiodischer poesie gewesen. dasz aber diese tradition richtig sei, dasz der schauplatz des in dem ersten teil der w. u. t. behandelten rechtsstreites wirklich Askra gewesen, was St. ohne bedenken annimt, bliebe dabei höchst problematisch.

643—645 νῆ' ὀλίγην αἰνεῖν, μεγάλῃ δ' ἐνὶ φορτία θέσθαι. μείζων μὲν φόρτος, μεῖζον δ' ἐπὶ κέρδεϊ κέρδος ἔσσεται, εἴ κ' ἄνεμοί γε κακὰς ἀπέχωσιν ἀήτας. diese stelle scheint St. nicht richtig aufgefaszt zu haben, wenn er 644 und 645 mit den worten wiedergibt: 'bei günstigem wetter ist der gewinn gröszer' (s. 159). aber der satz εἴ κ' ἄνεμοί γε κακὰς ἀπέχωσιν ἀήτας ist für den gedanken der stelle durchaus unwesentlich. μείζων μὲν φόρτος usw. steht in engster beziehung zu dem vorhergehenden: 'leg deine ladung in ein groszes schiff; dann kann auch die ladung eine gröszere sein, und folglich auch dein gewinn — falls nemlich die winde das schiff verschonen, fügt der dichter vorsichtig hinzu. aus 643 ist der gedanke εἰ τοῦτο ποιήσεις zu ergänzen, ähnlich wie 726 μηδέ ποτ' ἐξ ἠοῦϲ Διὶ λείβειν αἴθοπα οἶνον χερϲὶν ἀνίπτοιϲιν, μηδ' ἄλλοιϲ ἀθανάτοιϲιν. οὐ γάρ τοί γε κλύουϲιν, ἀποπτύουϲι δέ τ' ἀράϲ.

682 ändert St. mit Heyer εἰαρινὸϲ in ἀργαλέοϲ (s. 155), ohne Schömanns erklärung der überlieferten lesart zu widerlegen. notwendig wäre eine änderung allerdings, wenn die worte οὔ μιν ἔγωγε 682 bis χαλεπῶϲ κε φύγοιϲ κακόν 684, wie es St. für wahrscheinlich hält, unecht wären. aber auch dies hat St. nicht erwiesen, da weitschweifigkeit, sonderbare abgerissenheit und tautologie nicht als hinlängliche gründe gelten können. ἁρπακτόϲ 684 darf kein bedenken erregen: wie bei Soph. Aias 2 πεῖραν ἁρπάϲαι verbunden wird, so kann auch πλόον ἁρπάϲαι gesagt werden, und so ist ἁρπακτόϲ mindestens ebenso gut gesichert wie das von St. vorgeschlagene ἀρπαλέοϲ.

687 und 688 sollen unecht sein, weil sie zum grösten teil nichtssagend seien (s. 161). auch hier müssen wir mit Schömann (a. o. s. 32) sagen: 'etiamsi quid nobis non immerito displicet, non tamen propterea etiam spurium iudicari debet.'

Schlieszlich sprechen wir es nochmals aus, dasz wir dem vf. für die manigfache anregung und förderung, welche die interpretation der w. u. t. durch ihn erfahren, zu groszem danke verpflichtet sind.

Bonn. Eduard Hiller.

39.

ZU AESCHYLOS PERSERN VERS 43.

ἁβροδιαίτων δ' ἕπεται Λυδῶν
ὄχλοϲ, οἵτ' ἐπίπαν ἠπειρογενὲϲ
κατέχουϲιν ἔθνοϲ, τοὺϲ Μιτρογάθηϲ
Ἀρκτεύϲ τ' ἀγαθόϲ, βαϲιλῆϲ δίοποι,
χαὶ πολύχρυϲοι Cάρδειϲ ἐπόχουϲ
πολλοῖϲ ἅρμαϲιν ἐξορμῶϲιν usw.

hier machen die worte οἵτ' ἐπίπαν ἠπειρογενὲϲ κατέχουϲιν ἔθνοϲ erhebliche schwierigkeiten. gewöhnlich erklärt man mit Hermann 'qui omnes continentis incolas comprehendunt' und versteht unter den 'incolae' namentlich die kleinasiatischen Ionier, die Aeschylos aus schonung nicht habe nennen wollen (Teuffel). dagegen erheben sich jedoch folgende bedenken. erstens wird ἐπίπαν in der ganzen griechischen litteratur immer nur als adverbium, nie als adjectivum gebraucht mit alleiniger ausnahme einer kretischen inschrift im CIG. II s. 409, 15, die natürlich hier so gut wie nichts beweisen kann. zweitens heiszt κατέχειν niemals 'umfassen, in sich begreifen' sondern kann hier keine andere bedeutung haben als 'beherschen', was jedoch sinnlos sein würde, da die Ionier sowol wie die anderen bewohner des kleinasiatischen festlandes schon längst nicht mehr von

Lydien abhängig waren. auch zogen alle unter besonderen anführern: die Ionier und Karer zu schiff unter Ariabignes (Her. VII 97), die Phryger unter Artochmes (ebd. 73), die Bithyner unter Bagasakes (75), die Dorier und Lykier unter Prexaspes oder Megabazos (97), während die Lyder und Myser nach Herodot (74) den Artaphernes zum führer hatten.

Ich schreibe daher παρέχουσιν und erkläre 'welche durchweg landtruppen stellen'. dies war nach Herodot a. o. wirklich der fall, zumal da die Lyder unter den seevölkern (89—99) fehlen. in bezug auf ἠπειρογενὲς ἔθνος = 'landtruppen' verweise ich auf Her. VII 81 ταῦτα ἦν τὰ κατ' ἤπειρον στρατευόμενά τε ἔθνεα καὶ τεταγμένα ἐς τὸ πεζόν. der zusatz οἵτ' ἐπίπαν ἠπειρογενὲς παρέχουσιν ἔθνος lag dem Aeschylos um so näher, als er kurz zuvor die land- und seemacht der Aegypter erwähnt hatte.

Bautzen. W. H. Roscher.

40.

ZU SOPHOKLES ANTIGONE VERS 506. 507.

ἀλλ' ἡ τυραννὶς πολλά τ' ἄλλ' εὐδαιμονεῖ
κἄξεστιν αὐτῇ δρᾶν λέγειν θ' ἃ βούλεται.

unzweifelhaft scheint es nach der auseinandersetzung von A. Nauck, dasz obige verse an die stelle nicht passen, an welcher sie jetzt in den handschriften stehen. darum hat sie G. Wolff der Antigone entzogen und dem chor gegeben, der sie unmittelbar nach den worten der Antigone τούτοις τοῦτο πᾶσιν ἁνδάνειν | λέγοιτ' ἄν, εἰ μὴ γλῶσσαν ἐγκλῄσαι φόβος gesprochen haben soll. dahin aber scheinen sie mir weniger zu passen. in den worten des Kreon nemlich σὺ τοῦτο μούνη τῶνδε Καδμείων ὁρᾷς weist das τοῦτο des Kreon auf das τοῦτο der Antigone zurück und σὺ μούνη steht im gegensatz zu Antigones worten τούτοις πᾶσιν. damit nun die beziehung der beiden τοῦτο auf einander und jener gegensatz sofort den hörern deutlich wurde, durften andere verse wie ἀλλ' ἡ τυραννὶς usw. nicht dazwischen treten. ich glaube daher dasz die fraglichen verse nach den worten der Antigone v. 509 ὁρῶσι χοὗτοι, σοὶ δ' ὑπίλλουσι στόμα zu setzen sind. war der chor, wie Wolff richtig anzunehmen scheint, durch die worte der Antigone τούτοις τοῦτο πᾶσι usw. veranlaszt seine ansicht zu äuszern, so war er es offenbar noch mehr durch die worte σοὶ δ' ὑπίλλουσι στόμα, in welchen Antigone einen härtern vorwurf gegen den chor ausspricht, den dieser mit den worten zurückweist: ἀλλ' ἡ τυραννὶς usw.

Hildburghausen. Albert Doberenz.

41.

Thukydides erklärt von J. Classen. vierter band: viertes buch. Berlin, Weidmannsche buchhandlung. 1869. 228 s. 8.

Wenngleich Classen bei der bearbeitung des vorliegenden bandes im allgemeinen natürlich dieselben grundsätze befolgt hat, die bei den früheren maszgebend waren [worüber vgl. jahrb. 1863 s. 396—417. 451—480. 1866 s. 209—220. 1868 s. 105—122], so ist dennoch, was die kritik des textes anbelangt, eine stärkere neigung nach der conservativen seite nicht zu verkennen, und wenn bei den vorhergehenden büchern handschriftliche lesarten manchmal gegen seine änderungsvorschläge in schutz genommen werden musten, so bietet sich hier bei der vorsichtigen schonung, mit welcher C. der überlieferung gegenüber verfahren ist, nur selten anlasz dieselbe gegen zu weit gehende verdächtigung zu vertheidigen, häufiger sogar müssen seine versuche bedenklichen stellen durch erklärung aufzuhelfen als mislungen bezeichnet werden. bei den meisten stellen, an welchen C. von dem herkömmlichen texte abweicht oder ihn zu ändern vorschlägt, ist dies aus so einleuchtenden gründen geschehen, dasz jeder verständige ihm gern beistimmen wird. so ist 2, 3 das vorgeschlagene προεπεπλεύκεσαν statt παρεπ. schon deshalb notwendig, weil Kerkyra das ziel der peloponnesischen schiffe war (vgl. 3, 1) und sie nicht wie die Athener auf einer weitern fahrt dort vorbeisegelten: denn es ist kaum anzunehmen, dasz παρεπεπλεύκεσαν von jenen anders als von diesen παραπλέοντας zu verstehen sei. 3, 2 hat C. die lesart ξυνέπλευσε mit gutem recht aufgenommen. desgleichen ist 8, 8 die schon von anderen vorgeschlagene änderung κατειλημμένον unabweisbar. 9, 1 ist αἳ περιῆσαν so wol begründet, dasz es im texte stehen sollte; auch hat C. beim folgenden τοὺς ναύτας ἐξ αὐτῶν ὥπλισεν ἀσπίσι τε φαύλαις καὶ οἰσυΐναις ταῖς πολλαῖς mit recht eine auslassung vermutet, da ein ὁπλίζειν mit bloszen vertheidigungswaffen widersinnig ist und auch τε nach ἀσπίσι darauf hinweist; nach ταῖς πολλαῖς läszt sich mit einiger wahrscheinlichkeit der ausfall von καὶ ἀκοντίοις annehmen. 12, 3 ἐκ γῆς [τε] καὶ ταύτης ist τε mit recht getilgt. derselbe fehler ist 24, 4 τοῖς Ἀθηναίοις οὐκ ἂν εἶναι beseitigt. die nach der überlieferung teilweise unverständliche stelle 30, 3 hat C. nach Krügers vorschlag durch umstellung der worte τότε ὡς ἐπ' ἀξιόχρεων τοὺς Ἀθηναίους μᾶλλον σπουδὴν ποιεῖσθαι in ordnung gebracht. 40, 1 hat C. zuerst die dem zusammenhang entsprechende interpunction eingeführt. 75, 2 αὐτὸς δέ, 78, 4 νῦν δέ, 80, 5 αὐτὸς δέ ist τε richtig durch δέ ersetzt worden. 90, 1 ist τὸ ἱερὸν τοῦ Ἀπόλλωνος sicher ein glossem, wie C. vermutet: denn sollte Δήλιον durch eine derartige apposition bestimmt werden, so muste diese nach dem vorhergehenden ἐπὶ τὸ Δήλιον eintreten; dasz aber Th. durch diese bezeichnung das heiligtum von den benachbarten anbauten (dem πολίχνιον) habe sondern wollen, ist deswegen undenkbar, weil jenes unmittelbar darauf durch τὸ ἱερὸν καὶ τὸν νεών speciell unterschieden wird. 87, 4 erforderte zusammenhang und sprachgebrauch die von C. aufgenommene conjectur Dobrees: οὐ γὰρ δὴ εἰκότως γ' ἂν τάδ' ἐπράσσομεν. ebenso notwendig war 111, 2 das imperf. ἀνῖσχον statt des ἀνέσχον der hss. 113, 1 ist ταὐτά für ταῦτα durchaus zu billigen und ebenso 113, 2 ἐκκαθεύδοντες für καθεύδοντες.

Die wenigen stellen, mit deren kritischer behandlung ich nicht einverstanden bin, sind hauptsächlich folgende: 4, 1 ὡς δὲ οὐκ ἔπειθεν οὔτε τοὺς στρατηγοὺς οὔτε τοὺς στρατιώτας.. ἡσύχαζον ὑπὸ ἀπλοίας, μέχρι αὐτοῖς τοῖς στρατιώταις σχολάζουσιν ὁρμὴ ἐσέπεσε περιστᾶσιν ἐκτειχίσαι τὸ χωρίον hat C. nach Dobrees vorschlag ἡσύχαζον statt ἡσύχαζεν geschrieben, 1) weil das voraufgehende οὐκ ἔπειθεν οὔτε τοὺς στρατηγοὺς οὔτε τοὺς στρατιώτας, womit das verhalten der truppen, nicht des Demosthenes von der negativen seite bezeichnet sei, eine angabe über das was sie denn wirklich thun erwarten lasse, und 2) weil das folgende αὐτοῖς τοῖς στρατιώταις σχολάζουσιν die erwähnung eines gegensatzes der gesamtheit gegenüber fast notwendig voraussetze. dagegen ist zu erwidern, dasz 1) durch οὐκ ἔπειθε doch zunächst nur der miserfolg des Demosthenes angegeben wird und ἡσύχαζον kein thun, sondern das gerade gegenteil bezeichnet, 2) der gegensatz zu αὐτοῖς in οὐκ ἔπειθε liegt, indem die soldaten aus langer weile von selbst thun, wozu sie Demosthenes vergebens zu überreden gesucht hatte. überhaupt aber kann der umstand, dasz Demosthenes mit seinem vorschlag nicht durchdrang, keinen einflusz ausüben auf das unthätige verhalten des heeres: denn mochte er überreden oder nicht, in jedem falle würde man, wenn die ἄπλοια kein hindernis gewesen wäre, zur ausführung eines unternehmens geschritten sein: in dem einen falle die fahrt nach Sikelien fortgesetzt, in dem andern die befestigung von Pylos in angriff genommen haben. hält man an der hsl. lesart fest, so ist freilich die verbindung ἡσύχαζεν ὑπὸ ἀπλοίας unmöglich, weil, wie das folgende zeigt, die ἄπλοια dem plane des Demosthenes nicht hinderlich ist; allein schon Poppo hat nach ἡσύχαζεν interpungiert und ὑπὸ ἀπλοίας zum folgenden gezogen. Krüger hat allerdings die stellung unerträglich gefunden; allein bei Th. gehen auch sonst häufig genug betonte begriffe einer conjunction oder einem pron. relat. voraus (I 107, 3. V 7, 5. VI 33, 3. VII 20, 3. VIII 78, 2), und eine andere beziehung ist hier geradezu unmöglich. die betonte stellung aber verlangt ὑπὸ ἀπλοίας mit ὁρμὴ ἐσέπεσε, nicht mit σχολάζουσιν zu verbinden. — 22, 2 γιγνώσκειν μὲν καὶ πρότερον οὐδὲν ἐν νῷ ἔχοντας δίκαιον αὐτούς, σαφὲς δ' εἶναι καὶ νῦν findet C. Cobets vorschlag wahrscheinlich, καὶ vor νῦν zu streichen: denn die steigerung von γιγνώσκειν μέν zu σαφὲς δ' εἶναι werde dadurch eher geschwächt als verstärkt. allein die gleichstellung καὶ πρότερον .. καὶ νῦν beweist gerade, dasz Th. eine solche steigerung nicht gewollt hat und dasz γιγνώϲκειν und ϲαφὲϲ εἶναι hier auf gleicher stufe stehen. — 32, 4 κατὰ νώτου τε ἀεὶ ἔμελλον αὐτοῖϲ, ᾗ χωρήϲειαν οἱ πολέμιοι, ἔϲεϲθαι ψιλοὶ [καὶ] οἱ ἀπορώτατοι. gegen die gewöhnliche interpunction (nach χωρήϲειαν) und erklärung wendet C. ein: 1) dasz οἱ πολέμιοι, welches kurz vorher die eingeschlossenen Spartaner bezeichne, jetzt sich auf die angreifenden Athener beziehe, 2) dasz Th. πολέμιοϲ nur bei sachlichen begriffen als adjectivum gebrauche. der zweite grund ist durchschlagend, der erstere nichtig. denn an und für sich sind doch die Athener ebensowol feinde der Spartaner als diese der Athener, und wenn αὐτοῖϲ sich auf die Spartaner bezieht, so kann das folgende οἱ πολέμιοι sich nur auf die Athener beziehen, weil es eben als bestimmte bezeichnung von dem auf ein früheres hinweisenden αὐτοῖϲ sich unterscheidet. und eben deswegen ist C.s anordnung des textes zu verwerfen. wozu sollte auch Th. οἱ πολέμιοι hinzugefügt haben, da κατὰ νώτου τε ἀεὶ ἔμελλον αὐτοῖϲ, ᾗ χωρήϲειαν, ἔϲεϲθαι ψιλοί klarer und verständlicher wäre? auch würde durch die betonte nachstellung des οἱ ἀπορώτατοι eine bestimmte art der ψιλοί bezeichnet werden, die eben ἀπορώτατοι sind, was hier wegen des folgenden τοξεύμαϲι καὶ ἀκοντίοιϲ καὶ λίθοιϲ καὶ ϲφενδόναιϲ ἐκ πολλοῦ ἔχοντεϲ ἀλκήν, wodurch doch wol alle arten derselben umfaszt werden, nicht passt. die stelle ist in ordnung, wenn man bei der frühern interpunction bleibt und ψιλοί, da die truppengattung durch τοξεύμαϲι .. ἀλκήν hinlänglich bezeichnet ist, als glossem entfernt: κατὰ νώτου τε ἀεὶ ἔμελλον αὐτοῖϲ, ᾗ χωρήϲειαν, οἱ πολέμιοι ἔϲεϲθαι καὶ οἱ ἀπορώτατοι (καί = 'und zwar'). — 61, 1 ist τὰϲ πόλειϲ καὶ τὴν Cικελίαν als eine verbindung des teiles und des ganzen zu fassen, wie I 116, 3 ἐπὶ Καύνου καὶ Καρίαϲ; einen grund zur verdächtigung kann ich nicht erkennen. — 67, 1 ἐν ὀρύγματι ἐκαθέζοντο, ὅθεν ἐπλίνθευϲαν τὰ τείχη καὶ ἀπεῖχεν οὐ πολύ hat C. wegen der bestimmten beziehung auf den I 103, 4 erwähnten mauerbau ἐπλίνθευϲαν statt ἐπλίνθευον geschrieben. anderseits hat Meineke im Hermes III s. 355 auf das anstöszige in der verbindung τείχη πλινθεύειν aufmerksam gemacht und ἐπλίνθευον ἐϲ τὰ τείχη vorgeschlagen. man entgeht den bedenken beider, wenn man ὅθεν ἐπλίνθευον καὶ τὰ τείχη ἀπεῖχεν οὐ πολύ schreibt. die beziehung auf den vor 38 jahren stattgefundenen mauerbau scheint mir zu entlegen zu sein. — 68, 5 ξυνέκειτο δὲ αὐτοῖϲ τῶν πυλῶν ἀνοιχθειϲῶν ἐϲπίπτειν τοὺϲ Ἀθηναίουϲ, αὐτοὶ δὲ διάδηλοι ἔμελλον ἔϲεϲθαι· λίπα γὰρ ἀλείψεϲθαι, ὅπωϲ μὴ ἀδικῶνται. ἀϲφάλεια δὲ αὐτοῖϲ μᾶλλον ἐγίγνετο τῆϲ ἀνοίξεωϲ· καὶ γὰρ οἱ ἀπὸ τῆϲ Ἐλευϲῖνοϲ κατὰ τὸ ξυγκείμενον τετρακιϲχίλιοι ὁπλῖται τῶν Ἀθηναίων καὶ ἱππῆϲ ἑξακόϲιοι τὴν νύκτα πορευόμενοι παρῆϲαν vermutet C. dasz ἀϲφάλεια .. παρῆϲαν ursprünglich vor ξυνέκειτο gestanden habe. der hauptgrund, worauf er sich stützt, ist, dasz man bei ξυνέκειτο nicht recht einsehe, mit wem die verabredung getroffen sei und von wem sie ausgeführt werden solle. das aber kann, nachdem οἱ πρὸϲ τοὺϲ Ἀθηναίους πράξαντες vorangegangen, wobei an keinen bestimmten teil der Athener zu denken ist, gar nicht zweifelhaft sein. auch wäre κατὰ τὸ ξυγκείμενον bei der erst nachfolgenden erklärung ξυνέκειτο δὲ usw. nicht am platze; κατὰ ξυγκείμενον wäre notwendig. mir scheint die reihenfolge der gedanken nach der überlieferung wolgeordnet zu sein. denn Th. gibt an 1) was nach der verabredung geschehen soll, um ohne schaden die Athener in die stadt zu bringen (ξυνέκειτο .. ἀδικῶνται), 2) was nach der verabredung bereits geschehen ist, um die gefahrlosigkeit des unternehmens zu erhöhen (ἀσφάλεια .. παρῆσαν). dennoch leidet die stelle an einem bedenken, welches C. nicht erwähnt hat. denn wie ist der artikel vor ἀπὸ τῆς Ἐλευσῖνος gerechtfertigt, da die bezeichnete mannschaft in dem vorher angegebenen teile der verabredung gar nicht erwähnt ist? deshalb wird wol καὶ γὰρ ἄλλοι zu lesen sein. auch würde ich im vorhergehenden interpungieren: αὐτοὶ δὲ διάδηλοι ἔμελλον ἔσεσθαι (λίπα γὰρ ἀλείψεσθαι), ὅπως μὴ ἀδικῶνται.

Was C. für die erklärung des Th. in dem vorliegenden bande geleistet hat, unterlasse ich im besondern anzuführen, da seine ausgabe nach dieser seite einer weitern empfehlung nicht mehr bedarf, und wende mich lieber zu einer nähern besprechung derjenigen stellen, deren vollständiges und genaues verständnis mir auch durch C.s interpretation noch nicht erreicht zu sein scheint. 1, 4 καὶ ἄλλαι αἱ πληρούμεναι (νῆες) hätte C. αἱ, wie er auch symb. crit. s. 14 vorgeschlagen hat, entfernen sollen. denn in der erklärung 'andere, diejenigen nemlich, die noch in der ausrüstung begriffen waren' findet der artikel keinen halt, da man auch im deutschen so nicht reden wird, wenn die schiffe nicht im vorhergehenden näher bezeichnet sind, sondern 'andere, die noch in der ausrüstung begriffen waren'. — 9, 2 σφίσι δὲ τοῦ τείχους ταύτῃ ἀσθενεστάτου ὄντος ἐπισπάσασθαι αὐτοὺς ἡγεῖτο προθυμήσεσθαι hat man teils ἐπισπάσασθαι von προθυμήσεσθαι teils dieses von jenem abhangen lassen. gegen die erste art hat sich C. aus guten gründen ausgesprochen. aber auch die zweite, die er selbst angenommen hat, ist ebenso verwerflich, weil der inf. fut. nach ἐπισπάσασθαι beispiellos ist (VIII 3 steht nach demselben der inf. aor.), noch mehr aber weil das subject zu ἐπισπάσασθαι fehlt. C. freilich will dasselbe aus τοῦ τείχους .. ὄντος ergänzen. allein für einen solchen gebrauch fehlt es an allen belegen, und was helfen uns gekünstelte erklärungen, wenn ihnen die bestätigung des sprachgebrauchs abgeht? warum sollte auch Th. nicht einfach τὸ τεῖχος ταύτῃ ἀσθενέστατον ὂν geschrieben haben? auch bezweifle ich sehr dasz προθυμεῖσθαι heiszen könne 'mutig drauf losgehen' statt 'gutes mutes sein'. liest man ἐπισπάσεσθαι in passivem sinne, so gibt sich προθυμήσεσθαι leicht als glossem zu diesem zu erkennen. so hat schon Dobree vorgeschlagen; aber man hat das zu kühn gefunden, ohne zu bedenken dasz unter allen vorgebrachten erklärungen keine ist, die nicht viel gewaltsamer wäre als diese immerhin nahe genug liegende verbesserung. — 10, 1 μηδεὶς ὑμῶν ἐν τῇ τοιᾷδε ἀνάγκῃ ξυνετὸς βουλέσθω δοκεῖν εἶναι, ἐκλογιζόμενος ἅπαν τὸ περιεστὸς ἡμᾶς δεινόν, μᾶλλον ἢ ἀπερισκέπτως εὔελπις ὁμόσε χωρῆσαι τοῖς ἐναντίοις καὶ ἐκ τούτων ἂν περιγενόμενος hat C. wol gefühlt, dasz der zusammenhang es erfordert, dasz καὶ ἐκ τούτων ἂν περιγενόμενος der vorstellung der angeredeten zugewiesen werde und nicht aussage des sprechenden sei. der sinn ist nemlich: 'geht ohne bedenklichkeit gutes mutes den feinden entgegen in dem gedanken, dasz ihr auch aus dieser gefährlichen lage glücklich hervorgehen werdet.' es bildet ja auch καὶ ἐκ τούτων ἂν περιγενόμενος den gegensatz zu ἐκλογιζόμενος ἅπαν τὸ περιεστὸς ἡμᾶς δεινόν, wie ἀπερισκέπτως εὔελπις ὁμόσε χωρῆσαι τοῖς ἐναντίοις zu ξυνετὸς δοκεῖν εἶναι. in dem angegebenen sinne aber erfordert der sprachgebrauch vor καὶ ein ὡς, welches nach -οις leicht ausfallen konnte. vielleicht hat Cassius Dion ἐκ τῶν πρὸ τοῦ λς′ 55, 7 (Dindorf) αἱ μὲν γὰρ εὐπραγίαι σφάλλουσιν ἔστιν ὅτε τοὺς ἀπερισκέπτως τι δι' αὐτὰς ἐλπίσαντας ὡς καὶ αὖθις κρατήσοντας unsere stelle vor augen gehabt, und seine worte würden dann den ausfall des ὡς bestätigen. — Hinsichtlich der stelle 10, 3 τοῦ τε γὰρ χωρίου τὸ δυσέμβατον ἡμέτερον νομίζω· — μενόντων ἡμῶν ξύμμαχον γίγνεται, ὑποχωρήσασι δὲ καίπερ χαλεπὸν ὂν εὔπορον ἔσται μηδενὸς κωλύοντος will ich nur in der kürze bemerken, dasz ich auch nach C.s erklärung nicht umhin kann hier einen sehr alten fehler der überlieferung anzunehmen. das asyndeton nach νομίζω scheint mir nicht gerechtfertigt, weil keine einfache erklärung oder begründung folgt, sondern das allgemeine ἡμέτερον νομίζω durch μενόντων ἡμῶν und ὑποχωρήσασι usw. wesentlich modificiert wird. die von C. angeführten stellen III 37, 2. 63, 2 sind verschieden, da sie den charakter rein erklärender nebenbemerkungen haben. ferner scheint mir ὑποχωρήσασι in seiner verbindung mit εὔπορον ἔσται nicht als dativ verstanden werden zu können, welcher die beziehung ausdrückt, unter welcher die aussage zu denken ist, mag das nun subjectiver standpunct der betrachtung wie σκοποῦντι I 10, 5, ἐσπλέοντι I 24, 1 oder ein verhältnis objectiver bezüglichkeit sein wie II 62, 3. IV 56, 1. 120, 2. — 14, 3 τῇ παρούσῃ τύχῃ ὡς ἐπὶ πλεῖστον ἐπεξελθεῖν will C. den dativ nicht objectiv fassen, sondern als das motiv bezeichnend verstehen, wobei er auf den gebrauch desselben bei ἐλπίζειν, φοβεῖσθαι, θαυμάζειν, πιστεύειν hinweist. allein hier bezeichnet der dativ überall den grund einer geistigen regung, und es folgt mithin aus diesem gebrauche nichts für ἐπέρχεσθαι, welches eine ganz verschiedene bedeutung hat. daher musz τῇ παρούσῃ τύχῃ objectiv gefaszt werden. gerade so pseudo-Platon im Kleitophon 408[d] ἐπεξελθεῖν δὲ οὐκ ἔνι τῷ πράγματι καὶ λαβεῖν αὐτὸ τελέως. — 18, 4 σωφρόνων δὲ ἀνδρῶν οἵτινες τἀγαθὰ ἐς ἀμφίβολον ἀσφαλῶς ἔθεντο, καὶ ταῖς ξυμφοραῖς οἱ αὐτοὶ εὐξυνετώτερον ἂν προσφέροιντο, τόν τε πόλεμον νομίσωσι μὴ καθ' ὅσον ἄν τις αὐτοῦ μέρος βούληται μεταχειρίζειν, τούτῳ ξυνεῖναι, ἀλλ' ὡς ἂν αἱ τύχαι αὐτῶν ἡγήσωνται. gegen C.s erklärung dieser stelle ist mancherlei einzuwenden. zuerst faszt er ἔθεντο als empirischen aorist. die thatsache aber, welche die erfahrung bestätigen müste, ist nicht die, dasz gewisse leute die errungenen vorteile als einen unzuverlässigen besitz betrachten, sondern dasz diejenigen welche dieses thun weise männer sind. daher müste zu σωφρόνων ἀνδρῶν als empirischer aor. ἐγένοντο hinzuzudenken sein, was doch schwerlich ausgeblieben wäre. ferner hat der relativsatz hypothetische bedeutung, da ja angegeben wird, in welchem falle man zu weisen männern gehört; und es kann doch nicht eine blosze annahme als erfahrungssatz erscheinen. wenigstens steht sonst in ähnlichen fällen der conj. mit ἂν wie V 133, 1 ἐλπὶς .. κἂν βλάψῃ, οὐ καθεῖλεν, Xen. Kyr. I 2, 2 ἢν δέ τις τούτων τι παραβαίνῃ, ζημίαν αὐτοῖς ἐπέθεσαν. meiner meinung nach unterscheidet Th. vom standpuncte der bereits errungenen kriegserfolge (auf diesem befinden sich ja auch die Athener) ein zwiefaches verhalten: 1) bei jenen selbst, 2) hinsichtlich des weitern verlaufs des krieges. jenes gehört von dem angenommenen standpuncte der vergangenheit an (οἵτινες .. ἔθεντο), dieses der gegenwart (τόν τε πόλεμον νομίσωσι .. ἡγήσωνται). bei νομίσωσι fehlt ἂν wie mehrfach in allgemeinen relativsätzen, die sich auf keine zu erwartende eventualität beziehen: vgl. Krüger spr. § 54, 15, 3. Th. will also sagen: 'weise männer sind diejenigen, welche die guten erfolge (von vorn herein) in sicherer weise zu zweifelhaftem besitz gerechnet haben und (hinterher) sich nicht einbilden den krieg nach ihrem belieben lenken zu können.' C. übersetzt ἀσφαλῶς 'der sicherheit wegen', was dies ebenso wenig heiszen kann wie etwa καλῶς 'der schönheit wegen'. unrecht hat C. ferner, wenn er καὶ .. προσφέροιντο mit οἵτινες verbindet: denn dieser satz schlieszt sich ebenso selbständig an οἵτινες .. ἔθεντο an, wie das folgende καὶ ἐλάχιστ' ἂν οἱ τοιοῦτοι πταίοντες .. ἐν τῷ εὐτυχεῖν ἂν μάλιστα καταλύοιντο, womit er seiner form nach ganz übereinstimmt, an τόν τε πόλεμον .. ἡγήσωνται· beide bezeichnen die folge des jedesmal vorher ausgedrückten verhaltens, und καί heiszt beidemal 'auch'. endlich kann ich der erklärung nicht beistimmen, welche C. von τόν τε πόλεμον .. ἡγήσωνται gegeben hat. er übersetzt nemlich: 'welche vom kriege die ansicht haben, nicht dasz man, so weit und an dem teil, wo man sich in ihn einzulassen lust habe, sich mit ihm befassen könne, sondern wie immer die ereignisse sie führen.' es soll τούτῳ ξυνεῖναι von νομίσωσι abhangen und gleichwol τὸν πόλεμον das object zu μεταχειρίζειν bilden. nach der übersetzung aber würde τόν τε πόλεμον νομίσωσι τούτῳ ξυνεῖναι zusammengehören, was schon an sich, da τὸν πόλεμον nicht subject zu ξυνεῖναι sein soll, eine unmögliche verbindung ist, und zu μεταχειρίζειν würde das object zu ergänzen sein. C. glaubt im wesentlichen mit der von mir in der z. f. d. gw. 1866 s. 633 gegebenen auffassung übereinzustimmen. ich finde umgekehrt, dasz er in dem wesentlichsten puncte von mir abweicht. ich habe nemlich τούτῳ ξυνεῖναι nicht wie C. von νομίσωσι abhangen lassen, sondern als inf. der beabsichtigten folge aufgefaszt und übersetzt: 'zu besonnenen männern gehören diejenigen, welche glauben den krieg nicht nach einem beliebigen teile zu handhaben, um sich mit diesem zu befassen, sondern wie die glücksfälle sie beherschen.' so erklärt sich die stelle ohne alle verschrobenheit in der einfachsten weise. wenn C. ὡς ἂν αἱ τύχαι αὐτῶν ἡγήσωνται lieber übersetzen will: 'wie immer die ereignisse sie führen', so hat er die bedeutung von τύχαι ungenau wiedergegeben. — 22, 1 ξυνέδρους δὲ σφίσιν ἐκέλευον ἑλέσθαι, οἵτινες λέγοντες καὶ ἀκούοντες περὶ ἑκάστου ξυμβήσονται κατὰ ἡσυχίαν ὅ τι ἂν πείθωσιν ἀλλήλους verstehe ich nicht recht, dasz «σφίσιν grammatisch zunächst zu ξυνέδρους zu ziehen sei, der sache nach auch zu den im relativsatz enthaltenen verhandlungen»; ich finde nur nötig zu ξυμβήσονται aus σφίσιν den entsprechenden dativ zu ergänzen. — 25, 2 καὶ νικηθέντες ὑπὸ τῶν Ἀθηναίων διὰ τάχους ἀπέπλευσαν ὡς ἕκαστοι ἔτυχον ἐς τὰ οἰκεῖα στρατόπεδα, τό τε ἐν τῇ Μεσσήνῃ καὶ ἐν τῷ Ῥηγίῳ, μίαν ναῦν ἀπολέσαντες hat C. treffend auseinandergesetzt, an welchen schwierigkeiten die erklärung von τό τε ἐν τῇ Μεσσήνῃ καὶ ἐν τῷ Ῥηγίῳ leidet. der standort der verbündeten flotten der Syrakosier und Lokrer, von denen hier die rede ist, und der ausgangspunct ihrer unternehmungen war Messene (24, 1 τὸν πόλεμον ἐποιοῦντο ἐκ τῆς Μεσσήνης), Rhegion aber diente in gleicher weise den Athenern (III 86, 5 καταστάντες ἐς Ῥήγιον .. τὸν πόλεμον ἐποιοῦντο). C. schlägt nun vor einen doppelten subjectswechsel anzunehmen, zu ὡς ἕκαστοι ἔτυχον die Athener und die Syrakosier mit ihren verbündeten, zu ἀπολέσαντες wieder die letzteren allein zu denken. indes man erkennt auf den ersten blick, dasz ein solcher subjectswechsel hier durch nichts angedeutet ist; es musz ja auch ὡς ἕκαστοι ἔτυχον eine nähere bestimmung zu διὰ τάχους ἀπέπλευσαν enthalten, was nur von den fliehenden gesagt sein kann. es wird nichts übrig bleiben als die worte τό τε ἐν τῇ Μεσσήνῃ καὶ ἐν τῷ Ῥηγίῳ als ein glossem zu entfernen. zu ἐν τῷ Ῥηγίῳ mochte ein misverständnis des gleich folgenden μετὰ δὲ τοῦτο οἱ μὲν Λοκροὶ ἀπῆλθον ἐκ τῆς Ῥηγίνων (vgl. 24, 2) den anlasz bieten. — 25, 8 widerspricht πρὸς τὴν πόλιν ἐσέβαλλον dem sprachgebrauche; einfälle in der nähe der stadt, welche C. annimt, könnten nur durch πρὸς τῇ πόλει ἐσέβαλλον bezeichnet sein, und nachdem τειχήρεις ποιήσαντες τοὺς Ναξίους vorhergegangen ist, musz an einen angriff auf die stadt selbst gedacht werden. deshalb ist nach Poppos vorschlag, den auch Cobet nov. lect. s. 347 billigt, προσέβαλλον zu lesen. auch II 79, 6 findet sich in einem teile der hss. dieselbe verschreibung. die von Böhme angeführten beispiele begründen nicht die verbindung mit πρός; zudem steht VIII 86, 3 ἐσέβαλον in gewöhnlicher bedeutung und VIII 31, 3 ἐσβολὴν ποιησάμενος τῇ πόλει wird ἐσβολήν wol durch das hinzugefügte ἀτειχίστῳ οὔσῃ begründet. — 27, 4 καὶ γνοὺς ὅτι ἀναγκασθήσεται ἢ ταὐτὰ λέγειν οἷς διέβαλλεν ἢ τἀναντία εἰπὼν ψευδὴς φανήσεσθαι läszt C. ψευδὴς φανήσεσθαι von ἀναγκασθήσεται abhangen, obgleich es dem gedanken nach mehr unter dem einflusz des γνούς stehe. da aber der inf. fut. nach ἀναγκάζειν nicht nachgewiesen ist, so glaube ich dasz Th. den regelrechten ausdruck ὅτι ἀναγκασθήσεται ἢ ταὐτὰ λέγειν .. ἢ ψευδὴς φαίνεσθαι unter einwirkung des speciell bezeichneten gegensatzes τἀναντία εἰπών durch eine freiere wendung verlassen hat, wobei sich φανήσεσθαι nur locker an γνούς anschlieszt (sonst wäre das part. notwendig) in der weise, dasz es unter dem einflusz desselben als der vorstellung des Kleon angehörig erscheint. dies verhältnis läszt sich auch in der übersetzung bequem so wiedergeben: 'er erkannte, dasz er werde gezwungen werden entweder in übereinstimmung mit seinen anschuldigungen zu sprechen, oder er werde, wenn er das gegenteil sage, sich als lügner erweisen.' — 33, 2 τοὺς δὲ ψιλούς, ᾗ μάλιστα αὐτοῖς προσθέοντες προσκέοιντο, ἔτρεπον, καὶ οἳ ὑποστρέφοντες ἠμύνοντο, ἄνθρωποι κούφως τε ἐσκευασμένοι καὶ προλαμβάνοντες ῥᾳδίως τῆς φυγῆς, χωρίων τε χαλεπότητι καὶ ὑπὸ τῆς πρὶν ἐρημίας τραχέων ὄντων, ἐν οἷς οἱ Λακεδαιμόνιοι οὐκ ἠδύναντο διώκειν ὅπλα ἔχοντες. dasz χωρίων χαλεπότητι .. ὄντων zu προλαμβάνοντες ῥᾳδίως τῆς φυγῆς und nicht zu ἠμύνοντο gehört, zeigt schon das ebenfalls damit im zusammenhang stehende ἐν οἷς οἱ Λακεδαιμόνιοι .. ἔχοντες. vgl. 12, 2 ἀδύνατοι δ' ἦσαν ἀποβῆναι τῶν τε χωρίων χαλεπότητι καὶ τῶν Ἀθηναίων μενόντων καὶ οὐδὲν ὑποχωρούντων. es steht aber χωρίων τε χαλεπότητι καὶ .. τραχέων ὄντων statt χωρίων χαλεπότητί τε καὶ τραχύτητι, so dasz der gen. abs. durch ὑπὸ τῆς πρὶν ἐρημίας veranlaszt ist, woraus sich auch das hyperbaton des τε erklärt. die leichtbewaffneten kamen mit der flucht zuvor wegen der schwierigkeit des terrains, die teils auf seiner natürlichen beschaffenheit (χαλεπότητι) teils auf seinem unbewohnten zustande beruhte. zu προσθέοντες προσκέοιντο, welches Meineke im Hermes III s. 366 wegen des zweimaligen προσ- verdächtigt, vgl. II 79, 6 προσπίπτεύοντες ᾗ δοκοῖ προσέβαλλον. — 43 ist von einem kampfe der Korinthier mit den Athenern die rede, welche in das gebiet derselben eingefallen waren. der linke korinthische flügel hat den rechten der Athener geschlagen und bis zum meere verfolgt. dann geht die schilderung 43, 5 weiter mit den worten πάλιν δὲ ἀπὸ τῶν νεῶν ἀνέστρεψαν οἵ τε Ἀθηναῖοι καὶ οἱ Καρύστιοι, τὸ δὲ ἄλλο στρατόπεδον ἀμφοτέρωθεν ἐμάχετο ξυνεχῶς, μάλιστα δὲ τὸ δεξιὸν κέρας τῶν Κορινθίων, ἐφ' ᾧ ὁ Λυκόφρων ὢν κατὰ τὸ εὐώνυμον τῶν Ἀθηναίων ἠμύνετο. wenn Th. hier sagt, dasz das übrige heer auf beiden seiten in beständigem kampfe lag, am heftigsten aber der rechte flügel der Korinthier mit dem linken der Athener, so ist klar dasz die beiderseitigen flügel nur ein teil des übrigen heeres sind und τὸ ἄλλο στρατόπεδον nicht blosz diese bezeichnen kann, wie C. will. vielmehr ist unter demselben einerseits das centrum und der rechte flügel der Korinthier, anderseits das centrum und der linke flügel der Athener zu verstehen. ferner ist klar dasz nach Καρύστιοι ein punctum zu setzen ist, weil hier die erzählung die eine seite des kampfes verläszt, um sich der andern zuzuwenden. wenn nun Th. 44, 1 fortfährt χρόνον μὲν οὖν πολὺν ἀντεῖχον οὐκ ἐνδιδόντες ἀλλήλοις· ἔπειτα . . ἐτράποντο οἱ Κορίνθιοι καὶ ὑπεχώρησαν πρὸς τὸν λόφον καὶ ἔθεντο τὰ ὅπλα καὶ οὐκέτι κατέβαινον, ἀλλ' ἡσύχαζον, so ist natürlich noch von dem zuletzt erwähnten teile des kampfes die rede, und mit οἱ Κορίνθιοι sind also das centrum und der rechte flügel der Korinthier gemeint. die nemlichen sind dann in den nächsten worten ἐν δὲ τῇ τροπῇ ταύτῃ κατὰ τὸ δεξιὸν κέρας οἱ πλεῖστοί τε αὐτῶν ἀπέθανον καὶ Λυκόφρων ὁ στρατηγός unter αὐτῶν verstanden, nicht die Korinthier überhaupt, wie C. meint. mit ἡ δὲ ἄλλη στρατιά, [τούτῳ τῷ τρόπῳ] οὐ κατὰ δίωξιν πολλὴν οὐδὲ ταχείας φυγῆς γενομένης, ἐπεὶ ἐβιάσθη, ἐπαναχωρήσασα πρὸς τὰ μετέωρα ἱδρύθη nun kehrt Th. offenbar zum linken korinthischen flügel zurück, der den rechten der Athener bis ans meer verfolgt hatte. hier hatten die Athener wieder gegen denselben front gemacht (43, 5 πάλιν δὲ ἀπὸ τῶν νεῶν ἀνέστρεψαν οἵ τε Ἀθηναῖοι καὶ οἱ Καρύστιοι), und er wurde jetzt nach dem zurückweichen des centrums und des rechten flügels genötigt sich dem rückzuge dieser anzuschlieszen. das ist hier die bedeutung von ἐπαναχωρήσασα wie III 108, 3 ἐπαναχωροῦντες δὲ ὡς ἑώρων τὸ πλέον νενικημένον. vgl. VI 100, 3. VIII 10, 2. statt des unerklärlichen τούτῳ τῷ τρόπῳ, welches C. auf eine sehr unwahrscheinliche weise entfernt hat, ist τῷ αὐτῷ τρόπῳ zu lesen, welches Th. auch V 17, 2. VII 28, 3. VIII 65, 2 gebraucht hat. denn der linke flügel der Korinthier zog sich in derselben ruhigen ordnung zurück, wie dies in bezug auf den übrigen teil ihres heeres durch ὑπεχώρησαν, ἔθεντο τὰ ὅπλα, ἡσύχαζον angedeutet ist. nach C.s auffassung 'bringt der zweiteilige satz ἐν δὲ τῇ τροπῇ ταύτῃ . . πρὸς τὰ μετέωρα ἱδρύθη nur die nähere ausführung des voraufgehenden ἐτράποντο οἱ Κορίνθιοι . . ἡσύχαζον, so dasz ἐπαναχωρήσασα πρὸς τὰ μετέωρα ἱδρύθη nur die wiederholung des ὑπεχώρησαν . . τὰ ὅπλα ist, in anwendung auf den einen teil des heeres, und (das folgende) ὡς οὐκέτι αὐτοῖς ἐπῄεσαν ἐς μάχην dem obigen οὐκέτι κατέβαινον gleichsteht.' dagegen spricht auszer anderen gründen, die aus der eben vorgetragenen erklärung zu entnehmen sind, entschieden der umstand dasz, weil von zwei sich entsprechenden teilen desselben ganzen die rede sein würde, die verbindung durch μέν . . δέ notwendig wäre; dasz eben μέν bei κατὰ τὸ δεξιὸν κέρας fehlt, beweist dasz dies nicht die entsprechende hälfte zu ἡ δὲ ἄλλη στρατιά bilden kann. — 46, 4 kann δεδιότες μὴ οἱ Ἀθηναῖοι τοὺς ἐλθόντας οὐκ ἀποκτείνωσι nur heiszen: 'aus furcht, die Athener möchten diejenigen, welche hingekommen wären, nicht töten', aber nicht, wie der zusammenhang erfordert: 'aus furcht, die Athener möchten sie, wenn sie hingekommen wären (was die kerkyräischen volksführer eben verhindern wollten), nicht töten.' gegen Krüger, welcher für die möglichkeit der letztern auffassung III 81, 4 anführt, vgl. C. zu der st. auch kann τοὺς ἐλθόντας nicht so viel sein als τοὺς πεμφθέντας, und selbst dies würde nicht passen. daher ist nach Poppos vorschlag αὐτοὺς ἐλθόντας zu emendieren. — 47, 1 ὡς δὲ ἔπεισαν καὶ.. ἐλήφθησαν, ἐλέλυντό τε αἱ σπονδαὶ καὶ τοῖς Κερκυραίοις παρεδέδοντο οἱ πάντες stehen die plusquamperf. in beziehung zu der 46, 3 angeführten vertragsbedingung ὥστε, ἐὰν εἴς τις (so lese ich mit Meineke im Hermes III s. 355) ἁλῷ ἀποδιδράσκων ἅπασι λελύσθαι τὰς σπονδάς und haben dieselbe bedeutung wie hier der inf. perf. λελύσθαι: 'damit waren (ohne weiteres) die verträge gelöst und sie alle insgesamt der gewalt der Kerkyräer überliefert.' vgl. L. Herbst über Cobets emend. s. 43 f. — 48, 3 καὶ ἐκ κλινῶν τινων.. τοῖς σπάρτοις καὶ ἐκ τῶν ἱματίων παραιρήματα ποιοῦντες ἀπαγχόμενοι halte ich es nicht für griechisch ἐκ κλινῶν τοῖς σπάρτοις zu verbinden wie im deutschen 'gurten aus betten'; das folgende ἐκ τῶν ἱματίων ist ganz anders gebraucht und gehört zu ποιοῦντες wie Herod. I 194 ἐκ ξύλων ποιεῦνται τὰ πλοῖα. da nun auch ἐκ κλινῶν nicht füglich mit ἀπαγχόμενοι verbunden werden kann, weil ein erhängen an bettstellen kaum denkbar ist, so wird man mit Krüger annehmen müssen, dasz ἐκ vor κλινῶν dem misverständnis eines abschreibers seinen ursprung verdankt, welcher durch das folgende ἐκ τῶν ἱματίων dasselbe beizufügen veranlaszt wurde. auch Valla hat es nicht übersetzt. — 48, 4 τὰς δὲ γυναῖκας.. ἠνδραποδίσαντο ist mit Meineke im Hermes III s. 366 ἠνδραπόδισαν zu schreiben, da Th. nur ἀνδραποδίζειν kennt; το ist aus dem folgenden τοιούτῳ wiederholt. — 52, 3 καὶ μετὰ τοῦτο ἐπὶ Ἄντανδρον στρατεύσαντες προδοσίας γενομένης λαμβάνουσι τὴν πόλιν καὶ ἦν αὐτῶν ἡ διάνοια τάς τε ἄλλας πόλεις τὰς Ἀκταίας καλουμένας, ἃς πρότερον Μυτιληναίων νεμομένων Ἀθηναῖοι εἶχον, ἐλευθεροῦν, καὶ πάντων μάλιστα τὴν Ἄντανδρον, καὶ κρατυνάμενοι αὐτὴν (ναῦς τε γὰρ εὐπορία ἦν ποιεῖσθαι αὐτόθεν, ξύλων ὑπαρχόντων καὶ τῆς Ἴδης ἐπικειμένης, καὶ τῇ ἄλλῃ παρασκευῇ) ῥᾳδίως ἀπ' αὐτῆς ὁρμώμενοι τήν τε Λέσβον ἐγγὺς οὖσαν κακώσειν καὶ τὰ ἐν τῇ ἠπείρῳ Αἰολικὰ πολίσματα χειρώσασθαι. zunächst ist nach λαμβάνουσι τὴν πόλιν eine volle interpunction zu setzen, da das folgende vor die einnahme von Antandros zurückgreift. dann ist der dativ τῇ ἄλλῃ παρασκευῇ nicht zu erklären: denn C.s interpretation καὶ τῇ ἄλλῃ παρασκευῇ τὸ χωρίον κρατύνεσθαι εὐπορία ἦν ist deswegen unstatthaft, weil εὐπορία ἦν von vorn herein als selbständig dem κρατυνάμενοι gegenüber auftritt und also nicht hinterher noch eine ergänzung aus demselben annehmen kann. da nun auch der sprachgebrauch es verbietet den dativ unmittelbar mit εὐπορία zu verbinden, so billige ich Poppos emendation τὴν ἄλλην παρασκευήν, wobei als grund der verschreibung anzunehmen ist, dasz man die worte auszerhalb der parenthese stellte und mit dem folgenden verband.

so gewinnen wir eine durchaus einfache und natürliche verbindung. aber auch ξύλων ὑπαρχόντων καὶ τῆς Ἴδης ἐπικειμένης scheint mir nicht ohne anstosz zu sein, wenn man nicht zugeben will dasz dasselbe zweimal gesagt sei: denn der Ida ist hier doch nur seines holzreichtums wegen erwähnt. da ὑπάρχειν sonst mit ἐκ verbunden wird (V 83, 1. VII 13, 1. 28, 3), so wird ξύλων ὑπαρχόντων ἐκ τῆς Ἴδης ἐπικειμένης zu lesen sein. nun aber ist noch das wichtigste bedenken übrig. wenn man καὶ κρατυνάμενοι .. χειρώσασθαι unmittelbar dem vorhergehenden anfügt (die nominative κρατυνάμενοι und ὁρμώμενοι stehen dann, als ob διενοοῦντο vorangegangen wäre), so ergibt sich, da πόλεις Ἀκταίας und Αἰολικὰ πολίσματα dieselben sind (vgl. III 50, 3), folgende durchaus unangemessene gedankenverbindung: 'sie beabsichtigten die äolischen städte zu befreien und vor allem Antandros, und von hier aus Lesbos zu verwüsten und die äolischen städte zu gewinnen.' bei einer genaueren betrachtung der stelle erkennt man leicht, dasz καὶ κρατυνάμενοι .. χειρώσασθαι den grund zu καὶ πάντων μάλιστα τὴν Ἄντανδρον enthält, worauf ja auch mit bestimmtheit ῥᾳδίως hinweist. es ist mir der gedanke gekommen, ob man nicht durch eine stärkere interpunction nach Ἄντανδρον, wo dann im folgenden ἐνόμιζον zu ergänzen wäre, den richtigen zusammenhang herstellen könnte. allein dann würde καί nur so verstanden werden können, dasz es die weitere ausführung zu καὶ πάντων μάλιστα τὴν Ἄντανδρον einleitete; dem aber widerspricht der inhalt des durch καί eingeführten satzes, welcher mehr umfaszt. daher wird ἐπεὶ statt καὶ zu emendieren sein, wobei der inf. nach Krüger spr. § 55, 4, 9 steht (vgl. II 93, 2), der nominativ mit dem inf., als ob διενοοῦντο vorhergienge. demnach würde die stelle so lauten: καὶ ἦν αὐτῶν ἡ διάνοια τάς τε ἄλλας πόλεις τὰς Ἀκταίας καλουμένας .. ἐλευθεροῦν καὶ πάντων μάλιστα τὴν Ἄντανδρον, ἐπεὶ κρατυνάμενοι αὐτήν (ναῦς τε γὰρ εὐπορία ἦν ποιεῖσθαι αὐτόθεν, ξύλων ὑπαρχόντων ἐκ τῆς Ἴδης ἐπικειμένης, καὶ τὴν ἄλλην παρασκευήν) ῥᾳδίως ἀπ' αὐτῆς ὁρμώμενοι τήν τε Λέσβον ἐγγὺς οὖσαν κακώσειν καὶ τὰ ἐν τῇ ἠπείρῳ Αἰολικὰ πολίσματα χειρώσασθαι. — 54, 1 κατασχόντες οὖν οἱ Ἀθηναῖοι τῷ στρατῷ δέκα μὲν ναυσὶ καὶ δισχιλίοις Μιλησίων ὁπλίταις τὴν ἐπὶ θαλάσσῃ πόλιν Σκάνδειαν καλουμένην αἱροῦσι, τῷ δὲ ἄλλῳ στρατεύματι ἀποβάντες τῆς νήσου ἐς τὰ πρὸς Μαλέαν τετραμμένα ἐχώρουν ἐπὶ τὴν ἐπὶ θαλάσσῃ πόλιν τῶν Κυθηρίων, καὶ εὗρον εὐθὺς αὐτοὺς ἐστρατοπεδευμένους ἅπαντας. καὶ μάχης γενομένης .. οἱ Κυθήριοι .. τραπόμενοι κατέφυγον ἐς τὴν ἄνω πόλιν. hier unterscheidet C. nach E. Curtius vorgang (Pelop. II s. 301) eine dreifache örtlichkeit: die hafenstadt Skandeia und die doppelstadt Kythera, welche aus einer unter- (τὴν ἐπὶ θαλάσσῃ πόλιν) und einer oberstadt (τὴν ἄνω πόλιν) besteht. indessen Th. gebraucht ἡ ἄνω πόλις überall nur so, dasz es die oberstadt im gegensatz zum hafen bezeichnet (IV 57, 1. 66, 4. 69, 3), und demgemäsz müste hier τὴν ἐπὶ θαλάσσῃ πόλιν und nicht Σκάνδειαν die hafenstadt bezeichnen. C. will nun unter τὴν ἐπὶ θαλάσσῃ πόλιν den handelshafen verstehen, während Skandeia, welches Pausanias und Stephanos Byz. τὸ ἐπίνειον Κυθήρων nennen, der kriegshafen sei. allein ἐπίνειον hat diese specielle bedeutung nicht (vgl. schol. zu II 84, 4 ἐπίνειον καλεῖται πᾶν ἐμπόριον), und Th. selbst bezeichnet 54, 4 (Σκάνδειαν τὸ ἐπὶ τῷ λιμένι πόλισμα) Skandeia ausdrücklich als die einzige hafenstadt. was aber das wichtigste ist, Pausanias III 23, 1 kennt nur zwei städte, Kythera und Skandeia: ἐν Κυθήροις δὲ ἐπὶ θαλάσσης Σκάνδειά ἐστιν ἐπίνειον, Κύθηρα δὲ ἡ πόλις ἀναβάντι ἀπὸ Σκανδείας στάδια ὡς δέκα, und mit ihm übereinstimmend berichtet der scholiast zu unserer stelle, dasz es nur zwei städte auf der insel gab: ἰστέον δὲ ὅτι δύο πόλεις ἦσαν τῶν Κυθήρων, μία μὲν ὁμώνυμος, ἑτέρα δὲ ἡ Σκάνδεια λέγεται, ἐν τῇ νήσῳ τῶν Κυθήρων παρὰ θάλασσαν κειμένη. aus diesem allem folgt mit notwendigkeit, dasz sowol nach ἐχώρουν als nach κατέφυγον dieselbe oberstadt gemeint sein musz. das hat denn auch Bursian geogr. von Griech. II s. 142 bestimmt ἐπὶ τὴν πόλιν τῶν Κυθηρίων zu lesen, so dasz ἐπὶ θαλάσσῃ durch das versehen eines abschreibers aus dem vorigen wiederholt sei. allein weder zu einem solchen versehen noch zu einer beabsichtigten hinzufügung war hier die mindeste veranlassung, und eine nähere bestimmung zu τὴν πόλιν τῶν Κυθηρίων ist gar nicht zu entbehren. augenscheinlich wird nemlich Σκάνδειαν durch τὴν ἐπὶ θαλάσσῃ πόλιν seiner lage nach von der oberstadt unterschieden: denn dasz der ort und seine lage allgemein bekannt gewesen sei, ist doch schon wegen καλουμένην nicht anzunehmen. dann aber kann bei πόλιν τῶν Κυθηρίων ebenfalls das unterscheidende merkmal der lage nicht fehlen, zumal ja auch Skandeia eine πόλις τῶν Κυθηρίων ist. daher verbessere ich: τὴν ἀπὸ θαλάσσης πόλιν τῶν Κυθηρίων. vgl. I 7 αἱ δὲ παλαιαὶ (πόλεις) . . ἀπὸ θαλάσσης μᾶλλον ᾠκίσθησαν. I 46, 4 ἔστι δὲ λιμήν, καὶ πόλις ὑπὲρ αὐτοῦ κεῖται ἀπὸ θαλάσσης. nach Pausanias angabe lag die hauptstadt Kythera ungefähr zehn stadien vom meere entfernt. der plan des angriffs erklärt sich nun nach Bursian a. o. einfach in folgender weise: 'Nikias läszt durch ein detachement seiner flotte den wahrscheinlich offenen hafenplatz Skandeia wegnehmen, mit der hauptmacht landet er nördlich von Kythera, um die stadt von dieser seite, wo die befestigungswerke wahrscheinlich weniger stark waren als an der seite gegen den hafen, anzugreifen.' die Kytherier aber hatten seine absicht gemerkt und waren ihm entgegengezogen, so dasz er gleich bei seinem marsche gegen Kythera (εὐθὺς χωροῦντες ist zu denken) auf sie stiesz. von ihm besiegt zogen sie sich wieder nach der hauptstadt zurück. was die überlieferte zahl der milesischen hopliten betrifft, so läszt sich, wenn die zahlenangaben 53, 1 ἑξήκοντα ναυσὶ καὶ δισχιλίοις ὁπλίταις ἱππεῦσί τε ὀλίγοις καὶ τῶν ξυμμάχων Μιλησίους καὶ ἄλλους τινὰς ἀγαγόντες ἐστράτευσαν ἐπὶ Κύθηρα richtig sind, mit einiger bestimmtheit behaupten, dasz statt ͵β (δισχιλίοις) φʹ (πεντακοσίοις) zu lesen ist. wenn nemlich die bemannung der schiffe, was doch wol anzunehmen ist, so ziemlich gleichmäszig war, so kommen, wenn 500 milesische hopliten in 10 schiffen waren, auf die 2000 athenischen 40 schiffe, und dann bleiben noch 10 schiffe für die ἱππεῖς und die ἄλλους τινάς übrig. bei 400 milesischen hopliten würden für diese keine, bei 600 zu viel schiffe übrig sein. — 56, 1 bezeichnet καί in ᾗπερ καὶ ἠμύνατο die aussage als einen dem vorhergehenden allgemeinen satze gegenübergestellten ausnahmefall, nicht das unerwartete, wie C. will; καί drückt aus, dasz die besondere thatsache trotz der in der allgemeinen regel liegenden beschränkung eintrat. vgl. jahrb. 1863 s. 415. — 60, 1 καὶ ὀνόματι ἐννόμῳ ξυμμαχίας τὸ φύσει πολέμιον εὐπρεπῶς ἐς τὸ ξυμφέρον καθίστανται erklärt C. τὸ φύσει πολέμιον 'die feindlichen absichten, die sie im innern hegen'. wie φύσει zu der hier angenommenen bedeutung kommen soll, ist mir unbegreiflich; gemeint ist die stammesfeindschaft (vgl. φύσει πολεμίους Isokr. XII 163) der sikelischen städte, die teils chalkidischen teils dorischen ursprungs sind; diese wissen die Athener sich unter dem vorwande der bundesgenossenschaft in schicklicher weise zu nutze zu machen. vgl. 61, 2 παρεστάναι δὲ μηδενὶ ὡς οἱ μὲν Δωριῆς ἡμῶν πολέμιοι τοῖς Ἀθηναίοις, τὸ δὲ Χαλκιδικὸν τῇ Ἰάδι ξυγγενείᾳ ἀσφαλές· οὐ γὰρ τοῖς ἔθνεσιν ὅτι δίχα πέφυκε τοῦ ἑτέρου ἔχθει ἐπίασιν, ἀλλὰ τῶν ἐν τῇ Σικελίᾳ ἀγαθῶν ἐφιέμενοι. 64, 3. III 86, 2. — 61, 4 τοῖς γὰρ οὐδεπώποτε σφίσι κατὰ τὸ ξυμμαχικὸν προσβοηθήσασιν αὐτοὶ τὸ δίκαιον μᾶλλον τῆς ξυνθήκης προθύμως παρέσχοντο erklärt C.: 'jene haben nie etwas dem vertrage gemäsz geleistet; die Athener ihrerseits vielmehr mit gröstem eifer ihre bundespflicht erfüllt.' allein μᾶλλον ist nicht einfache adversativpartikel ('vielmehr'), sondern heiszt entweder 'eher' oder 'in höherm grade'. das hier erwähnte bundesverhältnis ist dasselbe welches III 86, 3 οἱ τῶν Λεοντίνων ξύμμαχοι κατά τε παλαιὰν ξυμμαχίαν καὶ ὅτι Ἴωνες ἦσαν πείθουσι τοὺς Ἀθηναίους πέμψαι σφίσι ναῦς erwähnt wird. da der inhalt des bundesvertrages uns nicht näher bekannt ist, so kann nicht behauptet werden, dasz es wegen der geringen zahl der von Athen gesandten schiffe (60, 1) dem thatsächlichen verhältnis widerspreche μᾶλλον τῆς ξυνθήκης zu verbinden. darum wird man immerhin übersetzen dürfen: 'denjenigen, die noch niemals zufolge des bundesverhältnisses ihnen zu hülfe gekommen waren, leisteten sie selbst bereitwillig die bundespflicht über den vertrag hinaus.' das letztere wird eben darin liegen, dasz sie den Leontinern auf grund des bundesvertrags hülfe leisten, obgleich diese sich noch niemals an denselben gestört haben und sie selbst dadurch zu dem gleichen verhalten berechtigt sein würden. — 63, 1 καὶ νῦν τοῦ ἀφανοῦς τε τούτου διὰ τὸ ἀτέκμαρτον δέος καὶ διὰ τὸ ἤδη φοβεροὺς παρόντας Ἀθηναίους . . τοὺς ἐφεστῶτας πολεμίους ἐκ τῆς χώρας ἀποπέμπωμεν verbindet C. διὰ τὸ παρόντας in dem sinne von διὰ τὸ παρεῖναι. dasz Th. aber in solcher weise den inf. mit dem part. verwechselt habe, halte ich für schlechterdings unmöglich. und wenn man einmal dazu übergeht einem schriftsteller einen derartigen mangel an sprachgefühl und sprachkenntnis zuzutrauen, ist da nicht jeder willkür der interpretation thür und thor geöffnet? was hindert anzunehmen, dasz er auch andere sprachformen mit einander habe vermengen können? freilich hat neuerdings auch M. Haupt im Hermes III s. 150 f. dieser vermengung das wort geredet und sie aus dem umstande erklären wollen, dasz zu Th. zeit erst die ausbildung der attischen prosa begann und er selbst noch manchmal mit dem ausdrucke ringt. ich gehöre nicht zu denjenigen, welche in einseitiger bewunderung dem Th. eine vollständige und unbedingte herschaft über den sprachstoff beimessen; aber ein anderes ist mit dem ausdruck des gedankens ringen, ein anderes den unterschied der sprachformen verkennen: jenes macht den ausdruck schwerfällig, dieses unrichtig. im übrigen hat Haupt zur begründung der sache nichts neues beigebracht, vielmehr entgegenstehende erklärungen der von ihm angeführten beispiele bequem ignoriert. denn was V 7, 2 αἰcθόμενοc τὸν θροῦν καὶ οὐ βουλόμενοc αὐτοὺc διὰ τὸ ἐν τῷ αὐτῷ καθημένουc βαρύνεcθαι ἀναλαβὼν ἦγεν anbetrifft, worauf sich auch C. beruft, so ist von Schütz und mir (rhein. mus. XVI s. 630) καὶ οὐ βουλόμενοc = *quamquam invitus* erklärt und διὰ τὸ . . βαρύνεcθαι (vgl. 18, 4 διὰ τὸ μὴ τῷ ὀρθουμένῳ αὐτοῦ πιcτεύοντεc ἐπαίρεcθαι) verbunden worden, so dasz αὐτοὺc zu ἀναλαβὼν ἦγεν gehört. freilich meint Böhme, dem widerspreche die stellung des αὐτούc, aber dieselbe stellung des objectes findet sich VI 83, 4 καὶ τὰ ἐνθάδε διὰ τὸ αὐτὸ ἥκειν μετὰ τῶν φίλων ἀcφαλῶc καταcτηcόμενοι. I 2, 5 τὴν γοῦν Ἀττικὴν ἐκ τοῦ ἐπὶ πλεῖcτον διὰ τὸ λεπτόγεων ἀcταcίαcτον οὖcαν ἄνθρωποι ᾤκουν οἱ αὐτοὶ ἀεί nennt Haupt die verbindung ἐκ τοῦ ἐπὶ πλεῖcτον 'neque exemplis probatam neque per se probabilem'. allein was das letztere betrifft, so hat schon C. auf den völlig adverbialen gebrauch von ἐπὶ πλεῖcτον aufmerksam gemacht; auch die bestätigung durch beispiele fehlt nicht, denn ἐν τῷ πρὸ τοῦ (I 32, 4. IV 72, 3), ἐν τῷ ἐπ' ἐκεῖνα (VIII 104, 5), ἐκ τοῦ ἐπὶ θάτερα (Plat. Prot. 314[e]) sind durchaus analog. VIII 105, 2, welches C. auszerdem noch als ein wahrscheinliches beispiel jenes gebrauchs anführt, beweist nichts, weil ein teil der hss. διώκειν statt διώκοντεc hat, was auch von Bekker in den text aufgenommen ist. somit bleibt allein unsere stelle übrig. und auch diese läszt sich mit leichter mühe anders deuten. man setze nur nach ἤδη ein komma, und es ist klar dasz δέοc nach διὰ τὸ ἤδη zu ergänzen ist (Matthiae gramm. § 282, 1) und φοβεροὺc παρόνταc Ἀθηναίουc dazu die apposition bildet. ebenso und mit derselben wiederholung der präp. VII 56, 2 ὑπό τε τῶν ἄλλων ἀνθρώπων καὶ ὑπὸ τῶν ἔπειτα πολὺ θαυμαcθήcεcθαι. durch diese auffassung gewinnen wir auch eine passendere gliederung des gedankens, weil nun διὰ τὸ ἤδη (δέοc) in der apposition ebenso seine nähere bestimmung findet wie διὰ τὸ ἀτέκμαρτον δέοc in dem gen. τοῦ ἀφανοῦς τούτου. es bedeutet aber τὸ ἤδη δέος 'die gegenwärtige furcht'. vgl. Dem. XXIII 134 μὴ τὴν ἤδη χάριν τοῦ μετὰ ταῦτα χρόνου παντὸς περὶ πλείονος ἡγεῖσθαι. — 64, 3 οὐδὲν γὰρ αἰσχρὸν οἰκείους οἰκείων ἡσσᾶσθαι, ἢ Δωριέα τινὰ Δωριέως ἢ Χαλκιδέα τῶν ξυγγενῶν, τό τε ξύμπαν γείτονας ὄντας καὶ ξυνοίκους μιᾶς χώρας καὶ περιρρύτου καὶ ὄνομα ἓν κεκλημένους Σικελιώτας· οἳ πολεμήσομέν τε, οἶμαι, ὅταν ξυμβῇ, καὶ ξυγχωρησόμεθά γε πάλιν καθ' ἡμᾶς αὐτοὺς λόγοις κοινοῖς χρώμενοι. kein herausgeber hat sich die mühe gegeben hier das relativum οἳ zu erklären, obgleich die gedankenverbindung doch höchst seltsam ist. soll der dadurch eingeleitete satz vielleicht eine nähere bestimmung zu γείτονας ὄντας καὶ ξυνοίκους enthalten? offenbar aber hat es keinen rechten zusammenhang zu sagen: 'es ist kein schimpf, wenn (wir als) nachbarn und gleichnamige bewohner derselben insel einander etwas nachgeben, die wir krieg führen werden, wenn es sich so trifft, und unter uns auf dem wege gemeinsamer unterbandlung frieden schlieszen werden.' denn augenscheinlich wird nicht der erste teil des gedankens durch den zweiten, sondern der zweite durch den ersten motiviert (da es kein schimpf ist .. so werden wir ..). und wie kann Hermokrates dasjenige, wozu er die Sikelioten doch erst bereden will, ohne alle voraussetzung oder nähere begründung als etwas hinstellen, was unbedingt geschehen wird? wenigstens hat er im unmittelbar folgenden, wo von dem verhalten gegen fremde völker die rede ist, das, was diesen gegenüber geschehen wird, nur unter der voraussetzung das ἢν σωφρονῶμεν ausgesprochen. ich halte οἳ für ein flickwort (so auch III 37, 2 in einigen hss.), welches rein äuszerlich eingeschoben wurde, nachdem der zusammenhang mit dem vorigen verloren gegangen war. nach entfernung desselben musz, um die grammatische form vollständig mit dem logischen zusammenhang in einklang zu bringen, nur noch nach Krüger spr. § 56, 9, 7 αἰσχρὸν ὂν statt αἰσχρὸν gelesen werden: οὐδὲν γὰρ αἰσχρὸν ὂν οἰκείους οἰκείων ἡσσᾶσθαι .. τό τε ξύμπαν γείτονας ὄντας καὶ ξυνοίκους .. Σικελιώτας, πολεμήσομέν τε usw. man beachte das γε nach ξυγχωρησόμεθα, durch welches dieses als der wesentliche teil hervorgehoben und πολεμήσομεν als nebensächlich in den hintergrund gedrängt wird; denn unter der einwirkung der vorausgeschickten motivierung steht nur ξυγχωρησόμεθα. im folgenden ist zu interpungieren: τοὺς δὲ ἀλλοφύλους ἐπελθόντας ἀθρόοι ἀεί, ἢν σωφρονῶμεν, ἀμυνούμεθα, εἴπερ καὶ καθ' ἑκάστους βλαπτόμενοι ξύμπαντες κινδυνεύομεν, ξυμμάχους δὲ οὐδέποτε τὸ λοιπὸν ἐπαξόμεθα οὐδὲ διαλλακτάς. denn der sinn ist: 'die fremden werden wir als feinde (ἐπελθόντας) abwehren und auch niemals in zukunft als bundesgenossen und vermittler herbeiziehen'; ξυμμάχους und διαλλακτάς sind prädicative accusative, und eigentliches object zu ἐπαξόμεθα ist τοὺς ἀλλοφύλους. — 69, 2 ἀρξάμενοι δ' ἀπὸ τοῦ τείχους ὃ εἶχον καὶ διοικοδομήσαντες τὸ πρὸς Μεγαρέας, ἀπ' ἐκείνου ἑκατέρωθεν ἐς θάλασσαν τῆς Νισαίας (περιετείχιζον) scheint mir die verbindung ἑκατέρωθεν τῆς Νισαίας unmöglich, weil zugleich durch ἐς θάλασσαν, da Nisäa am meere liegt, die entgegengesetzte richtung bezeichnet ist. da nun auch τῆς Νισαίας mit ἐς θάλασσαν nicht füglich verbunden werden kann, so wird es als ein aus dem vorhergehenden τὴν Νίσαιαν εὐθὺς περιετείχιζον zu ἑκατέρωθεν beigeschriebenes glossem zu entfernen sein; dann ist ἑκατέρωθεν auf die beiden endpuncte der durch διοικοδομήσαντες τὸ πρὸς Μεγαρέας bezeichneten quermauer zu beziehen. — 72, 4 οὐ μέντοι ἔν γε τῷ παντὶ ἔργῳ βεβαίως οὐδέτεροι τελευτήσαντες ἀπεκρίθησαν, ἀλλ' οἱ μὲν Βοιωτοὶ πρὸς τοὺς ἑαυτῶν, οἱ δὲ ἐπὶ τὴν Νίσαιαν widerspricht C.s auffassung des τελευτήσαντες in adverbialer bedeutung durchaus dem allgemeinen sprachgebrauch, welcher in diesem sinne τελευτῶντες verlangt; auch würde ja τελευτήσαντες dem ἐν τῷ ἔργῳ widerstreben, weil sie, nachdem sie geendigt hatten, sich nicht mehr in dem gefechte befinden konnten. da das anstöszige der stelle eben darin liegt, dasz zu τελευτήσαντες das object fehlt, so glaube ich dasz οὐδὲν vor οὐδέτεροι ausgefallen ist. wird dies eingefügt, so gewinnen wir den klaren gedanken: 'ohne jedoch, in dem gesamten kampfe wenigstens, etwas mit entschiedenheit zu ende geführt zu haben, giengen sie auseinander;' γε bei ἐν τῷ παντὶ ἔργῳ bezeichnet dasz unwesentliche erfolge im einzelnen nicht bestritten werden. Meinekes vermutung, dasz vielleicht ἅμα statt ἀλλ' zu lesen sei (Hermes III s. 360), beruht auf einer vollständigen verkennung des gegensatzes. eben darin, dasz beide teile zu ihrem ursprünglichen standort zurückkehren, bekundet sich der mangel eines entscheidenden resultates. — 73, 2 καλῶς δὲ ἐνόμιζον σφίσιν ἀμφότερα ἔχειν, ἅμα μὲν τὸ μὴ ἐπιχειρεῖν προτέρους μηδὲ μάχης καὶ κινδύνου ἑκόντας ἄρξαι, ἐπειδή γε ἐν φανερῷ ἔδειξαν ἑτοῖμοι ὄντες ἀμύνεσθαι, *καὶ αὐτοῖς ὥσπερ ἀκονιτὶ τὴν νίκην δικαίως ἂν τίθεσθαι*, ἐν τῷ αὐτῷ δὲ καὶ πρὸς τοὺς Μεγαρέας ὀρθῶς ξυμβαίνειν. vorher war erzählt, dasz Brasidas mit seinem heere vor Megara eine günstige stellung eingenommen hatte und von hier aus den angriff der Athener ruhig abwartete. dasz die als verdorben bezeichneten worte so nicht können von Th. geschrieben sein, hat C. hinlänglich bewiesen. nur scheint er mir sich im irrtum zu befinden über ihre stellung im gedankenzusammenhange, wenn er glaubt dasz dieselben entweder ein glossem zu dem unten folgenden ὥστε ἀμαχεὶ .. ἦλθον seien oder nach demselben ihre stelle finden müsten. mir ist es unzweifelhaft, dasz die worte ein zweites zu ἐπειδή γε gehörendes satzglied bilden sollen, welches ebenso zu μηδὲ μάχης καὶ κινδύνου ἑκόντας ἄρξαι in beziehung steht wie ἐπειδή γε ἐν φανερῷ ἔδειξαν ἑτοῖμοι ὄντες ἀμύνεσθαι zu τὸ μὴ ἐπιχειρεῖν προτέρους· darauf weist schon ἀκονιτί hin, welches ebenso dem μάχης καὶ κινδύνου entgegensteht wie ἀμύνεσθαι dem ἐπιχειρεῖν. da also vor allem ein zu ἐπειδή γε gehörendes verbum finitum erforderlich ist, so verbessere ich: καὶ αὐτοῖς ὥσπερ ἀκονιτὶ τὴν νίκην ἐ δ ι κ α ί ω σ α ν ἀ ν α τίθεσθαι: 'da sie (durch die von ihnen angenommene stellung und haltung) beansprucht hätten, dasz ihnen gewissermaszen ohne kampf der sieg zuerkannt werde.' es ist nötig ἀνατίθεσθαι zu schreiben, weil τιθέναι die bedeutung 'zuerkennen' nicht hat; auch kann τίθεσθαι nicht 'zu teil werden' heiszen, da τιθέναι in der bedeutung 'bereiten, zu teil werden lassen' nur bei dichtern und auch wol nur im activum vorkommt: vgl. Il. Ω 57. Aesch. Perser 769. Soph. El. 581. Eur. Iph. Aul. 1335. über αὐτοῖς = σφίσιν vgl. V 32, 5. 40, 2. — 73, 4 wird die erwägung besprochen, welche die Athener veranlaszte den Brasidas in seiner günstigen stellung nicht anzugreifen: λογιζόμενοι καὶ οἱ ἐκείνων στρατηγοὶ μὴ ἀντίπαλον εἶναι σφίσι τὸν κίνδυνον, ἐπειδὴ καὶ τὰ πλείω αὐτοῖς προεκεχωρήκει, ἄρξασι μάχης πρὸς πλείονας αὐτῶν ἢ λαβεῖν νικήσαντας Μέγαρα ἢ σφαλέντας τῷ βελτίστῳ τοῦ ὁπλιτικοῦ βλαφθῆναι, τοῖς δὲ ξυμπάσης τῆς δυνάμεως καὶ τῶν παρόντων μέρος ἑκάστων κινδυνεύειν εἰκότως ἐθέλειν τολμᾶν. C. hat ἑκάστων statt ἕκαστον geschrieben, 'weil sowol von der gesamtmacht der verbündeten wie von den einzelnen staaten nur ein teil in gefahr komme'. da aber παρεῖναι auch da, wo es durch 'beteiligt sein' übersetzt werden kann, überall den begriff der persönlichen anwesenheit enthält, so widerspricht es der bedeutung desselben, dasz οἱ παρόντες 'die bei dem kriegszuge beteiligten staaten' und nicht die anwesenden truppen bezeichne. die letzteren aber können nicht gemeint sein, weil es, wie C. richtig bemerkt, undenkbar ist dasz nur ein teil von ihnen in den kampf kommen solle. daher läszt καὶ τῶν παρόντων, wie es hier steht, keine sinngemäsze erklärung zu. offenbar haben nach Th. meinung die Peloponnesier gegenüber den Athenern, welche den besten teil ihrer hopliten aufs spiel setzen müsten, einen vorteil darin, dasz ihr heer aus den contingenten der einzelnen staaten besteht, wobei jeder natürlich nur einen verhältnismäszig geringern truppenteil stellt, und dasz sie jedes einzelne contingent (μέρος ἕκαστον) leichter riskieren können als die Athener den tüchtigsten teil ihres hoplitenheeres. das aber wird hinlänglich durch ξυμπάσης τῆς δυνάμεως μέρος ἕκαστον κινδυνεύειν bezeichnet. auszer der unerklärlichkeit des καὶ τῶν παρόντων liegt ein zweiter anstosz in der unerträglichen häufung κινδυνεύειν εἰκότως ἐθέλειν τολμᾶν, wo man ἐθέλειν τολμᾶν weglassen könnte, ohne das mindeste zu vermissen. ein ähnlicher nichtssagender wortschwall findet sich bei Th. nicht zum zweiten male. es wird daher anzunehmen sein, dasz εἰκότως ἐθέλειν τολμᾶν für sich zu nehmen und nur durch ein verderbnis mit κινδυνεύειν in unmittelbare berührung gekommen ist. das wird dadurch bestätigt, dasz zwar zu τῷ βελτίστῳ τοῦ ὁπλιτικοῦ βλαφθῆναι (nur dieses, nicht die andere möglichkeit λαβεῖν νικήσαντας Μέγαρα hat zu τὸν κίνδυνον eine directe beziehung) der gegensatz in ξυμπάσης τῆς δυνάμεως μέρος ἕκαστον κινδυνεύειν vorhanden ist, derselbe aber fehlt zu dem andern momente, welches auf seiten der Athener geltend gemacht wird: ἐπειδὴ καὶ τὰ πλείω αὐτοῖς προεκεχωρήκει. so gelangt man von selbst zu der vermutung, dasz καὶ τῶν παρόντων, welches an seiner gegenwärtigen stelle unerklärlich ist, ursprünglich vor εἰκότως gestanden hat. man lese nur καὶ ἐκ τῶν παρόντων, und der fehlende gegensatz zu ἐπειδὴ καὶ τὰ πλείω αὐτοῖς προκεχωρήκει ist vorhanden: die Athener wollen sich in kein wagnis einlassen, weil ihnen das meiste von dem was sie wollten gelungen war; die Peloponnesier sind natürlich von ihrer gegenwärtigen lage aus, wo sie noch keine erfolge davongetragen und zu verlieren haben, unternehmungslustig. die umstellung ist aus der verschreibung καὶ τῶν παρόντων zu erklären, welche zu μέρος ἕκαστον gezogen wurde. nun ist noch eine änderung erforderlich. C. hat erkannt, dasz es dem vorhergehenden εἶναι σφίσι τὸν κίνδυνον entsprechend heiszen musz τοὺς δὲ . . κινδυνεύειν, so dasz μέρος ἕκαστον zum objecte wird. demnach lautet die stelle: τοὺς δὲ ξυμπάσης τῆς δυνάμεως μέρος ἕκαστον κινδυνεύειν καὶ ἐκ τῶν παρόντων εἰκότως ἐθέλειν τολμᾶν: 'diese aber setzten von der gesamten macht nur jeden einzelnen teil auf das spiel und seien natürlich von ihrer gegenwärtigen lage aus unternehmungslustig.' — 85, 7 καίτοι στρατιᾷ γε τῇδ' ἣν νῦν ἐγὼ ἔχω ἐπὶ Νίσαιαν ἐμοῦ βοηθήσαντος οὐκ ἠθέλησαν Ἀθηναῖοι πλέονες ὄντες προσμίξαι, ὥστε οὐκ εἰκὸς νηίτῃ γε αὐτοὺς τῷ ἐν Νισαίᾳ στρατῷ ἴσον πλῆθος ἐφ' ὑμᾶς ἀποστεῖλαι. die worte ὥστε . . ἀποστεῖλαι können unmöglich so von Th. herrühren. denn daraus dasz die Athener bei Nisäa dem kampf auswichen folgt doch keineswegs, dasz sie kein heer von gleicher stärke, wie sie damals hatten, nach Chalkidike senden werden. nach der erklärung, welche C. versucht hat, müste man annehmen, dasz Th. den schlusz 'die Athener haben mit ihrem heere vor Nisäa den kampf nicht angenommen; nun aber werden sie zur see kein so starkes heer dahinschicken; also sind sie um so weniger zu fürchten' in der weise verkürzt habe, dasz er den schluszsatz ausgelassen und statt seiner den untersatz zum schluszsatz gemacht habe; und das wäre doch eine ganz unerhörte form des schluszverfahrens. somit ergibt sich, dasz eine schluszfolgerung mit ὥστε hier nicht am platze ist. ein zweiter anstosz liegt darin, dasz νηίτης nur als adjectiv gebraucht wird (vgl. II 21, 1) und daher νηίτῃ στρατῷ verbunden werden musz, wo der dativ unerklärlich ist. unsere überlieferung selbst aber gibt einen sichern fingerzeig, dasz derselbe nur dem τῷ ἐν Νισαίᾳ seine entstehung verdankt. eine hs. liest nemlich statt dessen τῷ ἐκεῖ, was weder eine verschreibung noch ein glossem zu τῷ ἐν Νισαίᾳ sein kann. und umgekehrt kann auch dieses nicht füglich ein glossem zu jenem sein, welches ja nur in einer einzigen hs. zweiten grades erscheint. darin und in dem umstande, dasz die beziehung des ἴσον von selbst klar ist, liegt doch wol die sicherste hindeutung, dasz beide nebeneinanderstehende glosseme sind. entfernt man τῷ ἐν Νισαίᾳ, so stellt sich von selbst die notwendigkeit heraus νηίτῃ στρατῷ in den acc. zu verwandeln, zu welchem dann auch ἴσον πλῆθος (gleich an stärke) gehört. statt ὥςτε aber ist ἴςως τε zu lesen, wobei ι wiederholt, ς hinzugefügt wird: ἴςως τε οὐκ εἰκὸς νηίτην γε αὐτοὺς στρατὸν ἴςον πλῆθος ἐφ' ὑμᾶς ἀποςτεῖλαι. 'die Athener' sagt Brasidas 'verspürten vor Nisäa keine lust sich mit mir in den kampf einzulassen, obgleich sie die übermacht hatten; und es ist doch wol nicht wahrscheinlich, dasz sie zur see ein gleich starkes heer gegen euch absenden.' es ist bekannt dasz ἴςως bei attischen schriftstellern oft mit einem anflug ironischer urbanität in bekräftigender bedeutung steht, und in diesem sinne wird es denn auch VI 79, 1 vom schol. durch δῆθεν erklärt. — 86, 4 οὐδὲ * ἀςαφῆ τὴν ἐλευθερίαν νομίζω ἐπιφέρειν, εἰ τὸ πάτριον παρεὶς τὸ πλέον τοῖς ὀλίγοις ἢ τὸ ἔλαςςον τοῖς πᾶςι δουλώςαιμι lese ich mit Bauer οὐδ' ἂν ςαφῆ. dasz das folgende χαλεπωτέρα γὰρ ἂν τῆς ἀλλοφύλου ἀρχῆς εἴη verlange, dasz von dem drückenden einer solchen freiheit die rede sei, ist eine irrtümliche vorstellung C.s. warum soll Brasidas nicht sagen können: 'das halte ich für keine unzweideutige freiheit: denn sie wäre drückender als knechtschaft'? eben der widerspruch, der zwischen einem solchen druck und freiheit besteht, läszt es in dem bezeichneten falle sehr zweifelhaft erscheinen, ob überhaupt von freiheit die rede sein kann. ähnlich vorher 85, 6 ἄδικον τὴν ἐλευθερίαν ἐπιφέρειν, worauf hier offenbar bezug genommen wird. — 86, 5 οὕτω πολλὴν περιωπὴν τῶν ἡμῖν ἐς τὰ μέγιςτα διαφόρων ποιούμεθα. da διάφορα nur streitige interessen bedeutet (vgl. Krüger zu I 68, 2), solche aber bei den Lakedämoniern hier nicht vorhanden sind, so musz ὑμῖν gelesen werden. es ist von der rücksicht die rede, welche die Lakedämonier auf die streitigen interessen der politischen parteien in Akanthos nehmen, wie diese 86, 4 in den worten εἰ τὸ πάτριον παρεὶς τὸ πλέον τοῖς ὀλίγοις ἢ τὸ ἔλαςςον τοῖς πᾶςι δουλώςαιμι bezeichnet sind; οὕτω heiszt 'daher' wie I 76, 2. — 92, 4 οἳ καὶ μὴ τοὺς ἐγγύς, ἀλλὰ καὶ τοὺς ἄποθεν πειρῶνται δουλοῦςθαι erklärt C. μή als kürzern ausdruck für μὴ ὅτι, ohne ein ähnliches beispiel nachweisen zu können. nimt man dagegen an, dasz μή hier nicht abwehrenden sinn hat, sondern wegen der qualitativen bedeutung des relativsatzes steht, so sind ganz analog die fälle, wo einfaches οὐ statt οὐ μόνον steht, um das übergewicht auf das entgegengestellte glied zu legen. vgl. Westermann zu Dem. XXIII 49 und Passow-Rost handwörterbuch unter μόνος. — 98, 2 ὧν ἂν ᾖ τὸ κράτος τῆς γῆς ἑκάςτης . . τούτων καὶ τὰ ἱερὰ ἀεὶ γίγνεςθαι, τρόποις θεραπευόμενα οἷς ἂν πρὸς τοῖς εἰωθόςι καὶ δύνωνται. C.s erklärung des πρὸς τοῖς εἰωθόςι 'bei aller beachtung des gebräuchlichen' gibt mehr als in den griechischen worten enthalten ist. auszerdem kommt die bedeutung 'bei' πρός mit dem dativ nur in rein localem sinne oder bei verben des verweilens und beschäftigtseins zu. es bleibt nur noch die bedeutung 'auszer' übrig; denn 'neben' beiszt es nur in ebendemselben sinne. allein auch diese passt nicht, weil der gedanke offenbar der ist, dasz die herkömmlichen gebräuche so gut als möglich beobachtet werden, nicht dasz man noch darüber hinausgehen soll. daher emendiere ich: οἷς ἂν πρὸ τοῦ εἰωθόσι καὶ δύνωνται. — 98, 8 σαφῶς τε ἐκέλευον σφίσιν εἰπεῖν μὴ ἀπιοῦσιν ἐκ τῆς Βοιωτῶν γῆς . . ἀλλὰ κατὰ τὰ πάτρια τοὺς νεκροὺς σπένδουσιν ἀναιρεῖσθαι. das erste bedenken, welches an dieser stelle in die augen springt, ist dasz σπένδουσι im sinne des mediums gebraucht ist, wofür nur Herodian V 1, 4 als belegstelle angeführt werden kann. allein hier ist ohne zweifel zu lesen: τὸν γοῦν πρὸς Παρθυαίους πόλεμον . . κατελύσαμεν καὶ ἐν οἷς ἀνδρείως παραταξάμενοι οὐδέν τι ἡττήμεθα καὶ ἐν οἷς πείσαντες . . μέγαν βασιλέα πιστὸν φίλον ἀντ' ἐχθροῦ δυσμάχου ἐποιήσαμεν. schon Poppo hat σπεύδουσιν vermutet. dann aber nötigt die stellung unwillkürlich den inf. ἀναιρεῖσθαι zu diesem zu ziehen, wodurch εἰπεῖν das notwendige object verliert. indes auch dieses läszt sich kaum halten. denn es ist nicht einzusehen, warum die Athener eine förmliche erklärung verlangen, dasz sie die toten bestatten sollen und sich nicht mit der einfachen erlaubnis begnügen. C. freilich erklärt: 'sie sollten mit klaren worten erklären, gestatten'. allein 'erklären' ist etwas anderes als 'gestatten', und εἰπεῖν heiszt dieses gar nicht. die stelle wird so zu lesen sein: σαφῶς τε ἐκέλευον σφίσιν εἴκειν μὴ ἀπιοῦσιν ἐκ τῆς Βοιωτῶν γῆς . . ἀλλὰ κατὰ τὰ πάτρια τοὺς νεκροὺς σπεύδουσιν ἀναιρεῖσθαι: 'und sie forderten sie geradezu auf ihnen nachzugeben ohne dasz sie aus dem Böoterlande abzögen, sondern darauf hin dasz sie nach dem herkömmlichen gebrauche sich um die bestattung der toten bemühten.' — 117, 2 τοὺς γὰρ δὴ ἄνδρας περὶ πλείονος ἐποιοῦντο κομίσασθαι, ὡς ἔτι Βρασίδας εὐτύχει, καὶ ἔμελλον, ἐπὶ μεῖζον χωρήσαντος αὐτοῦ καὶ ἀντίπαλα καταστήσαντος, τῶν μὲν στέρεσθαι, τοῖς δ' ἐκ τοῦ ἴσου ἀμυνόμενοι κινδυνεύειν καὶ κρατήσειν hat C. sich mit einigen modificationen der von L. Herbst im philol. XVI s. 313 ff. gegebenen erklärung angeschlossen und übersetzt: 'denn allerdings (und darum waren die Athener nicht ohne besorgnis) legten die Lakedämonier gröszern werth darauf (nemlich: als sie es vielleicht in kurzem thun würden), ihre gefangenen frei zu bekommen, da Brasidas erfolge noch auf mäszige grenzen beschränkt waren (eigentlich «in dem masze wie noch Brasidas erfolge lagen»), und es konnte dahin kommen dasz, wenn er weiter vorgeschritten war und die dinge ins gleichgewicht gebracht hätte, sie zwar diese (die gefangenen) einbüszten, aber mit den anderen (ihrer übrigen macht) im vertheidigungskampfe mit gleichen kräften die chance hätten selbst den (endlichen) sieg zu gewinnen.' die von mir in der z. f. d. gw. 1866 s. 634 ff. dagegen erhobenen einwendungen hat er zwar im anhang zu entkräften versucht, aber nach wiederholter erwägung bin ich mehr als je von der unhaltbarkeit der Herbstschen auffassung, auch in der form wie sie C. annehmbar zu machen versucht hat, überzeugt, und zwar hauptsächlich aus folgenden gründen: 1) ist es ganz und gar beispiellos, dasz ein schriftsteller fremde erwägungen der form nach als seine eigenen vortrage, wie hier angenommen werden musz; 2) heiszt ὡς ἔτι Βρασίδας εὐτύχει nicht 'so wie noch das glück des Brasidas stand', das wäre griechisch οἷα ἔτι ἦν Βρασίδου ἡ εὐτυχία· jenes kann nur in demselben sinne gesagt sein wie 79, 2 ὡς τὰ τῶν Ἀθηναίων εὐτύχει· 3) beruht die hier angenommene erwägung der Athener, nach welcher sie die gegenwärtige lage für die günstigste halten frieden zu schlieszen, durchaus auf dem gegensatze zwischen dem gegenwärtigen glückszustande des Brasidas und seinen noch zu erwartenden erfolgen; verwischt man diesen gegensatz, um das καί vor ἔμελλον zu rechtfertigen, so wird der ausdruck unklarer und die genaue bedeutung des ἔμελλον, welches bevorstehendes oder bestimmt erwartetes, nicht blosze möglichkeit ausdrückt, ist kaum festzuhalten; 4) heiszt κινδυνεύειν bei Th. niemals in neutralem sinne 'chancen haben', sondern entweder in malam partem 'gefahr laufen' oder 'aufs spiel setzen'; auch wird sich der inf. fut. nach demselben schwerlich belegen lassen. gegen meine vermutung, dasz εἰ καὶ ἔμελλον . . κατακρατήσειν zu lesen sei, wendet C. ein, dasz der nom. ἀμυνόμενοι nach καταστήσαντος nicht zu rechtfertigen wäre. nachdem ich dafür auf Böhme zu V 41, 2 und Krüger zu VI 25, 3 verwiesen habe, begreife ich nicht, was noch einer fernern rechtfertigung bedürfen soll. dann nimt C. anstosz daran, dasz ἔμελλον 'sie sollten', ἀντίπαλα 'entsprechend' bedeute. allein ersteres habe ich nicht potential gemeint, wie C. irrtümlich verstanden hat, sondern es soll zu erwartendes bezeichnen, wie ja auch 'sollen' im deutschen gebraucht wird; 'entsprechend' aber habe ich übersetzt, um damit zu bezeichnen, dasz der durch τῶν μὲν στέρεσθαι, τοῖς δ' ἐκ τοῦ ἴσου ἀμυνόμενοι κινδυνεύειν bezeichnete nachteil den vorteil aufwiegt, welchen Brasidas weiteres vordringen bringen würde, eine bedeutung die doch niemand dem ἀντίπαλα abstreiten kann. die misverstandenen ausdrücke lassen sich leicht in meiner übertragung in folgender weise ersetzen: 'sie legten nemlich in der that höhern werth darauf die männer zu erhalten, da Brasidas noch im glücke wäre, wenn auch zu erwarten war, dasz sie die oberhand gewännen, wenn er weiter gienge und im gegengewicht hierzu sie dahin brächte der einen beraubt zu sein, die andern aber in gleichem gegenkampf aufs spiel zu setzen.' — 123, 2 καὶ ἅμα τῶν πρασσόντων σφίσιν ὀλίγων τε ὄντων καὶ ὡς τότε ἐμέλλησαν οὐκέτι ἀνέντων soll nach C. ὀλίγων τε ὄντων καὶ οὐκέτι ἀνέντων parataktisch verbunden sein, obgleich das erste glied in attributivem verhältnis stehe. meiner meinung nach liegt die sache anders. der abfall der Mendäer wurde dadurch befördert, dasz die unterhändler die sache nicht mehr aufgegeben hatten, 1) weil sie oligarchisch gesinnt waren und ihre besonderen parteiinteressen dabei verfolgten, und 2) weil sie sich einmal darauf eingelassen hatten. die verbundenen glieder sind daher ὀλίγων ὄντων und ὡς τότε ἐμέλλησαν. hierzu nun steht das folgende ἀλλὰ περὶ σφίσιν αὐτοῖς φοβουμένων τὸ κατάδηλον καὶ καταβιασαμένων παρὰ γνώμην τοὺς πολλούς im verhältnis chiastischer entsprechung, und καί ist daher copulativ. — 130, 5 τοῖς Ἀθηναίοις τῶν πυλῶν ἀνοιγομένων sind den Athenern die thore wirklich geöffnet worden; denn 130, 6 τὴν Μένδην πόλιν, ἅτε οὐκ ἀπὸ ξυμβάσεως ἀνοιχθεῖσαν .. διήρπασαν wird nicht ἀνοιχθεῖσαν, sondern nur ἀπὸ ξυμβάσεως negiert.

Zum schlusz will ich nicht versäumen den wunsch auszusprechen, dasz den folgenden teilen der ausgabe eine sorgfältigere correctur zu teil werden möge; selbst im texte fehlen eine menge lesezeichen, und druckfehler wie 69, 2 διοικοδομήσαντες πρὸς Μεγαρέας statt τὸ πρὸς Μ. und 120, 3 τε πιστοτάτους statt πιστοτάτους τε sind sehr störend.

Köln. Johann Matthias Stahl.

42.

NOCH EINMAL SENECA EPIST. 115, 15.

(vgl. jahrgang 1869 s. 440.)

So leicht und ansprechend meine emendation zu Seneca *epist.* 115, 15 (*amatori* statt *amator*) zu sein schien, so bin ich doch jetzt überzeugt dasz Haase mit recht den nominativ *amator* unberührt gelassen hat, da meine behauptung, *exitum facere* statt *exitum habere* könne nicht gesagt werden, hinfällig ist. im Klotzischen handwörterbuch findet sich allerdings nichts darüber, ebenso wenig bei Georges, jedoch schon im alten Scheller unter *exitus* ist aus Sueton éine und aus Petronius sogar zwei stellen für die in frage gestellte bedeutung angeführt. entscheidend ist Suet. Nero 46 *daturos poenas sceleratos ac brevi dignum exitum facturos* d. h. *exituros de vita, ut iis dignum esset.* es werden diese worte als von Nero selbst gesprochen angeführt. sollte wol der kaiserliche zögling Senecas etwas, das er öfters aus dem munde seines lehrers gehört, sich angeeignet haben? äuszerst selten ist jene redeweise jedenfalls: auffallend ist dasz Petronius, der doch wol ein zeitgenosse Neros gewesen ist, an zwei stellen seiner satiren ähnliches hat: *pictura quoque non alium exitum fecit* (c. 2) d. h. *periit*, und: *quid autem Glyco putabat Hermogenis filiam* (was soll denn *filicem* heiszen?) *unquam bonum exitum facturam* (c. 45) d. h. dasz es mit ihr jemals ein gutes ende nehmen würde. erklären läszt sich wol *exitum facere* für *exire*, so wie etwa *transitum fecit in Italiam* = *transiit* bei Justin XV 4, 12. in der bedeutung 'einen ausgang verschaffen' wie etwa *viam facere* findet es sich bei Seneca *quaest. nat.* VI 31, 2. man könnte endlich von jener stelle der episteln sagen, dasz unter dem *admirator auri* der dichter selbst verstanden sein möchte und *exitum faceret* in der von mir angenommenen bedeutung für *exitum fingeret* gesagt wäre: in diesem falle würde aber ein dativ wie *fabulae* oder *Bellerophonti* vermiszt werden.

Königsberg. F. L. Lentz.

43.
DIE NEUESTE LITTERATUR ZUR ARISTOTELISCHEN POLITIK.
ZWEITER ARTIKEL.
(fortsetzung von jahrgang 1869 s. 593—610.)

---

1) Aristotelische studien von Leonhard Spengel. II. München, verlag der k. akademie, in commission bei G. Franz. 1865. gr. 4. s. 44—79. (aus den abh. der philos.-philol. cl. der k. bayr. akademie der wiss. X s. 636—671.)

2) Das vierte (richtiger sechste) buch der Aristotelischen politik. von F. Susemihl. im rheinischen museum für philologie XXI (1866) s. 551—573.

Ungleich schwieriger als das urteil über die richtige stellung des siebenten und achten buches der Aristotelischen politik ist die entscheidung darüber, ob das sechste vor das fünfte gehöre. denn wenn sich im vierten stellen finden, in denen in wahrheit das siebente und achte als schon vorangegangen citiert werden, so sind umgekehrt im sechsten vier rückweisungen auf das fünfte enthalten. von ihnen passt nun freilich die eine (c. 4, 1319^b 4—6) so wenig in den zusammenhang (s. Spengel über die politik des Ar. s. 38 f.), dasz sie dadurch sich ohne weiteres als ein späteres einschiebsel beurkundet; aber keineswegs gilt ein gleiches von zwei andern (c. 1, 1317^a 37 f. und c. 5, 1319^b 37), und an der letztern von beiden stellen ist obendrein die tilgung von περὶ ὧν τεθεώρηται πρότερον auch schon grammatisch mehr als bedenklich, so dasz nichts anderes übrig bleibt als an beiden das εἴρηται πρότερον und τεθεώρηται πρότερον in ἐροῦμεν ὕστερον und θεωρήσομεν ὕστερον mit Spengel zu verwandeln. und in der that wer kühn genug war das erstgenannte citat einzuschieben, warum sollte es dem, nachdem einmal das sechste buch hinter das fünfte gerathen war, an der viel geringern kühnheit gefehlt haben an zwei andern orten je zwei worte im sinne dieser stellung zu ändern und so die spur der ursprünglichen ordnung zu verwischen? indessen natürlich läszt sich eine besonnene kritik nur durch die äuszerste not zu solchen kraftmitteln drängen, und viel gröszer als die zahl derer die, wie Woltmann, bei verwerfung der umstellung des siebenten und achten buchs die umstellung des sechsten billigen, ist daher die classe derjenigen welche gerade umgekehrt zu werke gehen. leider sucht man in Spengels neuerer abhandlung eine wirklich eingehende widerlegung ihrer gründe vergebens, und es wird daher eine nähere prüfung derselben von unserer seite keineswegs überflüssig sein.

Von den fünf puncten, welche Aristoteles in der lehre von den übrigen verfassungen auszer der besten IV 1289^b 12 ff. zu erörtern verspricht, sind die drei ersten, wie er selbst sagt (IV 13, 1297^b

28 ff.), bis zum anfange von IV 14 abgehandelt, der fünfte, die krankheiten und heilmittel dieser verfassungen, sind im fünften buche enthalten, der vierte, die gründung derselben, findet sich seinem allgemeinen teile nach in den capiteln 14—16 des vierten, in einer speciellern ausführung aber im sechsten. dies erklärt nun Hildenbrand (gesch. der staats- und rechtsphilosophie I s. 372 ff.) so, dasz absichtlich in IV 14—16 nur erst die elemente der verfassungen dargelegt und dann zunächst der lebensprocess der letzteren im fünften buche verfolgt werde, weil erst aus diesem die im sechsten sich anreihende richtige verbindung der elemente sich ergebe. Zeller dagegen (phil. der Gr. II 2 s. 523 f.), offenbar in der richtigen einsicht dasz diese ineinanderflechtung der vierten und fünften untersuchung der obigen ausdrücklichen ankündigung des Ar., nach welcher sich die übrige ausführung auf das strengste richtet und der zufolge der fünfte punct erst nach vollendeter erörterung des vierten zur sprache gebracht werden soll, widerspricht, bezieht jene ankündigung nur auf den inhalt des vierten und fünften buchs: in beiden bespricht ihm zufolge Ar. die lehre von den unvollkommenen verfassungen nach ihren allgemeinen grundlagen vollständig, im sechsten fügt er eine speciellere ausführung hinzu. Zeller beruft sich dafür auf die worte, mit denen Ar. in jener ankündigung zum fünften puncte übergeht: τέλος δέ, πάντων τούτων ὅταν ποιησώμεθα συντόμως τὴν ἐνδεχομένην μνείαν (1289[b] 22 f.). allein wenn unter πάντα ταῦτα doch, wie eben hiernach auch Zeller annehmen musz, notwendig die sämtlichen vier ersten puncte zu verstehen sind[1]), wie kommt es denn dasz nur der vierte im sechsten buche noch eine speciellere ausführung findet, und wie steht es, da doch anderseits wieder das πάντα ταῦτα nur auf die vier ersten puncte und nicht auch auf den fünften sich beziehen kann, mit diesem letztern? dasz Ar. auch ihn συντόμως behandeln wolle, hat er nicht gesagt, und gethan hat er das gerade gegenteil: er ist hier so wenig bei den bloszen grundzügen stehen geblieben, dasz er keine einzige andere frage in der politik genauer in alle einzelheiten eingehend ausgeführt hat.

Doch vielleicht könnte man zugleich im anschlusz an Hildenbrand und an Zeller sagen, die drei ersten puncte und der fünfte gehörten eben ganz und gar, von dem vierten aber nur die elemente zu den allgemeinen grundlagen der verfassungslehre, und die weitere ausführung dieses punctes sei daher zugleich die dieser lehre selbst. allein auch hierauf ist zu antworten: das συντόμως geht gleichmäszig auf alle vier ersten puncte und auf sie allein und keineswegs in besonderer weise auf den vierten. oder wollte man wirklich das undenkbare annehmen, dasz πάντων τούτων nur diesen letztern bezeichnen solle, so ist ja, wie bemerkt, die beziehung des συντόμως

1) denn πάντων . . μνείαν ist ja nur eine pleonastische weiterausg von τέλος.

mindestens auf alle vier vielmehr der einzige nagel, an dem diese ganze theorie befestigt ist.

Indessen es sei: mag dies alles noch nicht für entscheidend gelten. aber was sagt denn Ar. in der ankündigung des vierten punctes? nicht nur sagt er nicht, dasz er blosz die elemente zur gründung der unvollkommenen verfassungen abhandeln wolle, vielmehr ohne jede solche einschränkung: τίνα τρόπον δεῖ καθιστάναι ταύτας τὰς πολιτείας (a. o. z. 20 f.), sondern er fügt obendrein noch hinzu, dasz er dabei gar nicht mehr alle diese verfassungen, also auch uneigentliche aristokratie, politie und tyrannis, im auge habe, sondern nur die besonderen arten der demokratie und oligarchie, λέγω δὲ δημοκρατίας τε καθ' ἕκαστον εἶδος καὶ πάλιν ὀλιγαρχίας. hat man denn gar nicht beachtet, dasz er ganz im einklange hiermit von der gründungsweise der politie, mit welcher die uneigentlichen aristokratien ja nahe verwandt sind, bereits im ersten teile mit gesprochen hat, nemlich im 9n capitel (καὶ πῶς αὐτὴν δεῖ καθιστάναι 1294^a 31)? auch der schlusz des 12n und das ganze 13e haben denselben inhalt und stehen, wie ich zuerst in meiner abhandlung über dies vierte buch (s. 564 ff.) erinnert habe, jetzt nicht an ihrer richtigen stelle. was also Aristoteles als vierten gegenstand und unmittelbaren vorläufer des fünften buches ankündigt, ist nicht sowol der inhalt von IV 14—16 als vielmehr der von VI 1—7.[2]) die erstere dieser beiden partien kann mithin gar nicht anders denn als allgemeine einleitung zu der letztern betrachtet werden, die ihr als die speciellere ausführung auf dem fusze nachfolgen musz, und die bezeichnung ἀρχή IV 14, 1297^b 36 bezieht sich hiernach keineswegs, was allerdings an sich möglich wäre, blosz auf die kurze eingangsbemerkung 1297^b 37—1298^a 3, sondern auf die ganzen drei schluszcapitel des vierten buchs, und Ar. drückt hiermit selber das eben angegebene verhältnis derselben zum sechsten buche aus. nur im ersten dieser drei capitel oder in der lehre von der berathenden und beschlieszenden gewalt wird in die verschiedenen formen der demokratie und oligarchie eingegangen (1298 f.), bei der richterlichen gewalt im 17n capitel gar nicht, bei der administrativen im 16n findet sich eine einzige kurze auf die äuszerste art der demokratie abzielende bemerkung (1299^b 38—1300^a 4), im übrigen ist auch hier in ansehung der besonderen verfassungen nur davon die rede, welche behörden und zumal welche wahlarten für die demokratie und welche vielmehr für die oligarchie, aristokratie oder politie geeignet sind, und dabei werden wol noch die spielarten der politie,

---

2) man beachte auch die übereinstimmung der art, wie die letztere erörterung eingeleitet wird, ἐπεὶ δὲ τετύχηκεν εἴδη πλείω δημοκρατίας ὄντα καὶ τῶν ἄλλων ὁμοίως πολιτειῶν VI 1, 1316^b 36 f., mit den obigen worten der ankündigung; über die abweichung, die allerdings in τῶν ἄλλων πολιτειῶν liegt, während dort, wie gesagt, nur noch von der oligarchie die rede war, s. unten.

die sich zur oligarchie und zur aristokratie hinüberneigen[3]), aber gerade bei der demokratie und oligarchie die unterarten nicht weiter berücksichtigt. auch diese ungleichmäszigkeit der behandlung wird nur dann begreiflich, wenn sich das sechste buch hier ursprünglich anschlosz, nicht aber, wenn beide teile der untersuchung durch den einschub des fünften auseinandergerissen werden. freilich ist auch so noch die weiter unten zu begründende annahme hinzuzuziehen, dasz Ar. in den verschiedenen demokratischen wahlformen keinen besonders charakteristischen unterschied für die unterarten der demokratie noch in den oligarchischen für die der oligarchie fand.

Dasz der von Zeller in das συντόμως innerhalb jener obigen ankündigung hineingelegte sinn einer beschränkung auf die allgemeinen grundlagen nicht der richtige ist, erhellt daraus dasz Ar. auch mit rücksicht auf die specielle ausführung VI 1—7 ganz denselben ausdruck wiederholt, 1317ᵃ 15 f., und in der that kann die erörterung der vier ersten im vierten und sechsten buch abgehandelten puncte, obwol sie im sechsten in die speciellen arten der demokratie und oligarchie eingeht, doch mit vollem recht eine kurze und gedrängte heiszen, wenn man sie mit der ausführlichen des fünften im fünften buche vergleicht.

Eben diese erneute hervorhebung der kürze in der behandlung auch im sechsten buche gibt nun aber dem gerechten zweifel raum, ob dies buch wirklich so unvollständig ist, als man gemeiniglich annimt. hinter der lehre von der gründung der verschiedenen arten von demokratie und oligarchie, wie sie die sieben ersten capitel enthalten, mit Conring u. a. einen abschnitt zu erwarten, in welchem auch die gründung der verschiedeuen arten von politie und uneigentlicher aristokratie dargelegt werde, dazu fehlt nach dem obigen jede berechtigung, und vielmehr hat sich aller grund dazu gezeigt, dasz Ar. nach dieser richtung hin das von ihm bereits IV 9. 12—17 bemerkte für genügend hielt. den einzigen anhalt für die entgegengesetzte annahme bietet dér umstand, dasz er abweichend von der vielfach besprochenen inhaltsankündigung (IV 2 ende) die erörterung nicht damit dasz es verschiedene arten der demokratie und oligarchie, sondern damit dasz es solche von der demokratie und den anderen verfassungen gebe, einleitet und für eine jede die ihr ersprieszliche und eigentümliche weise angeben zu wollen erklärt (1316ᵇ 36 f.); allein diese erklärung ist an die beschränkung gebunden, so weit noch etwas von ihnen zu sagen übrig ist (περὶ ἐκείνων εἴ τι λοιπόν), und zur entscheidung der frage, ob er zu

3) 1300ᵃ 38 ff. nach der in meiner abh. s. 571 f. vertheidigten verbesserung dieser arg verderbten stelle durch Thurot. nach dem herstellungsversuch von Spengel Arist. studien III s. 54 (106) würde allerdings von mehr und weniger oligarchischen wahlarten die rede sein; ich halte diesen versuch nicht für gelungen; aber wäre er es auch, so wäre selbst damit in der hauptsache nur sehr wenig geändert.

diesem übrigbleibenden auch solches rechnete, was sich auf die arten der politie und aristokratie bezieht, haben wir wieder keine anderen instanzen als die schon geltend gemachten, nach denen wir diese frage, so weit hier überhaupt ein urteil möglich ist, nur verneinend beantworten können.

Es macht dem scharfsinn Conrings ferner alle ehre, dasz er eine ähnliche wiederaufnahme der untersuchung über die berathende und richterliche gewalt, wie sie das achte capitel über die administrative enthält, vermiszte, aber die neueren, wie z. b. Spengel (über Ar. politik s. 42) und Zeller (a. o. s. 525), hätten sich doch sorgfältig besinnen sollen, ehe sie ihm dies ohne weiteres nachschrieben. denn der wesentliche unterschied ist hier dér, dasz sich Ar. bei der besprechung der beiden anderen staatsgewalten (IV 14. 16) nirgends eine nachfolgende genauere erörterung bestimmter puncte vorbehält, wie er es bei der der beamtengewalt (IV 15) ausdrücklich thut. gewis sähen wir gern auch in bezug auf die beiden andern gewalten noch manches von ihm genauer bestimmt, allein auf unsere wünsche kann hierbei nichts ankommen, und von Ar. selbst haben wir als bestimmtes moment der entscheidung nur seine zweimalige hervorhebung gedrängter kürze der behandlung, die, um nicht zu viel zu sagen, mindestens weit mehr gegen als für die vermutung Conrings spricht. und das gilt in um so stärkerem masze, als Ar. zum dritten male auch die im achten capitel enthaltene erörterung in ganz ähnlicher weise bezeichnet: ὡς ἐν τύπῳ (1323ᵃ 10).

Für die versicherung Hildenbrands (a. o. s. 489) vollends, dasz selbst die bildung der verfassung aus homogenen elementen für demokratie und oligarchie in den sieben ersten capiteln gewis nicht vollständig abgehandelt sei, mangelt jeder schatten eines grundes.

Dagegen fehlt in der that am schlusse des buches die c. 1, 1316ᵇ 39 ff. versprochene lehre von den combinationen (συναγωγαί, συνδυασμοί), und auch die erneuerte erörterung über die beamten im letzten capitel ist bereits, wie sich aus IV 15 beweisen läszt, nicht zu ende geführt. am obigen orte wird erstens die frage behandelt, was für beamte man als wirkliche behörden, obrigkeiten, staatsgewalten (ἀρχαί) anzusehen habe (1298ᵃ 14—30). der zweite, ungleich wichtigere punct ist, welche beamten für jeden staat, sei er grosz oder klein, erforderlich seien, und von seiner beantwortung, die dort nicht gegeben wird, wird die erleichterung der entscheidung darüber, welcherlei verschiedene amtsgeschäfte sich in kleinen staaten, die nicht viele beamte halten können, in demselben amte vereinigen lassen, abhängig gemacht 1298ᵃ 31—ᵇ 13). der dritte gegenstand ist der unterschied zwischen verschiedenen beamten danach, ob die natur ihres ressorts es mit sich bringt dasz dasselbe über den ganzen staat ausgedehnt ist oder sich je nach den bestimmten örtlichkeiten desselben teilt (1299ᵇ 14—20). auch diese frage wird dort nur angeregt, nicht beantwortet. zum vierten ergeht sich sodann die erörterung über die verschiedenheit der behörden je nach den verschiedenen verfassungen. es gibt gewisse behörden die in verschiedenen verfassungen dieselben, andere die der gattung nach in verschiedenen gleich, aber der art d. h. der machtvollkommenheit nach verschieden, noch andere endlich die bestimmten staatsformen eigentümlich sind (1299ᵇ 20—1300ᵃ 9). der dritte fall allein wird etwas eingehender besprochen und mit beispielen belegt, hierbei also, wie schon gesagt, allein auf die bestimmten staatsformen bis in die unterarten der demokratie hinein eine immerhin auch nur flüchtige rücksicht genommen, und hier heiszt es zum schlusz auch ausdrücklich, dasz diese art der besprechung nur vorläufig genüge, und es wird mithin eine spätere, eingehendere wiederaufnahme derselben in aussicht gestellt (ἀλλὰ περὶ μὲν τούτων ἐπὶ τοσοῦτον εἰρήσθω νῦν z. 8 f.). es folgen fünftens die verschiedenen wahlarten und ihre verteilung unter die staatsverfassungen (1300ᵃ 9—ᵇ 7), deren feststellung zu der blosz vorläufigen erledigung des vorigen punctes in ausdrücklichen gegensatz gebracht wird (1300ᵃ 8—10), so dasz wir hiernach eine gleiche spätere wiederaufnahme nicht zu erwarten haben. dagegen wird schlieszlich sechstens wiederum nur kurz angedeutet, dasz sich die verschiedenheit der wahlarten nicht blosz nach der der verfassungen, sondern auch nach der der ämter selbst in bezug auf ihren verschiedenen geschäftskreis (δύναμις) zu richten habe, und das genauere hierüber wird abermals ausdrücklich auf die zukunft verwiesen, indem es in verbindung mit der feststellung dieser geschäftskreise selbst besprochen werden soll (1300ᵇ 7—12). ich habe in meiner abh. s. 568 f. unentschieden gelassen, ob nicht gleich dort unmittelbar hinterdrein eine lücke für diese erörterung anzunehmen sei. schon das vorstehende genügt zu zeigen dasz ich im irrtum war; obendrein aber ist die feststellung der geschäftskreise oder ressorts in wahrheit ja nichts anderes als die beantwortung der im obigen aufgeworfenen zweiten und dritten frage[4]) oder das was ganz im anfang des capitels κύριαι τίνων heiszt (1299ᵃ 5).

Eben diese zweite frage wird nun im schluszcapitel des sechsten buchs wieder aufgenommen und eingehend beantwortet. allein obwol dabei auch die wichtigkeit dieser antwort für die notwendige verbindung mehrerer ämter in kleinen staaten ausdrücklich wiederholt wird (1321ᵃ 8—11), so sucht man doch vergebens nach der eben hierdurch aufs neue angeregten anwendung von ihr auf die entscheidung darüber, wie weit denn eine solche verbindung thunlich sei, und ebenso fehlen die ausdrücklich in aussicht gestellten erörterungen einmal des einflusses der verschiedenen geschäftskreise auf die wahlart der verschiedenen ämter und sodann auch wol der

4) auch die meinung, dasz eine bestimmtere verweisung auf spätere erörterungen ausgefallen sei, halte ich nicht mehr aufrecht. nachdem eine solche beim vierten puncte gegeben war (1300ᵃ 8 f.), läszt sich hier auch aus dem bloszen ἔσται φανερόν (1300ᵇ 9) verstehen, wie die sache gemeint ist.

absoluten oder relativen gleichheit oder verschiedenheit der staatsbehörden je nach den verfassungen. mindestens sind die wenigen schluszbemerkungen nach der letztern richtung hin 1322 ᵇ 37—1323 ᵃ 8, die zum teil nur das schon IV 15, 1299 ᵇ 30—1300 ᵃ 8 gesagte kürzer wiederholen, durchaus nicht geeignet die dort, wie gesagt, ausdrücklich angeregte erwartung (1300 ᵃ 8 f.) zu befriedigen. endlich ist noch zu beachten, dasz das fünfzehnte capitel des vierten buchs, wie ich schon in meiner abh. s. 568 bemerkt habe, mit einer inhaltsankündigung beginnt, welcher die wirkliche ausführung namentlich insofern nicht ganz entspricht, als der zweite in jener enthaltene punct, die amtsdauer (1299 ᵃ 5—10), in dieser unberührt bleibt. sicher ist daher auch der mangel der genauern auseinandersetzung über ihn von Ar. nicht beabsichtigt, und alle analogie drängt darauf hin auch diese lücke nicht dem vierten buche, sondern dem schlusse des sechsten zuzuweisen. und so läszt sich das hier fehlende nach diesen richtungen hin genauer bestimmen, als es bisher meines wissens von irgend jemand und selbst von Hildenbrand (a. o. s. 489) geschehen ist.

Dasz alle im vorstehenden von mir unberührt gelassenen gründe für die umstellung des sechsten buches vor das fünfte nicht entscheidend sind, und dasz Zeller (a. o. s. 523) und Hildenbrand (a. o. s. 375 f.) sich namentlich die citate VI 2, 1317 ᵇ 34 f. und c. 4, 1318 ᵇ 7 auch von ihrem standpunct aus befriedigend zurechtzulegen vermocht haben, gebe ich gern zu, hätte aber anderseits sehr gewünscht, dasz nicht Hildenbrand (s. 375) das unschuldige σχεδόν V 1, 1301 ᵃ 19 wider diese umstellung zu hülfe gerufen hätte, als ob nicht das σχεδόν in einer unzahl von stellen bei Ar. lediglich ungefähr so viel wie ἄν mit dem optativ bezeichnete. und wenn ich auch einräume, dasz der ausdruck ebendort z. 24 f., wenn das fünfte buch den schlusz der verfassungslehre bilden sollte, natürlicher gelautet hätte 'ist noch zu reden übrig' als, wie wir jetzt lesen, σκεπτέον ἐφεξῆς τοῖς εἰρημένοις, so ist doch auch der letztere ausdruck nach dem vordersatze περὶ μὲν οὖν τῶν ἄλλων ὧν προειλόμεθα σχεδὸν εἴρηται περὶ πάντων, wenn man nur das σχεδόν nicht in ungehöriger weise presst, klar und verständlich und würde sicher, wenn das sechste buch vor dem fünften überliefert wäre, auch bei Hildenbrand nicht die erwartung erregt haben, dasz dem letztern noch ein fernerer teil der verfassungslehre nachfolgen solle. ebenso macht der eingang des sechsten buches auf mich ganz denselben eindruck wie auf Hildenbrand, dasz hier nicht ein neuer abschnitt, sondern nur eine fortführung der bis dahin zuletzt behandelten materie angekündigt wird, aber so sehr auch hieraus hervorgehen würde, dasz die ansicht Zellers über das verhältnis des sechsten buches zum vierten und fünften nicht die richtige ist, so vermag ich doch diesem eindruck eine so überzeugende kraft nicht zuzuschreiben, um ihn zu einem wirksamen beweise hierfür gebrauchen zu können. an dieser stelle nun steht das einzige von den vier citaten des fünften buches, welches wir bisher noch nicht besprochen haben, ἔτι .. αἰτίας 1316[b] 34 f., und mit ihm ist wahrscheinlich auch das πρότερον z. 35 als späteres einschiebsel zu beseitigen. denn obwol die untersuchungen über den gebrauch von πρότερον bei Ar. in solchen rückweisungen noch nicht geschlossen sind, so bezweifle ich doch dasz sich eine stelle finden wird, in welcher bei recapitulation des unmittelbar voraufgehenden zum zweck der überleitung zum unmittelbar folgenden dies wort hinzugesetzt ist. irre ich nicht, so wollte hier vielmehr der interpolator durch diesen zusatz bemerklich machen, dasz hier mehr als das unmittelbar voraufgehende fünfte buch, für dessen recapitulation er selber erst sorge trug, nemlich auch IV 14—16 recapituliert werde.

Für ein ähnliches erst durch die unrichtige versetzung des siebenten und achten buchs hinter das sechste hervorgerufenes einschiebsel halte ich, obwol Spengel jetzt (s. 66 f.) seine meinung hierüber geändert hat, mit Zeller (a. o. s. 523) die worte καὶ περὶ τὰς ἄλλας πολιτείας τεθεώρηται πρότερον VII 4, 1325[b] 34. wer die gründe unbefangen erwägt, welche Spengel in seiner ältern abhandlung (s. 26 f.) dafür angegeben hat, dasz diese worte den zusammenhang stören, der wird zugeben müssen, dasz dieselben völlig ebenso in kraft bleiben, wenn man unter τὰς ἄλλας πολιτείας nicht die im vierten bis sechsten buch behandelten, sondern mit Hildenbrand (a. o. s. 363 f.) und Teichmüller (philologus XVI s. 164 ff.), wie jetzt Spengel thut, die im zweiten der prüfung unterzogenen verfassungen versteht. eine widerlegung dieser gründe aber hat bisher niemand auch nur versucht. findet aber Hildenbrand die von ihm angenommene beziehung der worte fast zweifellos, meint er dasz es sonderbar wäre, wenn Ar. im siebenten buche der vorbereitenden ausführung im zweiten gar nicht gedacht hätte, so möchte diese sonderbarkeit leicht für denjenigen verschwinden, welcher genau das verhältnis beobachtet, in welchem das dritte buch zum zweiten und das siebente, das vielmehr in wahrheit das vierte ist, wiederum zum dritten steht.

Greifswald. Franz Susemihl.

44.
ZU VARRO.

De lingua latina VII § 50 schreibt K. O. Müller so: *apud Plautum* (Amph. 275) '*neque iugula neque vesperugo neque vergiliae occidunt*'; '*iugula*' *signum quod Accius appellat* '*Oriona*', *quom ait* '*citius Orion patescit*'; *huius signi caput dicitur ex tribus stellis, quas infra duae clarae, quas appellant* '*umeros*'; *inter quas quod videtur iugulum*, '*iugula*' *dicta.* '*vesperugo*' *stella quae vespere oritur, a quo eam Opilius scribit* '*vesperum*'; *itaque dicitur alterum* †: '*Vesper adest*', *quem dicunt Graeci* διεσπέριον †. über die letzten zeilen dieser stelle sagt

Lachmann im rhein. museum III (1845) s. 612 folgendes: »ein zweites beispiel [für ein neutrales *vesper*, das Lachmann dort aus IX § 73 nachgewiesen] ergibt sich VII § 50 bei richtiger interpunction: *itaque dicitur 'alterum vesper adest'; quem Graeci dicunt διέσπερον.* διέσπερος ist so richtig wie διήμερος (der zwei tage da ist): das ΔΙΕϹΠΕΡΙΟΝ der handschrift zu Florenz ward mit recht verworfen.» obwol dies sehr scharfsinnig ausgedacht ist, so ist es doch gewis nicht richtig. schon dasz das wort διέσπερος sonst nirgends überliefert worden, erregt bedenken gegen jene annahme. dann könnte διέσπερος nur bedeuten 'zweiabendlich', wie διήμερος δίενος διέτης δίμηνος heiszen 'zweitägig zweijährig zweimonatlich'. endlich könnte *alterum vesper*, das doch mit διέσπερος gleiche bedeutung haben müste, nichts anderes bedeuten als 'der andere, zweite abend(stern)'. sicherlich hatte Müller recht, als er sowol *alterum* wie auch διεσπέριον für schwer verdorben ansah. auch seine vermutung, dasz das citat *Vesper adest* aus einem hymenäus stamme, traf das wahre. denn jenes citat bezieht sich, wie A. Riese im rhein. museum XXI (1866) s. 499 gut bemerkt hat, auf den anfang des schönen Catullischen hochzeitsliedes (62) *Vesper adest; iuvenes, consurgite; vesper Olympo | expectata diu vix tandem lumina tollit* usw. zugleich weist Riese im philol. XXVII (1868) s. 288 darauf hin, dasz Varro auch den Hortensius *in poematis* citiere (VIII § 14 vgl. X § 78) und erwähnt mit recht, dasz jenes das älteste 'citat' aus Catull sei. es fällt höchstens ein jahrzehend nach dem erscheinen von Catulls *liber*. die älteste 'anspielung' auf einen Catullischen vers (25, 2) findet sich bei Cicero *ad Q. fr.* II 13, 4, wenn Bücheler im Greifswalder lectionskatalog für den winter 1868/69 s. 17 das gegenseitige verhältnis beider stellen richtig beurteilt hat.

Jenes *Vesper adest* also stammt aus Catull: was wird nun aus dem vorhergehenden *itaque dicitur alterum*? die vermutung Rieses, für *alterum* zu schreiben *astrum*, hat gar keine wahrscheinlichkeit. offenbar erwartet man hier zunächst den namen des dichters genannt zu sehen. aus Plautus hat Varro *vesperugo* als namen des abendsterns citiert, dann führt er an dasz Aurelius Opilius ihn *vesper* nenne (so nannte übrigens schon Ennius den abendstern, s. Censorinus *de die nat.* 24, 4): wenn nun Varro fortfährt *itaque* usw., so erwartet man zunächst den namen eines weiteren zeugen. ich zweifle nicht dasz DICITURALTERUM mit leichter umgestaltung zu verbessern ist in DICIT UALERIUS. Varro citiert hier den Catull, dessen ruhm damals, nicht lange nach seinem tode, besonders grosz, dessen gedichte in aller händen waren (s. Cornelius Nepos *Att.* 12, 4), mit seinem geschlechtsnamen, den wir auch bei Charisius s. 75 P. 97 K. antreffen: *hos pugillares et masculino genere et semper pluraliter dicas, sicut* A s i n i u s *in* V a l e r i u m *. . . at tamen haec pugillaria saepius neutraliter dicit* i d e m C a t u l l u s *in hendecasyllabis:* s. Haupt im Berliner lectionskatalog für den sommer 1855 s. 4 und meine quaest. Catull. I s. 24 ff.

Uebrig zu besprechen sind noch die worte *quem Graeci vocant διεσπέριον.* ich meine dasz darin nichts anderes zu suchen sei als was schon in alten ausgaben sich findet ἕσπερον. dafür spricht sowol der zusammenhang als auch eine andere stelle *de l. lat.* VI § 6, welche sich deutlichst als eine parallele jener von uns behandelten bemerkung darstellt: *quom stella prima exorta* (*eum Graeci vocant ἕσπερον, nostri 'vesperuginem', ut Plautus 'neque vesperugo neque vergiliae occidunt'*)*: id tempus dictum a Graecis ἑσπέρα, latine 'vesper'.* demnach lauten jene worte, deren schreibung uns beschäftigte: *'vesperugo' stella quae vespere oritur, a quo eam Opilius scribit 'vesperum'. itaque dicit Valerius 'Vesper adest': quem dicunt Graeci ἕσπερον.*

DORPAT. LUDWIG SCHWABE.

45.
ZU SENECAS TRAGÖDIEN.

Meine recension der von R. Peiper und G. Richter veranstalteten ausgabe der tragödien des Seneca in diesen jahrbüchern 1868 s. 781 ff. und 855 ff. hat eine entgegnung von seiten des letztern ebd. 1869 s. 769 ff. hervorgerufen. ich sehe mich durch dieselbe zu weiteren erörterungen nicht veranlaszt, da ich die von mir ausgesprochenen urteile mit hinlänglicher ausführlichkeit begründet habe. die herausgeber selbst von der verwerflichkeit ihres kritischen verfahrens überzeugen zu können wäre eine zu kühne hoffnung, der ich mich niemals hingegeben habe: es genügt mir, wenn ich das unbefangene philologische publicum in dieser sache auf meiner seite habe, und dessen glaube ich um so gewisser sein zu dürfen, als bereits verschiedene gelehrte, deren name einen guten klang in der wissenschaft hat, privatim sich übereinstimmend mit mir geäuszert haben und dieses vor kurzem auch öffentlich geschehen ist (vgl. Teuffel geschichte der röm. litteratur s. 571). sehr gewundert hat mich, dasz hr. Richter (s. 787) darin einen staunen erregenden widerspruch findet, dasz ich die bekannten vier chorgesänge des Oedipus und des Agamemnon in jener recension 'innerlich wol zusammenhängende gedichte' nenne, von denen ich de emend. Sen. trag. s. 72 gesagt habe: 'horum vero carminum conpositio librariorum incuria multis locis pessime turbata atque confusa est, ut qua distribuendorum versuum ratione ipse poeta usus videatur, ante omnia quaerendum sit.' hierin wie in manchem andern hätte ich meinerseits grund den ausflusz einer 'befangenen, fast feindseligen stimmung' zu erkennen, wie sie mir von hrn. R. mit unrecht vorgeworfen wird.

JENA. BERNHARD SCHMIDT.

oct. 1.

NEUE JAHRBÜCHER

FÜR

PHILOLOGIE UND PAEDAGOGIK.

Herausgegeben unter der verantwortlichen Redaction

von

Dr. Alfred Fleckeisen und **Dr. Hermann Masius**

Professor in Dresden — Professor in Leipzig.

Einhundertunderster und einhundertundzweiter Band.

Sechstes Heft.

Leipzig,

Druck und Verlag von B. G. Teubner.

1870.

INHALT

VON DES EINHUNDERTUNDERSTEN UND EINHUNDERTUND-ZWEITEN BANDES SECHSTEM HEFTE.

ERSTE ABTEILUNG (101r BAND).

---

seite

46. Die responsion bei Aristophanes. von *J. Oeri* in Creutzburg in Oberschlesien . . . . 353—390
47. Zur zweiten satire des Persius. von *R. Gropius* in Naumburg . . . . 390—392
48. Zu Cicero ad fam. XVI 21, 2. von *L. Schwabe* in Dorpat 392

(15.) Anz. v. *G. Zillgenz:* Aristoteles und das deutsche drama (Würzburg 1865). schlusz. von *Eduard Müller* in Liegnitz 393—416

49. Zu Johannes von Antiocheia. von *B. Friederich* in Wernigerode 416
50. Anz. v. *E. von der Launitz:* wandtafeln zur veranschaulichung antiken lebens und antiker kunst (Cassel 1869). von *C. Bursian* in Jena . . . . 417—421
51. Zu Vergilius Aeneis III 684—686. von *K. Kappes* in Donaueschingen . . . . 421—422
52. Anz. v. *E. Lübbert:* grammatische studien. 2r teil: die syntax von *quom* und die entwickelung der relativen tempora im älteren latein (Breslau 1870). von *J. Brix* in Liegnitz, mit zusatz von *A. Fleckeisen* . . . . . . 423—432

(9.) Zu Horatius oden [III 5, 37]. von *J. Jeep* in Wolfenbüttel 432

ERSTE ABTEILUNG
FÜR CLASSISCHE PHILOLOGIE
HERAUSGEGEBEN VON ALFRED FLECKEISEN.

46.
DIE RESPONSION BEI ARISTOPHANES.

Gottfried Hermann fährt in den elementa doctrinae metricae, nachdem er die antiken zeugnisse für die composition der parabase angeführt hat, s. 723 folgendermaszen fort: 'non autem in sola parabasi hae repetitiones (nemlich die der verszahl in epirrema und antepirrema) usurpatae fuerunt, sed multae etiam aliae partes comoediarum, eaeque interdum longissimae aequali metrorum comparatione sibi respondent. ut in avibus, ubi a v. 551 primo stropha, deinde tres et sexaginta tetrametri anapaestici sunt, quorum in fine systema positum est ex dimetris anapaesticis: eaque metra deinde omnia eadem lege repetuntur a v. 626.' da meines wissens noch niemand die erscheinung, von welcher hier die rede ist, in ihrem ganzen zusammenhange untersucht hat, so möchte es an der zeit sein einmal allen spuren derselben nachzugehen, und das um so mehr als dieselbe sich bei Aristophanes gewis sicherer, jedenfalls aber häufiger nachweisen läszt als bei den tragikern.

Zunächst gilt es den begriff der responsion festzustellen. dieselbe ist die regelmäszige wiederholung einer oder mehrerer bestimmter verszahlen, welche entweder innerhalb einer rede zwischen den verschiedenen perioden oder innerhalb eines dialogs zwischen den verschiedenen einzelreden oder endlich innerhalb eines complexes von dialogen zwischen den einzelnen dialogen stattfindet; sie hat somit den zweck, entweder einzelne reden oder einzelne dialoge oder gröszere teile der stücke symmetrisch zu gliedern.

Durch welchen zweck nun aber wiederum diese symmetrische gliederung bedingt ist, das wird uns vielleicht immer ein räthsel bleiben. denn wenn die zerteilung einer längern rede in 3—6zeilige strophen leicht ins ohr fällt und wol auch auf dem attischen theater von jedem aufmerksamen zuschauer leicht aufgefaszt werden konnte, so läszt sich dasselbe schon nicht mehr in denjenigen fällen voraussetzen, wo in einer rede ein regelmäsziger wechsel von strophen verschiedener länge stattfindet, und auch die symmetrische gliederung eines dialogs, sobald sie sich über die einfache stichomythie oder distichomythie erhob, muste für den zuschauenden unbemerkbar werden. wenn man aber in beiden fällen das seltsame der erscheinung aus der poetischen ökonomie der dichter erklären will, so kommt man erst recht in die brüche. denn einesteils hat die poetische ökonomie, wie Heimsoeth richtig bemerkt, bei allen dichtern aller nationen zu einer gewissen regelmäszigkeit in den verszahlen geführt, anderseits aber sträubt sich unser gefühl dagegen, dasz die poetische ökonomie irgend einen dichter irgend einer nation und nun vollends einen griechischen dichter zur anwendung einer starren mathematischen responsion in den verszahlen bewogen haben sollte. es wird mit vollem recht geltend gemacht, dasz zwei verse gleiches metrums je nach dem affecte, in welchem sie gesprochen werden, eine ganz verschiedene länge haben können, und dasz längere reden gleicher verszahl somit beinahe nie congruente zeitabschnitte werden in anspruch nehmen können. doch die polychromie der marmorstatuen will uns ja auch nicht recht in den kopf und ist für die griechische kunst doch wahrscheinlich gemacht worden; am ende könnten wir uns ja auch in der poesie den glauben an eine völlige verschiedenheit des antiken und des modernen kunstgefühls gefallen lassen müssen, wenn nun nur nicht die dritte art der responsion wäre, die responsion ganzer dialoge unter einander, wovon Hermann in der oben angeführten stelle ein beispiel gegeben hat. es ist, um die längste dieser responsionen die mir bekannt ist anzuführen, völlig undenkbar, dasz Sophokles aus rein poetischen gründen, nachdem er die grosze scene zwischen Klytämnestra und Elektra (v. 516—659) und sodann die zwischen dem pädagogen und den beiden frauen (660—803) gedichtet hatte, die verszahl beider scenen so weit ausglich, dasz dieselbe auf beiden seiten 144 (wenn man v. 565. 659. 691. 768 streicht, sind es 142) betrug: denn zum bloszen zeitvertreib wird doch ein groszer dichter nicht eine symmetrie verwenden, welche weder der zuschauer noch der leser merkt, die ihm selbst aber grosze beschränkungen auferlegt.

Wir werden uns also bescheiden müssen die erscheinung zu constatieren, ohne ihren grund zu verstehen, indem wir nur so viel mit sicherheit behaupten, dasz nicht die poesie, sondern eine der begleitenden künste die veranlassung zu derselben gegeben hat. eine mutmaszung hat in dieser beziehung schon Hermann geäuszert, der nach den erwähnten worten fortfährt: 'nemo haec credet temere esse a poetis instituta, aut vanam eos laudem inutilis diligentiae affectasse: sed gravis quaedam causa fuerit necesse est, quae eos adduceret ut tantam huic rei operam curamque impenderent. quod nisi egregie fallor, chori diversae stationes, locique quos actores in scaena occupabant vel aliquamdiu obtinebant, regulam huic rationi modumque praescribebant. nam nisi his in rebus, quae oculis cernuntur, aequalitas quaedam observata fuisset, nemo ad illud attendisset, utrum totidem versus an plures paucioresve quam antea recitarentur, praesertim ubi tot versus sunt, ut facilius universe diuturnitas temporis ad recitationem eorum necessaria quam numerus ipse notetur. sed de hac re viderint, qui rem scaenicam veterum explicare aggrediuntur, meminerintque metrorum pervestigationem, qua nondum quisquam ad hunc finem usus est, in hac quaestione maximi momenti esse. inde condicionibus cognitis, quibus istae metrorum responsiones usurpatae sunt, simul ubi nullus earum usus sit intellegetur.'

Diese vermutung Hermanns, dasz die responsion auf der scenischen darstellung beruhe, wäre für diejenigen stellen sehr annehmbar, an welchen der chor beteiligt ist; allein da wo der chor, wie in den prologen, nicht gegenwärtig ist, würde die responsion sehr schwer erklärt werden können. auch könnte man denken, dasz melodramatischer vortrag des dialogs die symmetrie der verszahlen notwendig gemacht habe; indes ist dieser melodramatische vortrag für die komödie wol kaum anzunehmen (vgl. Rossbach und Westphal metrik III s. 184), und dann kann von wiederholung derselben melodie in zwei gleich langen scenen nicht die rede sein, wenn jede dieser scenen in sich wieder auf verschiedene weise symmetrisch zerteilt ist, wie dies einige male vorkommt.

Ich werde mich bemühen in dem folgenden zunächst die responsionen ganzer dialogpartien, so weit solche bei Aristophanes vorhanden sind, nachzuweisen und sodann die übrigen arten der responsion, nemlich die responsionen innerhalb einer rede und die innerhalb eines dialogs besprechen. natürlich werden textkritische fragen, die sich auf interpolationen oder lücken beziehen, sich überall in diese untersuchung mischen. hier ist die gröste vorsicht nötig, und da unsere kenntnis der responsionsgesetze lange nicht auf so festen grundlagen beruht als z. b. die der metrik, so sind eher inconcinnitäten in der responsion zuzulassen als gewaltsamkeiten in der textesgestaltung.

I.

Diejenigen dialogpartien, welche in anapästischen, iambischen oder trochäischen tetrametern verfaszt sind und in dimetrische systeme auslaufen, haben ihr besonderes ethos. es sind lebhaft bewegte scenen, deren sprache sich meist über die des gewöhnlichen lebens erhebt, sei es um die hitze des kampfes oder um die freude des sieges auszudrücken. schon der umstand, dasz sie meist paarweise an einander gereiht sind und dasz dann meist der einen eine strophe, der andern die entsprechende antistrophe des chores vorangeht, besonders aber der parallele inhalt lassen hier, wenn irgendwo, responsion der verszahlen erwarten, und so ist es denn gekommen dasz responsion hier auch am frühsten wahrgenommen worden ist. schon Hermann beruft sich in der oben angeführten stelle auf ein solches beispiel in den vögeln; ein ähnliches in der Lysistrate ist von Reisig (coniectanea in Aristoph. s. 203) und von Enger in seiner ausgabe des stückes zu v. 532 besprochen worden. letzterer hat sodann in seiner recension der Kockschen ausgabe der ritter (jahrb. bd. 69 [1854] s. 361 ff.) auf ein drittes in den rittern aufmerksam gemacht, und endlich hat W. Helbig im rheinischen museum XV (1860) s. 251 ff. alle ihm bekannten responsionen solcher dialogpartien erörtert; ein beispiel aus den wespen läszt sich noch hinzufügen. da es überflüssig wäre diese responsionen nach der Helbigschen abhandlung noch einmal ausführlich zu behandeln, so stelle ich hier blosz die schemata derselben zusammen und beschränke mich im übrigen auf die notwendigsten bemerkungen.

ritter 303—456:
1 strophe (303—311)
troch. tetram. 10 (312—321)
2 strophe (322—332)
iamb. tetram. 34 (333—366)
iamb. system 16 (367—381)
1 antistrophe (382—388)
troch. tetram. 10 (389—396)
2 antistrophe (397—406)
iamb. tetram. 34 (407—441)
iamb. system 16 (442—456)
iamb. tetram. 4 (457—460)

wolken 949—1104:
strophe (949—958)
anap. tetram. 51 (959—1008)
anap. system 14 (1009—1023)
antistrophe (1024—1033)
iamb. tetram. 51 (1034—1084)
iamb. trim. 4 (1085—1088)
iamb. system 19 (1089—1104)

wespen 333—394:
kommos (333—345)
anap. tetram. 10 (346—355)
rede Philokleons, anap. tetr. 2, dim. 7 (356—364)
kommos (365—378)
anap. tetram. 10 (379—388)
rede Philokleons, anap. tetr. 6 (389—394)

vögel 451—626:
strophe (451—459)
anap. tetram. 63 (460—522)
anap. system 16 (523—538)
antistrophe (539—547)
anap. tetram. 63 (548—610)
anap. system 16 (611—626)

Lysistrate 467—607:
iamb. tetram. 8 (467—475)
strophe (476—483)
anap. tetram. 49 (484—531)
anap. system 9 (532—538)
iamb. tetram. 2 (539—540)
antistrophe (541—548)
anap. tetram. 49 (549—598)
anap. system 9 (599—607)

Wie aus diesen schemata erhellt, scheint eine absolute regelmäszigkeit in den responsionen vom dichter nicht immer erstrebt worden zu sein. in der Lysistrate geben der strophe acht, der antistrophe zwei iambische tetrameter voran; in den rittern folgen auf das zweite system vier iambische tetrameter, denen hinter dem ersten nichts entspricht; in den wolken vertheidigt der λόγος δίκαιος seine sache mit anapästischen, der λόγος ἄδικος die seine mit iambischen tetrametern, und während auf die erste tetrameterpartie ein system von dreizehn dimetern und einem monometer folgt, folgen auf die zweite erst vier iambische trimeter (die freilich nur durch die überarbeitung der wolken hierher können gekommen sein) und dann ein system von sechzehn dimetern und drei monometern; endlich in den wespen schlieszen zwei auch in ihrer distichischen versverteilung sich entsprechende tetrameterpartien mit reden Philokleons, deren erste nach zwei einleitenden tetrametern sieben dimeter enthält, deren zweite aber nicht in ein system übergeht, weil die scene durch die dazwischenkunft neuer personen, nemlich des Xanthias und des Bdelykleon, mit acht tetrametern fortgesetzt wird. was den text anbelangt, so ist derselbe in den vögeln und in den wespen ganz unverdorben; in den wolken ist, wie Helbig nachgewiesen hat, eine lücke nach vers 963; es wird hier mit zwei versen die erziehung während der ersten jugendzeit des kindes angegeben worden sein; schlimm ist teilweise der text in den rittern und in der Lysistrate entstellt.

In den rittern entsprechen sich schon die erste strophe und die erste antistrophe nicht; das wahrscheinlichste ist, dasz in der strophe vor κεκρᾶκτα etwas ausgefallen ist, und dasz in der antistrophe, wie A. von Bamberg (de Ravennate et Veneto Aristophanis codicibus s. 34) annimt, mit dem Rav. μηδὲν ἔλαττον ποίει zu schreiben, und zwischen μηδὲν und ἔλαττον eine lücke zu statuieren ist; v. Bamberg meint, es könne etwa μηδὲν ὧν ἀρτίως νῦν ἔλαττον ποίει dagestanden haben. auf die erste strophe folgen nun zehn, auf die antistrophe acht trochäische tetrameter; indes ist an der zweiten stelle, wie Helbig nachgewiesen hat, eine lücke vor v. 392 κᾆτ' ἀνὴρ ἔδοξεν εἶναι, τἀλλότριον ἀμῶν θέρος anzunehmen, da das καί vor εἶτα sonst nicht zu erklären ist, und man wird wol berechtigt sein den ausfall von zwei versen zu statuieren. der zweite chorgesang und die darauf folgenden iambischen trimeter zeigen eine genaue responsion: denn vers 339 ἀλλ' αὐτὸ περὶ τοῦ πρότερος εἰπεῖν πρῶτα διαμαχοῦμαι ist von Dindorf mit unrecht für interpolation erklärt worden; allerdings passt αὐτό, streng logisch genommen, nicht zu διαμαχοῦμαι, aber in seinem eifer darf der wursthändler sehr wol zwei constructionen vermischen: er wollte zunächst sagen ἀλλ' αὐτὸ τοῦτο βούλομαι (nemlich was Kleon ihm untersagt), in der hitze aber substituiert er dem ausdrucke des wollens den des gewollten und verbindet so αὐτό mit διαμαχοῦμαι. vgl. übrigens auch Enger a. o. s. 361. fast unheilbar sind die systeme verdorben: das erste besteht aus 14 dimetern und einem monometer, das zweite enthält auszerdem in v. 442 φεύξει γραφὰς ἑκατονταλάντους τέτταρας einen trimeter. letztern hält Helbig, da ihn der scholiast zu v. 441 anführt, aufrecht und nimt an dasz ein gleicher vor v. 368 ausgefallen sei; v. 367 οἷόν σε δήσω 'ν τῷ ξύλῳ gibt er dem wursthändler, den ausgefallenen trimeter Kleon, welcher darin mit einer gerichtlichen klage oder strafe müsse gedroht haben; so sei v. 368 διώξομαί σε δειλίας erst erklärbar, dieser schwebe vollständig in der luft, wenn nichts entsprechendes vorangehe. ich glaube nicht dasz im zweiten system ein trimeter gestanden hat; ein solcher wäre, wie auch Enger bemerkt, zwischen den dimetern unzulässig, und der scholiast hat hier keine grosze autorität; hätte er eine solche, so dürfte Helbig auch im ersten system keinen trimeter einschieben: denn dort sind die verse gleichfalls gezählt, vgl. schol. zu v. 335. indes müste Helbig in der annahme einer lücke wenigstens recht behalten, wenn der vers διώξομαί σε δειλίας echt wäre. dasz er das aber nicht ist, geht aus dem ganzen zusammenhange unseres systems hervor. überall bedrohen hier die gegner einander mit körperlichen mishandlungen, während die androhungen gerichtlicher klagen vom dichter mit absicht in das folgende system verwiesen sind. da dieser somit beiden systemen einen völlig verschiedenen charakter gegeben hat, so werden wir berechtigt sein einen vers zu streichen, wodurch der ton des einen unnötig verletzt wird. nun bleiben folgende verse:

367 οἷόν σε δήσω 'ν τῷ ξύλῳ.
369 ἡ βύρσα σου θρανεύσεται.
370 δερῶ σε θύλακον κλοπῆς.
371 διαπατταλευθήσει χαμαί.
372 περικόμματ' ἐκ σοῦ σκευάσω.

dasz hiervon v. 367 dem wursthändler gehört, hat Helbig überzeugend nachgewiesen: denn dieser musz Kleon auf v. 365 antworten; ebendemselben musz v. 372 gehören; mit unrecht aber wird ihm in allen ausgaben v. 370 gegeben: denn δερῶ σε θύλακον κλοπῆς kann doch nur der gerber sagen, der koch musz hier, wo es ihm nicht darauf ankommt das gerberhandwerk zu verspotten, sondern darauf dem gegner furcht einzujagen, die ausdrücke gebrauchen, welche ihm sein eignes gewerbe an die hand gibt. da nun v. 370 Kleon gehören musz und aus demselben grunde natürlich auch v. 369 und 371, so würden auf diesen drei unmittelbar auf einander folgende, grammatisch nicht verbundene verse kommen, deren jeder eine besondere drohung enthält. dies widerspräche der art, wie der kampf zwischen den beiden gegnern geführt wird: denn gerade in diesen systemen, wo der leidenschaftlichste ton herscht, darf der wursthändler Kleon nicht dreimal drohen lassen, ohne ihn zu unterbrechen; er musz vielmehr jede einzelne drohung desselben erwidern, und so glaube ich dasz zwischen den drei dimetern Kleons zwei des wursthändlers ausgefallen sind und somit die reihenfolge der verse diese war:

367 ΑΛΛ. οἷόν ϲε δήϲω 'ν τῷ ξύλῳ.
368 ΠΑΦΛ. ἡ βύρϲα ϲου θρανεύϲεται.
ΑΛΛ. ⏑ ⏒́ ⏑ – ⏑ ⏒́ ⏑ –
369 ΠΑΦΛ. δερῶ ϲε θύλακον κλοπῆϲ.
ΑΛΛ. ⏑ ⏒́ ⏑ – ⏑ ⏒́ ⏑ –
370 ΠΑΦΛ. διαπατταλευθήϲει χαμαί.
371 ΑΛΛ. περικόμματ' ἐκ ϲοῦ ϲκευάϲω.

über das zweite system hat Enger a. o. s. 363 gehandelt. auch hier macht die versverteilung schwierigkeiten und diese beginnen schon in den dem system vorausgehenden tetrametern. nemlich die worte ἀνὴρ ἂν ἡδέωϲ λάβοι, mögen sie nun von Demosthenes oder vom chore gesprochen sein, dürfen sich nicht auf den wursthändler beziehen. der chor wäre allerdings im stande den zuschauern gegenüber eine indiscretion gegen seinen freund zu begehen; aber er würde sich dann gewis ausführlicher ausdrücken, und namentlich müste er dem wursthändler eigenschaften oder wünsche zuschreiben, die dieser wirklich hat; dies wäre aber hier nicht der fall: denn so ist der wursthändler nicht vom dichter gezeichnet, dasz er sich im heiszesten kampfe von seinem gegner bestechen liesze. nun könnte ἀνὴρ ἂν ἡδέωϲ λάβοι in dem falle immerhin noch einen sinn haben, dasz es gegen Kleon gerichtet wäre: es müsten dann v. 435 und 438 Kleon gegeben werden, welcher sich an der ersten stelle gegen den wursthändler, an der zweiten gegen Demosthenes wenden würde; v. 439 aber τί δῆτα; βούλει τῶν ταλάντων ἓν λαβὼν ϲιωπᾶν; müste dem wursthändler gehören. indes ist gerade wegen dieses letzten verses diese versverteilung unrichtig: denn nicht der wursthändler, sondern der seine niederlage ahnende Kleon musz als der einlenkende geschildert werden; auch hätte Kleon wol kaum Potidäa als den ort genannt, von wo Demosthenes geld empfangen habe, sondern er hätte eher eine der westgriechischen städte angeführt, mit denen dieser in den letzten jahren zu thun gehabt hatte. da somit ἀνὴρ ἂν ἡδέωϲ λάβοι auf keine weise erklärt werden kann, so werden wir diese worte als interpolation anzusehen haben, an ihre stelle aber wird als erster teil des letzten tetrameters zu setzen sein, was bisher als erster dimeter gegolten hat, nemlich τὸ πνεῦμ' ἔλαττον γίγνεται. diese letzten worte geben den grund an, weshalb die taue nachgelassen werden sollen, und es wäre etwas hart sie der aufforderung zum nachlassen folgen zu lassen, ohne sie mit derselben durch ein γάρ zu verknüpfen; im gegenteil aber stimmt alles trefflich, wenn die angabe des grundes der folgerung vorangeschickt und geschrieben wird: τὸ πνεῦμ' ἔλαττον γίγνεται, τοὺϲ τερθρίουϲ παρίει. indem wir so einen dimeter für das system verlieren, hat dasselbe allerdings einen vers weniger als meiner annahme nach das erste system gehabt hat; allein diese schwierigkeit läszt sich leicht durch die annahme heben, dasz der trimeter (442) φεύξει γραφὰϲ ἑκατονταλάντους τέτταρας, welcher als trimeter nun doch einmal nicht zu halten ist, aus zwei dimetern entstanden sei. die verloren gegangene dipodie wird das vergehen bezeichnet haben, dessen Kleon den wursthändler bezichtigen will, und Kocks vermutung, es habe dagestanden:

λιποταξίου φεύξει γραφὰς
ἑκατονταλάντους τέτταρας

ist zwar nicht völlig sicher, wird aber von Enger mit unrecht angegriffen. es werden im ganzen system von beiden gegnern bestimmte beschuldigungen erhoben; warum sollte denn Kleon nicht wegen gleicher vergehen mit vier klagen drohen, deren jede den wursthändler hundert talente kosten soll? auch Engers annahme, dasz der wursthändler im system das erste wort haben sollte, weil Kleon in den tetrametern zuletzt gesprochen habe, trifft nicht zu: denn es ist ganz natürlich dasz Kleon, nachdem er aus den worten des chors die vergeblichkeit seines bestechungsversuches ersehen hat, nun eine antwort des wursthändlers nicht abwartet, sondern seine drohungen gleich wieder aufnimt. endlich fällt Engers bedenken, dasz die worte (443) cὺ δ' ἀcτρατείαc εἴκοcιν (φεύξει γραφάc) nicht wol gegen Kleon gerichtet sein könnten, wenn wir uns erinnern, wie sehr sich dieser dagegen sträubte die führung der expedition gegen Sphakteria zu übernehmen.

Wo möglich noch schlimmer als in den rittern ist der text in der Lysistrate verdorben. zwar hat meiner ansicht nach Helbig unrecht, wenn er glaubt dasz der chor der greise vor v. 476 seine strophe mit zwei iambischen tetrametern eingeleitet habe, wie der der weiber mit v. 539 und 540 die antistrophe einleitet: denn die anfangsworte der strophe ὦ Ζεῦ τί ποτε χρηcόμεθα τοῖcδε τοῖc κνωδάλοιc; machen viel zu sehr den eindruck eines plötzlichen ausbruchs von zorn und wut, als dasz für dieselben eine einleitung durch den chor selbst am platze schiene, und zudem gehen ja der strophe neun auf beide chöre verteilte iambische tetrameter voran. indes wenn hier der text nicht verstümmelt ist, ist er es um so mehr in den groszen anapästischen tetrameterpartien und in den folgenden systemen. ich glaube zunächst, dasz Enger mit recht vor v. 517 ἕτερόν τι πονηρότερον βούλευμ' ἐπεπύcμεθ' ἂν ὑμῶν, welcher jedenfalls seinen ersten fusz verloren hat, eine lücke annimt: 'certum enim quoddam innui a muliere factum, ut v. 513, admodum veri simile videtur.' wenn hier ein vers verloren gegangen ist und wenn der letzte tetrameter der ersten scene (531) περὶ τὴν κεφαλήν; μή νυν ζῴην. Γ ἀλλ' εἰ τοῦτ' ἐμπόδιόν cοι, welchen Enger und Meineke um der responsion der systeme willen mit unrecht in zwei dimeter abgeändert haben, in dieser gestalt beibehalten werden kann, so enthält die erste wie die zweite scene 49 tetrameter. nun hat aber Helbig die unechtheit von v. 570 διενεγκοῦcαι διὰ πρεcβειῶν τὸ μὲν ἐνταυθὶ τὸ δ' ἐκεῖcε sehr wahrscheinlich gemacht: denn wenn sich διαφέρειν τὸν πόλεμον auch erklären läszt, so ist doch die wiederholung der ausdrücke von v. 568 lästig, die folgende frage des probulos passt besser, wenn sich Lysistrate zuvor blosz ihrer spinnerausdrücke bedient und von gesandtschaften nichts gesagt hat, und endlich hat der ganze vers zu sehr den charakter derjenigen interpolationen, womit so oft reden am schlusse durch unnötige und undeutliche worte entstellt werden, als dasz man nicht sehr an seiner echtheit zweifeln dürfte. ist dieser vers unecht, so ist allerdings die gleichmäszigkeit der beiden scenen gestört, wenn nicht in der zweiten scene eine lücke nachgewiesen wird, und eine solche findet sich allerdings am schlusse derselben. wir lesen nemlich als ersten dimeter des systems (598) die worte ἀλλ' ὅϲτιϲ ἔτι ϲτῦϲαι δυνατὸϲ —, welche in allen ausgaben dem probulos zugeschrieben werden und, weil sie durchaus keine beziehung haben, absolut unverständlich sind; nur so viel geht aus dem zusammenhange hervor, dasz ὅϲτιϲ ἔτι ϲτῦϲαι δυνατὸϲ und der alte probulos, an welchen das folgende gerichtet ist, in irgend welchem gegensatze zu einander müssen angeführt worden sein. ich halte nun die mir von A. v. Bamberg mitgeteilte vermutung für sehr wahrscheinlich, dasz Lysistrate, nachdem sie das unglückliche schicksal der weiber und mädchen auseinandergesetzt, in einem letzten tetrameter, der mit ἀλλ' ὅϲτιϲ ἔτι ϲτῦϲαι δυνατὸϲ begann und dessen zweite hälfte verloren ist, den jüngern männern für den fall, dasz sie frieden schlössen, versöhnung verhiesz, und dann mit ϲὺ δὲ δὴ τί παθὼν οὐκ ἀποθνήϲκειϲ; usw. dem alten probulos in dem systeme darthat, dasz er eigentlich zu gar nichts mehr tauglich sei. wenn v. 598 dem zweiten systeme nicht angehört, so bieten auch die systeme, die, wie aus ihren vier letzten versen hervorgeht, notwendig respondiert haben müssen, der kritik weniger schwierigkeiten, obschon sie schwerlich mit völliger sicherheit werden reconstruiert werden können. meiner ansicht nach hat Helbig mit recht an der echtheit von ϲορὸν ὠνήϲει in v. 600 gezweifelt: denn es wird damit dem probulos eine handlung zugemutet, während sich doch sonst die weiber nur mit seiner bestattung zu schaffen machen; ich glaube indes nicht, dasz χοιρίον ἔϲται als monometer zu fassen sei, sondern durch die interpolation von ϲορὸν ὠνήϲει wird der zweite teil des dimeters verdrängt worden und so in den folgenden vers gekommen sein. wenn wir lesen:

599 ϲὺ δὲ δὴ τί παθὼν οὐκ ἀποθνήϲκειϲ;
600 χοιρίον ἔϲται, καὶ δὴ μάξω
601 μελιτοῦτταν ἐγώ.
602 λαβὲ ταυτὶ καὶ ϲτεφάνωϲαι —,

so kommt auch der monometer an seine legitime stelle, nemlich vor den paroemiacus zu stehen. im ersten system ist blosz eine lücke anzunehmen; es wird daselbst der auf den monometer v. 534 κᾆτα ϲιώπα folgende, noch der rede der Lysistrate angehörige paroemiacus und hinter demselben ein dimeter der γυνὴ Α ausgefallen sein.

II.

Ich komme nun zu den responsionen derjenigen dialogpartien, welche in iambischen trimetern verfaszt sind. durch dieselben werden entweder zwei scenen oder zwei teile einer und derselben scene einander gegenübergestellt; eine scene aber nenne ich einen in sich abgeschlossenen dialog, bei welchem sich von anfang bis zu ende dieselben hauptpersonen an demselben orte beteiligen, und welcher sich um einen hauptgegenstand dreht. die trimetrisch-iambische scene musz nicht wie die tetrametrischen von lyrischen partien eingeleitet sein, es ist vielmehr völlig gleichgiltig, wodurch sie begrenzt wird; sie kann beginnen, wenn personen, die sich vorher schon in trimetern unterhalten haben, auf dasjenige thema zu sprechen kommen, welches das baldige eingreifen einer neuen person bedingt: so beginnt in den vögeln die scene, welche die unterhandlung der götter mit Peisetäros enthält, nicht unmittelbar mit dem anfange der trimeter, sondern es gehen ihr neun verse voran, in welchen Poseidon den habitus des Triballos kritisiert, und ihr eigentlicher anfang wird erst mit v. 1574 durch Poseidons frage ἄγε δὴ τί δρῶμεν Ἡράκλεις; bezeichnet: denn nun erst beginnt das gespräch über den zweck der gesandtschaft, woran sich Peisetäros beteiligen kann. anderseits kann eine scene zu ende sein, und doch folgen ihr unmittelbar noch mehrere trimeter. hiervon findet sich ein beispiel in den wespen, wo mit v. 994 der hundeprocess durch die freisprechung des Labes entschieden ist und kläger sowol als angeklagter abtreten, trotz diesem abschlusz aber noch vierzehn trimeter folgen, in welchen der durch die entscheidung tief betrübte Philokleon von seinem sohne getröstet wird. endlich kommt auch der fall häufig vor, dasz mehrere scenen unmittelbar an einander gereiht sind, wovon natürlich mit ausnahme der ersten und der letzten keine an ein chorlied stöszt: es findet dies meist dann statt, wenn eine person permanent auf der bühne bleibt, während die anderen wechseln. z. b. in den vögeln bleibt Peisetäros während seiner opferhandlung mit einem sklaven, der sich an dem gespräche nicht beteiligt, beständig sichtbar, die anderen personen aber, nemlich der poet, der chresmolog, Meton, der episkopos und der psephismatopoles kommen und verschwinden eine nach der andern, und erst nach der letzten scene wird der dialog durch die parabase unterbrochen. hier möge vorläufig auch das gesetz angegeben werden, wonach der dichter respondierende teile gemessen zu haben scheint, wenn er prosa oder allöometrische verse den trimetern beimischte. es sind nemlich, wie ich an den betreffenden stellen glaube nachweisen zu können, prosaische reden gar nicht zu zählen; nichtstichische lyrische stellen gelten, bis sie durch einen trimeter oder durch personenwechsel unterbrochen werden, immer nur so viel als éin trimeter; dactylische hexameter, iambische und anapästische dimeter, resp. monometer und sonstige κατὰ στίχον sich wiederholende verse werden so oft in rechnung gebracht, als sie vorkommen.

Die erste art der scenischen responsion, welche nun besprochen werden soll, ist die wonach zwei scenen unter einander respondieren. solchen scenen liegen, was ihren inhalt betrifft, häufig notwendige teile der fabel zu grunde; beinahe ebenso häufig aber enthalten dieselben auch dialoge, die mehr episodisch zur charakterisierung eines menschen oder eines zustandes dienen, ohne weitern einflusz auf den gang der handlung zu haben, und woran öfter personen teil nehmen, die sonst in dem stücke nicht mehr vorkommen. schon die meist paarweise zusammenstellung solcher episodischen scenen läszt darauf schlieszen, dasz, wenn irgendwo, hier dem parallelismus des inhalts ein parallelismus der form entspricht. nicht éin fremder, sondern ein Megarer und ein Böoter suchen in den Acharnern geschäfte mit Dikäopolis zu machen; nicht eine einzige person geht ihn um mitteilung seines friedens an, sondern ein landmann und die abgesandten der brautleute. mit letzteren zwei scenen möge denn auch hier in der darstellung der respondierenden scenen der anfang gemacht werden; ihre responsion schlieszt sich, da beiden antistrophische lyrische partien vorangehen, am besten an die tetrametrischen responsionen an. auf einen kommos zwischen dem chor und Dikäopolis (v. 1008—1017) folgt mit neunzehn versen (1018—1036) die scene mit dem landmann, der von Dikäopolis abgewiesen wird; auf den antistrophierenden kommos (1037—1046) die mit dem παράνυμφος und mit der brautjungfer, welche letztere mit ihrem anliegen mehr glück hat. die zweite scene beginnt mit v. 1047 und ist mit v. 1066 abgeschlossen: denn die folgenden worte des Dikäopolis ἀπόφερε τὰς σπονδάς. φέρε τὴν οἰνήρυσιν usw. leiten bereits die neue scene mit Lamachos ein. diese enthält ebenfalls neunzehn verse: denn v. 1064 musz, wie Meineke (vindiciae Aristophaneae s. 19) nachgewiesen hat, wegen des sinnlosen ποιεῖτε τοῦτο für χρῆσθε τούτῳ und der falschen verbindung φράσον ἀλειφέτω für φράσον ἀλείφειν notwendig als interpolation ausgeschieden werden.

Im beginn der wespen soll die sehnsucht Philokleons nach seinem gerichtshofe zu kommen geschildert werden. dies geschieht in vier paarweise respondierenden scenen, in deren erster (v. 136—151) der alte als rauch durch den schornstein zu entrinnen sucht, während er in der zweiten (152—167) mit benagen des thürriegels droht, in der dritten (168—198) den versuch macht als ein zweiter Odysseus, unter dem bauche des esels versteckt, zu entwischen, und in der vierten (199—229) endlich, welche bis zur parodos des chores geht und dieselbe vorbereitet, durch das vorhalten eines netzes von einem sprunge vom dache zurückgehalten werden musz: die zwei ersten scenen enthalten je sechzehn, die zwei letzten je einunddreiszig verse. zweimal, nemlich nach v. 151 und nach v. 198, beginnt hier eine neue scene mitten in einer rede des Bdelykleon; indes ist es beide male klar, dasz die ersten worte dieser reden zum vorhergehenden, die anderen, in welchen Bdelykleon den sklaven angibt, wie sie das fernere *entkommen* des vaters verhindern [illegible]en, zum folgenden gehören. der anfang einer scene inmitten einer rede ist übrigens häufig; die grenze beider scenen wurde in diesen fällen wahrscheinlich durch eine etwas längere pause angedeutet. bei der constatierung dieser grenze musz natürlich mit der g[illegible]ten vorsicht zu werke gegangen werden; ich werde diese fälle im folgenden ihrer häufigkeit wegen an den betreffenden stellen nicht einzeln namhaft machen können, hoffe aber überall mit der gehörigen unbefangenheit zu verfahren.

Derselbe Philokleon, dessen phileliastischer wahnsinn in diesen ersten scenen geschildert wurde, ändert am schlusse des stückes seinen charakter. von seinem sohne in vornehme gesellschaft eingeführt übertrifft er an übermut alle anwesenden und wird schlieszlich den zuschauern betrunken auf seinem heimwege vom symposion gezeigt. zuerst hält er in dreiundzwanzig versen eine ansprache an eine flötenbläserin, deren er sich beim gastmahle bemächtigt hat (v. 1341—1363); in einer gleich langen scene (1364—1386) wird ihm seine aufführung vergeblich von seinem inzwischen aufgetretenen sohne verwiesen; ein streit mit einer brothändlerin, deren körbe er im rausch umgestoszen hat (1387—1414), und ein auftritt mit einem ankläger (1415—1441) werden hierauf mit je sechsundzwanzig versen geschildert, und endlich entspricht ein kleines gespräch von acht versen (1442—1449), während dessen der sohn den vater nach hause bringt, der auf das lied des chores folgenden rede des Xanthias, worin dieser erzählt, wie Philokleon sich zu hause verhalten habe (1474—1481). als interpolation ist in diesen scenen jedenfalls der völlig unpassende vers 1387 νὴ τὸν Δί' ἐξέμαθές γε τὴν 'Ολυμπίαν zu betrachten, welchen Hamaker (Mnemosyne V s. 2) und Meineke verworfen haben; ebenso halte ich mit letzterm (vind. Arist. s. 35) v. 1395 ὥστ' οἶδ' ὁτιὴ ταύτῃ διαλλαχθήσομαι für unecht, möchte dann aber in dem vorangehenden verse λόγοι διαλλάξουσί μ' αὐτῇ (statt διαλλάξουσιν αὐτὰ) δεξιοί schreiben. endlich ist v. 1432 οὕτω δὲ καὶ σὺ παράτρεχ' ἐς τὰ Πιττάλου zu streichen und nicht mit Hermann hinter v. 1439 zu versetzen: denn wenn Philokleon die geschichte der Sybaritin, gegen welche der von ihr zerbrochene topf zeugen anrief, mit den worten (1437—39)

εἶθ' ἡ Συβαρῖτις εἶπεν «εἰ ναὶ τὰν κόραν
τὴν μαρτυρίαν ταύτην ἐάσας ἐν τάχει
ἐπίδεσμον ἐπρίω, νοῦν ἂν εἶχες πλείονα»

schlieszt, so gibt er in diesen schluszversen schon die ganze anwendung der fabel auf den vorliegenden fall mit dem ankläger, der ebenfalls μαρτύρομαι gerufen hatte, und eine weitere ausführung wäre frostig und ebenso wenig notwendig als nach der fabel von der hündin, welche den vom mahle heimkehrenden Aesopos anbellte und von diesem mit worten, denen hernach die der Sybaritin an den topf im ausdruck entsprechen, folgendermaszen angeredet wurde (1403—1405):

(κἄπειτ' ἐκεῖνος εἶπεν) «ὦ κύον κύον,
εἰ νὴ Δί' ἀντὶ τῆς κακῆς γλώττης ποθὲν
πυροὺς πρίαιο, σωφρονεῖν ἄν μοι δοκεῖς.»

auch schlösse sich der imperativ παράτρεχε gar nicht an die wendung an, welche die Sybaritin gebraucht hatte: denn diese hatte dem topfe nicht den rath gegeben einen verband zu kaufen, sondern sie hatte ihn verspottet, weil er keinen gekauft hatte, und in ähnlicher weise müste natürlich auch Philokleon fortfahren, wenn er überhaupt die moral der erzählten geschichte noch weiter ausführen wollte. die notiz aber von der existenz eines arztes Pittalos konnte jeder interpolator sehr leicht aus v. 1032 und 1222 der Acharner schöpfen.

In den fröschen wird die denkart des Dionysos in vier scenen dargestellt, deren zwei letzte durch die auf sie folgenden systeme in ihrer responsion eine ähnlichkeit mit den respondierenden tetrametrischen dialogpartien gewinnen. nachdem nemlich Xanthias auf die in zwei versen enthaltene frage des gottes, wie er an Plutons hause anklopfen solle, mit zwei versen geantwortet hat (460—463), wird der als thürhüter fungierende Aeakos herausgerufen und droht dem als Herakles verkleideten Dionysos mit den furchtbarsten strafen für den raub des Kerberos. dieser fünfzehn verse (464—478) umfassenden scene entspricht die folgende (479—493), in welcher der sklave seinem herrn helfen musz sich von seinem schreck zu erholen, und nun folgen zwei scenen von je achtunddreiszig versen, welche sich schon ihrem inhalt nach genau entsprechen, und auf deren jede, wie schon erwähnt, respondierende lieder des chores und der beiden reisegefährten folgen. die erste (494—533) beginnt damit, dasz der gott seinen diener auffordert mit ihm die kleidung zu tauschen. nachdem dies geschehen ist, wird der nunmehr als Herakles erscheinende Xanthias von der dienerin der Persephone zu einem köstlichen mahle eingeladen, worauf Dionysos von demselben mit herrischen worten löwenhaut und keule zurückfordert. in der folgenden scene (549—589) werden die attribute des Herakles Dionysos wieder gefährlich: denn eine wirtin, welcher jener seine zeche nicht bezahlt hatte, schimpft ihn furchtbar aus und droht ihm Kleon zu seiner strafe herbeizuholen, so dasz er schlieszlich seine letzte rettung wiederum in einem kleidungswechsel sieht. interpoliert sind in den zwei letzten scenen fünf verse, von denen Hamaker (Mnem. V s. 214) und Meineke vier, nemlich

519 ἴθι νυν, φράσον πρώτιστα ταῖς ὀρχηστρίσιν
520 ταῖς ἔνδον οὔσαις αὐτὸς ὅτι εἰσέρχομαι.
570 σὺ δ' ἔμοιγ', ἐάνπερ ἐπιτύχῃς, Ὑπέρβολον.
574 ἐγὼ δέ γ' ἐς τὸ βάραθρον ἐμβάλοιμί σε

als unecht erkannt haben (vgl. über v. 519 f. Meineke vind. Arist. s. 166). der fünfte, an welchem seltsamer weise noch niemand anstosz genommen hat, ist v. 567 ὁ δ' ᾤχετ' ἐξάξας γε τὰς ψιάθους λαβών. die wirtin und ihre magd hatten voll zornes erzählt, was

Herakles alles bei ihnen vertilgt habe, und wie er sie schlieszlich, statt sie zu bezahlen, wild angesehen und dazu gebrüllt habe, wozu der schadenfrohe Xanthias mit einem ironischen blick auf Dionysos bemerkte: τούτου πάνυ τοὔργον, οὗτος ὁ τρόπος πανταχοῦ. nun aber folgen die verse 564—568:

ΠΑ. καὶ τὸ ξίφος γ' ἐσπᾶτο μαίνεσθαι δοκῶν.
ΠΛ. νὴ Δία, τάλαινα. ΠΑ. νὼ δὲ δεισάσα γέ που
ἐπὶ τὴν κατήλιφ' εὐθὺς ἀνεπηδήσαμεν·
ὁ δ' ᾤχετ' ἐξάξας γε τὰς ψιάθους λαβών.
ΞΑ. καὶ τοῦτο τούτου τοὔργον.

hier ist zunächst nicht abzusehen, weshalb Herakles, als er die schenke verliesz, die binsenmatten welche daselbst waren sollte fortgenommen haben; wenn er etwas fortnahm, so musten es doch eher lebensmittel oder sonstige gegenstände deren er bedurfte sein; dann aber ist das folgende καὶ τοῦτο τούτου τοὔργον völlig unverständlich, wenn es unmittelbar auf v. 567 folgt: denn binsenmatten zu stehlen liegt weder in dem charakter des Dionysos noch steht es wie v. 562 das δριμὺ βλέπειν und μυκᾶσθαι in einem solchen gegensatze zu demselben, dasz Xanthias wiederum ironisch sagen könnte, es passe auf ihn; dagegen geben die worte des dieners einen trefflichen sinn, wenn wir sie auf das dem v. 567 unmittelbar vorangehende beziehen. die keifende wirtin hatte unter den schandthaten des Herakles auch angeführt, dasz sie und ihre magd sich schleunigst, als er das schwert zog, nach dem obergeschosz gerettet hätten, und Xanthias bekräftigt nun mit seinem καὶ τοῦτο τούτου τοὔργον, dasz auch dieser schreck, den sie davon getragen hatte und natürlich besonders übel nahm, von dem vermeintlichen Herakles herrühre. ironisch sind seine worte allerdings auch aufzufassen, allein die ironie ist hier nicht gegen Dionysos gerichtet, sondern gegen die wirtin, welche als eines der vergehen des Herakles zuletzt auch ihre eigene flucht angeführt hatte.

Es mögen nun einige scenen aus den vögeln angeführt werden, deren responsion darum merkwürdig ist, weil den trimetern prosa und eine menge allöometrischer verse beigemischt sind. von v. 903 an ist nemlich Peisetäros, während die vögel ihre stadt bauen, mit einer opferhandlung beschäftigt und wird während derselben von mehreren ungebetenen gästen aus Athen besucht. zuerst kommt ein lyrischer dichter zu ihm, der sich durch seinen gesang auf Nephelokokkygia einen mantel verdient, darauf aber unverschämt wird und so Peisetäros veranlaszt sich über das schnelle bekanntwerden seiner stadt zu beklagen (903—957). nachdem der poet sich entfernt hat, erscheint ein wahrsager, der seine orakel gern an den mann bringen möchte: Peisetäros hört ihm erst zu, jagt ihn aber dann, indem er ebenfalls orakel fingiert, unter spott und hohn weg (958—991). nun tritt Meton auf und möchte sich gern mit dem stadtplan der wolkenstadt zu schaffen machen, wird aber ebenfalls weggejagt (992—1020), und dasselbe schicksal widerfährt schlieszlich einem episkopos und dem denselben begleitenden psephismatopoles, welche in der neuen stadt wie in einer stadt der attischen symmachie regieren möchten (1021—1057). von diesen vier scenen ist blosz die dritte rein in trimetern gehalten. in der ersten sind dieselben durch die lyrischen metra des poeten, in der zweiten durch die hexameter des chresmologen und des diesem mit orakeln antwortenden Peisetäros, in der vierten endlich durch die prosa des psephismatopoles unterbrochen. berechnen wir nun die verszahlen nach dem oben s. 362 angegebenen gesetze, so enthält die erste scene siebenundzwanzig trimeter und sieben lyrische stellen, also für die responsion vierunddreiszig verse. die lyrischen stellen (nach Meinekes ausgabe v. 904. 5. 907—10. 913. 14. 924—30. 936—39. 941—45. 950—53) sind von sehr verschiedener länge; die längste ist 924—930

ἀλλά τις ὠκεῖα Μουςάων φάτις
οἵαπερ ἵππων ἀμαρυγά.
cὺ δὲ πάτερ, κτίςτορ Αἴτνας,
ζαθέων ἱερῶν ὁμώνυμε,
δὸς ἐμὶν ὅ τι περ
τεᾷ κεφαλᾷ θέλῃς
πρόφρων δόμεν ἐμὶν τεῖν,

und 907—910

ἐγὼ μελιγλώςςων ἐπέων ἱεὶς ἀοιδὰν
Μουςάων θεράπων ὀτρηρός,
κατὰ τὸν Ὅμηρον

ist dem um eine reihe kürzern vers 913. 14

Μουςάων θεράποντες ὀτρηροί,
κατὰ τὸν Ὅμηρον

für die responsion völlig gleich: jeder gilt als ein vers. dasz lyrische verse von so ungleicher länge einander nach dem gesetze der responsion gleichgerechnet werden, erschwert jedenfalls die beantwortung der frage nach dem grunde der responsion bedeutend, wird aber durch sämtliche scenen wo solche stellen vorkommen bestätigt. unserer scene entspricht die folgende mit zwanzig trimetern und vierzehn hexametern, die dritte enthält neunundzwanzig trimeter, die vierte achtundzwanzig trimeter und vier prosaische stellen. da prosa nicht gerechnet wird, hätte somit die dritte scene einen vers zu viel oder die vierte einen zu wenig. letzteres ist nicht anzunehmen, da die vierte scene eine von denjenigen ist, welche in sich wiederum symmetrisch gegliedert sind; auch in der dritten findet sich kein vers, der notwendig zur annahme einer interpolation drängte; indes ist möglicherweise von den anfangsversen 992—994

ΜΕ. ἥκω παρ' ὑμᾶς ΠΕ. ἕτερον αὖ τουτὶ κακόν.
τί δ' αὖ cὺ δράςων; τίς ἰδέα βουλεύματος;
τίς ἡ 'πίνοια, τίς ὁ κόθορνος τῆς ὁδοῦ;

der dritte eine dittographie zum zweiten: denn wenn beide echt wären, so würde die lebhaftigkeit des empfangs nicht recht zu dem vorangehenden ἕτερον αὖ τουτὶ κακόν und auch nicht recht zu der sonstigen einsilbigkeit des Peisetäros gegen Meton passen.

Nachdem Nephelokokkygia gebaut ist, kommt zu Peisetäros eine zweite serie von Athenern mit dem anliegen, er möge ihnen doch flügel geben, weil seit der glücklichen gründung der stadt alles in Athen die vogelsitten nachzuahmen suche. erst bittet ein πατραλοίας ihn um flügel, um als vogel seinen vater würgen und beiszen zu dürfen; derselbe wird aber von Peisetäros bekehrt und beredet soldat zu werden (1337—1371). hierauf kommt mit demselben ansuchen Kinesias, welcher flügel braucht, um aus den wolken präludien holen zu können; doch wird ihm sein wunsch nicht erfüllt (1372—1409). endlich verlangt auch ein sykophant flügel, wird aber mit schimpf und schande fortgejagt (1410—1469). die beiden ersten scenen entsprechen einander mit je zweiunddreiszig versen; die erste hat blosz éine (1337—1339), die zweite jedoch neben vierundzwanzig trimetern fünf lyrische stellen (1372—74. 1376. 77. 1380. 81. 1393. 94. 1395. 96) und auszerdem noch drei anapästische dimeter (1398—1400). das ὠόπ, welches Peisetäros 1395 ausruft, wird wie alle auszerhalb der verse stehenden interjectionen so wenig als die prosaischen stellen gezählt, dient aber dazu den vorangehenden und den folgenden lyrischen vers des Kinesias auseinanderzuhalten. unecht ist in diesen zwei scenen nur der nach dem scholiasten vom grammatiker Aristophanes herrührende und von Hamaker (Mnem. III s. 14) und Meineke als interpolation erkannte vers 1343 ἐρῶ δ' ἔγωγε τῶν ἐν ὄρνισιν νόμων. der scene mit dem sykophanten entspricht keine solche episodische scene mehr, sondern diejenige wodurch die letzte wendung des stückes vorbereitet wird, nemlich die mit Prometheus. dieser erscheint, nachdem der chor ein trochäisches system und antisystem gesungen, als überläufer aus dem himmel bei Peisetäros und weist diesen an, wie er sich in den besitz der Basileia setzen könne (1494—1552), worauf der chor ein zweites antisystem singt. die scene mit dem sykophanten enthält fünfundfünfzig trimeter und zwei lyrische verse (1410—12. 1415), die mit Prometheus siebenundfünfzig trimeter: denn Meineke hat wahrscheinlich gemacht (vind. Arist. s. 114), dasz in beiden scenen ein unechter vers sich befindet: in der ersten der überflüssige und geschmacklose vers 1446 λόγοισί τἄρα καὶ πτεροῦνται; Γ φήμ' ἐγώ, und in der zweiten der diesem nachgebildete v. 1542 ἅπαντά τἄρ' αὐτῷ ταμιεύει; Γ φήμ' ἐγώ.

Endlich ist hier noch ein beispiel aus den Acharnern anzuführen, welches darum besonders beachtenswerth ist, weil nicht etwa vereinzelte dimeter sich unter den trimetern befinden, sondern diesen ein ganzes iambisches system nebst seinem antisystem eingeflochten ist. es sind das die scenen, wo vom dichter die herlichkeit des freien marktverkehrs dargestellt wird, indem Dikäopolis einen markt eröffnet, zu welchem die bisherigen feinde Athens, die Peloponnesier, Megarer und Böoter zutritt haben. erst kommt ein

Megarer, der sein weib und seine mutter, als schweine verkleidet, auf den markt bringt und dafür ein bündel zwiebeln und einen scheffel salz einhandelt, während ein sykophant, welcher den handel hindern will, von Dikäopolis fortgejagt wird (719—835). darauf, nachdem der chor ein vierstrophiges lied gesungen, tritt ein Böoter mit den producten seines landes auf und verlangt von Dikäopolis, der ihm einen aal aus dem kopaischen see abgenommen hat, als bezahlung ein attisches landeserzeugnis, nemlich einen sykophanten. ein solcher tritt denn auch sogleich in der person der Nikarchos auf und versucht seine künste, wird aber vom Böoter und von Dikäopolis in einen korb gepackt, während welcher handlung der chor und die beiden genannten die oben erwähnten systeme singen, und sodann nach Theben abgeführt. den schlusz der scene bildet ein gespräch zwischen Dikäopolis und dem diener des Lamachos, welcher vergeblich für seinen herrn von den eingekauften leckerbissen etwas erhandeln möchte (860—970). diese beiden groszen scenen umfassen je hundertundvierzehn verse; nicht gerechnet ist hierbei der keinem metrum angepasste ausruf der schweine πεπρᾶcθαι πεπρᾶcθαι (v. 735); für unecht halte ich den von Bentley getilgten v. 803 τί δαί; cῦκα τρώγοις ἂν αὐτός; Γ κοΐ κοΐ und die von Dobree (advers. II 191 f.) gestrichenen verse 905 ὥcπερ κέραμον ἐνδηcάμενοc. Γ νεὶ τὼ θιώ und 928 ὥcπερ κέραμον, ἵνα μὴ καταγῇ φορούμενοc. dagegen scheint mir v. 722 ἐφ' ᾧτε πωλεῖν πρὸc ἐμέ, Λαμάχῳ δὲ μή, welchen zuerst Elmsley in seiner ausgabe der Acharner gestrichen hat, und den auch Meineke für interpoliert hält, echt zu sein. Elmsley hält denselben für unecht, weil in ihm wiederholt ist, was schon in v. 623—625 ἐγὼ δὲ κηρύττω γε Πελοποννηcίοιc
ἅπαcι καὶ Μεγαρεῦcι καὶ Βοιωτίοιc
πωλεῖν ἀγοράζειν πρὸc ἐμέ, Λαμάχῳ δὲ μή

gesagt war. indes scheint es mir sehr natürlich, dasz Dikäopolis bei der ankündigung und bei der eröffnung seines marktes teilweise dieselben worte braucht und dieselben personen als zuzulassende und auszuschlieszende bezeichnet, und besonders daran dasz Lamachos von dem marktverkehr ausgeschlossen ist, darf nach der parabase sehr wol erinnert werden, weil durch die ausschlieszung desselben die abweisung seines dieners (v. 966—970) motiviert ist. Dikäopolis könnte diesem nicht mit herbeirufen der agoranomen (968) drohen, wenn das fernbleiben des Lamachos nicht gewissermaszen zu den statuten seines marktes gehörte, und diese eben sind es, welche er in seiner eröffnungsrede proclamiert.

Indem ich nun auf diejenigen respondierenden scenen komme, welche nicht blosz episodisch einen menschen oder einen zustand zeichnen sollen, sondern für die eigentliche handlung des stückes unentbehrlich sind und durch den zusammenhang der fabel nicht blosz möglich sondern notwendig werden, da sie das vorangehende vervollständigen und das folgende begründen, beginne ich mit zwei beispielen, welche sich an das unter den episodischen zuletzt angeführte aus den Acharnern anschlieszen, das eine, indem es gleiche verszahlen wie jenes zeigt, das andere, indem es wie jenes in der einen scene ein eingeflochtenes system und antisystem enthält.

Das erstere findet sich in der chronologisch zunächst auf die Acharner folgenden komödie, in den rittern, und zwar sind es hier die beiden groszen scenen, in welchen der streit zwischen Kleon und dem wursthändler vor dem alten Demos entschieden wird, die sich in den verszahlen entsprechen. in der ersten (997—1110) trägt der wursthändler durch die schönen orakel des Glanis, welche er vorbringt, über seinen gegner den sieg davon, in der zweiten (1151—1262) dadurch dasz er in dem streite, wer den alten besser mit leckerbissen bediene, den eigennutz des Paphlagoniers und seine eigene uneigennützigkeit auf schlaue weise darzuthun versteht. beide scenen enthalten hundertunddreizehn verse; indes hat Bergk richtig eingesehen, dasz in der zweiten hinter v. 1203 ein vers ausgefallen sein musz. nachdem nemlich der wursthändler seinem gegner einen hasenbraten entwendet und dem Demos vorgesetzt hat, fragt dieser verwundert (1202): εἴπ' ἀντιβολῶ πῶς ἐπενόησας ἁρπάσαι; hierauf antwortet der wursthändler: τὸ μὲν νόημα τῆς θεοῦ, τὸ δὲ κλέμμ' ἐμόν. nun folgt der vers ἐγὼ δ' ἐκινδύνευσ', ἐγὼ δ' ὤπτησά γε. hiervon musz die zweite hälfte Kleon gehören, weil er den braten zubereitet hat, ebenso notwendig aber die erste dem wursthändler: denn nur er hat etwas riskiert, indem er den braten stahl, für Kleon war der erwerb desselben mit keiner gefahr verbunden. dasz aber der wursthändler nicht in éinem athemzuge τὸ μὲν νόημα τῆς θεοῦ, τὸ δὲ κλέμμ' ἐμόν. ἐγὼ δ' ἐκινδύνευσα sagen konnte und dasz zwischen beiden versen etwas fehlt, wozu die letzten worte im gegensatz stehen, liegt auf der hand. wahrscheinlich ist ein vers — nicht leicht mehr als éiner, da bei der hitze des streites ein gegner den andern nicht längere zeit zu worte kommen läszt — ausgefallen, in welchem Kleon darauf pochte, dasz er den hasen gekauft habe, worauf ihm der wursthändler mit ἐγὼ δ' ἐκινδύνευσα antworten konnte. in der ersten scene findet sich nirgends die notwendigkeit, öfter aber die möglichkeit einer lücke, und man möge es mir daher zu gute halten, wenn ich annehme, dasz wie in den Acharnern so auch in den rittern zwei scenen mit je hundertundvierzehn versen einander entsprochen haben.

Das zweite der hier zu besprechenden beispiele, dasjenige welches jenem aus den Acharnern durch die in ihm enthaltenen systeme entspricht, ist in den vögeln. hier folgen zwei durch sich entsprechende strophen des chores eingeleitete scenen auf einander, in deren erster (1196—1261) die unbefugter weise auf ihrem wege zu den menschen in das vogelreich eingedrungene Iris durch Peisetäros angehalten, verhört und zu den göttern zurückgejagt wird, und in deren zweiter (1269—1336) ein von den menschen herkommender herold demselben berichtet, wie begeistert man in Athen von der gründung der wolkenstadt sei, und wie alle herkommen würden, ihn um flügel zu bitten. die letztere scene schlieszt mit den beiden systemen, in welchen der chor und Peisetäros den trägen sklaven Manes zum schnellen herbeiholen von flügeln für die menschen antreiben. von diesen beiden scenen enthält die erste sechsundsechzig verse, die zweite zuerst vierundvierzig trimeter und dann die beiden systeme. in diesen sind die beiden anfangsreihen, deren metra in stichischer verbindung sonst nicht vorkommen, nemlich

1313 ταχὺ δὴ πολυάνορα τὰν πόλιν
1314 καλεῖ τις ἀνθρώπων·
und 1325 φερέτω κάλαθον ταχύ τις πτερῶν,
1326 σὺ δ' αὖθις ἐξόρμα

je als éin vers zu rechnen; auszerdem enthält jedes system zehn verse, wovon jeder besonders zu rechnen ist, nemlich beide drei iambische katalektische dimeter (1315. 17. 22. 1327. 29. 34), zwei anapästische katalektische tripodien (1318. 19. 1330. 31), drei anapästische dimeter (1316. 20. 21. 1328. 32. 33) und am schlusz das erste einen akatalektischen und einen katalektischen iambischen dimeter (1323. 24), das zweite zwei iambische trimeter (1335. 36). vielleicht wollte der dichter gerade dadurch, dasz er das antisystem mit trimetern statt mit dimetern enden liesz, die engere zusammengehörigkeit dieser systeme und der vorangehenden trimeter andeuten. die ganze scene besteht wie die vorangehende aus sechsundsechzig versen.

Wie in den rittern der alte Demos durch die beiden oben besprochenen streitscenen zu gunsten des wursthändlers umgestimmt wird, so wird in den wespen Philokleons gerichtswut durch den ausfall des hundeprocesses, der sich durch zwei scenen hindurchzieht, gebrochen. in der ersten dieser scenen (760—862) wird der alte von seinem sohne überredet nicht nach dem gerichtshofe zu gehen, sondern sich zu hause ein eigenes dikasterion einrichten zu lassen. was zu einem solchen nötig ist, wird denn auch herbeigebracht: kläger und angeklagter finden sich in gestalt von zwei hunden ein, und zum schlusse fordert Bdelykleon räucherwerk, um das eröffnungsgebet halten zu können. nachdem hierauf der letztere und der chor dieses gebet in anapästen und iambischen strophen gehalten haben, wird in der zweiten scene (891—994) der eigentliche process durchgeführt. nachdem anklage und vertheidigung stattgefunden haben, schlieszt dieselbe mit der durch Bdelykleons list bewirkten freisprechung des angeklagten; die hierauf noch folgenden vierzehn verse (995—1008) gehören, wie oben (s. 362) bemerkt ist, nicht mehr im strengern sinne zu der vorangehenden scene. beide scenen enthalten, wie sie uns überliefert sind, hundertunddrei verse; doch hat Hamaker (Mnem. III s. 196. 199) die unechtheit von v. 842 und 903 erwiesen. der erstere κατηγορήσειν, ἣν τις εἰσάγῃ γραφήν kann deshalb nicht echt sein, weil die anklage der εἰσαγωγή durch den vorsitzenden des gerichts immer vorangehen musz; der letztere πάρεστιν οὗτος. Γ ἕτερος οὗτος αὖ Λάβης deshalb, weil neben dem angeklagten, dessen name Labes an den des feldherrn Laches erinnern soll, nicht auch noch der kläger Labes heiszen kann. die beiden scenen entsprechen sich also mit je hundertundzwei versen.

Die erste scene der thesmophoriazusen, in welcher Euripides und Mnesilochos auf das haus des Agathon zuschreiten (v. 1—38), und die zweite, in welcher jener diesem auseinandersetzt, weshalb er ihn dahin führe (63—100), entsprechen sich mit je achtunddreiszig versen. ob auch das zwischen beiden liegende anapästische system von vierundzwanzig zwischen Agathons diener, Mnesilochos und Euripides verteilten versen (39—62) dem auf die zweite scene folgenden wechselgesange zwischen Agathon und dem chor entspreche, musz dahingestellt bleiben, weil es bei dem verdorbenen zustande des textes dieses wechselgesanges nicht leicht möglich ist zu berechnen, wie viele verse derselbe für die responsion hat.

Eine responsion von scenen, welche je vierunddreiszig verse enthalten, findet sich am schlusse der Lysistrate. hier kommt zuerst ein spartanischer herold zum probulos, um mit demselben wegen eines friedens zu unterhandeln, und es wird beschlossen für diese unterhandlung auf beiden seiten bevollmächtigte zu ernennen (980—1013). nachdem hierauf die beiden halbchöre sich versöhnt und ein lied gesungen haben, erscheinen die spartanischen gesandten wirklich und kommen mit den Athenern dahin überein, dasz Lysistrate den frieden herstellen solle (1074—1107).

Jedenfalls haben ursprünglich die beiden scenen in den wolken respondiert, in welchen Strepsiades den wucherern, welche ihm geld geliehen hatten, mit seinen neu gelernten sophismen beweist, dasz er ihnen seine schuld nicht abzutragen brauche. jetzt hat die scene mit Pasias (1214—1258) vierundvierzig, die mit Amynias (1260—1302) dreiundvierzig verse. die differenz kann durch die zweite bearbeitung der wolken oder durch zufall entstanden sein.

Auch die beiden letzten scenen der wolken, welche nach dem zeugnis der sechsten hypothesis der spätern bearbeitung dieses stückes angehören, respondieren. nachdem nemlich Pheidippides die scene verlassen hat, hält Strepsiades eine rede von siebzehn versen (1476—1492), die damit schlieszt, dasz er die sklaven auffordert mit ihm gemeinschaftlich das haus des Sokrates in brand zu stecken. ebenso viele verse, wenn man den anapästischen schlusztetrameter des chores einrechnet, hat dann die folgende scene des Sokrates und seiner schüler mit Strepsiades (1494—1510), in welcher die philosophenwohnung wirklich angezündet wird.

Nur beiläufig, und ohne dasz ich glaube dadurch etwas in der frage nach den beiden recensionen der wolken entscheiden zu können, bemerke ich hier dasz, wenn man aus dem prolog dieses stückes blosz v. 195—199 ausscheidet, derselbe in zwei völlig gleiche hälften zerfällt, deren erste (1—128) die vorgänge zwischen Strepsiades und seinem sohne darstellt, während die zweite (129—262) den

alten zeigt, wie er erst mit den schülern des Sokrates und dann mit dem meister selbst spricht. jede enthält hundertsiebenundzwanzig verse.

Ebenso entsprechen einander, wenn die verse 723—730 ausgeschieden werden, die beiden auf die parabase folgenden scenen, in welchen Sokrates den Strepsiades unterrichtet, mit je dreiundsiebenzig versen. in der ersten (627—699) sind metrik und grammatik die unterrichtsgegenstände, in der zweiten (731—803) soll der alte die kunst processe zu gewinnen lernen; doch verzweifelt Sokrates daran ihm diese beizubringen, und es wird beschlossen, dasz Pheidippides sie sich aneignen solle.

Möglicherweise haben auch im frieden die zwei auf die erste parabase folgenden scenen respondiert. in der ersten (819—855) wird dargestellt, wie der mit Opora und Theoria vom himmel herunterkommde Trygäos seinem diener erzählt, was er unterwegs gesehen habe, und ihn dann die Opora in sein haus führen läszt; in der zweiten (868—909) übergibt derselbe dem rathe die Theoria. die zweite scene hat zweiundvierzig verse, die erste blosz achtunddreiszig; indes vermuten Bergk und Meineke in dieser mit recht eine lücke bei v. 824 ὦ δέσποθ' ἥκεις; Γ ὥς ἐγὼ 'πυθόμην τινός. Trygäos hat von niemandem erfahren dasz er selbst komme, und die worte ὥς ἐγὼ 'πυθόμην τινός sind daher für uns völlig unverständlich. vielleicht enthalten sie eine für uns nicht mehr zu enträthselnde anspielung; ebenso leicht ist es aber auch möglich, dasz zwischen der ersten und der zweiten furshälfte einige verse ausgefallen sind, und für die annahme einer responsion der beiden scenen sprechen die antistrophierenden wechselgesänge zwischen Trygäos und dem chor, welche auf sie folgen.

Nachdem ich die meisten mir bekannten beispiele von responsion zweier scenen durchgegangen habe, sind diejenigen fälle zu betrachten, wo responsion innerhalb einer und derselben scene stattfindet, und zwar mögen zunächst die responsionen innerhalb solcher scenen nachgewiesen werden, welche wiederum in ihrer gesamtheit mit anderen respondieren.

So zerfällt in den fröschen die zweite der beiden achtunddreiszig verse enthaltenden scenen (vgl. oben s. 365), nemlich die mit der wirtin, in zwei teile von je neunzehn versen, in deren erstem die erzählung der weiber von dem rohen benehmen des Herakles enthalten ist (549—568), während im zweiten die wirtin Dionysos droht Kleon zu seiner bestrafung herbeizuholen und demselben dadurch einen solchen schreck einjagt, dasz er Xanthias bittet wieder die kleidung mit ihm zu tauschen (569—589).

In den vögeln besteht die scene zwischen Peisetäros und dem poeten (vgl. oben s. 366) aus zwei hälften von je siebzehn versen, indem der dichter zuerst seine Pindarischen verse auf Nephelokokkygia heruntersingt (903—930), während es sich im zweiten teile der scene (931—957) um eine belohnung für seine poesie handelt.

auch die scene mit dem episkopos und dem psephismatopoles (vgl. oben s. 366) enthält zwei gleich lange teile: im ersten derselben tritt nur der episkopos auf, um sich in die angelegenheiten der neuen stadt zu mischen (1021—1034); im zweiten, welcher die prosaischen stellen enthält, zuerst der psephismatopoles und dann nochmals der episkopos, um Peisetäros, welcher den letztern erst weggejagt hatte, durch das verweisen ihrer gesetze und durch androhung gerichtlicher klagen furcht einzujagen (1035—1057). beide teile enthalten je vierzehn verse.

Sehr deutlich sind die zwei hälften der Irisscene (vgl. oben s. 370) gegen einander abgegrenzt. in der ersten (1196—1228) wird Iris angehalten, nach ihrem namen gefragt und darüber verhört, wie sie in die vogelstadt gekommen sei; in der zweiten (1229—1261), welche mit der frage des Peisetäros φράcον δέ τοί μοι τὼ πτέρυγε ποῖ ναυcτολεῖc; beginnt, handelt es sich um den zweck ihrer reise und um das verhältnis der vögel zu den göttern. die beiden hälften entsprechen sich mit je dreiunddreiszig versen.

In den wespen besteht, wenn man die bereits (vgl. oben s. 362) besprochenen vierzehn letzten trimeter abrechnet, die zweite der beiden gerichtsscenen, diejenige in welcher der eigentliche hundeprocess stattfindet, aus zwei teilen von je einundfünfzig versen. im ersten derselben (891—943) wird der process eingeleitet, die anklage vorgetragen, und der eindruck dargestellt, welchen dieselbe auf Philokleon macht; der zweite (944—994) beginnt damit, dasz der alte den hund Labes auffordert sich zu vertheidigen, Bdelykleon übernimt die vertheidigung, und schlieszlich wird der angeklagte freigesprochen.

Sehr merkwürdig ist es, dasz die zwei scenen in den rittern, welche, wie ich glaube, jede hundertundvierzehn verse enthalten haben (vgl. oben s. 370), beide innerlich gegliedert sind. die zweite — um diese vorwegzunehmen — ist in zwei hälften von siebenundfünfzig versen geteilt, in deren erster Kleon und der wursthändler einander durch die schönen speisen, welche sie dem alten Demos vorsetzen, zu überbieten suchen (1151—1206), und in deren zweiter, welche der wursthändler mit den worten τί οὐ διακρίνειc Δῆμ' ὁπότερόc ἐcτι νῷν ἀνὴρ ἀμείνων περὶ cὲ καὶ τὴν γαcτέρα; einleitet, die eigentliche entscheidung getroffen wird, indem dem alten herrn Kleons volle und des wursthändlers leere vorratskiste gezeigt wird, und indem der letztere nachweist, dasz er alle eigenschaften besitze, welche die orakelsprüche von demjenigen verlangen, welcher den erstern stürzen soll. nicht in gleicher weise ist die erste scene eingeteilt: es sind in derselben vielmehr drei abschnitte zu unterscheiden, deren erster und letzter je vierzehn verse enthalten, während der mittlere jetzt fünfundachtzig, ursprünglich wahrscheinlich sechsundachtzig verse enthält. im ersten (997—1010) preisen die beiden gegner ihre orakel an und leiten so den zweiten (1011—1095) ein, in welchem die orakelschlacht stattfindet; der dritte

(1097—1110) zeigt den eindruck welchen die orakel des wursthändlers auf Demos gemacht haben, und bereitet auf die folgende scene vor, indem der alte die beiden zuletzt mit eszwaaren concurrieren läszt. blosz der mittlere teil enthält hexameter.

Die überreste von responsionen innerhalb einer scene, die nicht mit einer andern respondiert, sind sehr gering; auch sind es beinahe überall blosz gröszere teile, nicht hälften von scenen, deren verszahlen sich wiederholen. ich gebe hier davon einige beispiele, bei welchen mir die responsion sicher scheint, freilich nicht ohne einen schmerzlichen blick auf mein handexemplar des dichters zu werfen, wo aus früheren zeiten an orten, wo kein neuer abschnitt beginnt, eine menge striche stehen. denn nirgends ist man mehr als hier versucht mehr regelmäszigkeit zu finden, als vom dichter beabsichtigt ist, und aus unbedeutenden übergängen in dem gespräche ganz neue wendungen desselben herauszulesen.

Im frieden kommt Hierokles zu dem opfernden Trygäos, um von dem geopferten thiere seinen anteil zu holen. Trygäos weist ihn weg, und nun sucht er in hexametern (1063—1114) den friedensstifter einzuschüchtern, der ihm ebenfalls mit hexametern antwortet und ihn endlich, da er nicht gehen will, fortjagt. den hexametern gehen vierundzwanzig trimeter voran, und zwölf folgen ihnen. vielleicht lassen sich jene vierundzwanzig in zwei gruppen von je zwölf zerlegen (1039—1050. 1051—1062), in deren zweiter Hierokles erst seine sache vorträgt; jedenfalls aber zerfallen die zweiundfünfzig hexameter in zwei gleich lange partien, in deren erster (1063—1087) Hierokles, und in deren zweiter (1088—1114) Trygäos mit seinen orakeln argumentiert. die gliederung der scene wäre demnach folgende: 24 (12 + 12). 26. 26. 12.

In den fröschen machen sich Xanthias und Aeakos erst complimente darüber, wie sich jeder seinem herrn gegenüber unnütz zu machen verstehe (738—753); sodann teilt dieser jenem in dreiszig versen (754—783) mit, was sich im Hades zwischen Aeschylos und Euripides ereignet habe, und in ebenso vielen, dasz Pluton beschlossen habe diesen streit durch einen wettkampf entscheiden zu lassen (784—813).

Dieselben zahlen wie die zweite gerichtsscene der wespen zeigt eine scene der ekklesiazusen. hier erzählt nach einem gespräche von fünfundsechzig versen ein mann dem Blepyros, was in der von ihm gesehenen volksversamlung vorgegangen sei. diese erzählung und die reflexionen, welche sich daran knüpfen, umfassen hundertundzwei verse, in deren ersten einundfünfzig über den beginn der versamlung und die ersten in derselben für das heil des vaterlandes gemachten vorschläge referiert wird (376—426), während in der zweiten hälfte der vorschlag besprochen wird, welcher durchgieng, wonach den weibern die regierung übertragen werden sollte (427–477).

Eine scene, die in zwei teile von je siebenunddreiszig versen zerfällt, findet sich im Plutos. gegen den schlusz dieses stückes, kommt nemlich Hermes zu Karion und droht diesem mit vernichtung des menschlichen geschlechts durch Zeus, da die reich gewordenen menschen der götter nicht mehr gedächten; auch klagt er sehr darüber, dasz er selbst keine opfer mehr bekomme (1097—1133). in der zweiten hälfte der scene aber (1134—1170) findet er es besser mit Karion zu unterhandeln und wird schlieszlich von diesem als Ἑρμῆς ἐναγώνιος angestellt. seltsamer weise folgt nun aber auf diese scene, deren hälften je siebenunddreiszig verse umfassen, die schluszscene der komödie, in welcher Chremylos, ein priester und ein früher schon aufgetretenes altes weib zusammenkommen und schlieszlich den Plutos nach dem opisthodomos der göttin geleiten, mit wiederum siebenunddreiszig versen, wenn man nemlich — anders als bei der schluszscene der wolken — die beiden anapästischen tetrameter, womit der chor das stück schlieszt, nicht einrechnet. es findet hier demnach die responsion einer ganzen scene mit scenenteilen statt.

Dies ist aber eine erscheinung, welche bei Aristophanes noch einige male wiederkehrt und um so auffallender ist, als die einzelnen glieder der responsion öfter durch chorgesänge geschieden sind. so besteht in den wespen die scene, worin Bdelykleon seinen vater auf das vornehme gastmahl bei Philoktemon vorbereitet (1122—1265), aus drei teilen. im ersten derselben (1122—1173) wird Philokleon so gekleidet, dasz er in jenen kreisen erscheinen kann; im zweiten (1174—1207) sucht ihm der sohn beizubringen, welche gespräche dort angenehm seien; im dritten (1208—1265) wird er darüber belehrt, wie er sich überhaupt bei dem gelage zu benehmen habe (συμποτικὸς εἶναι καὶ συνουσιαστικός). interpoliert ist hier blosz der von Hamaker (Mnem. V s. 2) und Meineke gestrichene vers 1239 τούτῳ τί λέξεις σκόλιον; Γ ᾠδικῶς ἐγώ. dagegen kann die stelle, wo Bdelykleon seinem vater das persische gewand zeigt, durch eine leichte änderung der interpunction verbessert werden. dort sagt nemlich jener, nachdem Philokleon gezeigt hat dasz er den kaunakes nicht kenne, v. 1139 f.

κοὐ θαῦμά γ'· ἐς Σάρδεις γὰρ οὐκ ἐλήλυθας.
ἔγνως γὰρ ἄν· νῦν δ' οὐχὶ γιγνώσκεις.

hierauf antwortet der alte: ἐγώ;

μὰ τὸν Δί' οὐ τοίνυν· ἀτὰρ δοκεῖ γέ μοι
προσεικέναι μάλιστα Μορύχου σάγματι.

mit recht nimt Hamaker (Mnem. V s. 1) an dem gänzlich nichtssagenden νῦν δ' οὐχὶ γιγνώσκεις und an dem fragenden ἐγώ, das hier einer bestätigung, statt wie sonst einem widerspruch vorangeht, anstosz. doch brauchen wir deshalb v. 1140 nicht zu streichen: denn wir können beiden übelständen dadurch abhelfen, dasz wir hinter γιγνώσκεις ein fragezeichen setzen und annehmen, dasz Bdelykleon, indem er fragt νῦν δ' οὐχὶ γιγνώσκεις; den kaunakes unter der voraussetzung, dasz sein vater ihn jetzt eher kennen werde, von einer andern seite zeigt.

Der erste teil der besprochenen scene enthält zweiundfünfzig, der zweite vierunddreiszig trimeter, der dritte zweiundvierzig trimeter und zehn äolisch-lyrische stellen (1226. 27. 34. 35. 38. 39. 40—42. 45. 46. 47. 48). somit entsprechen einander der erste und der dritte teil; dem mittlern aber entspricht die auf die gesänge des chores folgende scene, worin Xanthias diesem erzählt, was sich bei dem gastmahl zugetragen habe (1292—1325); dieselbe kann ihm aber deshalb entsprechen, weil sie so gut wie er und die beiden andern teile der ersten scene das gastmahl zur voraussetzung hat. demnach ergibt sich für die responsion folgendes schema:

52 verse (1122—73) ankleidung des Philokleon,
34 „ (1174—1207) über die unterhaltung,
52 „ (1208—65) über den trinkcomment,
1 strophe (1265—74),
2 strophe (1275—83),
2 antistrophe (1284—91),
34 verse (1292—1325) erzählung von dem gastmahl.

Die scene der vögel, in welcher Herakles, der Triballergott und Poseidon mit Peisetäros frieden schlieszen, zerfällt, wenn man die neun oben (s. 362) besprochenen anfangsverse abrechnet, in zwei teile von je siebenundfünfzig versen. im ersten (1574—1630) wird um das scepter verhandelt, welches Zeus an Peisetäros abtreten soll; im zweiten schlieszt Peisetäros an die ankündigung des Herakles, dasz ihm das scepter bewilligt sei (1631), seine zweite forderung, nemlich die dasz Basileia ihm übergeben werde, und auch diesem verlangen wird am schlusse der scene willfahrt (1631—93). der zweite teil enthält auszer seinen siebenundfünfzig trimetern noch eine prosaische stelle (1661—66), welche natürlich nicht gerechnet wird. nun müssen wir uns erinnern, dasz sich in den vögeln bereits die sykophantenscene und die Prometheusscene mit siebenundfünfzig versen entsprochen haben (vgl. oben s. 368); diese beiden aber gehen der eben besprochenen fast unmittelbar voran, und dasz alle drei scenen zusammengehören, zeigen auch die vier sich entsprechenden systeme des chores, wovon zwei hinter der ersten und je eines hinter den folgenden sich befinden. wir haben also hier einen gröszern complex respondierender scenen vor uns, dessen glieder sich nach folgendem schema gruppieren:

114 {
57 verse (1410—69) sykophantenscene
system (1470—81)
1 antisystem (1482—93)
57 verse (1494—1552) Prometheusscene
}
2 antisystem (1553—64)
9 verse (1565—73) über den Triballer
114 {
57 „ (1574—1630) über das scepter
57 „ (1631—93) über Basileia
}
3 antisystem (1694—1705).

hier findet also eine ähnliche responsion statt wie in der entscheidungsscene der ritter (vgl. oben s. 370). wie dort, so ist auch hier an zweiter stelle eine scene von zweimal siebenundfünfzig versen; während dieser aber dort eine von hundertundvierzehn (14. 86. 14) versen entsprach, gehen ihr hier zwei scenen voran, deren jede siebenundfünfzig verse enthält.

Auch die beiden scenen in den Acharnern, welche aus je hundertundvierzehn versen bestanden, müssen wegen dessen, was auf sie folgt, hier nochmals in betracht gezogen werden. es folgen nemlich auf die scenen, in welchen Dikäopolis mit dem Megarer und dem Böoter handelt, und von diesen nur durch lyrische teile und acht zwischen denselben stehende verse des heroldes und des Dikäopolis (1000—1007) getrennt, die zwei auch schon besprochenen kleinen scenen von je neunzehn versen, in welchen der landmann und die abgesandten der jungen eheleute Dikäopolis um mitteilung seines friedens bitten (vgl. oben s. 363). diese beiden letzteren scenen aber bilden zusammen mit der folgenden scene von sechsundsiebenzig versen, in welcher Dikäopolis den zum krieg ausziehenden Lamachos verhöhnt (1067—1142), wiederum einen complex von hundertundvierzehn versen, und von der parabase an bis zu v. 1142 wäre demnach die gliederung des stückes folgende:

{ 114 verse (719—835) Megarerscene
{ 4 entsprechende strophen (836—859)
{ 114 verse (860—970) Böoterscene
strophe (971—987)
antistrophe (988—999)
8 verse (1000—1007) herold und Dikäopolis
kommos (1008—17)
114 { { 19 verse (1018—36) scene mit dem landmann
{ antistrophe des kommos (1037—46)
{ 19 verse (1047—66) scene mit dem paranymphos usw.
76 „ (1067—1142) scene mit Lamachos.

Aus diesen beispielen geht hervor, dasz die verschiedenen teile eines verscomplexes, der mit einem andern respondiert, nicht notwendig unmittelbar an einander zu stoszen brauchen, dasz sie vielmehr durch strophen des chors und durch κομμοί zwischen einzelnen personen und dem chore von einander geschieden sein können. wenn nun aber eine solche unterbrechung des responsionscomplexes gestattet war, so glaube ich dasz dieselbe auch durch lieder und monodien einzelner personen bewirkt werden konnte. hierfür findet sich ein leider in kritischer hinsicht sehr unsicheres beispiel in den fröschen, und zwar sind es da die scenen, in welchen der entscheidungskampf zwischen Aeschylos und Euripides ausgefochten wird, die mir zu respondieren scheinen (1119—1459). es würde zu weit führen hier die textkritischen fragen ausführlich zu behandeln, und ich erkläre daher nur, dasz ich alle diejenigen verse für unecht halte, welche Meineke unter den text gesetzt hat (1122. 1257—60. 1416.

24. 32. 37—41. 49. 50. 52. 53. 60—66), und dasz ich hinter v. 1410, wo Fritzsche, Meineke und Kock eine lücke angezeigt haben, den ausfall dreier verse annehme, was jedenfalls nicht zu viel ist, wenn Aeschylos seine in v. 1410 angekündigten zwei worte und auszerdem noch Pluton etwas gesprochen hat. sind diese annahmen richtig, so haben wir für die responsion vier grosze verscomplexe, deren zwei erste und deren zwei letzte zusammengehören. im ersten greift Euripides Aeschylos wegen seiner prologe an (1119—76), im zweiten (1177—1250) dieser jenen. der dritte und der vierte complex scheiden sich nicht von einander nach den personen der angreifer — denn von beiden seiten erfolgen jetzt die angriffe viel rascher und häufiger — sondern nach den objecten in welchen die beiden gegner wetteifern. im dritten handelt es sich um μέλη und monodien (1261—1369), im vierten um das gewicht der dichterworte und um den rath den ein jeder für das wohl des vaterlandes zu erteilen im stande ist (1378—1459); nach dem schlusse des vierten spricht dann Dionysos das urteil (1467—81). äuszerlich sind von einander der zweite und der dritte, sowie der dritte und der vierte complex durch systeme des chors getrennt (1251—56. 1370—77). für die zählung der verse bietet blosz der dritte schwierigkeiten. derselbe enthält dreiszig trimeter und auszer dem längern melos (1309—23) und der monodie (1351—64), womit Aeschylos seinen gegner verspottet, siebenundzwanzig lyrische stellen (1264—77. 85—95. 1324—28), wobei das φλαττοθραττο φλαττοθρατ in v. 1286 ff. immer als vers gerechnet und auch v. 1324 τί δέ; τοῦτον ὁρᾷς; Γ ὁρῶ gezählt wird, weil er durch das vorangehende ὁρῶ des Dionysos von dem melos, welches Aeschylos singt, abgetrennt ist. der dritte teil besteht demnach für die responsion aus siebenundfünfzig versen und entspricht so dem ersten, welcher siebenundfünfzig trimeter hat; der zweite und der vierte entsprechen einander, wenn meine annahmen über die textesgestaltung des letztern richtig sind, mit vierundsiebenzig versen, und wir erhalten also folgendes schema:

57 verse (1119—76) über die prologe des Aeschylos
74 „ (1177—1250) über die prologe des Euripides
system des chores (1251—56)

57 verse	44 verse (1261—1308) melos (1309—1323) 7 verse (1324—30) monodie (1331—63) 6 verse (1364—69)	über μέλη und monodien

system des chores (1370—77)
74 verse (1378—1459) über das gewicht der worte usw.
15 „ (1467—81) urteil des Dionysos.

Von prologen sind auszer dem oben (s. 372) besprochenen der wolken noch der der ritter, der des friedens und der der wespen symmetrisch gebaut. was zuerst den der ritter anbelangt, so beginnt derselbe mit dem gespräch der beiden sklaven, welches über den übermut des Paphlagoniers und den weg, auf dem man sich von demselben befreien könnte, handelt (1—35). dasselbe enthält fünfunddreiszig verse, und es entspricht ihm der folgende teil (36—70), worin Demosthenes den zuschauern die lage, in der das haus des Demos sich befindet, auseinandersetzt. der dritte teil (71—154) enthält die auffindung des orakels, wonach ein wursthändler dem treiben Kleons ein ende machen soll, und dauert bis zu dem auftreten dieses wursthändlers und dem abtreten des Nikias (154); im vierten endlich belehrt Demosthenes den wursthändler über seine bestimmung und zeigt ihm, wie er dem Paphlagonier entgegentreten solle; derselbe geht bis zu dem auftreten des Paphlagoniers und dem beginne der trochäen. der dritte teil besteht, wenn wir den von Wieland in seiner übersetzung des stückes weggelassenen und von Meineke für interpoliert erklärten v. 114 τὸν νοῦν ἵν' ἄρδω καὶ λέγω τι δεξιόν abrechnen, aus dreiundachtzig, der vierte aus siebenundachtzig versen. diese differenz läszt sich mit sicherheit nicht heben; doch können im letzten teile einige verse durch interpolation entstanden sein. so ist zwar der umstand, dasz er nicht im Ravennas steht, kein beweis gegen die echtheit von v. 215 ἅπαντα, καὶ τὸν δῆμον ἀεὶ προσποιοῦ· aber Kock bemerkt richtig, dasz der zusammenhang der stelle leichter und natürlicher ist, wenn man diesen vers wegläszt. auch v. 219 ἔχεις ἅπαντα πρὸς πολιτείαν ἃ δεῖ wird nicht ohne grund von Bergk in verdacht gezogen: denn er ist völlig überflüssig nach v. 217 τὰ δ' ἄλλα σοι πρόσεστι δημαγωγικά, und v. 220 χρησμοί τε συμβαίνουσι καὶ τὸ πυθικόν schlieszt sich natürlicher an v. 218 φωνὴ μικρά, γέγονας κακῶς, ἀγόραιος εἶ als an jenen an. endlich scheint mir auch A. von Bamberg recht zu haben, wenn er die echtheit von v. 227 f. καὶ τῶν πολιτῶν οἱ καλοί τε κἀγαθοί, καὶ τῶν θεατῶν ὅστις ἐστὶ δεξιός bezweifelt: denn die bürger und die zuschauer sind ja nicht von einander verschieden, und zu ihnen gehören auch die in v. 226 genannten ritter; es hätten daher hier wenigstens die andern bürger, nicht die bürger überhaupt angeführt werden müssen.

Im frieden haben wir zuerst dreiundfünfzig verse, worin die beiden sklaven sich über den mistkäfer beklagen, den sie zu füttern haben; am schlusse dieses abschnittes kündigt der eine an, dasz er dem thiere zu trinken geben, der andere, dasz er dem publicum den sachverhalt auseinandersetzen wolle. der zweite teil (54—176) enthält die reise des Trygäos nach dem himmel, und zwar werden wir zuerst, wie dieselbe noch bevorsteht, durch den sklaven und durch einen ausruf des Trygäos (62 f.) darüber belehrt, was ihn zu derselben treibt; sodann erscheint dieser selbst auf seinem kantharos über der bühne, setzt dem sklaven und hernach seinen töchtern ausführlicher auseinander, was er vorhabe, und fährt dann, indem er von oben noch verschiedenes spricht, gen himmel. interpoliert sind in dieser scene die drei von Hamaker und Meineke verworfenen verse 87—89

καὶ μὴ πνεῖ μοι κακόν, ἀντιβολῶ c'·
εἰ δὲ ποιήςεις τοῦτο, κατ' οἴκους
αὐτοῦ μεῖνον τοὺς ἡμετέρους,

sowie der ebenfalls von Hamaker verworfene v. 98 τοῖς τ' ἀνθρώποις φράζω ςιγᾶν, welcher im widerspruch zu v. 97 steht, wo das ὀλολύζειν den menschen befohlen wird. demnach enthält der zweite abschnitt hundertundachtzehn verse, wobei zwei anapästische systeme, eines von sechzehn (82—91) und eines von neunzehn (154—172) versen und vier dactylische tetrameter, sechs hexameter eingerechnet sind. ebenso viele verse hat, wenn wir mit Dindorf und Meineke den unverständlichen vers 273 ἢ πρίν γε τὸν μυττωτὸν ἡμῖν ἐγχέαι für interpoliert halten, der dritte abschnitt (177—295), der das enthält, was nun bis zum auftreten des chores im himmel vorgeht. nicht mehr mitzurechnen sind hier natürlich die drei letzten trimeter (296—298), in denen Trygäos den chor herbeiruft: dieselben gehören, wie in demselben stücke die verse 551 und 552, dem sinne nach und grammatisch zu den folgenden tetrametern. dieser dritte abschnitt zerfällt aber wiederum in zwei scenen von je neunundfünfzig versen, in deren erster (177—235) Trygäos von Hermes erfährt, was die götter über Hellas beschlossen hätten, und dasz Polemos die friedensgöttin gefangen halte, und in deren zweiter (236—95) Polemos und Kydoimos vor den augen des Trygäos sich bereit machen die hellenischen städte in ihrem mörser zu zerstoszen, hieran aber durch den umstand, dasz die mörserkeulen zerbrochen sind, gehindert worden. es ergibt sich demnach für den prolog des friedens folgendes schema:

53 verse (1—53) gespräch der sklaven
(118 „ (54—176) himmelfahrt des Trygäos
(118 „ {59 verse (177—235) scene mit Hermes
{59 „ (236—295) scene mit Polemos.

bemerkenswerth ist es, dasz die dreiundfünfzig ersten verse hier auszerhalb der responsion stehen, und dieser umstand läszt sich nur daraus vielleicht erklären, dasz auch der prolog der wespen, die ein jahr vor dem frieden aufgeführt wurden, mit einem dem inhalte nach ganz ähnlichen abschnitt von dreiundfünfzig versen beginnt. auch dort unterhalten sich zwei sklaven, welche ein lästiges geschäft zu besorgen haben, und wenn wir annehmen dürften, dasz diese responsionen in melodramatischem vortrag ihren grund haben, so wäre es leicht denkbar, dasz der dichter im beginn beider stücke dieselbe melodie verwandte; etwas sicheres läszt sich natürlich hier nicht ausmachen.

Im prolog der wespen folgt auf die eben erwähnten dreiundfünfzig verse, worin die sklaven einander ihre träume erzählen, die rede in der Xanthias — ich glaube dasz auch nur er die verse 74—82 spricht und dasz Sosias nach v. 53 nicht mehr auftritt — die lage in welcher er und sein herr sich befinden auseinandersetzt. nach einer einleitung über den zweck und die art dieser komödie erzählt er, dasz der alte, den er zu bewachen hat, eine ganz besondere krankheit habe, und da niemand dieselbe erräth, sagt er endlich, derselbe sei wie sonst kein anderer φιληλιαστής (v. 8[illegible]), und gibt dann bis zu v. 114 die äuszerungen dieser phileliastia an. bis dahin enthält die rede zweiundsechzig verse: denn dasz vor v. 77 οὐκ ἀλλὰ φιλο μέν ἐστιν ἀρχὴ τοῦ κακοῦ ein vers ausgefallen und dasz vers 135 ἔχων τρόπους φρυαγμοσεμνακουστίνου hinter vers 110 zu versetzen ist, leuchtet ein. die auf v. 114 folgenden einundzwanzig verse (115—135), in welchen erzählt wird, wie Bdelykleon seinen vater zu heilen versuchte, und wie dieser sich bis dahin jeder hut entzog, sind dagegen nicht zu dem vorher erzählten zu rechnen, sondern zu dem was gleich nachher auf der bühne stattfindet: denn dem inhalte nach gehören die erzählte flucht und der dargestellte fluchtversuch zusammen. wenn wir demnach diese vierundzwanzig verse mit den früher (s. 363) besprochenen zwei scenen von je sechzehn versen (136—151. 152—167) verbinden, so erhalten wir einen dem ersten abschnitt entsprechenden complex von dreiundfünfzig versen, und ebenso entsprechen endlich dem zweiten abschnitt von zweiundsechzig versen die zwei letzten scenen von je einunddreiszig versen (168—198. 199—229). die gliederung des prologs ist also folgende:

115 { 53 verse (1—53) gespräch der sklaven
62 „ (53—114) schilderung des Philokleon

115 { 53 „ { 21 verse (115—135) dessen entrinnen
16 „ (136—151) erster fluchtversuch
16 „ (152—167) zweiter fluchtversuch
62 „ { 31 „ (168—198) dritter fluchtversuch
31 „ (199—229) letzte fluchtversuche.

Endlich ist hier noch eine bemerkung zu machen, welche sich an die von der gleichheit der ersten abschnitte in den wespen und im frieden anschlieszt und ebenfalls die prologe betrifft. ich glaube nemlich dasz man die gleiche länge einiger prologe des Aristophanes nicht ganz wird dem zufall zuschreiben können. es mag zufall sein, dasz die respondierenden partien im prolog des friedens wie der prolog der ritter, wenn man in letzterm die oben (s. 380) von mir bezeichneten verse streicht, zweihundertsechsunddreiszig verse enthalten; wenn nun aber auch der prolog der vögel[1]), falls man, wie

1) v. 16 sowie v. 192 sind in demselben meiner ansicht nach nicht zu streichen, sondern zu emendieren; für den erstern gefällt mir die von Köchly vorgeschlagene schreibung τὸν ἔποφ' ὃς ὄρνις ἐγένετ' ἐξ ἀνδρός ποτε· im letztern hat Aristophanes vielleicht διὰ τῆς πόλεως τῆς ὑμετέρας καὶ τοῦ χάους geschrieben und ὑμετέρας ist in folge der ähnlichkeit dieses verses mit v. 1218 in ἀλλοτρίας verderbt worden; jedenfalls würde ich zu dem οὐ διαφρήσετε in v. 193 ungern eine bestimmung vermissen; dasz endlich v. 181 und 182 echt sind, hat Haupt in dem Berliner sommerkatalog 1862 s. 5 bewiesen und Meineke hat seither die echtheit dieser verse, die er mit Cobet bezweifelt hatte, in den vindiciae s. 86 anerkannt.

in den fröschen die monodie des Aeschylos, so hier die des epops nicht mitzurechnen hat, zweihundertdreiszig verse hat wie der der wespen, und wenn die prologe der Lysistrate[2]) und des Plutos beide aus zweihundertzweiundfünfzig versen bestehen, so wird sich darin eine absicht des dichters nicht verkennen lassen. einen grund für diese erscheinung anzugeben, darauf müssen wir freilich hier so gut wie bei der responsion von scenen und scenenteilen verzichten.

Schlieszlich sei hier noch bemerkt, dasz die responsion gröszerer verscomplexe in den vögeln und den vor diesen geschriebenen stücken bedeutend häufiger ist als in den späteren. namentlich in den wespen und in den vögeln bilden eigentlich die scenen welche nicht respondieren eine ausnahme, aber auch in den Acharnern und rittern respondiert mindestens die hälfte der scenen; in den wolken sind spuren, dasz grosze teile des stückes respondiert haben; doch läszt sich hier wegen der contamination der beiden recensionen wenig sicheres finden; der friede hat im prolog grosze respondierende verscomplexe, hat aber sonst zu viel lyrische partien und zu wenig gröszere dialoge, um viele responsionen enthalten zu können. von den spätern stücken findet sich noch am meisten responsion in der Lysistrate und in den fröschen, fast keine in den thesmophoriazusen, den ekklesiazusen und dem Plutos. wenn die responsion in der scenischen darstellung begründet ist, so würde aus diesem umstand hervorgehen, dasz nach der sikelischen niederlage, als man in Athen auf das schauspiel nicht mehr so viel mittel wie früher verwenden konnte, meist auch das moment der darstellung, welches die responsion bedingte, wegfallen muste, und dasz dieses moment also zur luxuriösen ausstattung der aufführungen gehörte. doch darf nicht verhelt werden, dasz wenigstens in der Lysistrate, den thesmophoriazusen und den fröschen, wo sich grosze chorpartien finden, an der ausstattung der vorstellungen sonst nichts gespart worden zu sein scheint.

III.

Nicht sehr häufig sind bei Aristophanes die in strophen von gleicher länge eingeteilten reden, und meist zeigen auch nicht die ganzen reden, sondern nur gröszere teile derselben diese regelmäszigkeit. so ist im prolog der wespen, wie schon O. Ribbeck (neues schweizerisches museum I s. 137) bemerkt hat, die schilderung, welche Xanthias von der gerichtswut des Philokleon macht (85—114), wenn wir v. 135 an seine richtige stelle setzen (vgl. oben s. 382), in zehn strophen von je drei versen eingeteilt, deren zwei erste die einleitung geben, während von den acht übrigen jede eine besondere äuszerung des zustandes zeichnet, in welchem sich der alte befindet.

2) unecht ist der von Nauck gestrichene v. 24 und der von Hamaker gestrichene v. 101; in v. 193 sind zwischen den worten ποῖ λευκὸν ἵππον und ἀλλὰ πῶς ὀμούμεθα zwei halbverse ausgefallen, wie Meineke (vind. Arist. s. 121) nachgewiesen hat.

In ähnlicher weise beginnt in den rittern die rede, in welcher Demosthenes den zustand seines hauses auseinandersetzt, mit drei strophen von je sechs versen, deren erste (40—45) von Demos und dem kaufe des Paphlagoniers, deren zweite (46—51) von der schmeichelei des letztern, und deren dritte (52—57) von den betrügerischen mitteln handelt, wodurch derselbe sich in die gunst des herrn zu setzen weisz.

In demselben stück ist die rede, in welcher der wursthändler erzählt, wie er den rath auf seine seite gebracht habe (624—682), ganz in strophen abgeteilt. die zwei ersten derselben, in denen er angibt, wie Kleon sich anfangs in der versamlung benommen (624—31), und wie er selbst sich darauf mut eingesprochen habe (632—39), sind achtzeilig, sechszeilig dagegen die sechs folgenden, in denen er berichtet, wie er den rath durch die nachricht, dasz die sardellen wolfeil geworden seien, überrascht habe (640—45), wie dieser ihn dafür geehrt habe und seinen vorschlägen beigetreten sei (646—51), wie der Paphlagonier darauf mit dem vorschlag eines dankfestes glück gemacht (652—57), er aber denselben überboten habe (658—63), wie derselbe sodann gesucht habe sich durch die nachricht zu retten, dasz ein spartanischer herold wegen eines waffenstillstandes unterhandeln wolle (664—69), und wie der rath davon nichts habe wissen wollen und sich aufgelöst habe (670—75). vielleicht war auch die letzte strophe (675—682), in der er erzählt, wie er sich schlieszlich noch durch die verteilung von koriander und lauch die sympathien aller gewonnen habe, ursprünglich sechszeilig: denn v. 679 ἀποροῦςιν αὐτοῖς προῖκα κἀχαριζόμην könnte völlig entbehrt werden; ein zwingender grund ihn zu streichen liegt freilich nicht vor.

In der Lysistrate spricht der probulos bei seinem auftreten in drei vierzeiligen strophen (387—398) von dem übermute der weiber, der sich jetzt wie einst in der volksversamlung zeige (387—90), als die weiber in der nachbarschaft den Adonis beklagten, während Demostratos für die expedition nach Sikelien sprach (391—94) und seinen vorschlag durchsetzte (395—98). hierauf klagt der chor ebenfalls in vier versen darüber, wie ihm die weiber mitgespielt hätten (399—402), und der probulos macht endlich mit vier versen (403—406), in denen er ausspricht, dasz eigentlich die männer an der zuchtlosigkeit der weiber schuld seien, den übergang zu seinen folgenden ausführungen.

Wahrscheinlich läszt der dichter auch in den Acharnern den Dikäopolis, wie derselbe seine procession anordnet, mit absicht sechs verse an Dionysos (247—52) und sechs an die tochter (253—58) richten.

Ein sehr beachtenswerthes beispiel dieser responsion ist in den thesmophoriazusen, und zwar in der rede womit der als weib verkleidete Mnesilochos den Euripides vertheidigt (466—519). nach einer einleitung von zweimal fünf versen (466—70. 471—75) erzählt derselbe in dreimal fünf versen (476—80. 481—85. 486—90), wie er selbst dem gatten untreu geworden sei; sodann folgen elf verse (491—501), worin er im allgemeinen vom standpuncte der weiber aus in der ersten pluralperson von den vergehungen spricht, die sich das weibliche geschlecht zu schulden kommen lasse; hierauf wird wieder in dreimal fünf versen (502—506. 507—11. 512—16) die geschichte von der unterschiebung eines kindes erzählt, und endlich die rede mit drei versen (517—19) geschlossen. schon die responsion würde es zweifelhaft machen, ob die mitten zwischen den fünfzeiligen gliedern der rede befindlichen elf verse ursprünglich in diesen zusammenhang gehören; dasz sie aber wirklich ein späteres einschiebsel sind, lehrt uns ein blick auf die worte mit denen die zweite geschichte beginnt. dieselben lauten nemlich (v. 502): ἑτέραν ἐγᾦδ' ἣ 'φασκεν ὠδίνειν γυνή. nun kann von einem andern weibe sehr wol im gegensatz zu einem oder zu mehreren, nicht aber, wie dies nach v. 491—501 der fall wäre, im gegensatz zu allen weibern gesprochen werden, und ich glaube daher dasz diese elf verse, zumal da v. 502 sich trefflich an v. 490 anschlieszt, notwendig als späterer zusatz betrachtet werden müssen. Aristophanes möchte ich sie deshalb nicht absprechen; vielmehr dürften sie ein späteres einschiebsel des dichters selbst sein.

Das sind, wie schon anfangs bemerkt, nicht viele beispiele von responsionen innerhalb éiner rede; doch musz man berücksichtigen, dasz bei Aristophanes überhaupt nicht sehr viele lange reden vorkommen.

IV.

Endlich ist noch die art der responsion zu betrachten, welche durch die verteilung der verse auf die verschiedenen personen bewirkt wird. dieselbe kommt bei Aristophanes beinahe nur in den tetrametern vor. in den trimetern sind die verse zwar auch bisweilen symmetrisch unter die sprechenden verteilt, wie z. b. in den Acharnern 618—625, wo Lamachos und Dikäopolis erst je éinen und dann je drei verse sprechen, ehe sie die bühne verlassen; indes sind diese fälle nicht häufig und beschränken sich auf ganz kleine versgruppen; sie könnten sich sämtlich, ohne aufzufallen, auch bei einem modernen dichter finden. anders ist es dagegen in den tetrametrischen scenen. der gehobene ton derselben scheint auch eine gröszere gesetzmäszigkeit in der composition zu fordern, und diese gesetzmäszigkeit in der form bildet oft das gleichgewicht gegen die wilde leidenschaft des inhalts. da endlich in diesen scenen meist der chor und zwar oft in heftiger bewegung auftritt, so ist die annahme musikalischer und orchestischer gründe für die responsion hier am wahrscheinlichsten.

Einfacher wechsel zweizeiliger reden findet sich in den oben (s. 356 f.) besprochenen respondierenden scenen der wespen (v. 346—355. 379—388), wo der gefangene Philokleon sich mit dem chor in anapästischen tetrametern über die mittel unterhält, wie er der haft entrinnen könne. der chor kommt in beiden gesprächen dreimal, Philokleon zweimal für je zwei verse zum worte; es ist dies die am wenigsten künstliche versverteilung, welche vorkommt.

Auch eine gröszere anapästische scene in den wespen ist sehr einfach gebaut, nemlich die in welcher Bdelykleon seinen vater über die verwerflichkeit des gegenwärtigen regierungssystems belehrt (648—724); das schema derselben ist folgendes:

ch. Bd. Ph. Bd. Ph. Bd. Ph. Bd. Ph. Bd.
2; 14, 2; 14, 2; 14, 2; 14, 2; 4 + 6 dim.

Bdelykleon spricht also, nachdem der chor das gespräch mit zwei dimetern eingeleitet hat, viermal vierzehn verse, worauf Philokleon immer mit zweien antwortet, und hiervon wird nur im ersten gliede abgegangen, wo Philokleon den sohn mit zwei und einem halben verse (652—54) und dieser ihn mit zwei versfüszen (665) unterbricht. die vierte rede Bdelykleons ist zwar mit fünfzehn versen überliefert, doch kann ich mich von der echtheit des letzten derselben (712) νῦν δ' ὥϲπερ ἐλαολόγοι χωρεῖθ' ἅμα τῷ τὸν μιϲθὸν ἔχοντι nicht überzeugen. allerdings ist es mislich eine stelle für interpoliert zu erklären, zu deren verständnis uns, da wir nicht wissen, inwiefern jene ἐλαολόγοι mehr als andere dem lohne nachliefen, die factischen voraussetzungen fehlen; aber wenn wir bedenken, dasz Bdelykleon in dieser rede erst den wirklichen zustand und dann den zustand wie er sein könnte und sollte geschildert hat, musz es uns unbegreiflich vorkommen, dasz er nun gegen diese klare anordnung am schlusse noch einmal auf den wirklichen zustand zurückkommt. und dann macht v. 711 ἄξια τῆϲ γῆϲ ἀπολαύοντεϲ καὶ τοῦ Μαραθῶνι τροπαίου entschieden den eindruck eines schluszverses. denn wenn dem zuhörer am schlusse die heimat und deren schönste erinnerungen in das gedächtnis zurückgerufen werden, so musz das einen ganz andern stachel in seiner seele zurücklassen, als wenn er zuletzt einen so matt nachschleppenden vers wie 712 gehört hat; das wuste Aristophanes auch sehr wol, als er in den rittern die scene, in welcher der chor nach der zweiten parabase den Agorakritos begrüszt (1316—34), mit den worten schlosz: τῆϲ γὰρ πόλεωϲ ἄξια πράττειϲ καὶ τοῦ Μαραθῶνι τροπαίου.

In den Acharnern ist die durch einen kommos eingeleitete und durch den entsprechenden kommos beendete trochäische scene, in welcher der chor Dikäopolis angreift und dieser sich durch das ergreifen des kohlenkorbes schützt, folgendermaszen gebaut (303—334):

ch. D. ch. D. D. ch. D. ch.
str.; 5 × (2, 2); 3 × (½, ½), 2; 3, 2; 2; antistr.

zuerst antwortet Dikäopolis fünfmal mit je zwei versen auf zwei verse des chores (303—22); sodann folgt eine gruppe von fünf versen, in welcher der chor erst dreimal die erste, Dikäopolis die zweite vershälfte, und letzterer den vierten und fünften vers spricht (323—27); dieser gruppe entspricht die folgende, in welcher der chor drei, Dikäopolis zwei verse zu sagen hat (328—32), und endlich schlieszt der chor die tetrameter mit zwei versen (333. 34). hier zeigt sich darin, dasz sechs halbverse einer rede von drei versen gegenüberstehen, das streben mit aller regelmäszigkeit doch eine gewisse manigfaltigkeit zu verbinden.

Sehr symmetrisch gegliedert ist, wie schon H. Sauppe epist. crit. s. 116 nachgewiesen hat, die erste scene der ritter, in welcher der chor auftritt (242—283). dieselbe ist in trochäischen tetrametern abgefaszt und zeigt, wenn wir mit Sauppe annehmen, dasz vor v. 274 καὶ κέκραγας, ὥπερ ἀεὶ τὴν πόλιν καταστρέφει ein vers ausgefallen sei, folgendes schema:

Dem. ch. P. ch. P. ch. P. ch. P. ch. P. w. Dem.
5; 8, 3; 8, 3; 4; 1 2, 1 2; 2 · 2 2.

Demosthenes leitet sie mit fünf versen ein; hierauf antwortet der Paphlagonier zweimal mit drei versen auf acht verse des chors, und dieser beschlieszt alsdann mit vier versen den ersten teil der scene. nachdem sodann der chor zweimal mit zwei versen auf éinen vers Kleons entgegnet hat, schlieszen die tetrameter mit drei verspaaren ab, wovon das erste dem Paphlagonier, das zweite dem wursthändler, das dritte Demosthenes gegeben ist. von den folgenden dimetern sind die dreizehn ersten stichomythisch auf den Paphlagonier und den wursthändler verteilt, worauf der letztere mit zwei, der erstere mit vier versen schlieszt. hier wie überhaupt bei diesen streitscenen werden die einzelnen reden immer kürzer, je mehr die sprechenden in hitze gerathen und den gegner nicht lange zu worte kommen lassen; den kürzern reden entsprechen sodann, indem von den tetrametern zu dimetern übergegangen wird, die kürzern verse, und erst am schlusse, wo es sich um das letzte wort handelt, werden die reden wieder länger.

Die scene der Lysistrate, wo der chor der greise und der der weiber sich versöhnen, besteht in den ausgaben aus neunundzwanzig trochäisch-päonischen versen (1014—1042). indes ist in v. 1018 ὡς ἐγὼ μισῶν γυναῖκας οὐδέποτε παύσομαι das ὡς am besten zu erklären, wenn diesem verse ein anderer vorangieng, dessen gedanke durch ihn begründet wurde, und dasz hier eine lücke von einem verse ist, zeigt die vollständig symmetrische anordnung der scene, welche für die zweite rede der greise zwei verse verlangt. wenn wir demnach annehmen dasz vor v. 1018 ein vers ausgefallen ist, so erhalten wir für die scene folgendes schema:

g. w. g. w. g. w. g. w. g. w. g. w.
2, 2; 2, 3, 2, 3 3 3 2 2 3 3

hierbei ist noch zu bemerken, dasz der chor der weiber in seiner letzten rede von zwei versen mit zwei versfüszen von dem der greise unterbrochen wird, ähnlich wie in der oben (s. 386) besprochenen scene Philokleon von seinem sohne.

Auch die erste iambische tetrameterpartie der Lysistrate, in der die beiden halbchöre gegen einander auftreten (350—386), zeigt eine solche responsion, welche bis zu v. 369 diesem schema folgt:

w. g. w. g. w. g.
2; 3 × (2, 2); 2 × (1, 1); 2

die zwölf tetrameter, welche hierauf kommen, zerfallen in vier gruppen von je drei versen. in der ersten derselben (370—72) fällt eine rede immer mit einem verse zusammen, in der zweiten und dritten (373—75. 376—78) zerfällt immer der dritte vers in zwei halbverse, die letzte endlich (379—81) besteht ganz aus halbversen. auch von den folgenden dimetern (382—85) ist der erste geteilt, die andern folgen stichomythisch auf einander, und den schlusz bildet ein vom chore der weiber gesprochener tetrameter (386). der bau des zweiten teils der scene ist also dieser:

g. w. g. w. g. w.
3 × 1; 2 × (1, 1, ½, ½); 3 × (½, ½), 4 dim. 1 tetr.

Die erste scene des friedens, in welcher der chor auftritt und trotz der warnungen des Trygäos seine unbändige freude über die entdeckung der friedensgöttin erst durch lautes geschrei und sodann dadurch ausdrückt, dasz er anfängt zu tanzen, besteht aus den drei oben (s. 381) besprochenen iambischen trimetern, vierzig trochäischen tetrametern und einem trochäischen system von sieben versen, die sich folgendermaszen gliedern (296—345):

T. ch. T. ch. T. ch. T. ch. ch. T. ch. T.
5; 8; 2, 2; 3, 2; 2 × (2, 2); 2 × (1, ½, ½, 1, 1), 3, 2, system.
8 8

die symmetrie im bau dieser scene ist augenscheinlich, doch äuszert sich dieselbe mehr in der verteilung der verszahlen als in der zuteilung derselben verszahl an dieselbe person. so folgen zweimal zwei verse auf drei, aber das erste mal spricht Trygäos die drei, der chor die zwei, das zweite mal ist es umgekehrt. ferner entsprechen die zwei gruppen von je vier versen (326—29 und 330—33) einander nicht blosz in den zahlen, sondern auch im ausdruck; aber der erste vers und der zweite halbvers gehören in der ersten gruppe Trygäos, der erste halbvers dem chor, während in der zweiten gruppe das gegenteil der fall ist.

Weniger genau ist die symmetrie in der scene des friedens, wo Hermes Trygäos und dem chor erzählt, wie es gekommen sei dasz die friedensgöttin verschwunden sei (601—656). nachdem der chor dieselbe mit zwei versen eröffnet hat, teilt Hermes in den drei ersten versen mit, dasz das unglück des Pheidias der erste anfang des übels gewesen sei (603—605), und in den folgenden neun (606—614), dasz Perikles darauf hin den krieg in Hellas angefacht habe. auf diesen sowie auf den folgenden abschnitt von neun versen (619—27), worin weiter erzählt wird, wie die erschreckten bundesgenossen die hülfe der Lakedämonier angerufen hätten, antworten Trygäos und der chor mit je zwei versen (615—18. 628—31). endlich kommt der schlusz der erzählung, in welchem erst mit neun versen (632—40) ausgeführt wird, welches unheil die redner mit hülfe des ihnen ergebenen niedern volkes angerichtet hätten, und dann nochmals mit neun (641—49), wie die reichen leute in den verbündeten städten aus furcht in Athen angeklagt zu werden die redner bestochen hätten. die letzten neun verse spricht Hermes nicht zu ende, sondern bei der erwähnung Kleons unterbricht ihn Trygäos mit den worten (648 f.) παῦε παῦ' ὦ δέσποθ' Ἑρμῆ, μὴ λέγε, ἀλλ' ἔα τὸν ἄνδρ' ἐκεῖνον οὗπερ ἔστ' εἶναι κάτω. der letzte tetrameter (650) bildet den übergang zu dem folgenden systeme, worin Trygäos darthut, dasz Hermes Kleon gar nicht nennen dürfe, da er sonst seine eigenen leute schmähen müste. die erzählung des Hermes, deren abschnitte alle mit εἶτα oder κᾆτα beginnen, zeigt also folgende anordnung:

ch. H. Tr. ch. H. Tr. ch. H. H. Tr. Tr.
2, 3, 9, 2, 2; 9, 2, 2; 9, 7½, 1½; 1, 6 system.
9

Endlich sind einige dieser scenen so angeordnet, dasz einzelne ihrer versgruppen, die wegen eines sie beherschenden gedankens als einheiten aufgefaszt werden können, mit andern ohne jede rücksicht auf versverteilung respondieren, während andere teile derselben scene symmetrische versverteilung zeigen. in dieser art enthält die erste der beiden respondierenden tetrameterpartien in den rittern (333—366) zuerst neun verse (333—41), in welchen die gegner sich um das erste wort zanken, sodann neun (342—50), in welchen Kleon dem wursthändler die berechtigung zum reden abspricht; die übrigen sechzehn verse sind regelmäszig geordnet, und das schema der scene ist folgendes:

w. P. w. ch. P. w.
9, 9; 2, 3, 3; 2, 3 × (1, 1)
8 8

auch die entsprechende scene (407—440) ist so gebaut; doch gehen hier die symmetrisch verteilten verse den anderen voran. letztere (429—440) zerfallen in zwei gruppen von je sechs versen, in deren erster die gegner einander noch mit ihren angriffen drohen (429—34), während sie einander in der zweiten schon betrügereien gegen den staat vorwerfen (435—440). so erhalten wir folgendes schema:

ch. P. w. P. w. P. w. ch.
2; 2, 4; 2, 4; 2, 4; 2; 6, 6.

Endlich beginnt die scene der vögel, in welcher der chor Peisetäros und Euelpides angreift, hernach aber auf des epops zureden sich entschlieszt sie erst anzuhören (352—385), mit zwei versen des chors und zehn nicht gegliederten versen der beiden freunde; das folgende ist symmetrisch geordnet, und die ganze scene gliedert sich demnach folgendermaszen:

ch. e. ch. e. ch. e. ch. P. e. ch.
12; 2, 3; 2, 2, 2, 6; 2, 1, 1, 1.
5 12 5

Es ist bemerkenswerth, dasz diese scenen überwiegend solche sind, in denen der chor zum ersten male in seiner gesamtheit auftritt. so zeigt diese art von symmetrie die erste tetrameterscene der Acharner, so die drei ersten der ritter, die zwei ersten der wespen und die erste des friedens. dasz in der letzten der chor tanzt, geht aus seinen und des Trygäos worten unzweifelhaft hervor; aber auch in den andern kann er nicht ruhig dagestanden und wird er sich nicht regellos bewegt haben. endlich gehören hierher auch die dritte tetrameterscene der vögel, da der chor an der ersten nur am schlusse und an der zweiten gar nicht teil nimt, und die erste der Lysistrate. nur in den wespen, dem frieden und der Lysistrate finden sich solche scenen im spätern verlaufe des stückes. das metrum derselben ist vorwiegend das trochäische; doch kommt in den rittern und der Lysistrate auch das iambische, in den wespen das anapästische und in der Lysistrate ein besonderes trochäisch-päonisches vor. die zahl der unsymmetrischen tetrameterscenen ist etwa doppelt so grosz als die der symmetrischen, letztere verteilen sich alle auf die sechs ersten stücke mit ausnahme der wolken und auf die Lysistrate.

Ich habe im vorhergehenden die beispiele von responsion bei Aristophanes, so weit sie mir bekannt sind, vollständig angeführt. freilich ist hiermit der gegenstand wissenschaftlich nicht erschöpft: denn ganz abgesehen von einer erkenntnis der tiefern gründe, wodurch die responsion bedingt ist, müste dieselbe im zusammenhange mit der composition der stücke überhaupt betrachtet werden. da hier aber eine betrachtung, die sich notwendig auf die ganze composition ausdehnen müste, zu weit führen würde, so schliesze ich vorläufig hier ab mit der hoffnung in einer dunkeln frage wenigstens einigermaszen licht verbreitet zu haben.

Creutzburg in Oberschlesien. Jacob Oeri.

47.

ZUR ZWEITEN SATIRE DER PERSIUS.

Der in diesen jahrbüchern (1869 s. 769 ff.) mitgeteilte aufsatz von G. Richter über 'eurythmie bei Seneca' erinnerte mich an eine beobachtung, die sich mir vor einiger zeit bei der lectüre des Persius aufdrängte. auch hier glaubte ich eine spur von eurythmischer composition zu bemerken, indem ich sah, dasz in der zweiten satire auf fünf verse einleitung eine abhandlung folgt, die aus zwei hauptteilen besteht, von denen jeder eine gleiche anzahl von hexametern umfaszt, nemlich 35. ich bin weit davon entfernt diese gleichheit der beiden hauptteile jener satire für eine vom dichter beabsichtigte zu halten, oder wenigstens nicht willens, von ihr ausgehend auch dem Persius im allgemeinen ein streben nach eurythmischer composition unterzulegen; indessen glaube ich, dasz eine mitteilung jener beobachtung vielleicht diesem oder jenem interessant sein möchte, und teile sie um so lieber mit, da ich dadurch zugleich gelegenheit erhalte meine von den bisherigen erklärungen dieser satire etwas abweichende ansicht über die disposition derselben vorzulegen.

Zunächst sind nach meiner ansicht von dem übrigen gedicht loszutrennen v. 1—5. diese in unserer überlieferung als einleitung dienenden verse halte ich für eine spätere zuthat des dichters. von ihnen haben v. 1, 2 und die erste hälfte von 3 keinerlei beziehung zu dem eigentlichen gegenstande der satire: denn diejenige beziehung, in welche sie mittels der zweiten hälfte von v. 3, sowie v. 4 und 5 zu demselben gesetzt werden, erscheint durchaus äuszerlich und macht den eindruck des gesuchten. nehmen wir aber an, dasz die genannten verse dem gedichte ursprünglich gefehlt haben, so haben wir in diesem ein wol zusammenhängendes und gut disponiertes ganze.

Dasselbe handelt von den irrtümern der menschen in beziehung auf das gebet, und zwar sowol was den inhalt der gebete als auch was die form derselben (opfer, gelübde) betrifft. der einteilungsgrund aber, nach dem dasselbe angelegt scheint, ist derselbe, den auch der gleichzeitige und ebenfalls den lehren der stoa ergebene philosoph Seneca seinem dialog *de vita beata* zu grunde gelegt hat. dort heiszt es 1, 1: *proponendum est itaque primum, quid sit quod appetamus. tunc circumspiciendum, qua contendere illo celerrime possimus.* und hier finden wir dem entsprechend ebenfalls zwei hauptteile, von denen der erste (v. 6—40) den inhalt der gebete behandelt, während der zweite (v. 41—75) sich mit den opfern und gelübden beschäftigt, durch welche die thorheit der menschen das gehör der götter zu erkaufen strebe.

Bisher rechnete man, so viel mir bekannt ist, v. 41—51 noch zu dem ersten teile, indem man sich durch die verse *poscis opem nervis corpusque fidele senectae* (41) und *rem struere exoptas caeso bove Mercuriumque | arcessis fibra: da fortunare Penates, | da pecus et gregibus fetum* (44 ff.) zu der ansicht verleiten liesz, als handle auch dieser abschnitt noch 'de materia votorum'. freilich fühlte schon Casaubonus, dasz darin der folgende hauptteil vorbereitet werde; aber zu der klaren einsicht, dasz in ihm der nachdruck auf die worte *sed grandes patinae* usw. und *quo, pessime, pacto* usw. zu legen sei, ist er nicht gekommen. allerdings würde ein orthodoxer stoiker auch gesundheit und reichtum als unwesentlich für ein glückliches leben angesehen und deshalb, wenn er hätte consequent sein wollen, auch als unwürdig aus seinen gebeten ausgeschlossen haben. aber so consequent ist Persius nicht und gibt ja selbst in den worten *esto age* (42) deutlich genug zu erkennen, dasz er gegen ein gebet um gesundheit und dergleichen an sich nichts einzuwenden habe. wol aber geiselt er die thorheit derer die, während sie um gesundheit flehen, beim opferschmause selbst sich den magen verderben, oder die, um reichtum zu erwerben, ihre gesamte habe bis auf den letzten heller den göttern zum opfer bringen. und das gehört meiner ansicht nach entschieden zum zweiten teile.

Danach hätten also wir in der vorliegenden satire wirklich zwei gleich grosze hauptteile zu unterscheiden. wie diese nun in sich zu zergliedern seien, darüber kann wol kaum ein zweifel obwalten. es gehören eben zusammen v. 6—30, dann v. 31—40, innerhalb des zweiten teils aber v. 41—51, dann v. 52—75.

Es bleibt uns nur noch übrig darzulegen, in welcher weise wir uns v. 1—5 entstanden denken. ich meine so: Persius wollte, der sitte seiner zeit folgend, seinem freunde Macrinus bei gelegenheit seines geburtstages durch dedication einer schrift eine aufmerksamkeit erweisen; er wählte dazu unsere vielleicht kurz vorher vollendete satire, die er gedichtet hatte, ohne dabei in irgend einer art an Macrinus zu denken. behufs der übersendung aber dichtete er, gleichsam als begleitschreiben, ein gedicht von fünf hexametern, in dessen erster hälfte er dem freunde seinen glückwunsch zum geburtstage darbringt, und dann, indem er zugleich den verdacht von sich ablenkt, als sei die satire auf Macrinus selbst gemünzt, in den worten *at bona pars procerum tacita libabit acerra* (5) die berechtigung derselben nachzuweisen bemüht ist.

Naumburg. R. Gropius.

48.

ZU CICERO AD FAM. XVI 21, 2.

M. Cicero, der sohn des redners, schreibt dort an Tiro unter anderm folgendes: *tantum mihi dolorem cruciatumque attulerunt errata aetatis meae, ut non solum animus a factis, sed aures quoque a commemoratione abhorreant, cuius te sollicitudinis et doloris participem fuisse notum exploratumque est mihi, nec id mirum. nam cum omnia mea causa velles mihi successa, tum etiam tua: socium enim te meorum commodorum semper esse volui.* mit recht hat man hier an dem wunderlichen *successa* anstosz genommen, jedoch das dem sinne nach einzig natürliche und passende *successisse* hat man mit richtiger überlegung aus methodischen gründen nicht gewagt statt *successa* einzusetzen. aber den schaden heilt weder Orellis *successu* d. i. *successui*, noch das kräftigere mittel Lambins, welcher — worin Baiter ihm folgt — die worte *mihi successa* als glosse streicht. ich denke, es ist mit änderung éines buchstaben zu schreiben *successe*, welches von den abschreibern nicht verstanden ganz natürlich an *omnia* angeglichen und so zu *successa* wurde. wegen der form vergleiche man z. b. *processe* = *processisse* bei Turpilius (Nonius 213), *decesse* bei Terentius (*haut.* 32) und namentlich Cicero *ad fam.* VII 1, 2 *quos ego honoris causa de scaena decesse arbitrabar* (s. F. Neue lat. formenlehre II 419).

Dorpat. Ludwig Schwabe.

(13.)

Aristoteles und das deutsche drama von dr. Gerhard Zillgenz. eine gekrönte preisschrift. Würzburg, 1865. verlag von A. Stuber. VII u. 155 s. gr. 8.

(schlusz von s. 93—124 und 249—281.)

In § 8 s. 50—53 handelt der vf. von den arten des trauerspiels. hier ist besonders auffallend die s. 52 von ihm gegebene erklärung der Aristotelischen worte c. 18, 6 der poetik ἄλλως τε καὶ ὡς νῦν συκοφαντοῦσι τοὺς ποιητάς. γεγονότων γὰρ καθ' ἕκαστον μέρος ἀγαθῶν ποιητῶν ἕκαστον τῷ ἰδίῳ ἀγαθῷ ἀξιοῦσι τὸν ἕνα ὑπερβάλλειν. während nemlich das streben neuerer dichter in der weise auch immer noch etwas den werken der älteren meister nicht allzu sehr nachstehendes zu stande zu bringen, dasz sie immer nur auf einzelne, eben die dankbarsten gattungen der tragischen poesie ihren fleisz verwenden, von Aristoteles, wie die unmittelbar vorhergehenden worte μάλιστα μὲν οὖν ἅπαντα δεῖ πειρᾶσθαι ἔχειν, εἰ δὲ μή, τὰ μέγιστα καὶ πλεῖστα auf das deutlichste zeigen, entschieden gebilligt wird, liest er einen tadel 'unebenbürtiger nachahmer, die den versuch wagten in einer einzigen gattung sich auszuzeichnen und ihre vorbilder zu übertreffen' aus dem texte heraus, indem er zum subjecte des συκοφαντοῦσι eben jene neueren dichter, zum objecte die älteren von ihnen nachgeahmten macht und aus dem συκοφαντοῦσι, was am besten mit 'chicanieren' zu übersetzen ist und, wie wir bereits oben sahen, eine abfertigung hochnäsiger kritiker der neuzeit enthält, wunderbarer weise ein 'das gute der andern zu dem ihrigen machen und es noch besser machen wollen' für jene dichter herausdrechselt.[167])

In der zweiten abteilung unseres büchleins, die von der 'form des trauerspiels' handelt, ist zuerst § 9 'die denkungsart, bindung und lösung' überschrieben. hier soll die 'denkungsart', wofür auch 'gesinnung' und 'gesinnungsart' gesetzt wird, das sein, was Aristoteles διάνοια nennt; aber wie wenig die deutschen worte hier dem sinne des griechischen, wie ihn der allgemeine sprachgebrauch nicht nur, sondern auch ausdrückliche erklärungen des begriffs in der poetik selbst (c. 6, 22—25 und 19, 3) feststellen, entspricht und wie die begriffe der ἤθη und der διάνοια dann ja auch fast ganz zusammenfallen würden, ist leicht einzusehen. am besten möchte wol das deutsche 'gedankenbildung' das ausdrücken, was der griechische denker damit bezeichnen wollte.

Doch ich übergehe, um die beurteilende anzeige eines weder sehr umfangreichen noch an neuen ergebnissen der forschung besonders ergibigen buches nicht über gebühr anschwellen zu lassen, das in § 10 über die sprache, § 11 über monolog und dialog,

167) vgl. Susemihl jahrb. 1867 s. 845.

§ 12 vom chore, § 13 von der scenerie, § 14 von musik und tanzkunst gesagte, nur in dem monströsen 'Aischylus' s. 65 ein beispiel der willkür, die der vf. in solchen dingen nur zu häufig walten läszt, hervorhebend[168]), und wende mich nur noch einer kurzen besprechung einiger puncte in der dritten 'wirkung der tragödie' überschriebenen abteilung zu.

Hier erklärt sich hr. Z. s. 85 gegen Lessings 'ansicht' von der tragischen furcht, 'dasz der zuschauer diese furcht für sich haben solle, da ihn ein ähnliches schicksal treffen könne und ihm von der dichtung gezeigt werden solle, dasz er dieses zu fürchten habe', und für Ph. J. Geyer in den 'studien über tragische kunst. I: die Aristotelische katharsis' (Leipzig 1860), indem er sagt: 'richtiger ist die ansicht Geyers, dasz sich die furcht des zuschauers auf das mögliche schicksal des helden beziehe und aus der teilnahme hervorgehe, welche man an dem bereits liebgewonnenen helden nehme.'

Indes teilt er diese doch nur insofern, als eben auch er von einer furcht für uns selbst, welche die tragödie nach Ar. erzeuge, nichts wissen will; keineswegs aber stimmt er auch der speciellen ausdeutung dieser furcht bei ihm als 'einer furcht vor dem was in der tragödie geschehen würde, wenn das nicht geschähe, was geschieht' bei, nach welcher also 'unsere furcht, die wir für den helden der tragödie gehegt, sich zuletzt durch den ausgang des stückes als durchaus eitel und unbegründet darstellen würde'.

Mit diesem urteil des vf. nun über diese so ganz neue und absonderliche auffassung der tragischen furcht kann auch ich mich natürlich nur vollkommen einverstanden erklären; der art und weise jedoch, wie er bei dessen widerlegung zu werke geht, kann ich nicht gleichen beifall schenken.

Denn vor allem hätte er doch das mangelhafte und hinfällige der philologischen begründung, die Geyer seiner erklärung zu geben versucht, nachweisen sollen, da, wäre diese probehaltig, diese so ausgedeutete tragische furcht jedenfalls doch immer als ein theorem des groszen Aristoteles, dessen ansichten über das drama er eben hier darzulegen unternommen hat, von uns hingenommen werden müste. nun ergibt sich aber das ganz unzulässige der Geyerschen erklärung jener stelle in Ar. rhetorik (a. o. s. 33 f.) ἔστω δὴ ἔλεος λύπη τις ἐπὶ φαινομένῳ κακῷ φθαρτικῷ καὶ λυπηρῷ τοῦ ἀναξίου τυγχάνειν, ὃ κἂν αὐτὸς προσδοκήσειεν ἂν παθεῖν ἢ τῶν αὐτοῦ τινα, nach welcher der αὐτός eben jener ἀνάξιος sein und παθεῖν 'schmerzlich empfinden' bedeuten soll ('wovon er selbst auch, nemlich der unschuldige, der den das übel getroffen hat, wol erwartet, dasz er es schmerzlich empfinden würde oder einer der seinigen'), auf das klarste schon aus den dort unmittelbar auf jene folgenden worten

168) die fehlerhafte übersetzung des οὐκ ἤδη καὶ ποιητὴν προσαγορευτέον c. 1 § 12 mit 'könnte nicht einmal ein dichter genannt werden' hat auch bereits Susemihl a. o. gerügt.

δῆλον γάρ, ὅτι ἀνάγκη τὸν μέλλοντα ἐλεήσειν ὑπάρχειν τοιοῦτον, οἷον οἰήσεσθαι παθεῖν ἄν τι κακόν, welche die beziehung des αὐτός auf den ἐλεῶν, den bemitleidenden, nicht den bemitleideten, doch wol auszer zweifel setzen, da als grund dafür, dasz das mitleid zu erwecken fähige übel ein solches sein müsse, ὃ κἂν αὐτὸς προσδοκήσειε παθεῖν, in ihnen eben die notwendigkeit, dasz der, welcher mitleid empfinden soll, ein mensch der art sei, der wol auch ein solches oder dem ähnliches unglück für sich selbst befürchten könne, angegeben wird; wie denn auch das unstatthafte der übertragung des παθεῖν mit 'schmerzlich empfinden' dem, dem es nicht von vorn herein einleuchtete, wenigstens der hier und in dem nächstfolgenden durchweg von dem worte gemachte gebrauch, der an ein 'schmerzlich empfinden' gar nicht denken läszt, zeigen muste.[169]) wobei das wunderliche gar nicht erst besonders geltend gemacht zu werden braucht, dasz hiernach Ar. das mitleid schlechthin, nicht etwa nur eine besondere art desselben, das durch tragische vorstellungen in uns zu erweckende, für ein gefühl der unlust erklären würde, das blosz erst zu befürchtende übel, und noch dazu, dem weiter in die worte von Geyer hineingetragenen nach, nicht einmal solche die wirklich in der zukunft andere treffen sollen, sondern blosz eingebildete, die in der that nie eintreffen, in uns zu erregen vermöchten.

Indes ist mit der widerlegung Geyers und seiner wunderlichen auslegung jener stelle der rhetorik freilich doch noch nicht überhaupt die möglichkeit abgeschnitten, dasz jene tragische furcht doch vielleicht Lessing falsch als 'die furcht für uns selbst' aufgefaszt haben könnte und in der that vielmehr jene unruhige spannung, in die uns das einem andern erst bevorstehende übel um dieses selbst willen versetzt, also die furcht für den tragischen helden, damit gemeint sei; und da auch in neuerer zeit nicht nur gelegentlich hie und da ohne ausdrückliche bezugnahme auf jene andere durch eine so grosze autorität vertretene auffassung derselben eine solche ansicht über jene furcht aufgestellt worden ist[170]), sondern neuerdings auch in einer manches beachtenswerthe enthaltenden abhandlung 'über Aristoteles und den zweck der kunst' von Liepert (Passau 1862) geradezu eine widerlegung jener Lessingschen auffassung versucht worden ist, die auch Susemihl[171]) einzugestehen bewegen konnte, dasz die bisher auch von ihm geteilte meinung Lessings, als hätte Ar. schlechthin nur eine furcht für uns selbst oder einen der unseren anerkannt, unhaltbar sei: so scheint es nicht unangemessen diesem gegenstande — wenn auch die vagen und flüchtigen

169) vgl. Susemihl in diesen jahrb. 1862 s. 396, wo auch noch die übersetzung des προσδοκήσειεν ἄν und die des ἀνάξιος mit 'unschuldig' mit recht gerügt wird, wie auch den recensenten der Geyerschen schrift in Zarnckes litt. centralblatt 1861 nr. 5 sp. 61. 170) z. b. bei E. Palleske: Schillers leben und werke bd. II s. 197. 171) s. die vorrede zu seiner übersetzung der Aristotelischen poetik s. XI.

andeutungen, in denen hr. Z. gegen eine solche 'von der dichtung als kunstwerk durchaus nicht zu berücksichtigende' furcht des zuschauers für sich selbst sich ausspricht, gerade keine besondere aufforderung dazu in sich enthalten — hier noch eine kurze besprechung zu teil werden zu lassen.

Zunächst kann die tragische furcht als eine furcht für andere, nemlich für den helden des stücks, für den wir nach Liepert fürchten sollen, 'so lange nicht die hoffnung, die sache könne eine für ihn günstige wendung nehmen, wegfalle', schon deshalb nicht gefaszt werden, weil diese furcht bei Ar. bereits mit in dem mitleid enthalten ist. und zwar faszt er so den begriff des mitleids nicht nur in seiner rhetorik auf, wo II 8 von einem ἐλεεῖν ἐγγὺς αὐτοῦ τοῦ δεινοῦ die rede ist, II 5 φοβερά genannt werden ὅσα ἐφ' ἑτέρων γιγνόμενα ἢ μέλλοντα ἐλεεινά ἐστιν, und weiterhin in c. 8 — indem als mittel gröszeres mitleid zu erwecken alles, was die leiden unglücklicher anderen unmittelbar vor augen führt, eine körperhaltung, eine bekleidung, ein mienen- und gebehrdenspiel (ὑπόκρισις), wie sie eben für leidende passen, angegeben wird — es von dem unglück, das durch solche mittel mitleid zu erwecken sucht, in gleicher weise ausdrücklich heiszt, dasz es so ebenso gut ὡς μέλλον — und nur als ein solches, ein für die nächste zukunft zu befürchtendes erscheint es ja auch in der tragödie der alten vor eintreten der katastrophe des dramas durchweg[172]) — wie ὡς γεγονός uns vor augen gestellt werden könne; nein, auch in der poetik selbst wird ganz in derselben weise das μέλλειν ποιεῖν τι δεινὸν ἢ οἰκτρόν als etwas nicht minder denn das ποιεῖν selbst mitleid zu erregen fähiges (ἐλεεινόν) gefaszt, indem es von dem falle, wo feinde einander töteten, heiszt dasz hier weder das ποιεῖν noch das μέλλειν ποιεῖν mitleid in uns zu erwecken fähig sei.

Aber auch an und für sich schon musz es als eine höchst gewagte annahme erscheinen, dasz Ar. in der poetik seinen lesern so ohne weiteres bei der furcht, die neben dem mitleid die tragödie erregen solle, an die furcht für den helden der tragödie zu denken zugemutet haben solle, da, wenn auch von φοβεῖσθαι περί oder

172) von Liepert a. o. s. 16 ist allerdings auch diese beziehung des mitleids auf zukünftige leiden nicht ganz übersehen worden; aber wenn die furcht sich nach ihm, obwol ebenfalls auch auf andere sich beziehend, doch noch dadurch von dem mitleid unterscheiden soll, dasz dies nur auf die zukunft, insofern das unglück als unabwendbar bevorstehend betrachtet werde, die furcht auf ein unglück, das man abzuwenden noch hoffnung habe, sich beziehen solle: so ist hiergegen zu erinnern, dasz von einem von vorn herein als durchaus unabwendbar erscheinenden zukünftigen unglück überhaupt nur in den seltensten fällen die rede sein kann, die schwerlich eine solche besondere berücksichtigung bei Ar. gefunden haben würden, ferner aber auch ausdrücklich ebenso wie der ἔλεος mit dem unglück anderer auch die furcht in dem von ihr handelnden capitel der rhetorik nur auf die bange und unruhvolle erwartung derselben art von leiden und übeln, ἃ μὴ πόρρω, ἀλλὰ σύνεγγυς φαίνεται, ὥστε μέλλειν, von ihm beschränkt wird.

ὑπέρ τινος hie und da die rede ist, doch von einem φόβος für andere in der ganzen gräcität kaum irgend eine sichere spur sich findet[173]) und namentlich Ar. selbst nirgends, weder in seiner mit der poetik in so besonders engem zusammenhange stehenden rhetorik noch in seiner ethik und politik (VII 7, 6 Stahr), von den worten φόβος, φοβεῖσθαι, φοβερόν und φοβητικός irgendwo einen solchen gebrauch macht, der uns dabei an die furcht für andere uns nicht unmittelbar nahe stehende und so, als glieder unserer familie, gleichsam mit zu unserem selbst gehörende[174]) zu denken veranlassen könnte, durch begriffsbestimmungen aber wie die eben bereits erwähnte der φοβερά in der rhetorik II 5, als ὅσα ἐφ᾽ ἑτέρων γιγνόμενα ἢ μέλλοντα ἐλεεινά ἐστιν, jede beziehung des begriffes auf die sorge um andere uns fremde geradezu auf das entschiedenste ausschlieszt.

Doch auch hier bekundet schon eine stelle in der poetik selbst, c. 14 § 4, nach welcher durch die ὄψις die tragödie nicht auf das τερατῶδες, sondern auf das φοβερόν hinzuwirken haben soll, deutlich genug dasselbe, nemlich die auffassung des φόβος als furcht für uns selbst: denn wo bereits ein so schauervolles schauspiel sich uns darbietet wie bei dem sich die augen ausreiszenden Oedipus, dem sich in sein schwert stürzenden Aias, dem den leichnam seines sohnes in den armen haltenden und den der gattin vor sich erblickenden Kreon, da kann von bloszer furcht und besorgnis für die in der tragödie uns vorgeführten personen offenbar auch nicht mehr die rede sein; wol aber wird gerade ein solcher anblick durch die macht, die er auf die äuszeren sinne ausübt, bei den meisten menschen vorzugsweise das mitleid bis zu einem grade zu steigern sich fähig erweisen, wo uns ein schauer durchrieselt, wie er sonst nur eine wirkung der nähe unmittelbar uns selbst bedrohender gefahren zu sein pflegt.

Aber es geriethe ja Ar., erinnert Liepert, wenn die tragische furcht bei ihm eine furcht für andere, für den helden des dramas wäre, in einen unauflösbaren widerspruch mit sich selbst, da σφόδρα φοβούμενοι nach ihm ja durchaus kein mitleid mit anderen zu empfinden fähig sind und nun doch wieder in dem durch tragische dichtungen in uns erregten gefühl mitleid und furcht, jene egoistische für uns selbst, nach ihm sich zu innigster verschmelzung zu vereinigen haben würden.

Ja, wenn jede art von furcht für uns selbst das mitleid ausschlieszen sollte, dann würde man ihm allerdings recht geben müs-

---

173) der φίλων φόβος in Platons gesetzen I 647ᵇ ist jedenfalls nicht, wie er in dem thesaurus von Stephanus gefaszt wird 'metus quo metuimus amicis', sondern mit H. Müller als befürchtung (übler nachrede) den freunden gegenüber aufzufassen. 174) Nikom. ethik III 6, 5 οὐδὲ δὴ εἴ τις ὕβριν περὶ παῖδας καὶ γυναῖκα φοβεῖται, δειλός ἐστιν. vgl. in der definition des ἔλεος rhet. II 8 die worte ὃ κἂν αὐτὸς προσδοκήσειεν ἂν παθεῖν ἢ τῶν αὐτοῦ τινα.

sen; aber es sind ja eben nur die σφόδρα φοβούμενοι, die welche ganz auszer alle fassung gerathend so völlig in beschlag genommen werden durch eigenes sie oder die ihrigen bedrohendes unglück, dasz für andere gedanken und gefühle in ihrer seele überhaupt kein raum mehr übrig bleibt, die Ar. — mit vollem recht — für unfähig erklärt mitleid mit anderen zu empfinden. dasz aber in jedem falle, wo das bange gefühl uns durchschauert, dasz des oft mit so furchtbarer schnelle plötzlich auf den menschen hereinbrechenden unglücks mächte auch uns bald ereilen könnten, dasz wir in der that nicht so fern sind jedem unglück und leid, wie wir vielleicht bisher in stolzem, durch langdauerndes ungestörtes glück in uns erzeugtem und genährtem sicherheitsgefühl gewähnt hatten, wo also leid und unglück uns nahe zu sein scheint (πλησίον φαίνεται), die lebhafte vorstellung eines bevorstehenden unglücks momentan beängstigend und beunruhigend sich unserer seele bemächtigt (ταραχὴ ἐκ φαντασίας μέλλοντος κακοῦ), ohne dasz dies gerade wirklich uns so nahe zu sein braucht, wie ja auch schon eine recht lebhaft vergegenwärtigende darstellung von leid und unglück nach Ar. die wirkung, dasz wir es uns unmittelbar nahe fühlen, hervorzubringen vermag (ἐγγὺς γὰρ ποιοῦσι φαίνεσθαι τὸ κακὸν πρὸ ὀμμάτων ποιοῦντες rhet. II 8) — dasz in jedem solchen fall eine so heftige, für alles mitleid uns durchaus unempfänglich machende furcht über uns die herschaft gewinnen müste, wird sich nicht beweisen lassen.

Und auch an einem ausdrücklichen und, wenn ich mich nicht sehr irre, sogar in bestimmter beziehung auf tragische darstellungen ausgesprochenen[175]) zeugnisse für die innige verbindung zwischen mitleid und der furcht für uns selbst fehlt es nicht in jener von der furcht handelnden stelle der Aristotelischen rhetorik. denn wenn Ar. hier als ein mittel ein gefühl der furcht in solchen zu erwecken, für die es besser wäre dasz sie solchen gefühlen raum gäben, anführt, dasz man ihnen leiden, die ihres gleichen erlitten oder erlitten hätten, vor augen stellen müsse, und zwar solche die sie durch menschen und zu einer zeit, von denen und zu welcher sie es nie geglaubt, betroffen hätten, und die auch selbst von der art wären, dasz sie ihnen gar nicht ausgesetzt zu sein gemeint hätten: so werden solche leiden der ὅμοιοι doch offenbar eben mittels des mitleids, das sie in ihnen rege machen (rhet. II 8 καὶ τοὺς ὁμοίους ἐλεοῦσι) zugleich furcht für sich selbst in ihnen erwecken. dasz er aber ungeachtet jenes engen zusammenhanges zwischen furcht und mitleid doch bei behandlung der wirkungen tragischer vorstellungen jede von beiden gemütsbewegungen stets besonders aufführt, nicht die furcht als notwendiges ingrediens des mitleides ganz wegläszt, auch das erscheint bei unserer auffassung der tragischen furcht — bei der andern, wie wir sahen, nicht so — vollkommen erklärbar.

Denn immer bleiben doch beide ihrem wesen nach, der eigen-

---

175) vgl. meine gesch. der kunsttheorie II s. 64.

tümlichen richtung nach, in der die seele sich bei ihnen bewegt, ganz verschiedene gefühle, jene ein egoistisches, dieses an sich, insoweit ihm eben jene sich nicht beimischt, ein sympathetisches; und das wird man auch hrn. Liepert allerdings nicht umhin können zuzugeben, dasz Ar. regungen des mitleids als möglich sich auch ohne alle beimischung von furcht gedacht hat: denn wie sollte man nach jenen so klaren, von Lessing nicht beachteten worten des achten capitels der rhetorik, dasz man mitleid mit anderen auch empfinde, ὅταν ἔχῃ (τις) οὕτως, ὥστε ἀναμνησθῆναι τοιαῦτα συμβεβηκότα ἢ αὑτῷ ἢ τῶν αὑτοῦ, dies noch in zweifel ziehen können?

In betreff der berühmten stelle in dem 13n cap. der poetik § 4 ὁ μὲν γὰρ περὶ τὸν ἀνάξιόν ἐστι δυστυχοῦντα, ὁ δὲ περὶ τὸν ὅμοιον, ἔλεος μὲν περὶ τὸν ἀνάξιον, φόβος δὲ περὶ τὸν ὅμοιον wird man danach doch wol bei der alten erklärung derselben sich beruhigen müssen — der punct, um den es sich bei dem mitleid handelt, ist vornehmlich das unverdiente, weil über seine verschuldung hinausgehende des leidens des unglücklichen, der punct, um den es sich bei der furcht handelt, die moralische ähnlichkeit desselben mit uns, dasz er nicht ein verworfener bösewicht ist, nicht so greuelvolle thaten von ihm verübt worden sind, die es uns unmöglich machen zu fürchten, dasz ein ähnliches loos, wie es ein so ganz entartetes wesen getroffen, auch uns, die wir noch menschlich denken und fühlen, irren und fehlen, einst treffen könne.[176])

Auf eine eigentümliche weise versucht ferner der vf. hier (s. 89 ff.) zu erklären, weshalb Ar. der tragödie ein δι' ἐλέου καὶ φόβου περαίνειν τὴν τῶν τοιούτων (nicht τούτων) παθημάτων κάθαρσιν zuweise. mit τὰ τοιαῦτα παθήματα nemlich, sagt er s. 95, würden alle die empfindungen, die mit mitleid und furcht zu derselben art gehörten, bezeichnet, 'da ὁ τοιοῦτος (s. 93) durchaus da gebraucht werde, wo einzelne dinge einer art genannt worden wären und nun auch die übrigen in dieselbe art hineingehörigen mitbegriffen werden sollten'; nun wäre aber die unwillige aufregung, die im griechischen mit ὀργή bezeichnet werde, eine empfindung der art, da sie mit furcht und mitleid unter den gemeinschaftlichen begriff der tragischen wehmut fiele; dasz aber in der that auch eben diese ὀργή, der unwille über die in der menschheit herschende gemeine natur, welcher der held bei seinem edlen streben unterliege, zu den nach Ar. durch die tragödie hervorzurufenden empfindungen gehöre, bewiesen auf das deutlichste die worte des 19n cap. der poetik, wo von der διάνοια gehandelt und § 4 als μέρη τῶν κατὰ

176) s. auch noch A. Döring in dem unmittelbar vor abschlusz dieser arbeit in meine hände gelangenden, die tragische katharsis bei Aristoteles betreffenden jahresberichte des philologus XXVII s. 702 f., wo auch das φόβον ἔχειν der tragischen peripetie nach poetik 11, 4 gegen die furcht für den tragischen helden, für den wir dann ja nicht mehr blosz fürchten, geltend gemacht wird.

des mitleids an sich, ihrem abstracten begriffe nach, natürlich eben nicht gemeint sein, sondern nur alle die concreten, in den seelen der zuschauer wirklich sich vorfindenden gefühle der art, die sie bei aufführung tragischer stücke mit sich ins theater bringen, wie dies ja auch nach der neuesten, gründlichsten untersuchung über den Aristotelischen sprachgebrauch in betreff dieses wortes ganz wol zulässig erscheint.[180])

Aber was haben wir uns nun unter dieser κάθαρσις selbst zu denken, über die namentlich seit der in dieser frage epoche machenden abhandlung von J. Bernays[181]) wieder so viel gründliches und seichtes, tiefeindringendes und oberflächliches hin und her gesprochen worden ist? wie verhält sich der vf. zu den verschiedenen auffassungen dieses räthselwortes, dessen verborgenem sinne auf die spur zu kommen philologen und ästhetiker aller art seit jahrhunderten, vornehmlich aber eben in diesen letzten jahren so viel mühe, phantasie und scharfsinn mit mehr oder minder glücklichem erfolge aufgewendet haben?

Im wesentlichen ist es Bernays, dessen forschungen hier den etwas diffusen, bisweilen auch confusen ausführungen des hrn. Z. über diese von Ar. dem trauerspiele zugeschriebene wirkung zum grunde liegen. denn mit ihm sieht er in ihr (s. 101. 126 und 128) 'eine erleichternde entladung der durch das pathos, mitleid und furcht zunächst hervorgerufenen empfindungen', und in dieser entladung des beklommenen, dieser momentanen beschwichtigung desselben bestehe auch die ganze von Ar. ihr beigemessene wirkung, eine dauernde bessernde kraft etwa derselben beizulegen liege dem philosophen durchaus fern (s. 101).

Eine prüfung dieses abschnittes der mir zur beurteilung vorliegenden schrift schlieszt also notwendig zugleich eine kritische beleuchtung der Bernaysschen abhandlung in sich, und um so weniger kann ich die für sich mir darbietende gelegenheit mich über das verhältnis meiner auffassung des begriffes zu der seinigen auszusprechen unbenutzt lassen, da ja auch von ihm auf meine behandlung der katharsisfrage in meiner geschichte der kunsttheorie ausdrücklich rücksicht genommen und neben anerkennenden äuszerungen über dieselbe auch was ihm in ihr nicht genüge hervorgehoben worden ist.

Eine der wissenschaftlichen bedeutung jener abhandlung selbst wie der wichtigkeit der in ihr erörterten frage an sich in wahrheit entsprechende würdigung derselben indes, die ja auch zugleich alles andere irgendwie beachtenswerthe in der reichen katharsislitteratur der letzten jahre in ihren bereich zu ziehen haben würde, wird an dieser stelle, in dieser ohnedies schon zu unverhältnismäszìger länge

180) s. Bonitz a. o. (i[illegible] und πάθημα im Aristotelischen sprachgebrauche) s. 40. [illegible]züge der verlorenen abhandlung des Aristoteles über wirkun[illegible]die (Breslau 1857).

angewachsenen anzeige schwerlich jemand von mir erwarten können; nur auf ein paar kurze den standpunct, welchen ich jetzt noch in dieser streitfrage festhalten zu müssen glaube, rechtfertigende bemerkungen werde ich mich hier also beschränken müssen; was ich auch nach alle dem, was zur rechtfertigung desselben bereits von anderen neben mir ihn behauptenden gelehrten, wie namentlich Susemihl, beigebracht worden ist, um so weniger zu bedauern brauche.

Zunächst nun war, meine ich, durchaus kein genügender grund vorhanden an die stelle der reinigung hier einen andern terminus, sei es nun mit Bernays entladung oder mit Döring in dem übrigens in vielem betracht dankenswerthen artikel 'über die tragische katharsis und ihre neuesten erklärer'[182]) ausscheidung zu setzen, da der begriff der κάθαρcιc doch jedenfalls nie ein anderer werden kann als der einer handlung oder eines verfahrens, wodurch jemand καθαρόc d. h. rein wird, was doch weder durch das wort 'entladung', das nur die befreiung von einer überbürdung bezeichnet, noch durch 'ausscheidung' an sich, da es hier eben darauf ankommt was auszuscheiden ist, ausgedrückt wird, wie denn auch schon in den Platonischen definitionen die κάθαρcιc nicht für eine ἀπόκριcιc schlechtweg, sondern eine ἀπόκριcιc χειρόνων ἀπὸ βελτιόνων erklärt wird und nach Platons sophisten (226[d] und 227[d]) der καθαρμόc in bezug auf die seele in dem λιπεῖν τὴν ἀρετήν, ἐκβάλλειν δὲ τὸ φλαῦρον oder κακίαc ἀφαίρεcιc bestehen soll.[183])

In betreff der κάθαρcιc παθημάτων also in der Aristotelischen definition der tragödie kann in wahrheit nichts anderes fraglich erscheinen als ob eine reinigung der gefühle, von denen dort die rede ist, selbst oder eine reinigung des menschen von diesen gefühlen damit bezeichnet werden soll.

Nach Bernays nun (a. o. s. 145 und 149) soll das begriffliche object der κάθαρcιc der mit solchen affectionen behaftete, diesem hange unterworfene mensch sein, er entscheidet sich also für das letztere: nicht die παθήματα werden nach ihm gereinigt, sondern der mensch von ihnen, wie ja doch auch in dem τυχόνταc τῆc καθάρcεωc und πᾶcι γίγνεcθαί τινα κάθαρcιν der politik (VIII 7) 'der aus dem gleichgewicht gebrachte mensch, nicht der krankhafte stoff' als eigentliches object der katharsis erschiene.

Da es indes dort ja keineswegs heiszt, dasz die verzückten usw. durch heilige lieder und ähnliches gereinigt würden, sondern eben nur dasz ihnen dadurch eine reinigung zu teil werde, läszt sich auch dort noch sehr wol ein den zu reinigenden gegenstand bezeichnender genetiv hinzudenken

182) im philologus XXI s. 526 und XXVII s. 718. reinigungen des körpers bleiben doch jedenfalls überall die als καθάρcειc bezeichneten ausscheidungen, die aus den schriften des Hippokrates hier von ihm angeführt werden. 183) s. L. Spengel über die κάθαρcιc τῶν παθημάτων (München 1859), eine hauptschrift in dieser streitfrage, s. 17.

Ob aber κάθαρcίc τινοc überhaupt heiszen könne 'reinigung, reinigende befreiung von etwas', irgend einer art des schmutzes, des unsaubern und verdorbenen, sei es nun die seele oder der körper, den es beflecke, würde auch nach der berufung auf die καθάρcεις τῶν καταμηνίων in der Aristotelischen thiergeschichte bei Bernays doch immer noch zweifelhaft bleiben, da ja auch wie κάθαρcιc so καταμήνια allein von Ar. zur bezeichnung dieser monatlich sich wiederholenden reinigung bei dem weiblichen geschlechte gebraucht wird[184]) — gerade wie auch bei uns im munde des volkes 'das monatliche' und 'die reinigung' ganz gleichbedeutende ausdrücke sind — die κάθαρcιc τῶν καταμηνίων also bei ihm wie bei Hippokrates (de aëre aqua usw. § 20) sehr gut auch als die eben in den καταμήνια bestehende reinigung aufgefaszt werden kann; die ἀποκαθάρcειc τῆc χολῆc aber bei Thukydides (II 49) zu gunsten der von ihm behaupteten bedeutung von κάθαρcιc als reinigende entleerung und entladung doch nur dann würden herangezogen werden können, wenn sie eben nicht ἀποκαθάρcειc, sondern schlechthin καθάρcειc genannt würden. in Platons Phaedon (69 c) indes läszt allerdings die ἀρετή als κάθαρcιc ἡδονῶν καὶ φόβων καὶ λυπῶν schwerlich eine andere auffassung zu, ebenso wie bei Hippokrates die ἐξερύθρων, μελάνων ὑπὸ ἐλλεβόρου καθάρcιεc.[185])

Entschieden aber widerstreitet jedenfalls der auffassung der κάθαρcιc der politik und poetik als einer reinigung von einem krankheitsstoffe die in der erstern schrift derselben rücksichtlich des enthusiasmos zugeschriebene wirkung, der an sich doch unmöglich von Ar. als ein reiner krankheitsstoff aufgefaszt werden konnte, so dasz die, welche zu stark von ihm ergriffen und in eine zu wilde und maszlose aufregung durch ihn versetzt wären (οἱ ὑπὸ ταύτηc τῆc κινήcεωc κατακώχιμοι) durch heilige lieder ganz von ihm sollten gereinigt und befreit werden müssen, und noch weniger sieht man ein, wie einer derartigen reinigung sogar auch solche, die in einem schwächern grade seine einwirkung empfänden, bedürftig sein sollten, und doch wird jene κάθαρcιc in der diesen gegenstand behandelnden stelle der politik (VIII 7) von Ar. auch in beziehung auf diese gesetzt.

Nein, sobald man es mit den worten genau nimt und nicht ohne weiteres es Bernays gestatten will die 'reinigung' in der katharsisfrage von ihrem platze zu verdrängen und kurzweg seine 'entladung' an deren stelle zu setzen — wozu doch auch bei ganz sicher bezeugtem Aristotelischen ursprunge jener ἀπέραcιc des Porphyrios (s. Bernays a. o. s. 169) die berechtigung immer erst noch nachgewiesen werden müste — wird man doch wol auch an der κάθαρcιc τῶν

184) s. hist. anim. VI 20, 2 τὰ δὲ καταμήνια ταῖc κυcὶν ἑπτὰ ἡμέραιc γίγνεται, vgl. auch VI 11, 10 und VII 1, 6 und über κάθαρcιc in demselben sinne ebd. VI 17, 11. 185) vgl. Ueberweg gesch. der philos. des alt. 3e aufl. s. 178 und Döring an der zuletzt angeführten stelle.

παθημάτων durch die tragödie als einer reinigung der hier in frage kommenden gefühle festhalten müssen, so dasz sie nach Ar. als der zu reinigende gegenstand zu betrachten sind, gerade wie Platon im sophisten von καθάρσεις der seele überhaupt, reinigungen oder reinigungsmitteln, deren gegenstand eben diese sei, spricht.[186])

Während ich nun aber so an der reinigung als alleinigem äquivalent der Aristotelischen katharsis auch jetzt immer noch festhalte, und zwar einer reinigung der in frage stehenden παθήματα, nicht von diesen, musz ich freilich jetzt einräumen, dasz mit 'leidenschaften' jene παθήματα, die ja durchaus nicht in begehrungen irgend einer art wurzeln, und mit ihnen den in der politik neben sie gestellten enthusiasmos wiederzugeben der genauere sprachgebrauch nicht gestattet und diese allerdings nicht bei mir allein sich vorfindende, sondern fast stereotyp gewordene 'reinigung der leidenschaften' nichtsdestoweniger mit Bernays und einigen anderen neueren[187]) aufzugeben und ausdrücke, die sie vielmehr dem gefühlsvermögen zuweisen, an deren stelle zu setzen sind.

Indes etwas anderes ist es, was Bernays (a. o. s. 137 f.) an meiner behandlung des gegenstandes ausdrücklich als mangelhaft hervorhebt, die in den worten, in welche das ergebnis meiner untersuchungen zuletzt von mir zusammengefaszt wird, liegende unbestimmtheit, dasz nemlich danach diese reinigung in umwandlung der unlust, die dem mitleid und der furcht anhaftet, in lust bestehen oder damit wenigstens im innigsten zusammenhange stehen solle; und wenn ich auch im allgemeinen dankbar die vertheidigung, die mir hier Susemihl (jahrb. 1862 s. 415) zu teil werden läszt, acceptiere, dasz ich mit jenem 'oder' nur habe ausdrücken wollen, dasz Ar. selbst es dahinstehen lasse, ob die ganze tragische katharsis mit dem tragischen kunstgenusse zusammenfliesze oder dieser letztere nur als integrierendes moment in ihr enthalten sei: so liegt doch in diesem von einem so achtungswerthen gelehrten gegen meine erklärung des wesens derselben gerichteten angriff eine genügende veranlassung mich hier noch einmal ganz klar und so genau und vollständig, als es die umstände nur immer gestatten, über meine auffassung dieser wichtigen lehre auszusprechen. hier musz ich nun aber zunächst erklären, dasz ich von der annahme eines innigen zusammenhanges der Aristotelischen katharsislehre mit den geistvollen andeutungen in Platons gesetzen über die art und weise, wie durch tanz, flötenspiel und gesänge eine heilung sinnberaubender

---

186) soph. 227c χωρὶς τῶν τῆς ψυχῆς καθάρσεων. vgl. Susemihl in diesen jahrb. 1867 s. 235, der noch in zweifel ist, ob sich solche ausdrückliche beispiele zum beleg für die παθήματα als zu reinigende gegenstände nachweisen lieszen, sehr richtig indes bemerkt, dasz, wenn sie sich nicht nachweisen lieszen, dies doch nur für einen zufall zu halten sein würde. gegen die willkürliche vertauschung der 'reinigung' mit 'erleichternder entladung' erklärt sich übrigens auch Ueberweg a. o.

187) unter ihnen auch dem vf. der uns vorliegenden schrift s. 91.

bakchischer wut bewirkt werden könne[188]), auch jetzt noch nicht abgehen kann und demgemäsz in 'der überwältigung und dämpfung innerer erregung durch äuszere oder wenigstens von auszen kommende'[189]) immer noch das dieser katharsis zum grunde liegende princip erkenne.

Denn in der that sind mittel, gegenstand und wirkung hier und bei der in der politik VIII 7 von Ar. behandelten katharsis zu ähnlich und übereinstimmend, als dasz die nächste verwandtschaft der in beiden stellen zur sprache gebrachten erscheinungen in frage gestellt werden könnte — das object, auf das einzuwirken ist, dort ἔκφρονες βακχεῖαι, hier der enthusiasmos namentlich bei solchen, die ganz unter der herschaft dieser aufregenden gefühle stehen; mittel der einwirkung dort neben korybantischen tänzen eine mit heiligen handlungen in verbindung stehende flötenmusik, hier ebenfalls auf der flöte vorgetragene heilige melodien des Olympos; die wirkung selbst endlich hier wie dort heilung und beruhigung, wiederherstellung geordneter seelenzustände und wiedereinsetzung der vernunft in ihre rechte.[190])

Und doch sollte Ar. mit seiner katharsislehre einen ganz andern sinn verbunden haben als dort Platon mit seiner psychiatrik und bei so deutlich an jene des groszen lehrers anklingenden worten doch etwas ganz anderes als dieser gedacht, vielmehr jene reinigungen des körpers bei Hippokrates von schleim, speichel, galle und verdorbenen säften aller art durch erbrechen und dem ähnliche ausscheidungsarten, als die des wahnsinns durch korybantische weihen, als analogon seiner katharsis des enthusiasmos durch heilige lieder im auge gehabt haben?

Aber καθάρσεις nennt ja doch Platon jene ἰάσεις τῶν ἐκφρόνων βακχειῶν nirgends, und dieser name nötigt daher doch wol bei Ar. noch an etwas ganz anderes zu denken.

Platon allerdings nicht; ob indes dieser name dafür dem höheren altertum überhaupt fremd gewesen, bleibt dabei immer noch zweifelhaft, da bei Hesychios wenigstens der κορυβαντισμός schlechthin mit κάθαρσις μανίας erklärt wird[191]) und auch ein scholiast zu der stelle in Aristophanes wespen (v. 117), die von dem vergeblichen versuche des Bdelykleon seinen am richterwahnsinn leidenden vater durch die betäubungsmittel der korybantischen weihen zu heilen

188) Platons gesetze 790[d] und 791[ab]. s. meine gesch. der kunsttheorie I s. 121 und II s. 70. 189) ἡ τῶν ἔξωθεν κρατεῖ κίνησις προσφερομένη τὴν ἐντὸς φοβερὰν οὖσαν καὶ μανικὴν κίνησιν sind die worte Platons a. o. 190) τῶν ἐκφρόνων βακχειῶν ἰάσεις bei Platon, ὥσπερ ἰατρείας τυχεῖν καὶ καθάρσεως bei Aristoteles; ἕξεις ἔμφρονας ἔχειν bei jenem, καθίστασθαι bei diesem. 191) bei Hesychios beruht die κάθαρσις μανίας zwar nur auf einer emendation (Meinekes im philol. XII s. 615), aber einer durchaus sichern des ganz corrupten καθαρσισμωνίας der handschriftlichen überlieferung; vgl. auch M. Schmidts ausgabe bd. II unter κορυβαντισμός.

handelt, diese ἐπὶ καθαρμῷ τῆς μανίας in anwendung gebracht werden läszt.

Doch den namen möge immerhin Ar. selbst für eine derartige ἴασις erfunden haben: den begriff der katharsis oder die anregung zu ausgestaltung desselben, da freilich bei ihm die κάθαρσις doch immer noch einen viel umfassendern und höhern sinn hat, kann er deshalb doch Platon verdanken.

Dasz es aber in der that auch bei Aristoteles stets eine doppelte art von bewegung ist, die er da, wo jener process der katharsis vor sich geht, in der seele stattfinden läszt, und so in der bewältigung der einen durch die andere, der schon vorher in der seele vorhandenen durch die von auszen her hinzutretende, jene reinigung nach ihm sich vollzieht, keineswegs, wie Bernays will (a. o. s. 144), die ganze κάθαρσις lediglich auf dem aufregen, dem hervortreiben der in dem gemüte dessen, dem damit eine erleichterung zu teil werden soll, vorhandenen beklemmenden elemente beruht, möge nun noch eine nähere beleuchtung der besonderen mittel zeigen, durch welche er diese reinigung bewirkt werden läszt.

Solche von auszen kommende erregungen des seelenlebens aber, die gegen gleichnamige in der seele bereits vorhandene ankämpfen und sie bewältigen, sind doch offenbar bei den zuhörern und zuschauern bei tragischen darstellungen die furcht und das mitleid, durch welche die tragödie eine reinigung dieser art von gefühlen bei ihnen ins werk setzt: denn ein ankämpfen derselben gegen diese ist ja doch schon dadurch bedingt, dasz sie eben gefühle der lust sind, während die furcht wie das mitleid an sich ausdrücklich von Ar. als gefühle der unlust, λῦπαι, charakterisiert werden: denn nicht etwa nur in der erleichterung, die dem gemüte zu teil wird, indem es sich hier der beklemmenden elemente entladet, besteht die lust, die durch tragische dichtungen nach Ar. in uns erregt wird, sondern von vorn herein ist eine lust am leid, geheimnisvolle, auch das herbste und bitterste durch hervorlockung einer tief in ihm verborgenen süszigkeit in einen quell hoher lust verwandelnde gefühle, die der tragische dichter in uns zu erwecken versteht.[192])

Wie schon mit dem φρίττειν des 14n cap. der poetik dies von Ar. angedeutet wird, ist bereits oben ins licht gesetzt worden; wie aber diese der furcht und dem mitleid in uns entlockte lust wesentlich auf das lustgefühl sich gründet, welches eine echt künstlerische composition durch die in ihr herschende harmonie, innere notwendigkeit, abrundung und abgeschlossenheit in uns erregt, darauf deutet namentlich jenes εὐφραίνει in betreff des Ἄνθος und anderer tragödien des Agathon, welches eben um dieser vorzüge willen, ungeachtet namen und handlung in ihnen erdichtet wären, ihnen zuerkannt wird (poetik 9, 1), auf das bestimmteste hin; woneben auch dem ἡδυσμένος λόγος (ebd. 6, 1—3), wie er zum

192) vgl. hier auch Döring im philol. XXI s. 513.

teil ja auch schon der bloszen dichtung im drama angehört, gewis ebenfalls ein nicht unwesentlicher anteil an der hervorlockung der in ihnen verborgenen lust aus mitleid und furcht von ihm zugestanden wurde. dasz nun aber gerade wo mitleid und furcht den höchsten grad erreichen, bis zu dem tragische darstellungen in dem hörer oder zuschauer sie überhaupt zu steigern vermögen, bei wiedererkennungen und peripetien, zumal der verbindung beider tragischer kunstmittel mit einander, tragische dichtungen nach ihm den stärksten reiz auf uns ausüben[193]) und damit denn auch die lust in uns auf ihren höhepunct erheben, zeigt wol mehr als alles andere, wie klar sich stets der grosze denker über diesen specifischen unterschied zwischen mitleid und furcht im gewöhnlichen sinne und den durch die tragödie erweckten gefühlen ähnlicher art war, denen er indes bei der starken und heftigen erregung, in welche doch auch sie die seele versetzen, dennoch denselben namen wie jenen beizulegen nicht anstehen zu dürfen meinte.

Vollkommen begreiflich übrigens möchten uns psychologische erscheinungen der art, wie bei diesem eigentümlichen schweben zwischen voller hingebung der seele an die auf den brettern ihr vorgeführte oder auch nur durch des dichters phantasievolle darstellung ihr vorgezauberte welt und dem stillen bewustsein, dasz es doch eben nur ein traum sei, der eine solche macht über ihre empfindungen ausübe, selbst aus dem furchtbarsten und entsetzlichsten sich für sie eine lust, die der empfängliche kaum für irgend eine andere vertauschen möchte, zu entwickeln vermöge, schwerlich überhaupt jemals werden; in bezug auf die furcht indes, die mit einer so starken unlust verbunden ist, dasz eine erregung von lust durch an sie geknüpfte gefühle am auffallendsten erscheint, sind wenigstens einige eine annähernde lösung des problems vorbereitende andeutungen auch schon von mir in meiner geschichte der theorie der kunst gegeben worden.[194])

---

193) poetik 6, 18 πρὸς δὲ τούτοις τὰ μέγιστα, οἷς ψυχαγωγεῖ ἡ τραγῳδία, τοῦ μύθου μέρη ἐστίν, αἵ τε περιπέτειαι καὶ ἀναγνωρίσεις, und 11, 5—7. 194) II s. 67. hätte diese stelle und überhaupt die ganze in diesem abschnitte meiner schrift gegebene erörterung des gegenstandes graf Paul York von Wartenburg genauer und unbefangener gelesen und gewürdigt, so würde er schwerlich solche plattheiten, wie 'dasz jene lust, die die tragödie an die stelle der unlust der leidenschaften setze und Ar. unter der katharsis verstanden wissen wolle, geradezu in nichts anderem als in der empfindung der eigenen momentanen gefahrlosigkeit bestehe' (s. 10 seiner abhandlung über die katharsis des Aristoteles, Berlin 1866) aus ihr herausgelesen und mir die einbildung, eben in jener schwachherzigen und matten lust an der eigenen augenblicklichen sicherheit die auflösung des ganzen räthsels jener katharsis gefunden zu haben, zur last gelegt haben. doch es hat bereits Susemihl in diesen jahrb. 1867 s. 225 ff. die schwächen dieser kritischen partie seiner abhandlung in ein so helles licht gesetzt, dasz ich einer selbstvertheidigung gegen so ungerechte vorwürfe dadurch vollkommen überhoben bin. nur die seltsame behauptung desselben

Dasz nun aber in gleicher weise auch nach Ar. in jener gehobenen religiösen stimmung, in welche die auf der flöte ertönenden melodien eines Olympos versetzten, ein element der lust enthalten war, welches zwischen der art von ekstase, die sie hervorriefen, und der wilden und wüsten unruhe jener zustände des wahnsinns, für die sie ein heilmittel sein sollten, einen ebenso wesentlichen unterschied begründete, wie wir ihn zwischen der furcht und dem mitleid der tragödie und den sonstigen affectionen der art fanden, wird wol nach alle dem, was über den reiz und die süszigkeit, die der musik überhaupt inwohne, in seiner politik von ihm gesagt wird, und was wir über die ἱμερόεσσα ὄψ der flöte insbesondere sonst bei den alten lesen (s. Theognis 532), wol von niemandem in zweifel gezogen werden.

Diese durch die tragische poesie sowie durch heilige melodien wie die des Olympos erregten gefühle wirken nun nach Ar. schon insofern auf die gleichnamigen gefühle derer, die von den aufregenden und beunruhigenden einwirkungen der affecte der furcht und des mitleids und eines wilden und zügellosen enthusiasmos geplagt werden, reinigend ein, als sie eine macht über sie üben, die all das dumpfe, beängstigende und beklemmende, das sie eben zu gefühlen der unlust macht, aus ihnen ausscheidet und damit denn eben nur das übrig läszt, was von lust an sich schon in ihnen enthalten ist.

Dabei wird das allerdings Bernays zuzugestehen sein, dasz unter umständen, da nemlich wo sie noch nicht eine solche stärke gewonnen haben, die ihnen eine förmliche herschaft über die seele und alle ihre bewegungen einräumt, sondern wo sie mehr in den verborgenen tiefen des seelengrundes ihr wesen treiben und hier erst auf gelegenheiten hervorzubrechen und jene herschaft an sich zu reiszen lauern, sie zunächst freilich auch mittels der erregenden kräfte, wie sie dichtungen und melodien der erwähnten art besitzen, durch aufwühlung jenes innern seelengrundes werden aufgeregt und hervorgetrieben werden müssen. indes wird doch gerade in

---

(s. 11) will ich noch kurz rügen, dasz es eine willkürliche behauptung von mir sei, die von mitleid und furcht ausgehende lust sei nach Ar. der zweck der tragödie. er braucht blosz den schlusz der poetik, die letzten paragraphen des letzten capitels derselben, wo, weil τὸ τῆς τέχνης ἔργον, nemlich die οἰκεία ἡδονή, welche die tragödie und das epos zu erregen hätten — dies ist aber nach c. 14, 4 eben ἡ ἀπ' ἐλέου καὶ φόβου ἡδονή — die tragödie in vollkommnerer weise als das epos hervorzubringen vermöge, sie auch μᾶλλον τοῦ τέλους τυγχάνουσα als jenes genannt wird, mit aufmerksamkeit zu lesen, um das unbedachte eines solchen tadels gegen mich einzusehen. auch sonst übrigens kann ich mir von seinen ausführungen in der ansprechenden und schön geschriebenen schrift nur wenig aneignen, und ich zweifle überhaupt, ob wirkliche kenner ihm eine so nahe verwandtschaft der gefühle, die eine Sophokleische tragödie in uns hervorruft, mit der durch den Bakchoscultus hervorgerufenen ekstase, wie sie nach ihm bestehen soll, so leicht zugeben werden. doch auch hierüber spricht sich schon Susemihl a. o. aus.

dem falle, von dem Ar. bei seiner ganzen behandlung der katharsislehre ausgeht, bei denen nemlich, die er κατακώχιμοι ὑπὸ τῆς τοῦ ἐνθουσιασμοῦ κινήσεως nennt, der enthusiasmos auf keinen fall erst durch äuszere mittel hervorgetrieben zu werden brauchen; zum wesen der katharsis kann also doch ein solches aufregen und hervortreiben das gemüt beklemmender gefühle durchaus nicht gehören.

Wie übrigens die Aristotelische auffassung der katharsis von der Platons, wie gewis auch seine katharsislehre ihren ausgangspunct in der besprochenen stelle der gesetze hat, sich doch immer zugleich auch noch sehr wesentlich unterscheidet, nicht nur dadurch dasz, was dort nur für den enthusiasmos geltend gemacht wird, von Ar. auch zu dem mitleid und der furcht und dem verhalten der tragischen poesie zu diesen affecten in beziehung gesetzt wird, sondern auch schon insofern als von einer bewältigung der inneren bewegungen der seele durch so gewaltsame mittel, wie sie die korybantischen weihen mit ihrer lermenden und tosenden musik und ihren wilden mit wundersamen kopfverdrehungen verbundenen tänzen darboten[195]), bei ihm nirgends die rede ist, da jene nur zur flöte ertönenden ἱερὰ μέλη des Olympos auch nach allem, was sonst die alten über diesen merkwürdigen mann uns überliefern[196]), von allem wildaufregenden, tobenden und tosenden sich sicher durchaus fern hielten, ist auch in meinem öfter erwähnten werke II s. 70 bereits von mir bemerkt worden.

Dasz nun aber eben dies dumpfe, beunruhigende und beklemmende der in rede stehenden gefühle, worin der grund liegt, weshalb sie den gefühlen der unlust beigezählt werden, zugleich auch eine schädigende einwirkung auf die seele derer, die unter ihrem einflusse stehen, übt, schon dadurch dasz sie der vollen freiheit des willens, die zu einem wahrhaft sittlichen handeln durchaus notwendig ist, dadurch beraubt werden, und dasz insofern also auch schon unmittelbar in jener 'hedonischen' reinigung derselben auch eine befreiung von die sittlichkeit gefährdenden elementen liegt, wird doch wol niemand in abrede stellen wollen.

Indes auch ein directes zeugnis des umsichtigsten der denker des altertums für eine solche bedeutung der kathartischen einwirkungen der kunst wird uns seine politik — denn von unserer poetik dürfen wir ein solches freilich nicht erwarten — nicht vermissen lassen. hier nemlich wird allerdings zur παιδεία, d. i. der jugenderziehung, die kathartische musik durchaus untauglich befunden.

---

195) vgl. die anmerkung zu v. 119 der wespen des Aristophanes in der übersetzung von J. H. Voss und Lobecks Aglaophamus II s. 1151—1155. 196) s. Plut. de musica c. 11 und 29 und K. O. Müller gesch. der gr. litt. II² s. 281—286. 'lermend' also möchte ich mit Bernays a. o. s. 170 das lied, das nach Ar. die ekstase stillen soll, nicht nennen, und 'ein sich austoben' der πάθη kann ich als bedingung der κάθαρσις Döring im philol. XXI s. 529 nicht zugeben.

aber warum? nicht nur aus éinem, sondern aus mehreren gewichtigen gründen.

Zunächst weil alle kathartische musik zugleich eine orgiastische oder überhaupt aufregende, heftige seelenbewegungen hervorrufende ist, wie von den instrumenten die flöte, von den harmonien die phrygische, von den dichtungsarten der dithyrambos, von der jugend aber dergleichen aufregungen fern zu halten und nur was ruhigere gefühle hervorruft und den charakter des maszvollen, wolgezügelten und anstandsvollen an sich trägt bei ausbildung derselben in anwendung zu bringen ist, damit sie durch frühe gewöhnung überhaupt vorzugsweise immer an alle dem, was dieses gepräge hat, freude zu empfinden lerne und so dem natürlichen reiz, der in der musik liegt, die heilsamste wirkung abgewonnen werde[197]); dann aber auch weil die flöte, das instrument welches eben zu diesen zwecken dient, denen, die auf ihr spielen, nicht zugleich mit gesang ihre töne zu begleiten gestattet, eine musik der art also dem denkenden geiste nichts gewähre, weshalb denn auch der zweck der jugendbildung schon insofern nur sehr unvollkommen durch sie würde erreicht werden können (pol. VIII 7, 5. 8); ferner aber sei die flöte auch ein zu schwer zu behandelndes, zu grosze fingerfertigkeit namentlich von dem, der ihr woltönende melodien entlocken will, forderndes instrument (ebd. VIII 7, 6), als dasz nicht bei einreihung derselben unter die bildungsmittel ein misverhältnis der auf die erlernung dieser kunst zu verwendenden mühe und zeit zu den allgemeinen zwecken der jugendbildung sich herausstellen sollte; wogegen nicht eingewendet werden könne, dasz ja die jugend nicht selbst auf der flöte zu blasen, sondern nur virtuosen auf ihr zu hören brauchte, da einesteils die bildungsmittel der jugend ihr nicht einen bloszen passiven genusz, sondern auch eine beschäftigung gewähren müsten, andernteils auch auf geist, gemüt und charakter, was wir selbst thun und treiben, einen ganz andern einflusz übe, als was man ohne alle eigne selbstthätigkeit blosz von anderen empfange und aufnehme (ebd. VIII 6, 1 u. 4, 5). — Aber wenn auch unter die mittel der jugendbildung eine musik

197) politik VIII 7, 5. 8. 9. 11. c. 4, 4 und 5, 8. 9. Döring freilich behauptet (philol. XXVII s. 711), dasz eine eigentlich sittliche wirkung von Ar. auch der musicalischen jugendbildung nicht zugeschrieben werde, dasz die richtige auswahl der tauglichen musik vielmehr nur das ἐθίζειν zu einem edlen musikgeschmacke bezwecke; aber wie er dabei mit solchen stellen fertig werden will, wo, wie pol. VIII 5, 5. 6, aus der entschiedenen ähnlichkeit gewisser rhythmen und melodien mit gewissen arten von gemütsstimmungen und sittlichen zuständen und eigenschaften, wie ὀργή und πραότης, ἀνδρία und σωφροσύνη, auf das bestimmteste die folgerung, dasz die gewöhnung des sich freuens an den ihnen entsprechenden rhythmen und melodien auch zur freude an den sittlich guten unter diesen gemütszuständen (dem χαίρειν τοῖς ἐπιεικέσιν ἤθεσι und in folge dessen auch an den καλαὶ πράξεις) führen würde — der vornehmsten grundlage der tugend auch nach Nikom. ethik XI 1, 1 — hergeleitet wird, gestehe ich nicht zu begreifen.

der art hiernach allerdings nicht wird aufgenommen werden können, so wird ihr doch eine heilsame, erhebende und läuternde einwirkung auf die erwachsenen nicht abzustreiten sein.[198])

Ist doch das zunächst wenigstens ganz unbestreitbar, dasz gerade diese kathartische musik nach Ar. die entschiedenste, unwiderstehlichste macht über das gemüt übt: denn zum beweise, dasz die musik auch über die stimmungen der seele gebiete, weisz er ja kein besseres beispiel anzuführen als eben den zauber, welchen des Olympos heilige lieder über die seele ausübten, indem sie alle, die sie hörten, in hohen enthusiasmos versetzten.[199])

Sittlich indifferent also konnte ihm bei dieser macht über die gefühle der menschen die wirksamkeit einer solchen musik jedenfalls auf keine weise erscheinen, und den hohen und erhabenen gefühlen, die sie ohne zweifel hervorrief, muste er offenbar auch eine gewisse sittliche würde und bedeutung zugestehen, wobei diesen liedern ohne worte immer doch zugleich, schon deshalb weil die worte dazu fehlten, aber auch an und für sich um ihres enthusiastischen charakters willen, ein platz unter den bildungsmitteln der jugend — der frühern namentlich, denn nur von ihr, von knaben, ist ja in den hierher gehörenden capiteln (VIII 7, 11. 6, 1. 4, 4) stets die rede — versagt werden und ebenso wie eine geistbildende auch eine unmittelbar auf den willen einwirkende, zum handeln treibende kraft, die nur den 'praktisch' von ihm genannten melodien zuerkannt wurde, abgesprochen werden konnte, wie wenig auch übrigens der einflusz der gefühle und alles dessen, was auf sie einwirkt, auf willen und handeln des menschen von ihm verkannt wurde. ist nun aber dieser in einer hohen religiösen begeisterung bestehende enthusiasmos nach Ar. das kräftigste mittel zur reinigung jenes krankhaften und wahnsinnähnlichen, dem manche blind und widerstandslos sich preisgeben, so konnte von ihm auch das sittliche moment in dieser reinigung unmöglich verkannt werden. dessen bedeutsamkeit aber dadurch abschwächen zu wollen, dasz man diesen ganzen psychologischen vorgang nur als etwas momentanes, schnell vorübergehendes gelten lassen zu können erklärt, wäre doch ein durchaus willkürliches verfahren, und den jenen heiligen liedern in ihren wirkungen so ähnlichen korybantischen weihen bei Platon und Aristophanes wenigstens wird doch geradezu eine heilkraft von dauerndem erfolge zugeschrieben[200]); aber auch aus den

198) eine solche läuternde einwirkung (eine läuterung der gefühls- und affectzustände) knüpft sich auch nach Brandis gesch. der entwickelungen der gr. philosophie s. 563 f. an die nach Ar. durch die kunst zu bewirkende katharsis. vgl. auch desselben gesch. der gr.-röm. philosophie II 2, 2 s. 1712. 199) politik VIII 5, 5 ἀλλὰ μὴν ὅτι γιγνόμεθα ποιοί τινες δῆλον διὰ πολλῶν μὲν καὶ ἄλλων, οὐχ ἥκιστα δὲ καὶ διὰ τῶν Ὀλύμπου μελῶν· ταῦτα γὰρ ὁμολογουμένως τὰς ψυχὰς ποιεῖ ἐνθουσιαστικάς. 200) Platon gesetze VII 791^b τοὺς δὲ κατειργάσατο ἀντὶ μανικῶν ἡμῖν διαθέσεων ἕξεις ἔμφρονας ἔχειν· auch Bdelykleon aber sucht offenbar nicht palliativmittelchen von vorübergehender wirkung, son-

eignen worten des Aristoteles, wie wenn er der musik deshalb, weil sie auch auf das ἦθος einwirke und bewirke, dasz wir ποιοί τινες τὰ ἤθη würden, eine höhere würde zugesteht (τιμιωτέρα αὐτῆς ἡ φύσις), gerade für diese wirksamkeit derselben aber jene lieder des Olympos als beleg anführt (pol. VIII 5, 4. 5), wozu sie doch bei einer so ganz flüchtigen und vorübergehenden einwirkung auf das gemüt derer, die sie hörten, sich offenbar sehr wenig geeignet haben würden, läszt sich auf eine ganz andere ansicht desselben über ihre wirkungen schlieszen. und übten sie auch nicht sofort immer bei einmaligem hören ihrer mächtig eingreifenden klänge ihre volle kathartische kraft, so doch wol auf empfängliche in der regel bei öfterer wiederholung der festesfeier, bei der ihre heiligen weisen ertönten[201]); gegen einen solchen wiederholten gebrauch dieses kathartischen mittels aber hatte ja auch Ar. durchaus nichts einzuwenden, wenn auch eine sehr häufige anwendung solcher immer doch zugleich in eine für das gewöhnliche leben und dessen unmittelbare anforderungen wenig taugliche stimmung versetzender kunstmittel allerdings wol mit den ethisch-politischen grundsätzen des besonnenen mannes nicht vereinbar gewesen sein würde; wie auch das spielen auf einem solchen allzusehr zum streben nach einem für andere, höhere lebenszwecke untüchtig machenden virtuosentum verlockenden instrumente, wie die allein zu solchen weisen passende flöte, doch auch bei erwachsenen des freien und freigeborenen für unwürdig von ihm erklärt wird (pol. VIII 7, 4). wobei er jedoch diese reinigende einwirkung einer solchen musik sich keineswegs lediglich auf solche, bei denen jene unruhigen und ungeregelten bewegungen, aus denen der wahnsinn hervorgeht, in der seele bereits entschieden die oberhand über die vernunft gewonnen haben, beschränkt denkt, sondern auch in betreff des enthusiasmos die behauptung aufstellt, dasz der affect, welcher in den seelen einiger die gröste stärke gewonnen, in einem gewissen, höhern oder niedern, grade auch überhaupt bei allen vorhanden sei; wahrnehmungen der art aber, die ihn eine solche behauptung aufzustellen veranlaszten, musten ihn natürlich bewegen der kathartischen musik auch eine um so höhere sittliche bedeutung zuzugestehen.

Da nun aber in dem besprochenen abschnitte der politik eine gleiche katharsis wie für den enthusiasmos auch für alle anderen πάθη, d. i. alle arten von gefühlen, die das gleichgewicht in der seele zu stören trachten, anwendbar gefunden wird[202]), namentlich

---

dern um eine wirkliche heilung seines vaters von seiner schlimmen krankheit ist es ihm zu thun.

201) politik VIII 6, 5 ὥστε πρὸς τοιούτους αὐτῷ (τῷ αὐλῷ) καιροὺς χρηστέον, ἐν οἷς ἡ θεωρία κάθαρσιν μᾶλλον δύναται ἢ μάθησιν.

202) VIII 7, 6 ταὐτὸ δὴ τοῦτο ἀναγκαῖον πάσχειν καὶ τοὺς ἐλεήμονας καὶ τοὺς φοβητικοὺς καὶ τοὺς ὅλως παθητικούς . . . καὶ πᾶσι γίγνεσθαί τινα κάθαρσιν. anders allerdings faszt die worte τοὺς ὅλως παθητικούς (oder besser ὅλως τοὺς παθητικούς, s. Spengel a. o. s. 18) Schrader in der schon früher angeführten abhandlung 'de artis apud

aber auch schon hier die ἐλεήμονες und φοβητικοί als solche, die derselben κάθαρσις wie die ἐνθουσιαστικοί bedürften, bezeichnet werden, eben diese aber es sind, deren katharsis nach jener berühmten definition der tragödie in der poetik die tragische poesie ins werk zu setzen hat: so ist natürlich auch in den begriff dieser katharsis dasselbe moment sittlicher läuterung und reinigung, wie es in dem jener musicalischen katharsis enthalten ist, aufzunehmen. und was die tragische furcht anbetrifft, so unterscheidet sie sich doch auch schon bei Bernays nicht nur durch ausscheidung alles dessen, was erdrückend und peinvoll in der furcht wirkt, und die heftige lust, welche dagegen bei der mit ihr verbundenen auflockernden erschütterung den menschen durchströme (a. o. s. 182), von der gewöhnlichen furcht, sondern auch von dem selbstischen und unedlen, welches in einer furcht, die uns lediglich an uns selbst bedrohende übel und gefahren denken läszt, ist diese furcht nach ihm durchaus frei, und so wird wol das vermögen einer wenn auch nur vorübergehenden läuternden und reinigenden einwirkung auf die in uns vorhandenen affectionen der art auch er ihr nicht ganz absprechen können, und wenn nun auch nur aus der verbindung, in die hier die furcht mit dem mitleid trete, 'indem der tragische dichter die sachliche furcht immer nur in ihrer brechung durch das persönliche mitleid, nur als die vom leid des tragischen helden auf den zuschauer repercutierte ahnung hervorrufen wolle', sich dies edlergeartete der tragischen furcht nach ihm ergeben soll, wie auch wieder in gleicher weise das durch tragische dichtungen erregte mitleid durch seine verschwisterung mit der furcht vor singularität, die ihm sonst anzuhaften pflege, bewahrt werde: so ist doch auch die durch diese furcht und dies mitleid bewirkte 'kathartische d. i. ekstatisch-hedonische (das eigne selbst mit hohem wonnegefühl zum selbst der ganzen menschheit erweiternde) erregung' immer auch schon etwas ganz anderes, höheres und bedeutungsvolleres als jene blosze aufregung und hervortreibung

---

Aristotelem notione ac vi' s. 77. nach ihm nemlich sollen οἱ ὅλως παθητικοί die sein 'qui facile ad tantum affectus gradum abripiuntur, ut sanae mentis impotes et quasi extra se positi esse videantur, velut qui bacchico furore correpti sunt'. aber es sind ja auch die ἐλεήμονες und φοβητικοί, wie das folgende τοὺς δ' ἄλλους, καθ' ὅσον ἐπιβάλλει τῶν τοιούτων ἑκάστῳ deutlich zeigt, hier schon solche, die ganz unter der herschaft dieser affecte stehen, und mit der bakchischen wut eines maszlosen enthusiasmos ist ja Ar. bereits fertig und geht mit den worten ταὐτὸ δὴ τοῦτο ἀναγκαῖον πάσχειν zu anderen, wenn auch verwandten erscheinungen des seelenlebens über. sehr wol berechtigt also war ich nach dieser stelle dazu, dem begriffe der Aristotelischen katharsis durch mittel der kunst eine so weite ausdehnung zuzugestehen, wie ich es in meinem öfter erwähnten buche II s. 69 gethan habe, wobei ich der tragischen katharsis einen über die deutlich von Ar. ihr gezogenen grenzen hinausgehenden spielraum zuzugestehen natürlich auf keine weise beabsichtigte, und hätte deshalb also nicht von Schrader getadelt werden sollen.

der die seele dessen, bei dem die katharsis in anwendung zu bringen ist, beklemmenden gefühle, in welcher nach der im anfange seiner abhandlung (s. 144) von ihm gegebenen bestimmung des begriffes derselben nach Bernays ihr ganzes wesen bestehen sollte.

Aber das tragische mitleid erhebt sich doch auch an sich schon als ein nicht von allen den kleinen und kleinlichen widerwärtigkeiten der misere des tages, wie sie uns überall entgegentritt, uns abgenötigtes, nicht in dem beklagen solcher nur eben niederdrückender, keinem groszen gedanken und gefühl raum lassender vorkomnisse des gewöhnlichen menschenlebens[203]) seine kraft vergeudendes, sondern nur groszen und wahren leiden höherer und edlerer naturen, wie sie jene βελτίονες ἢ καθ' ἡμᾶς der tragödie im echten, hohen stil bei allen verschuldungen, die sie auf sich laden mögen, doch immer bleiben[204]), gewidmetes gefühl über das, was gemeinhin als solches sich geltend macht, und vermag auch schon insofern eine läuternde einwirkung auf den affect des namens auszuüben, von deren vorübergehenden oder dauernden erfolgen natürlich dasselbe gilt wie von denen der in der politik erwähnten läuterungsmittel des enthusiasmos.

Und auszerdem wird allerdings doch auch, was Stahr besonders wiederholentlich hervorhebt[205]), dem durch die gesetze der dichterischen composition dem 9n cap. der politik nach geforderten überzeugenden nachweis des engen zusammenhanges zwischen schicksal und charakter eine ethisch-kathartische einwirkung auf unsere furcht und unser mitleid, besonders auf die erstere, nicht abzusprechen sein, ohne dasz wir aus der intuitiven erkenntnis, die hier uns zu teil wird, die folgerung, dasz belehrung der höchste zweck der tragödie sei, zu ziehen haben werden.

Indem ich nun aber wieder zu hrn. Zillgenz zurückkehre, beeile ich mich diese schon allzu umfangreich gewordene recension endlich abzuschlieszen und begnüge mich nur noch flüchtig ein paar irrige behauptungen desselben, wie dasz dem trauerspiel allein dasjenige lustgefühl zukomme, welches durch furcht und mitleid erregt werde (s. dagegen Ar. poetik 28, 16 und meine gesch. der kunsttheorie II

203) von dieser art ist doch aber offenbar sehr viel von dem in der rhetorik II 8 als mitleid erregend angeführten. 204) denn zur erregung von mitleid an sich sind nur eben solche erforderlich, die nicht gerade so arges verübt haben, dasz dem allgemeinen urteile nach die leiden, die sie treffen, nur eine wolverdiente strafe für ihre verschuldungen sind; nichts weiter sind die ἐπιεικεῖς der angeführten stelle der rhetorik, schon mehr, wie es scheint, die σπουδαῖοι desselben capitels, von denen es heiszt: τὸ σπουδαίους εἶναι ἐν τοῖς τοιούτοις καιροῖς ὄντας μάλιστα ἐλεεινόν, keineswegs schon indes notwendiger weise auch βελτίονες ἢ καθ' ἡμᾶς. 205) Aristoteles und die wirkung der tragödie (Berlin 1859) s. 50. Aristoteles poetik s. 56. vgl. auch Zeller philosophie der Gr. II 1 s. 616 und 619.

s. 59)[206]), sowie 'dasz das anziehendste an der ganzen darstellung bei ihm die scenerie (ὄψις) sei' (s. 121), während sie doch Ar. nur schlechtweg als ψυχαγωγικόν bezeichnet, zurückzuweisen.

Das beifällige urteil übrigens, das ich im anfang dieser kritischen anzeige über seine schrift als erstlingsschrift eines jungen gelehrten ausgesprochen habe, nehme ich auch jetzt, nachdem im verlaufe dieser kritik allerdings nicht wenige und unbedeutende mängel derselben ans licht getreten sind, nicht zurück; so viel indes wird wol klar geworden sein, dasz für eine wirkliche, den forderungen der wissenschaft vollständig genüge leistende lösung der interessanten aufgabe, die er sich gestellt hat, sein immerhin dankenswerther versuch freilich noch nicht gelten kann.

Und gehörten wol in eine von Aristoteles und dem deutschen drama handelnde, also einfach das verhältnis, in welchem die in diesem zu tage kommende praxis zu der theorie des antiken denkers steht, darzulegen gehaltene schrift alle die weit ausgesponnenen auslassungen über die lehren neuerer ästhetiker, wie sie mehrere abschnitte derselben in sich aufgenommen haben? gewis nicht, und ohne mich daher auf eine besondere würdigung auch dieser partie seiner schrift, die auch des mangelhaften genug ans licht zu ziehen haben würde, einzulassen, kann ich doch den wunsch nicht unterdrücken, der hr. vf. hätte die auf sie verwendete zeit und mühe lieber noch der bearbeitung seiner eigentlichen aufgabe zu gute kommen lassen und so sich des auch von dem schriftsteller vielfach zu beherzigenden Hesiodischen wortes eingedenk gezeigt, das warnend uns erinnert ὅσῳ πλέον ἥμισυ παντός.

206) ebenso schreibt die kraft furcht und mitleid zu erregen auch der rhapsode Ion in dem gleichnamigen Platonischen dialoge 535[e] dem vortrag epischer dichtungen zu.

Liegnitz. Eduard Müller.

49.

ZU JOHANNES VON ANTIOCHEIA.

Nach einer von Johannes von Antiocheia in C. Müllers fragmenta hist. graec. bd. IV s. 605 nr. 178 erzählten anekdote soll der kaiser Julianus, als ihm sein nachfolger Jovianus einst aus versehen auf den purpurmantel trat, woran er nach einem traum den ihm bestimmten thronerben erkennen sollte, ausgerufen haben: εἴθε γοῦν ἄνθρωπος ἦν. Julian hat offenbar gesagt: εἴθε γοῦν ἄλλος ἦν, und ein abschreiber las ΑΛΛΟΣ falsch für ΑΝΟΣ. eine ähnliche anekdote findet sich in den excerpta Valesiana: der kaiser Anastasius aber sagt dort bei derselben gelegenheit: *quid festinas?*

Wernigerode. Bruno Friederich.

50.

WANDTAFELN ZUR VERANSCHAULICHUNG ANTIKEN LEBENS UND ANTIKER KUNST, AUSGEWÄHLT VON EDUARD VON DER LAUNITZ. verlag von Theodor Fischer in Cassel. 1869.

Die teilnehmer an der Heidelberger philologenversamlung werden sich gewis noch mit vergnügen des ebenso belehrenden als anziehenden vortrags erinnern, welchen der leider seitdem aus dem leben geschiedene bildhauer prof. Eduard von der Launitz aus Frankfurt am Main in der dritten öffentlichen sitzung über die toga der Römer und die palla der Römerinnen hielt und durch versuche an zwei von ihm ausgestellten plastischen modellen erläuterte.[1]) demselben bestreben, aus welchem jener vortrag hervorgieng, dem bestreben die bildlichen denkmäler des altertums zur veranschaulichung der äuszern erscheinung des antiken lebens und der antiken cultur für weitere kreise zugänglich und nutzbar zu machen, verdankt auch das in der überschrift dieses artikels genannte werk seine entstehung: die vorläufig auf zwölf tafeln grösten formats (so dasz die darstellungen auch in einem gröszern hörsaale von allen anwesenden zugleich gesehen und selbst in ihren wichtigsten details deutlich erkannt werden können) berechneten, von hrn. v. d. Launitz in verbindung mit mehreren gymnasialdirectoren mit nächster rücksicht auf das praktische bedürfnis der gymnasien ausgewählten wandtafeln zur veranschaulichung antiken lebens und antiker kunst, von denen uns als erste lieferung fünf auf das griechische theaterwesen, auf die älteste form der cultbilder und auf die entwickelung des tempelbaus bei den Griechen bezügliche tafeln vorliegen. obgleich das werk, das einem wirklichen bedürfnisse für den gymnasialunterricht entgegenkommt und auch für universitätsvorlesungen sich als ein recht dankenswerthes hülfsmittel erweist, gegenüber der anerkennung, welche dasselbe schon von verschiedenen seiten gefunden hat[2]), einer besondern empfehlung nicht zu bedürfen scheint, entspricht der unterz. doch gern dem wunsche des herausgebers dieser zeitschrift, indem er die bis jetzt vorliegenden blätter mit einigen bemerkungen begleitet.

Blatt I (1,10 meter breit, 0,75 m. hoch) gibt den grundrisz eines griechischen theaters, für welchen, wie in der von der verlagshandlung nachträglich ausgegebenen 'kurzen erläuterung zu

1) ein auszug des vortrags findet sich in den verhandlungen der 24n vers. deutscher philologen und schulmänner in Heidelberg vom 27 bis 30 sept. 1865 (Leipzig 1866) s. 49—52. 2) wir wollen ausdrücklich bemerken, dasz die pädagogische section der Kieler philologenversamlung die erklärung abgegeben hat 'dasz dieses werk ein wesentliches hülfsmittel sei um durch anschauung den unterricht zu fördern'; ferner dasz das k. preussische sowie das k. sächsische cultusministerium eine empfehlung der anschaffung des werkes an sämtliche höhere unterrichtsanstalten beider länder haben ergehen lassen.

den wandtafeln' usw. bemerkt wird, das theater von Egesta (Segesta) auf Sicilien im allgemeinen die grundlage gebildet hat, ein bauwerk aus griechischer zeit, dessen scenengebäude allerdings einen umbau in römischer zeit erfahren hat (vgl. Wieseler theatergebäude und denkmäler des bühnenwesens s. 10); doch gibt es ja überhaupt kein griechisches theater, an welchem diese partie auch nur in ihren fundamenten vollständig in ihrer ursprünglichen gestalt erhalten wäre. dasselbe theater zu Segesta bildet die grundlage für die auf tf. II (breite 1,12 m., höhe 0,80 m.) in hübschem farbendruck ausgeführte perspectivische ansicht des innern eines griechischen theaters (nach Strack altgriech. theatergebäude tf. I). der standpunct dafür ist auszerhalb der obern umfassungsmauer genommen, so dasz man zunächst vor sich das durch die rücklehnen der obersten sitzstufe des untern ranges nach innen zu begrenzte diazoma, darunter die orchestra (in deren mitte auf einem in drei stufen gegliederten unterbau ein kleiner tragbarer altar für räucherwerk, thymiaterion, aufgestellt ist), darüber das proskenion mit dem bühnengebäude in seiner gewöhnlichen, so zu sagen alltäglichen erscheinung, d. h. ohne decorationen, zur rechten und zur linken grosze partien der sitzreihen des untern und obern ranges mit den zwischen ihnen emporführenden treppen sieht. bei der zeichnung der sitzstufen hätte wol die verschiedenheit der vordern, zum sitzen bestimmten, und der hintern etwas vertieften hälfte, auf welcher die füsze der in der höhern reihe sitzenden ruhten, bemerklich gemacht werden können. was die architektonische decoration der façade des bühnengebäudes anlangt, so hätten nicht nur am obern, sondern auch am untern stockwerk halbseulen oder wandpfeiler angebracht werden sollen (m. vgl. die reste der bühnengebäude von Aspendos und zu Orange); dagegen wäre der mit einer fortlaufenden darstellung in relief geschmückte fries (zophoros) zwischen dem untern und obern stockwerke wol besser weggeblieben oder durch einen triglyphenfries, wie er an dem obern stockwerke sowie an den die parodos gegen auszen abschlieszenden seitenhallen angebracht ist, ersetzt worden.

Auf die scenischen altertümer bezieht sich noch die aus zwei hälften zusammenzusetzende tf. III (höhe 1,05 m., breite 0,63 m.), welche nach einer in mehreren exemplaren erhaltenen antiken statuette[3]) einen griechischen komiker, d. h. einen schauspieler der neueren attischen komödie darstellt in der kleidung und maske eines sklaven, der auf einem steinsitz (welcher in einigen exemplaren als altar erscheint) sitzt: über die bedeutung dieser situation, zu deren erklärung in der 'kurzen erläuterung' nach Visconti auf

---

3) unsere zeichnung gibt die marmorstatue des britischen museums (Clarac musée de sculpture V pl. 873 nr. 2222 A; ancient marbles in the British museum X pl. XLIII): wir vermissen dabei den kranz ums haar, dessen vorhandensein durch den text zum British museum a. o. s. 110 ausdrücklich bezeugt wird.

Plautus mostellaria 1080 ff. verwiesen wird, vergleiche man die eingehenden erörterungen von Wieseler a. o. s. 88 f. maske und tracht der tragödie wird, wie wir aus der 'kurzen erläuterung' ersehen, durch die darstellung einer frau in tragischer kleidung nach anleitung eines pompejanischen wandgemäldes (jedenfalls des bei Wieseler a. o. tf. VIII 12; vgl. W. Helbig wandgemälde der vom Vesuv verschütteten städte Campaniens s. 351 nr. 1465) auf der (noch nicht vorliegenden) tf. VII veranschaulicht werden: dasz die altattische komödie, für welche eine reihe von vasenbildern sehr charakteristische vorlagen geben, wenigstens auf den zunächst in aussicht gestellten zwölf tafeln nicht vertreten ist, liegt wol daran, dasz der bei der darstellung eines altattischen komikers allerdings unvermeidliche grosze künstliche phallos bei denjenigen, welche die gegenstände für diese tafeln zunächst mit rücksicht auf die zwecke des gymnasialunterrichts ausgewählt haben, anstosz erregt hat, einen anstosz über den freilich jeder lehrer, der mit den schülern seiner prima eine komödie des Aristophanes liest, hinwegkommen musz und, wenn er es verständig anfängt, leicht hinwegkommen wird.

Die beiden letzten tafeln der ersten lieferung beziehen sich auf die griechischen cultusaltertümer. tf. IV (höhe 0,61 m., breite 0,44 m.) gibt zur veranschaulichung der gestalt der xoana, jener ältesten aus holz geschnitzten cultbilder der griechischen tempel, eine freilich nur in umrissen gehaltene (das gesicht ist z. b. gar nicht ausgeführt, wodurch leicht bei dem weniger sachkundigen beschauer eine ganz falsche vorstellung erweckt werden könnte) zeichnung eines Palladion, d. h. eines bildes der Athene mit der lanze in der erhobenen rechten und dem schild am linken arme. das bild endet nach unten hermenförmig, d. h. die füsze kommen unter dem in steifen, den canelüren einer seule ähnlichen falten herabfallenden gewande nicht zum vorschein, was wir ebenso wenig billigen können als den mangel der ausführung der gesichtsteile, da beides mit den darstellungen des troischen Palladions und ähnlicher xoana auf vasenbildern[4]) in widerspruch steht. tf. V, der bequemern benutzung wegen in zehn einzelne blätter zerlegt (breite 0,74 m., höhe 0,41 m.), soll, wie es in der kurzen erläuterung heiszt, 'die allmähliche entwickelung der hauptsächlichen grundpläne des griechischen tempels nicht sowol in ihrer historischen wie in systematischer reihenfolge anschaulich machen'. durch die von uns durch gesperrte schrift hervorgehobenen worte soll

4) die wichtigsten habe ich zusammengestellt in meinem artikel 'griechische kunst' in der allg. encycl. d. wiss. u. k. s. I bd. LXXXII s. 395: hinzuzufügen ist besonders die darstellung der Athene Polias auf der vase bei O. Jahn de antiquissimis Minervae simulacris atticis (Bonn 1866) tf. II. auch einige hochaltertümliche broncestatuetten der Athene, wie die in der arch. zeitung 1867 tf. CCXXVIII nr. 1 und 2 publicierte, können zur vergleichung herangezogen werden.

wahrscheinlich der ansicht Sempers rechnung getragen werden, welcher den dorischen tempelbau gleich mit der peripteren anlage, nicht mit dem *templum in antis*, beginnen läszt, einer ansicht die wir nicht für richtig halten können, da der dorische triglyphenfries in seiner ursprünglichen gestalt, wo die metopen als lichtöffnungen zwischen den triglyphen zur beleuchtung des innenraumes der cella dienten[5]), allzu deutlich auf eine nicht von seulenhallen umgebene tempelanlage hinweist. es ist also auch der historischen reihenfolge nach das *templum in antis*, als der naturgemäsze fortschritt von dem rings von mauern umschlossenen vorhellenischen culthause, als der ausgangspunct der entwickelung der hellenischen tempelanlage für den dorischen sowol als für den ionischen stil (für welchen dies durch die für eckseulen ganz ungeeignete bildung des capitäls bewiesen wird) zu betrachten. diese allmähliche entwickelung ist nun auf acht blättern unserer tafel in der weise veranschaulicht, dasz das erste das einfache, auf allen vier seiten von mauern umschlossene tempelhaus, in quadratischer grundform (warum nicht lieber als längliches viereck nach den analogien des Ochatempels und zweier von den drei sog. 'drachenhäusern' bei Styra sowie der sehr langen und schmalen cellen der beiden ältesten tempel von Selinus u. a. m.?) mit dem eingange (einer einfachen thür) im osten und dem platze des cultbildes diesem gegenüber in der nähe der westwand, das zweite das *templum in antis* (ναὸς ἐν παραστάσιν), das dritte den ναὸς πρόστυλος, das vierte den ἀμφιπρόστυλος (mit je zwei seulen zwischen den anten des pronaos und opisthodomos), das fünfte den περίπτερος mit dem vom äginetischen tempel entnommenen, im ganzen aber keineswegs häufigen verhältnisse von 6 zu 12 seulen und mit hypäthraler dachbildung aber ohne seulenstellung im innern der cella, das sechste einen δίπτερος ὀκτάστυλος mit 8 × 14 seulen, ebenfalls ohne seulenstellung im innern der hypäthralen cella, das siebente einen ψευδοπερίπτερος der zugleich ἀμφιπρόστυλος ist (mit einer aus sechs freistehenden seulen und vier seulen zwischen den anten gebildeten vorhalle an jeder fronte), wiederum, was bei der beträchtlichen breite der

5) diese ursprüngliche bildung des dorischen frieses können wir zwar an monumenten nicht mehr nachweisen (während offenbar dem Euripides für seine schilderung des tempels der taurischen Artemis Iph. Taur. 113 derartige monumente zum vorbild gedient haben), sie wird aber durch die von Bötticher gegebene unzweifelhaft richtige erklärung der namen τρίγλυφον d. i. 'an drei seiten sculpiert' und μετόπη d. i. 'zwischenöffnung' erwiesen. sehr wahrscheinlich ist die vermutung Krells (gesch. des dorischen stils, Stuttgart 1870, s. 35), dass die von Vitruvius IV 2 bekämpfte ansicht, wonach die triglyphen nachbildungen von fenstern seien, auf einer verwechselung zwischen triglyphen und metopen beruhe. die veranlassung zu einer solchen verwechselung gab, meiner ansicht nach, ein misverständnis des wortes τὸ τρίγλυφον, welches auch den ganzen aus triglyphen und metopen zusammengesetzten fries bezeichnet (vgl. Aristot. Nikom. ethik X 3 s. 1174[a] 26. Athenäos V 208[b]).

cella statisch unmöglich ist, ohne seulen- oder pfeilerstellung im innern der cella, das achte einen ψευδοδίπτερος mit 8 × 14 seulen und einer doppelreihe von je vier seulen (das sind entschieden zu wenig: die intercolumnien dieser seulen sind trotz des viel geringeren durchmessers derselben sogar gröszer als die der seulen der äuszeren seulenhallen) im innern der cella darstellt. als eine art anhängsel endlich sind noch auf den beiden letzten blättern der grundplan eines ναὸς μονόπτερος (oder vielmehr nach der terminologie Vitruvs IV 7 περίπτερος), einer kreisrunden, mit einem kranze von acht (allzu weitläufig gestellten) seulen umgebenen cella, und der eines nicht umseulten rundbaus mit einer äuszerlich angehängten vierseuligen vorhalle (nach analogie des pantheon in Rom, wo aber diese vorhalle acht seulen front und drei seulen tiefe hat) verzeichnet. unseres erachtens wäre es angemessener und instructiver gewesen, wenn der zeichner anstatt fingierter durchgängig die grundpläne wirklicher, noch vorhandener griechischer (beziehentlich römischer) tempel, wie dies in Guhl und Koners 'leben der Griechen und Römer' geschehen ist, gegeben hätte.

Jena. Conrad Bursian.

51.
ZU VERGILIUS AENEIS III 684—686.

In der Eos I 621 ff. wurde der versuch gemacht in obige, durch die autorität der codices vollständig gesicherte, aber vielfach tentierte stelle durch strenges festhalten an dem wortlaut und dem zusammenhang der situation aus dem dichter selbst heraus klarheit zu bringen. als subject zu *monent* wurden die gefährten auf dem schiffe, welche nicht mit dem vorschlag einverstanden waren, bezeichnet, *iussa* als object zu *monent*, *Scyllam atque Charybdin* als apposition zu *iussa*, *ni* . . *teneant* als die worte der abmahnenden gefährten, welche meinen, eine durchfahrt sei nur möglich, wenn man im stande wäre nicht zu viel rechts noch links, also möglichst in der mitte zwischen Scylla und Charybdis die schiffe hindurchzusteuern, eine nach ihrer ängstlichen vorstellung wol kaum mit einiger sicherheit anzunehmende möglichkeit. es wurde beigefügt, dasz so ein lebendiger teil zu dem bilde der ganzen situation in der ausmalung der durch die plötzliche gefahr hervorgerufenen verwirrung auf den schiffen gewonnen werde. gegen diese, im wesentlichen schon von Servius angedeutete erklärung nun, sowol gegen die verbindung der worte als gegen die ganze auffassung der stelle hat sich Em. Hoffmann in der z. für die österr. gymn. XIX s. 726 ff. sehr ereifert, um schlieszlich kein anderes heilmittel beizubringen als v. 686 wegzustreichen, freilich ebenso leicht als einem andern versuche verwirrung vorzuwerfen.

Was nun zunächst das in dem angeführten versuch von Hoffmann beanstandete allgemeine, unbestimmte subject zu *monent* betrifft, so mögen, um von den vielen ähnlichen fällen in der Homerischen erzählung nicht zu reden, folgende stellen aus Vergilius selbst zur ergänzung dienen. *Aen.* I 724 *postquam prima quies epulis mensaeque remotae, | crateras magnos statuunt et vina coronant* erscheinen ebenso, wie an unserer stelle in *monent* nach der versuchten erklärung, mit vollständigem wechsel der subjecte, ohne dasz diese genauer bezeichnet wurden, die prädicate *statuunt*, *coronant*. ebenso I 541 *hospitio prohibemur harenae, | bella cient primaque vetant consistere terra.* an beiden stellen wird der unbefangene leser weder härte noch undeutlichkeit finden.

Wenn die von Hoffmann gemachten einwendungen gegen die verbindung des accusativs mit *monent* in der bedeutung 'erinnern an etwas' allerdings den allgemeinen sprachgebrauch, zumal der prosa, für sich zu haben scheinen, wonach ein solcher gewöhnlich in einem pronomen neutrum wie *hoc*, *id*, *illud*, oder in einem adjectivum neutrum mit bezeichnung einer quantität, wie *unum*, *multa*, *nihil* hinzutritt, so sprechen doch, mag man auch wie immer nur an der bedeutung von *monere* herumdeuten, stellen wie Hor. *serm.* I 2, 73 *quanto meliora monet pugnantiaque istis | dives opis natura suae. Aen.* III 712 *nec vates Helenus, cum multa horrenda moneret, | hos mihi praedixit luctus* deutlich für einen ausgedehnteren gebrauch einer solchen verbindung. nehmen wir dazu Cornificius *rhet. ad Her.* I 1 *de re dicere incipiemus, si te unum illud monuerimus, artem sine assiduitate dicendi non multum iuvare,* wo allerdings zunächst *unum illud* object ist; aber dieses hinweisende *unum illud* erhält seine bestimmte erklärung in dem zu *monuerimus* gehörigen objectssatze. ferner Cic. *ad fam.* III 3 *Q. Fabius mihi praesto fuit eaque me ex tuis* m a n d a t i s *monuit, quae non modo mihi, ad quem pertinebant, sed universo senatui venerant in mentem.* hier ist doch wol das neutrum *ea* mit seinem relativsatz nicht in dem oben bezeichneten sinne gesetzt, sondern gleich *ea mandata*, nur mit schärferer hervorhebung durch *ex*.

Uebrigens hat die in dieser zeitschrift 1869 s. 726 von J. Richter gegebene erklärung, wonach *iussa* nicht als object, sondern als subject zu *monent* erscheint, das für sich, dasz so von den drei gliedern des bildes von 682—688 jedes sein besonderes subject hat: *metus acer, iussa Heleni, Boreas missus.* wenn man bedenkt, wie sorgfältig Verg. in der harmonischen ausmalung solcher einzelheiten ist, so wird man dieser verbindung den vorzug nicht versagen können. für das subject zu *teneant* gilt auch so das oben bemerkte.

Für die richtige würdigung der ganzen stelle, zumal von 685 f., dürfen wir schlieszlich nicht aus dem auge verlieren, dasz auch hier wie öfters in dem sprechenden Aeneas der ausmalende dichter über die sprechende person hervorragt.

Donaueschingen. Karl Kappes.

52.

GRAMMATISCHE STUDIEN. EINE SAMMLUNG SPRACHWISSENSCHAFTLICHER MONOGRAPHIEN. ZWEITER THEIL. DIE SYNTAX VON QUOM UND DIE ENTWICKELUNG DER RELATIVEN TEMPORA IM ÄLTEREN LATEIN. VON EDUARD LÜBBERT. Ferd. Hirt in Breslau. 1870. VI u. 255 s. gr. 8.

Nachdem die kritik auf dem felde der komödien des Plautus und Terentius, wenn auch noch mancher stein des anstoszes ungehoben geblieben ist, doch im groszen und ganzen freien weg geschaffen hat, beeifert sich die grammatik das geebnete terrain zu durchforschen, und indem sie selbst dankenswerthe resultate gewinnt, trägt sie durch die erzielte gröszere sicherung des gemeinsamen arbeitsfeldes auch der kritik ihren dank ab und arbeitet ihrem weitern vordringen in die hände. zwar F. W. Holtzes zweibändige syntaxis priscorum scriptorum lat. usque ad Terentium (Leipzig 1861. 62) war trotz des anerkennenswerthen samlerfleiszes verfrüht, so dasz CFWMüller in diesen jahrb. 1865 s. 566 seine beurteilung dieses werkes mit den worten schlieszen durfte: 'eine syntax der ältern latinität ist noch zu schreiben'; aber die bearbeitung von specialaufgaben, wie von C. Fuhrmann 'die vergleichungssätze bei Plautus' in diesen jahrb. 1868 s. 841—854 [erweitert zu der inauguraldiss. 'de particularum comparativarum usu Plautino part. I' (Greifswald 1869)], von E. Ballas 'grammatica Plautina. spec. I de particulis copulativis' (Greifswald 1867) und von F. Hirth 'de interiectionum usu Plautino Terentianoque' (Rostock 1869) fuszte auf sichrerem boden und hat auch zu manchen feststehenden ergebnissen geführt. ungleich gröszere bedeutung beanspruchen O. Ribbecks feinen sprachsinn bekundende, auf etymologischem boden aufgebaute 'beiträge zur lehre von den lat. partikeln' (Leipzig 1869) und die trefflichen syntaktischen arbeiten von E. Lübbert, der in seiner ersten studie 'der conjunctivus perfecti und das futurum exactum im älteren latein' (Breslau 1867) mit eingehender prüfung aller einschlagenden stellen nicht nur als thatsache nachgewiesen, dasz die syncopierten formen des conjunctivus perfecti wie *capsit faxit* im ältern latein nur zukunftsbedeutung haben, sondern auch diese eigentümliche sprachliche erscheinung als ausdruck eines denkgesetzes wissenschaftlich begründet hat. nach drei jahren nun hat hr. L. die oben verzeichnete monographie folgen lassen, die ein gebiet der grammatik in angriff nimt, das nicht nur für die kritik und das verständnis der älteren sprachdenkmäler, wie dies bei der ersten specialuntersuchung vorzugsweise der fall war, sondern fast noch mehr für die entwickelte römische litteratur und für die lateinische sprachwissenschaft überhaupt hochwichtig ist. die conjunction *quom* hat ein langes und entwicklungsreiches leben geführt und bei getreuer festhaltung ihres ursprünglichen wesens doch in verbindung mit verschiedenen tempora mehrerlei wandlungen durchgemacht und manchen neuen charakterzug herausgebildet, so dasz das Plautinische *quom* zu dem Ciceronischen *cum* sich etwa wie das naive kind zum reflectierenden manne verhält. wenn nun die grammatiker mit sehr wenigen ausnahmen bisher die verschiedenen gebrauchsarten dieser partikel in der weise zu erklären suchten, dasz sie die praxis des goldenen zeitalters zu grunde legten, so konnten sie, so schätzbare einzelbeobachtungen auch bei diesem verfahren gemacht wurden, ihre aufgabe im ganzen doch unmöglich lösen: denn wie der biograph einer historischen persönlichkeit nicht die mittagshöhe der entwicklung seines helden zum ausgangspuncte der darstellung nehmen darf, sondern mit dem lebensmorgen beginnen musz, so hat auch der grammatiker, wenn er den grundcharakter und die fortentwicklung einer sprachlichen erscheinung darlegen will, die historische methode anzuwenden und seinen helden von dem ersten nachweisbaren auftreten desselben bis zu dem puncte, wo dessen entwicklungsfähigkeit erlischt, mit getreuer und liebevoller teilnahme zu begleiten. die grammatiker haben uns bisher mehr oder weniger umfangreiche fragmente zur geschichte von *quom* geboten; hr. L. gibt zum ersten male eine wirkliche und vollständige biographie dieser partikel. indem er zunächst in § 1 die schwierigkeiten erörtert, welche die verbindung von *quom* temporale mit dem conj. imperf. und plusquamperf. ihrer bedeutung und ihrem gebrauche nach darbietet, sodann in § 2 die bisherigen erklärungsweisen darstellt, wobei das von Emanuel Hoffmann (die construction der lat. zeitpartikeln, Wien 1860) aufgestellte gesetz von der relativität der tempora als ursache des conjunctivs gebührende beachtung (in einem spätern abschnitte auch schärfere bestimmung und begründung) findet, geht er zur darlegung des thatsächlichen gebrauches von *quom* in der älteren latinität über. nachdem er in § 3 ein beispiel des conjunctivs nach *quom* temporale aus der Odyssee des Livius Andronicus durch annehmbare conjectur, ein anderes für den conjunctiv nach *quom* causale aus Plautus *Epid.* I 2, 8 durch die entscheidende autorität des Mailänder palimpsestes beseitigt hat, erörtert er in § 4 den gebrauch des indicativs nach temporalem *quom* bei Plautus und Terentius, beweist dann in § 5, dasz der conjunctiv in diesem falle ein freier, meist potentialer sei oder durch den einflusz der abhängigen rede oder eines conjunctivs im übergeordneten satze (assimilation des modus) hervorgerufen werde, wo *truc.* I 2, 61. II 4, 29. *merc.* 980. *asin.* 395 (die letztere stelle schon von Fleckeisen verbessert) als auf falscher lesart beruhend beseitigt werden. das aus der betrachtung sämtlicher (nur die fragmente sind ausgeschlossen) Plautinischer und Terenzischer beweisstellen ohne zwang abgeleitete resultat ist: Plautus und Terentius kennen den gebrauch des temporalen *quom* mit dem conjunctiv des imperfects oder plusquamperfects in directer rede noch nicht. es folgt dann die erörterung über den gebrauch des explicativen *quom* (§ 6), welches sich stets mit dem indicativ verbindet, desgleichen § 7 des causalen und adversativen *quom* bei Pl. und Ter., gleichfalls ohne ausnahme mit dem indicativ in directer rede, während der conjunctiv (§ 8) denselben bedingungen wie bei temporalem *quom* unterliegt. die construction von causal-adversativem *quom* mit einem davon abhängigen conjunctiv kennt Plautus noch nicht, während sie sich schon bei Terentius in zwei beispielen (*hec.* 705. *ad.* 166) findet. das erste beispiel (§ 9) einer structur des temporalen *quom* mit dem conjunctiv bietet (da Ter. *eun.* 22 sehr verdächtig ist und eine leichte emendation zuläszt) Ennius in den annalen v. 508 V., und die weitere verfolgung dieses sprachgebrauchs bei den folgenden autoren ergibt, dasz derselbe mit dem beginn des 7n jh. d. st. das volle bürgerrecht erlangt hat. in § 10 folgt dann eine genauere begründung der ansicht, dasz der conjunctiv der nebentempora nach *quom* eine folge der zeitlichen relativität dieser tempora sei. 'mit der veränderung der modus-syntax nach *quom* ist auf das engste eine veränderung des tempusgebrauchs verbunden, und eigentlich ist dieser unterschied der ältern sprache von der spätern der wichtigere und durchgreifende.' in § 11 wird die frage beantwortet, warum der aus der relativität hervorgegangene conjunctiv auf den temporalsatz beschränkt bleibt; in § 12 der grund nachgewiesen, warum das ältere latein den später so geläufigen conjunctiv der nebenzeiten nach *quom* in directer rede noch nicht kennt, in § 13 aufklärung darüber gegeben, warum nur für *quom* temporale und nicht auch für andere zeitconjunctionen der conjunctiv in regelmäszigen gebrauch gekommen ist, und endlich in § 14 werden die scheinbaren unregelmäszigkeiten des modusgebrauches nach temporalem *quom* im classischen gebrauch ungezwungen aus dem princip der zeitlichen relativität erklärt. die beilagen von s. 207—255 geben den vollständigen text der in der älteren latinität vorhandenen beispiele[1]) von *quom* mit den nötigsten notizen über handschriftliche überlieferung und erwähnenswerthe verbesserungsvorschläge.

Die untersuchungsweise des vf., wol des begabtesten erben des Haaseschen geistes der sprachbetrachtung, ist ruhig und besonnen und doch nicht ohne frische, wärme und lebendigkeit: er spürt ebenso sinnig und fein dem letzten grunde einer sprachlichen erscheinung nach, als er die ansichten seiner vorgänger unbefangen und anerkennend würdigt, und indem er überall darauf ausgeht zuerst den thatsächlichen bestand des sprachgebrauchs festzustellen, dann das diesem zu grunde liegende sprachgesetz aufzufinden, ist er

1) nicht verzeichnet finde ich *cist.* I 1, 1. *truc.* IV 1, 6. *Men.* 666. *glor.* 1366. *Phorm.* 187, lauter beispiele für *quom* — *tum*, so dasz die vermutung nahe liegt, der vf. habe dieselben besonders behandeln wollen und ihr ausfall sei auf rechnung eines redactionsversehens zu setzen; freilich ein beispiel dieser art (*Andr.* 96) ist unter Aw aufgeführt, wohin es mir nicht zu gehören scheint.

zu resultaten gelangt, die uns unanfechtbar erscheinen. dasz nebenbei auch für kritik und erklärung einzelner stellen manch erfreulicher gewinn abgefallen ist, läszt sich erwarten: so ist emendiert *merc.* 980 s. 89 f., *truc.* I 2, 61 s. 90 f., *Poen.* V 2, 117 s. 104, erklärt *most.* 157 s. 79, *Andr.* 160 s. 80, richtig geschrieben und erklärt *eheu quom* in *capt.* 995 (gegen des ref. schreibung *eheu quor*) s. 104, vgl. über *ei mihi quom* s. 102; auszerdem machen wir unter vielen treffenden bemerkungen über grammatische puncte besonders aufmerksam auf die schöne digression über den umfang des gebrauchs potentialer conjunctive bei den komikern s. 135 ff., wo allerdings noch manches charakteristische beispiel beigebracht werden konnte wie *Pers.* 336 *amabo, mi pater, quamquám lubenter escis alienis studes, tuin véntris causa filiam v e n d a s tuam? asin.* 118 *non ésse servos peior hoc quisquam potest nec mágis vorsutus nec quo ab c a v e a s aegrius. Bacch.* 148 *o bárathrum, ubi es nunc? ut ego te u s u r p e m lubens*; namentlich gehört hierher der bei den komikern so häufige conjunctiv nach *quod*, z. b. *aul.* I 2, 13 *quod quispiam ignem quaerat, extingui volo* 'was das betrifft dasz jemand nach feuer fragen könnte = sollte jemand . . fragen', wobei der hauptsatz auch durch aposiopese unterdrückt werden kann, wie *Curc.* 193 *quód quidem mihi polluctus virgis servos sermonem serat?* (sc. das sollte ich dulden?). über diesen gebrauch hat gehandelt Lorenz zu *glor.* 161, der noch zu *most.* 291 fälschlich den indicativ und conjunctiv nach diesem *quod* für gleichbedeutend hielt. auch nach *ut* consecutivum ist der conjunctiv potential zu fassen in stellen wie *Men.* 712 *quid tándem admisi in me, ut loqui non a u d e a m? asin.* 313 *tántum facinus modo ego inveni, ut nos d i c a m u r duo ómnium dignissumi esse quo cruciatus confluant.*

Indem wir demnach die gediegene arbeit des hrn. L. den grammatikern wie den freunden der ältern latinität zu wolverdienter beachtung empfehlen, wollen wir, um dem vf. einen beweis für die seiner schrift von uns gewidmete aufmerksamkeit zu geben und zugleich unsern dank für die vielfache daraus geschöpfte förderung abzutragen, einige untergeordnete puncte besprechen, in denen wir zweifel hegen oder anderer meinung sein zu müssen glauben.

An mehreren stellen hat hr. L. meist nach Ritschls vorgang den ausfall von *quom* angenommen, wo bei unbefangener betrachtung des zusammenhanges keine veranlassung dazu vorliegt, wie *Pseud.* 297 *qui suom* ⟨*quom*⟩ *repetunt, alienum reddunt nato nemini,* wo ich *quom* ebenso entbehrlich finde wie der dichter es z. b. *Bacch.* 35 entbehrlich gefunden hat: *quid si hoc potis est ut tu taceas, ego loquar?* an einer andern stelle, *merc.* 970, wo es hr. L. s. 44 'durch sehr sichere vermutung Ritschls eingesetzt' findet, hat es jetzt Ritschl selbst n. Plaut. excurse I s. 70 zurückgenommen; nicht mehr begründet ist die einsetzung *Men.* 899; auch ebd. v. 734 ist sicherlich die schreibung *pallas* nach anleitung von v. 803 der einschiebung von *quom* vorzuziehen, der ich auch *truc.* I 1, 11 nicht das wort reden möchte; nur *aul.* II 4, 33 würde ich das von O. Seyffert eingesetzte *quom* mit L. billigen, wo der ausfall starke innere und äuszere wahrscheinlichkeit hat. auszerdem hat CFWMüller Plaut. pros. s. 20 *Amph.* 828 zur beseitigung der verbindungslosigkeit *nam quom* für *namque* annehmbar hergestellt, und *Pseud.* 688 *aurichalco contra non carum fuit meúm mendacium, hic modo quod subito commentus fui, qui á lenone me esse dixi* würde ich *quom* ungleich natürlicher finden als *qui.* möglich dasz auch *Pseud.* 259 *quom* statt *quam* das richtige ist nach dem, was hr. L. s. 102 und 104 bemerkt hat. s. 39 würde *trin.* 807 als beispiel für die verderbnis von *quom* in *quod* wegfallen, wenn Ritschls erklärung des *quod* a. o. s. 58 f. als richtig angenommen wird, und L. selbst ist s. 119 geneigt hier *quod* mit den büchern zu halten, ohne sich über seine auffassung des *quod* auszusprechen. dasz *most.* 163 nicht *quom* in *quam* verderbt, sondern für das *quam* der bücher *qua* zu schreiben ist (der buchstab *m* ist nur aus versehen aus dem anfange des folgenden wortes *mihi* zu *qua* hinzugesetzt worden), ergibt sich aus genauerer erwägung des zusammenhanges. wie v. 108 ff. bei der betrachtung des neuen hauses von der *tempestas* zweierlei ausgesagt wird: 1) sie zerstöre das dach, und (wenn dies nicht ausgebessert werde) 2) der dann durchschlagende regen mache die balken faulen, so wird auch bei der anwendung des gleichnisses auf den menschen v. 137 ff. von der *ignavia*, die bei dem menschen dieselben wirkungen habe wie der sturm für das haus, gesagt: 1) dasz sie die schützende und deckende *verecundiam* und *virtutis modum* abdecke, 2) dasz nun, wie in das dachlose haus der regen, so ins herz die liebe eindringe.[2]) in dieser natürlichen aufeinanderfolge müssen nun dieselben zwei momente auch v. 162 ff. coordiniert erscheinen:

> *haec íllast tempestas mea, mihi quae modestiam omnem*
> *detéxit tectus qua fui, qua mihi Amor et Cupido*
> *in péctus perpluit meum: neque iam umquam optigere possum:*
> *madént iam in corde parietes. periere haec oppido aedes.*

auf das erste moment bezieht sich *neque iam umquam*[3]) *optigere possum*, auf das zweite *madent iam in corde parietes*, von beidem ist die traurige folge: *periere haec oppido aedes.* so herscht überall logische ordnung und concinnität der glieder, wenn man *qua* liest, während mit *quom* eine verkehrte folge der dinge entsteht: 'als mir Amor und Cupido ins herz hineinregneten, hat mir der sturm alle sittsamkeit abgedeckt.'

---

2) hieraus ergibt sich v. 138 *mi adventu suo grandinem imbremque attulit*, weil verkehrt vor das erste moment gestellt, als ein offenbares glossem, das schon durch die verbindungslosigkeit und die unmetrische form stark verdächtig war. 3) *usquam* mit Acidalius zu verbessern scheint nicht nötig, da in *neque umquam* wie in unserm 'und nimmer' weniger der zeitbegriff als die verstärkung der negation hervortritt, vgl. *Pers.* 466. 628. *Men.* 201. 1010. *Amph.* 248. 617. 700. *merc* 438. schon Donatus zu Ter. *Andr.* II 3, 10 sagt: *numquam plus habet negationis quam non.*

S. 43 ist bei besprechung von *capt.* 463 Fleckeisens *cupiit* (die bücher haben *cupit*) gemisbilligt, dagegen meine frühere einsetzung von *id* empfohlen; ich habe in der zweiten ausgabe *id* wieder fallen lassen und bin zu *cupiit* zurückgekehrt; hr. L. überzeugt mich nun, dasz das perfect ohne künstelei nicht haltbar ist; aber auch *id* halte ich in einem satze wie *ille miserrumust qui quom esse cupit id quod edit non habet* für unplautinisch, wenn nicht für unlateinisch; bei Plautus heiszt es nur: *habes quod facias: si habeas quod des: qui quod dent habent: habemus qui nosmet utamur: habeo unde istuc tibi quod poscis dem: neque unde auxilium expetam habeo: ut esset quem tu pugnis caederes: ut sit quod obrodat: in rem quod sit praevortaris* u. dgl. daher scheint nichts übrig zu bleiben als *quom cupit esse* umzustellen.*) — S. 45 will L. *quom* in der überlieferung von *truc.* II 6, 7 *nón placet quom illi plus laudant qui audiunt quam qui vident* gegen *quem* (so Acidalius und Spengel) dadurch schützen, dasz er die verbindung *placet quom* als Plautinisch nachweist. allein dies hatte wol niemand bezweifelt; aber die wendung passt dort nicht: denn es handelt sich nicht um die zeit der handlung, sondern um die bezeichnung der person welche das object zu *laudant* bildet, wie aus dem ganzen zusammenhange und zum überflusz noch aus dem zu tilgenden parallelverse und aus v. 10 hervorgeht. — S. 64 möchte L. *Amph.* 668 *grávidam ego illanc hic reliqui, quom abeo: ‖ ei, perii miser* zur vermeidung des hiatus *hinc* nach *abeo* einschieben; aber *abeo hinc* ist nach *hic reliqui* eine kaum zu ertragende umständlichkeit: auch *most.* 1117 steht in dem ganz ähnlichen verse die ortsbezeichnung nur éinmal: *lóquere: quoius modi reliqui, quom hinc abibam, filium?* der hiatus aber ist durch richtige scansion (*quóm abeo*) zu beseitigen, wie auch Müller Plaut. pros. s. 641 gethan hat. *capt.* 282 kann ich *linquimus*, was Ba bietet, nicht für richtig halten, sondern glaube dasz der Plautinische sprachgebrauch *liquimus* verlangt, was auch alle bisherigen hgg. aufgenommen haben, vgl. *reliqui* in *Amph.* 668 und *most.* 1117. — S. 49 durfte Bothes schreibung *sed ego nunc est quom memet moror* in *Poen.* IV 2, 102 nicht gebilligt werden, da *memet* für *me* einen gegensatz wie *cist.* IV 2, 24 voraussetzt und die ganze wendung für ein einfaches *sed ego nunc me moror* unnatürlich breit und gespreizt ist. Müller a. o. s. 307 anm. schlägt passend vor *sed ego nimis diust quom me moror*; ich hatte an *sed ego morus sum quom me moror* gedacht. — S. 100 wird *Epid.* III 3, 38 die lesung *ego illic me autem sic adsimulabam quasi stolidúm, quom bardum me faciebam* als ganz sicherstehend angeführt, wo doch Geppert mit ziemlicher wahrscheinlichkeit geschrieben hat *quasi stolidús sim: bardum me faciebam*, eine verbesserung die Müller a. o. s. 263 'gewis richtig' nennt. — S. 101 wird schwerlich richtig über *aul.* I 2, 28 *discrúcior animi, quia ab domo abeundumst mihi* geurteilt, wenn es dort heiszt, für das *quia* der bücher sei

*) [s. den zusatz am schlusz dieser anzeige.]

'gewis mit recht' von Wagner *quom* aus vermutung (die übrigens von Wagner selbst wieder zurückgenommen ist s. LXVI) hergestellt und *quia* streite schon gegen das metrum (prosodie?). aber die verkürzung der positionslänge *ăb domo* in der zweiten silbe der aufgelösten arsis ist ein so gewöhnlicher prosodischer vorgang bei Plautus und Terentius, dasz ich eine ziemliche menge sicherer beispiele dafür in der einleitung zum Trinummus s. 14 f. zusammenstellen konnte; eine erschöpfende darstellung dieser licenz ist jetzt bei Müller a. o. s. 281—380 zu finden. — S. 104 befinde ich mich mit hrn. L. über *capt.* 941 nicht in übereinstimmung. er scheint in den worten *quód bene fecisti, referetur gratia* das *quod* für die conjunction zu halten, während es doch ohne zweifel das relativpronomen ist und die nichtsetzung des correlativen *eius* bei *gratia referetur* der art der volkssprache ganz entspricht. wie frei Plautus in der unterdrückung des demonstrativpronomens verfährt, ersieht man aus folgenden beispielen: *trin.* 807 *diém conficimus* (sc. *eo*) *quod iam properatost opus* (wo ich abweichend von Ritschl n. exc. I s. 58 *quod* nicht = *quo*, sondern als object zu *properato* fasse und darin ganz denselben sprachgebrauch finde wie *Amph.* 628. 791 *istuc exquisitost opus. Stich.* 61 *quod factost opus. cist.* I 2, 10 *tacére nequeo misera quod tacito usus est*). *Amph.* 449 *nón ego illi optempero quod loquitur. most.* 522 *nec quae dico optemperas. Bacch.* 1091 *uror* (sc. *eis*) *quae meus filius turbavit. Pers.* 182 *eius auris* (*eis*) *quae sunt mandata onerabo. glor.* 1077 *meri béllatores gignuntur* (*ex eis*), *quas hic praegnatis fecit.* die übrigen von mir vorgenommenen kleinen änderungen scheinen mir durch den gedanken so absolut gefordert zu werden, dasz ich mich wundere, wie die zusammenhanglose vulgata so lange hat ertragen werden können: vgl. *trin.* 246 *ét istuc et si amplius vis dari dabitur,* wo *et istuc* dem *et quod postulas* in den Captivi entspricht. — S. 113 schreibt L. *capt.* 280 *tum igitur ei quom in Áleis est tánta gratia ut praédicas* mit unmöglichem dactylus in der zweiten vershälfte *gratia ut*; wie man auch den verdorbenen ersten teil des verses verbessern mag (s. jetzt auch Müller a. o. s. 461), darin stimmen die jüngeren verbesserungsversuche überein, dasz die zweite vershälfte mit den büchern zu schreiben ist: *grátiast ut praédicas.* — S. 119 ist die angabe, dasz die schöne verbesserung *ovis* in vers 173 des Persa von O. Seyffert herrühre, nicht richtig; sie wird vielmehr Bergk verdankt, der sie vor dem Halleschen lectionskatalog 1858/59 s. VI veröffentlicht hat. — S. 135 ist der conjunctiv *enarrem* in *haut.* 273 *mane: hóc quod coepi primum enarrem* wol kaum richtig als potentialis (mit Lorenz zu *most.* 836) aufgefaszt; die gewöhnliche erklärung findet darin den nach griechischer weise bei den komikern auch in der ersten person des singularis gebräuchlichen conj. adhortativus (s. zu *trin.* 1136); Müller aber in diesen jahrb. 1861 s. 267 hat erwiesen, dász mit tilgung der interpunction *mane enarrem* zu verbinden ist wie *most.* 849 *mane videam, rud.* 1026 *mane iam reperiam* (nach Lachmanns verbesserung zu Lucr. s. 211). — S. 121: die *capt.* 255 *qui cavet ne decipiatur vix cavet quom etiam cavet* angenommene concessive bedeutung von *quom* wird sehr zweifelhaft, sobald man den folgenden vers hinzunimt: *étiam quom cavisse ratus est, saepe is cautor captus est.* da es nicht zulässig ist, dasz *quom etiam* 255 und *etiam quom* 256 in demselben gedanken in verschiedener bedeutung stehen, das zweite *quom* aber augenscheinlich temporalen sinn hat, so fasse ich auch *quom etiam cavet* so und erkläre: 'selbst dann wenn er sich (nach seiner meinung) caviert', was dann im folgenden noch deutlicher durch *etiam quom cavisse ratus est* ausgedrückt wird.*) — S. 224 wundert man sich dasz L., da er doch Ritschls schrift über das alte ablativ-*d* kennt und ihr ergebnis annimt, *Men.* 1115 nicht die hsl. überlieferung festgehalten hat, die bei annahme von *patriad* untadellich ist; ebenso verhält es sich mit der s. 252 angeführten stelle *Bacch.* 907. — S. 234 und 87 wird *Bacch.* 433 citiert: ⟨*ibi*⟩ *librum quom legeres, si unam peccavisses syllabam,* dagegen s. 147: *quóm librum legeres, si in una peccavisses syllaba* nach der auch von Fleckeisen aufgenommenen verbesserung von Bergk, gegen welche Müllers vorschläge (Plaut. pros. s. 602) zurücktreten müssen, vgl. Cic. *parad.* 3, 26 *tu in vita . . ut in syllaba te peccare dices?*

Wir scheiden von dem hrn. vf. mit dem ausdruck des wunsches, er möge uns in nicht zu langer frist mit einer dritten ebenso reifen frucht seiner grammatischen studien erfreuen, und wir sprechen diesen wunsch um so lebhafter aus, als hr. prof. L. unseres wissens wol der einzige gelehrte ist, der gegenwärtig die disciplin der auf historisch-philosophischem boden zu gründenden lateinischen grammatik durch umfangreichere arbeiten fördert.

*) [wenn nicht der ganze vers 256 als interpolation (nach *Epid.* III 2, 23) zu streichen ist mit Bücheler in diesen jahrb. 1869 s. 536. A. F.]

LIEGNITZ. JULIUS BRIX.

ZUSATZ.

Ueber eine stelle, bei deren behandlung gegen eine von mir selbst früher vertretene ansicht polemisiert wird, wird es mir ja wol gestattet sein meine abweichende meinung in unmittelbarem anschlusz an den widerspruch zu begründen. so kann ich die oben s. 428 vorgeschlagene umstellung in dem verse *capt.* 463 *ílle miserrumúst qui, quom cupit ésse, quod edit nón habet* unmöglich gut heiszen, weil dadurch das metrum in die brüche fällt: dasz ein trochäischer septenar mit dactylus im vierten fusze bei regelmäsziger cäsur unzulässig sei, ist, nachdem schon Hermann elem. doctr. metr. s. 87 es als regel aufgestellt hatte, durch die untersuchung von Ritschl proleg. s. CCLXXVI ff. wol unwiderleglich nachgewiesen worden. sehen wir nun aber doch einmal näher zu, was Lübbert, durch dessen deduction mein verehrter mitarbeiter von der unhaltbarkeit des perfectum *cupiit* — welches übrigens schon von Bothe in seiner dritten (Stuttgarter) ausgabe hergestellt worden ist, während derselbe in den beiden ersten die oben von Brix vorgeschlagene unhaltbare umstellung im texte hat — überzeugt worden zu sein bekennt, gegen dasselbe einzuwenden hat. ich hatte es angenommen in der meinung dasz obiger satz *quom esse cupiit* unter die regel falle, die Madvig spr. § 335 anm. 1 in folgende worte faszt: 'ist von etwas die rede, was sich wiederholt und zu geschehen pflegt, so wird in nebensätzen, welche die zeit, die bedingung oder den ort angeben, das perfectum gebraucht, wenn die handlung des nebensatzes als der des hauptsatzes vorausgehend zu denken ist' — eine regel die von ihm zu Cic. *de fin.* V 15, 41 s. 679 ff. der zweiten ausgabe und emend. Liv. s. 621 durch viele beispiele erläutert wird, und die natürlich auch Lübbert wol bekannt ist, der s. 54 unter Ah die einschlägigen beispiele aus Plautus und Terentius zusammenstellt, soweit sie mit *quom* beginnen. dieser regel also hatte ich, wie gesagt, auch den obigen vers der Captivi subsumiert — an die zwei andern von Lübbert als möglich angenommenen auffassungen des *cupiit* als gnomischen oder emphatischen aoristes hatte ich nicht gedacht — und L. hat dagegen weiter nichts vorzubringen als dasz die in dem perfectum ausgedrückte handlung des *cupere* ja nicht eine dem *non habere* voraufgehende sondern ihm gleichzeitige sei. ein auf den ersten blick ganz plausibler, aber doch unhaltbarer einwand. denn nicht darauf kommt es hier an, dasz die beiden handlungen oder zustände des *cupere* und *non habere* in wirklichkeit gleichzeitig sind, sondern dasz das begehren allerdings früher fällt, als der zustand des nichthabens ins b e w u s t s e i n tritt. wenn ich zu essen begehre, so ist das gefühl dieses bedürfnisses früher vorhanden, als der verstand sagt: du hast ja nichts zu essen. ein dem unsrigen analoger fall findet sich bei Ovidius *met.* VI 180 f. *in quamcumque domus adverti lumina partem, inmensae spectantur opes.* auch hier ist das *lumina advertere* und *spectare* in wirklichkeit gleichzeitig, und doch hat der dichter *adverti* gesagt, weil derjenige der seine augen irgendwohin lenkt doch erst etwas später m e r k t dasz sie das und das sehen. so, sollte ich meinen, müste sich das perfectum *cupiit* in unserm verse der Captivi rechtfertigen lassen — wenn nicht ein f o r m e l l e s bedenken der bis jetzt von mir gegen Lübbert vertheidigten fassung des verses entgegenträte. Plautus kennt mit ausnahme der composita von *eo* k e i n e perfectform auf *-ii* oder *-iit*, sondern gebraucht stets die endungen *-ivi* und *ivit* — ich habe das in meiner erstlingsschrift, den 1842 erschienenen exercitationes Plautinae s. 11 und 41 nachgewiesen — und aus d i e s e m grunde musz dem verse doch anderweitig aufgeholfen werden. da scheint mir nun nichts näher zu liegen als so zu schreiben:

Ille miserrumúst qui, quom esse cúpidust, quod edit nón habet.

ein abschreiber, dem *esse cupidust* statt *edundi cupidust* anstöszig war, corrigierte *esse cupit*, was unsere hss. bieten. ob *cupidus sum* mit dem infinitiv sonst noch bei Plautus vorkommt, kann ich im augenblick nicht constatieren; dasz es nicht gegen den zu seiner zeit herschenden sprachgebrauch verstöszt, wird derjenige nicht bezweifeln, der sich erinnert dasz er selbst *Pseud.* 1104 sagt: *suom qui officium facere inmemor est* und dasz Ennius trag. v. 216 f. R. (291 f. V.) die amme der Medea sagen läszt: *cupído cepit miseram nunc me, proloqui caelo átque terrae Medeai miserias.*

Dresden. Alfred Fleckeisen.

(9.)
ZU HORATIUS ODEN.

(fortsetzung von s. 78 f.)

III 5, 37 f. *hic, unde vitam sumeret inscius,*
pacem duello miscuit. o pudor! usw.

die hsl. überlieferte lesart *unde vitam sumeret aptius* hat früh anstosz gegeben und zu der änderung *hic unde vitam sumeret inscius* geführt. diese findet sich schon in einigen hss. und ist später vulgata geworden. erst nachdem Bentley auf ihre unzureichende begründung aufmerksam gemacht hätte, ist sie beanstandet, und von Haupt, Meineke, Lehrs und Lucian Müller die vermutung Kreusslers und Lachmanns *anxius* an die stelle von *aptius* gesetzt. *inscius* gibt zwar, wenn es nicht blosz auf das wissen, sondern vielmehr auf das wollen bezogen wird, einen passenden sinn, weicht aber von *aptius* so weit ab, dasz es als eine zu freie änderung angesehen werden musz. die vermutung *anxius* schlieszt sich dagegen an die züge von *aptius* so nahe an, dasz in dieser beziehung nichts zu wünschen übrig bleibt; es ist jedoch ein zu matter ausdruck für die heftigkeit des tones welche in dem ganzen gedichte herscht. vor allem aber spricht sowol gegen *inscius* als gegen *anxius*, dasz eine änderung des hsl. *aptius* nicht erforderlich erscheint, sondern nur eine richtigere interpunction der worte als die bisherige. interpungieren wir nemlich *hic* (*unde vitam sumeret aptius?*) *pacem duello miscuit*, so stimmt die ironische frage *unde . . sumeret aptius?* durchaus zu dem tone des gedichtes und namentlich zu den verschiedenen ausbrüchen verhaltenen unwillens *pro curia inversique mores* (v. 7) und *o pudor! o magna Carthago, probrosis altior Italiae ruinis* (v. 38 f.). ähnliche eingeschaltete ironische fragen finden sich bei Hor. auch an anderen stellen: vgl. *carm.* III 11, 30 *inpiae* (*nam quid potuere maius?*) *inpiae sponsos potuere duro perdere ferro. sat.* II 3, 283 '*unum, quid tam magnum?*' *addens* '*unum me surpite morti!*' wie in dem vorliegenden verse durch *aptius* etwas unschickliches und schimpfliches, so wird an diesen stellen durch *maius* ein frevel, durch *magnum* eine kleinigkeit bezeichnet. vgl. auch *sat.* II 2, 106 *uni nimirum tibi recte semper erunt res. o magnus posthac inimicis risus!* schlieszlich bemerke ich, dasz Nauck die worte *unde* bis *aptius* ebenfalls in ironischem sinne, aber nicht als frage auffaszt, sondern *unde* durch *ut inde* 'um daraus' oder 'um dadurch' erklärt.

Wolfenbüttel. Justus Jeep.

NEUE JAHRBÜCHER

FÜR

PHILOLOGIE UND PAEDAGOGIK.

Herausgegeben unter der verantwortlichen Redaction

von

Dr. Alfred Fleckeisen und **Dr. Hermann Masius**

Professor in Dresden — Professor in Leipzig.

Einhundertunderster und einhundertundzweiter Band.

Siebentes Heft.

Leipzig,

Druck und Verlag von B. G. Teubner.

1870.

INHALT

VON DES EINHUNDERTUNDERSTEN UND EINHUNDERTUND-ZWEITEN BANDES SIEBENTEM HEFTE.

ERSTE ABTEILUNG (101R BAND).

		seite
53.	Anz. v. *A. Schöne:* analecta philologica historica. I de rerum Alexandri Magni scriptorum inprimis Arriani et Plutarchi fontibus (Leipzig 1870). von *A. Schaefer* in Bonn	433—446
54.	Zu Herodotos VII 36. von *O. Richter* in Guben . . .	446—448
55.	Zu Eunapios [15, 68]. von *B. Friederich* in Wernigerode	448
56.	Ueber aspiration und aspiratae im griechischen. von *W. H. Roscher* in Bautzen, mit zusatz von *A. Fleckeisen* . .	449—459
57.	Zu Plautus Aulularia IV 8, 1. von *A. F.*	459
58.	Anz. v. *J. Girard:* le sentiment religieux en Grèce d'Homère à Eschyle (Paris 1869). von *H. Weil* in Besançon . .	460—464
59.	Dochmien. von *Moriz Schmidt* in Jena	465—476
60.	Anz. v. *C. L. Urlichs:* commentatio de vita et honoribus Agricolae (Würzburg 1868). von *O. Clason* in Breslau .	477—493
61.	Des Polykleitos ἐν ὄνυχι γενέϲθαι. von *H. Düntzer* in Köln	493—496

ERSTE ABTEILUNG
FÜR CLASSISCHE PHILOLOGIE

HERAUSGEGEBEN VON ALFRED FLECKEISEN.

53.

Analecta philologica historica. I de rerum Alexandri magni scriptorum inprimis Arriani et Plutarchi fontibus disseruit Alfredus Schoene, dr. phil. philologiae professor p. o. commentatio pro loco in senatu academico regiae universitatis Friderico-Alexandrinae Erlangensis rite obtinendo scripta. Lipsiae in aedibus B. G. Teubneri. MDCCCLXX. IV u. 59 s. gr. 8.

Arrian bezeichnet den grundsatz nach welchem er in der geschichte Alexanders verfahre dahin, dasz er was Ptolemäos der Lagide und Aristobulos übereinstimmend erzählen als durchaus der wahrheit gemäsz wiedergebe und von dem, worin sie nicht übereinstimmen, das seinem urteile nach glaubwürdigere und erwähnungswerthere auswähle. diese schriftsteller, welche an Alexanders zügen teilnahmen und nach dem tode des königs schrieben, erachtete er für die glaubwürdigsten. von dem was andere berichtet haben fügt er manches was ihm der erwähnung werth und nicht ganz unglaubwürdig erschien als legende hinzu (ὡς λεγόμενα μόνον ὑπὲρ Ἀλεξάνδρου). diesen in der einleitung ausgesprochenen grundsatz betont Arrian im verlaufe seiner darstellung zu wiederholten malen, namentlich II 12, 6—8. V 7, 1, und der augenschein lehrt, wie streng er die durch seine gewährsmänner beglaubigte überlieferung von der minder beglaubigten absondert. übrigens hat er von der geschichte der kriegszüge Alexanders die beschreibung Indiens und die seefahrt des Nearchos ausgeschieden und einer besondern schrift vorbehalten (V 6, 8. VI 16, 5). in dieser, der Ἰνδική, fuszt er auf Megasthenes und Nearchos und gibt des letztern bericht von seiner fahrt im auszug wieder. derselbe bericht wird auch in der geschichte Alexanders an ein paar stellen in solcher weise angezogen, dasz wir sehen, Arrian hielt ihn seinen beiden hauptgewährsmännern vollkommen ebenbürtig.

Der richtige tact Arrians gibt seiner geschichte den entschiedensten vorzug vor allen anderen uns erhaltenen schriftstellern, welche sich begnügen die gangbare erzählung wiederzugeben ohne ihre beglaubigung zu prüfen. darin haben Diodor Trogus (Justin) und Curtius es sich am bequemsten gemacht; dagegen gibt Plutarch im leben Alexanders neben vielen erzählungen von zweifelhafter gewähr manche bruchstücke von wol bezeugter überlieferung.

Dieses verhältnis der auf uns gekommenen geschichten Alexanders ist im wesentlichen heutzutage unbestritten. aber für eine schärfer eindringende kritik ergeben sich daraus weitere fragen, zu deren lösung Schönes habilitationsschrift beizutragen bestimmt ist.

Arrian merkt des öftern sowol die übereinstimmung von Ptolemäos und Aristobulos anderen erzählungen gegenüber als einander widersprechende angaben seiner beiden gewährsmänner an; im übrigen aber faszt er ihre berichte zusammen ohne zu sagen, welche abschnitte er dem einen und welche er dem andern entnehme. nun liegt es in der natur der sache, dasz zwei schriftsteller nicht ganz den gleichen faden spinnen, sondern der eine von dingen des breitern erzählt, die der andere einfach bei seite läszt. die von Ptolemäos und Aristobulos in namentlicher anführung erhaltenen fragmente geben dafür die bestätigung und lehren uns ihren schriftstellerischen charakter hinlänglich kennen, um darauf hin gewisse abschnitte in Arrians geschichte Alexanders bestimmt dem einen oder dem andern zuweisen zu können. hierfür hat S. durch seine sorgfältigen und eindringenden untersuchungen wesentliches geleistet. ich erkenne dieses um so bereitwilliger an, da ich im folgenden vorzüglich solche puncte zur sprache bringe, über die ich anderer ansicht bin.

S. bemerkt mit recht, dasz für das militärische Ptolemäos Arrians hauptgewährsmann ist. andere vorgänge, z. b. die hinrichtung des Philotas und das ende des Kallisthenes, scheint Ptolemäos nur in der kürze erzählt zu haben; auf länderbeschreibungen u. dgl. liesz er sich vollends nicht ein.

Ptolemäos berichtet als augenzeuge bereits von Alexanders kriegszügen in Europa und scheint hierfür fast ausschlieszlich Arrians quelle gewesen zu zu sein. in einem falle, bei der gesandtschaft der Kelten (I 4, 6—8), lehrt die vergleichung mit der namentlichen anführung bei Strabon VII 301 f. (fr. 2), dasz Ptolemäos stillschweigend zu grunde gelegt wird. wenn Arrian ihn mit namen nennt — I 2, 7 über den geringen verlust in der schlacht mit den Triballern; I 8, 1 über Perdikkas ungestümes vorgehen gegen Theben (worin ich keine gehässigkeit gegen Perdikkas finden kann: vgl. Dem. u. s. z. III 1 s. 115, 2) — so geschieht es nicht im gegensatz zu Aristobulos, sondern um auffallende einzelheiten zu erhärten, ähnlich wie II 11, 8 bei dem blutbade nach der schlacht bei Issos. wie hoch Arrian in militärischen dingen die autorität des Ptolemäos stellt, zeigt am deutlichsten, dasz er die heeresstärke beim übergange nach Asien seiner angabe gemäsz bestimmt (Arr. I 11, 3. Ptol. fr. 4. Plut. de fort. Alex. I 3 s. 327[d]. vgl. Dem. u. s. z. III 1 s.

142, 2), ohne der abweichenden zahlen bei Aristobulos und anderen nur zu gedenken. ebenso wenig hat er es der mühe werth gehalten bei der schlacht am Granikos zu erwähnen, dasz Aristobulos (fr. 2 bei Plut. Al. 16) alles in allem auf Alexanders seite nur 34 tote zählt, worunter 9 vom fuszvolk. Arrians angabe, es seien 25 hetären, von der übrigen reiterei über 60, vom fuszvolke gegen 30 gefallen, werden wir daher unbedenklich auf Ptolemäos zurückführen.[1])

Es entspricht der überwiegend militärischen berichterstattung des Ptolemäos, dasz seit Alexanders rückkehr von Indien seiner seltener erwähnung geschieht. Arrian ruft ihn fortan nur als zeugen auf um zu sagen dasz diese oder jene erzählung sich bei ihm ebenso wenig wie bei Aristobulos finde: so von dem Bakchischen zuge durch Karmanien (VI 28, 2); von den hundert nach Amazonenart gerüsteten und berittenen weibern, welche Atropates der satrap von Medien Alexander vorgeführt haben soll (VII 13, 3), von römischen gesandten bei Alexander (VII 15, 6). nur bei Alexanders letzten tagen macht Arrian die positive bemerkung, dasz mit den angaben der ephemeriden Aristobulos und Ptolemäos nahezu übereinstimmen: VII 26, 3 οὐ πόρρω δὲ τούτων οὔτε Ἀριστοβούλῳ οὔτε Πτολεμαίῳ ἀναγέγραπται, worte welche u. a. von Carl Müller scr. rerum Al. M. s. 87ᵃ misverstanden sind. es ist dies der einzige fall wo Arrian ein anderweitiges zeugnis noch über Ptolemäos und Aristobulos stellt. vielleicht ist auch aus Ptolemäos entnommen, was Arrian bei Alexanders zuge gegen die Kossäer (im winter 324/3) sagt: VII 15, 3 οὔτε χειμὼν ἐμποδὼν ἐγένετο αὐτῷ οὔτε αἱ δυσχωρίαι, οὔτε αὐτῷ οὔτε Πτολεμαίῳ τῷ Λάγου, ὃς μέρος τῆς στρατιᾶς ἐπ᾽ αὐτοὺς ἦγεν. übrigens beweisen, wenn wir auch von dieser stelle absehen, schon die übrigen citate hinlänglich, dasz Ptolemäos bis zu Alexanders tode herabgieng. wenn er, wie S. s. 12 als möglich hinstellt, mit Alexanders rückkehr nach Persis geschlossen hätte, so konnte aus seinem stillschweigen über einzelne spätere vorgänge kein beweis entnommen werden.

Alle anführungen lassen darauf schlieszen dasz Ptolemäos mit nüchternem sinne geschrieben hat. wir wissen nur von éinem wunder das er erzählte: auf dem hinwege zum Ammonion sowol als auf dem rückwege ziehen dem heere zwei drachen voraus, welche ihre stimme erheben, und Alexander befiehlt den wegweisern diesen zu folgen im glauben an die gottheit (fr. 7 bei Arr. III 3, 5). von diesen drachen wuste nur Ptolemäos zu melden. dasz er als könig

---

1) bei Justin XI 6 lesen wir: *de exercitu Alexandri novem pedites, centum XX equites cecidere*, und sämtliche 120 werden mit reiterbildseulen bedacht. hier haben wir éine ziffer gleich Aristobulos angabe, die andere weicht dermaszen ab, dasz ich einen zusammenhang mit Aristobulos (den S. s. 22 annimt) nicht statuieren kann. vielleicht stammt jene zahl neun von Kallisthenes her, den, wie sich unten zeigen wird (s. 437), Aristobulos benutzte und den auch Kleitarchos ausgeschrieben hat.

von Aegypten seine besonderen gründe haben konnte der priesterschaft des Ammon diese ausgesuchte huldigung darzubringen leuchtet ein, und wie mich dünkt hat Geier in treffender weise daran erinnert dasz auf ihren ausspruch im j. 303 dem könige göttliche ehren erwiesen wurden.

S. (s. 19) glaubt weder hierauf noch auf Arrians worte in der einleitung, dasz Ptolemäos als könig (also nicht vor 306) sein werk geschrieben habe, für die zeit der abfassung gewicht legen zu dürfen. mir scheinen diese stellen beweisend zu sein. nicht minder wird meines erachtens mit recht gefolgert (C. Müller a. o. s. 74ᵃ) dasz Ptolemäos später als Kleitarchos seinen bericht herausgab, um den romanhaft ausgeschmückten erzählungen gegenüber die einfachen thatsachen ins klare zu setzen. Kleitarchos hatte, wie die fragmente lehren, des öftern Ptolemäos zu huldigen gesucht und u. a. bei dem sturme auf die stadt der Maller (oder wie er schrieb der Oxydraken) Ptolemäos zum lebensretter Alexanders gemacht. mit welchen farben die schilderung ausgemalt war, ist einigermaszen aus der rhetorischen überschwänglichkeit bei Plutarch de fort. Al. II 13 s. 343ᵈ—345ᵇ zu entnehmen; andere stellen gibt Müller Clitarchi fr. 11 s. 79ᵇ. wenn es nun bei Arrian VI 11, 8 (Ptol. fr. 20) heiszt: αὐτὸς Πτολεμαῖος ἀναγέγραφεν οὐδὲ παραγενέσθαι τούτῳ τῷ ἔργῳ, ἀλλὰ στρατιᾶς γὰρ αὐτὸς ἡγούμενος ἄλλας μάχεσθαι μάχας πρὸς ἄλλους βαρβάρους, so scheint mir daraus allerdings entnommen werden zu dürfen, dasz Ptolemäos in diesem falle ausdrücklich den im schwange gehenden fälschungen widersprach. eine weitere spur von bezugnahme auf andere schriftsteller findet sich nicht. zwar sehen wir aus dem, was Arrian über Alexanders verwundung im kampfe mit den Mallern aus Ptolemäos anführt (VI 10, 1. 11, 7), dasz derselbe nicht etwa nur seine eignen erlebnisse geschildert hatte, sondern auch von dem erzählte was in seiner abwesenheit geschah; aber dies wird auf den nach frischer that ihm gewordenen mitteilungen beruhen. nichts berechtigt zu der annahme dasz Ptolemäos seine eignen erinnerungen aus schriften anderer vervollständigt habe.

Ich habe die umstände angegeben, auf welche sich die meinung gründet, dasz Ptolemäos erst in höherm lebensalter schrieb. ausdrücklich bezeugt ist dies von Aristobulos: wir wissen dasz er im 84n lebensjahre an die abfassung seines werkes gieng, nach der schlacht bei Ipsos 301 (Arr. VII 18, 5), ja wie S. (s. 24) mit gutem grunde annimt, nach dem ausgange der herschaft Kasanders und seiner söhne, d. h. nach 294, möglicherweise noch einige jahre später; nur darf man nicht, wie S. thut, das jahr 287 mit dem sturze der enkel Antipaters in verbindung bringen.

Aristobulos unterscheidet sich dadurch von Ptolemäos, dasz er nicht blosz selbsterlebtes und während der heerfahrten Alexanders erkundetes berichtete, sondern dasz er auch die schriften anderer für seine darstellung benutzte. wir verdanken S. (s. 28—31) den nachweis dasz Aristobulos aus Onesikritos geschöpft hat, und ich stimme ihm bei, wenn er es wahrscheinlich findet, dasz die einzige erwähnung der schrift des Onesikritos bei Arrian (VI 2, 3) durch Aristobulos vermittelt sei. ferner hat S. (s. 19—22) dargethan dasz Aristobulos die berichte des Patrokles über das kaspische meer und dessen fluszgebiete verwerthet hat (vgl. auch Arr. VII 16, 4), deren abfassung zwischen die jahre 312 und 286 zu setzen ist. dagegen vermisse ich die erwähnung des Kallisthenes.

Leopold Krahner sagt in den grundlinien zur geschichte des verfalls der römischen staatsreligion (Halle 1837) s. 31: 'man betrachte nur die frühesten schriftsteller Alexanders, welche alle, selbst Aristobulos nicht ausgenommen, sich zur aufgabe machten unerhörte dinge in lügenhafter übertreibung und in üppiger romanhafter sprache zu erzählen.' diesen ton einer vergötternden lobpreisung hat Kallisthenes in seiner officiellen geschichtschreibung angeschlagen, und Aristobulos ist ihm darin bis zu einem gewissen grade gefolgt, wenn er auch eher masz gehalten hat. Arrian erwähnt die geschichte des Kallisthenes nirgends: was er daraus hat, wird durch Aristobulos vermittelt sein. dasz das meer an der küste von Pamphylien ehrfurchtsvoll vor Alexander zurückwich (Kallisth. fr. 25 s. 19) finden wir bei Arrian I 26, 2 wieder: οὐκ ἄνευ τοῦ θείου, ὡς αὐτός τε ('Αλέξανδρος) καὶ οἱ ἀμφ' αὐτὸν ἐξηγοῦντο. nicht anders ist es bei dem Ammonion. Kallisthenes hatte, wie die bei Plutarch und Strabon erhaltenen auszüge (fr. 36 s. 26 f.) lehren, Alexanders wallfahrt wunderbar ausgemalt: seiner beschreibung des heiligtums und des zuges entspricht in wesentlichen zügen sowol was Arrian aus Aristobulos entnahm als was Diodor Justin und Curtius sei es mittelbar oder unmittelbar von Kleitarchos überkommen haben. man vergleiche

Arrian III 3, 2—6 'Αλεξάνδρῳ δὲ φιλοτιμία ἦν πρὸς Περσέα τε καὶ Ἡρακλέα ... μέχρι μὲν δὴ Παραιτονίου παρὰ θάλασσαν ᾔει δι' ἐρήμου, οὐ μέντοι δι' ἀνύδρου τῆς χώρας, σταδίους ἐς χιλίους καὶ ἑξακοσίους, ὡς λέγει ΑΡΙΣΤΟΒΟΥΛΟΣ ἐντεῦθεν δὲ ἐς τὴν μεσόγαιαν ἐτράπετο, ἵνα τὸ μαντεῖον ἦν τοῦ Ἄμμωνος. ἔστι δὲ ἐρήμη τε ἡ ὁδὸς καὶ ψάμμος ἡ πολλὴ αὐτῆς καὶ ἄνυδρος. ὕδωρ δὲ ἐξ οὐρανοῦ πολὺ 'Αλεξάνδρῳ ἐγένετο, καὶ τοῦτο ἐς τὸ θεῖον ἀνηνέχθη. ἀνηνέχθη δὲ ἐς τὸ θεῖον καὶ τόδε· ἄνεμος νότος ἐπὰν πνεύσῃ ἐν ἐκείνῳ τῷ χώρῳ, τῆς ψάμμου

Strabon XVII 814 ὁ γοῦν ΚΑΛΛΙΣΘΕΝΗΣ φησὶ τὸν 'Αλέξανδρον φιλοδοξῆσαι μάλιστα ἀνελθεῖν ἐπὶ τὸ χρηστήριον, ἐπειδὴ καὶ Περσέα ἤκουσε πρότερον ἀναβῆναι καὶ Ἡρακλέα· ὁρμήσαντα δ' ἐκ Παραιτονίου καίπερ νότων ἐπιπεσόντων βιάσασθαι, πλανώμενον δ' ὑπὸ τοῦ κονιορτοῦ σωθῆναι γενομένων ὄμβρων καὶ δυεῖν κοράκων ἡγησαμένων τὴν ὁδόν.

Plutarch Al. 27 πρῶτον μὲν γὰρ ἐκ Διὸς ὕδωρ πολὺ καὶ διαρκεῖς ὑετοὶ γενόμενοι τόν τε τῆς δίψης φόβον ἔλυσαν καὶ τὴν ξηρότητα κατασβέσαντες

ἐπιφορεῖ κατὰ τῆς ὁδοῦ ἐπὶ μέγα, καὶ ἀφανίζεται τῆς ὁδοῦ τὰ σημεῖα οὐδὲ ἔστιν εἰδέναι ἵνα χρὴ πορεύεσθαι καθάπερ ἐν πελάγει τῇ ψάμμῳ, ὅτι σημεῖα οὐκ ἔστι κατὰ τὴν ὁδὸν οὔτε που οὖρος οὔτε δένδρον οὔτε γήλοφοι βέβαιοι ἀνεστηκότες, οἷς τισιν οἱ ὁδῖται τεκμαίροιντο ἂν τὴν πορείαν, καθάπερ οἱ ναῦται τοῖς ἄστροις· ἀλλ' ἐπλανᾶτο γὰρ ἡ στρατιὰ Ἀλεξάνδρῳ καὶ οἱ ἡγεμόνες τῆς ὁδοῦ ἀμφίβολοι ἦσαν. ΠΤΟΛΕΜΑΙΟΣ μὲν δὴ ὁ Λάγου λέγει δράκοντας δύο . . . . ΑΡΙΣΤΟΒΟΥΛΟΣ δέ, καὶ ὁ πλείων λόγος ταύτῃ κατέχει, κόρακας δύο προπετομένους πρὸ τῆς στρατιᾶς, τούτους γενέσθαι Ἀλεξάνδρῳ τοὺς ἡγεμόνας.

τῆς ἄμμου, νοτερᾶς γενομένης καὶ πρὸς αὐτὴν ξυμπεσούσης, εὔπνουν τὸν ἀέρα καὶ καθαρώτερον παρέσχον. ἔπειτα τῶν ὅρων, οἵπερ ἦσαν τοῖς ὁδηγοῖς, συγχυθέντων καὶ πλάνης οὔσης καὶ διασπασμοῦ τῶν βαδιζόντων διὰ τὴν ἄγνοιαν, κόρακες ἐκφανέντες ὑπελάμβανον τὴν ἡγεμονίαν τῆς πορείας, ἑπομένων μὲν ἔμπροσθεν πετόμενοι καὶ σπεύδοντες, ὑστεροῦντας δὲ καὶ βραδύνοντας ἀναμένοντες· ὃ δὲ ἦν θαυμασιώτατον, ὡς ΚΑΛΛΙΣΘΕΝΗΣ φησί, ταῖς φωναῖς ἀνακαλούμενοι τοὺς πλανωμένους νύκτωρ καὶ κλάζοντες εἰς ἴχνος καθίστασαν τῆς πορείας.

Es verhält sich demnach nicht so wie S. s. 4 sagt: 'Aristobulus Ptolemaei draconibus corvos substituit, credibiliorem, opinor, rem redditurus', sondern die raben schreiben sich von Kallisthenes her. Ptolemäos steht mit den drachen ganz für sich. so wenig an dieser stelle wie an einer andern findet sich eine spur davon dasz Aristobulos seine schrift gekannt habe.

Wie Kallisthenes so mag auch Chares dem Aristobulos stoff geliefert haben: wenigstens steht zu vermuten dasz Chares, der den angesehenen posten des oberkammerherrn (εἰσαγγελεύς) bekleidete, älter als Aristobulos war und nicht erst ein volles menschenalter nach Alexanders tode schrieb.[2]) S. erinnert (s. 40 f.) dasz Aristobulos erzählung vom ende des Kallisthenes mit der des Chares im wesentlichen übereinstimmt (Arrian IV 14, 3. Plut. Al. 55). sie lasse beide Kallisthenes nach längerer haft an einer krankheit sterben; Ptolemäos dagegen schrieb, er sei gefoltert und dann gehängt worden. Plutarch a. o. stellt die verschiedenen nachrichten neben einander (ἀποθανεῖν δὲ αὐτὸν [Καλλισθένην] οἱ μὲν ὑπ' Ἀλεξάνδρου κρεμασθέντα λέγουσιν, οἱ δὲ ἐν πέδαις δεδεμένον καὶ νοσήσαντα· Χάρης δὲ usw.). über einen der katastrophe des Kallisthenes vorausgegangenen vorfall finden wir bei Athenäos X 434[d] Ἀριστό-

2) S. sagt s. 41 von Chares: 'qui cum vix ante Aristobulum scripsisse possit, ex illis locis etiam hoc efficitur, Aristobulum secutum esse Charetem', und einige zeilen weiter: 'ut enim largiamur vel Aristobulum Charete priorem fuisse illamque narrationem non ex Charete sed ex Aristobulo fluxisse, qua de re certi quicquam statui nequit.' danach scheint zu anfang 'ante' verschrieben zu sein statt 'post'.

βουλος καὶ Χάρης ἐν ταῖς ἱστορίαις als gewahrsmänner genannt, und einen andern (den versagten kus) erzählt Plutarch c. 54 nach Chares ganz so wie Arrian IV 12, 2—5 ihn berichtet, vielleicht nach Aristobulos, obwol der eingang ἀναγέγραπται δὲ δὴ καὶ τοιόσδε λόγος einen zweifel erwecken kann.

Die mit dem namen des verfassers bezeichneten fragmente lehren dasz Aristobulos seine darstellung breit anlegte und auf die unterhaltung des lesers berechnete. S. hat aus ihrer vergleichung den gewis richtigen schlusz gezogen dasz Arrian von ihm die naturschilderungen entlehnte, ferner die vorzeichen und prophezeiungen namentlich des sehers Aristandros (s. 23). er nimt dasselbe an von den bei Arrian seltenen mitteilungen aus briefen Alexanders (s. 31 f.), wie mir scheint mit recht von dem schreiben an die Athener I 10, 4, an Dareios II 14, 4—9, und vielleicht auch von dem an Kleomenes VII 23, 6 f. die beziehung auf briefe von Olympias und Antipatros VII 12, 6 mag ebendaher stammen. dagegen möchte ich die erwähnung eines zweiten schreibens an Dareios (II 25, 3; vgl. u. s. 444) und das schreiben an Olympias VI 1, 4 nicht von Aristobulos herleiten.

Die rhetorische schreibart Aristobuls lassen gleich die ersten fragmente erkennen, welche von der hochherzigen Thebäerin Timokleia und den debatten über die auslieferung athenischer staatsmänner handeln (1^a. 1^b s. 95 f. M.). ich habe früher den zweifel geäuszert ob Aristobulos Alexander schon auf seinen ersten zügen begleitet habe (Dem. u. s. z. III 1 s. 128[n]). S. geht weiter: seiner ansicht nach (s. 23) begann Aristobuls geschichte erst mit Alexanders übergang nach Asien; jene erzählungen könne er in einer andern schrift vorgebracht oder als abschweifungen eingeschaltet haben. das letztere möchte S. vorziehen. ich kann dieser ansicht nicht beistimmen, sondern meine dasz Arrian mit richtigem tacte sich von vorn herein im wesentlichen an Ptolemäos hielt, obwol Aristobulos ebenfalls die ersten unternehmungen Alexanders beschrieben hatte. vgl. oben s. 434.

Der durch jene beiden gewährsmänner beglaubigten erzählung stellt Arrian die legende gegenüber, ohne dasz er einen träger derselben namhaft macht; nur éinmal (VII 15, 5) tauchen Aristos und Asklepiades auf: Ἄριστος δὲ καὶ Ἀσκληπιάδης τῶν τὰ Ἀλεξάνδρου ἀναγραψάντων καὶ Ῥωμαίους λέγουσιν ὅτι ἐπρέσβευσαν usw. die erwähnungen des Eratosthenes bei Arrian werden allgemein mit recht auf dessen erdbeschreibung bezogen.

Es fragt sich nun ob Arrian sich die mühe genommen hat die von ihm im wesentlichen nicht für glaubwürdig gehaltenen erzählungen aus einer reihe von schriftstellern zusammenzulesen, oder ob er sich damit begnügte sie irgend einem werke welches sie wiedergab zu entlehnen. S. sagt sehr treffend dasz ein sammelfleisz, wie wir ihn in dem erstern falle annehmen müsten, der weise antiker historiographie nicht entspricht. es kommt hinzu dasz, wie S. übersichtlich zusammenstellt (s. 47—49), sehr vieles von dem, was

Arrian als legende an die zweite stelle verweist, in Plutarchs leben Alexanders unbedenklich als geschichte figuriert. dieser umstand berechtigt zu dem schlusse, dasz beide, Plutarch sowol als Arrian, ein sammelwerk benutzten, welches verschiedenartige nachrichten über Alexander umfaszte. eine solche annahme wird unterstützt durch mehrere stellen, an denen eine auffallende übereinstimmung zwischen Plutarch und Arrian stattfindet, ohne dasz irgendwo daran zu denken wäre dasz Arrian Plutarchs biographie ausgeschrieben hätte. beide schriftsteller legen für Alexanders letzte krankheit und ende dasselbe stück der ephemeriden zu grunde (S. s. 33—39); beim gordischen knoten stellt nicht blosz Arrian II 3, 7 οἱ μὲν .. Ἀριστόβουλος δὲ λέγει gegenüber (es ist das erste mal, wo er Aristobulos zum zeugen nimt), sondern ebenso Plutarch c. 18 οἱ μὲν οὖν πολλοί φασιν .. Ἀριστόβουλος δὲ —. Alexander erkrankte zu Tarsos, ὡς μὲν Ἀριστοβούλῳ λέλεκται in folge der strapazen, οἱ δὲ .. λέγουσιν nach dem kalten bade im Kydnos (Arr. II 4, 7); ähnlich Plutarch c. 19 mit der formel οἱ μὲν .. οἱ δὲ — (S. s. 44 f.). dasz die letzte schlacht gegen Dareios nicht wie ὁ πᾶς λόγος κατέχει bei Arbela, sondern 600 stadien von dieser stadt bei Gaugamela geschlagen wurde, sagt Arrian III 8, 7 und bezeugt es später ausdrücklich aus Ptolemäos und Aristobulos (VI 11, 5); aber auch Plutarch c. 31 kennt den widerspruch: τὴν δὲ .. μάχην .. οὐκ ἐν Ἀρβήλοις, ὥσπερ οἱ πολλοὶ γράφουσιν, ἀλλ' ἐν Γαυγαμήλοις γενέσθαι συνέπεσε. Plutarch fügt die deutung des namens Gaugamela (οἶκος καμήλου) hinzu, welche wir wörtlich auch bei Strabon XVI 737 lesen, vermutlich aus Eratosthenes, den Plutarch a. o. unmittelbar vorher citiert: denn ich glaube nicht dasz die von S. s. 27 f. vorgeschlagene umstellung dieses und eines andern citates aus Eratosthenes zu späteren sätzen zu billigen ist. Diodor Justin und Curtius kennen nur Arbela, nicht Gaugamela. sowol Plutarch als Arrian verbinden in ihrer erzählung die tötung des Kleitos und die katastrophe des Kallisthenes, obgleich Arrian sich wol bewust ist dasz der zeitfolge nach davon erst an späterer stelle zu berichten wäre (Arr. IV 8, 1. 14, 4. 22, 2; S. s. 39 f.). über die todesart des Kallisthenes kennt Plutarch c. 55 die widersprechenden aussagen, welche Arrian IV 14, 3 auf Aristobulos und Ptolemäos zurückführt, und gibt dazu weiteres detail aus Chares (vgl. s. 438).[3]) von Alexanders verwundung beim sturm auf die stadt der Maller sagt Arrian VI 11, 3 ἐν Ὀξυδράκαις τὸ πάθημα τοῦτο γενέσθαι Ἀλεξάνδρῳ ὁ πᾶς λόγος κατέχει· τὸ δὲ ἐν Μαλλοῖς, ἔθνει αὐτονόμῳ Ἰνδικῷ, ξυνέβη, καὶ ἥ τε πόλις Μαλλῶν ἦν καὶ οἱ βαλόντες Ἀλέξανδρον Μαλλοί, und erführt des weitern aus dasz Alexander der verbindung der Oxydraken und Maller zuvorgekommen war. Plutarch c. 63 gibt einfach das richtige: πρὸς δὲ τοῖς καλουμένοις Μαλλοῖς, οὕς φασιν Ἰνδῶν

3) die schluszworte von c. 59 οὐκ ἐλάσσονα δὲ τούτων οἱ φιλόσοφοι .. τούτων πολλοὺς ἐκρέμασε gehen jedoch nicht, wie S. will (s. 40), auf Kallisthenes, sondern auf die indischen weisen.

μαχιμωτάτους γενέσθαι, μικρὸν ἐδέησε κατακοπῆναι, desgleichen in der ersten rede von Alexanders glück oder verdienst c. 12 s. 327[b]. anders freilich in der zweiten rede: in dieser wird c. 13 s. 343[d] der kampf ἐν Ὀξυδράκαις und die lebensrettung durch Ptolemäos in schwülstiger überladung vorgetragen, unbekümmert darum dasz schon c. 9 s. 341[e] nach Aristobulos von dem kampfe ἐν Μαλλοῖς gesprochen war. diese zweite rede, welche sich mit den worten einleitet: διέφυγεν ἡμᾶς, ὡς ἔοικε, χθὲς εἰπεῖν, ist, so viel ich urteilen kann, Plutarch untergeschoben und teils aus der ersten rede, teils aus anderen aufgelesenen brocken zusammengestoppelt. zur sache ist zu bemerken dasz, wie Gutschmid in Jeeps commentarius criticus in Iustinum s. 70 gezeigt hat, der volksname *Xudraca* lautete. bei Diodor XVII 98 haben die hss. στρατεύσας ἐπὶ Συρακούσσας καὶ τοὺς ὀνομαζομένους Μαλλούς: als retter Alexanders wird nur Peukestes genannt. Justin XII 9 sagt: *hinc in Mandros et Sudracas navigat .. exercitum ad urbem eorum ducit.* Curtius IX 4, 16 *inde ventum est in regionem Sudracarum Mallorumque.* § 26 *perventum deinde est ad oppidum Sudracarum.* c. 5, 21 schlieszt Curtius seine lang ausgesponnene erzählung mit den worten: *Ptolomaeum .. huic pugnae adfuisse auctor est Clitarchus et Timagenes. sed ipse .. afuisse se missum in expeditionem memoriae tradidit. tanta componentium vetusta rerum monumenta vel securitas vel, par huic vitium, credulitas fuit.* diese kritische bemerkung stimmt so nahe zu dem was Arrian VI 11, 8 sagt, dasz S. s. 46. 50 mit recht aus dieser concordanz auf die erörterung dieser controverse durch einen frühern schriftsteller geschlossen hat.

Ich erwähne noch zwei stellen, welche für die art der quellenbenutzung bei Plutarch und Arrian von bedeutung sind. es ist oben s. 434 bemerkt dasz Arrian die truppenzahl Alexanders beim übergange nach Asien nach Ptolemäos bestimmt. Plutarch Al. 15 gibt maximal- und minimalsummen; seine ganze gelehrsamkeit hatte er in der angeführten rede I 3 s. 327[d] entwickelt, wo Aristobulos Ptolemäos und Anaximenes als zeugen neben einander gestellt werden. noch glänzender ist das zeugenverhör über die Amazonen Al. c. 46; in der langen reihe erscheinen auch Aristobulos Chares Ptolemäos. Plutarch handelt davon bei Alexanders zuge durch Hyrkanien, d. h. an eben der stelle wo Diodor Justin und Curtius von ihnen zu erzählen wissen. Arrian hat in diesem abschnitt ihnen kein wort gegönnt. erst bei Alexanders letztem zuge nach Medien, wo er einen bericht findet der ihm nicht ganz verwerflich erscheint, dasz nemlich der satrap des landes, Atropates, Alexander hundert berittene und gerüstete weiber vorgeführt habe (VII 13, 2—6), bemerkt er: ταῦτα δὲ οὔτε Ἀριστόβουλος οὔτε Πτολεμαῖος οὔτε τις ἄλλος ἀνέγραψεν ὅστις ἱκανὸς ὑπὲρ τῶν τοιούτων τεκμηριῶσαι. hier decken sich also Arrian und Plutarch nicht geradezu; doch halte ich es auch mit S. (s. 45) für wahrscheinlich, dasz beide schriftsteller dieselbe gelehrte auseinandersetzung über die Amazonen vor augen hatten.

Es ergibt sich aus dem bisher gesagten dasz ich S. beipflichte, in so weit er für Plutarch und für einen teil der von Arrian aufgenommenen nachrichten eine gleiche quelle annimt. ich erkenne in diesem ergebnis seiner untersuchung einen namhaften fortschritt zur richtigen würdigung der überlieferung von Alexander dem groszen. auch über die zeit, aus welcher diese quelle abzuleiten sein wird, hat S. eine wahrscheinliche vermutung aufgestellt. die durchmusterung der mit namen genannten schriftsteller ergibt nemlich, dasz die abfassung der von Plutarch und von Arrian benutzten biographie Alexanders nicht viel später als 200 vor Ch. anzusetzen ist (S. s. 54 f.). wir kommen damit etwa auf die zeiten von Satyros, und ich halte es für möglich dasz aus dessen fleisziger compilation die gemeinsame summe von nachrichten gezogen ist. wir wissen dasz in Satyros βίοι ἐνδόξων ἀνδρῶν könig Philippos seine stelle hatte; das gleiche werden wir von Alexander voraussetzen dürfen.

Bis hierher habe ich in wesentlichen stücken S. beistimmen können; er geht aber weiter zu behauptungen, gegen die ich entschiedenen widerspruch erhebe. er leitet nemlich aus jener compilation eines alexandrinischen gelehrten nicht blosz die nachrichten ab, welche Arrian als minder beglaubigte legenden und gelegentlich daran gereihte bemerkungen gibt, sondern den ganzen stoff seiner darstellung. er ist der meinung, Arrian habe weder des Ptolemäos noch des Aristobulos eigene schriften zur hand genommen, welche ihm in seiner zeit kaum noch zu gebote gestanden haben würden, sondern er habe sich damit begnügt aus jenem sammelwerke alles das auszulesen, was ausdrücklich auf das zeugnis dieser beiden schriftsteller zurückgeführt wurde: s. 42 'identidem consentaneum fit Arrianum hoc fonte, quem nisi fallor unum praesto habuit, ita usum esse, ut ea tantum ad componendam historiam Alexandri seligeret, quae Aristobuli Ptolemaeique auctoritate niti ille ipse fons aperte testaretur. . . illud addam, hac sola explicari ratione id, quo quicunque Arriani Plutarchique temporum in rebus conscribendis consuetudinem perspectam habet non potest non offendi, nempe tam recentis aevi scriptoribus usum patuisse operum quae compluribus saeculis ante composita erant.' diese aufstellung bestreite ich in allen puncten. im zeitalter Hadrians waren die schriften der begleiter Alexanders noch nicht verschollen, sondern die echten quellen waren für den der daraus schöpfen wollte vorhanden. Arrian konnte ebensowol, wie er in seiner Ἰνδική des Nearchos bericht excerpiert hat, Alexanders züge nach Ptolemäos und Aristobulos beschreiben, wenn er anders wollte, und dasz er dies gethan habe bezeugt er mit bündigen worten. dagegen mutet uns S. zu uns eine weitschichtige kritische zusammenstellung zu denken, in welcher abschnitt für abschnitt die aussagen der verschiedenen berichterstatter dermaszen registriert waren, dasz Arrian im stande war sich daraus die berichte von Ptolemäos und Aristobulos wieder zusammenzuleimen. die annahme einer solchen compilation widerspricht meines erachtens dem wesen alexandrinischer gelehrsamkeit ebenso sehr wie dem klar ausgeprägten schriftstellerischen charakter Arrians.

Ich bleibe also dabei stehen, dasz Arrian den wesentlichsten teil seiner geschichte direct aus Ptolemäos und Aristobulos schöpfte, dagegen, was er als legende anreiht, aus der arbeit eines gelehrten Alexandriners, dessen compilation auch Plutarch ausbeutete. aber während Arrian über diese mit richtigem urteil die originalberichte setzte, hat Plutarch etwas anderes von dem seinen hinzugethan, namentlich mit verkehrtem griffe seine lesefrüchte aus den angeblichen briefen Alexanders und seiner zeitgenossen. auf diesen bestandteil der Plutarchischen biographie hat schon Westermann comm. de epist. script. gr. II s. 7 (Leipzig 1852) hingewiesen; ich halte es aber nicht für überflüssig was Plutarch daraus entnimt zusammenzustellen:

c. 7 (Ἀλέξανδρος) γράφει πρὸς αὐτὸν (Ἀριστοτέλην) ὑπὲρ φιλοσοφίας παρρησιαζόμενος ἐπιστολὴν ἧς ἀντίγραφόν ἐστιν· «Ἀλέξανδρος . . ἔρρωσο.» ταύτην μὲν οὖν τὴν φιλοτιμίαν αὐτοῦ παραμυθούμενος Ἀριστοτέλης ἀπολογεῖται . . ἐκδεδομένων. vgl. Westermann a. o. s. 7 f.

c. 8 Alexanders liebe zur heilkunde: καὶ νοσοῦσιν ἐβοήθει τοῖς φίλοις καὶ συνέταττε θεραπείας τινὰς καὶ διαίτας, ὡς ἐκ τῶν ἐπιστολῶν λαβεῖν ἔστιν. — Alexanders lesetrieb: τῶν δὲ ἄλλων βιβλίων (auszer Homer) οὐκ εὐπορῶν ἐν τοῖς ἄνω τόποις Ἅρπαλον ἐκέλευσε πέμψαι. κἀκεῖνος ἔπεμψεν αὐτῷ . . διθυράμβους. Ἀριστοτέλην δὲ θαυμάζων ἐν ἀρχῇ καὶ ἀγαπῶν οὐχ ἧττον, ὡς αὐτὸς ἔλεγε, τοῦ πατρός, ὡς δι' ἐκεῖνον μὲν ζῶν, διὰ τοῦτον δὲ καλῶς ζῶν usw. diesen ausspruch führt Laertios Diogenes V 19 auf Aristoteles, Theon progymn. 5 s. 207 W. auf Isokrates zurück.

c. 10 von könig Philippos: τὸν δὲ Θεσσαλὸν ἔγραψε Κορινθίοις ὅπως ἀναπέμψωσιν ἐν πέδαις δεδεμένον.

c. 17 nach der erzählung von der ebbe in Pamphylien: αὐτὸς δὲ Ἀλέξανδρος ἐν ταῖς ἐπιστολαῖς οὐδὲν τοιοῦτον τερατευσάμενος ὁδοποιῆσαί φησι τὴν λεγομένην Κλίμακα καὶ διελθεῖν ὁρμήσας ἐκ Φασηλίδος. διὸ καὶ πλείονας ἡμέρας ἐν τῇ πόλει διέτριψεν· ἐν αἷς καὶ Θεοδέκτου τεθνηκότος . . ἰδὼν εἰκόνα usw. bis zum ende des capitels.

c. 20 Alexanders verwundung in der schlacht bei Issos: Ἀλέξανδρος δὲ περὶ τῆς μάχης ἐπιστέλλων τοῖς περὶ τὸν Ἀντίπατρον . . γέγραφε (vgl. de fort. Al. II 9 s. 341[c]).

c. 22 ἐπεὶ δὲ Φιλόξενος . . ἔγραψεν . . τὸν δὲ Φιλόξενον αὐτὸν ἐν ἐπιστολῇ πολλὰ λοιδορήσας . . ἀποστέλλειν (vgl. de fort. Al. I 11 s. 333[a]. non posse suav. vivi sec. Epic. 17 s. 1099[c]). ἐπέπληξε δὲ καὶ Ἅγνωνι γράψαντι πρὸς αὐτὸν . . πυνθανόμενος δὲ μισθοφόρων τινῶν γύναια . . ἔγραψε Παρμενίωνι . . καὶ περὶ ἑαυτοῦ κατὰ λέξιν ἐν ταύτῃ τῇ ἐπιστολῇ γέγραφεν· «ἐγὼ . . λόγον.» gleiches ursprungs mag der rest des capitels sein; von der sendung der Ada lesen wir auch in der schrift gegen Epikuros a. o. der pädagog Leonidas spielt, wie die nächste anführung zeigt (vgl. c. 5), in den briefen eine rolle.

c. 25 nach der einnahme von Gaza: ἀποστέλλων δὲ πολλὰ τῶν λαφύρων Ὀλυμπιάδι (vgl. c. 16 a. e. nach der schlacht am Granikos ἐκπώματα δὲ καὶ πορφύρας καὶ ὅσα τοιαῦτα τῶν Περσικῶν ἔλαβε πάντα τῇ μητρὶ πλὴν ὀλίγων ἔπεμψεν. c. 39 τῇ δὲ μητρὶ πολλὰ μὲν ἐδωρεῖτο καὶ κατέπεμπεν) καὶ Κλεοπάτρᾳ καὶ τοῖς φίλοις κατέπεμψε καὶ Λεωνίδῃ τῷ παιδαγωγῷ .. τότε οὖν Ἀλέξανδρος ἔγραψε πρὸς αὐτόν· «ἀπεστάλκαμεν .. μικρολογούμενος.»

c. 27 über das Ammonion: ταῦτα περὶ τῶν χρησμῶν οἱ πλεῖστοι γράφουσιν· αὐτὸς δὲ Ἀλέξανδρος ἐν ἐπιστολῇ πρὸς τὴν μητέρα .. ἐκείνην. verschieden hiervon ist der briefwechsel, von welchem Varro bei Gellius XIII 4 (vgl. Plut. Al. 3) zu sagen weisz. s. Westermann a. o. II s. 9. VI s. 9.

c. 28 (Ἀλέξανδρος) περὶ Σάμου γράφων Ἀθηναίοις «ἐγὼ .. πατρὸς ἐμοῦ προσαγορευομένου».

(c. 29 Δαρείου δὲ πέμψαντος ἐπιστολὴν .. πορεύεσθαι entspricht Arrian II 25, 1—3, wo die hauptstelle mit λέγουσιν eingeführt ist.)

c. 34 nach der schlacht bei Gaugamela: φιλοτιμούμενος δὲ πρὸς τοὺς Ἕλληνας ἔγραψε .. παρέσχον. ἔπεμψε δὲ καὶ Κροτωνιάταις εἰς Ἰταλίαν μέρος τῶν λαφύρων .. μεθέξων.

c. 36 Alexander zu Susa: ὅπου φησὶ καὶ πορφύρας Ἑρμιονικῆς εὑρεθῆναι τάλαντα ͵ε .. ὁρᾶσθαι (denn die mit φασὶν eingeleitete erklärung wird in dem briefe selbst enthalten gewesen sein).

c. 37 über die metzelei in Persis: γράφει γὰρ αὐτὸς .. ἀποσφάττεσθαι τοὺς ἀνθρώπους.

c. 39—42 mitte (s. 324, 11—328, 16 der kleinern ausgabe von Sintenis) unterbrechen die erzählung und sind aus anekdoten und auszügen verschiedener briefe zusammengesetzt. letztere werden citiert:

c. 39 καὶ Φωκίωνι μὲν ἔγραψεν ἐπιστολὴν .. χάριτας. ausführlicher handelt über denselben brief Alexanders (sowie einen spätern) und Phokions antwort Plutarch im Phokion c. 18. wol zu unterscheiden ist hiervon was Plutarch ebd. c. 17 a. e. mittelbar aus Chares überkommen hat.

περὶ δὲ τῶν τοῖς φίλοις .. νεμομένων πλούτων .. ἐμφαίνει δι' ἐπιστολῆς Ὀλυμπιάς, ἣν ἔγραψε πρὸς αὐτόν. «ἄλλως» φησὶν .. «ἐρημοῖς.» vgl. Westermann a. o. VI s. 8 f.

πρὸς δ' Ἀντίπατρον ἔγραψε κελεύων (Ἀλέξανδρος) .. ἐπιβουλευόμενον.

c. 41 Πευκέστᾳ μὲν ἔγραψε .. δῶσι. τοῖς δὲ περὶ Ἡφαιστίωνα .. ἔγραψεν .. ἐτρώθη. Πευκέστα δὲ σωθέντος ἔκ τινος ἀσθενείας ἔγραψε πρὸς Ἀλέξιππον τὸν ἰατρὸν εὐχαριστῶν. Κρατέρου δὲ νοσοῦντος .. ἐκέλευσεν. ἔγραψε δὲ καὶ Παυσανίᾳ τῷ ἰατρῷ .. φαρμακείᾳ. vgl. c. 8.

c. 42 θαυμάσαι δὲ αὐτόν ἐστιν, ὅτι καὶ μέχρι τοιούτων ἐπιστολῶν (ἐπιστολίων?) τοῖς φίλοις ἐσχόλαζεν, οἷα γράφει παῖδα Σελεύκου εἰς Κιλικίαν ἀποδεδρακότα κελεύων ἀναζητῆσαι, καὶ Πευκέσταν ἐπαινῶν .. καὶ Μεγαβύζῳ .. προσάπτεσθαι.

c. 46 καὶ μαρτυρεῖν αὐτοῖς (denen welche die Amazonengeschichte für erdichtet erklären) ἔοικεν Ἀλέξανδρος· Ἀντιπάτρῳ γὰρ ἅπαντα γράφων ἀκριβῶς .. οὐ μνημονεύει.

c. 47 über die in Hyrkanien an die truppen erlassene proclamation: ταῦτα σχεδὸν αὐτοῖς ὀνόμασιν ἐν τῇ πρὸς Ἀντίπατρον ἐπιστολῇ γέγραπται .. ἄγειν.

c. 55 über Kallisthenes und die sklaven des Hermolaos: ἀλλὰ καὶ Ἀλέξανδρος αὐτὸς εὐθὺς Κρατέρῳ γράφων καὶ Ἀττάλῳ καὶ Ἀλκέτᾳ φησι .. ὕστερον δὲ γράφων πρὸς Ἀντίπατρον .. φησὶν .. ἐπιβουλεύοντας.

c. 57 über die ölquellen am Oxos: θαυμαστῶς Ἀλέξανδρος ἡσθεὶς δῆλός ἐστιν ἐξ ὧν γράφει πρὸς Ἀντίπατρον .. δεδόσθαι.

c. 60 τὰ δὲ πρὸς Πῶρον αὐτὸς ἐν ταῖς ἐπιστολαῖς ὡς ἐπράχθη γέγραφε. φησὶ γὰρ .. περιρρηγνύμενον. dann nach einer einschaltung (ἐνταῦθα δὲ εἰπεῖν φασὶν αὐτὸν .. ἀλλὰ τοῦτο μὲν Ὀνησίκριτος εἴρηκεν) αὐτὸς δέ φησι .. ταῦτα μὲν οὖν ὁ τῆς μάχης ποιητὴς αὐτὸς ἐν ταῖς ἐπιστολαῖς εἴρηκεν.

c. 66 ἐμβαλὼν δὲ ταῖς ναυσὶν εἰς τὸν ὠκεανὸν ἀνέπλευσε πρὸς νῆσον, ἣν Σκιλλοῦστιν αὐτὸς ὠνόμασεν, ἕτεροι δὲ Ψιλτοῦκιν.

c. 71 a. e. über die ehrenrechte der veteranen: γράψας πρὸς Ἀντίπατρον .. καθέζοιντο oder bis ἐποίησεν.

Wie weit die entlehnungen aus briefen bei Plutarch gehen, läszt sich nicht überall mit sicherheit erkennen; manches mag auch ohne anführung daraus entnommen sein. auf jeden fall leuchtet ein dasz Plutarch an ihnen eine ergibige fundgrube zu besitzen glaubte.

Gegen den schlusz seiner abhandlung erörtert S. in der kürze seine zweifel, ob Alexanders geschichte, wie Diodor Trogus und Curtius sie erzählen, auf Kleitarchos zurückzuführen sei. ich gebe zu dasz diese frage eine noch schärfere prüfung erfordert als sie neuerdings in einer Kieler dissertation von Karl Raun (de Clitarcho Diodori Curtii Iustini auctore, Bonn 1868) gefunden hat; aber den erhobenen bedenken gegenüber beharre ich auf der ansicht dasz im wesentlichen jene schriftsteller Kleitarchos nacherzählen. dasz auch Kleitarchos berichte von augenzeugen kannte, welche mit den von Arrian benutzten vielfach übereinkamen, scheint mir auszer zweifel zu stehen. ob jene drei schriftsteller selbst Kleitarchs ausführliche geschichte in die kürze zogen oder einen auszug daraus sich zu nutze machten, lasse ich dahingestellt; auch wird nicht jede kenntnisnahme einer abweichenden darstellung auszuschlieszen sein. aber daraus dasz z. b. Curtius einmal eine kritische bemerkung über Kleitarchs leichtgläubigkeit aufgelesen hat folgt nicht, dasz er nicht im übrigen diesem schriftsteller getrost nachschrieb.

Ich habe in manchen beziehungen mit Schöne mich nicht einverstanden erklärt, aber ich erkenne darum nicht minder an dasz seine abhandlung zu den untersuchungen über die quellen der geschichte Alexanders des groszen einen lehrreichen beitrag gewährt.

Bonn. Arnold Schaefer.

54.

ZU HERODOTOS VII 36.

ἐζεύγνυσαν δὲ ὧδε· πεντηκοντέρους καὶ τριήρεας συνθέντες, ὑπὸ μὲν τὴν πρὸς τοῦ Εὐξείνου πόντου ἑξήκοντά τε καὶ τριηκοσίας, ὑπὸ δὲ τὴν ἑτέρην τεσσερεσκαίδεκα καὶ τριηκοσίας, τοῦ μὲν Πόντου ἐπικαρσίας τοῦ δὲ Ἑλλησπόντου κατὰ ῥόον, ἵνα ἀνακωχεύῃ τὸν τόνον τῶν ὅπλων. Xerxes läszt, nachdem die zwischen Sestos und Abydos geschlagenen brücken von einem sturme zerstört worden sind, zum zweiten male von anderen baumeistern brücken schlagen, und zwar folgendermaszen. es wurden zuerst in zwei langen reihen von ufer zu ufer die schiffe aufgestellt, welche die brücken tragen sollten, nicht hart aneinander, sondern in zwischenräumen, die aber nicht bedeutend gewesen sein können, da die anzahl der verwendeten schiffe sehr grosz ist: die westliche brücke nach dem ägäischen meere zu ruhte auf 314, die östliche nach dem Pontos (Propontis) zu auf 360. die schiffe wurden auf dem meeresgrunde befestigt, und zwar lag jedes schiff vor zwei ankern, welche, nach osten und westen ausgeworfen, nach beiden seiten hin die schiffe vor den winden schützen sollten, die aus der Propontis und dem ägäischen meere herüberwehten (ἀγκύρας κατῆκαν περιμήκεας, τὰς μὲν πρὸς τοῦ Πόντου τῆς ἑτέρης τῶν ἀνέμων εἵνεκεν τῶν ἔσωθεν ἐκπνεόντων, τῆς δὲ ἑτέρης πρὸς ἑσπέρης τε καὶ τοῦ Αἰγαίου ζεφύρου τε καὶ νότου εἵνεκεν. zu ἑτέρης .. ἑτέρης ist nicht, wie u. a. auch Krüger will, γεφύρης zu ergänzen, sondern es ist mit H. Stein zu übersetzen 'auf der einen .. andern seite' nemlich der schiffe). über diese beiden so befestigten schiffsreihen wurden dann von einem ufer zum andern taue von riesigem umfang gezogen, auf dieselben hart nebeneinander baumstämme gelegt, über dieselben abermals taue gezogen, die baumstämme mit den unter und über ihnen hinlaufenden tauen fest verknüpft, und auf dieser beinahe unzerstörbaren grundlage wurde erst nochmals eine balkenlage und endlich eine erdschicht aufgetragen.

Die schwierigkeit, die trotz der einfachheit dieser schiffbrücke die Herodoteische beschreibung dunkel macht, liegt in den worten τοῦ μὲν Πόντου ἐπικαρσίας τοῦ δὲ Ἑλλησπόντου κατὰ ῥόον: während die schiffe dér brücke, welche nach dem ägäischen meere zu lag, κατὰ ῥόον, d. h. parallel mit der strömung gestanden hätten, so wären die der östlichen brücke ἐπικάρσιαι befestigt gewesen, d. h. in einer stellung welche die richtung des stromes durchschnitten hätte. es ist daher früher angenommen worden, dasz die schiffe der östlichen brücke, im gegensatz zu denen der andern, welche die naturgemäsze richtung hatten, dem strom ihre breitseite zugekehrt hätten. jedoch davon kann nicht die rede sein. es ist selbstverständlich dasz die baumeister danach streben musten dem strom ein möglichst geringes widerstandsobject entgegenzusetzen, und Herodot, der doch die beim durchstechen des Athos von den Persern begangene thorheit (VII 23) rügt, würde einen so widersinnigen bau nicht unbesprochen gelassen haben. Stein hat eine andere erklärung versucht mit hinzuziehung einer stelle des Strabon (XIII 591). dieser erzählt, dasz zwischen Sestos und Abydos die strömung nicht parallel den ufern läuft, sondern quer durch die meeresenge von Sestos nach Abydos, so dasz die, welche von Sestos nach Abydos übersetzen wollten, sich nur dem strom zu überlassen brauchten. an der stelle, wo die strömung diese die enge durchschneidende richtung hat, habe die brücke gestanden, und da die schiffe notwendiger weise auch hier wie an der untern brücke hätten κατὰ ῥόον stehen müssen, so hätten sie eine richtung gehabt, die stark von den uferparallelen abgewichen sei, seien also in der that ἐπικάρσιαι in bezug auf das ufer gewesen. dieser umstand sei dem Herodot unbekannt, er habe geglaubt, die strömung laufe auch bei der östlichen brücke parallel den ufern, und sei so zu der meinung gekommen, die schiffe hätten ἐπικάρσιαι gegen die strömung gestanden.

Diese erklärung scheint mir durchaus verfehlt. eine brücke mit schräg stehenden pontons, wie Stein sie annimt, ist unmöglich. bildete der strom, der von Sestos nach Abydos lief, mit dem ufer bei Abydos (wir nehmen es an) einen winkel von 50°, so müssen die pontons, anstatt parallel mit dem ufer zu laufen, mit ihm auch einen winkel von 50° gebildet haben. wurden nun, wie bei der andern brücke, die hinterteile miteinander und die vorderteile miteinander durch die groszen taue verbunden, welche, von ufer zu ufer gehend, die balkenlage zu tragen bestimmt waren, so wurde der raum zwischen diesen tauen fast halb so schmal als bei der andern brücke, bei der die pontons mit den tauen rechte winkel bildeten. die balken, welche über die taue gelegt wurden, waren aber bei beiden brücken gleich lang und hatten natürlich dieselbe länge wie die pontons. es muste also bei dieser brücke hüben und drüben fast je der vierte teil derselben ohne weitern stützpunct über die äuszersten taue hinüberragen. es liegt auf der hand, wie unsicher eine solche brücke sein muste; die geringste erregung des meeres brachte sie ins schwanken, und ein leidlicher sturm hätte die schwere decke, die nur ungefähr zur hälfte unterstützt war, zum umkippen gebracht.*) eine andere schwierigkeit erzeugt bei der Steinschen construction die verankerung der schiffe. Herodot berichtet ausdrücklich, die schiffe seien zum schutz gegen die aus der Propontis und

*) dieser umstand ist auch von Abicht in seiner erklärung dieser stelle übersehen worden.

vom ägäischen meere her wehenden winde vor doppelten anker gelegt. die anker musten also nach osten und westen ausgeworfen sein. wo waren sie also angebracht? wenn sie ihren zweck erfüllen, d. h. eine abweichung nach osten und westen verhüten sollten, so musten sie, da die schiffe fast in der richtung von norden nach süden standen, von den mitten der langseiten ausgehen. das hätte aber nichts geholfen, die schiffe wären dennoch ein spiel der winde geblieben. es hätten vier anker dazu gehört, um die schiffe in ihrer flankenstellung zu befestigen, zwei nach osten, zwei nach westen.

Man sieht, diese erklärung vergröszert die schwierigkeit, anstatt sie zu heben, und doch kann gerade mit hülfe der stelle des Strabon die sache sehr einfach gelöst werden. die brücke wurde in der that dort geschlagen, wo die strömung sich von Sestos quer über die meeresenge nach Abydos zu wendet, aber sie wurde geschlagen, wie jede schiffbrücke geschlagen werden musz: die pontons standen rechtwinklig zu den sie verbindenden tauen, und sie unterschied sich in nichts von der westlichen brücke — nur der strom, der bei dieser zwischen den schiffen hindurch lief, lief bei jener, in der richtung von Sestos noch Abydos fliesszend, schräg gegen die schiffe an. Herodot wuste das ebenso gut wie Strabon und überliefert uns eben als merkwürdigkeit, dasz die schiffe dieser brücke πρὸς τοῦ Πόντου ἐπικάρσιαι gegen die strömung (d. h. gegen die von Sestos nach Abydos laufende) gestanden hätten, ohne sich weiter über die eigentümlichkeit derselben auszulassen. ich sehe in dieser notiz Herodots eine anerkennung des geschicks der persischen baumeister: denn der schräge strom mochte beim aufstellen und verankern der schiffe in der richtung von osten nach westen nicht geringe schwierigkeiten verursacht haben. die fertige brücke freilich mit ihren colossalen dimensionen war mehr als hinreichend die sie tragenden schiffe wechselseitig in ihrer richtung zu erhalten, würde überhaupt dem stärksten strome trotz geboten haben.

Guben. Otto Richter.

55.
ZU EUNAPIOS.

15, 68 ὅτι τῷ Ἰουλιανῷ ἤκμαζεν ὁ πρὸς Πέρσας πόλεμος τάς τε Σκυθικὰς κινήσεις ὥσπερ ἐγκρυπτομένας ἔτι κυματιστὴν ἐτίθει πόρρωθεν ἢ θεοκλυτῶν ἢ λογιζόμενος. dazu bemerkt der neueste Pariser herausgeber: «fortasse κυματίστῃ ἐν βύθῳ», eine conjectur der ich keinen sinn abzugewinnen vermag. wenn man die in ἤκμαζεν liegende metapher betont, so wird man, denke ich, das richtige finden. man schreibe ἐγκρυπτομένας φιτύματι συνετίθετο 'er ahnte die noch im keim verborgenen skythischen aufstände'. zur metapher vgl. Libanios II 571, 3 τεθνεῶτος αὐτοῦ τὸν πόλεμον ἤδη πεφυτευκότος τὸν Περσικόν.

Wernigerode. Bruno Friederich.

56.

ÜBER ASPIRATION UND ASPIRATAE IM GRIECHISCHEN.

Obschon bereits mein hochverehrter lehrer hr. prof. G. Curtius in diesen jahrbüchern 1869 s. 659 während meiner abwesenheit von Deutschland gegen die recension meiner in den studien zur griech. und lat. grammatik I 2 s. 65 ff. erschienenen abhandlung 'de aspiratione vulgari apud Graecos' (jahrb. 1869 s. 292—302) das wort ergriffen hat, um einige der wesentlichsten vom rec. geäuszerten behauptungen und ausstellungen zu widerlegen, fühle ich mich doch ebenso sehr durch einen natürlichen eifer für liebgewonnene probleme wie durch wissenschaftliches ehrgefühl veranlaszt das wesentlichste der behandelten frage noch einmal kurz darzulegen und meine lösung derselben persönlich zu vertheidigen. ich werde mich übrigens hierbei bestreben durchaus auf rein wissenschaftlichem boden zu bleiben und daher alle persönlichen bemerkungen, zu denen der ton der recension wol hie und da anlasz bieten könnte, zumal ihr verfasser sich durch anonymität unverwundbar zu machen gewust hat, strengstens vermeiden; zugleich benutze ich diese gelegenheit an einigen stellen teils berichtigungen teils ergänzungen nachzutragen, wie sie sich mir in den letzten zwei jahren seit vollendung der dissertation von selbst ergeben haben.

Nachdem ich im ersten capitel m. abh. einige allgemeine bemerkungen über aspiration der tenues vorausgeschickt und meine aufgabe dahin bestimmt hatte nachzuweisen, dasz auch die griechischen tenues in den verschiedensten stellungen neben vocalen und consonanten und seit den ältesten zeiten vermöge eines laxern verschlusses der betreffenden organe zur aspiration geneigt und je später desto häufiger, vor allem aber in der volkssprache, in die aspiratae übergegangen seien, handelte es sich im zweiten cap. zunächst darum einige bisher teils misverstandene teils übersehene schriftstellerzeugnisse für die behauptete thatsache geltend zu machen. als die wichtigsten derselben haben wir diejenigen zu betrachten, in denen ausdrücklich die aspirierte form als die vulgäre bezeichnet wird: so z. b. Ληθώ = Λητώ (Platon Krat. 406ᵃ), Φύγελλα = Πύγελλα (Eustathios s. 310, 5 und Suidas u. Πύγελλα), σκιφός = σκιπός (Phrynichos s. 398 L.) usw., während andere nur die aspirierte form als jüngere bezeugen, was jedoch, wie s. 68 ausgeführt wird, ebenfalls auf die vulgarsprache zurückweist. eines dieser letzteren wäre freilich besser weggeblieben, da es nur durch eine conjectur gewonnen war, die jetzt, wie ich glaube, einer wahrscheinlichern weichen musz: ich meine die stelle des Varro *de l. l.* V 103, welche hsl. folgendermaszen überliefert ist: *quae in hortis nascuntur, alia peregrinis vocabulis ut Graecis ocimum menta ruta, quam nunc πήγανον appellant. item caulis lapathum* r a d i x: *sic enim antiqui Graeci quam nunc raphanum.* ich hatte nun früher für *radix*, was offenbar unerträglich ist, im hinblick darauf dasz in der that eine form ῥάπανος und ῥαπάνιον existierte und ῥάφανος geradezu nach dem interpolator des Dioskorides von den Römern mit *radix nostras* bezeichnet wurde (vgl. auch Gesners lex. rust. u. *radix*), *rapanus* vermutet, sehe mich jedoch jetzt veranlaszt dies zurückzunehmen, da ῥάπανος, wenn auch an sich die ältere form, doch nicht für die schriftsprache als solche erwiesen werden kann. vielmehr haben wir als solche ῥαφανίς zu betrachten: denn nach den ausdrücklichen zeugnissen verschiedener grammatiker (Phrynichos s. 141. Pollux I 247. Hesychios u. ῥαφανίς) kannten die Attiker der besten zeit — οἱ ἀρχαῖοι oder οἱ παλαιοί übersetzt also Varro mit *antiqui Graeci* — ῥαφανίς nur in der bedeutung von 'rettig', während ῥάφανος, das in der κοινή an die stelle von ῥαφανίς trat, bei ihnen mit κράμβη gleichbedeutend war (vgl. Ath. I 34[d]). ich schreibe also: *item caulis lapathum* r a p h a n i s: *sic enim antiqui Graeci quam nunc raphanum.*

Wir haben demnach nach abzug dieses éinen neun vollwichtige zeugnisse für die thatsache, dasz die vulgarsprache wirklich öfters im gegensatz zur gebildeten aspirierte, und gleichwol meint der rec., diese zahl sei gering und gewähre nur sehr geringe ausbeute (s. 293). ich musz gestehen dasz mich diese offenbare geringschätzung von schriftstellerzeugnissen, welche eine sprachliche erscheinung belegen, bei dem heutigen stande der grammatischen wissenschaft einigermaszen befremdet hat. welchen werth pflegt man doch sonst selbst vereinzelten zeugnissen des Hesychios, Festus u. a. — von inschriftlichen formen ganz zu schweigen — beizulegen, und hier sollten neun unverfängliche zeugnisse von den verschiedensten gewährsmännern beigebracht nichts besagen, die noch dazu zum teil ganz beiläufig und keineswegs einer eingebildeten theorie zu liebe dieselbe thatsache berühren? nicht ohne grund habe ich sie vielmehr gerade an die spitze sämtlicher beweismittel gestellt, weil ich mir wol bewust war, welche bedeutung sie für die weitere ausführung meiner ansicht haben musten.

Im dritten cap. habe ich die zahlreichen beispiele der vertauschung von tenues und aspiratae namentlich auf inschriften für die beurteilung der häufigkeit vulgärer aspiration zu verwerthen gesucht.[1]) der schlusz der mich, wie ich noch jetzt glaube, hierzu

1) ich trage hier folgende besonders interessante beispiele nach: Θέθις auf einer sehr alten vase bei Benndorf griech. und sic. vasenbilder heft I tf. 1, Ἀρθέμ[ιδι] ἱερός auf einer lampe bei Millin gal. XX nr. 120 und Gerhard ges. abh. II 519, Ἱεραπυθνίων auf münzen bei Mionnet suppl. IV 323, 182 u. 183, φρίν (= πρίν) in der von Curtius studien II s. 448 bekannt gemachten altlokrischen inschrift. ferner setze ich hierher die copie einer jetzt im souterrain des museo nazionale zu Neapel befindlichen spätgriech. inschrift: ἐντάδε χεῖθε Φλαβία Ἀντωνῖνα γυνὴ | Δατίβου τοῦ Ζαβίου | ἀπὸ τῆς συναγωγῆς τῶν Αὐγουστησίων, darunter das bild eines siebenarmigen leuchters. höchst eigentümlich ist die regelmäszige formation des inf. medii auf -σται statt -σθαι in der eben erwähnten lokrischen inschrift sowie in ἐλέσται und

vollkommen berechtigte war folgender. jede häufige vertauschung von buchstaben in der schrift läszt auf gleiche oder doch sehr ähnliche aussprache derselben schlieszen. werden daher an sich so verschiedene laute wie tenues und aspiratae mit einander vertauscht, so sind a priori zwei möglichkeiten denkbar: entweder näherte sich die aussprache von κ π τ der von χ φ θ, ja gieng wol ganz in die der letztern über, oder aber die aspiratae büszten ihren hauch zum teil oder vollständig ein, d. h. wurden zu tenues. in erwägung nun dasz der übergang der tenuis in die aspirata auf einem allgemeinen physiologischen gesetze beruht und dasz mehrere zeugnisse ausdrücklich die aspiration einzelner wörter der vulgarsprache zuschreiben, während kein einziges für die entgegengesetzte annahme spricht, glaubte ich in der that behaupten zu dürfen dasz die tenues in der aussprache der ungebildeten oft zu aspiratae geworden oder ihnen doch sehr nahe gekommen seien. hören wir jetzt, welche gründe den rec. bestimmen diese auffassung zwar consequent zu nennen, sie jedoch zugleich mit den prädicaten der einseitigkeit und unbesonnenheit zu belegen.[2])

Sein erster vorwurf betrifft die methode der untersuchung, indem er behauptet dasz ich die einzelnen dialekte nicht gehörig berücksichtigt habe, obwol doch bei der entwickelung der volkssprache die verschiedensten localen einflüsse mitgewirkt. ich gestehe offen den rec. hier nicht zu verstehen: denn dieser vorwurf trifft mich durchaus nicht. ich habe einfach constatiert — man werfe nur einen blick auf das verzeichnis der beispiele — dasz etwa vom fünften jh. an auf inschriften aus allen landschaften griechischer zunge, in dem bereiche fast sämtlicher bekannter dialekte jene vertauschung stattfand, und habe deswegen auch, um diese thatsache recht augenfällig zu erweisen — was, wie es scheint, der rec. ganz übersieht — ausdrücklich jeder inschrift den fundort beigefügt. die attischen beispiele habe ich noch dazu von den übrigen getrennt, weil sich an diesem dialekt als dem bekanntesten der unterschied des vulgären und schriftgemäszen in dieser beziehung am besten erkennen läszt. was folgt nun hieraus? einfach dies, dasz die vulgaraspiration keineswegs auf dem einflusz einzelner localer mundarten, sondern vielmehr auf einer allgemeinen neigung sämtlicher dialekte beruht, die überall der herschenden schriftsprache gegenüber namentlich auf privatinschriften zur geltung kam.

χρῆcτω bei Rangabé 356ᵇ, wofür ich s. 87 auch aus der spätern vulgarsprache analogien beigebracht habe. hiernach hat es fast den anschein als ob die Lokrer, obwol sonst, wie φρίν für πρίν beweist, der aspiration nicht abgeneigt, doch das θ nach einem sibilanten nicht auszusprechen vermochten und deswegen τ setzten. oder sollte in der that -cται die ursprüngliche und -cθαι die aspirierte form sein?

2) ich kann es mir nicht versagen hierbei auf das völlig entgegengesetzte urteil zu verweisen, welches neuerdings R. Rödiger in Kuhns zeitschrift XIX s. 136 darüber gefällt hat. vgl. auch Leskien in den Gött. gel. anz. 1869 s. 334 ff.

Viel wichtiger ist indes der folgende einwand des rec., der sich gegen die von mir behauptete thatsache der vulgaraspiration überhaupt richtet. der rec. hält es nemlich für unwahrscheinlich, dasz das ebenso häufige vorkommen einer tenuis statt aspirata auf einen durch überhand nehmende aspiration entstandenen irrtum der schreiber zurückzuführen sei. hier übersieht er zunächst, dasz völlig dieselben grundsätze, von denen ich zur erklärung wechselseitig vertauschter tenues und aspiratae ausgegangen bin, schon längst von forschern wie Corssen für die lateinische lautgeschichte angewendet worden sind. bekanntlich findet sich in lat. inschriften sehr häufig *v* wo man *b* und ebenso oft *b* wo man *v* erwarten sollte (vgl. Corssen ausspr. I² s. 131—133). was schlieszt Corssen (s. 133 f.) hieraus? nicht etwa dasz *b* oft wie *v* und zugleich *v* wie *b* ausgesprochen worden sei, sondern vielmehr 'dasz der laut *b* in der spätlat. volkssprache sich entschieden so weit erweicht hat und dem *v*-laut so weit ähnlich geworden ist, dasz unwissende schreiber und steinmetzen die schriftzeichen B und V vielfach verwechselten'. ebenso verhält es sich mit der gegenseitigen vertauschung von *di* und *z* (Corssen s. 216), von *x* und *s* (ebd. s. 298 anm.), von *au* und *o* (s. 660 anm.), woraus auch nur auf einfachen übergang von *di* in *z*, *x* in *s*, *au* in *o*, nicht aber umgekehrt geschlossen wird.[3]) wir können also auf grund dieser beispiele getrost wiederholen dasz, da die tenues κ π τ der schriftsprache im volksmunde mehrfach die lautliche bedeutung von aspiratae erhielten, auch irrtümlich nicht selten κ π τ für χ φ θ geschrieben worden sein kann.[4])

Jedoch der rec. begnügt sich nicht damit die vorgetragene erklärung unwahrscheinlich zu finden, er stellt vielmehr geradezu (s. 294) die seiner meinung nach für mich vernichtende behauptung auf, dasz auf die fälle einer tenuis pro aspirata die 'bekannte beobachtung anwendung finde, wonach gerade das volk altertümliche formen besser bewahrt als die gebildeten', dasz also hier die tenuis als das ursprünglichere anzusehen sei, während doch ebenso oft, vielleicht noch öfter, das stricte gegenteil im verhältnis der volkszur schriftsprache der fall ist. wenn der rec. ferner zur weitern begründung dieser ansicht den jargon des Skythen und Triballers bei Aristophanes anführt, welche bekanntlich die tenuis an stelle der aspirata setzen, so bedenkt er wiederum nicht, dasz deren aussprache für seine behauptung überwiegender nichtaspiration der griechischen vulgarsprache ebenso wenig beweist wie die altrömische schreibung der tenuis an stelle griech. aspirata, dasz vielmehr hier wie dort nur

---

3) vgl. auch was Corssen s. 255 über die auf ähnlichem irrtum beruhenden schreibungen *-aus* und *-eus* für *-as* und *-es* bemerkt. 4) so erkläre ich auch cap. VIII s. 117 das neugriechische ἔκω = ἔχω, τέλω = θέλω, πατεῖν = παθεῖν aus dem nemlichen, sogar in die aussprache übergangenen irrtum, welcher eintreten muste, nachdem die aspiration so häufig geworden war, dasz ungebildete vielfach nicht mehr recht wusten, ob tenuis oder aspirata zu schreiben und zu sprechen sei.

dies erschlossen werden kann, dasz jene fremden sprachen der griechischen aspiratenlaute entbehrten. hätte sich der rec. statt dessen lieber die mühe genommen die etymologien derjenigen wörter aufzuspüren, welche inschriftlich tenuis statt aspirata aufweisen, so würde er gefunden haben, dasz für deren überwiegende mehrzahl die tenuis gar nicht das ursprüngliche sein kann, weil die verwandten sprachen die aspirata aufweisen, daher also, wenn man nicht nach meinem princip erklärt, die tenuis hier nicht das ältere sondern das spätere sein müste, was jedoch physiologisch-historisch unmöglich ist. dasz einige fälle wie z. b. Παννυκίϲ, ναίκι, 'Αντίμακοϲ, Εὐτύκουϲ an sich die erklärung des rec. zulassen, da die entsprechenden wurzeln allerdings ursprüngliche tenuis besaszen, soll nicht geleugnet werden; indes ist sie nichtsdestoweniger auch hier unwahrscheinlich, weil die überwiegende mehrzahl analoger beispiele durchaus anders beschaffen ist und überhaupt bis jetzt noch keine schriftstellerzeugnisse aufgetrieben werden können, welche die behauptete conservative tendenz der vulgarsprache in bezug auf die tenues erwiesen. wie unwahrscheinlich ist überhaupt die annahme einer häufigen aspiration und ebenso häufigen abneigung gegen dieselbe seitens der vulgarsprache, wenn man die wechselseitige vertauschung von tenues und aspiratae aus einem einheitlichen principe zu erklären vermag![5])

So viel über die einwendungen des rec. gegen das dritte cap. m. abh.; ich wende mich jetzt zu den folgenden abschnitten, welche im wesentlichen unangegriffen geblieben sind[6]), um hierzu in aller kürze einige nachträge zu geben.

Cap. IV handelt von der scheinbaren metathesis des hauches in wörtern wie ἄκανθοϲ — ἄχαντοϲ, χύτρα — κύθρα, πάθνη — φάτνη, θριγκόϲ — τριγχόϲ usw., welche aus formen mit doppelter aspirata erklärt werden, wie sie in Χόλχοϲ, θύχη, θυφλόϲ, θρόφοϲ u. a. sowie im mittel- und neugriechischen vorliegen. beweisend hierfür erschienen mir die fälle, in denen alle drei formen neben einander vorkommen. so steht neben Χαλκηδών und Καλχηδών ein 7mal bezeugtes Χαλχηδών, neben Θέλπουϲα und Τέλφουϲα ein zweimaliges Θέλφουϲα, neben κάλχη und χάλκη ein χάλχη, wie denn dasselbe princip schon längst für das schwanken der aspiration in τρέχω, τύφω, τρέφω (vgl. das zweimalige θρόφοϲ auf vasen und im neugriechischen) angenommen war. überhaupt scheint sich die sog. metathesis immer mehr nur auf liquidae und nasales zu beschränken, da auch die wurzelvariation ihr bereits entzogen worden

5) was der rec. noch weiter behauptet, dasz tenuis und aspirata nicht gleichmäszig im munde des Atheners, Ioniers, Aeoliers und Doriers gelautet habe (s. 295), dasz es sich also hier offenbar nicht um absolute aspiration oder psilosis, sondern um verschieden starke grade der aspiration handle, ist möglich, aber auszer für θ unerweislich und kommt überhaupt für die frage nach dem grunde der vertauschung von tenuis und aspirata gar nicht in betracht. 6) obwol sie doch mit meiner grundanschauung eng zusammenhängen und dieselbe unterstützen.

ist (vgl. die treffliche abhandlung von L. Kraushaar de radicum quarundam indogerman. variatione quae dicitur, Marburg 1869). besonders interessant ist in dieser beziehung die geschichte des namens von Καλχηδών, was s. 99 f. als einzig gute schreibung der besten zeit erwiesen wird, während doch die etymologie auf χαλκός zurückweist. auch attisch θέσμιος und θεσμός neben dor. τέθμιος und τεθμός gehören hierher, wie das zweimal auf einer alttegeatischen inschrift (ἀρχ. ἐφημ. Β′ γ′ s. 344) vorkommende θεθμόν und das lokrische θέθμιον (Curtius studien II 445 f.) beweisen. zu der kleinen samlung sog. barbarismi (Consentius s. 392, 27 Keil) füge ich hinzu *Anthiocus* bull. d. inst. 1855 s. LI, *Calithycen* auf einem sarkophag bei Benndorf und Schöne ant. bildw. d. lateran. mus. nr. 194, *L·Furius·L·L·Agatophus* (= Ἀγαθόπους) auf einer inschrift des 5n zimmers im lat. mus., *chitaroedus* auf einer halbfigur (nr. 380 des katalogs) des Apollo Citharoedus im museo Pio-Clementino 'mezza figura con antica epigrafe sul petto'. vgl. auch die von E. Hübner im CIL. bd. II s. 778 gesammelten beispiele.

Im folgenden abschnitt (cap. V) habe ich eine reihe von beispielen aufgezählt, welche analog den beiden inschriftlichen formen Ἔχθορ = Ἕκτωρ und ἐχθός = ἐκτός (s. 88 f.) eine aspiration der lautgruppen κτ und πτ in χθ φθ sowie von κκ ππ ττ in κχ πφ τθ aufweisen. hier ist noch nachzutragen, dasz das lokrische ἐχθός (Rangabé II 356[b]) sich auch in der vulgarsprache vorfand: vgl. Apollonios Alex. π. ἐπιρρ. in Bekkers anecd. s. 558 . . τῶν ψιλῶν ἀντιστοίχων εἰς τὰ δασέα μεταπεσόντων, καθὼς ἔστιν ἐπινοῆσαι καὶ ἐπὶ τοῦ ἐχθός· τὸ γὰρ ἀ π ό β λ η τ ο ν καὶ ἐκτὸς ἡμῶν τοιοῦτον, ein zeugnis das übrigens recht wol verdient hätte in cap. II mit aufgeführt zu werden. ferner gehören noch hierher μόλοφθος· ἐγκρυφίας (Hesychios), also ein in der asche schwarz gebackenes brod, offenbar entstanden aus μόλ-οπτος (vgl. μολ-ύν-ω, μολ-οβρός und Curtius grundz.[3] s. 345) und ebenso auch die beiden merkwürdigen imperative ἄνωχθε und ἀνώχθω, entstanden aus ἄνωκτε und ἀνώκτω (vgl. Buttmann ausf. spr. II s. 24).

Ueber cap. VI 'de chronologia aspirationis', worin ich hauptsächlich die einflüsse der vulgären auf die schriftsprache in doppelformen wie χνοή — κνοή, κόρχορος — κόρκορος u. a. nachzuweisen gesucht habe, gehe ich hier kurz hinweg, indem ich nur folgende neue beispiele hinzufüge: ἀσθαίνω (etym. m.) = ἀσταίνω (Hes.), κιγχλίζειν = κιγκλίζειν (Hes.), κιχλισμός = κικλισμός (ebd.), κυλίχνη = κυλίκνη (etym. m. u. κολίχναι), σφένδαμνος = σπένδαμος (Hes.), κιβδηλός = χιβδηλός (etym. m. und Gud.), χίδρα = κίδρα (Hes.), χίμεθλον = χίμετλον, *Symphosius* = *Symposius* (Riese z. f. d. öst. gymn. 1868 s. 483). in betreff der form Βόσφορος, die s. 110 aufgeführt war, kann ich jetzt auf Fleckeisen jahrb. 1869 s. 656 verweisen, von dem ich nur insofern abweiche, als ich sie nicht lateinischer sondern griechischer aspiration entspringen lasse (vgl. Stephanus thes. u. d. w.). *)

*) [s. den zusatz am schlusz dieser abhandlung.]

Zu der in cap. VII aufgestellten etymologie von Θαργήλια und Θαργηλιών (dörrmonat) von wurzel ταργ in der bedeutung 'dörren' bemerke ich, dasz letztere indogermanischem *tarsg* entspricht (vgl. Fick wörterbuch d. indog. grundspr. s. 77). in den Thargelion fiel auch bekanntlich das zeichen der zwillinge, von dem Q. Cicero *astr.* s. 68 Büch. singt: *aridaque aestatis gemini primordia pandunt.*

Ich komme jetzt zu dem letzten das wesen der aspiration und damit auch die aussprache der griech. aspiratae behandelnden capitel, das von allen den heftigsten widerspruch des rec. hat erfahren müssen. nichtsdestoweniger kann ich hier meine widerlegung kürzer fassen, einesteils weil das schluszresultat des rec. 'dasz sich die aspiration in der vulgarsprache nicht so stark entwickelt habe wie im schriftattischen' bereits von Curtius (s. 660) genügend beleuchtet worden ist, andernteils der wesentlichste gegengrund gegen meine ansicht, nemlich das räthselhafte erscheinen einer tenuis statt der aspirata auf inschriften, mit dessen erklärung nunmehr hinwegfällt. es bleibt mir demnach nichts weiter übrig als noch einmal und zwar möglichst kurz und klar meine ansicht mit einigen modificationen und zusätzen vorzutragen und an geeigneter stelle die noch übrigen ausstellungen des rec. zu beseitigen.

Bekanntlich werden jetzt allgemein die griechischen aspiratae als doppellaute angesehen und als solche mit *kh ph th* umschrieben (vgl. Curtius grundz. [3] s. 384 f.). hier fragt es sich nun: was bedeutet in diesem falle das zeichen *h*, den reinen spiritus asper oder einen hauchlaut, welcher derselben articulationsstelle wie die vorhergehende tenuis angehört, also bei *p* labial, bei *t* dental, bei *k* guttural gefärbt ist? im erstern falle gelangen wir zu unseren deutschen tenues, die bekanntlich gegenüber den reinen z. b. im slavischen fast immer aspiriert erscheinen und nach glaubwürdigen zeugnissen von ohrenzeugen (vgl. s. 119) den jetzigen indischen[7]) und ossetischen aspiraten gleich zu setzen sind; im letztern erhalten wir sog. affricatae oder reibelaute, welche wir noch am ersten mit *kch pf*[8]) *ts* bezeichnen können. diese ansicht vertritt hauptsächlich R. von Raumer[9]), mit dem ich auch in der annahme vollständiger und unvollständiger affricatae übereinstimme, je nachdem das auf die tenuis folgende reibungsgeräusch mehr oder weniger entwickelt war. dasz eine derartige scheidung durchaus notwendig ist, lehren formen wie ὄκχος neben ὄχος (von wz. *vagh*), τι-θή-νη und τί-θη neben τι-τθεύω und τί-τθη (von wz. θα), σκύπφος neben σκύφος (von wz. σκαπ), Σαπφώ neben σοφός (von wz. σαπ), sowie die

---

7) einige indische grammatiker sind freilich für eine affricierte aussprache der skr. aspiratae: vgl. Max Müller vorles. II s. 140 der deutschen übers. 8) hier ist jedoch natürlich nicht das (römische) labiodentale sondern das interlabiale *f* gemeint. 9) vgl. auszer dessen hauptschrift 'aspiration und lautverschiebung' (1837) noch die in der z. f. d. öst. gymn. gelieferten nachträge (1858 u. 59), wieder abgedruckt in seinen gesammelten sprachwiss. schriften s. 382 ff. und 396 ff.

s. 124 aufgezählten fälle, in denen die (einfach geschriebene) aspirata position macht, wie z. b. in dem öfters trochäisch gemessenen ὄφις, wofür schon alte grammatiker (vgl. schol. Heph. c. 11 s. 197 Gaisf. ed. Lips. 1832 und Eustathios zu Il. Μ 208) ὄπφις schreiben wollten. man darf also sagen dasz, während meistens das auf die tenuis folgende reibungsgeräusch zu unentwickelt war, um einen vollständigen doppellaut (κχ πφ τθ) zu erzeugen, dieser doch bisweilen zu stande kam und dann entweder durch die schrift oder das metrum geltung erhielt, wenn die organe nach hervorbringung der tenuis einen moment in ihrer stellung verharrten.

Haben wir somit die factische existenz von wirklichen und vollständigen affricatenlauten, und zwar ebensowol (wie in ὄκχος und τιτθεύω) an stelle alter mediae aspiratae als auch (z. b. in Σαπφώ und σκύπφος) in vertretung alter tenues, für die blütezeit altgriechischer sprache erwiesen[10]), so erhalten wir demnach eine ganze scala von lauten, welche die griechische aspiration bis jetzt durchlaufen muste. zuerst die reinen tenues, die schon frühzeitig die erste stufe der aspiration, nemlich die der deutschen tenues und der jetzigen indischen und ossetischen aspiratae erreichen mochten. es folgt darauf die stufe, wo der spiritus asper vermöge einer art von assimilation in ein schwaches reibungsgeräusch übergieng, das sich bisweilen bis zur vollständigen spirans entwickelte. hieraus entstanden wiederum die reinen spiranten des neugriechischen und zum teil schon des altgriechischen, da die tenuis vor dem spiranten sich nicht zu halten vermochte (vgl. Brücke physiol. d. sprachl. s. 90). eine ganz vortreffliche und keineswegs mit dem rec. zu verwerfende analogie bietet in dieser hinsicht das deutsche und dessen dialekte. die älteste stufe repräsentiert das vom rec. angeführte niederrheinische *pärd*, dessen tenuis gewis ursprünglich ganz rein war, daraus wurde zunächst mit hinzufügung des spiritus asper *pherd*, hierauf entwickelte sich dieser allmählich zur vollkommenen spirans in *pferd* und schlieszlich entstand *ferd*, wie man noch täglich aus norddeutschem munde hören kann. die nemlichen stufen müssen wir auch für das neugriech. φοῦχτα = πυκτή voraussetzen: denn da *p* nicht ohne weiteres zu *f* werden kann, so müssen wir die mittelstufen *ph* und *pf* annehmen, in welcher letztern schreibung jedoch *f* keinen labiodentalen sondern einen interlabialen spiranten bezeichnet.

Nach diesen auseinandersetzungen, die hoffentlich bedeutend

---

10) dasz in einer gewissen periode der griechischen sprache affricatae existieren musten, folgt übrigens auch aus ders. 125 geltend gemachten beobachtung Brückes, dasz die Neugriechen nicht selten κχ statt χ zu sprechen pflegen. im Tzakonischen hat sich auch die dentale affricata erhalten im aor. I pass., der nach Comparetti in Kuhns z. XVIII 147 so formiert wird: 2e person ὡράτθερε, 3e ὡράτθε, 2e plur. ὡράτθατε, 3e ὡράτθαϊ. den altgriechischen beispielen füge ich noch hinzu Rangabé 581 ἐπὶ ἄρχοντος Ἡρώδου τοῦ Πυτθέως (Πυθέως) und Hesychios u. κεπφωθείς· ἐπαρθείς, ἀπατηθείς und u. κεφωθείς· καταγελασθείς usw.

klarer sind als in meiner lateinisch geschriebenen abhandlung, leuchtet also ein dasz an sich weder gegen Curtius, der die griechischen aspiratae aus tenues + reinem spiritus asper bestehen läszt, noch auch gegen den rec., welcher eine verschiedene aussprache derselben in den verschiedenen dialekten und landschaften annimt (s. 295 oben) etwas einzuwenden ist. denn einerseits kann nicht geleugnet werden, dasz wirklich einmal die reinen tenues zu *k* + *h* *p* + *h* *t* + *h* geworden sind, um danach affricatae und weiterhin spiranten zu werden; anderseits ist es recht wol denkbar, dasz das dorische z. b. auf einer ältern stufe der aspiration stehen geblieben wäre als die übrigen dialekte oder umgekehrt. nur musz man, da sich hierüber bis jetzt nichts gewisses ausmachen läszt, das sichere von bloszer vermutung oder wenigstens das wahrscheinlichere vom unwahrscheinlicheren unterscheiden. und von diesem gesichtspuncte aus stellen wir die bestimmte frage auf, auf welcher stufe die griech. aspiratae in der blütezeit der griech. litteratur, also etwa von 480 bis 200 vor Ch. gestanden haben, und entscheiden uns wie bisher für eine bereits stark zur affrication hinneigende aussprache. die gründe welche mir für diese annahme zu sprechen scheinen sind: erstens die factische existenz vollständig entwickelter affricatae, z. b. in ὄκχος und anderen s. 121—124 aufgeführten wörtern, zweitens die thatsache dasz, soweit unsere kenntnis reicht, hie und da die altgriechischen aspiratae bereits den spiranten näher standen als den reinen tenues. hierauf deutet der übergang von θ in c nicht allein im lakonischen, sondern auch in anderen s. 125 aufgeführten wörtern, z. b. dem attischen Ἐρέξης = Ἐρεχθεύς, ferner der von Priscian und Sextos Empeirikos bezeugte zweifel alter grammatiker, ob θ φ χ den mutae oder den semivocales zuzurechnen seien, was doch bei den deutschen (aspirierten) tenues unmöglich wäre, endlich die existenz der lautgruppen χχ φφ θθ (s. 89), z. b. in dem uralten Ἄραθθος und im kretischen ἰθθᾶντι, συνεθθᾷ, ἰθθάντες, wo die zeichen χ φ θ bereits völlige spiranten bedeuten. die altrömischen schreibungen *c* = χ, *p* = φ, *t* = θ beweisen nur so viel, dasz der explosive bestandteil der griech. aspiratae damals noch deutlich gehört wurde und die Römer nur reine tenues, keine aspiratae und affricatae besaszen, während anderseits die betreffenden griechischen spiranten meist noch nicht genug entwickelt waren, um die schreibungen *f* für φ und *s* für θ veranlassen zu können.[11]) nachträglich verweise ich alle diejenigen welche sich für diese frage der aspiration interessieren auf den eben so gründlichen wie klar und anregend geschriebenen abschnitt bei Rumpelt: das natürliche system der sprachlaute (Halle 1869) s. 123—146, mit dem ich in allen wesentlichen puncten übereinstimme.

11) selbst wenn wir allgemein völlig entwickelte africatae wie in ὄκχος annähmen, könnten wir doch immer die römischen schreibungen damit vereinigen, da die africatae in der that vollkommen in der mitte zwischen tenues und spiranten stehen.

Bautzen. W. H. Roscher.

ZUSATZ.

Durch die in Stephanus sprachschatz von L. und W. Dindorf beigebrachten belege für die **griechische** schreibung Βόcφοροc sehe ich meine behauptung dasz die aspiration in diesem worte römischem boden entsprossen sei nicht widerlegt: denn es sind nur Byzantiner, bei denen jene belege sich finden, und diese konnten unter römischem einflusz ebenso gut die latinisierte namensform Βόcφοροc gebrauchen, wie ich dasselbe von Πτολομαῖοc und seinen derivaten in diesen jahrb. 1866 s. 5 wahrscheinlich zu machen gesucht habe. es existieren überdies noch einige ganz analoge fälle von dem übergang des π in *ph* innerhalb des lateinischen. ich erinnere zuerst an ein schon von meinem geehrten mitarbeiter in seiner lateinischen abhandlung s. 113 angeführtes wort: *montes Riphaei* = 'Ριπαῖα ὄρη: denn nur in dieser aspirierten form kommt das wort in der ganzen römischen litteratur vor, seit die aspiratae in der schrift überhaupt ausgedrückt wurden (Ennius *sat.* 44 V. konnte natürlich nicht anders als *montibus Ripaeis*[1]) schreiben); aber daraus mit Roscher zu folgern 'iam apud Graecos formam aspiratam τὰ 'Ριφαῖα exstitisse' halte ich für durchaus unberechtigt.[2]) ich erinnere ferner an einen personennamen des Terenzischen Phormio, der, so oft er in diesem stücke vorkommt (v. 389. 390. 740, abgesehen von dem interpolierten verse 356) von **allen** mir bekannten quellen in der form *Stilpho* überliefert wird, und nicht minder in einer stelle von Ciceros orator (47, 157), wo die zweite hälfte von v. 390 citiert wird, obgleich die griechische sprache wol die namen Cτίλβων und Cτίλπων kennt, aber keinen Cτίλφων (in der Ciceronischen stelle hat zuerst O. Jahn das *h* gestrichen und *Stilponem* geschrieben, und durch seine autorität habe ich mich leider verleiten lassen im texte des Terentius ein gleiches zu thun). ich erinnere endlich an das appellativum *trophaeum* = τρόπαιον, das in dieser aspirierten form in der überwiegenden mehrzahl der stellen wo es vorkommt von den besten handschriften geboten wird

1) bei gelegenheit der erwähnung dieses Enniusfragmentes ... *decem coclites queis montibus summis | Ripaeis fodere* möchte ich freund Vahlen erinnern dasz er in einer zweiten auflage seines Ennius nicht versäume den besserungsvorschlag Spengels *sedere* statt *fodere* (der Flor. *federe*) wenigstens zu erwähnen, um so mehr da Welcker alte denkmäler II s. 72 ihn gebilligt hat. 2) das von Roscher unmittelbar mit *Riphaea* zusammengestellte *gryphes* oder *gryphi* übergehe ich hier absichtlich, da **diese** aspirierte form aus der **classischen** litteratur (Vergilius, Mela, Plinius) wieder verschwunden ist, indem sie in den neueren texten auf grund der besten hss. der correcten übertragung *grypes grypi* hat weichen müssen. Claudianus und Sidonius mögen immerhin der aspiration gehuldigt haben, wie es von der in die romanischen sprachen übergegangenen volkssprache gewis ist: vgl. it. *griffo grifone*, sp. *grifo*, pr. *grifó*, fr. *griffon* (Diez etym. wörterbuch II² s. 320); aber den von Roscher nach dem vorgange K. L. Schneiders daraus gezogenen rückschlusz auf einen griech. genetiv γρυφόc musz ich ebenso ablehnen wie den obigen auf ein 'Ριφαῖα.

und in derselben aspirierten form auch in den romanischen sprachen erscheint: vgl. Diez etym. wörterbuch I[2] s. 425 '*troféo* it. sp. pg., *trophée* fr. siegeszeichen; von *tropaeum* (τροπαῖον) mit unüblichem übergang der labialtenuis in die aspirata.' allerdings unüblich, aber nach den übrigen oben beigebrachten beispielen doch nicht ganz aus der analogie fallend. dasz übrigens, was dies zuletzt angeführte beispiel betrifft, neben der latinisierten form *trophaeum* auch die correcte *tropaeum* wenigstens im ersten jahrhundert der kaiserzeit gebräuchlich gewesen ist, dafür liefert einen unanfechtbaren beweis die in einigen militärdiplomen vorkommende angabe des aufbewahrungsortes der originale in Rom: *in Capitolio post tropaea Germanici quae sunt ad aedem Fidei P·R:* vgl. Orelli-Henzen 5088. 5433 (letzteres aus dem j. 86 nach Ch.).

Dresden. Alfred Fleckeisen.

57.
ZU PLAUTUS AULULARIA IV 8, 1.

Aus dem im vorstehenden zusatz erwähnten fragmente des Ennius geht hervor, dasz die orientalisch-griechische fabel von den auf dem Rhipäischen gebirge im Hyperboreerlande hausenden einäugigen Arimaspen und goldhütenden greifen zu seiner zeit in Rom wol bekannt war. dasselbe ersehen wir aus einer stelle der Aulularia IV 8, 1 *pici divitiis qui aureos montis colunt, ego sólus supero,* zu deren erläuterung Nonius s. 152, 7 bemerkt: *picos veteres esse voluerunt quos Graeci grypas appellant.* die erklärung dieser auffallenden substitution des italischen spechtes an stelle jenes fabelhaften wunderthieres gibt Preller röm. myth. s. 298; aber die erwähnung der *aurei montes* weist entschieden darauf hin, dasz der dichter die greife des Rhipäergebirges im auge hatte, denen er nur den vorstellungen seiner landsleute sich anschmiegend den 'einsam wohnenden und grabenden und hackenden waldvogel' substituierte, den er sonst (*asin.* 260. 262) nur als weissagevogel kennt. wollte er also bei seinem publicum nicht ganz verkehrte vorstellungen wecken, so muste er die heimat dieser *pici* = γρῦπες näher bezeichnen. dazu kommt ein anderer übelstand in der überlieferung. das in den relativsatz eingefügte *divitiis* kann man doch vernünftigerweise nur mit *ego solus supero* verbinden, und der dichter sollte es hiervon getrennt im nebensatz untergebracht haben? ich halte *divitiis* für ein glossem, zur erklärung von *ego solus supero* beigeschrieben, das sich an ungehöriger stelle in den text eingeschlichen und hier ein den abschreibern unverständliches wort verdrängt hat. Plautus schrieb wol: *pici Ripaeos qui aureos montis colunt, ego sólus supero.* sehr alt ist die corruptel allerdings: denn schon Nonius citiert die stelle mit *divitiis.*

D. A. F.

58.

Le sentiment religieux en Grèce d'Homère à Eschyle, étudié dans son développement moral et dans son caractère dramatique, par Jules Girard, maître de conférences à l'école normale. Paris, L. Hachette et C°. 1869. 553 s. 8.

Wie verhält sich dies buch zu den beiden maszgebenden werken Nägelsbachs, der 'Homerischen' und der 'nachhomerischen theologie'? dies ist wol die erste frage, welche ein deutscher leser dieser blätter an den berichterstatter thun wird. Nägelsbach hat gewissermaszen ein lehrbuch der hellenischen dogmatik abgefaszt, in systematischer ordnung, gründlich, erschöpfend, in seiner art vollendet und, ich möchte sagen, unübertrefflich. in seiner art: die art selbst leidet an manchen übelständen. die weltanschauung der Griechen liegt uns dort in paragraphen zerpflückt vor: das lehrbuch verhält sich zu dem glauben der alten Griechen wie eine wolgeordnete grammatik zu der lebendigen sprache. die schattenseiten dieser methode treten noch fühlbarer als in Nägelsbachs umfassenden werken in den monographien hervor, die man seitdem über die religiösen und sittlichen anschauungen dieses und jenes alten dichters geschrieben hat. trotz des fleiszes, vielleicht in folge des fleiszes der verfasser, sind solche nach verstandeskategorien geordnete, übervollständige musivische arbeiten für den leser groszenteils nicht leicht genieszbar. war es denn nötig die kunstwerke, aus denen das material zu diesen arbeiten gezogen ist, so ganz und gar zu zerbröckeln und zu zerstören? die weltanschauungen der griechischen dichter liegen uns in lebendigen weltbildern vor: götter und menschen bethätigen handelnd vor unseren augen ihre natur, ihre macht und ihre ohnmacht, ihr gegenseitiges verhältnis. unvergleichlich an kraft und glanz und tiefe sind vor allen anderen die dramatischen gemälde des Homeros und Aeschylos. diese beiden dichter sind, für uns wenigstens, die hauptvertreter einer periode, die sie beginnen und abschlieszen, begrenzen und beherschen: der rein religiös-poetischen periode, an deren ende philosophie und prosa nur eben zu keimen anfangen. hr. Girard hat sich auf diese periode beschränkt und diese beiden dichter zu dem hauptgegenstand seiner betrachtung gemacht. er fuszt, wie natürlich, auf den leistungen Nägelsbachs und anderer vorgänger, wenn er auch, der einrichtung seines buches gemäsz, im einzelnen nur selten auf dieselben verweist. er weicht, wie eben so natürlich, hin und wieder von denselben ab, aber er unterscheidet sich von ihnen hauptsächlich durch die methode. anstatt analytisch zu verfahren, sucht er möglichst synthetisch die religiösen und moralischen anschauungen der alten Griechen zusammenzufassen.

Das erste buch betrifft Homer und daneben Hesiodos. in den beiden ersten capiteln dieses buches wird zunächst die göttliche verehrung der natur (la religion de la nature), darauf die götterwelt besprochen. der übergang der elementarischen zu den persönlichen göttern liegt in der Ilias deutlich vor. wenn die götter in der regel als frei handelnde, menschlich gestaltete und fühlende wesen der natur entwachsen sind, so erscheinen sie doch auch nicht selten noch halb mit der natur verwachsen. der vf. entwickelt dies vorzugsweise an zwei schlagenden beispielen, die ich kaum zu nennen brauche: wer diese dinge je sich oder anderen klar zu machen gesucht hat, dem sind sie ohne zweifel geläufig. es ist der kampf des Achilleus mit dem Skamandros (Φ 233 ff.) und die erscheinung Poseidons in den vordersten reihen des Achäerheeres, während das meer ihre zelte und schiffe bespült (Ξ 392). auf diese entwicklung folgt die unterordnung der persönlich gewordenen götter unter den allwaltenden Zeus. führen wir einen teil der schluszbetrachtung des vf. an (s. 72): 'au faîte du vaste édifice de l'univers, dont la base est si large, Jupiter apparaît seul, idéal de suprême puissance et d'intelligence absolue. tel est le chemin qu'a déjà parcouru la religion grecque. dans les ombres de son berceau l'idée de Dieu avait commencé à poindre sous une forme unique, mais confuse; c'était un monothéisme incomplet et grossier. elle a grandi, s'est développée, et, après une sorte de diffusion d'elle-même qui l'a mise en contact avec l'homme par tous les points du monde physique et du monde moral, elle a réussi à se concentrer de nouveau dans un principe d'unité et d'harmonie. arrivée à ce moment, il est à remarquer qu'elle ne dépasse plus la mesure ni la portée de l'esprit humain; elle est, au contraire, en communication intime avec lui, le pénètre de toute part, et y puise sa propre grandeur dans ce qu'il renferme de plus net et de plus élevé. c'est ainsi qu'elle résout ou domine ces contradictions de détail qu'aucun progrès de l'intelligence n'effacera jamais complètement d'aucune théodicée ni d'aucune morale, et qu'elle forme un puissant ensemble, où la raison se repose en même temps que le besoin d'adorer se satisfait. est-il juste, après cela, de refuser aux Grecs polythéistes le sens vrai de la religion?' um einen hierher gehörigen einzelnen punct herauszuheben: wenn Zeus die schicksalswage hält, in welcher Hektors und Achilleus todeslose gewogen werden, so sieht hierin hr. G. ein bild des einklangs zwischen dem fatum und dem willen des obersten der götter. mir scheint, mit vollem rechte. Nägelsbachs auffassung (Hom. theol. s. 121) ist mir immer befremdlich gewesen. dieser sieht in jener stelle gerade im gegenteil den beweis einer dualistischen auffassung, einer spaltung zwischen schicksal und Zeus willen. er scheint sich den gott wie einen zeichendeuter vorzustellen, der ein losorakel befragt. will man symbolische darstellungen so gar genau nehmen, so wird man am ende auch, wenn die gerechtigkeit oder die gnade Zeus beisitzerinnen genannt werden, daraus den schlusz ziehen können, gerechtigkeit und gnade seien von dem wesen des Zeus scharf zu scheiden. die hauptsache ist doch, dasz Zeus, und nur Zeus, die schicksalswage in seinen händen hält, dasz er sie besitzt und im entscheidenden augenblicke sprechen läszt. dasz dies die vorstellung des dichters war, scheint mir deutlich aus einer andern stelle (T 223) hervorzugehen: ἄμητος δ' ὀλίγιστος, ἐπὴν κλίνῃσι τάλαντα Ζεύς, ὅς τ' ἀνθρώπων ταμίης πολέμοιο τέτυκται.

Das dritte capitel beschäftigt sich mit der stellung des helden, und dann des menschen überhaupt nach epischer weltanschauung. wir wollen nur eine hrn. G., so viel uns bekannt ist, eigentümliche auffassung der sage der weltalter bei Hesiodos erwähnen. er findet dasz die menschen des silbernen zeitalters an thatkraft weit unter denen des kupfernen zeitalters stehen, sowie diese wiederum von den heroen des vierten alters übertroffen werden. so stehen also zwischen dem ideal des goldenen und der traurigen wirklichkeit des eisernen geschlechtes drei geschlechter in der mitte, in welchen die echtgriechische idee des fortschritts ausgedrückt ist. wir empfehlen diese ansicht anderen zur prüfung; müssen jedoch gestehen dasz sie uns nicht einleuchtet. es mag sein dasz ein moderner leser die mitglieder des dritten geschlechtes denen des zweiten überlegen findet. dasz sie es aber in den augen des dichters waren, dasz er sie so darstellen wollte, das bezweifeln wir sehr. die geltung der metalle und der umstand dasz die abgeschiedenen geister der menschen des silbernen geschlechtes als genien über die sterblichen wachen, stehen einer solchen annahme entgegen. es ist viel über die Hesiodischen weltalter geschrieben worden. wir halten die einfachste auffassung, zu der auch Welcker sich bekannte, für die richtige. der allmähliche abfall von der goldenen urzeit wird durch die metalle verbildlicht. in diese abgerundete und wolzusammenhängende sage ist ein fremdes element hineingerathen. die epische poesie hatte um die helden von Troja und Theben einen solchen glanz verbreitet, dasz der griechische dichter sich veranlaszt sah vor das geschlecht der gegenwart ein heroisches zu schieben, das nach keinem metalle benannt ist und sich schon hierdurch als eine neue, den ursprünglichen zusammenhang störende zuthat bekundet.

Nachdem der vf. im vorhergehenden den lebendigen, dramatischen sinn und das streben nach maszvoller, harmonischer ausgleichung in der religion der Hellenen nachgewiesen hat, führt er im vierten capitel aus, wie dieselben züge sich in der poetischen gestaltung des Homerischen epos wiederfinden, dessen eigentümliches gepräge bilden, im gegensatz zur indischen epopöe. mit der auflösenden Homerkritik kann sich hr. G. offenbar nicht befreunden. er vertritt sehr entschieden die einheit beider gedichte; doch sieht man nicht deutlich, ob er alles und jedes zu dem ursprünglichen plan derselben gerechnet wissen will.

Das zweite buch behandelt die zeit von Homer bis zu den anfängen des drama. hier concentriert sich der religiöse fortschritt in einer lehre, an der keineswegs die ganze nation sich beteiligt, welche aber alle neuen anschauungen und strebungen in sich aufnimt, welche die bedürfnisse, das dunkle drängen und ahnen eines gesteigerten religiösen gefühlslebens auf ihre art zu befriedigen sucht. wie ist der Orphismus durch den glauben an die mordsühne, durch den heroencultus und den dienst des mystischen Bakchos vorbereitet worden? worin bestand das wesen dieser lehre? welchen einflusz übten die Orphischen kosmogonien, sowie die Orphischen anschauungen über schicksal und zukunft des menschen auf die nation und ihre hervorragendsten sprecher? diese interessanten aber schwierigen untersuchungen sind sehr eingehend und mit möglichster klarheit und bestimmtheit von dem vf. geführt worden. wenn wir den werth der verschiedenen teile des werkes nicht nach den resultaten, die hier nur fragmentarisch und hypothetisch sein können, sondern nach der mühe und der umsicht der forschung schätzen, so stehen wir nicht an diesen teil als den verdienstlichsten zu bezeichnen. der kern der Orphischen lehre, nach abschälung der abenteuerlichen hülle, ist gut und bündig gegeben; ihr einflusz auf philosophie, poesie und kunst allseitig und ohne übertreibung dargestellt; durch die schilderung des enthusiastischen Dionysosdienstes ist für das folgende eine breite grundlage gewonnen. hier kam dem vf., wie er selbst in der einleitung erwähnt, der tägliche umgang mit hrn. Guigniaut, seinem schwiegervater, zu statten: er konnte keinen bessern führer auf diesem dunklen gebiete finden als den verdienten bearbeiter der Creuzerschen symbolik.

In dem dritten buche kommen wir wieder auf festeren boden; nur die erörterungen über den tragischen dithyrambos scheinen uns nebelhaft und unerquicklich. die darstellung der in der Aeschylischen tragödie wirksamen ideen ist der gipfel- und glanzpunct des ganzen werkes. der fortschritt von streit und zerrissenheit zu versöhnung und harmonischer ausgleichung ist niemals auf groszartigere weise in einer dramatischen handlung verkörpert worden als in der Orestie des Aeschylos. der vf. hat sich lebhaft in den dichter hineingedacht und hineingefühlt; man wird seine betrachtungen mit ebenso viel vergnügen als nutzen lesen. er zeigt den dichter in verbindung mit den groszen religiösen strömungen der zeit, und kommt deshalb nicht in versuchung ihm, wie dies wol zuweilen geschehen ist, moralische ideen beizulegen, die seiner generation wie seinem persönlichen standpunct fremd sind. was er über den Prometheus sagt, kann ich nicht so unbedingt billigen. hier bleibt so vieles dunkel, dasz völlige übereinstimmung zwischen zwei lesern nicht leicht zu erreichen ist. sobald wir es versuchen anschauungen, die in einer symbolischen handlung niedergelegt sind, einen gedankenmäszigen ausdruck zu geben, so ist es unvermeidlich dasz wir das mysteriöse allzu sehr aufklären, das dunkel geahnte allzu sehr bestimmen. wir werden notwendig untreu; wir übersetzen in eine andere sprache; es geht uns wie denen die eine symphonie durch worte wiedergeben wollen.

Man sieht aus dieser kurzen übersicht dasz hr. G. die ernste seite des religiösen gefühls der Griechen hervorgekehrt hat. es war ihm darum zu thun, eine verbreitete ansicht zu widerlegen, die noch kürzlich von Renan in seinen 'aposteln' ausgesprochen worden: 'das tiefe gefühl des menschenschicksals gieng den Griechen immer ab', 'als wahre kinder nahmen sie das leben von der heitern seite', 'ihre kindliche unbefangenheit war immer mit sich selbst zufrieden' usw. dieser einseitigen auffassung ist hr. G. mit recht entgegengetreten. allein er ist, wie uns bedünkt, in das andere extrem verfallen. ein tragischer ernst ist über sein buch ausgebreitet, ein ernst der den Hellenen nicht fremd war, der aber doch nicht den grundton ihrer gottesverehrung bildete. wo sind die tüchtigen, lebensfrohen menschen, die an den festen ihrer götter als edelste opfergabe das schauspiel ihrer schönheit, ihrer kraft, die entfaltung ihrer leiblichen anlagen, die blüten ihres geistes darbrachten? die Hellenen wie sie der Homerische hymnos auf Apollon schildert, wie der fries des Parthenon sie darstellt, wie die olympischen spiele sie vereinigten? es ist in diesem buche viel von dem sinn für harmonie (le sentiment de l'harmonie) die rede; aber wir vermissen die ausführung des satzes, dasz die allseitige, harmonische entwicklung aller in den menschen gelegten triebe und kräfte nach hellenischer ansicht das eigentliche wesen eines gottgefälligen wandels bildet. alle triebe und kräfte sind ohne unterschied δῶρα θεῶν. der vf. spricht weitläufig über den Hippolytos des Euripides. der dichter stellt sich zwar offenbar auf die seite der Artemis und bringt in dieser göttin sein eigenes ideal göttlicher erhabenheit im gegensatz zu der den populären anschauungen entsprechenden Aphrodite zur erscheinung. aber gerade dadurch sieht man, wie echt hellenisch es ist, wenn der verächter der gaben Aphrodites mit dem tode büszt: er ist nach griechischen begriffen ein frevler, und der alte diener ist hellenisch fromm, wenn er ihm zuruft, es sei pflicht alles zu thun und zu üben was eine gottheit als die ihr gebührende ehre verlangt: τιμαῖσιν, ὦ παῖ, δαιμόνων χρῆσθαι χρεών. hr. G. übergeht diesen punct. er findet in den fragmenten der lyriker nichts für das religiöse bewustsein der Griechen bedeutsames. wir fragen, ob das gebet der Sappho: ποικιλόθρον' ἀθάνατ' Ἀφροδίτα usw. für den sinn, mit welchem der Hellene sich seinen göttern nahte, nicht ungemein bezeichnend ist, und mit welchem rechte es in einem buche fehlen durfte, das den titel trägt: 'le sentiment religieux en Grèce d'Homère à Eschyle'? es ist hrn. G. begegnet, was uns allen mehr oder weniger geschieht. wir sehen nur, was wir sehen wollen; wir ziehen aus den alten, was unserer natur gemäsz ist. von einseitigkeit können wir hrn. G. also nicht ganz frei sprechen; aber was er gibt, ist gut und gediegen.

Besançon. Heinrich Weil.

59.

DOCHMIEN.

Die dochmien bestehen nach Aristeides Quintilianus de mus. s. 59, 2 W. aus einem iambus und einem παιὼν διάγυιος ⏑ – | – ⏑ ⏑ – (3 | 5). doch gibt es nach seiner versicherung auch noch eine zweite art dochmien, welche zwischen diese zwei elemente noch einen dactylus einschiebt ⏑ – | – ⏑ ⏑ | – ⏑ ⏑ – (3 | 4 | 5), so dasz in diesem fusze die drei primären rhythmengeschlechter vereinigt erscheinen. auch Bakcheios s. 68, 8 W. erkennt diese zweite form des dochmius an und fügt sogar ein beispiel ἔμενεν ἐκ Τροΐας χρόνον bei, so dasz es, ganz abgesehen von des Martianus Capella s. 196 Meib. durch Westphal längst geheilter stelle, völlig unmotiviert erscheint, wenn W. Berger de Sophoclis versibus logaoedicis (Bonn 1864) s. 66 und F. Goldmann de dochmiorum usu Sophocleo (Halle 1867) s. 82 den Aristeides corrigieren und die mit einem scheindactylus anlautende form des ordinären dochmius – ⏑́ ⏑ – ⏑ – verstehen wollen. Brambach metr. studien s. 65 verwirft diese ansicht mit recht. der gewöhnliche dochmius ist hiernach ein ῥυθμὸς ὀκτάσημος, der zweite ein δωδεκάσημος, der seiner metrischen gestalt nach einem glyconeus ähnelt mit sog. iambischer basis, doch nicht wol von Aristeides für identisch damit gehalten sein kann, weil er den glyconeus s. 57, 8 unter den κατὰ περίοδον σύνθετοι an sechster stelle als μέσος βακχεῖος oder ἴαμβος ἀπὸ βακχείου besonders aufgeführt hat. wie der gewöhnliche dochmius seinen namen davon haben soll, dasz das verhältnis seiner teile wie 3 : 5 steht, also nicht wie in den ὀρθοῖς (d. h. iamben, päonen und epitriten) nur um éine einheit sondern um zwei differiert, so hat auch der dodekaseme dochmius seine aufnahme unter die dochmien offenbar dem umstand zu verdanken, dasz sich seine teile wie 7 : 5 verhalten und so ebenfalls eine dyade von χρόνοι πρῶτοι als differenz ergeben: ⏑ ⏑⏑ – ⏑ ⏑ | – ⏑ – (7 | 5). Brambach a. o. teilt zwar ⏑ – | – ⏑ ⏑ – ⏑ – (3 | 9) und rechnet die differenz 2 durch die gleichung 3 : 9 = 1 : 3 heraus; allein so darf man nicht rechnen: nach seiner teilung wäre die differenz unter allen umständen 6, nicht 2. mit der lehre des Aristoxenos steht weder ein verhältnis von 3 : 5 noch eins von 5 : 7 in einklang. er rechnete den δόχμιος ὀκτάσημος höchst wahrscheinlich unter die δακτυλικοί, und dasz er mit seiner ansicht, welche wol in der lücke s. 37, 18 W. ausgeführt war, nicht allein stand, zeigt das interessante scholion zu Aeschylos sieben 128, welches uns vom Mediceus s. 40, 23 Ddf. erhalten ist: καὶ ταῦτα δὲ (d. h. wie die voraufgehende dochmische masse, vgl. schol. zu v. 103) δοχμιακά ἐστι καὶ ἴσα, ἐάν τις αὐτὰ ὀκτασήμως βαίνῃ. κυρίως δὲ εἶπον βαίνῃ. ῥυθμοὶ γάρ εἰσι. βαίνονται δὲ οἱ ῥυθμοί, διαιρεῖται δὲ τὰ μέτρα, οὐχὶ βαίνεται. obschon also die metrische zerlegung (διαίρεσις) keine teilung der silbenmasze in zwei gleiche abschnitte zuliesz, musz doch der dazu getretene tact der eines ῥυθμὸς ὀκτάσημος gewesen sein. und dieser war ein ἴσος. auch die zweite art des dochmius, der δωδεκάσημος, kann rhythmisch nur ebenfalls als ein ἴσος (6 : 6) oder als ein διπλάσιος (8 : 4) aufgefaszt worden sein, d. h. als $^{12}/_8$ oder $^6/_4$ oder $^3/_2$ tact. während nun Westphal jede besprechung über diese form ablehnt, Brambach eine sehr ungenügende notierung versucht hat (denn eine trochäische tripodie hat in der zweiten arsis stets den reinen χρόνος πρῶτος, niemals eine anceps, ⏒́ ⏓ – ⏑ – niemals – ⏑ – ⏓ –) scheint es mir zweckmäszig die untersuchung gerade mit ihr zu beginnen. denn gelingt es ihre tactart richtig zu bestimmen, so musz uns auch das wesen des achtzeitigen dochmius sofort klar werden, sobald man den eingeschalteten dactylus in abzug bringt.

Die elemente ⏑ – – ⏑ ⏑ – ⏑ – nach dem γένος διπλάσιον zu zerlegen ist eine unmöglichkeit, nach dem γένος ἴσον sind sie zerlegt im glyconeum, ⏑ – – ⏑ | ⏑ – ⏑ – oder, da der dactylus desselben ein kyklischer ist und einem trochäus gleichsteht, in ⏑̇ – ⁓ ⏑ | –́ ⏑ –. thesis und arsis dieses megethos stehen im verhältnis von 6 : 6, was, wenn der χρόνος πρῶτος einem achtel gleichstand, einen $^{12}/_8$ tact oder zwei $^6/_8$ tacte ergibt. aber wir bemerkten schon oben, diese zerlegung kann Aristeides, wenn er vom dochmius spricht, nicht gemeint haben: mit anderen worten, der dactylus im dochmius war kein kyklischer. dies zugegeben, verwandelt sich die ganze thesis des δωδεκάσημος in einen ῥυθμὸς κατὰ συζυγίαν σύνθετος: ⏑ –́ –́ ⏑ ⏑ d. h. in einen anacrusischen ionicus ἀπὸ μείζονος oder, wie der moderne musiker sich (freilich nicht ganz im sinne der alten) ausdrücken würde, in einen $^3/_4$ tact mit auftact, den anacrusischen ἑξάσημος διπλάσιος der alten. sobald wir uns nun zwei solcher zwölfzeitler vereinigt denken, wird rhythmisch der auftact des zweiten als letzter schlechter tactteil des ersten angesehen werden müssen, mithin die arsis dieses ersten dodekasemos die metrische gestalt – ⏑ – ⏑ empfangen. nach der anschauung der diäresierenden, nicht tactierenden metriker wäre das nun zwar kein ἑξάσημος διπλάσιος sondern ein ἴσος, kein $^3/_4$ sondern ein $^6/_8$ tact, für den συμπλέκων dagegen und den rhythmiker hat seine behandlung als $^3/_4$ tact nicht die mindeste schwierigkeit; es bedarf nicht einmal der synkope um zum ziele zu gelangen. man darf sich nur der in den ionici so gewöhnlichen anaklasis erinnern, um die zweckentsprechende notierung zu finden. auch die thesis (βάσις) war ja ein ionicus. unser musiker würde schreiben ♪. ♬ ♩. ♪; der alte notierte, da die kürze immer als hälfte der voraufgehenden länge angesehen wird, ♩ ♪ 𝅗𝅥 ♩ oder unter umständen ♩ ♪ ♩ 𝄾 ♪, also triolenform. somit gewinnt der zwölfzeitige dochmius des Aristeides und Bakcheios folgende gestalt, wenigstens fürs [illegible]:

nach einem auftact folgen zwei $^3/_4$ tacte, deren letzter durch anaklasis in eine unruhigere bewegung übergeht. der χρόνος πρῶτος ist aber auch hier nicht wie bei uns das viertel sondern das achtel. denn in dem tacte ♪♩ ♩ ♫ kommen δύο μακραὶ ἐπὶ θέσιν und δύο βραχεῖς ἐπ' ἄρσιν und erst ♪ ist keiner weitern zerlegung fähig. es ist nemlich nicht ganz im sinne der alten theoretiker, wenn Westphal und andere ohne weiteres den ἑξάσημος ἴσος unserm $^6/_8$, den ἑξάσημος διπλάσιος dem $^3/_4$ tacte gleichsetzen. correcter verfahren wir, wenn wir den ἑξάσημος ἴσος (– ⏑ – ⏑) einen 2 . $^3/_8$ tact, den διπλάσιος dagegen (– – ⏑ ⏑) einen 3 . $^2/_8$ tact nennen. erst im ποὺς δεκάσημος ἡμιόλιος ist die länge, genauer gesprochen der χρόνος δίσημος ἁπλῶς ἀσύνθετος der χρόνος πρῶτος, und erst im ποὺς ὀκτάσημος ἴσος, wenn er die form des σπονδεῖος διπλοῦς (⏗ ⏗) annimt, ist der χρόνος τετράσημος ἁπλῶς ἀσύνθετος, unsere 𝅗𝅥, der χρόνος πρῶτος. doch dies nur nebenbei. in der sache ändert es nichts, ob wir den dochmius in seiner zweiten weniger bekannten form aus zwei 3 . $^2/_8$ oder aus zwei $^3/_4$ tacten bestehen lassen. wir gelangten zu diesem resultate, indem wir 1) den auftact (anakrusis) ans ende verlegten, wie wir das bei der betrachtung aller antithetischen metra, wenn nicht ganz im sinne der alten, doch mit gutem rechte thun; 2) die ἀνάκλασις im zweiten teile (arsis des ganzen fuszes) anwendeten, und zwar nur im zweiten, weil doch in einer hälfte wenigstens der rhythmiker ein klares bild seines rhythmus zu empfangen liebt.

Hiernach scheint mir zweierlei auszer zweifel gestellt: 1) die seltnere form des dochmius, obwol von ihr nur in einer etwas anrüchigen partie des Aristeides die rede ist, die Bakcheios und Martianus Capella auch anführen, besteht zu recht und läszt scheinbar nach dem verhältnis von 7 : 5, in wahrheit nach dem verhältnis von 6 : 6 eine gliederung sehr wol zu. die einzelnen hexasemen können διπλάσιοι sein. 2) wir haben bisher nicht gewust was ein παιὼν διάγυιος sei, und haben ihn zur ungebühr den cretikern gleichgestellt. Aristeides erklärt ihn falsch. im creticus ist das verhältnis der tactteile 3 : 2, im παιὼν διάγυιος ist es das normale, 2 : 3. wir können uns den unterschied durch folgende tabelle klar machen:

creticus	paeon diagyios
⏔ ⏑ – ♩ ♪ ♩ θ α	⏔ – ♪. 𝅘𝅥𝅯 ♩. θ α
– ⏑ ⏔ ♩ ♪ ♩ α θ	– ⏔ ♪. 𝅘𝅥𝅯 ♩. α θ

dasz dem so sei zeigt der ditrochäus, welcher mit cretici gemischt wird und selbst creticus heiszt ⌣̲̲ ⌣ | ⌣́, und anderseits der παιὼν ἐπιβατός, das duplicat des διάγυιος, mit dem ihn Aristeides zusammenstellt: ⊥ ⊥ | ⌣̲̲ — ⊥. denn reduciert man den χρόνος πρῶτος desselben auf die hälfte (⌣ = ♪), so gewinnen wir ⌣ ⌣ ⌣ ⌣ ⌣. Aristeides muste sagen παιὼν διάγυιος ἐκ μακρᾶς θέσεως καὶ μακρᾶς καὶ βραχείας ἄρσεως, wozu wir aus Marius Victorinus s. 2485 ein *seu contra* hinzuzudenken haben. seine erklärung passt mit interpunction nach βραχείας nur auf den creticus. die metrische figur – ⌣ – ist freilich in beiden fällen dieselbe, aber im creticus ist die kürze der reine χρόνος πρῶτος, jede der zwei längen ein δίσημος, das doppelte der kürze; im paeon dagegen, der den werth der glieder umkehrt, ist die letzte länge eine τρίσημος, die erste eine ἄλογος und die kürze brevi brevior:

creticus – ⌣ | ≃
paeon ~ | ⌴

dasz dem so sei erhellt aus unserm δωδεκάσημος handgreiflich. denn die metrisch durch – ⌣ – bezeichneten elemente, welche unsere notierung durch ♩̇♪ | ♩. ausdrücken muste, bezeichnet Aristeides selbst als einen παιὼν διάγυιος. hier ist aber das verhältnis 2 : 3, d. h. δίσημος ἐπὶ θέσιν, τρίσημος ἐπ' ἄρσιν, *seu contra* δίσημος ἐπ' ἄρσιν, τρίσημος ἐπὶ θέσιν. wir werden später noch einmal auf diesen paeon zurückkommen. jetzt wenden wir uns zu unserm zwölfzeitler zurück und suchen die frage nach seinem accente zu beantworten.

Hier gibt es zwei möglichkeiten. entweder lassen wir den auftact $^1/_8$ betragen, wie wir bisher annahmen ♪ | ♫ ♩ ♫ | ♩̇♪ ♩. 𝄾 | oder wir machen den ganzen iambus zum auftact: ♪ ♪ ♪ ♩ ♫ ♩̇♪ | ♩. 𝄾 𝄽 |. was das richtige sei, wird freilich schwer zu entscheiden sein; indessen ist die antwort auf die frage, was das bessere sei, wenigstens nicht schwer, und wir dürfen annehmen dasz das bessere auch das richtige sein werde. im ersten falle kommen die χρόνοι ἀσύνθετοι (die längen, zweizeitige wie dreizeitige) in die schlechtesten tactteile, nemlich in die arsis der thesis, während die hauptaccente auf kürzen zu liegen kommen. dagegen ist nun zwar an sich nichts einzuwenden, aber es empfiehlt sich schlecht, wenn ein anderer accentsatz möglich ist. und jedenfalls ist bei dieser accentuierung die einteilung der alten in iambus, dactylus (oder ἀνάπαιστος ἀπὸ μείζονος, wie Bakcheios sagt) und paeon schwer zu rechtfertigen. diese teilung fordert die betonung ⌣ ⊥ ⌣̲̲ ⌣ ⌣ ⌣́ ⌣̲̲ und sie wird streng innegehalten, wenn wir eine dreizeitige anakrusis statuieren. ich werde von dieser dreizeitigen anakrusis, die besonders im $^5/_8$ tacte häufig war, unten weiter handeln. der dodekasemos

entspricht allen anforderungen gesunder rhythmik aufs accurateste. noch einleuchtender wird die güte der accentuierung, wenn wir das μέγεθος doppelt setzen:

alsdann fällt der dritte nebenaccent genau wieder auf die thesis des vorgeschlagenen iambus; die thesen der dactylen und paeonen fallen stark ins gehör, und beide sog. $^3/_4$ tacte gewinnen an gleichartigkeit der bildung, welche die wiederkehr desselben rhythmus fühlbar macht. denn  und  sind genau dasselbe. Aristeides aber hatte recht das ganze in iambus dactylus und paeon zu zerlegen, da sich nur so $\frac{\alpha}{\theta}$ | θ α θ α in stetiger abfolge aufnehmen. die thesis des iambus wird vor der thesis des dactylus zur arsis.

Hebt man nun aus diesem zwölfzeitigen dochmius den dactylus glatt heraus, so bleibt in der that dasjenige megethos übrig, welches wir als gewöhnlichen dochmius zu bezeichnen gewohnt sind, und zwar tritt es auf mit derjenigen betonung, welche wir ihm vom bloszen gefühl geleitet zu geben pflegen:

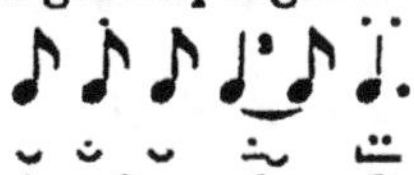

1 2 2 3
θ α θ α

nach abzug der $^2/_4$, welche auf den dactylus fallen, sind von den $^6/_4$ des dodekasemos übrig geblieben $^4/_4$, deren am schlusz fehlendes achtel durch den auftact eines achtels ersetzt ist: und sollte sich die notwendigkeit herausstellen die thesen und arsen zu versetzen, wie vorhin im dodekasemos geschah:

so bleibt doch immer der erweis für die zugehörigkeit des dochmius ins γένος ἴσον erbracht. er würde ein $^4/_4$ (vierteiliger), oder 2 . $^2/_4$ (doppel-zweiteiliger) tact sein.

Um jedoch die sache am rechten ende anzugreifen und zu zeigen, dasz man auch ohne vom dodekasemos auszugehen zum nemlichen resultate gelange, wollen wir abermals nicht das μέγεθος eines einzelnen dochmius zu grunde legen, sondern zwei dochmische rhythmen combiniert der betrachtung unterziehen; wobei wir uns natürlich des auftacts des ersten dochmius entledigen und mit dem auftact des zweiten den ersten zu einem akatalektischen megethos machen. bei diesem verfahren erhalten wir 2 2 3 1 | 2 2 3 1 als die zwei glieder, mit deren einem oder dem andern wir weiter zu operieren haben.

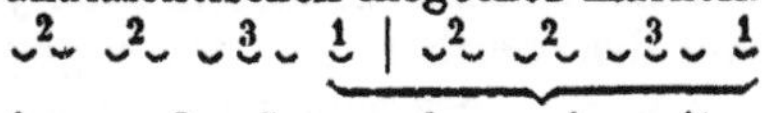

Acht semeia gestatten nach Aristoxenos nur nach dem γένος ἴcον ein eurythmisches verhältnis. wir müssen also jedes glied $\overset{2}{\smile}\smile\ \smile\overset{2}{\smile} \mid \smile\ \overset{3}{\smile}\ \smile\ \overset{1}{\smile}$ abteilen und werden damit zunächst in allen denjenigen fällen durchkommen, in denen jede der acht zeiten durch einen reinen χρόνος πρῶτος ausgefüllt ist, φθόγγος oder cυλλαβή, z. b.

νέ-|φος ἐ - μὸν ἀ - πό-τρο-πον ἐ- | πι-πλό-με-νον ἄ - φα-τον Λ

auch alsdann wenn sich der ῥυθμοποιός gestattet für je zwei grundzeiten des ersten teils (also der thesis) die δίcημος als χρόνος ἀcύνθετος ῥυθμοποιΐας ἴδιος eintreten zu lassen, oder wenn er auszerdem beliebt den cύνθετος, mit dem der zweite teil des rhythmos (die arsis) beginnt, in die irrationale form statt zu kleiden, hat die verwendung des C oder $^2/_4$ tactes keine schwierigkeiten. wenigstens wüste ich nicht, was der rigoröseste rhythmiker gegen folgende acht formen, deren zahl durch πρωτάλογος (μεcάλογος und ἀμφάλογος ist hier ausgeschlossen) noch um das doppelte vermehrt werden kann, einzuwenden haben sollte:

1
2

3
4

5
6

7
8

Aber wie steht es denn, wenn der dochmius in der metrischen gestalt $\smile - - \smile -$ (die formen $\overset{\alpha}{\underset{\smile}{-}} - - \overset{\alpha}{\underset{\smile}{-}} -$ schlieszen wir als eine bei Aeschylos und Sophokles noch ganz vereinzelte erscheinung aus), oder wenn gar an stelle des trochäus ein tribrachys auftritt? führt hier der tribrachys auf reine χρόνοι πρῶτοι auch für seine varietät, den trochäus, wie man allgemein annimt und ist der Euripideische mesalogos darauf basiert? ich antworte mit einem sehr entschiedenen nein. Felix Mendelssohn, der nur nach einer zwar vielbelobten aber herzlich schlechten deutschen übersetzung arbeitete, hat den trochäus in diesem falle jederzeit triplasisch gemessen und ihm den werth zweier achtel gegeben, wodurch die folgende länge den werth eines punctierten viertels empfängt. er würde also, hätte er nach der griechischen vorlage notiert, einem tribrachys sicherlich consequentermaszen die form einer triole () gegeben haben. seine dochmien klingen alle:  obschon er seinen χρόνος πρῶτος häufig genug durch ἀγωγή verlängert hat und die grundform nicht selten durch  ja sogar einmal durch  , was sich wenigstens prachtvoll macht und wenigstens antik sein könnte. hat nun Mendelssohn damit recht gethan und befindet er sich in vollem einklang mit der rhythmischen auffassung der alten? diese frage beantworte ich ebenso entschieden bejahend, abgesehen von der äuszerlichkeit, dasz dem Aristoxenos die triplasische form vielleicht nicht bequem gewesen wäre und er dafür die triolenform  eingesetzt haben würde, was belanglos für das gehör ist, so lange es sich nicht um und  sondern um  und  handelt. gesetzt nemlich wir wollten nach der bisherigen ansicht der metriker den paeon diagyios als creticus mit reinen χρόνοι πρῶτοι behandeln, so würde eine triseme arsis im ersten tacte nicht unterzubringen sein; zu einer teilung ᾱ | ᴗ θ̄ sind wir aber nur berechtigt, wenn wir es nicht mit einem creticus zu thun haben (denn dieser teilt ᾱ ᴗ | θ̄), sondern mit einem παιὼν διάγυιος; gesetzt aber auch wir wären dazu berechtigt, so würde dadurch, dasz nun die arsis dieses megethos den schlechten tactteil der ersten $^2/_4$, die triseme thesis ∸ – den guten tactteil des folgenden $^2/_4$ tacts ausmachte, eine unbequeme accentversetzung mit synkope herauskommen:  welche, wenn sie vermieden werden kann, wol jeder gern vermeiden wird. hier kommt aber der paeon diagyios zu seiner geltung. seine arsis wird in doppelter triolenform ( und  , und ) arsis des ersten $^2/_4$ tacts; seine triseme thesis = ⌞ wird zur thesis des zweiten $^2/_4$ tacts und entspricht in der auflösung entweder drei reinen grundzeiten oder einem kyklischen dactylus  oder , ᴗ ᴗ ᴗ oder . auszer den schon aufgezählten acht, resp. sechzehn formen des dochmius gibt es also noch andere vier formen, welche abermals durch die Euripideische mesalogos, amphalogos und protalogos auf das doppelte steigen, ja sich verdreifachen.

1 | | = 3. 4 } der ersten gruppe
2 | | = 1. 2

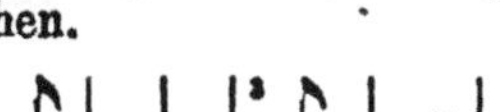

3 ♪ | ♩ ♫♪ ♩. 𝄾 |

4 ♪ | ♫ ♫♪ ♩. 𝄾 |

reihen wir aber diesen typen die typen der ersten ordnung noch einmal in folgender ordnung unter:

*5 ♪ | ♩ ♫ ♩♪ ♪ 𝄾 |

6 ♪ | ♫ ♫ ♩♪ ♪ 𝄾 |*

7 ♪ | ♩ ♩ ♩♪ ♪ 𝄾 |*

8 ♪ | ♫ ♩ ♩♪ ♪ 𝄾 |*

9 ♪ | ♩ ♫ ♫ ♪ 𝄾 |*

10 ♪ | ♫ ♫ ♫ ♪ 𝄾 |

11 ♪ | ♩ ♩ ♫ ♪ 𝄾 |

12 ♪ | ♫ ♩ ♫ ♪ |

so erhellt auf den ersten blick dasz 1) die thesis des ersten tacts mit der voraufgehenden anakrusis immer die form eines iambus ergibt ⏑ ⏖; 2) die triolenform entweder der arsis des ersten oder der thesis des zweiten $^2/_4$ tacts angehört; nach dem gesetze dasz, wenn sie *a*) die arsis des ersten tacts bildet, der ganze zweite tact durch eine trisemos mit leimma gefüllt wird, *b*) wenn sie dagegen die thesis des zweiten bildet, die arsis des ersten ein aus zwei reinen χρόνοι πρῶτοι bestehender σύνθετος oder ἀσύνθετος ist. es ist jedoch nicht nötig, dasz im zweiten tacte immer triolenform herscht, wenn die arsis des ersten aus solchen reinen χρόνοι πρῶτοι besteht; vielmehr kann 3) in diesem falle der zweite tact ebenfalls durch drei reine χρόνοι πρῶτοι ausgedrückt und das letzte achtel durch pause ergänzt werden. wol aber scheint es regel gewesen zu sein, dasz *a*) die arsis vom ersten tacte niemals in reinen χρόνοι πρῶτοι ausgedrückt wurde, wenn der folgende tact mit der trisemos begann; *b*) eben diese arsis niemals selbst triolenform haben konnte, wenn die thesis des zweiten tacts in triolenform auftrat. 4) die anakrusis konnte irrational sein, so dasz auch alle möglichen formen des iambus erschöpft werden, der den paeon diagyios einleitet.

Es erübrigt die möglichen formen aufzuzählen, unter denen ein παιὼν διάγυιος nach diesen ermittelungen erscheinen kann:

⏑α⏑ | ⏑θ⏑ α
2 2 1

♫ | ♫ ♪

♩ | ♫ ♪ = ⏗ | ⏑ ⏑ ⏑

hierzu kommt als siebente eine noch nicht besprochene, welche sich aus der form des dochmius

κακόποτμον ἀραίαν = ἁλμυρὸν ἐπὶ πόντον

ergibt: ihre verdoppelung ist der παιὼν ἐπιβατός, dessen accente, schon von Baumgart 'betonung der rhythmischen reihe' (Breslau 1869) richtig erkannt, dadurch ganz sicher gestellt werden. die länge -αν darf nicht beunruhigen. sie ist dem ῥυθμικός ein echter χρόνος πρῶτος, dem ῥυθμοποιός ein χρόνος ῥυθμικὸς ἴδιος der mit der folgenden brevi brevior zu verschmilzt. schon dasz zwei solcher längen zusammenstoszen können, wenn ein dochmius mit der einen abschlieszt, der andere mit der iambischen form beginnt, zeigt deutlich, dasz beide rhythmisch als χρόνοι πρῶτοι zu betrachten sind. darum glaube ich auch nicht, dasz wir der irrationalität der zwei kürzen in der sog. grundform des dochmius, auf welche Westphal und Brambach ihre theorien gründen, ein allzugroszes gewicht beilegen dürfen. treten hier wirklich irrationale längen ein (was mir indessen noch gar keine so ausgemachte sache zu sein scheint, so weit es die μεσάλογος betrifft), so sehen wir sie einfach als kürzen an oder als gequetschte längen, wie deren die heutige musik zahllose aufweist. ich glaube wenigstens dasz es, die irrationalität von -χαι- zugegeben, rationeller ist einen dochmius wie

βα-λὴν ἀρ-χαῖ-ος

zu accentuieren, als etwa folgendes rechenexempel anzustellen, wie sie in folge rhythmischer studien einmal sehr beliebt waren:

βα - λὴν ἀρ - χαῖ - ος βα-

$\frac{2}{16}$ $\frac{4}{16}$ $\frac{3}{16}$ $\frac{1}{16}$ | $\frac{2}{16}$ $\frac{4}{16}$ $\frac{2}{16}$ |

ἐ - πιμό - λους πύρ - γων

σώ - ματ' ἀ - νι - κά - του

ἔχ - θεις 'Α - τρεί - δας

aber wer in aller welt verbürgt uns denn, dasz der vermeintliche μεσάλογος ein solcher ist und nicht vielmehr eine ganz normale

länge? der musiker wenigstens wird sich gewis unschwer dazu entschlieszen einen sehr einfachen zweiten ausweg einzuschlagen und

βα - λὴν ἀρ - χαῖ - οc
⏑ | – – | – ⏑ ∧
♪ | ♩ ♩ | ♩ ♪ 𝄾
1 2 2 | 2 1 1

acceptieren. ich habe dagegen allerdings zwei kleine bedenken. einmal fühlt man sich versucht die silbe -οc zu accentuieren; doch das könnte folge langjähriger falscher gewöhnung sein. sodann aber weisz ich nicht, ob die siebente form des διάγυιος eine arsis in der form eines χρόνος δίςημος ἀπλῶς ἀςύνθετος zuläszt; der παιὼν ἐπιβατός scheint mir einigermaszen dagegen zu sprechen. dazu kommt als drittes, dasz diese form des dochmius mit päon nr. 7 überhaupt so selten ist, dasz die formen ⏑ – ⏑ ⏑ – ⏒ und – – ⏑ ⏑ – ⏒ überhaupt gar nicht nachgewiesen werden können. indessen kann das auch zufall sein*) — und jedenfalls mag es sich lohnen die frage in anregung gebracht zu haben, ob die bis dato verfochtene annahme, dasz ⏑ | – – $\underline{α}$ | – gleich ⏑ | – – ⏑ | – stehe, richtig sei, oder ob vielmehr ⏑ | – – | – $\overset{α}{⏑}$ = ⏑ | – $\underline{α}$⏑ | ⏗ angesetzt werden müsse. immerhin spricht für die siebente und achte form des paeon der beachtenswerthe umstand, dasz unter ihrer zulassung die dochmischen formen in ganz consequent durchgeführter weise alle rhythmisch denkbaren gebilde erschöpfen und auf 32 steigen. zu den oben notierten 12 kommen dann die nummern:

13 ♪ | ♩ ♫ ♩ ♪ 𝄾 |
14 ♪ | ♫ ♫ ♩ ♪ 𝄾 |
15 ♪ | ♩ ♩ ♩ ♪ 𝄾 |
16 ♪ | ♫ ♩ ♩ ♪ 𝄾 |

welche durch πρωτάλογος zu 32 anwachsen. nicht nachweisbar sind die 7 formen 5ᵃ 6ᵇ 7ᵇ 8ᵇ 9ᵇ 13ᵃ 13ᵇ (a bedeutet die form mit kürzen, b die form mit irrationaler anakrusis) — meines erachtens blosz ein spiel des zufalls. doch habe ich der genauigkeit wegen die fehlenden a-formen durch ein * vorn, die fehlenden b-formen durch ein sternchen hinten gekennzeichnet.

Die ganze untersuchung würde aber in rauch aufgehen, wenn

---

*) denn für die abwesenheit der formen:

$\underline{α}$ | – ⏑ ⏑ | ⏑ ⏑ ⏑ ∧
⏑ | – ⏑ ⏑ | ∼ ⏑ ∧
$\underline{α}$ | ⏑⏑ ⏑⏑ | ∼ ⏑ ∧
$\underline{α}$ | ⏑ ⏑ – | ∼ ⏑ ∧
$\underline{α}$ | – – | ∼ ⏑ ∧

ist gar kein stichhaltiger grund ersichtlich.

die tragiker den dochmien nachweislich elemente beigesellt hätten, welche sich der annahme unseres C tactes gebieterisch entgegenstellten. ich kenne solche elemente nicht, wol aber éine reihe, welche Euripides gern mit dochmien verbindet, deren charakter jeden andern tact als den C oder 2. $^2/_4$ tact ausschlieszt. das ist diejenige dactylische tetrapodie, welche sich in den hesychastischen episyntheta mit den epitriten verbindet, deren thesis bekanntlich auch triolenform hat . vgl. Eur. Hipp. 1268

Hiermit halte ich meinerseits die frage für befriedigend gelöst, in welches geschlecht der dochmius gehöre. seine einreihung ins γένος ἴσον ist unabweislich, und ὀκτασήμως βαίνειν heiszt dem Aeschyleischen scholiasten 'demgemäsz tactieren'. aber ob er C oder $^2/_4$ tact hat, das ist hiermit noch nicht festgestellt. hierüber musz die accentuierung der reihe entscheiden. der $^4/_4$ tact hat zwei semeia, der 2. $^2/_4$ tact hat vier semeia. da nun die alten den dochmius in iambus und paeon zerlegen, so haben sie ihm, da der paeon allein schon zwei semeia zu fordern hat, notwendig vier semeia gegeben, folglich als 2 . $^2/_4$ behandelt:

man frage sein ohr, und man wird finden dasz die sache wirklich so liegt.

Schlieszlich geben wir eine kleine ganz anschauliche tabelle aller dochmischen formen:

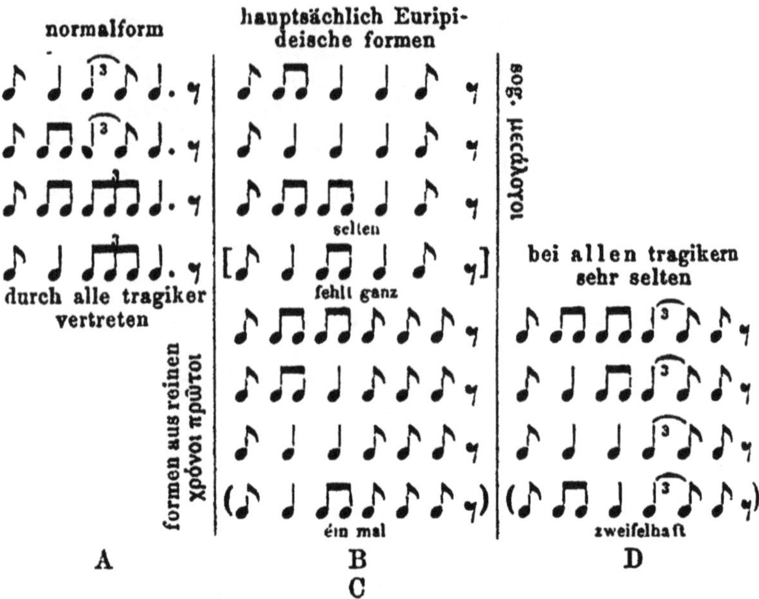

diese tabelle gibt zugleich eine geschichte des dochmius. die vier formen unter A sind die ältesten, deren sich Aeschylos und Sophokles überwiegend bedienen und die auch bei Euripides noch genügend vertreten sind. die formen unter B und C sind die lieblingsformen des Euripides, namentlich 5. 6. 9. 10. 11. die formen unter D sind schon bei Euripides selten, vollends bei seinen ältern kunstgenossen. mithin sind die ältesten und normalformen diejenigen vier, in welchen der paeon die arsis durch triole, die thesis durch τρίϲημοϲ ausdrückt. diese form des paeon –́⏑ | ⏗ musz uns darum ebenfalls als die älteste gelten. jünger sind die formen mit der sog. μεϲάλογοϲ und diejenigen welche reine χρόνοι πρῶτοι wiedergeben, und zwar sind letztere am stärksten vertreten. die misliebigste form war diejenige, in welcher die thesis des paeon mit der triole begann. sie is t offenbar ein zitter der unter C begriffenen bildung, so gut wie B als solcher zwitter zu betrachten sein wird, nur dasz sich B noch einer gröszern anerkennung erfreute als D, weil er der form A näher stand. — Schlieszlich sei kurz bemerkt, dasz Brambachs messung, mindestens nach Aristoxenos lehren, unmöglich ist, weil achtzehn χρόνοι πρῶτοι (9 : 9) die gröste reihe des γένοϲ ἴϲον um zwei χρόνοι πρῶτοι übersteigen.

Jena. Moriz Schmidt.

60.

Commentatio de vita et honoribus Agricolae. scripsit Carolus Ludovicus Urlichs. Wirceburgi apud Adalbertum Stuber. 1868. 33 s. gr. 4.*)

Vorstehende schrift bildet einen sachlichen commentar nicht sowol zum Agricola des Tacitus als zu dem leben und der amtslaufbahn dieses mannes selbst, wobei der vf. jedoch genau den notizen folgt, welche in der Taciteischen schrift darüber gegeben sind. dabei beschränkt sich derselbe nicht blosz auf die Agricola unmittelbar berührenden verhältnisse, sondern geht auf die ursachen der erscheinungen in ausgedehnterem masze ein.

Zur richtigen würdigung der schrift ist es nötig dem gange der untersuchung zu folgen. der vf. geht von der frage nach dem zwecke der Taciteischen schrift aus und wendet sich dabei zuerst gegen E. Hübners ansicht (Hermes I s. 438 ff.), dasz dieselbe eine schriftlich aufgezeichnete leichenrede sei, indem er zwar zugibt dasz die lebensbeschreibung in einleitung, erzählung und schlusz zerfalle, allein nur in dem letzten die spuren einer oratorischen färbung findet. und mit recht wol weist er auf Sallustius hin, welcher in seinen biographien des Catilina und Jugurtha in gleicher weise eine einleitung der erzählung voranschickt. in der Taciteischen einleitung aber möchte ich noch auf einen punct aufmerksam machen, welcher die ansicht des vf. stützt; Tacitus sagt am ende von c. 1: *at nunc narraturo mihi vitam defuncti hominis* usw.; würde man in einer wirklichen laudatio funebris nicht eher ein *laudaturo defunctum* erwarten? denn der zweck der laudatio war doch das lob des verstorbenen, nicht aber ein bericht über sein leben, und nur insofern als das leben dazu diente das lob des betreffenden zu begründen, kam es in betracht. die einleitung zum Agricola scheint vielmehr, abgesehen vom ersten capitel, rein historischen inhalts zu sein, indem die zeit in welcher Agricola lebte charakterisiert wird, damit der leser von anfang an ein verständnis für die zeitverhältnisse und deren einflusz auf die persönlichkeit mitbringe. und im vergleich hiermit finden wir bei Sallustius eine viel gröszere persönliche und philosophische einleitung sowol im Catilina als im Jugurtha. Zum beweis aber, dasz Tacitus wirklich ein historisches werk habe schreiben wollen und dabei den Sallustius sich zum vorbild genommen habe, bringt U. eine reihe von kurzen wenig oratorischen aber prägnanten ausdrücken aus dem Agricola bei, welche zum teil genau nach Sallustischen copiert sind. in dem epilog endlich sieht der vf. eine nachahmung jenes Ciceronischen passus (*de or.* 3, 2, 3); und

*) [die obige anzeige befand sich in den händen der redaction, ehe die abhandlung von Emanuel Hoffmann 'der Agricola des Tacitus' im 4n hefte des laufenden jahrgangs der z. f. d. österr. gymn. erschienen war.]

es läszt sich auszerdem darüber sagen, dasz Tac. das leben seines hochverehrten schwiegervaters schrieb und ihm daher wol jenen herlichen nachruf widmete, während Sall. zu einem solchen keinen grund hatte, da er auf Catilina und Jugurtha nur mit abneigung blicken konnte. es war das natürliche pietätsgefühl, welches Tac. diese schönen worte der liebe und verehrung finden liesz, wenn er sich auch der form nach vielleicht an ein vorbild anschlosz. so ist denn der Agricola nach der ansicht des vf. ein historisches werk, das im anfang des j. 98 nach Ch. abgefaszt worden ist.

Darauf geht der vf. zur lebensgeschichte Agricolas selbst über und erklärt zuerst, warum Tac. den geburtsort desselben *vetus* und *illustris* genannt habe. hieran knüpft sich eine untersuchung über die person von Agricolas vater Julius Graecinus, und der vf. kommt zu dem resultat, dasz dieser etwa im j. 40 von Caligula hingerichtet worden sei, und dasz Cassius Dio (59, 8) mit unrecht den tod des M. Silanus, an welchen sich unmittelbar der des Graecinus anschlosz, in das j. 37 verlege, da derselbe erst 39 habe stattfinden können.

In das j. 40 fällt zugleich, wie der vf. mit recht behauptet, die geburt Agricolas. er beruft sich dabei auf Wex (in dessen ausgabe s. 199 ff.), und obgleich die dort ausgesprochene ansicht von Nipperdey (die leges annales der röm. rep. s. 56) bestritten worden ist und dieser *C. Caesare iterum consule* schreiben will, so hat Mommsen (Hermes III s. 80) sich doch wiederum für Wex erklärt, indem er das fehlen des collegen betont, welches nur in dem dritten consulat Caligulas seine erklärung findet.

Die anlegung der toga virilis setzt U. der damaligen sitte gemäsz in das j. 56 und läszt Agricola dann im j. 59 als kriegstribun mit Suetonius Paulinus nach Britannien gehen. bei dieser gelegenheit widerlegt er die ansicht Marquardts (röm. alt. III 1 s. 278), dasz die senatorischen jünglinge zwar zu anfang den kriegsdienst in contubernio imperatoris versähen, später aber erst nach einem darauf folgenden vigintiviralamt kriegstribunen würden, und weist aus dieser stelle des Agricola und aus Borghesi (annali 1848 s. 266 = oeuvres IV s. 110) nach, dasz das tribunat mit dem kriegsdienste selbst verbunden wurde.

Der vf. nimt als die zeit der heimkehr Agricolas mit seinem oberfeldherrn den herbst des j. 61 an und schlieszt sich hierin Merivale (history of the Romans under the empire VI s. 45 ff.) gegen Wex (s. 190) und Hübner (rhein. mus. XII s. 49) an. er sucht dies aus der schilderung der verhältnisse nach dem groszen siege des Paulinus zu erweisen; doch bin ich zweifelhaft geblieben, ob nicht dennoch der anfang des j. 62 vorzuziehen sei. Tac. berichtet (ann. 14, 38), dasz nach dem siege über die Britten das römische heer im felde blieb und nicht die winterquartiere bezog. darauf sandte der kaiser neue mannschaften zur vervollständigung der legionen und hülfstruppen nach Britannien, womit der vernichtungskrieg gegen die abgefallenen und schwankenden völkerschaften begann. dies alles musz schon in den herbst gefallen sein: denn bei der schilderung des zustandes der eingeborenen sagt Tac., dasz sie durch eine hungersnot auf das äuszerste bedrängt worden wären, weil sie aus übermut nicht gesät und in folge dessen nicht geerntet hätten (ist nicht an dieser stelle der annalen *omni aestate* statt *aetate* zu lesen? denn in wahrheit war der sommer über den krieg hingegangen, und der ernteausfall scheint sich hauptsächlich auf die sommerung zu beziehen). indes neigen die wilden völkerschaften so bald nicht zum frieden, da der procurator Classicianus, der nachfolger des Catus, das gerücht verbreitet hatte, man müsse einen neuen legaten abwarten. also éinmal ist ein neuer procurator geschickt worden, welcher vielleicht mit den truppen zugleich nach Britannien kam; dann entzweit sich dieser mit dem oberfeldherrn und breitet in folge davon gerüchte aus, welche bis zu den ferneren noch ungebrochenen völkerschaften — wahrscheinlich den Siluren, Ordovikern und Briganten — dringen und diese zum fernern widerstande veranlassen. das bedurfte einer gewissen zeit: darauf läszt der ausdruck *tardius* und sodann die manipulation des Classicianus und deren erfolg schlieszen. um dieselbe zeit schickt der procurator berichte über die zustände in Britannien nach Rom, die doch auch einige zeit unterwegs sein musten. nach empfang derselben beschlieszt der kaiser seinen freigelassenen Polyclitus zur untersuchung der verhältnisse in die provinz zu schicken. dieser reist mit groszem pomp und gefolge, also wahrscheinlich langsam genug, durch Italien und Gallien nach seinem bestimmungsort. wenn wir ihm nun auch nicht ebenso viel zeit zur hin- und herreise berechnen wollen, wie ehedem der kaiser Claudius brauchte, nemlich 6 monate weniger 16 tage (Suet. *Claud.* 16. Dio 60, 23), so dürfte er immerhin unter genannten umständen einen vollen monat zur hin- und ebenso viel zur rückreise gebraucht haben. auszerdem aber verweilte er noch eine zeitlang in Britannien, wo er dem auftrage des kaisers gemäsz unterhandlungen mit den eingeborenen pflog. nachdem er nach Rom zurückgekehrt war, blieb Paulinus noch eine weile in Britannien, und erst als er *(paulo) post* einige schiffe an der küste verloren hatte und dieses nach Rom gemeldet worden war (worüber auch wieder einige zeit verflosz), wurde Petronius Turpilianus als sein nachfolger in die provinz geschickt und löste ihn ab. wenn wir nun bedenken, dasz nach beendigung des krieges erst eine botschaft nach Rom geht und darauf ergänzungstruppen nach Britannien geschickt werden, darauf der neue procurator sich mit Paulinus entzweit und berichte nach Rom sendet, worauf Polyclitus seine reise unternimt, etwas in der provinz verweilt und dann zurückkehrt, dasz Paulinus noch eine zeit lang im amte bleibt, darauf die botschaft über den verlust der schiffe nach Rom geht, und dasz Turpilianus nun erst nach Britannien abreist und Paulinus ablöst — wenn wir diesen vielfachen verkehr mit Rom bedenken und den zeitaufwand berechnen, so ist es kaum anzunehmen, dasz dazu die herbstmonate des

j. 61 ausreichten, besonders da alles erst nach der erntezeit anzusetzen ist. es scheint mir wahrscheinlicher, dasz jenes *detentus rebus gerundis* sich auf die ersten wintermonate, december und januar, bezieht, in denen eine ablösung von Rom aus schwieriger war, und dasz erst im neuen frühjahr Turpilianus in seine provinz einzog. und das wird die zeit sein, in welcher auch Agricola mit Paulinus nach Rom zurückkehrte. ferner ist es nicht ganz zwingend dasz, weil im 40n cap. des 14n buches der annalen noch ereignisse des j. 61 erwähnt werden, das vorhergehende diesem jahre zuzuzählen sei; beschreibt doch Tacitus (12, 31—40) die von 47 bis 58 sich ausdehnenden britannischen kriege unter den ereignissen des j. 50; und ebenso wissen wir dasz die armenischen kriege unter Corbulo von 61—63 bei schilderung der ereignisse des j. 62 erzählt werden (15, 1—17; vgl. Egli in Büdingers untersuchungen zur röm. kaisergesch. I s. 291 f.).

Die bei gelegenheit der heimkehr Agricolas geschriebenen worte (c. 6) *ad capessendos magistratus in urbem digressus* erklärt der vf. so, dasz Agr. im j. 62 das vigintivirat bekleidet habe. eine notwendigkeit nach dem kriegstribunat das vigintivirat zu bekleiden lag nicht vor, wodurch freilich die möglichkeit nicht aufgehoben wird. ob aber die oben angeführten worte so auszulegen seien, möchte zweifelhaft erscheinen. der ganze satz ist folgender: *ad capessendos .. digressus Domitiam Decidianam .. sibi iunxit.* dasz demnach Agr. die absicht hatte die staatsämterlaufbahn zu beschreiten, steht fest; aber Tac. sagt nur dasz er die absicht dazu gehabt und in dieser geheiratet habe. bei unserer annahme der rückkehr im anfang des j. 62 konnte überhaupt ein derartiges amt erst für das j. 63 angetreten werden. nun scheint aber Agr. sehr bald nach seiner heimkehr geheiratet zu haben, und wir dürfen gewis dem vf. durchaus beistimmen, dasz ihm das erste kind noch in demselben jahre (62), spätestens in den ersten tagen des folgenden jahres geboren worden sei. war dies der fall, so würde sich Agr. gewis nicht durch übernahme eines geringern amtes den weg zur quaestur abgeschnitten haben, da er ja in folge des ius liberorum ein jahr vor der zeit dieses amt antreten durfte, am 5n dec. 63, also in seinem 24n lebensjahre (vgl. meine schrift: Cassius Dio LII 20 zur frage über die leges annales der röm. kaiserzeit, Breslau 1870, s. 6 ff.). ein für das j. 63 übernommenes vigintiviralamt aber würde über den antrittstermin der quaestur hinaus gedauert und dadurch den antritt dieses amtes verhindert haben. daher möchte ich lieber annehmen, dasz Agr. zwischen dem kriegstribunat und der quaestur kein weiteres amt verwaltet habe.

Dasz U. mit vollem rechte Kritz gegenüber auf die inschrift über Domitius Decidius hinweist und auf diesen das geschlecht der gattin Agricolas zurückführt, musz durchaus anerkannt werden; und die blindheit Walchs (in seiner ausgabe s. 151), welcher trotzdem dasz Rupertus schon auf diese inschrift hinweist, darüber als über etwas geringfügiges hinweggeht, ist zu verwundern. in welchem verhältnis aber die Decidischen Domitier zu den altadelichen Ahenobarbi gestanden haben, die durch Augustus patricier geworden waren (Mommsen röm. forsch. I s. 74), musz ganz dahin gestellt bleiben. doch möchte man trotz des ausdrucks *splendidis natalibus ortam* annehmen, dasz keine verwandtschaft zwischen ihnen bestanden habe: denn wenn auch Agricola durch seinen vater dem senatorischen stande angehörte, so war doch seine familie eine sehr neue und nicht im entferntesten altadeliche, wie die der Ahenobarbi, welche damals auszerdem das summum fastigium, den Caesarenthron, inne hatten. daher werden ohne zweifel wirkliche mitglieder des hochvornehmen Domitiergeschlechtes keine verbindung mit einem noch unbekannten, unadelichen und ursprünglich provincialen jüngling gesucht haben. der ausdruck *splendidis natalibus ortam* mag zum teil dem senatorischen stande des vaters, welcher praetorier war, zugeschrieben werden, zum teil eine courtoisie gegen die wol noch lebende witwe Agricolas, des verfassers eigene schwiegermutter, gewesen sein.

Durch die geburt des ersten sohnes läszt der vf. dann mit recht Agricola ein jahr vor der zeit, am 5n december 63 die quaestur antreten (es kann nur ein kleines versehen des vf. sein, dasz er in folge der geburt des zweiten kindes Agricolas während dessen quaestur eine zweijährige verfrühung des tribunats desselben eintreten läszt, da er s. 13 das nach den gesetzen übliche intervalljahr zwischen quaestur und tribunat nach c. 6 mit recht betont, wodurch die einjährige verfrühung der quaestur auch für das tribunat gilt; vgl. meine oben erwähnte schrift s. 25). bei besprechung der quaestur behauptet ferner der vf. mit erfolg Mommsen gegenüber, dasz der amtsantritt derselben auf den 5n dec. zu setzen sei, indem er auf die stellen bei Dio 57, 14 und 60, 11 (wozu noch 60, 17 kommt) hinweist und die worte Borghesis (oeuvres I s. 489) richtig erklärt (dazu Borghesi I s. 481 ff. und meine erwähnte arbeit s. 6 ff.). auch das ist von wichtigkeit, dasz der vf. darauf aufmerksam macht, dasz Tacitus zur erhöhung des lobes Agricolas sich eine ungenauigkeit zu schulden kommen läszt, indem er nur von Salvius Titianus als dem proconsul und vorgesetzten Agricolas spricht, während jedenfalls die zweite hälfte des amtsjahres unter das proconsulat des Antistius Vetus fiel.

Der vf. macht es ferner wahrscheinlich, dasz Agr. während seines tribunats (10n dec. 65 bis 9n dec. 66) sich der advocatur enthielt und mit der verwaltung einer regio urbana sich begnügte.

In anknüpfung an die praetur Agricolas stellt der vf. eine untersuchung über die thätigkeit der praetoren an und kommt zu dem resultat, dasz von den zehn praetoren unter Nero fünf jurisdiction hatten und fünf stadtregionen verwalteten; zu letzteren gehörte Agricola. die einzelnen stadtregionen aber teilt der vf. den verschiedenen beamten so zu, dasz I X XII XIII XIV von praetoren,

XI VIII II III IV von tribunen, V VI VII IX von aedilen verwaltet worden seien. die den praetoren zugewiesenen regionen hat der vf. auf der capitolinischen basis gefunden (vgl. Jordan in den nuove memorie dell' inst. arch. s. 215 ff.). was die ernennung Agricolas während seiner praetur *ad dona templorum cognoscenda* durch Galba betrifft, so weist der vf. nach, dasz dies kein auszergewöhnliches amt, sondern die *cura aedium sacrarum operum locorumque publicorum tuendorum* gewesen sei, welche nicht vor der praetur bekleidet wurde (statt 'Hermes I p. 90' ist zu lesen: 'H. III p. 90').

Nachdem Agricola vor dem tode des Vitellius zu Vespasian übergegangen war (s. 16), wurde er nach der sehr wahrscheinlichen vermutung des vf. im frühjahr 70 von Mucianus *ad dilectus agendos*, und zwar römischer bürger, für die legionen angestellt und half auf diese weise die eben erst von Vespasian formierte legio II Adiutrix ergänzen; diese sei später von Cerialis im kriege gegen Civilis verwandt und wenigstens teilweise nach Britannien hinübergeführt worden. Agr. aber wurde nach vollendung seines auftrages als legat der 20n legion nach Britannien geschickt.

Dasz aber der vf. den *hist.* 3, 45 (nicht 46, wie verdruckt ist) erzählten krieg zwischen Venutius einerseits, Cartimandua und den Römern anderseits auf die zeit des Vettius Bolanus bezieht, möchte vielleicht darin eine schwierigkeit bereiten, dasz derselbe krieg ann. 12, 40 mit dem ausdrücklichen zusatz, dasz er unter A. Didius stattfand, berichtet wird. somit fällt er vor das j. 58, die zeit des abgangs von Didius. danach aber blieben die verhältnisse, wie sie waren, ungestört, d. h. Venutius blieb könig der Briganten, Cartimandua dagegen lebte in der provinz unter römischem schutze. denn dasz der krieg zwischen den Briganten und Römern aufgehört hatte, geht daraus hervor, dasz Venutius noch im jahre 68 (*hist.* 3, 45) könig war, dasz Veranius, der nachfolger des Didius, nur mit den Siluren krieg führte (ann. 14, 29), und dasz Suetonius Paulinus, der nachfolger des Veranius, im j. 61 solche ruhe unter den unterworfenen völkerschaften hergestellt hatte, dasz er die expedition gegen die insel Mona unternehmen konnte (*Agr.* 14. ann. 14, 29). nach der unterdrückung der groszen brittischen rebellion blieben die Briganten ebenfalls, wie früher, unabhängig und ruhig unter Venutius; und erst als dieser im j. 69 wiederum sein haupt erhob und die verwirrung des reiches und der provinz Britannien ausnutzen wollte, erneuerte sich der krieg (*hist.* 3, 45. *Agr.* 17), und Cerialis wandte sich nun energisch gegen die Briganten und unterwarf sie gröstenteils. wenn wir daher diese längere pause des krieges zwischen Venutius und den Römern (von 58—69) statuieren müssen, so kann unmöglich das *hist.* 3, 45 erzählte sich über das j. 58 hinaus erstrecken, da die verhältnisse am ende der legation des Didius dieselben sind wie im j. 69. wir müssen daher annehmen, dasz Tacitus in den historien (oder seine quelle für dieselben) in anknüpfung an die wiedererhebung des Venutius gegen die Römer kurz recapitulierte, wie Venutius zu einer so bedeutenden und unabhängigen stellung gelangt war.

Nachdem der vf. hierauf den abgang des Bolanus von der legation Britanniens und den antritt des Cerialis in derselben berichtet und letztern mit recht in den frühling des j. 71 verlegt hat, sagt er dasz Cerialis im zweiten nundinum von 71 consul gewesen sei. ich bin unsicher, ob hier ein druckfehler vorliegt, durch welchen 71 statt 70 in den text gekommen ist, da Nipperdey zu Tac. ann. 14, 32 versichert, das consulat habe 70 stattgefunden, oder ob U. es dennoch für richtig hält das j. 71 anzunehmen. in letzterem falle werden wir gezwungen die frage nach der länge der consular-nundinen für die zeit Vespasians und der späteren Flavier schon hier anzuregen, die wir sonst erst weiter unten (zu s. 26) besprochen haben würden. wenn nemlich Cerialis, wie sehr wahrscheinlich ist, schon im frühjahr 71 sich nach Britannien begab (über die ansetzung des j. 72 hierfür durch Wex s. 19 wird bei besprechung der zeit der legation Agricolas gehandelt werden; sie gründet sich hauptsächlich auf die änderung der hsl. zahl *VIII* in *XIII Agr.* 33, welche Wex vorschlägt), so kann das nundinum, in welchem Cerialis consul war, nicht drei- sondern nur zweimonatlich gewesen sein: denn im erstern falle wäre derselbe bis in den sommer hinein (bis zum 30n juni) consul in Rom gewesen, wodurch seine ankunft in der provinz während des frühjahrs unmöglich sein würde. nur bei annahme eines zweimonatlichen nundinum, märz und april, war es für Cerialis thunlich noch im mai oder anfang juni in Britannien einzutreffen. nun aber spricht sich der vf. selbst für dreimonatliche nundinen zur zeit Vespasians aus (s. 27 ff.), so dasz es schwer ist diese abweichenden ansichten zu vereinigen. sehen wir erst zu, inwiefern ein dreimonatliches nundinum für jene zeit mehr wahrscheinlichkeit als ein zweimonatliches hat.

Die aufhebung des jährigen consulats fand schon im j. 45 vor Ch. statt (Dio 43, 46); allein eine sofortige verkürzung bis zu zwei monaten ist aus der citierten stelle des Dio nicht mit Marquardt (röm. alt. II 3 s. 236) zu entnehmen: denn die worte Dios hierüber beziehen sich auf seine eigne, nicht auf die frühere zeit. Borghesi (oeuvres III s. 535) will vielmehr für das erste jahrhundert als minimum viermonatliche nundinen festhalten, welche für das j. 92 constatiert sind (Orelli-Henzen 6446), und welche er auch für das j. 69 nachzuweisen sucht. doch ist für dieses jahr jetzt mit sicherheit das zweimonatliche nundinum erwiesen (Marquardt a. o. Urlichs s. 26 ff.). wegen der groszen revolutionen aber, welche im j. 69 statt hatten, könnte man immerhin dieses jahr nicht für maszgebend halten, so dasz wir andere angaben heranziehen müssen, um ein resultat zu erlangen. Brambach (de cons. Rom. mutata ratione s. 16 ff.) nimt an dasz erst Trajan das zweimonatliche nundinum eingeführt habe; dasz aber auch nach dieser zeit drei- und viermonatliche vorkamen, weist Henzen (scavi nel bosco sacro s. 38) für die jahre 107 und 118 nach. Mommsen (Hermes III s. 91) läszt es ungewis, ob für Trajans zeit zwei- oder dreimonatliche nundinen anzusetzen seien; doch ist der beweis, wie er ihn aus dem consulat des Plotius Grypus (Henzen in den annali 1867 s. 272) führt, nicht mehr stichhaltig, da nach den neuen von Henzen gefundenen arvaltafeln (scavi nel bosco sacro s. 43 z. 65 und s. 48 ff.) Grypus nicht ende 87 sondern im april 88 consul suffectus war (die weiteren schlüsse welche Henzen aus diesem umstande a. o. in betreff der arvalbrüder zieht sind höchst interessant). freilich konnten auch in diesem falle die nundinen von 88 nicht länger als dreimonatlich sein, da schon im april ein suffectus genannt wird. im übrigen gibt die genannte arvaltafel (Henzen scavi s. 42 f.) keinen aufschlusz über die nundinen von 87. Hübner (rh. museum XII s. 55) entscheidet sich für ein dreimonatliches nundinum. constatiert ist das zweimonatliche für die jahre 100 (Brambach a. o.), 69[1]) und durch Henzen (scavi s. 37. 91. 92. 75) für 81 wegen des eintretens von suffecti im märz und mai und des verbleibens von solchen im amte während september und october; für 120 wegen des vorkommens von suffecti im märz, und aus demselben grunde für 155. 81 ist nach 69 das wichtigste jahr für uns. Henzen (Hermes II s. 42) nimt für die Neronische und frühere zeit eine regelmäszige einteilung des jahres in zwei sechsmonatliche nundinen nach Sueton Nero 15 an. dort wird von Nero diese anordnung berichtet.[2]) etwas ähnliches aber wird in der biographie keines frühern kaisers erwähnt, so dasz wir hierin wol eher ein ungewöhnliches und daher bemerkenswerthes verfahren Neros als ein befolgen schon früher im gebrauch gewesener regeln anzunehmen haben. Nero scheint demnach im gegensatz zu früherer zeit die nundinen verlängert zu haben. und darauf deutet auch der umstand hin, dasz Dio 60, 21 als etwas ganz besonderes hervorhebt, dasz Claudius mit L. Vitellius im j. 43 während sechs ganzer monate das consulat bekleidet habe. weit wichtiger aber ist für unsere frage eine stelle aus Suetons Claudius. c. 46 heiszt es dasz Claudius *neminem ultra mensem quo obiit designavit*, d. h. dasz er für die auf seinen todesmonat folgenden monate des jahres keine consuln designiert hatte. nun starb aber Claudius nach Sueton (c. 45) *III idus octobres;* also für november und december allein waren keine suffecti designiert worden, während bis zum schlusz des october das consulat besetzt war.

1) auffallend ist dasz auf der neuen arvaltafel für 69 (bullettino 1869 s. 94 ff.) die consuln für das nundinum mai und juni schon *pridie kal. Maias* im amte stehen. Henzen (scavi s. 30) glaubt dasz beim sturze Othos die von ihm ernannten consuln für das zweite nundinum sofort abgedankt hätten und an ihre stelle die consules designati für das dritte nundinum vor ihrer zeit eingetreten seien; dagegen ist nur das einzuwenden, dasz auch die letzteren von Otho designiert waren (Tac. *hist.* 1, 77). 2) die wahrheit dieses berichtes ist durch eine neue arvaltafel (bullettino 1869 s. 86 ff.) bestätigt, auf welcher für das j. 59 sechsmonatliche nundinen angegeben sind.

hieraus geht deutlich hervor, dasz wir für das j. 54 zweimonatliche nundinen anzunehmen haben, und damit ist das älteste beispiel für das vorkommen derselben gewonnen.

Aus dem gesagten geht hervor, dasz eine feste regel für die ausdehnung des consulats im ersten jahrhundert noch nicht bestanden zu haben scheint, da wir dasselbe zwischen zwei und sechs monaten variieren sehen. es hindert daher nichts anzunehmen dasz, wenn Cerialis wirklich im zweiten nundinum von 71 consul war, dieses nur zwei monate umfaszte, nemlich märz und april. daher kann Cerialis nach seinem consulat noch im frühjahr 71 nach Britannien gegangen sein. allein dann wäre er erst nach unterdrückung des batavischen aufstandes consul geworden und müste als praetorier in Germanien commandiert haben. nun wird er mit Annius Gallus, dem ehemaligen oberbefehlshaber Othos (*hist.* 1, 87), gegen die aufständischen Germanen gesandt (ebd. 4, 68); Gallus aber war ohne allen zweifel schon consular, was aus seiner frühern hohen stellung und daraus hervorgeht, dasz seine collegen im oberbefehl unter Otho, Marius Celsus und Suetonius Paulinus, in den jahren 62 und 66 consuln gewesen waren. sehen wir nun zu, in welcher stellung Cerialis und Gallus nach Germanien giengen. Vitellius hatte bei seinem abzug vom Rhein den Hordeonius Flaccus, den ehemaligen legaten von Obergermánien, als statthalter am Rhein zurückgelassen (*hist.* 2, 57); dieser wird von seinen eigenen truppen bei gelegenheit des batavischen aufstandes ermordet, während seinen stellvertreter Dillius Vocula dasselbe schicksal von seiten der feinde trifft (*hist.* 4, 36. 59). so waren also der ganze Rhein und die beiden Germanien ohne oberbefehlshaber. kurz nach diesen ereignissen erzählt Tacitus (4, 68), es seien Gallus und Cerialis von Mucianus zu oberfeldherren für den batavischen krieg ernannt worden, und diese traten, wie es scheint, vollständig in die stellung der früheren legati Germaniarum ein, und zwar so dasz Gallus Germania superior, Cerialis G. inferior d. h. den hauptkriegsschauplatz verwaltete (*hist.* 5, 19). wir müssen U. durchaus beistimmen, wenn er Hübners ansicht verwirft, dasz Cerialis auf dem wege nach seiner provinz Britannien den germanischen krieg im vorbeigehen beendet habe: denn nach *hist.* 4, 68 werden Cerialis und Gallus als feldherren n u r nach Germanien geschickt. es wäre auszerdem seltsam, wenn beide Germanien während des ganzen krieges nach dem tode des Hordeonius keine ordentlichen statthalter gehabt und der legat von Britannien dort ganz selbständig geschaltet hätte. und für Gallus müssen wir unbedingt eine statthalterschaft in Obergermanien in anspruch nehmen, da wir bei ihm nichts von einer wie bei Cerialis kurz darauf bekleideten legation hören. wenn nun aber Cerialis mit dem consular Gallus die germanischen, sonst nur von consularen verwalteten (Nipperdey zu ann. 13, 54) legationen angetreten hatte, so muste auch er consular sein. und damit stimmt der bericht des Iosephos im jüd. krieg 7, 4, 2 überein, worin erst die erteilung des consulats und dann die unterdrückung der rebellion am Rhein erzählt wird (wir kommen auf diese stelle sogleich zurück). ist aber zugegeben, dasz Cerialis als consular nach Germanien gieng, so kann sein consulat nur in das j. 70 fallen, da er in diesem jahre an den Rhein zog. und zwar ist es wahrscheinlich dasz die abreise von Rom ziemlich zeitig im jahre geschah: denn Tacitus berichtet *hist.* 4, 38 den anfang des j. 70, und 4, 68 sind die feldherren für den batavischen krieg schon ernannt. auszerdem geht der krieg *flexu autumni* (*hist.* 5, 23) d. h. im spätherbst, also etwa im november zu ende, so dasz wir die ankunft des Cerialis auf dem kriegsschauplatz nicht zu spät ansetzen dürfen, da der kampf sich doch länger hingezogen zu haben scheint. also ist es rathsam ein möglichst frühes eintreffen des Cerialis anzunehmen und sein consulat in das zweite zweimonatliche nundinum des j. 70 (märz und april) zu verlegen, wodurch er in den stand gesetzt war schon im mai sich an den Rhein zu begeben, während bei dreimonatlichen nundinen dies erst im juli hätte geschehen können.

Was die oben erwähnte corrupte stelle des Iosephos (jüd. krieg 7, 4, 2) betrifft, so musz ich mit U. die änderung Hübners verwerfen, da erst durch diese jene eigentümliche anschauung erreicht wird, dasz Cerialis auf dem wege nach Britannien den batavischen aufstand unterdrückt habe, während die germanischen heere keine ordentlichen legaten gehabt hätten. auszerdem ist die verbesserung von U. ἡγεμόνι Βρεττανίας γενομένῳ statt Γερμανίας und κελεύων ἄρξαντα εἰς Γερμανίας ἀπιέναι statt ἄρξαντα Βρεττανίας eine sehr leichte und die vertauschung der namen erklärlich genug. nur éines möchte vielleicht bedenken erregen, dasz nemlich Cerialis ἡγεμὼν Βρεττανίας genannt wird, während er doch nur *legatus legionis* war. ich möchte daher ἡγεμόνι ἐν Βρεττανίᾳ empfehlen: mit dieser kleinen änderung ist jede schwierigkeit gehoben, da unter dem bloszen ἡγεμών nur der ἡγεμὼν τάγματος, der *legatus legionis*, zu verstehen ist.

War nun aber Cerialis im märz und april des j. 70 consul und unterwarf er darauf die aufständischen am Rhein bis zum winter desselben jahres hin, so ist es sehr wahrscheinlich, dasz er noch kurze zeit bis zur völligen herstellung der ruhe dort geblieben, dann aber, als die unruhen in Britannien drohender wurden, von Vespasian wegen seiner erfolge am Rhein an die stelle des unthätigen und furchtsamen Bolanus nach Britannien geschickt worden ist, was somit im anfang des j. 71 geschah.

Der vf. bespricht hierauf die aufnahme des Agricola in das patriciat durch Vespasian und bringt dies in verbindung mit der im j. 74 vom kaiser bekleideten censur. dies wird noch weiter durch den umstand bestätigt, dasz Cerialis im frühjahr 74 nach Rom zurückgekehrt sein musz, da er im mai dieses jahres zum zweiten male consul ist; bei welcher gelegenheit Agricola seinen oberfeldherrn begleitet haben wird.

Sehr interessant ist übrigens die auseinandersetzung des vf. über die provinz Aquitanien; er kommt dabei zu dem resultat, dasz diese die vornehmste der kaiserlichen von praetoriern verwalteten provinzen und zugleich eine vorstufe zum consulat gewesen sei. er nimt nicht an dasz Agricola eine höhere und über die übrigen kaiserlichen Galliae ausgedehnte gewalt gehabt habe, da eine solche erst unter Domitian sich finde.

Nach der rückkehr Agricolas nach Rom im j. 77 wird er consul mit der aussicht auf die legation Britanniens, von welcher der vf. nachweist dasz sie die vornehmste nach der Syriens gewesen sei. während seines consulats verlobt Agricola seine tochter an Tacitus und gibt sie ihm gleich nach niederlegung seines amtes in die ehe. der vf. hält dafür dasz Tacitus damals 22 jahre alt gewesen, also 55 geboren sei, indem er die von Nipperdey aufgestellte behauptung, dasz Tacitus unter Vespasian im j. 79 habe quaestor werden können, mit recht abweist, da Vespasian schon am 23n juni 79 gestorben war, die quaestur aber am 5n dec. angetreten wurde. allein er hat wol übersehen, dasz die quaestur schon im 25n jahre und daher von Tacitus am 5n dec. 78, wenn er nach Nipperdeys ansicht 54 geboren war, hat übernommen werden können. damit wird die annahme des XVvirats für Tacitus unnötig, und wir können ihn unter Vespasian im j. 78 quaestor, unter Titus im j. 80 tribun, unter Domitian im j. 88 praetor werden lassen (vgl. über den ganzen fall meine oben erwähnte schrift über Cassius Dio LII 20 s. 23 f.). interessant aber ist der nachweis des vf., dasz das VII- und XVvirat schon von jungen leuten vor dem senatorischen alter bekleidet werden konnte.

Wir kommen hier noch einmal auf das consulat Agricolas zurück. U. hält dafür, dasz er im zweiten nundinum des j. 77 dasselbe bekleidete, was auch höchst wahrscheinlich ist; ja er läszt ihn schon im februar in Rom sein, wogegen nichts einzuwenden ist. nun haben wir oben gesehen, dasz eine bestimmte ausdehnung der nundinen unter den Flaviern nicht festzustellen sei, so dasz die möglichkeit eines zwei-, drei- oder viermonatlichen consulats für Agr. vorliegt. wir müssen also hier seine übrigen lebensverhältnisse mit in betracht ziehen. es heiszt *Agr.* 9 a. e.: *consul . . filiam . . mihi despondit ac post consulatum collocavit, et* s t a t i m *Britanniae praepositus est adiecto pontificatus sacerdotio.* wenn wir nun in folge der nicht dreijährigen, in der mitte des j. 74 ungefähr angetretenen legation Aquitaniens annehmen dürfen, dasz Agr. während des zweiten nundinum des j. 77 consul war, unmittelbar danach seine tochter an Tacitus verheiratete und *statim* zum legaten von Britannien ernannt wurde (die aufnahme unter die pontifices war ein zeitloser act und beanspruchte nicht die fernere anwesenheit in Rom), so fragt es sich, wann wir dieses *statim* anzusetzen haben. es ist eine allgemeine ansicht, dasz Agr. im hochsommer 78 in seiner provinz angekommen sei. in diesem falle bezieht man wol das *statim* auf die heirat der tochter. nun scheint mir die wortfolge im genannten citat darauf hinzudeuten, dasz dieselbe unmittelbar auf das consulat folgte und hierauf ohne alle verzögerung die abreise in die provinz. nehmen wir aber für letztere thatsache den hochsommer 78 an, so würde ein volles jahr zwischen dem ende des consulats und dem anfang der legation liegen; das aber scheint den ausdrücken *post consulatum* und *statim* nicht zu entsprechen, zumal wenn *statim* nicht sowol auf die hochzeit als vielmehr auf das consulat zurückzubeziehen ist. in letzterem falle ist es gar nicht denkbar, dasz ein volles jahr verstrichen sein sollte, noch weniger erklärlich aber, warum Agr. erst im hochsommer, also ende juli oder im august, sich in seine provinz begeben haben sollte, während ihn nichts hinderte schon früher dorthin abzureisen. vielmehr deutet das *media iam aestate* auf einen hinderungsgrund für eine frühere ankunft; und welcher wäre triftiger als das vorhergehende consulat? und wir sind ja nicht einmal gezwungen dreimonatliche nundinen anzunehmen, so dasz Agr. im märz und april consul sein, dann seine tochter verheiraten und pontifex werden und endlich im juli in seine provinz abgehen konnte. ja selbst im falle eines dreimonatlichen nundinum wäre es nicht unmöglich gewesen im august nach Britannien zu kommen, obgleich das zweimonatliche mehr wahrscheinlichkeit hat. aber selbst wenn wir das *statim* auf die heirat beziehen und diese, wie man gewöhnlich thut, in den winter 77/78 rücken, ist noch immer kein grund für die späte abreise in die provinz gefunden, so dasz wir auch auf diesem wege zu der verspätung der legation durch das consulat kommen und den anfang der statthalterschaft auf das j. 77 verlegen müssen. damit würde freilich als das jahr des groszen sieges Agricolas über Calgacus 83 herauskommen, ob man nun die emendation *VII* statt *VIII* (c. 33) oder die andere von Wex *XIII* gut heiszen will. letzterer will *XIII* schreiben, indem er als anfangstermin für die worte *Britanniam vicistis* die legation des Cerialis und die damit erneuten siegreichen unternehmungen der Römer ansetzt. nun aber leidet diese änderung in *XIII* bei der annahme von 78 als dem ausgangsjahr für die berechnung an der schwierigkeit, dasz Wex Cerialis erst im j. 72 (s. oben s. 483) kann nach Britannien kommen lassen; aber auch diese wird durch die berechnung, welche ich oben anführte, gehoben, indem von 83 rückwärts gerechnet das 13e jahr auf 71, den wirklichen anfangstermin der legation des Cerialis, fällt. nun aber geht aus *Agr.* 39 hervor, dasz der genannte sieg über Calgacus und der Rheinfeldzug Domitians gegen die Chatten in demselben jahre stattfanden. über die zeit des letztern ist uns nichts directes berichtet. Scaliger jedoch (animadv. in Eusebii chron. s. 204) hat es wahrscheinlich gemacht, dasz nach demselben Domitian sich Germanicus nennen liesz. diese bezeichnung aber finde sich erst zusammen mit *consul X* auf münzen Domitians, welche demnach in das j. 84 zu setzen seien. aus diesen gründen hat man den Chattenkrieg in dasselbe jahr 84 verlegen wollen. dabei ist aber zu bedenken, dasz dann dieser krieg nach dem wirklichen zehnten consulat stattgefunden hat. nun wissen wir freilich nicht, wie lange derselbe gedauert hat; jedenfalls aber darf man wol annehmen, dasz höchstens die hälfte des j. 84 übrig geblieben wäre, in welcher münzen mit der aufschrift *Germanicus* und *cos. X* hätten geschlagen werden können. dadurch aber wird die zeit der prägung ziemlich eng zugemessen. dagegen wenn der Chattenkrieg im sommer oder herbst 83 stattfand, so konnte Domitian schon zu anfang seines zehnten consulats Germanicus heiszen, wodurch der münzprägung ein gröszerer zeitraum und der sache selbst gröszere wahrscheinlichkeit gegeben wird. und wenn wir auch keine münze mit der aufschrift *Germanicus* und *cos. IX* haben, so ist das durchaus kein gegenbeweis: denn einmal war vom j. 83 nur ein teil übrig, in welchem solche münzen hätten geschlagen werden müssen; dann aber sind wir wahrlich nicht in der lage, aus dem mangel einer erscheinung in den geringen uns erhaltenen münzresten auf das nichtvorkommen zu schlieszen. was übrigens das vorkommen des namens *Germanicus* mit *cos. X* betrifft, so gibt Scaliger keine münze oder inschrift an, worauf er beide gelesen hätte, und ich habe ebensowenig eine münze oder inschrift aus dem zehnten consulat des Domitian gefunden, sondern nur solche mit *cos. XI* und *Germanicus* (Orelli-Henzen 1494. 5430; in dasselbe jahr gehörig 521), *cos. XII* und *Germ.* (ebd. 5433), *cos. XIIII* und *Germ.* (ebd. 1523) und spätere; auch aus dem jahre 83 mit *cos. IX* weisz ich keine.

So steht denn nichts der annahme im wege, dasz der grosze sieg des Agricola mit dem Chattenfeldzug in das j. 83 fällt. und dadurch wird das letzte hindernis für unsere behauptung, dasz Agr. im hochsommer 77 schon nach Britannien gegangen sei, gehoben. und dasz dies nicht mit der amtsdauer seines vorgängers collidiert, geht daraus hervor, dasz dieser gerade so lange wie sein vorgänger Cerialis im amte war: drei jahre, letzterer von 71—74, ersterer von 74—77.

Wir sind hierdurch auf die frage hingeleitet, wie das verhältnis des Frontinus zu seinem vorgänger war. mit recht weist U. die ansicht Borghesis und Hübners zurück, dasz auf Cerialis für ganz kurze zeit ein legat in Britannien gefolgt sei, dessen name so unbekannt geblieben, dasz Tac. ihn übergangen habe (schon Tillemont histoire de l'empire usw. III s. 56 und Polenus in seiner ausgabe von Frontinus de aquis urbis Romae s. 3 waren dieser ansicht); denn, wie U. sagt, Tac. spricht von groszen feldherren, nicht aber von unbedeutenden, die seit Vespasians thronbesteigung in Britannien gewesen seien (die betreffende stelle im Agricola werden wir weiter unten besprechen). wenn Hübner dafür geltend macht, dasz Cerialis im mai 74 zum zweiten male consul gewesen sei, Frontinus aber erst in dem auf das seinige folgenden nundinum dies amt verwaltet habe, so ist es freilich auffallend, dasz der unmittelbare nachfolger nach dem abgang seines vorgängers aus der provinz erst noch ein consulat antritt, ehe er sich auf seinen posten begibt. und es genügt wol nicht ganz, wenn U. zur erklärung dieses umstandes annimt, dasz in abwesenheit des legaten der procurator die provinz verwaltet habe. aber wenn es auch feststeht, dasz Cerialis im mai 74 consul II war (Orelli-Henzen 5418), so ist das consulat Frontins durchaus unsicher: denn die inschrift, aus welcher Borghesi auf dasselbe schlosz, enthält nur die buchstaben COS und in einer folgenden zeile ON (Urlichs s. 27. Hübner a. o. s. 54). der namen aber welche ON enthalten gibt es viele, so dasz an Frontinus zu denken nicht notwendig ist. hierauf allein nun beruht die ansicht, dasz das consulat Frontins noch im laufe von 74 und nach dem des Cerialis stattgefunden habe. freilich musz Frontinus als legat von Britannien vorher consul gewesen sein, aber dies kann ohne alle schwierigkeit vor dem consulat des Cerialis geschehen sein; denn einmal war Frontinus im j. 70 praetor (*hist.* 4, 39), so dasz er nach zweijährigem intervall (abgesehen von seiner frühzeitigen abdankung) schon 73 consul werden konnte; ferner aber, wenn wir für Cerialis ein zweimonatliches nundinum annehmen, so konnte Frontinus im märz und april 74, Cerialis im mai und juni desselben jahres im amte stehen. daher zwingt uns nichts das consulat des Frontinus nach dem des Cerialis anzusetzen, und hiermit ist die schwierigkeit in betreff der ablösung des letztern durch den erstern in Britannien auf das beste gelöst.

Nur éines bleibt noch übrig, was einer erklärung bedarf, die oben erwähnte stelle im Agricola. wir lesen c. 17: *et Cerialis quidem alterius successoris curam famamque obruisset, sustinuitque molem Iulius Frontinus.* Hübner will *obruit* und *alterius quidem* lesen; Walch beruhigt sich bei der vulgata *et cum Cerialis* usw.; Wex, Halm, Haase, Kritz nehmen an, es sei etwas ausgefallen, der erste und die beiden letzten in der historisch falschen voraussetzung, dasz Cerialis in Britannien gestorben sei, während er doch, wie wir sahen, im j. 74 wieder consul war. Haase ergänzt daher nach *obruisset: ni . . obisset.* es liegt eine dreifache schwierigkeit im text, in *alterius*, in *obruisset* und in *sustinuitque.* beginnen wir mit *obruisset.* hierzu gehört ein vordersatz, um den bedingungssatz zu vervollständigen: 'Cerialis hätte . . erdrückt, wenn nicht etwas anderes geschehen wäre.' dieses andere fehlt und musz daher aus dem zusammenhang ergänzt werden. es ist gesagt worden, dasz Cerialis einen groszen teil der Briganten unterworfen hatte; und er würde sich gewis hieran nicht haben genügen lassen, wenn —. dieses wenn aber enthält das hindernis und ist am allgemeinsten zu ergänzen 'wenn er zeit und gelegenheit gehabt hätte': denn an etwas anderem konnte es nicht liegen, da Tac. sonst seine tüchtigkeit preist. wenn wir nun mit rücksicht hierauf den satz paraphrasieren, so erhalten wir folgenden sinn: 'Cerialis war ein groszer feldherr und leistete im kriege gegen die Briganten ungewöhnliches; ja er

würde allen ruhm und alle bemühungen *alterius successoris* verdunkelt haben, wenn er dazu lange genug im amte geblieben wäre.' lateinisch also etwa: . . . *obruisset, si diutius in provincia mansisset.* ob eine solche ellipse zulässig sei, ist schwer zu sagen; es hängt davon ab, ob man etwas derartiges hinzudenken will oder nicht. unserer sprache ist ein gleicher modus potentialis nicht fremd, besonders unter der voraussetzung dasz die historischen verhältnisse bekannt sind, wie sie bei Tac. zutrifft. im übrigen wäre der ausfall der oben ergänzten worte durch die gleichlautenden endsilben von *obruisset* und *mansisset* leicht erklärlich.

Wir kommen nun zu *alterius successoris.* man kann *alterius* genau als 'eines von zweien' verstehen, ohne jedoch die bedeutung 'eines von mehreren' ausschlieszen zu dürfen (Hübner a. o. Walch s. 232 ff.); die bedeutung 'ein anders beschaffener' ist von Hübner für falsch erklärt worden. wenn der nächste nachfolger des Cerialis gemeint wäre, so würde sich Tac. einer ungewöhnlichen wortfülle bedient haben: denn in solchem falle genügte das blosze *successoris.* wir haben gesehen, dasz die annahme eines unbekannten legaten zwischen Cerialis und Frontinus unbegründet ist; wenn daher das *alterius successoris* auf den unmittelbaren nachfolger des erstern, auf Frontinus bezogen wird, so tritt die besagte bei Tac. ungewöhnliche weitschweifigkeit ein. bedingt aber *alterius*, dasz auszer Frontinus noch ein anderer in frage ist, so kann unter diesem nur Agricola gemeint sein; und auf den zweitfolgenden passt der ausdruck *alterius* sehr gut im gegensatz zu dem blos zen *successor.* Tac. schrieb das leben seines schwiegervaters zugleich als ein ruhmvolles denkmal für ihn; sein ruhm aber gipfelte in der britannischen legation. auszer den vielen positiven vorzügen, welche Agr. dort bewies, fehlte es nicht an negativen: Cerialis hätte leichter seinen namen unsterblich machen können, da er der erste tüchtige legat nach einer reihe von schwachen und thatenlosen war. anders Agricola, welcher schon zwei grosze feldherren zu unmittelbaren vorgängern gehabt hatte. diese hatten das feld seiner wirksamkeit schon einigermaszen beschränkt und drohten daher der weitern entfaltung seines ruhmes einhalt zu thun; ja so grosz war die thatkraft des Cerialis gewesen, dasz, wenn er länger an der spitze Britanniens geblieben wäre, er seinem zweiten nachfolger, Agricola, jedes thatenfeld, jeden ruhm vorweg genommen hätte. aber trotz dieses groszen vorgängers überflügelte ihn Agr. doch weit und erreichte die höchste höhe des verdienstes und ruhmes auf seinem posten. aus diesem raisonnement geht hervor, dasz nur Agricola unter dem *alter successor* gemeint sein kann, und es ist kein geringes lob das Tac. ihm damit zuspricht.

Wir kommen endlich zu *sustinuitque.* der ganze satz heiszt dem sinne nach übersetzt: 'und Julius Frontinus, ein groszer mann, genügte mit rücksicht auf die verhältnisse den verpflichtungen seines amtes.' der zusammenhang mit dem vorhergehenden würde also dieser sein: 'und Cerialis würde den ruhm seines zweiten nachfolgers vernichtet haben (wenn er die zeit dazu gehabt hätte), und Frontinus' usw. da nun die partikel *que* häufig die bedeutung 'desgleichen' hat (Madvig zu Cic. *de fin.* 3, 22, 37; Nägelsbach lat. stil. § 193 *a* und *b*; Roth zu Tac. *Agr.* s. 253; gegen letztern Draeger syntax des Tacitus s. 39 § 114), so könnte man hier den satz sehr gut so anknüpfen: 'desgleichen war Frontinus seinem amte gewachsen', wodurch die beiden glieder *et Cerialis* . . *sustinuitque* coordiniert werden und demselben zwecke dienen, dem der verherlichung Agricolas: denn war schon éin rivale wie Cerialis für Agr. ein erschwerender umstand, so war dies in doppeltem masze der fall durch das hinzukommen eines zweiten gleich tüchtigen vorgängers. so sind wir denn zu dem resultat gekommen, die lesart der hss. ungeändert zu lassen und sie doch so erklärt zu haben, dasz sie dem zusammenhang und auch dem zwecke der ganzen schrift entspricht. daher kann ich mich der auslegung von U. nicht ganz anschlieszen, der *alterius* qualitativ faszt und sagt: 'Cerialis alterius ac sui successoris curam famamque obruisset, cum autem Frontinus ei succederet, non obruit' (ähnlich Draeger, welcher aber *successoris* als glossem streichen will). auch musz er unter diesen umständen das früher schon vor *sustinuitque* eingeschaltete *subiit* festhalten.

Nachdem nun Agricola im frühjahr 77 (bei U. s. 28 ist 74 statt 77 verdruckt worden) consul gewesen, gieng er im sommer desselben jahres nach Britannien. hieran knüpft der vf. eine eingehende untersuchung über die truppen welche unter Agr. in Britannien dienten: er zählt darunter vier legionen: II Augusta, II Adiutrix, IX und XX. unter den hülfstruppen weist er, neben germanischen und gallischen, gegen Hübners ansicht auch brittische nach. was das heer der Britten am mons Graupius betrifft, so hat er an einem andern orte (festgrusz der philologischen gesellschaft in Würzburg an die XXVI philologenvers. [1868] s. 7) die sehr glaubwürdige und den verhältnissen entsprechende emendation *septuaginta* statt *super triginta* vorgeschlagen.

Nach unserer obigen berechnung würden wir Agr. im frühjahr 84 statt, wie man sonst annahm, 85 nach Rom zurückkehren lassen. der vf. hält es für eine fabel, dasz Domitian dem Agr. einen freigelassenen entgegen gesandt habe. freilich behauptet Tac. es auch nicht als eine wahrheit, sondern deutet mittels des ausdruckes *crediderc plerique* an, dasz es eine in jener zeit verbreitete mutmaszung ohne irgend eine gewähr gewesen sei.

Was das proconsulat Asiens und Africas betrifft, so belehrt uns der vf., dasz eins davon gewöhnlich zwischen dem zehnten und dreizehnten jahre nach dem consulat angetreten worden sei. übrigens hat der vf. im festgrusz usw. s. 8 ohne zweifel mit vollem rechte die worte *Asiae et Africae* als interpolation aus dem text entfernt.

Wir sind an das ende der Urlichsschen abhandlung gekommen

und können im rückblick auf dieselbe nicht anders als derselben sowol in betreff der behandlungsweise als auch der fülle von gelehrsamkeit, welche darin entwickelt wird, unsere vollste anerkennung zollen. um so mehr ist es zu verwundern, dasz die neuesten hgg. des Agricola, Draeger und Tücking, auf dieselbe gar keine rücksicht nehmen und sie nicht zu kennen scheinen; sie hätten durch den gebrauch derselben manche irrtümer vermeiden können. inzwischen hoffen wir dasz der vf. als weitere frucht seiner studien eine neue ausgabe des Agricola mit ausreichendem apparat dem gelehrten publicum baldigst vorlegen werde.

Breslau. Octavius Clason.

61.

DES POLYKLEITOS ЄN ONYXI ΓЄNЄCΘAI.

Des sikyonischen meisters berühmtes wort über das schwierigste in der kunst hat in des gelehrten bildhauers Eduard von der Launitz[1]) 'untersuchung über Polyklets ausspruch, wie er in zwei stellen des Plutarch vorkommt, und beleuchtung desselben vom künstlerischen standpunct aus' (Frankfurt a. M. 1864) eine neue deutung gefunden, welche von der archäologischen section der philologenversamlung zu Hannover mit entschiedener gunst aufgenommen wurde. die section beschlosz dem verfasser den wärmsten dank für die förderung dieser frage auszusprechen, mit deren negativer ausführung die meisten stimmen einverstanden waren. für die Winckelmannsche erklärung sprach fast allein dr. Gädechens, während manche, wie H. Sauppe und Stark, dem neuen versuche insofern beistimmten, dasz ὄνυξ vom nagel des kunstwerkes zu verstehen sei.[2]) am 1 november desselben j. 1864 kam die sache in der Berliner archäologischen gesellschaft zur sprache, wo sich eigentlich niemand für von der Launitz aussprach, sondern manche abweichende meinungen ohne gehörige begründung geäuszert wurden.[3])

Wenden wir uns zunächst zur ansicht des hrn. von der Launitz, wonach ὄνυξ die nägel des kunstwerkes bezeichnen soll, so würde hier notwendig der plural erfordert; nur der dichter könnte sich so des singulars bedienen. zu dieser dichterischen freiheit gehört es aber keineswegs, wenn der dichter Asklepiades vom schmerze der wunde braucht δύεται εἰc ὄνυχα, da hier wol wirklich nur an éinen nagel am finger éiner hand gedacht wird, wohin der schmerz dringt. der plural wäre um so nötiger, als doch auch wol an die nägel der

1) seit diese zeilen geschrieben wurden, haben wir den verlust des auch um die classische philologie vielfach verdienten mannes zu beklagen.
2) vgl. verhandlungen der dreiundzwanzigsten versamlung deutscher philologen und schulmänner s. 181 f. 187. 3) vgl. Gerhards archäol. anzeiger 1864 nr. 190. 191 s. 276 ff.

zehen gedacht werden müste. so braucht denn auch Horatius, obgleich der singular metrisch gestattet war, den plural *a. p.* 31 f.: *Aemilium circa ludum faber unus et ungues | exprimet et molles imitabitur aere capillos.* zweitens aber zeigt sich die gröste feinheit nicht in den nägeln, welche Hor. in der angeführten stelle als etwas unbedeutendes nennt, sondern in den haaren und dem gesichte, und sind auch schöne hände und füsze λαμπρὰ τοῦ κάλλουϲ γνωρίϲματα, sehr schlecht wären die nägel gewählt zur bezeichnung der höchsten feinheit der ausführung. ich wüste auch nicht, dasz einer der alten bei einem künstler die behandlung der nägel hervorgehoben hätte, wie bei Lysippos die der haare. drittens aber widerstreben der neuen deutung, wie schon G. Wolff andeutete, manche sprichwörtliche griechische und lateinische redensarten, welche unmöglich von ἐν ὄνυχι γενέϲθαι getrennt werden können. bei Aristophanes, also vor Polykleitos, wie schon Sauppe hervorhob, findet sich ὀνυχίζειν; aber in welcher bedeutung? es heiszt nicht etwa, wie es bei der neuen erklärung der fall sein müste, 'genau, fein ausarbeiten', welche bedeutung Wolff irrig dem zusammengesetzten ἐξονυχίζειν beilegt, worin die präp. nur verstärkend wirkt, wie in ἐξετάζειν, sondern es ist 'untersuchen', wie ἐτάζειν von ἐτόϲ, gleich ἐτέοϲ, 'wahr', ἀκριβοῦν von ἀκριβήϲ, wenn nicht etwa von einem ἀκριβόϲ. vom nagel des kunstwerkes führt aber keine brücke zur bedeutung 'untersuchen': denn die annahme, ὀνυχίζειν heisze eigentlich 'die nägel (des kunstwerks) untersuchen', wäre der allernotdürftigste behelf. des Dionysios ἐκμάττεϲθαι εἰϲ ὄνυχα könnte freilich gedeutet werden 'bis auf den nagel (einschlieszlich des nagels) ausprägen', und auch *ad unguem factus, ad unguem castigare* lieszen sich notdürftig so fassen, nicht aber ἡ εἰϲ ὄνυχα ϲύμπηξιϲ bei Galenos, *ad unguem quadrare, dolare* bei Columella (vom holze), *in unguem ponere* bei Vergilius (von baumreihen), *in unguem committere* bei Celsus, wofür bei Vitruvius *in ungue committere* sich findet, entsprechend dem ἐπ' ὄνυχοϲ ϲυμβάλλειν, das sich ebenso wenig der neuen deutung fügt wie δι' ὄνυχοϲ ἀκριβοῦν und Plutarchs ἡ ἀκριβὴϲ ϲφόδρα καὶ δι' ὄνυχοϲ λεγομένη δίαιτα. auch Winckelmanns erklärung vermag jene ausdrücke nicht alle zu deuten. nur eine auffassung, welche allen diesen redensarten gerecht wird, darf als begründet gelten.

Und eine solche bietet sich fast ungesucht dar. bei den meisten jener ausdrücke können wir ohne weiteres an die stelle von ὄνυξ unser 'haar' setzen, woher sich die folgerung ergibt, dasz die Griechen und Römer den nagel als bezeichnung des feinsten brauchten. bekanntlich haben diese kein kleineres längenmasz als die breite des fingers oder nagels (δάκτυλοϲ, *digitus, unguis transversus, unguis latus*); geringere masze werden durch teilung desselben bezeichnet. die dicke des nagels als bezeichnung unserer linie hätte ihnen zu gebote gestanden; sollten sie aber nicht wirklich in diesen redensarten ὄνυξ, *unguis* zur bezeichnung des feinsten verwandt haben, wie wir unser 'haar'? dadurch gewinnen alle diese ausdrücke

ihre ganz natürliche erklärung, nicht nur εἰς ὄνυχα, *ad unguem, in unguem,* sondern auch ἐπ' ὄνυχος (vgl. ἐπὶ σπουδῆς), δι' ὄνυχος (vgl. δι' ἀκριβείας), ὀνυχίζειν, das sich ganz dem ἀκριβοῦν zur seite stellt, endlich ἐν ὄνυχι γενέσθαι, εἰς ὄνυχα ἀφικέσθαι, 'am feinen sein, zum feinen gekommen sein'. um des Persius seltsamen ausdruck *ut per leve severos effundat iunctura ungues,* wo der plural steht, brauchen wir uns nicht zu kümmern; möglich dasz man damals *ad unguem factus, ad unguem castigare* zum teil in dem von Persius angedeuteten sinne von den marmorarbeitern verstand, den auch Servius und die alten erklärer des Horatius annehmen; das wunderliche bild des jungen stoischen dichters berührt unsere frage nicht. G. Wolff denkt an die nagelbreite im gegensatz zur hand- und fingerbreite, und erklärt demnach 'wenn der künstler bei dem modell die dimensionen nur noch nach nagelbreiten messen kann'. aber die nagelbreite ist von der fingerbreite eben nicht so sehr verschieden, dasz sie einen gegensatz bilden könnte, und am wenigsten zur bezeichnung von etwas feinem geeignet; dazu wird in die einfache verbindung der präposition mit dem casus viel zu viel hineingelegt. endlich scheitert diese deutung auch daran, dasz sie keineswegs alle oben angeführten redensarten zu erklären vermag. wenn wir in dem bericht über die verhandlung in der archäologischen gesellschaft lesen: 'eine solche sprichwörtliche redensart, doch auf den sinn äuszerster sorgfalt beschränkt, war auch hr. Hübner geneigt anzuerkennen, dergestalt dasz die von hrn. von der Launitz in letzter stelle vertretene auffassung einer harmonischen durchbildung des kunstwerks damit wol vereinbar erschien', so ist mit einer solchen ungreifbaren allgemeinheit nichts gewonnen und eben gar nichts erklärt. des hrn. Zurstrassen beziehung des ὄνυξ auf ein modellierholz schwebt völlig in der luft[4]), und er selbst muste zugeben, dasz ein solches modellierholz vielmehr bei wachs als bei thon gebraucht werde, doch meinte er, was durchaus nicht zu begründen ist, im altertum seien mehr wachs- als thonmodelle vorauszusetzen — nur schade dasz bei Plutarch gerade thon genannt wird.

Aber wie steht es mit dem πηλός im spruche des Polykleitos? Plutarch sagt an der einen stelle: Πολύκλειτος ὁ πλάστης εἶπε χαλεπώτατον εἶναι τὸ ἔργον, ὅταν ἐν ὄνυχι ὁ πηλὸς γένηται, an der andern: ὑπὲρ οὗ τὸν Πολύκλειτον οἰόμεθα λέγειν, ὡς ἔστι χαλεπώτατον αὐτῶν τὸ ἔργον, οἷς ἂν εἰς ὄνυχα ὁ πηλὸς ἀφίκηται. schon Sauppe hat an ὁ πηλὸς anstosz genommen, weil dies kaum allgemein so für 'modell' (πρόπλασμα) gebraucht sein könne, und er äuszerte den augenblicklichen einfall, es sei etwa ζῆλος zu lesen, das im sinne von 'arbeit', eigentlich 'beeiferung', zu verstehen sei. Wieseler führte dagegen den gebrauch von *marmor, gypsum* für das 'werk aus marmor, gyps' an, der aber für das griechische nichts

4) in der bedeutung 'haken' läszt sich ὄνυξ nachweisen, aber das modellierholz hat eben keine haken.

beweist.[5]) wie aber, fragen wir, sollte der bildhauer Polykleitos den schwierigsten teil der arbeit in das modell gesetzt haben? L. Schmidt hat mit beistimmung Grotefends ὁ πηλὸϲ an der ersten stelle für ein glossem erklärt, aber das wort kann an beiden stellen fehlen. bei Plutarch ist es mehr als bedenklich, ὁ πηλὸϲ an éiner stelle als ein aus der andern stammendes glossem zu betrachten, nicht weniger, es an beiden in verschiedenen, weit auseinander liegenden schriften sich findenden stellen auswerfen oder ändern zu wollen. Plutarch fand das wort in seiner quelle oder wenigstens hatte sich der spruch in dieser weise ihm ins gedächtnis geprägt; dabei aber bleibt nicht allein die möglichkeit, sondern es ist die höchste wahrscheinlichkeit, dasz ὁ πηλόϲ ursprünglich dem spruche fremd gewesen; entweder lautete er einfach: χαλεπώτατον τὸ ἔργον, ὅταν εἰϲ ὄνυχα γένηται oder es stand statt ὁ πηλὸϲ vielmehr ὁ πλάϲτηϲ oder ὁ πόνοϲ. oder dürfen wir weiter gehen und annehmen, Plutarch habe den spruch des Polykleitos nur umschrieben und an keiner stelle ihn wörtlich angeführt? dafür spricht die verschiedene fassung an beiden stellen, da er éinmal ὅταν εἰϲ ὄνυχα ὁ πηλὸϲ γένηται, das andere mal οἷϲ ἂν εἰϲ ὄνυχα ὁ πηλὸϲ ἀφίκηται braucht. der spruch des Polykleitos konnte etwa lauten: χαλεπώτατον τὸ ἔργον ἐν ὄνυχι γενόμενον, was dann Plutarch an beiden stellen verschieden umschrieb, indem er beidemal irrig an das thonmodell dachte. durch die vermutung ὁ πλάϲτηϲ oder ὁ πόνοϲ würde man den Plutarch freilich von einem irrtum befreien, aber die gleiche verderbung an beiden stellen oder das hinübertragen des fehlers aus einer in die andere ist wenig wahrscheinlich. Th. Mommsen hat die frage erhoben, inwiefern überhaupt bei der dilettantischen beschaffenheit unserer meisten überlieferungen auf dem gebiete der alten kunst ein angeblich Polykleitischer ausspruch wirklich auf diesen meister zurückgeführt werden dürfe; allein die möglichkeit der überlieferung ist nicht zu leugnen, und ein grund für eine unterschiebung in diesem falle kaum aufzubringen, so dasz wir mit der in solchen dingen erreichbaren sicherheit den spruch selbst für echt Polykleitisch halten dürfen.

Köln. Heinrich Düntzer.

---

5) dieser gebrauch, wie der gleiche von *cera* und den metallnamen, ist wol blosz dichterisch. nur in der allerspätesten zeit findet sich μάρμαροϲ so gebraucht. die metallnamen brauchen die Griechen geradezu zur bezeichnung von gefäszen aus denselben, aber nie von bildseulen.

NEUE JAHRBÜCHER

FÜR

PHILOLOGIE UND PAEDAGOGIK.

Herausgegeben unter der verantwortlichen Redaction

von

Dr. Alfred Fleckeisen und **Dr. Hermann Masius**
Professor in Dresden Professor in Leipzig.

Einhundertunderster und einhundertundzweiter Band.
Achtes Heft.

Leipzig,
Druck und Verlag von B. G. Teubner.
1870.

INHALT

VON DES EINHUNDERTUNDERSTEN UND EINHUNDERTUND-ZWEITEN BANDES ACHTEM HEFTE.

ERSTE ABTEILUNG (101R BAND).

		seite
62.	Zur griechischen rhythmik. von *F. Susemihl* in Greifswald	497—513
63.	Miscellen aus handschriften. von *H. S.* in Kassel . .	513—514
64.	In Platonis Theaetetum. von *A. Schubart* in Weimar .	515—519
65.	Zu Lukianos. von *J. Sommerbrodt* in Kiel	519—522
66.	Citate bei Harpokration. von *A. Schaefer* in Bonn . .	523—528
67.	Zu Aeschines rede gegen Timarchos. von *E. Rosenberg* in Gotha	529—535
68.	Die doppelte redaction der dritten Philippischen rede des Demosthenes. von *H. Weil* in Besançon	535—541
69.	Zu Alkiphrons briefen. von *B. Friederich* in Wernigerode	542—544
70.	Zu Plautus Truculentus. von *A. F.*	544
71.	Zu Sallustius Jugurtha. von *J. Freudenberg* in Bonn .	545—546
72.	Kritisch-grammatisches zu Q. Curtius Rufus. von *Th. Vogel* in Meissen	547—567
	E. Hedicke: de codicum Curtii fide atque auctoritate (Bernburg 1870)	562—564
	A. Hug: quaestionum Curtianarum pars prima (Zürich 1870)	564—567
73.	Die rede des königs Oedipus in Sophokles Oedipus Tyrannos 216—275. von *P. W. Forchhammer* in Kiel	568

ERSTE ABTEILUNG
FÜR CLASSISCHE PHILOLOGIE

HERAUSGEGEBEN VON ALFRED FLECKEISEN.

62.
ZUR GRIECHISCHEN RHYTHMIK.

Schon der innere zusammenhang, in welchem die nachfolgenden bemerkungen über einige, wie es mir scheint, noch nicht endgültig erledigte puncte der griechischen rhythmik grösstenteils stehen, nötigt mich in ihnen einiges zu wiederholen, was ich in der hauptsache schon in meiner akademischen abhandlung 'de fontibus rhythmicae Aristidis Quintiliani doctrinae' (Greifswald 1866) kurz entwickelt habe. ohnehin aber entziehen sich dergleichen gelegenheitsschriften weiteren kr[illegible]en, und es wird daher eine solche wiederholung an einem allgemein zu[illegible]glichen orte auch nach dieser richtung hin nur im interesse der sache sein.

1. Die tacte mit drei tactteilen.

Ueber die tacte mit mehr als zwei tactteilen haben wir zwei stellen des Aristoxenos, die eine im auszuge bei Psellos § 12, die andere doppelt, nemlich eben dort § 14 und in dem erhaltenen teile der rhythmik s. 288. wir setzen beide neben einander:

οἱ μὲν τῶν ποδῶν δύο μόνοις πεφύκασι σημείοις χρῆσθαι ἄρσει καὶ βάσει, οἱ δὲ τρισὶν ἄρσει καὶ διπλῇ βάσει, οἱ δὲ τέτταρσι δύο ἄρσεσι καὶ δύο βάσεσι.

τῶν μὲν ποδῶν οἱ μὲν ἐκ δύο χρόνων σύγκεινται τοῦ τε ἄνω καὶ τοῦ κάτω, οἱ δὲ ἐκ τριῶν δύο μὲν τῶν ἄνω ἑνὸς δὲ τοῦ κάτω, οἱ δὲ ἐξ ἑνὸς μὲν τοῦ ἄνω δύο δὲ τῶν κάτω (Psellos ἢ für οἱ δὲ ἐξ).

in der ersten stelle ist alles klar und wol in sich zusammenstimmend, so dasz niemand, wenn er nicht die zweite mit ihr vergleicht, auch nur im geringsten auf den gedanken kommen würde, es könne in ihr irgend etwas verderbt, lückenhaft oder unvollständig sein. die zweite widerspricht sich in sich selbst, auch wenn man mit Psellos ἢ statt des letzten οἱ δὲ ἐξ schreiben wollte. denn im weitern verlauf derselben wird ausdrücklich gesagt, dasz es auch noch tacte mit vier tactteilen gebe, so dasz man die verderbnis auch ohne heranziehung der ersten stelle erkennt: διὰ τί δὲ οὐ γίνεται πλείω σημεῖα τῶν τεττάρων .. ὕστερον δειχθήσεται. es fragt sich also nur: soll man diese verderbnis so heilen, dasz man, indem man das ἢ des Psellos aufnimt, ein ganzes von diesen vierteiligen tacten handelndes satzglied einschaltet, oder soll man vielmehr, indem man an der richtigkeit von οἱ δὲ ἐξ festhält, annehmen dasz kein satzglied ausgefallen, sondern nur das letzte erhaltene sachgemäsz zu berichtigen ist, sei es nun in οἱ δὲ ἐκ τεττάρων δύο μὲν τῶν usw. oder blosz in οἱ δὲ ἐκ δύο μὲν τῶν usw.? an sich ist ja gegen das erste verfahren nichts einzuwenden, aber auch ebenso wenig gegen das zweite, da doch das ἢ sehr leicht als eine verfehlte correctur sich denken läszt, die aus der richtigen einsicht entsprang, dasz das οἱ δὲ ἐξ so wie jetzt die worte dastehen widersinnig ist. das erste verfahren nötigt aber dazu entweder die erste stelle, obwol sie, wie gesagt, nicht die mindeste spur einer heilbedürftigkeit an sich trägt, dennoch nach der zweiten zu flicken oder den mangel an übereinstimmung zwischen beiden auf irgend eine künstliche weise zu erklären. hierzu wird man sich aber selbstverständlich doch nur dann entschlieszen dürfen, wenn das ergebnis jenes verfahrens sich als das sachlich allein mögliche darstellt. allein in diesem falle darf man wol fragen, ob es nicht vielmehr sachlich schlechterdings unmöglich sei. die tacte mit drei tactteilen sind die längeren des d o p p e l t e n tactgeschlechtes. auch sie haben also zunächst nur z w e i haupttactteile; zwei von jenen drei untertactteilen müssen sich mithin wieder zu éinem haupttactteil zusammenschlieszen, der dann, wenn sie auch senkungen sein könnten, sich zu der hebung nicht wie 1 : 2, sondern umgekehrt wie 2 : 1 verhalten würde. würde das nun wol noch ein d o p p e l t e s tactgeschlecht sein, in welchem die hebung nicht blosz das doppelte, sondern auch gerade umgekehrt nur das halbe der senkung sein kann, oder hätten wir nicht vielmehr im letztern fall statt des d o p p e l t e n, um mich so auszudrücken, ein h a l b f a c h e s tactgeschlecht? mir scheint die sache so einfach und klar, dasz es mich wundern würde, wenn Westphal, so sehr er auch jetzt noch (metrik I² s. 558 ff.) an der entgegengesetzten überzeugung festhält, sich auch künftig der richtigen einsicht verschlieszen sollte. wären tacte mit zwei senkungen und éiner hebung möglich, dann müste es ja auch ebenso gut bei den kürzesten tacten dieser tactart, dem einzelnen trochäos und iambos, möglich sein, dasz bei ihnen die länge auch der schlechte und die kürze auch der gute tactteil sein könnte.

2. Die einfachen päonischen tacte.

Aber so absurd diese annahme auch wäre, so nahe sieht man freilich Westphal ihr kommen. denn wenigstens bei den kürzesten tacten der anderthalbfachen tactart, den einzelnen päonen, macht er die ihr völlig entsprechende annahme, dasz in ihnen bald die hebung 3 und die senkung 2, bald aber auch die hebung 2 und die senkung 3 moren gehabt habe (I² s. 697 f.). die bekannte stelle des Marius Victorinus I 9, 9 s. 52 G. *in cretico nunc sublatio longam et brevem occupat, positio longam, vel contra* usw. soll dies beweisen. Westphal selbst erkennt an, dasz Victorinus sonst dem bekannten spätern sprachgebrauche folgt, nach welchem *arsis* oder *sublatio* den anhebenden, *thesis* oder *positio* den auslautenden tactteil bezeichnet, aber trotzdem soll er hier 'augenscheinlich' beide ausdrücke in ihrer ursprünglichen rhythmischen bedeutung 'schwacher' und 'starker tactteil' angewendet haben. wäre das aber wirklich so augenscheinlich, so hätte doch unmöglich früher Westphal (fragmente und lehrsätze der griech. rhythmiker s. 101 ff.) selbst die gerade entgegengesetzte behauptung aufstellen können, dasz Victorinus in diesem 9n cap. des ersten buchs bereits die moderne umkehrung der benennungen an den tag lege und unter *arsis* oder *sublatio* den starken tactteil oder die hebung und unter *thesis* oder *positio* den schwachen oder die senkung verstehe. mir scheint Cäsar (grundzüge der griech. rhythmik s. 193 ff. 273 ff.) bewiesen zu haben, dasz dieser schriftsteller hier sowie I 10, 12 s. 54 in bezug auf beide bezeichnungen keinem andern sprachgebrauche als sonst folgt, zumal da nach Cäsars richtiger bemerkung auch bei dem metricus Ambrosianus s. 8 (Keil) und noch unzweideutiger bei Terentianus Maurus 1431 ff. ganz dieselbe lehre aufgestellt wird, dasz im päon die dreizeitige hebung sowol voraufgehen als auch nachfolgen könne, und dasz, was Terentianus allerdings nicht hinzufügt, der erstern form der bakcheios, der letztern aber der palimbakcheios analog sei nach der spätern umkehrung dieser beiden benennungen, während früher vielmehr die form – – ⏑ bakcheios, die form ⏑ – – aber hypobakcheios hiesz und beide auch im folgenden so von mir bezeichnet werden sollen. das angegebene verhältnis ist also dies:

–″ ⏑ | –́   –́ | ⏑ –″
⏑ –″ | –́   –́ | –″ ⏑

Eine andere frage ist es nun allerdings, ob diese theorie richtig ist. Westphal (I² s. 623) bezeichnet es als schlechthin unrhythmisch, dasz in dem schema ⏑ – – die kürze und die erste länge zusammen den schweren und die zweite länge den leichten tactteil bilden könne, da die kürze doch jedenfalls von noch leichterem gewicht sei als die zweite länge. also eine kürze mit nachfolgender länge kann nach der echten theorie der griechischen rhythmiker nie ein schwerer tactteil sein? wie steht es denn da mit der iambischen dipodie, in welcher doch nach eben dieser theorie der eine iambos den schweren und der andere den leichten ausmacht? ungleich erheblicher sind Westphals sonstige gründe (s. 619—625). der schol. A zu Hephästion's. 24 G. (125 Westphal) sagt: τὸ δὲ παιωνικὸν ἐπιπλοκὴν οὐκ ἔχει, und da ἐπιπλοκή die zusammengehörigkeit von sonst ganz gleichen (drei- bis sechszeitigen) verstacten bezeichnet, die sich nur durch die verschiedene abfolge von arsis und thesis unterscheiden, so scheint damit die jener andern theorie gerade entgegengesetzte lehre aufgestellt zu sein, dasz unter den einfachen päonischen tacten ein solcher unterschied nicht stattfinde. selbst wenn dieser schein wahrheit wäre, würde dies nun freilich zunächst weiter nichts beweisen als dasz über diesen punct unter den metrikern zwei entgegengesetzte theorien herschten, und es würde sich dann eben fragen, welche von beiden die der rhythmischen überlieferung treuer gebliebene sei. die lehre von der ἐπιπλοκή liegt uns nun aber in einer form vor, welche nicht dem ältern metrischen system, sondern erst dem jüngern, Heliodorischen mit seiner antispastischen messung entspricht: s. besonders schol. B zu Heph. s. 175 (136) ff. ward nun hier auch der monströse antispast mit in diese lehre hineingezogen, so beweist dieser umstand dasz, selbst wenn der bakcheios und hypobakcheios wirklich von Aristoxenos noch nicht als tacte anerkannt sein sollten, doch sicherlich nicht ein nachbleibsel echter rhythmischer überlieferung der grund war, welcher die metriker dieses schlages abhielt die ἐπιπλοκή auch auf das päonische geschlecht auszudehnen und so den unterschied des päon und der beiden bakcheien zu entwickeln.[1]) irre ich nicht, so läszt sich der wahre grund sogar noch erkennen. mit dem bloszen schema der πρόσθεσις und ἀφαίρεσις von silben, mit welchem sie operierten (s. Westphal a. o. I² s. 603 ff. II² s. 117 ff.), liesz sich wol, wie die unterscheidung der beiden ioniker, des choriambos und antispastos, so auch die des päon und der beiden bakcheien, aber nicht die der beiden formen des päon selbst mit vorangehendem und mit nachfolgendem starkem tactteil herausbringen, deren äuszeres silbenschema vielmehr ganz dasselbe ist. der satz, dasz es unter den fünfzeitigen verstacten keine ἐπιπλοκή gebe, kann doch unmöglich besagen sollen, dasz die beiden bakcheien keine verstacte seien: denn als solche wurden sie ja von diesen wie von allen metrikern ausdrücklich anerkannt. was kann er dann aber anders besagen sollen als dasz der unterschied der fünfzeitigen tacte sich nicht auf dem wege der ἐπιπλοκή erklären läszt? dies ist aber wiederum nur dann richtig, wenn auch diese metriker jene beiden formen des päon selbst anerkannten, und damit ergibt sich das vorhandensein zweier entgegengesetzter metrischer theorien über diesen punct als bloszer schein. vielleicht hieng hiermit auch jener anderweitig bisher noch unerklärte Heliodorische satz zusammen, dasz der päon mehr ein rhythmus als ein metrum sei (Mar. Vict. II 10, 2 s. 130. III 3, 1 s. 142. Diom. s. 484. Westphal I² s. 225 f.). dasz die sämtlichen metriker nur die päonischen, nicht aber auch die bakcheischen und hypobakcheischen verse als prototypmetra anerkannten, dasz Heph. s. 77 nur die kretiker als geeignet für die melopöie bezeichnet

1) dasz nicht alle metriker sie von demselben ausschlossen, erhellt nicht blosz aus schol. A Heph. s. 81 (197), sondern auch schol. B Heph. s. 175 (136) werden die drei ἐπιπλοκαί der drei-, vier- und sechszeitigen tacte nur als die νῦν ἀναγκαιόταται bezeichnet, während es nach manchen (κατά μέν τινας) auch noch andere ἐπιπλοκαί gebe.

und dann in der nähern ausführung unter den beiden bakcheien überhaupt nur auf die von ihm sogenannten bakcheien d. h. hypobakcheien eingeht (s. 82), um auch von diesen nur zu sagen dasz sie selten sind, wird man nicht geltend machen wollen: darin spricht sich lediglich die richtige einsicht aus, dasz die beiden bakcheien blosze nebenformen der päonen sind. hiernach fehlt aber auch jeder grund zu dem verdacht, als ob jene zweifache form des päon, wie Cäsar sie nachgewiesen hat, etwa dem Aristoxenos noch unbekannt gewesen wäre, und es bleibt also nur noch zu untersuchen, ob er auch die beiden bakcheien schon als tacte anerkannt habe. dasz er es indessen in bezug auf denjenigen bakcheios, welcher durch die anaklase der ionici a minore entsteht, notwendig gethan haben musz, gibt Westphal selber zu, und es fragt sich mithin nur noch, ob er nicht auch in päonischen compositionen die bakcheischen und hypobakcheischen verse einfach als solche angesehen haben wird, oder ob er sie, wie Westphal meint, nur als päone, die ersteren mit vorschlag eines diiambos und die letzteren mit vorschlag eines iambos, betrachtet haben kann. die letztere hypothese bürdet ihm nun aber die verkehrheit auf in allen bakcheischen reihen die erste länge fälschlich als eine irrationale aufgefaszt zu haben: α̲ – ⏑ – | – ⏑ – – ⏑ – – ⏑ –, und in wahrheit ist doch die notwendigkeit hierzu selbst in versen wie bei Pindaros Ol. II str. 3 – – ⏑ – – ⏑ ⏑ ⏑ – ⏑ ⏑ ⏑ – – ⏑ – – ⏑ – nur dann vom system des Aristoxenos aus eine unumgängliche, wenn ein solcher oder ähnlicher vers den anfang der strophe bildet, und in den wenigen fällen, in denen dies in der praxis vorgekommen sein mag, ist er daher auch von diesem irrtum nicht freizusprechen; aber wie wir Aristoxenos kennen, haben wir kein recht denselben weiter auszudehnen, als so weit ihn der äuszerste zwang in denselben hineintrieb. in allen anderen fällen gilt ja nach Westphals (II[2] s. 170 ff.) eigner lehre die theorie der hyperkatalektischen reihen, in denen die an lautende senkung des ersten einfachen tactes noch mit zum vorausgehenden verse gezogen wird, so dasz in wahrheit dieser tact vielmehr mit der hebung beginnt. so entsteht denn die der modernen rhythmik völlig entsprechende messung – | –́ ⏑ – | –́ ⏑ ⏑ ⏑ | –́ ⏑ ⏑ ⏑ | –́ – ⏑ | –́ – ⏑ | –́ und es bedarf nur noch der annahme, dasz Aristoxenos erkannte, allerdings nicht immer sei die form – – ⏑ als bakcheios zu betrachten, sondern in fällen wie dieser vielmehr als päon mit anlautendem starkem tactteil, in welchem zwei der rhythmopöie eigentümliche zeiten (s. Westphal II[2] s. 157 f.) sich finden, von denen die eine – – über die hebung hinausgreift und folglich die andere ⏑ hinter dem gesetzmäszigen umfange der senkung zurückbleibt.

3. Die choriamben.

Es versteht sich hiernach von selbst, dasz ich mich auch damit zu befreunden auszer stande bin, wenn Westphal dem Aristoxenos auch die anerkennung der choriamben als besonderer tacte abspricht, um so weniger da er selber einräumen musz (I² s. 694), dasz wir nicht umhin können in einem einzigen falle, nemlich in der letzten stelle der sog. choliamben, sogar den antispast bis auf Aristoxenos zurückzuführen.[2]) es ist allerdings eine der vielen ebenso glänzenden wie überzeugenden combinationen Westphals, dasz die sechszeitigen tacte ursprünglich nicht ioniker und choriamben hieszen, und dasz der name bakcheios ursprünglich vielmehr ihnen und nicht einer form des fünfzeitigen tactes zukam, sondern zunächst von ihnen nur auf den durch die anaklase der ionici a minore entstehenden fünfzeitigen und erst von da weiter auf alle ebenso gestalteten fünfzeitigen tacte übertragen ward, so dasz bei den älteren metrikern diese form – – ⏑ backcheios und die entgegengesetzte ⏑ – – hypobakcheios oder palimbakcheios hiesz und erst bei den späteren diese benennungen umgekehrt wurden. bei den lateinischen metrikern lesen wir mehrfach, dasz die 'musiker' das choriambische metrum das bakcheische nennen. bei Aristeides Quintilianus s. 37 und schol. B Heph. s. 173 (135) heiszen der choriambos und antispast, bei Bakcheios s. 25 der ionicus a minore bakcheios, der choriambos in jenen scholien auch genauer hypobakcheios. Marius Vict. II 9, 18 s. 129 berichtet von ionici a minore mit anaklase, dasz von anderen dies metrum auch βακχειακὸν ἀνακλώμενον genannt werde. bei Plutarch de mus. c. 29 s. 1141ᵇ ist es freilich zweifelhaft, ob in dem bericht über Olympos, er habe erfunden καὶ τὸν χορεῖον ᾧ πολλῷ κέχρηται ἐν τοῖς μητρῴοις· ἔνιοι δὲ καὶ τὸν βακχεῖον Ὄλυμπον οἴονται εὑρηκέναι wirklich die gegenseitige umstellung von χορεῖον und βακχεῖον so wahrscheinlich ist, wie jetzt Westphal (I² s. 610) annimt; es fragt sich, ob nicht unter τὸν χορεῖον ᾧ πολλῷ usw. recht wol jene ioniker mit anaklase verstanden werden können und unter bakcheios eben der fünfzeitige tact – – ⏑, so dasz wir also, wenn schon diese partie nicht aus Aristoxenos selbst stammt, doch immer ein zeugnis für den letztern gebrauch dieses namens schon bei den älteren musikern haben. aber wie dem auch sei, dies alles beweist nur dasz es für die verschiedenen sechszeitigen tacte ursprünglich verschiedene namen nicht gab, nicht aber dasz der choriambos nicht als ein besonderer tact unter ihnen gezählt ward: denn selbst wenn wir dies annehmen wollten, so würde doch immer für die beiden ioniker in ältester zeit lediglich der gemeinsame name bakcheios bleiben, und man würde folglich mit gleichem rechte schlieszen müssen, dasz auch von ihnen damals nur éiner als eigner tact angesehen ward und der andere nicht.

4. Die triplasischen und epitritischen tacte.

Hieraus folgt ferner dasz, wenn Aristoxenos neben den drei

2) Westphal sagt freilich nur 'auf die ältere (vorheliodorische) metrik', aber es ist nicht abzusehen, wie es Aristoxenos von seinem system aus anders gemacht haben kann.

normalen tactarten noch zwei secundäre, die epitritische und triplasische, anerkannte, die jetzige annahme von Westphal (I[2] s. 615), die triplasischen tacte, in denen sich senkung zu hebung wie 1 zu 3 verhält, seien in verbindungen folgender art, wie z. b. bei Aesch. sieben 701, zu finden: ⏑ – ⏑ | – – ⏑ ⏑ – – ⏑ ⏑ – – zwar möglich, aber keineswegs sicher ist: denn es bleibt jetzt ebenso gut die möglichkeit, dasz Aristoxenos solche verbindungen in einen diiambos und choriambos teilte: ⏑ – ⏑ – | – ⏑ ⏑ – – – ⏑ ⏑ – –. dieselbe frage erhebt sich bei den päonischen reihen mit einzeitiger anakrusis, in denen Westphal sie gerade umgekehrt entscheidet. der vers bei Pindar a. o. str. 1 ⏑ – ⏑ – – – ⏑ – – kann, wie Westphal will, von Aristoxenos in einen diiambos und eine katalektische päonische Dipodie: ⏑ – ⏑ – | – ⏑ – –, er kann aber von ihm auch in einen triplasischen tact und eine katalektische bakcheische dipodie zerlegt worden sein: ⏑ – ⏑ | – – – ⏑ – –. wir können in wahrheit hier nur so viel feststellen, wenn anders sich ein sonstiger fall triplasischer tacte nicht ausfindig machen läszt, dasz er vielleicht in diesen beiden fällen und jedenfalls mindestens in éinem von beiden einen solchen tact anerkannte, aber, falls die letztere möglichkeit die zutreffende war, nicht in welchem von beiden. dasz dagegen die epitritischen tacte in den durch anaklase der ionici a minore sich ergebenden siebenzeitigen tacten zu suchen seien, nimt Westphal gewis mit vollem recht an.

Früher folgte er bekanntlich der vermutung von Rossbach, dasz die epitritischen und triplasischen tacte hauptsächlich in den syncopierten iamben und anapästen ihre stelle hätten, wie, wenn z. b. in einer iambischen tetrapodie die syncopierte dritte senkung durch dehnung der ihr vorangehenden hebung zur dreizeitigkeit ergänzt wird, in folge dessen sich im zweiten iambos hebung zur senkung wie 3 : 1, in der ganzen ersten dipodie aber wie 4 : 3 oder 3 : 4 verhält:

1 : 3
⏑̄ – ⏑ ⊔ (– ⏑ –)
3 : 4

jetzt bemerkt er (I[2] s. XIX ff.) dagegen, dasz Aristoxenos auf diese weise auch 11- und 13zeitige tacte hätte annehmen müssen:

⏑ – ⏑ – ⏑ – ⊔ – ⏑ – ⏑ – ⏑ –

derselbe habe sich hier vielmehr durch seine lehre von den der rhythmopöie eigentümlichen zeiten geholfen. ich halte dies ergebnis für richtig, nicht aber die begründung. denn die lehren des Aristoxenos über abnorme tacte passen auch sonst nur, wenn man sie streng auf den bereich des einfachen tactes beschränkt, wie z. b. der satz, dasz jeder irrationale tact zwischen zwei rationalen gerade in der mitte stehe, nur unter dieser beschränkung wahr ist. dies kann jeder leicht nachrechnen. denn z. b. in der irrationalen trochäischen tetrapodie ″ ⏑ – ª | ⏒ ⏑ – ª stehen arsis und thesis im verhältnis

$6\frac{1}{2} : 6\frac{1}{2}$, welches gerade die mitte bildet zwischen 6 : 6 und 7 : 7; letzteres verhältnis aber ergibt überhaupt gar keinen tact. nur unter voraussetzung der gleichen beschränkung ist es endlich begreiflich, dasz Aristoxenos nicht noch eine dritte secundäre tactart mit dem verhältnis 5 : 7 in der ionischen dipodie mit anaklase annahm: ⏑ ⏑ – ⏑ | – ⏑ – – = 5 : 7. aber gerade darum freilich könnte in den syncopierten iambischen tacten nur das triplasische und nicht auch das epitritische verhältnis gesucht werden, weil letzteres über den einfachen tact hier bereits hinausgreift. dazu kommt nun aber noch, dasz Aristoxenos durch anwendung seiner lehre von den der rhythmopöie eigentümlichen zeiten ebenso gut auch bei den zurückgebrochenen ionici a minore die annahme von epitritischen tacten umgehen konnte. denn da innerhalb des zusammengesetzten tactes die einfachen tacte zu bloszen tactteilen werden, so konnte er mit vollem recht den bakcheios bei der anaklase als eine hinter dem einen tactteil zurückbleibende und den epitritos als eine über den andern hinausgreifende rhythmopoetische zeit auffassen. aber ein anderer grund scheint entscheidend zu sein. in brachykatalektischen iambischen reihen konnte auch der fall vorkommen, dasz die letzte länge eine fünfzeitige ward. hätte also Aristoxenos die triplasischen tacte in syncopierten iambischen reihen gesucht, so hätte er ebenso gut auch noch pentaplasische mit dem tactverhältnis 1 : 5 annehmen müssen, z. b. ⏑ –́ ⏑ – | ⏑ ⏗́ : s. Vogelmann im philol. XXIII s. 179 ff.
1:5

Aus dem vorstehenden erhellt, dasz wir aus einem doppelten grunde die behauptung Westphals, zur annahme eines 14zeitigen epitrits, von dem nur Aristeides s. 35 spricht, seien die alten bei den choriamben gezwungen gewesen, indem sie hier so gemessen hätten:

– ⏑ ⏑ – – | ⏑ ⏑ – – | ⏑ ⏑ – –
8 : 6

für durchaus unhaltbar ansehen müssen, einmal weil sie dieselben vielmehr einfach als eine besondere art sechszeitiger tacte messen konnten und aller wahrscheinlichkeit nach auch wirklich gemessen haben, und zweitens weil überdies die übertragung jener von Westphal behaupteten messung auf Aristoxenos selbst der von diesem stets inne gehaltenen beschränkung seiner regeln über abnorme tacte auf die monopodie zuwider ist. der 14zeitige epitritische tact ist ohne zweifel nichts als eine klügelei der späteren rhythmiker, der χωρίζοντες des Aristeides, welche ja, wie es scheint, den triplasischen tact ganz fallen lieszen, dafür aber die epitritische tactart den drei normalen, der gleichen, doppelten und anderthalbigen, als völlig gleichgeordnet an die seite stellten: s. Westphal I² s. 582. 586 ff. aber auch das läszt sich nach dem obigen nicht in abrede stellen, dasz Aristoxenos selbst vermittelst consequent durchgeführter anwendung seiner lehre von den der rhythmopöie eigentümlichen zeiten und der statuierung eines diiambischen vorschlags im anfang choriambischer und päonischer reihen der annahme triplasischer und epitritischer tacte vollständig hätte entrathen können.

5. Der unterschied der tacte nach der einteilung und dem schema. die kyklischen tacte.

Alles vorstehende muste von mir voraufgeschickt werden, um vollständig festen boden für eine andere untersuchung zu gewinnen. innerhalb der unterschiede der tacte nach geschlecht (γένος), länge (μέγεθος), umgekehrter folge der arsis und thesis (ἀντίθεσις), einfachheit oder zusammengesetztheit (σύνθεσις), rationalität oder irrationalität lassen sich nemlich sämtliche thatsächlich vorkommende verschiedenheiten unterbringen, sobald man zunächst bei gleichartigen reihen stehen bleibt, mit ausnahme von folgenden drei:

1) der verschiedenheit der ionischen oder choriambischen dipodie und tripodie von der trochäischen oder iambischen tetrapodie und hexapodie,

2) der des bakcheios und hypobakcheios vom päon und der des choriambos (und antispastos) vom ioniker sowie der entsprechenden reihen von einander,

3) der der trochäischen und iambischen und der daktylischen und anapästischen reihen von einander: denn da die ἀντίθεσις die verschiedene stellung der tactteile bezeichnet, in der trochäischen dipodie z. b. aber der gute tactteil eben so gut wie in der iambischen nachfolgen kann, so ist der unterschied zwischen beiden reihen nicht der κατ' ἀντίθεσιν, sondern sobald in beiden die erste monopodie die hebung bildet, sind beide κατ' ἀντίθεσιν gleich, und ebenso wenn dieselbe in beiden die senkung ausmacht:

–'' ⏑ | –́ ⏑   –́ ⏑ | –'' ⏑
⏑ –'' | ⏑ –́   ⏑ –́ | ⏑ –''

hieraus folgt nun mit mathematischer notwendigkeit, dasz diese drei verschiedenheiten es sind, auf welche sich die beiden allein noch übrigen unterschiede der tacte, nach der einteilung (διαίρεσις) und nach dem schema, beziehen müssen und mit deren hülfe allein erklärt werden kann, was die letzteren zu bedeuten haben. folglich ist die auslegung, welche Westphal (I² s. 564—571. 574 f.) von diesen beiden unterschieden gibt, schon deshalb falsch, weil sich aus ihr nur für die erste jener drei verschiedenheiten, nicht aber für die zweite und dritte die einordnung gewinnen läszt. sie ist aber unhaltbar auch noch aus einem andern grunde. denn nach ihr soll unter 'einteilung' hier die gliederung in die tactteile bei tacten von gleicher länge verstanden werden; allein damit fiele ja der unterschied nach der einteilung mit dem nach der tactart (γένος) bei tacten von gleicher länge völlig zusammen: denn mit der tactart ist ja sowol das verhältnis der beiden haupttactteile als auch die etwaige zerlegung derselben in untertactteile und die zahl der letzteren unmittelbar gegeben. Westphal bemerkt (s. 571) vollkommen treffend, an die einteilung der zusammengesetzten tacte (reihen) in

s. 873—875) die haltlosigkeit dieses einwurfs dargethan. Aristoxenos worte an der von Westphal angezogenen stelle sind dér art, dasz sie ganz ebenso gut die von Westphal empfohlene messung der trochäen in den epitritischen bestandteilen der daktylo-epitritischen strophen = $\frac{8}{3} + \frac{4}{3}$ moren ausschlieszen würde: denn Aristoxenos sagt dort nach Westphals eigener auslegung, dasz die zeit von 4 moren sich rhythmisch nur in 2 + 2 moren zerlegen läszt, also nach dem gleichen tactgeschlecht, und nicht auch in $\frac{8}{3}$ und $\frac{4}{3}$ nach dem doppelten. soll man also hier auch etwa mit Westphal sagen: 'eine solche annahme kann man nur dann aufstellen, wenn man mit den allerfundamentalsten sätzen des Aristoxenos unbekannt ist'? oder steht die sache wol nicht vielmehr so: sowol die Cäsarsche messung der kyklischen tacte als die Westphalsche der daktylo-epitriten[3]) kann durch jene stelle des Aristoxenos ebenso wenig widerlegt wie bewiesen werden, indem Aristoxenos dort, gerade weil er nur noch erst das allerfundamentalste entwickeln will, lediglich von der zerlegung in ganze zahlen spricht?

Nach der einteilung unterscheiden sich nun also gleich lange logaödische reihen mit verschiedener zahl der kyklischen tacte von einander[4]), und zwar so dasz dabei die zahl der einteilungsglieder dieselbe und nur ihre grösze eine andere ist:

– | ⏑ | – | ⏑ ⏑ | – | ⏑   – | ⏑ ⏑ | – | ⏑ ⏑ | – | ⏑
2 1 $\frac{3}{2}$ $\frac{3}{2}$ 2 1 $\frac{3}{2}$ $\frac{3}{2}$ $\frac{3}{2}$ $\frac{3}{2}$ 2 1

nach dem schema aber gleich lange logaödische reihen mit gleich vielen kyklischen tacten, aber mit verschiedener stellung derselben, so dasz zahl und grösze der einteilungsglieder die gleiche und nur die ordnung derselben eine verschiedene ist, z. b. die tripodien:

– | ⏑ ⏑ | – | ⏑ | – | ⏑   – | ⏑ | – | ⏑ ⏑ | – | ⏑
$\frac{3}{2}$ $\frac{3}{2}$ 2 1 2 1   2 1 $\frac{3}{2}$ $\frac{3}{2}$ 2 1

Meine frühere behauptung, Westphals zerlegung der kyklischen daktylen – ⏑ ⏑ $\frac{4}{3} + \frac{2}{3} + 1$ widerspreche dem satze des Aristoxenos bei Psellos § 1, die kurze silbe sei in der metrik immer gerade die hälfte der langen, ist allerdings nicht richtig. vielmehr kann die beschränkung, unter der Aristoxenos diesen satz allein ausgesprochen haben kann, füglich die von Westphal (I^2 s. 525 ff.) entwickelte sein. indessen ist doch ebenso füglich auch folgende denkbar: in allen rationalen monopodien gilt dies verhältnis (denn der etwaige schlusz brachykatalektischer iambischer reihen ⏑ ⏖ ist keine monopodie, sondern eine dipodie, und ebenso ist in synco-

3) die ich jetzt geneigt bin sogar für die allein richtige zu halten.

4) nicht aber, wie ich in meiner abhandlung über Aristeides angenommen habe, auch trochäische und iambische reihen von gleich langen logaödischen. denn dies so wie überhaupt die unterscheidung gleichartiger und ungleichartiger reihen ist nur eine unterabteilung des unterschieds der tacte nach der zusammensetzung. nach der zusammensetzung zerfallen die tacte in einfache und zusammengesetzte und letztere wieder in gleichartige und ungleichartige.

pierten formen wie ⏑ ⏗ – die erste länge nur ihren zwei ersten moren nach mit der kürze zu derselben, ihrer dritten mora nach aber schon zur folgenden monopodie gehörig), und dann ist allerdings Westphals messung mit diesem satze unvereinbar: denn auch die kyklischen tacte sind ja rationale tacte. die noch sonst gegen dieselbe geltend gemachten gründe zu widerlegen hat Westphal thatsächlich nicht einmal versucht. er selbst erkennt überdies die schwierigkeit, welche sich derselben durch die zulässigkeit der zusammenziehung kyklischer daktylen und anapäste zu spondeen entgegenstellt, indem sich so das seltsame ergebnis bilden müste, dasz in einem solchen spondeus die eine länge $\frac{4}{3}$ und die andere $\frac{5}{3}$ moren enthielte. aber sein lösungsversuch kann ein glücklicher schwerlich genannt werden. er beruft sich (I[2] s. 642 f.) darauf, dasz Dionysios v. Hal. de comp. verb. c. 17 erzählt, die rhythmiker wüsten nicht zu sagen, um wie viel die länge im kyklischen tact kürzer sei als die volle zweizeitige. er setzt nun die völlige zuverlässigkeit dieses berichts voraus und hält demgemäsz folgerecht daran fest, dasz diese rhythmiker andere gewesen sein müsten als Aristoxenos. wenn er dann aber fortfährt, nach diesen also müsse es dahingestellt bleiben, ob die irrationale länge des kyklischen tactes um $\frac{2}{3}$ oder $\frac{1}{2}$ mora kürzer sei, so ist dies ein offenbarer fehlschlusz: denn nach diesen rhythmikern müste vielmehr nicht blosz dies, sondern überhaupt auch von jedem beliebigen andern bruchteil der mora dahingestellt bleiben, ob er derjenige sei, um welchen jene länge verkürzt ist, oder vielmehr ein anderer. doch gesetzt auch, wir wollten von den unzählig vielen möglichkeiten, welche dergestalt offen gelassen wären, uns willkürlich die zwei von Westphal aufgegriffenen herausnehmen, was würde denn damit gewonnen sein? doch höchstens nur, dasz wir nach diesen späteren rhythmikern den kyklischen daktylos unter anderm auch in $1\frac{1}{2} + \frac{1}{2} + 1$ und den kyklischen spondeus also in $\frac{3}{2} + \frac{3}{2}$ moren einteilen dürften; mit der von Aristoxenos selbst s. 294—296 (s. Westphal I[2] s. 515 ff.) gegebenen regel, dasz die zeitgrösze von $\frac{1}{2}$ mora als solche eine blosz imaginäre sei, nie wirklich in der rhythmik vorkomme, dasz vielmehr in derselben von allen überhaupt für sie in betracht kommenden bruchteilen der mora wie $\frac{1}{3}$, $\frac{1}{2}$ usw. immer nur multipla gebraucht werden, würden wir dagegen in einen unversöhnlichen widerstreit gerathen. und wir müsten dem Aristoxenos zutrauen, wenn seine messung des kyklischen daktylos und anapäst die ihm von Westphal zugeschriebene war, dasz er dann entweder an den kyklischen spondeus gar nicht dachte oder diesen seinerseits auf jene monströse weise in $\frac{4}{3} + \frac{5}{3}$ moren teilte. gibt es wol einen schlagenderen beweis, dasz seine messung vielmehr gar nicht die Westphalsche, sondern nur die Cäsarsche gewesen sein kann? und ist es ferner nicht höchst wahrscheinlich, dasz Westphals frühere vermutung (system der rhythmik s. 79 f.) vollkommen die richtige ist, dasz niemals irgend welche rhythmiker jene ihnen von Dionysios zuge-

nemlich was sich dort auf die pausen bezieht (s. 97 zu anfang), eingewoben sind, und dasz umgekehrt in dem letzten stück der eigentlichen rhythmik s. 42 f. wenigstens die darstellung des tact- und tempowechsels nur aus dem der συμπλέκοντες stammen kann. Westphal selbst gibt jetzt (I² s. 686) aufs neue zu, dasz die ausdrücke ῥυθμὸς ἀσύνθετος und μικτός an letzterer stelle ganz im sinne der συμπλέκοντες gebraucht sind, wobei für die hauptsache nichts darauf ankommt, dasz ich wie früher so auch jetzt einsprache gegen Westphals behauptung einlegen musz, sie hätten mit dem letztern ausdruck die dipodie bezeichnet, indem aus Westphals tabelle I² s. 103 f. selber auf das deutlichste hervorgeht, dasz sie nur dipodien aus rationalen oder irrationalen trochäen und iamben so nannten. die beiden von mir nachgewiesenen thatsachen sind also unleugbar. wenn ich aber aus denselben schlosz, dem Aristeides habe s. 31—35 zu ende vorwiegend ein überarbeiteter auszug aus der rhythmik des Aristoxenos, dann aber s. 36—43. 97—100 durchweg ein anderes buch vorgelegen, in welchem aus verschiedenen quellen sowol das verfahren der χωρίζοντες als das der συμπλέκοντες beschrieben war, so ist dies ein irrtum. ich nehme jetzt mit Westphal an, dasz der genannte auszug auch die darstellung des verfahrens der χωρίζοντες enthielt, und ich füge hinzu dasz aus dieser quelle A, dem buche eines spätern rhythmikers, auch sonst in das original des Aristeides alles dasjenige übergegangen ist, was jetzt bei diesem schriftsteller auf das system der χωρίζοντες, d. h. der reinen rhythmiker in dieser späteren zeit, zurückweist. für die rhythmisch-metrische partie bei Bakcheios aber vermag ich auch heute noch nicht dasselbe original wie für Aristeides anzunehmen. gleich die anfangsworte s. 22 μέτρων δὲ καὶ ῥυθμῶν συμμίκτων verrathen, wie Westphal nicht verkennt, von vorn herein lediglich den standpunct der συμπλέκοντες τῇ μετρικῇ θεωρίᾳ τὴν περὶ ῥυθμῶν (Aristeides s. 36), der sich auch in allem folgenden nirgends verleugnet. es bleibt also nur noch die lückenhaft und verderbt überkommene partie von den μεταβολαί s. 13 f. übrig, die, so weit der text einigermaszen feststeht, so wenig charakteristisches enthält, dasz sie ebensowol zum standpunct der συμπλέκοντες als zu dem der χωρίζοντες passt, und wenn Westphals behauptung (I² s. 685) richtig ist, dasz sie mit dem was Aristeides über denselben gegenstand des tact- und tempowechsels sagt (s. 42) aus der gleichen quelle geflossen sei, so war dies nach dem oben bemerkten sicher nicht, wie Westphal (I² s. 92) versichert, die quelle A, sondern die quelle B. allein ich kann es auch heute noch nur als reine und allem anschein nach den wahren sachverhalt verwirrende willkür bezeichnen, wenn Westphal fortfährt (I² s. 685—690. 700) die gleichfalls verschobene und lückenhafte stelle des Aristeides aus der des Bakcheios ergänzen zu wollen, indem ich jeden schatten eines grundes vermisse, der uns zu einem solchen verfahren berechtigen könnte, mag vielleicht auch der unumstöszliche nachweis eben so wenig gelingen, dasz beide stellen schlechterdings, wie ich glaube, unvereinbar mit einander sind. jedenfalls darf ich mein in der mehrerwähnten abhandlung abgegebenes urteil über die stelle des Aristeides wol so lange für wahrscheinlich richtig halten, als es noch an jedem versuche fehlt dasselbe zu widerlegen. hat also Bakcheios sein büchelchen aus demselben compendium der harmonik und rhythmik ausgezogen, welchem Aristeides folgte, worüber ich nicht zu entscheiden wage, so musz es ihm wenigstens in einer andern redaction vorgelegen haben, in welcher ausschlieszlich oder vorwiegend nur die lehre der cυμπλέκοντεc in der rhythmik berücksichtigt war. daraus möchten sich auch am leichtesten die abweichungen zwischen ihm und Aristeides in ansehung der darstellung dieser lehre erklären, so gern ich einräume, dasz Westphal jetzt die wesentlichsten derselben in ansprechender weise auch von der voraussetzung aus, dasz beiden ganz dieselbe fassung vorlag, erklärt hat.[7])

Kaum glaube ich dasz es zum schlusse noch der versicherung bedarf, dasz ich lediglich im interesse der sache und nicht aus lust Westphal zu widersprechen alles vorstehende geschrieben habe. seine groszartigen verdienste um die neuschöpfung der griechischen rhythmik und metrik kann im gegenteil niemand bereitwilliger anerkennen als ich, und es ist mit den besprochenen puncten in der rhythmik wol so ziemlich alles erschöpft, worin ich mich ihm beizupflichten auszer stande sehe.

---

7) hier sei besonders nur die hübsche vermutung erwähnt, durch welche Westphal jetzt den widerspruch zwischen beiden in der bezeichnung ὄρθιοc zu erklären sucht, dasz nemlich in der quelle des Bakcheios ὄρθιοc ⟨ἐκ τετραcήμου ἄρcεωc καὶ ὀκταcήμου θέcεωc οἷον . . ., ἴαμβοc ἄλογοc⟩ ἐξ ἀλόγου usw. stand, die eingeklammerten worte aber beim excerpieren ausgefallen sind. — Der metriker, welcher der urheber des systems der cυμπλέκοντεc ist, dürfte, wie nach mir auch Westphal (s. 97) bemerkt, nach Nikomachos (Bakcheios s. 22), anderseits, wenn die bemerkung bei Marius Vict. II 2, 36 ff. s. 98 f. aus Juba stammt, vor letzterem gelebt haben, d. h. innerhalb der zweiten hälfte des zweiten und der ersten des dritten jh. nach Ch.

Greifswald. Franz Susemihl.

63.

MISCELLEN AUS HANDSCHRIFTEN.

Kürzlich ist in diesen blättern [1869 s. 269] ein gewisser M. de Mambre, der sich in die litterarische gesellschaft eingeschlichen hatte, in bester form ausgewiesen worden. vielleicht ist es ihm nicht unlieb, in seiner verbannung genossen zu finden; es mögen ihm also einige nachgeschickt werden.

Der codex Vindob. Hist. Gr. XCVIII enthält kataloge der in verschiedenen bibliotheken aufbewahrten bücher. der besitzer der im vierten katalog verzeichneten bücher wird nicht genannt; doch lehrt uns Kollar (supplem. s. 760), der katalog sei 'a Granlatico' verfaszt. wer war dieser 'Granlaticus'? am ende dieses katalogs steht die bemerkung: 'Catalogus librorum hinc inde exstantium a Gramatico exhibitus continet libros 174.', über dem *m* steht das verdoppelungszeichen, nicht als gerader strich, sondern so dasz ein aufwärts gerichteter, geschwungener schnörkel den letzten strich des *m* berührt. der 'Granlaticus' ist also ein namenloser 'Grammaticus'.

Auf einem dem codex Vindob. Philol. et Philos. CXXII vorgebundenen blatte steht: 'Arsenii cuiusdam Lexicon graecum + explicationes vocabulorum graecorum eorumque derivationes et etymologiae iuxta seriem alphabeti, graeca tantum.' Nessel bezeichnet den codex als Arsenii Lexicon, ebenso auch Fabricius bibl. Gr. VI 631. Tittmann in der praefatio zu Zonaras s. XXXIII sagt von unserer handschrift: 'quae causa fuerit cur Arsenio nescio cui hoc opus tributum sit frustra rescire cupio; neque de Arsenio quodam grammatico aut Lexici auctore mihi quidquam constat.' das räthsel läszt sich lösen. die handschrift ist am anfang verstümmelt, es fehlt also der titel. der verfasser des vorgehefteten index suchte nun weiter und fand nach mehreren blättern: Ἀρχὴ τοῦ βῆτα· ἀρcενικὸν τὸ βῆτα μετὰ τοῦ ἄλφα. es ist das lexikon des Zonaras; nach der ordnung dieses wörterbuches fängt jeder buchstab mit dem ἀρcενικόν an. hieraus ist der lexikograph Arsenius entstanden.

Die hiesige landesbibliothek besitzt eine handschrift Lucans, welche Weber in seiner ausgabe bd. III s. X ausführlich beschrieben hat: 'liber olim generosi cuiusdam de Lantgut, Saxoniae comitis Palatini, ut inscriptio docet.' dieser 'generosus de Lantgut' ist den genealogen unbekannt; gewis aber ist dasz der amicus, welcher meinem freunde Weber diese notiz mitgeteilt hat, im lesen alter handschriften eben keine grosze übung gehabt haben kann. am rande der ersten seite steht mit landläufigen abkürzungen geschrieben: 'H. dei gratia thuringie lantgravius et saxonie comes Palatinus.' die handschrift gehörte also einem der thüringischen landgrafen, deren namen mit H. anfieng, entweder einem der beiden Hermann oder dem Heinrich Raspe. ich füge die bemerkung bei, dasz diese handschrift, der Servius Cassellanus und der Thucydides Cassellanus unverkennbar aus éiner, der oben angeführten notiz nach einer thüringischen bibliothek entstammen; dankbar würde ich jede nachweisung einer weitern spur aufnehmen.

Kassel. H. S.

64.
IN PLATONIS THEAETETUM.

150^{c}: Socrates causam exponit, qua inducti qui ipsum ut sapientiae magistrum convenire incohaverint prius discedere soleant, quam ut iis ars sua obstetricia prodesse possit. videntur in ea re et Schleiermacherus et H. Muellerus verba ἑαυτοὺς αἰτιασάμενοι, cum vertunt αἰτιᾶσθαι 'beimessen, zuschreiben' perperam accepisse. sunt verba Socratis haec: πολλοὶ ἤδη τοῦτο ἀγνοήσαντες καὶ ἑαυτοὺς αἰτιασάμενοι, ἐμοῦ δὲ καταφρονήσαντες ἢ αὐτοὶ (ἢ) ὑπ' ἄλλων πεισθέντες ἀπῆλθον πρωϊαίτερον τοῦ δέοντος. apparet ex verbis τοῦτο ἀγνοήσαντες unam esse adulescentibus, qui Socratis usi sint consuetudine, abeundi causam: ignorant deum esse artis obstetriciae auctorem, Socratem eiusdem artis peritissimum. eodem pertinent verba quae infra 151^{d} secuntur: πόρρω ὄντες τοῦ εἰδέναι ὅτι οὐδεὶς θεὸς δύσνους ἀνθρώποις οὐδ' ἐγὼ δυσνοίᾳ τοιοῦτον οὐδὲν δρῶ. et per epexegesin adiungit Socrates καὶ ἑαυτοὺς αἰτιασάμενοι, ἐμοῦ δὲ καταφρονήσαντες: incusant illi se ipsos quod sint ἀμαθεῖς, vel negant, id quod modo dixerat Socrates, aptos se esse qui parturiant multa et vera. isdem fere verbis infra 168^{a} utitur Protagoras (ἑαυτοὺς αἰτιάσονται οἱ προσδιατρίβοντές σοι . . τῆς ἀπορίας), cum promittat fore ut semet ipsos, non magistrum incusent discipuli, si Protagorae more Socrates cum iis collocutus fuerit. et cum diffidant suis ingeniis atque derogent sibi facultatem vera inveniendi, vel Socratis artem aspernantur, cuius opera ad sui cognitionem veramque sapientiam possint pervenire; quare ad ἑαυτοὺς αἰτιασάμενοι adiungit Socrates ἐμοῦ δὲ καταφρονήσαντες. recte autem verbis quae secuntur Stallbaumius inseruisse videtur ἢ particulam, cum aut sua sponte Socratis artem despiciant aut ut id faciant ab aliis iis persuadeatur.

155^{e} χάριν οὖν μοι εἴσει, ἐάν σοι ἀνδρός, μᾶλλον δὲ ἀνδρῶν ὀνομαστῶν τῆς διανοίας τὴν ἀλήθειαν ἀποκεκρυμμένην συνεξερευνήσωμαι αὐτῶν; neque αὐτῶν, quod delendum censet Hirschigius, Stallbaumius frustra defendit (alia enim est ratio pronominis αὐτῶν repetiti symp. 195^{a}. Gorg. 482^{d}), neque αὐτήν, quod habent nonnulli codices, sententiae huius loci est aptum. Plato scripsisse videtur ἀντ' αὐτῶν, quod ad librorum litteras propius accedit quam id quod coniecit Badhamus ἐξ αὐτῶν. erat enim Protagorae et eorum qui illi assentiebant, occultam placitorum suorum veritatem indagare, id quod Socrates hoc loco pro illis cum Theaeteto sese temptaturum profitetur. conferendi sunt loci complures quibus τῷ μύθῳ Protagorae defuncti ut patronus existat Socrates verba pro illo facit, veluti 166^{a} sqq.

167^{c} φημὶ γὰρ καὶ τούτους (γεωργοὺς) τοῖς φυτοῖς ἀντὶ πονηρῶν αἰσθήσεων, ὅταν τι αὐτῶν ἀσθενῇ, χρηστὰς καὶ ὑγιεινὰς αἰσθήσεις τε καὶ ἀληθείας ἐμποιεῖν. legitur in libris ὑγιειναὶ αἰσθήσεις τε καὶ ἀληθεῖς; Schleiermacherus ad h. l. optime docuit, qua de causa reiciendum ἀληθεῖς videretur; ipse emendavit ἀληθείας. minus bene, nisi fallor: nam αἰσθήσεις et ἀλήθειαι haud facile videntur ad unam notionem posse coniungi, et si possunt, ex sententia Protagorae haud minore difficultate dicuntur ἀλήθειαι plantis innasci quam αἰσθήσεις ἀληθεῖς. Hirschigius utrumque censet delendum. potest tamen librorum auctoritas quodam modo valere, si velis legere αὐξήσεις pro ἀληθεῖς. hoc enim enititur agricola, ut plantarum, quarum sensus arte sua emendaverit, incrementa utilia reddat atque valida: cf. de rep. VIII 546.

171^d—172^b Socrates eorum qui Protagorae doctrinam sequantur duo esse genera docet: sunt enim qui, quamquam nihil esse per se ipsum aut calidum aut aridum aut dulce, sed unius cuiusque sensu tale fieri contendunt, alium tamen differre ab alio concedant cognitione earum rerum q u a e u t i l e s f u t u r a e s i n t; sunt autem alii, qui cum id ipsum iidem profiteantur, esse nihilo minus quicquam per se aut iustum aut pulcrum aut turpe negent (videtur enim recte vidisse Badhamus, qui 172^b sic scripsit: ὡς οὐκ ἔστι φύσει αὐτῶν οὐδὲν οὐσίαν ἐφ' αὑτοῦ ἔχον — nam aliis quoque Theaeteti locis velut 152^d. 182^b tali verborum iunctura suam de ideis doctrinam indicat philosophus). quorum inconstantia denotatur his verbis: (καὶ del. Badhamus) ὅσοι γε δὴ μὴ παντάπασι τὸν Πρωταγόρου λόγον λέγουσιν (ὧδέ πως τὴν σοφίαν ἄγουσιν) — *qui non omnibus numeris consentiunt placito illi Protagoreo.* Aristippum significari conicit Schleiermacherus II 1 p. 183, negat Zellerus de phil. Gr. II p. 253 adn. 2. utut res se habet, non videntur interpretes animadvertisse antithesin quandam, qua λόγον λέγειν et σοφίαν ἄγειν hoc loco sibi opponuntur. philosophi quidam, inquit Socrates, quamquam non universam Protagorae rationem secuti sua mente aliquotiens discedunt ab eius doctrina, vitam tamen ita instituunt, ut toti ab eius partibus stare videantur (ut hoc loco τὴν σοφίαν ἄγειν, eadem fere significatione 173^c ἐν φιλοσοφίᾳ διατρίβειν, 174^a διάγειν ἐν φιλοσοφίᾳ dictum est). sequitur enim inde a p. 173^c usque ad 177^c locus ille eximius, quo vitae rationes ab hominibus vere philosophis susceptae egregie illustrantur, quorum ab imagine multum sane differat necesse est vita eorum qui nihil aut iustum aut pulcrum aut turpe per se ipsum esse statuant.

172^d: constat apud eos qui ad studia Platonica incumbunt, quanta sagacitate Bonitzius iudicaverit de compositione Theaeteti (studia Plat. I [Vindob. 1858] p. 41 sqq.). vir ille doctissimus cum valde industrius sit in vestigiis partitionis apud ipsum Platonem inquirendis, ne verus sententiarum Platonicarum ordo, id quod facillime fieri solet, disturbetur, miror quod loci modo laudati mentionem non iniecit. quid igitur? Socrates cum p. 172^d τρίτον ἤδη λόγον ἐκ λόγου ἡμεῖς μεταλαμβάνομεν dicat, num a Bonitzio (l. l. p. 43—50) vestigia philosophi minus religiose premi iudicabimus? minime vero. illis enim verbis τρίτον ἤδη λόγον cet. non videntur singulae dialogi partes, quibus quid sit scientia aut quid non sit doceatur, significari, sed Socratis verba ad personas dialogi referri debent, ut τὸν πρῶτον λόγον effecisse videantur Socrates et Theaetetus, inde ab initio dialogi usque ad 168^c, τὸν δεύτερον Socrates et Theodorus, qui 168^c, ut patronus existat Protagorae, advocatur, τὸν τρίτον nostro loco suscipiat Socrates, cum liberius atque uberius loquatur de vitae ad philosophiae praecepta instituendae ratione.

174[a]: qui vere philosophantur, corporibus tantummodo versantur in patriae vel civitatis finibus, animis peregrinantur per altissima quaeque ac maxime longinqua. scribendum ni fallor l. l.: (ἡ διάνοια) πᾶcαν πάντῃ φύcιν ἐρευνωμένη τῶν ὄντων ἑ κ ὰ c τ ο ῦ ὅλου. τὰ ὄντα ἑκάc opposita τοῖc ἐγγύc — εἰc τῶν ἐγγὺc οὐδὲν αὑτὴν cυγκαθιεῖcα. quae propinqua sunt nequeunt coërcere philosophi contemplationem. non video quo modo ἕκαcτον ὅλον, id quod Stallbaumius voluit, possit de cuiusque rei genere intellegi; generis significatio in verbis quae antecedunt nulla est.

174[a] ταὐτὸν δὲ ἀρκεῖ cκῶμμα ἐπὶ πάνταc. verendum, ut ait Stallbaumius, ne ἀρκεῖ depravatum sit librariorum temeritate. locus ille quem conferri iubet Schleiermacherus Euthyphronis 11[e] satis ab hoc est diversus. quoniam αἱ ὑποθέcειc τοῦ Εὐθύφρονοc infirmatae sunt neque ad finem perducta definitio τῆc ὁcιότητοc, si id agitur ut etiam ad Socratem pertineat irrisio (ἐπιcκώπτειν), alia irrisione opus est (ἄλλου δή τινοc δεῖ cκώμματοc). at quid est quod huius dialogi p. 174[a] legitur: irrisio illius ancillae sufficit ad omnes sc. irridendos? suspicor Platonem scripsisse: ταὐτὸν δ' ε ἴ ρ η κ ε cκῶμμα ἐπὶ πάνταc (ἡ Θρᾷττα).

183[a] τὸ δ' ὡc ἔοικεν ἐφάνη, εἰ πάντα κινεῖται, πᾶcα ἀπόκριcιc, περὶ ὅτου ἄν τιc ἀποκρίνηται, ὁμοίωc ὀρθὴ εἶναι, οὕτω τ' ἔχειν φάναι καὶ μὴ οὕτωc, εἰ δὲ βούλει, γίγνεcθαι, ἵνα μὴ cτήcωμεν αὐτοὺc τῷ λόγῳ. recte Schleiermacherus scripturam librorum ab Hirschigio receptam ἵνα μὴ cτήcωμεν α ὐ τ ο ὺ c reprobandam statuit. nam si omnia moventur, ne id quidem quod responderis, quidquid erit, dici poterit esse, sed fieri tantummodo. quamobrem dubitari possit, an Socrates non dixerit ut vult Schleiermacherus ἵνα μὴ cτήcωμεν αὖ τοῦτο, sed cτήcωμεν α ὐ τ ὰ c sc. τὰc ἀποκρίcειc, quibus aut affirmatur aliquid aut negatur.

184[d]: in ea dialogi parte, quae est de idearum cognitione sensibus superiore, Socrates disserendi subtilitate usus effecit, ut discrimen concedat esse Theaetetus inter sentiendi quae dicit ὄργανα (δι' οὗ ὁρῶμεν cet.) et sentiendi sedem quandam, ad quam spectent universae sensuum affectiones (ᾧ ὁρῶμεν cet.). pergit 184[d] τοῦ δέ τοι ἕνεκα αὐτά coι διακριβοῦμαι; *quanam de causa de his rebus tam subtiliter dissero?* quae secuntur verba Socratis εἴ τινι ἡμῶν αὐτῶν τῷ αὐτῷ διὰ μὲν ὀφθαλμῶν ἐφικνούμεθα λευκῶν τε καὶ μελάνων, διὰ δὲ τῶν ἄλλων ἑτέρων αὖ τινῶν, καὶ ἕξειc ἐρωτώμενοc πάντα τὰ τοιαῦτα εἰc τὸ cῶμα ἀναφέρειν; quantum equidem video omnes interpretes sentiunt non esse respondentis, sed quaestionem repe-

Lightning Source UK Ltd.
Milton Keynes UK
UKHW010421091118
332016UK00007B/296/P